Elias Bredsdorff

Hans Christian Andersen

Eine Biographie

Aus dem Englischen von
Gertrud Baruch

rororo
Rowohlt

Umschlaggstaltung Wolfgang Kenkel
(Scherenschnitt Hans Christian Andersen:
Archiv für Kunst und Geschichte, Berlin)

Veröffentlicht im Rowohlt Taschenbuch Verlag GmbH,
Reinbek bei Hamburg, November 1993
Titel der Originalausgabe:
Hans Christian Andersen,
the story of his life and his work 1805–75

Lizenzausgabe mit Genehmigung
des Carl Hanser Verlag München Wien
Hans Christian Andersen.
Des Märchendichters Leben und Werk

Druck und Bindung Clausen & Bosse, Leck
Printed in Germany
1690 - ISBN 3 499 13077 7

Inhalt

Scherenschnitt von Andersen mit vielen seiner Lieblingsmotive. Die Vignetten in diesem Buch sind ebenfalls Reproduktionen von Scherenschnitten Andersens. *Zum Frontispiz:* Die Figuren auf dem Tablett des Harlekins stellen wichtige Stationen im Leben des Dichters dar. Von rechts nach links: die alte Lateinschule in Slagelse, den Windmühlenmann (ein Märchenmotiv), die St. Knuds-Kirche in Odense und das in einen Schwan verwandelte häßliche junge Entlein.

Vorwort

Daß Hans Christian Andersen nicht nur der Name eines wunderschönen Märchenbuches ist, sondern jemand, der wirklich gelebt hatte, wurde mir zum ersten Mal bewußt, als meine Großmutter, die mir gerade ein Andersen-Märchen vorgelesen hatte, davon erzählte, daß sie ihn einst auf einer Abendgesellschaft kennengelernt und sogar mit ihm getanzt habe; sie sei damals ein siebzehnjähriges Mädchen, er bereits ein alter Mann gewesen. »Darauf warst du sicher sehr stolz?« fragte ich sie. »Nein. Zeitlebens habe ich mich nie mehr so gedemütigt gefühlt wie damals. Als mich dieser häßliche alte Mann zum Tanzen aufforderte, wäre ich vor Scham am liebsten in den Boden versunken. Und obendrein konnte er überhaupt nicht tanzen und trat mir mit seinen lächerlich großen Füßen ständig auf die Zehen. Er hatte mir den ganzen Abend verdorben!« Später sah sie diese Begegnung allerdings in einem anderen Licht.

Im Laufe der Zeit ist Andersen sehr unterschiedlich beurteilt worden. Es gab immer wieder Menschen, die in ihm nur den eitlen Egozentriker sahen, der er zweifellos *auch* war. In den Augen anderer war er fast so etwas wie ein Märtyrer oder, um mit Georg Brandes zu sprechen, »das gehetzte Wild in der dänischen Literatur« – ein Genie, das in seinem Vaterland erbarmungslos angegriffen und, als die Welt ihm Beifall zollte, anerkannt wurde. An diesen beiden Pauschalurteilen ist Andersen bis zu einem gewissen Grade selbst schuld. Manche hielten ihn für einen Snob und Speichellecker, andere betonten, er habe in seinen Werken Mitgefühl für die vom Leben Benachteiligten gezeigt. Einige Biographen trieben die Lobhudelei soweit, daß sie Andersens Eitelkeit und Egozentrik zu vertuschen suchten. Und mit Erfolg haben zahlreiche Autoren seine Lebensgeschichte rührselig aufbereitet und jugendlichen Lesern mit einem dicken Zuckerguß serviert – als tränentriefendes Märchen vom »armen kleinen Hans«, dem es gelang, die Riesen namens Dummheit und Neid zu besiegen, und der es schließlich zu Ruhm und Reichtum brachte und glücklich lebte bis an sein Ende.

Je mehr man über Andersen erfährt, desto klarer erkennt man

die Vielschichtigkeit seines Charakters – und es gibt unter den Schriftstellern des vorigen Jahrhunderts nur wenige, über deren Leben man soviel erfahren kann wie über das seine: Geradezu besessen von dem Wunsch, sein eigenes Schicksal zu beschreiben, hinterließ er der Nachwelt eine ganze Reihe von Selbstbiographien und autobiographischen Skizzen. Zudem war er ein eifriger Briefschreiber. Heute liegen Tausende seiner Briefe in sorgfältig edierten Ausgaben vor, die zum großen Teil erst in jüngster Vergangenheit erschienen sind. Und da Andersen nur selten einen an ihn gerichteten Brief wegwarf, ist in den meisten Fällen der gesamte Briefwechsel erhalten. Dazu kommen die Tagebücher, die er während eines großen Teils seines Lebens führte und die jetzt erstmals ungekürzt veröffentlicht werden.

Die Autobiographien, der Briefwechsel und die Tagebücher sind das wichtigste Quellenmaterial; die ergiebigsten der darüber hinaus verfügbaren Quellen sind in der Bibliographie angeführt.

Die frühesten autobiographischen Skizzen finden sich in vier Briefen, die Andersen zwischen 1822 und 1827 schrieb, die spätesten liegen in Form von fragmentarischen Entwürfen aus seinem letzten Lebensjahr vor. »Ich sammle und ordne Material für die Fortsetzung des Märchens meines Lebens«, schrieb er am 22. November 1874 in sein Tagebuch, und am 18. Januar 1875 vermerkte er: »Heute habe ich an meiner Lebensgeschichte gearbeitet.« Seine erste längere »Autobiographie« entwarf er noch vor Vollendung seines achtundzwanzigsten Lebensjahres; das Manuskript – als *Levnedsbog* (Lebensbuch) bezeichnet – wurde fünfzig Jahre nach seinem Tod entdeckt und liegt seit wenigen Jahren in einer sorgfältig edierten Ausgabe vor. Seine erste veröffentlichte Autobiographie, *Das Märchen meines Lebens ohne Dichtung*, erschien 1847 in deutscher und kurz darauf in englischer Übersetzung, wurde aber zu Andersens Lebzeiten nicht in dänischer Sprache publiziert. Dagegen erschien seine maßgebliche Autobiographie im Jahre 1855 in Dänemark unter dem Titel *Mit Livs Eventyr* (Das Märchen meines Lebens). Die 1871 unter dem ungenau übersetzten Titel *The Story of My Life* erschienene amerikanische Ausgabe wurde durch einen Bericht Andersens über die Zeit von 1855 bis 1867 ergänzt, der in Dänemark erst nach dem Tode des Autors veröffentlicht wurde.

Obwohl sie wichtige Quellen darstellen, ist bei der Auswertung eine gewisse Vorsicht geboten, sowohl im Hinblick auf die Aussagen des Autors wie auch auf das, was er ungesagt läßt. Im Vergleich zu *Mit Livs Eventyr* ist das *Levnedsbog* glaubwürdiger – ein freimütiger Lebensbericht, der weniger dazu tendiert, die Geschehnisse fein säuberlich »geordnet« zu präsentieren. Kein Selbstbiograph ist objektiv, aber Andersen war es zweifellos noch weniger als die meisten. Es ist durchaus verständlich, wenn Leser bei der Lektüre von *Das Märchen meines Lebens* der detaillierten Schilderungen überdrüssig werden, die Andersen von jeder kleinen Stichelei, jeder Demütigung, jeder unfreundlichen Kritik an seinen Werken gibt. Andererseits wird so mancher Leser der Meinung sein, der Autor hätte etwas sparsamer aus den Elogen zitieren sollen, die ihm von mehr oder weniger berühmten Leuten aus aller Welt gemacht wurden.

Dr. Helge Topsöe-Jensen, der bedeutendste lebende Andersen-Kenner, hat der Forschung unschätzbare Dienste geleistet, als er seine kommentierten Ausgaben der wichtigsten Autobiographien und seine hervorragenden Studien über Andersen als Selbstbiograph veröffentlichte. Ohne diese Publikationen hätte das vorliegende Buch nicht geschrieben werden können. Desgleichen sind Topsöe-Jensens zahlreiche Editionen des Briefwechsels Andersens (insbesondere die neun Bände umfassende Korrespondenz mit der Familie Collin und die drei Bände umfassende mit Henriette Wulff) für jeden Andersen-Forscher unentbehrlich. Ich bin allen in der Bibliographie genannten Herausgebern und Autoren zu großem Dank verpflichtet, vor allem aber Topsöe-Jensen.

Sowohl in der Königlichen Bibliothek zu Kopenhagen als auch im Museum von Odense befindet sich außerdem noch unveröffentlichtes Material; die für meine Arbeit wesentlichen Dokumente habe ich ausgewertet.

Andersens Tagebücher (deren Veröffentlichung 1976 abgeschlossen wurde) sind natürlich für jeden Andersen-Biographen eine unentbehrliche Quelle. Die ersten fragmentarischen Aufzeichnungen stammen aus den Jahren 1825 und 1826, als Andersen ein Schuljunge war; die letzten machte er kurz vor seinem Tod. Mit Ausnahme der frühen Notizen enthalten die Tagebücher bis 1860 hauptsächlich Aufzeichnungen über seine zahlreichen Auslandsreisen, zwischendurch auch solche über seine Reisen in Dänemark, aber nur ganz sporadisch Aufzeichnungen über sein Leben in Kopenhagen. Kurze Notizen über alltägliche Dinge finden sich in den Kalendern von 1838 bis 1871. Ab 26. Mai 1860 führte Andersen regelmäßig Tagebuch.

Von der geplanten zehnbändigen Ausgabe der Tagebücher waren bei Fertigstellung meines Manuskripts erst fünf Bände erschienen, glücklicherweise war mir aber das gesamte Material zugänglich. Dank der Vermittlung meines Freundes Dr. Erik Dal standen mir die Korrekturfahnen von dreieinhalb der fünf noch unveröffentlichten Bände zur Verfügung, und Dr. Topsöe-Jensen lieh mir freundlicherweise seine handschriftliche Kopie der restlichen Tagebuchaufzeichnungen (ab September 1872).

Seit einiger Zeit neigt man besonders im deutschen und englischen Sprachraum dazu, Andersen nicht mehr als einen Autor von hohem literarischem Rang anzuerkennen, sondern ihn ins Kinderzimmer abzuschieben. Zudem werden seine Märchen und Geschichten immer häufiger die Beute von skrupellosen Verlegern, die billige, schlecht übersetzte und schlecht illustrierte Ausgaben auf den Markt werfen. Die nichtskandinavische Welt hat Andersen das gleiche angetan, was die ganze Welt einem Swift und Defoe antat: Sie hat ihn ins Kinderzimmer verbannt und die Tür hinter ihm abgeschlossen.

Das war nicht immer so. Es gab eine Zeit, in der Andersen in ganz Europa als Schriftsteller von hohem dichterischen Rang geschätzt wurde. Und es war ein Engländer – R. Nisbet Bain –, der die erste ausführliche Andersen-Biographie verfaßte, die 1895 unter dem Titel *The Life of Andersen* erschien – zehn Jahre vor der ersten dänischen Andersen-Biographie.

Es gab und gibt aber auch in unserem Jahrhundert Leser, von denen Andersen ernst genommen wurde und wird. Zu ihnen zählen im englischen Sprachraum zum Beispiel Hilaire Belloc, G. K. Chesterton, Hugh Walpole, Walter de la Mare, W. H. Auden, J. B. Priestley und Sir Michael Redgrave. Und es gibt einige gute moderne Andersen-Übersetzer und einige ausgezeichnete Andersen-Illustratoren. Trotzdem überrascht es die meisten Nichtskandinavier zu hören, daß Andersen in seiner dänischen Heimat (und auch in vielen anderen Ländern) als großer Schriftsteller gilt, der erwachsene Leser nicht weniger – oft sogar noch stärker – anspricht als Kinder, und daß er nicht nur ein meisterlicher Stilist, sondern auch ein großer Humorist war.

Das vorliegende Buch besteht aus zwei Teilen: einer Lebensbeschreibung, die mit dem Versuch einer Charakterisierung der komplexen Persönlichkeit Andersens abschließt, sowie einer Erörterung und kritischen Würdigung der Märchen und Geschichten, durch die er Weltruhm erlangte. Seine Romane, Gedichte und anderen Werke werden in chronologischer Folge im biographischen Teil behandelt.

Elias Bredsdorff
Cambridge, 1974

Für Anne Lise

In Schweden sagen wir nicht Hans Christian, wir sagen einfach Andersen, denn wir kennen nur einen einzigen Andersen, und das ist eben er. Er ist der Andersen unserer Eltern, unserer Kindheit, unserer Mannesjahre und unseres Alters ... Ich kann mich an ein Bändchen in Quartformat erinnern, das in Fraktur gedruckt war; ich erinnere mich an die Holzschnitte, an den Weidenbaum, der zu dem Märchen *Das Feuerzeug* gehörte, an *Das Liebespaar, Der standhafte Zinnsoldat, Ole Luköie, Die Schneekönigin* und all die anderen. Als ich es zu Ende gelesen hatte, war mir das Leben vergällt. Dieses schreckliche Alltagsleben mit seiner Übellaunigkeit und Ungerechtigkeit, dieses eintönige Dasein in einem Kinderzimmer, wo wir jungen Pflänzchen viel zu dicht beieinander aufwuchsen und uns ums Essen und um Vergünstigungen balgten – das alles fand ich plötzlich unerträglich, weil ich in Andersens Märchenwelt von der Existenz einer anderen Welt erfahren hatte, von einem goldenen Zeitalter der Gerechtigkeit und des Mitgefühls, in dem die Eltern zärtlich zu ihren Kindern waren und sie nicht bloß an den Haaren zogen, in dem etwas, das ich vorher nie gekannt hatte, selbst noch die Armut und Dürftigkeit in ein rosiges Licht tauchte – in jenes Licht, das mit dem obsolet gewordenen Begriff LIEBE gemeint ist.

An Orpheus hat er uns erinnert, dieser Poet, der in Prosa so schön zu singen wußte, daß nicht nur Tiere, Pflanzen und Steine lauschten und ergriffen waren, sondern auch Spielzeug lebendig wurde, Kobolde und Elfen wirklich existierten und all die gräßlichen Schulbücher plötzlich poetisch erschienen. Wahrlich, er hat die ganze Landschaft Dänemarks auf vier Buchseiten gebannt – er war ein echter Zauberer!

August Strindberg

1. Teil

Andersen

1
Die Sumpfpflanze

1805-1819

»Mein Leben ist ein hübsches Märchen, so reich und glücklich.« So beginnt Hans Christian Andersens letzte Selbstbiographie, *Das Märchen meines Lebens*, und diese Aussage, niedergeschrieben für Leser in aller Welt, ist das Leitmotiv aller seiner autobiographischen Schriften. Ihm erschien sein Leben (und er *wollte* es so sehen) als ein romantisches Märchen:

»Wäre mir, als ich, ein Knabe noch, arm und allein in die Welt hinausging, eine mächtige Fee begegnet und hätte mir gesagt: ›Wähle deine Bahn und dein Ziel, und je nach deiner geistigen Entwicklung und wie es vernünftigerweise in dieser Welt zugehen muß, will ich dich schützen und führen!‹ – mein Schicksal hätte nicht glücklicher, klüger und besser geleitet werden können, als es geschehen ist. Die Geschichte meines Lebens wird der Welt sagen, was sie mir sagt: Es gibt einen liebevollen Gott, der alles zum besten führt.«

Gott spielt demnach in Andersens Lebenserinnerungen die Rolle der guten Fee, die ihn, ein Aschenbrödel männlichen Geschlechts, aus bitterer Armut zum Weltruhm führte.

Aus bitterster Armut, in der Tat. Andersen hat seine Herkunft nie verleugnet, dabei aber immer wieder auf die Ehrbarkeit und fast idyllische Atmosphäre seines Elternhauses hingewiesen. Unermüdlich erklärte er der Öffentlichkeit, seine Vorfahren seien nur durch unglückliche Zufälle und widrige Umstände daran gehindert worden, in die Gesellschaftsschicht aufzusteigen, zu der sie seiner Meinung nach eigentlich gehörten.

Der erste autobiographische Bericht, den er 1832 im Alter von siebenundzwanzig Jahren schrieb und der unter dem Titel *Levnedsbog* bekannt wurde, beginnt mit folgenden Sätzen:

»Meine Großeltern waren wohlhabende Bauern auf Fünen. Sie hatten Unglück, das Vieh wurde krank, es gab eine Mißernte, mein Großvater hatte fixe Ideen, wurde, obzwar nur in minderem Grade, geisteskrank und zog mit seiner Frau nach Odense.

Mein Vater war der einzige Sohn, er galt als sehr gescheit, und einige reiche Bürger der Stadt boten seinen Eltern Hilfe an, um ihm ein Studium zu ermöglichen. Ihm selbst hätte das zugesagt, doch sie wollten es nicht, und sein Vater bestand darauf, daß er das Schuhmacherhandwerk erlernte ...

Sobald er, gerade zwanzig Jahre alt, Geselle geworden war, heiratete er meine Mutter, ein armes Mädchen, das ihm den Vorzug vor einem reichen Branntweinbrenner gab, bei dem es diente oder gedient hatte. Sie besaßen nichts, aber sie liebten einander sehr; sie brauchten ein Brautbett, doch dafür reichte das Geld nicht. In der Stadt war gerade ein Edelmann gestorben, er lag feierlich aufgebahrt, der Sarg stand auf einem großen, mit schwarzem Stoff überzogenen Holzgestell, und als später eine Versteigerung stattfand, kaufte mein Vater dieses Gestell, und da er geschickte Hände hatte – als Knabe hatte er zum Vergnügen ein wenig geschreinert –, machte er aus der Totenbahre ein Brautbett. (Ganz so fabelhaft war es aber doch nicht gearbeitet, denn ich erinnere mich, daß es unten schwarze Stoffränder hatte, die bei der Umänderung nicht entfernt worden waren.)

Wo der Edelmann aufgebahrt gelegen hatte, reich, aber tot, lag ein Jahr später (am 2. April), arm, aber lebendig, ein neugeborener Poet, nämlich ICH, und diese Tatsache, so scheint mir, hat wahrlich etwas Poetisches an sich. Ich war winzig, schrie bei der Taufe jämmerlich, und der erboste Pastor wurde mein erster in Anzüglichkeiten schwelgender Kritiker, denn er soll mich eine ›junge Katze‹ genannt haben.«

Die faktischen Auskünfte, die Andersen in seinen autobiographischen Schriften über seine Eltern und ihre Herkunft gibt, sind spärlich. Seine Mutter, so berichtet er, sei »einige Jahre älter als ihr Mann« gewesen. Seinen Vater nennt er »einen sehr begabten Menschen, eine echt poetische Natur« – unglücklich in seinem Beruf, gehemmt, weil er keine höhere Schule besuchen durfte, ein melancholischer Träumer, der viel las und zu dessen Büchern auch Ludvig Holbergs Komödien sowie *Tausendundeine Nacht* zählten. Von seiner Mutter berichtet Andersen, sie sei »unbekannt mit der Welt und dem Leben«, aber eine Frau »mit einem guten und liebevollen Herzen« gewesen. Sie war sehr abergläubisch, im Gegensatz zu ihrem Mann, der sich als Freidenker bezeichnete.

Seine Großeltern mütterlicherseits erwähnt Andersen nur selten. Er berichtet allerdings, seine Mutter sei als kleines Mädchen von ihren Eltern zum Betteln geschickt worden und habe, weil sie dazu nicht imstande war, einen ganzen Tag lang weinend unter einer Brücke gesessen.

Weniger Zurückhaltung erlegt er sich bezüglich seiner Großeltern väterlicherseits auf. Wie er berichtet, wohnten sie, nachdem sie ihren Hof aufgegeben hatten, in Odense »in einem kleinen Hause, das sie für den letzten geringen Rest ihres Vermögens erstanden hatten«. Seine Großmutter, »eine stille, ungemein liebenswerte Frau mit milden blauen Augen und von feiner Gestalt«, sorgte für ihren geistesschwachen Mann, der zuweilen in den Wald ging, mit Buchenblättern und Blumenkränzen geschmückt zurückkam und lauthals singend durch Odense lief – verspottet von den Straßenjungen. In *Das Märchen meines Lebens ohne Dichtung* berichtet Andersen:

»Vor dem geistesschwachen Großvater hatte ich große Angst; nur ein einziges Mal hatte er mit mir gesprochen und die mir fremde Anrede ›De‹ [Sie] gebraucht. Er schnitzte seltsame Bilder aus Holz, Menschen mit Tierköpfen, geflügelte Tiere und wunderliche Vögel; diese packte er in einen Korb und ging dann aufs Land hinaus, wo die Bauernfrauen ihm überall aufwarteten, ja ihm Schinken und Mehl mit nach Hause gaben, weil er ihnen und ihren Kindern das kuriose Spielzeug schenkte. Eines Tages, als er nach Odense zurückkam, hörte ich die Straßenjungen hinter ihm herjohlen; vor Schreck versteckte ich mich hinter einer Treppe, bis sie vorbeigerannt waren, denn ich wußte, daß ich von seinem Fleisch und Blut war.«

Als er selbst ein alter, zahnloser Mann geworden war, glaubte Andersen, seinem Großvater ähnlich zu sehen.

Überprüft man die nach seinem Tode bekannt gewordenen Fakten, so stellt sich heraus, daß vieles von dem, was er über seine Familie berichtete, reine Erfindung war, obzwar natürlich nicht auszuschließen ist, daß er einiges für wahr hielt. Zuweilen hat er (wie so viele Verfasser von Autobiographien) seinen Bericht bewußt verfälscht, insbesondere durch das Verschweigen von Tatsachen, die er seinen Lesern aus verständlichen Gründen vorenthalten wollte. Es ist daher den Versuch wert, den historischen Fakten nachzugehen.

Im Jahre 1805, dem Geburtsjahr Hans Christian Andersens, war Odense die Hauptstadt der Insel Fünen und mit rund fünftausend Einwohnern die nach Kopenhagen zweitgrößte Stadt Dänemarks. Die Klassenunterschiede in diesem Gemeinwesen waren enorm: Es gab verschiedene Gruppen wohlhabender Bürger – Adlige, Offiziers- und Beamtenfamilien, Kaufleute und reiche Handwerker –, aber mehr als die Hälfte der Einwohnerschaft gehörte den unteren Schichten an und viele Familien lebten in bitterster Armut. [1] In der Stadt gab es zahlreiche schöne Bürgerhäuser, ein mittelalterliches Rathaus, eine traditionsreiche höhere Schule (»Lateinschule«), ein seit 1795 bestehendes Theater, in dem Gastspiele stattfanden, und ein 1720 erbautes Stadtschloß, in dem die hohen Verwaltungsbeamten der Insel Fünen amtierten und das 1816 die Residenz des zum Gouverneur von Fünen ernannten Prinzen Christian Frederik (des späteren Königs Christian VIII.) wurde. In den Gassen und Hinterhöfen von Odense wohnten die armen Handwerker, die Tagelöhner, Waschfrauen, Bettler und Außenseiter der Gesellschaft. Von Sozialfürsorge war damals noch kaum die Rede, und alte Leute konnten von Glück sagen, wenn sie im Franziskanerspital aufgenommen wurden. Die Delinquenten kamen ins Gefängnis (»Odense Tugthus«), die Geisteskranken ins Irrenhaus.

Hans Christian Andersen kam am 2. April 1805 in Odense zur Welt. Er wurde ehelich geboren – zwei Monate nach der Hochzeit seiner Eltern, die vorher nur einen Monat verlobt gewesen waren. Da ihre Namen erst ab 1806 im amtlichen Register verzeichnet sind, ist anzunehmen, daß die beiden bis dahin keinen eigenen Haushalt hatten.

Hans Andersen, der Vater Hans Christians, wurde 1782 geboren und war Schustergeselle. Als sogenannter *Frimester* gehörte er der untersten Handwerkerschicht an, die nicht in die Zünfte aufgenommen wurde und nicht berechtigt war, andere Handwerker in Dienst zu nehmen. Sein Vater, Anders Hansen Traes (um 1751-1827) war mit Cathrine Nommensdatter (1745-1822) verheiratet. Sie scheint eine notorische Lügnerin gewesen zu sein; die mitleiderregende Geschichte, die sie ihrem Enkel Hans Christian über die Schicksalsschläge erzählte, die sie und ihre Familie in Armut gestürzt hätten, war reine Erfindung. Wann und unter welchen Umständen ihr Mann den Verstand verlor, ist nicht bekannt, wir wissen jedoch, daß er vor dem Umzug nach Odense ein armer Landarbeiter und Kleinpächter war und eine Zeitlang als Schustergeselle sein Brot verdiente. Auch die rührselige Geschichte, die seine Frau von ihrer Großmutter mütterlicherseits erzählte, die angeblich eine Adlige aus Kassel war und mit einem »Komödienspieler« davonlief, ist frei erfunden. [2]

Hans Christians Mutter wurde als Anne Marie Andersdatter um 1775 geboren, war also etwa dreißig, als ihr Sohn zur Welt kam. Vor ihrer Heirat hatte sie bei verschiedenen Familien in Odense als Dienstmagd gearbeitet. Ganz so »unbekannt mit der Welt und dem Leben« war sie sicher nicht; jedenfalls bekam sie 1799 eine uneheliche Tochter. Der Kindsvater war ein Töpfer und Grenadier namens Rosenvinge, der bereits mehrere uneheliche Kinder in die Welt gesetzt hatte. Hans Christians Großmutter mütterlicherseits, über die er sich in seinen Autobiographien kaum äußert, hieß Anne Sörensdatter (um 1745-1825). Als sie sich 1783 mit einem Schneider (der eine Gefängnisstrafe verbüßt hatte) verheiratete, hatte sie bereits drei uneheliche Kinder: Anne Marie (Hans Christians Mutter), Christiane (geb. 1778) und eine weitere Tochter, die 1781 geboren wurde und im Säuglingsalter starb. Zur Strafe dafür, daß sie diese Kinder unehelich geboren hatte, wurde sie 1783 für eine Woche ins Gefängnis geschickt. Nach ihrer Heirat bekam sie ihr viertes Kind, das kurz darauf starb. Nach dem Tod ihres Mannes im Jahre 1790 heiratete sie einen dreißigjährigen Handschuhmacher, mit dem sie 1804 von Odense nach Bogense (ebenfalls auf Fünen) umzog, wo sie 1825 starb.

Hans Christians Tante Christiane (1778-1830) siedelte vermutlich 1799 nach Kopenhagen über. Im Jahre 1806 erhielt der Armenrechtsinspektor von Andersens Mutter die magere Auskunft, ihre Schwester lebe in Kopenhagen; ob Christiane verheiratet sei, wisse sie nicht. In seiner frühesten Autobiographie berichtet Andersen, seine Tante sei, als er ein kleiner Junge war, zu Besuch gekommen und habe ihm eine Silbermünze geschenkt. Seine Mutter habe ihrer Schwester vorgeworfen, sie wolle nur ihren Reichtum und Putz zur Schau stellen; danach hätten die beiden nicht mehr miteinander gesprochen. Als der vierzehnjährige Hans Christian 1819 seine Tante in Kopenhagen wiedersah, unterhielt sie ein Bordell.

Seine sechs Jahre ältere Halbschwester Karen Marie Rosenvinge erwähnt Andersen in keiner seiner autobiographischen Schriften. Bei einer 1801 durchgeführten Volkszählung wurde sie in Odense registriert, wo sie bei ihrer Großmutter mütterlicherseits wohnte. Es ist unwahrscheinlich, daß sie jemals im Haushalt ihrer Mutter und ihres Stiefvaters lebte, und nur diesbezüglich trifft Andersens Behauptung zu, er sei »das einzige Kind« gewesen. Aus den Kirchenbüchern geht hervor, daß Karen Marie Rosenvinge 1814 in Odense konfirmiert wurde. Im Herbst 1822 ging sie nach Kopenhagen. Andersen tat alles, um die Tatsache, daß er eine Halbschwester hatte – »meiner Mutter Tochter« nannte er sie – nicht bekannt werden zu lassen.

In einem freimütigen Brief an einen Freund, der ihn und seine Herkunft besser kannte als die meisten anderen, bezeichnete sich Andersen als »Sumpfpflanze«. Eine treffende Bezeichnung, denn gesellschaftlich gesehen kam er tatsächlich aus den tiefsten Niederungen: aus Verhältnissen, in denen bittere Armut, moralische Laxheit und Promiskuität herrschten. Seine Großmutter war eine pathologische Lügnerin; sein Großvater litt an Schwachsinn; seine Mutter endete als Alkoholikerin; seine Tante betrieb ein Bordell. Und er mußte damit rechnen, daß irgendwann einmal seine Halbschwester auftauchen und ihn, der sich aus diesem Milieu befreit hatte, in Verlegenheit bringen würde – ein Gedanke, der ihn viele Jahre lang wie ein Alptraum verfolgte.

Der irre Großvater und die geliebte Großmutter erscheinen, meist idealisiert, in einigen seiner Märchen und Geschichten (der Großvater zum Beispiel in *Holger Danske*, die Großmutter in *Das kleine Mädchen mit den Schwefelhölzern*). Andersens Eltern sind in Gestalten aus seinen Romanen und vielen seiner Geschichten wiederzuerkennen (besonders deutlich in *Was die alte Johanne erzählte* und *Sie taugte nichts*, der Erzählung, in der er seiner Mutter das schönste Denkmal gesetzt hat). Und selbst die vom ihm so hartnäckig verleugnete Halbschwester Karen Marie ist in einigen seiner Werke zu entdecken, etwa in dem Roman *O.Z.* (dänisch: *O.T.*), in *Die roten Schuhe* und *Das Mädchen, das aufs Brot trat*. Die Bruder-Schwester-Beziehung hat er häufig idealisiert – man denke nur an Kay und Gerda in dem Märchen *Die Schneekönigin*:

»Drinnen in der großen Stadt, wo so viele Menschen und

Häuser sind und nicht genug Platz ist, daß alle Leute einen kleinen Garten haben können, und wo sich darum die meisten mit Blumen in Blumentöpfen begnügen müssen, da lebten zwei arme Kinder, die hatten einen Garten, der etwas größer war als ein Blumentopf. Sie waren nicht Bruder und Schwester, aber sie waren sich ebenso gut, als wenn sie es gewesen wären.«

So also hat Andersen die mangelnde Zuneigung zu seiner Schwester Karen Marie kompensiert: Er erfand eine Traum-Schwester in einem Traum-Odense.

Wo das Haus stand, in dem Andersen geboren wurde, ist nicht genau bekannt, wir wissen aber, wo er den größten Teil seiner Kindheit verbrachte: Vom zweiten bis zum vierzehnten Lebensjahr wohnte er in einem kleinen Haus in der Munkemöllestræde. In *Das Märchen meines Lebens* beschreibt er es so:

»Ein einziges Stübchen, fast ganz ausgefüllt von der Schusterwerkstatt, dem Bett, der Schlafbank, auf der ich schlief, war das Heim meiner Kindheit; die Wände waren mit Bildern behangen, auf der großen Kommode standen bunte Tassen, Gläser und Nippsachen. In der Ecke der Stube am Fenster befand sich ein Brett mit Büchern und Liedern. In einer kleinen Küche hing über dem Schrank ein Regal voller glänzender Teller und Geschirre. Der kleine Raum kam mir groß und reich vor, selbst die Tür, in deren Füllung eine Landschaft gemalt war, hatte damals für mich dieselbe Bedeutung wie heute eine Bildergalerie.«

Die meisten schönen und aufregenden Erlebnisse seiner Kindheit waren kostenlos: die Ausflüge in den Wald, die seine Eltern alljährlich im Mai mit ihm unternahmen und bei denen seine Mutter das Kattunkleid trug, das sie sonst nur zum heiligen Abendmahl anzog; die traditionellen Umzüge der Zünfte; die fröhliche Straßenmusik – Pfeifen und Trommeln –, mit der das Neue Jahr begrüßt wurde; der Fastnachtsbeginn, wenn die Fleischer einen mit Girlanden geschmückten Ochsen durch die Straßen trieben, auf dessen Rücken ein als Amor verkleideter Knabe saß. Nach Pfingsten fand im nahen Moor das »Vogelschießen« auf hölzerne Papageien statt, und am Johannisabend wurde Hans Christian zum Wasserholen an eine heilige Quelle geschickt.

Seine Mutter, eine einfache Frau ohne Schulbildung, steckte

voller Aberglauben, den sie ihrem Sohn einimpfen wollte. St.-Johannis-Kräuter wurden in die Balkenritzen gesteckt, weil sie durch rasches oder langsames Verwelken angeblich zeigten, ob man selbst ein kurzes oder langes Leben zu erwarten hatte. [3] Der kleine Hans Christian fürchtete sich vor der Dunkelheit und graulte sich davor, an einem Friedhof vorbeizugehen. Zuweilen mußte er in der Nähe eines zerstörten Klosters, das auf einem Hügel vor der Stadt lag, Buttermilch holen, und er war überzeugt, daß es dort spukte, denn aus der Ruine schien ein seltsamer Schimmer zu dringen. Erst wenn er wieder auf der anderen Seite des Flusses war, fühlte er sich sicher: Trolle und böse Geister konnten kein Gewässer überqueren.

Zu seinen frühesten Erinnerungen (er war damals drei Jahre alt) zählte der Anblick spanischer Soldaten in den Straßen von Odense. Das mit Napoleon verbündete Dänemark hatte im März 1808 Schweden den Krieg erklärt, und nun zogen französische und spanische Hilfstruppen unter dem Kommando des Marschalls Bernadotte durch Dänemark nach Schweden. Als er längst erwachsen war, erinnerte sich Andersen noch deutlich an die »fast schwarzbraunen Männer«, die lärmend durch die Straßen zogen, und an die Kanonen, die auf dem Marktplatz vor der bischöflichen Residenz abgefeuert wurden. Eines Tages hatte ihn ein spanischer Soldat auf den Arm genommen und ihm ein silbernes Medaillon an die Lippen gedrückt – zum Entsetzen von Hans Christians Mutter, die solche »Papisterei« verabscheute. Und er hatte auch gesehen, wie ein spanischer Soldat, der einen Franzosen umgebracht hatte, zur Richtstätte geführt wurde.

Von frühester Kindheit an war das Zuchthaus von Odense für ihn ein Ort des Schreckens. Später schilderte er, wie aufgeregt er war, als seine Eltern ihn zu einem Familienfest beim Pförtner mitnahmen und das große Gefängnistor für sie aufgeschlossen und dann wieder abgesperrt wurde. Bei Tische wurden die Gäste von zwei Gefangenen bedient, der kleine Hans Christian aber brachte keinen Bissen hinunter und glaubte, aus den Zellen das Schnurren der Spulräder und das Singen der Gefangenen zu hören.

Unvergeßlich blieb ihm auch der Garten des sogenannten Franziskanerspitals. Dort arbeitete seine geliebte Großmutter, und wenn Laub und Unkraut zu verbrennen waren, nahm sie ihren Enkel zuweilen in den umzäunten Teil des Gartens mit, wo die harmlosen Geisteskranken frei herumlaufen durften. Sie aus nächster Nähe zu sehen, faszinierte und erschreckte ihn. Einmal wagte er sich bis in den Gang vor, der zu den Zellen der Tobsüchtigen führte, und als er durch einen Türspalt lugte, sah er auf einem Bündel Stroh eine nackte Frau mit herabhängenden Haaren sitzen. Sie sang mit wunderschöner Stimme, aber plötzlich sprang sie mit einem schrillen Schrei auf und schlug wild an die Tür, durch die er sie beobachtete. Die Luke, durch die das Essen hineingereicht wurde, öffnete sich, und die Frau streckte den Arm nach dem entsetzten Jungen aus, der vor Schrecken halbtot war, als ihn der Wärter entdeckte.

In dem Trakt, in dem sich die Spinnstube der bettelarmen alten Frauen befand, fühlte sich der Junge umso wohler. Er unterhielt die Insassinnen mit improvisierten Vorträgen über anatomische und andere Themen, von denen sie noch weniger verstanden als er selbst. Und er fühlte sich geschmeichelt, wenn sie seine Beredsamkeit bewunderten und erklärten, ein so »merkwürdig kluges Kind« würde bestimmt nicht lange leben.

Er scheint tatsächlich ein sehr altkluges Kind gewesen zu sein – verhätschelt von Mutter und Großmutter, die ihn glauben machen wollten, er sei ganz anders als seine Altersgenossen. In zwei seiner Autobiographien erzählt er von einem Vorfall, der sich ereignete, als er mit seiner Mutter und einigen anderen Frauen beim Ährenlesen war. Der Gutsverwalter lief ihnen wutentbrannt nach, und als er dem kleinen Hans Christian, der ihm nicht entkommen konnte, mit der Hundepeitsche eins überziehen wollte, rief dieser ihm zu: »Wie kannst du mich schlagen, wenn Gott es sieht!« Dieser Schilderung zufolge (die im verläßlicheren *Levnedsbog* nicht enthalten ist), wurde der Verwalter plötzlich sehr milde, streichelte dem Jungen die Wange, fragte ihn nach seinem Namen und gab ihm ein Almosen. Daraufhin erzählte Hans Christians Mutter überall herum, ihr Sohn sei ein ganz merkwürdiges Kind. »Alle Menschen sind ihm gut, sogar der böse Aufseher hat ihm Geld gegeben.«

Im März 1825, kurz vor seinem zwanzigsten Geburtstag, schrieb Andersen in einem Brief an seinen Wohltäter Jonas Collin:

»So lange ich mich erinnern kann, war das Lesen meine einzige und liebste Beschäftigung; meine Eltern waren arm, aber da mein Vater sehr gern las, besaß er einige Bücher, die ich verschlang. Ich spielte nie mit anderen Knaben, ich war immer allein.«

Ein Junge ohne Spielgefährten, der sich meist zu Hause aufhielt, eifrig las, sich mit allen möglichen Bildern, selbstverfertigten Spielsachen, Marionetten und Puppen vergnügte – so beschreibt sich Andersen in sämtlichen autobiographischen Schriften. An Sommertagen saß er gern in dem winzigen Hof seines Elternhauses unter einer Art Zeltdach: »Mit Hilfe eines Besenstiels spannte ich die Schürze meiner Mutter zwischen Hauswand und Strauch.« Hier konnte er stundenlang sitzen, die Blätter des einzigen Stachelbeerstrauches betrachten oder Puppenkleider nähen.

Trotz ihrer Armut schickten ihn seine Eltern schon frühzeitig – vermutlich im Alter von fünf Jahren – zur Schule. Von einer alten »Lehrmutter«, die eine Klippschule unterhielt, wurde er im Schreiben und Lesen unterwiesen. (Mit der Orthographie stand er allerdings zeitlebens auf dem Kriegsfuß, und nach heutigen Maßstäben hätte man die Lesefähigkeit des Volksschülers wahrscheinlich als gestört bezeichnet.) Die Klasse mußte im Chor buchstabieren, während die Lehrerin mit der Rute in der Hand dasaß und sie benützte, sobald ein Kind einen Fehler machte oder unartig war. Frau Andersen hatte sich jedoch vor dem Schuleintritt Hans Christians ausbedungen, daß er nicht gezüchtigt werden dürfe. Als er trotzdem eines Tages von der Lehrerin geschlagen wurde, nahm er seine Fibel und ging nach Hause. Seine Mutter gab ihm recht und schickte ihn nun in eine Schule für jüdische Kinder. Dort waren die Knaben in der Überzahl, doch Hans Christian, der sich ohnehin mit Mädchen besser verstand, freundete sich mit einer Schülerin namens Sara an, deren größter Wunsch es war, später einmal Meierin auf einem fünischen Herrenhof zu werden. Hans Christian erklärte ihr großspurig, das könnte sie, wenn er erst vornehm geworden sei, auf seinem Schloß werden, und als sie ihn auslachte, war er beleidigt. Um ihr zu beweisen, daß er es ernst meinte, zeichnete er ein Phantasieschloß und erzählte Sara, er sei in Wirklichkeit das vertauschte Kind vornehmer Eltern; wenn er allein sei, kämen die Engel Gottes und sprächen mit ihm. Worauf das kleine Mädchen ihn verwundert musterte und zu einem Mitschüler sagte: »Er ist verrückt wie sein Großvater.« Hans Christian war entsetzt, und die Freundschaft der beiden kühlte merklich ab.

Als diese Lehranstalt um 1811 geschlossen wurde, mußte Frau Andersen ihren kleinen Sohn zum zweiten Mal umschulen. Jetzt ging er in die öffentliche Armenschule, die sich in einem alten Gebäude befand, dessen Wände mit biblischen Szenen geschmückt waren. Die Schüler wurden im Lesen, Schreiben und Rechnen unterwiesen, aber allem Anschein nach ließ der Unterricht viel zu wünschen übrig. Später hielt sich Andersen etwas darauf zugute, daß er seine Hausaufgaben immer erst auf dem Schulweg gemacht hatte – für seine Mutter ein weiterer Beweis dafür, daß er eine Naturbegabung war. Der Schulmeister, ein Norweger namens Welhaven, verstand es allem Anschein nach, alttestamentarische Gestalten sehr lebendig zu schildern. Der kleine Hans Christian lauschte den Geschichten von Moses und Abraham, betrachtete die Wandgemälde und hing seinen phantastischen Träumen nach. Obwohl er des öfteren wegen mangelnder Konzentration gerügt werden mußte, war er der Lieblingsschüler seines Lehrers. Später konnte er sich zwar rühmen, niemals mit einem Mitschüler aneinandergeraten zu sein, aber er stand sich trotzdem mit den anderen Jungen nicht gut. Sie lachten ihn aus, weil er immer wieder seltsame Geschichten erfand, in denen er unweigerlich die Rolle des Helden spielte. Oft riefen ihm seine Mitschüler auf dem Heimweg nach: »Dort läuft der Komödienschreiber!« In seinen Memoiren berichtet Andersen: »Ich verbarg mich zu Hause in einem Winkel, weinte und betete zu Gott.«

»Ich war ein sehr stilles Kind und ging nie auf die Straße, um mit den anderen Kindern zu spielen. Nur mit kleinen Mädchen war ich gern zusammen. Ich erinnere mich an ein etwa achtjähriges hübsches kleines Mädchen, das mich küßte und sagte, es wolle mich heiraten. Das gefiel mir, und ich erlaubte ihr stets, mich zu küssen, gab ihr von mir aus aber nie einen Kuß. Ich ließ mich von niemandem sonst küssen. Gegenüber erwachsenen Mädchen und solchen, die älter als zwölf waren, empfand ich eine seltsame Abneigung, ja mir schauderte vor ihnen. Ich gewöhnte mir sogar an, alles, was ich nicht gern anfaßte, als ›mädchenhaft‹ zu bezeichnen.«

In seinen Kindheitserinnerungen spielt der Vater eine wichtige Rolle. Andersen schildert, wie er nach einem Ausflug aufs Land an einem Sommerabend in einem schrecklichen Sturm vom Vater auf den Schultern nach Hause getragen wurde. Und er berichtet, daß ihm der Vater abends aus seinen Lieblingsbüchern – Holbergs Komödien und *Tausendundeine Nacht* – vorlas und daß er Spielzeug für ihn anfertigte – darunter ein Puppentheater und einen Guckkasten.

Der rationalistische, skeptische Schuhmacher und seine beschränkte, abergläubische Frau müssen ein seltsames Gespann gewesen sein. Er las oft in der Bibel, und wenn er sich dazu äußerte, war seine Frau nicht selten schockiert. Andersen berichtet, sein Vater habe eines Tages die Bibel mit den Worten zugeschlagen: »Christus ist ein Mensch wie wir gewesen, aber ein außergewöhnlicher Mensch.« Die Mutter brach daraufhin in Tränen aus, und Hans Christian bat Gott, er möge dem Vater »diese entsetzliche Lästerung« verzeihen. Möglicherweise bezog sich Andersen auf diesen Vorfall, als er gegen Ende seines Lebens einem jungen Freund erzählte, seine Mutter sei, nachdem sein Vater sich als Atheisten bezeichnet hatte, so entsetzt gewesen, daß sie mit ihrem kleinen Sohn in den Holzschuppen gerannt sei; dort habe sie, um ihn vor bösen Geistern zu schützen, ihre Schürze über ihn gebreitet und erklärt: »Der Teufel war bei uns, und *er* hat diese Worte gesagt, nicht dein Vater. Du mußt sie vergessen, denn dein Vater hat es nicht so gemeint.« Dann hätten sie beide geweint und gemeinsam das Vaterunser gebetet. [4]

Bei anderer Gelegenheit hörte er seinen Vater sagen: »Es gibt keinen anderen Teufel als den, den wir in unserem eigenen Herzen haben.« Für Frau Andersen stand fest, daß er sich damit der ewigen Verdammnis auslieferte. Als er – wie Andersen später ebenfalls berichtet – eines Morgens drei tiefe Kratzer am Arm hatte, waren seine Frau und eine Nachbarin felsenfest überzeugt, Satan persönlich habe sie ihm beigebracht – zur Strafe dafür, daß er nicht an den Teufel glaubte. Dieser Version liegt wahrscheinlich ein Erlebnis zugrunde, von dem Andersen als alter Mann einem jungen Freund erzählte: Als an der Leiche seines Vaters einige Kratzer entdeckt wurden, hatte seine Mutter darauf gedeutet und gesagt: »Siehst du, Christian, der Teufel hat ihn geholt, zur Strafe für das, was er über Christus gesagt hat.«

Zuweilen kam eine alte Frau aus dem Spital zu Hans Christians Mutter, um sich Reste aus der Küche zu holen. Sie wurde von Frau Andersen für eine »kluge Frau«, wenn nicht sogar für eine Hexe gehalten und entsprechend respektvoll behandelt, worüber sich Hans Christians Vater, der sie für eine Schwindlerin hielt, lustig machte. Eines Tages wurde die Alte gebeten, Hans Christians Zukunft vorauszusagen. »Es wird ihm besser gehen als er es verdient«, soll sie prophezeit haben. »Ein wilder Vogel wird er sein, hoch aufsteigen und vornehm werden. Eines Tages wird Odense ihm zu Ehren illuminiert werden.« Trotz der Skepsis seines Vaters war der Junge hochbeglückt, und seine Mutter zweifelte keinen Moment an dieser Prophezeiung. [5]

Über Andersens Eltern kursierte auch folgende Geschichte: Eines Tages kam Frau Andersen, die bei einer wohlhabenden Familie als Waschfrau arbeitete, aufgeregt nach Hause und erzählte ihrem Mann, daß der als angehender Theologe aus Kopenhagen zurückgekehrte Sohn des Hauses versucht habe, sie zu verführen. Er habe ihr Geld dafür geboten. »Und wie hast du dich verhalten?« fragte ihr Mann empört. »Ich bin weggelaufen so schnell ich konnte. Ich schwöre bei Jesus Christus, daß ich sofort nach Hause gegangen bin! Aber ... aber es war eine ganze Menge Geld!« Worauf ihr Mann mit geballten Fäusten rief: »Und so einer wird Pfarrer! Pfarrer!«

Andersens Vater scheint ein sehr zurückgezogenes Leben geführt zu haben. Er litt zuweilen unter Depressionen, hing aber sehr an seinem Sohn und beharrte darauf, daß der Junge nie gegen seinen Willen zu etwas gezwungen werden sollte. Er ging gern in der ländlichen Umgebung spazieren, allein oder mit seinem Sohn. Wie dieser später in *Das Märchen meines Lebens* berichtet, hatte sein Vater gehofft, auf einem fünischen Herrenhof als Schuhmacher angestellt zu werden und dort »freies Haus, einen kleinen Garten und freie Weide für eine Kuh« zu haben. Als Probearbeit sollte er für die Gutsherrin ein Paar Tanzschuhe anfertigen, für die sie ihm das nötige Seidenzeug zur Verfügung stellte. Erwartungsvoll machte er sich mit den fertigen Schuhen auf den Weg, aber er kam blaß und erbittert zurück: Die Dame hatte die Schuhe mit der Bemerkung zurückgewiesen, er habe das schöne Seidenzeug verdorben. »›Haben Sie Ihr Seidenzeug dazu hergegeben‹, antwortete mein Vater, ›so kann ich auch mein Leder draufgehen lassen!‹ Er holte sein Messer hervor und schnitt die Sohlen ab.«

»Mittlerweile tobte in Deutschland der Krieg, mein Vater las eifrig die Zeitungen. Napoleon war sein Held; wir waren mit den Franzosen verbündet; die Truppen machten sich auf den Marsch; er konnte nicht zu Hause bleiben, er wollte Napoleon sehen, er wollte in den Krieg ziehen. Die verbündeten Länder mußten am Krieg teilnehmen, er meldete sich freiwillig als einfacher Soldat und war überzeugt, im Krieg befördert zu werden.« So stellte es Andersen in seinem *Levnedsbog* dar. In Wirklichkeit verhielt es sich etwas anders.

Im Frühjahr 1812 trat Hans Andersen als Musketier in die Armee ein – nachdem man ihm einen beträchtlichen Geldbetrag zugesichert hatte, falls er bereit sei, an Stelle eines Bauern, der auf seinen Hof zurückkehren wollte, Kriegsdienst zu leisten. Das Geld dürfte also ein wichtigeres Motiv gewesen sein als die Begeisterung für Napoleon, obwohl bei dem Entschluß des Schuhmachers sicher auch eine gewisse Abenteuerlust mitspielte. Hans Christian hatte die Masern, als sein Vater einrückte. Seine Mutter, die fürs Militär nichts übrig hatte, weinte bitterlich, als er seinen Sohn zum Abschied zärtlich küßte. Und die alte Großmutter war so bekümmert, daß sie zu dem kranken Jungen sagte, es wäre gut, wenn er nun stürbe – aber Gottes Wille sei immer der beste. »Dieser Morgen war der erste schmerzvolle, dessen ich mich entsinne«, schrieb Andersen später.

Das Regiment, in dem sein Vater diente, kam nur bis nach Holstein; dann wurde Frieden geschlossen. Im Januar 1814 kehrte Hans Andersen an seine Schusterbank zurück, aber seine Gesundheit hatte schwer gelitten. Als es wenige Jahre später mit ihm zu Ende ging, redete er im Delirium vom Krieg und von Napoleon, von dem er Befehle zu erhalten glaubte. In seinem *Levnedsbog* gibt Andersen folgende Schilderung:

»Eines Morgens hatte er Fieber, phantasierte stark, redete von Napoleon und Feldzügen. Meiner Mutter fiel nichts Besseres ein, als mich zu einer sogenannten ›klugen Frau‹ nach Eiby, einer wenige Meilen entfernten Ortschaft, zu schicken. Sie versprach zu kommen, vollführte aber erst einige Zauberkunststücke, band einen Wollfaden um mein Handgelenk und gab mir ein Blatt, wie sie sagte, ›von dem Baum, aus dem das Kreuz Christi gemacht wurde‹. ›Muß mein armer Vater sterben?‹ fragte ich unter Tränen. ›Wenn er sterben muß‹, erwiderte sie, ›wirst du auf dem Heimweg seinem Geist begegnen.‹ «

Als der Junge seiner Mutter berichtete, daß er unterwegs keinen Geist gesehen habe, war sie beruhigt. Aber zwei Tage später starb der Vater.

»Seine Leiche blieb im Bett; ich lag mit meiner Mutter davor, und die ganze Nacht zirpte eine Grille. ›Er ist tot‹, sagte meine Mutter zu der Grille, ›du brauchst ihm nicht nachzusingen, die Eisjungfrau hat ihn umarmt!‹ Ich verstand, was sie damit meinte. Ich erinnerte mich eines Winters, als unsere Fenster gefroren waren und mein Vater gemeint hatte, an der Scheibe sei gleichsam die Figur einer Jungfrau zu sehen, die beide Arme ausstreckte. ›Sie will mich holen‹, hatte er im Scherz gesagt. Nun, da er tot im Bett lag, kam dies meiner Mutter in den Sinn, und was er gesagt hatte, beschäftigte lange meine Gedanken.«

Hans Andersen starb am 26. April 1816, kurz nachdem sein Sohn elf Jahre alt geworden war. Er wurde in einem Armengrab bestattet.

»Ich ging dicht hinter dem Sarg, sah den Pastor der St.-Knuds-Kirche Sand darauf werfen und war sehr traurig. Zu Hause saß meine Mutter wehklagend da; nur meine alte Großmutter sah mit feuchten Augen still vor sich hin; sie seufzte nicht einmal, aber auf ihrem blassen Gesicht lag ein Leidenszug, der mir auffiel, obwohl ich noch ein Kind war.«

Danach blieb Hans Christian noch mehr sich selbst überlassen. Seine Mutter arbeitete als Waschfrau, und er spielte zu Hause mit seinem Puppentheater, nähte Puppenkleider und las Theaterstücke. Er war ein hochaufgeschossener Junge mit dichtem goldblonden Haar, der – wie man ihm später erzählte – niemals eine Kopfbedeckung und fast immer Holzpantinen trug.

Seine Interesse für die Bühne wurde frühzeitig geweckt: Schon als Siebenjähriger wurde er von seinen Eltern in das Theater von Odense mitgenommen, das vierhundert Plätze hatte. Hier sah er komische Opern und Singspiele, darunter *Das Donauweibchen* von Ferdinand Knauer und eine deutsche Singspielfassung von Holbergs Komödie *Der politische Kannegießer*. Er sammelte die Theaterzettel und freundete sich mit dem Zettelträger Peter Junker an, von dem er täglich Aushangzettel zur Verteilung in der

Nachbarschaft seines Elternhauses bekam. Als Entgelt durfte er jeweils ein Exemplar für sich behalten. Zu Hause informierte er sich über die Rollen und ihre Darsteller und ließ seiner Phantasie freien Lauf. »Dies war meine erste, unbewußte Dichtung«, berichtete er später. In dem bereits erwähnten Brief an Jonas Collin schrieb er (im März 1825):

»Seit dem Tage, an dem ich das erste Theaterstück sah, lechzte meine ganze Seele nach dieser Kunst. Ich erinnere mich noch, daß ich tagelang ganz allein vor dem Spiegel saß, mir statt eines Ritterumhangs eine Schürze umgelegt hatte und das *Donauweibchen* spielte – auf Deutsch, obwohl ich kaum fünf deutsche Wörter kannte. Bald lernte ich ganze dänische Theaterstücke auswendig (damals fiel mir das Auswendiglernen nämlich sehr leicht) und begann auch, selber Stücke zu schreiben (weshalb meine gute Mutter mich gehörig schalt, weil sie fürchtete, all diese Aufregung könnte mich verrückt machen).«

Das Wort *Digter*, das (genau wie das deutsche Wort »Dichter«) einen schöpferischen Autor von hohem künstlerischem Rang bezeichnet und alle romantischen Vorstellungen von einer göttlichen Berufung in sich schließt, hörte der junge Andersen zum ersten Mal von einem Fräulein Bunkeflod, einer Nachbarin, die mit ihrer Schwägerin, der Witwe eines weniger bekannten dänischen Poeten, zusammenwohnte. »Mein Bruder, der Dichter«, sagte sie mit leuchtenden Augen. Im Hause der beiden Damen wurde ihm klar, daß es »etwas Herrliches« bedeuten mußte, ein Dichter zu sein. Fräulein Bunkeflod verfaßte humoristische Verse und regte den Jungen dazu an, Gedichte zu schreiben – eines über ein Feld am Stadtrand und eines, das er *Die Wolken* nannte. (Beide sind verschollen.) Er fühlte sich bei den Damen wie zu Hause, las Fräulein Bunkeflod vor und sang für sie Balladen und lustige Liedchen. Sie wiederum lieh ihm Bücher. Er las Melodramen, die auf den Sagen von Ariadne und Medea basierten, sowie Johan Herman Wessels Tragödienparodie *Liebe ohne Strümpfe*, die mit einem Blutbad endet. Er versuchte, selbst ein Stück zu schreiben, und da er glaubte, es müßte mit einem allgemeinen Gemetzel enden, überlegte er lange, auf welche Weise die zahlreichen Dramenfiguren umgebracht werden könnten. Einer alten dänischen Ballade über Pyramus und Thisbe entnahm er die Handlung seiner ersten Tragödie, die er *Abor og Elvira* nannte. Er ließ darin einen Eremiten und seinen Sohn auftreten, die beide in Liebe zu der Heldin entbrennen und sich nach deren Tod selbst entleiben. Die Worte, die er dem Eremiten in den Mund legte, lehnten sich mehr oder weniger eng an den kleinen Katechismus an. Andersen las sein Werk allen möglichen Leuten vor und war tief gekränkt, als eine Nachbarin spöttisch sagte, er hätte das Stück nicht *Abor og Elvira* sondern *Aborre og Torsk* (zu deutsch »Barsch und Dorsch«) nennen sollen. Seine Mutter tröstete ihn: »Das sagt sie nur, weil *ihr* Sohn es nicht gemacht hat.« Kurz darauf begann er Shakespeare zu lesen, allerdings in einer schlechten Übersetzung, die er sich von einer Dame auslieh, deren Bekanntschaft er nur gesucht hatte, weil er ihre Bibliothek benützen wollte. Angeregt von *König Lear* und *Macbeth* plante er ein zweites Theaterstück, in dem ein König und eine Prinzessin auftreten sollten. Da er es für unwahrscheinlich hielt, daß so illustre Persönlichkeiten gewöhnliches Dänisch sprachen, bemühte er sich, etwas über die Redeweise bei Hofe zu erfahren. In Odense hatte man zwar seit vielen Jahren keinen König mehr zu sehen bekommen, aber jemand äußerte die Meinung, daß Fürstlichkeiten sich wahrscheinlich in Fremdsprachen unterhielten. Daraufhin erfand Hans Christian mit Hilfe eines mehrsprachigen Wörterbuches eine »Königssprache« – eine Mischung aus Deutsch, Französisch, Englisch und Dänisch. In seinem Schauspiel begrüßte die Prinzessin ihren Vater mit den Worten: »Guten Morgen, mon père! Har De godt sleeping?« Auch dieses Stück mußten sich seine sämtlichen Bekannten von Anfang bis Ende anhören.

Frau Andersen war über das Steckenpferd ihres Sohnes so beunruhigt, daß sie ihm das Schauspielern verbot. Manchmal fürchtete sie, er habe tatsächlich den Verstand verloren. Als er ihr eines Tages eine ganze Ballett-Pantomime vorführte, drohte sie, ihn zu dem italienischen Seiltänzer Guiseppe Casortis (der im Winter 1814/15 in Odense auftrat) in die Lehre zu schicken – dort würde man ihn nur mit Lebertran ernähren, damit er einen recht gelenkigen Körper bekäme. Doch Hans Christian war von der Idee, Seiltänzer zu werden, hell begeistert, und so mußte sie ihm eine Tracht Prügel androhen, falls er »mit diesem Unsinn« nicht aufhören würde.

Im Sommer 1818 bekam er einen echten König zu sehen:

Frederik VI. besuchte Odense. Rittlings auf einer Kirchenmauer sitzend sah der Dreizehnjährige den Monarchen vorbeifahren, der jedoch zu seiner Enttäuschung keine Prachtrobe aus Gold und Silber sondern nur einen blauen Mantel mit rotem Samtkragen trug.

In seiner Jugend muß Andersen, der zeitlebens gern sang, eine auffallend schöne Singstimme gehabt haben. In seinem *Levnedsbog* schreibt er:

»Die im Vergleich mit anderen Kindern meines Standes eigenartigen Züge meines ganzen Wesens, meine Leselust und meine schöne Stimme lenkten die Aufmerksamkeit der Leute auf mich. An Sommerabenden saß ich oft im Gärtchen meiner Eltern, das geradewegs zum Fluß hinabreichte; auf der anderen Seite rauschte das Wasser übers Mühlrad, und zwischen den alten Bäumen hindurch konnte ich bis zum Nonnenhügel hinübersehen; das Wasser trennte mich von ihm – also auch von den Trollen. Drüben in der Mühle liefen Männer auf und ab, und Bauern fuhren über die Brücke, kurzum, es war wie ein schönes Gemälde. Herrn Falbes Garten lag neben dem meiner Eltern, und die alte St.-Knuds-Kirche war ganz in der Nähe. Wenn abends die Glocken läuteten, saß ich da, war in wunderliche Träume versponnen, blickte zum Mühlrad hinüber und sang meine Stegreiflieder. Oft lauschten mir die Gäste in Herrn Falbes Garten. Ich spürte oft, daß hinter dem Zaun Zuhörer waren, und fühlte mich geschmeichelt. Auf diese Weise wurde ich bekannt, und nun ließen mich die Leute holen, um ›die kleine fünische Nachtigall‹, wie sie mich nannten, singen zu hören.«

Nach dem Tod ihres Mannes sah sich Frau Andersen gezwungen, ihren Sohn zum Geldverdienen anzuhalten. Er sollte, wie der Nachbarsjunge, in einer Tuchfabrik arbeiten. Doch das war nicht nach Hans Christians Geschmack. »Ich las immerzu Geschichten, war sehr weichherzig und weinte mir die Augen aus, wenn ich vom Leidensweg Christi las oder von der armen, geduldigen Helena, der die Hände abgehackt wurden und die man in einem kleinen Boot auf dem Meer aussetzte. Für den Umgang mit anderen, wilden Knaben und Mädchen war ich gänzlich ungeeignet.«

Seine Großmutter war der gleichen Meinung. Als er zum ersten Mal zur Arbeit ging, begleitete sie ihn bis zum Fabriktor, küßte ihn unter Tränen und sagte: »Soweit wäre es nicht gekommen, wenn dein Vater noch am Leben wäre.«

Hans Christians Lehrzeit in der Tuchfabrik dauerte nicht lange, obschon sich zunächst alles recht gut anließ. Ungeachtet des rauhen Umgangstones und der ordinären Witze der – zumeist aus Deutschland stammenden – Gesellen gelang es dem neuen Lehrling sofort, sich durch seine Lieder beliebt zu machen, die er zum besten gab, während die anderen arbeiteten. Als sein Repertoire erschöpft war, rezitierte er Passagen aus Holbergs Stücken und spielte den erstaunten Arbeitern ganze Szenen aus Shakespeare-Dramen vor. Tags darauf wies man ihm Arbeit zu, die er ungeschickt und schlecht verrichtete. Er errötete, wenn die Männer Zoten erzählten und anstößige Lieder sangen, und schließlich begann er zu weinen. Einige Arbeiter, die bereits Bemerkungen über seine schöne Sopranstimme gemacht hatten, sagten scherzhaft, dieser Lehrling sei sicher ein Mädchen. Sie hoben ihn hoch und zogen ihm die Hose herunter, um nachzusehen. Der Junge wehrte sich verzweifelt und rannte dann sofort nach Hause, wo ihm die Mutter versprach, ihn nie wieder in diese Fabrik zu schicken. Danach arbeitete er in einer kleinen Tabakwarenfabrik, in der nur ein einziger erwachsener Arbeiter und ein paar Lehrlinge beschäftigt waren.

»Ich war von Tabakpflanzen umgeben, sah, wie man Kau- und Schnupftabak herstellte, und wurde gut behandelt. Auch hier hatte ich mit meiner Stimme Erfolg. Leute kamen in die Fabrik, um mich singen zu hören, doch das Komische daran war, daß ich kein einziges Lied richtig konnte, sondern Text und Melodie aus dem Stegreif sang, und beides war vertrackt und schwierig. ›Er sollte zur Bühne gehen‹, sagten alle, und auch mir kamen solche Gedanken. Dann wurde ich krank, und meine Mutter meinte, der Tabak könnte meine Lunge angegriffen haben, was aber nicht der Fall war, denn ich habe immer eine gute Lunge gehabt. Und so nahm mich meine Mutter aus der Fabrik, weil sie fürchtete, es könnte mein Tod sein.«

Wieder war der Junge sich selbst überlassen – ein Elfjähriger, der mit seiner hellen Haut und den weißblonden Haaren fast wie ein Albino aussah und den man zuweilen wegen seiner schmalen, stets halbgeschlossenen Augen für blind hielt. Sein Lesehunger war unersättlich. Die Biographien berühmter Männer, die er nun zu lesen begann, faszinierten ihn und bestärkten ihn in dem Wunsch, ebenfalls berühmt zu werden.

Im Juli 1818 heiratete seine Mutter, die jetzt über vierzig war, den einunddreißigjährigen Schustergesellen Niels J. Gundersen. Später beschrieb Andersen seinen Stiefvater so:

»Er war in jeder Hinsicht anders als mein Vater und entsprach, was Charakter und Geistesentwicklung betraf, genau meiner Mutter. Er behandelte mich gut, wollte sich aber nicht in meine Erziehung einmischen, damit niemand von ihm sagen könne, er sei ein ›böser Stiefvater‹. Deshalb blieb für mich eigentlich alles beim alten – alles verlief nach dem gleichen Schema wie zuvor. Nur meine arme alte Großmutter wurde gewissermaßen eine Fremde in unserem Hause. Ich war das Band, das sie dort zurückhielt, und ich weinte oft über ihr stilles Leid, denn sie war plötzlich vor Kummer alt geworden.«

Mit dreizehn Jahren wurde Hans Christian zur Konfirmation in der St.-Knuds-Kirche angemeldet. Dort erteilten zwei Geistliche Konfirmandenunterricht: Propst Tetens, der nach einem ungeschriebenen Gesetz für die Kinder wohlhabender Familien zuständig war, und Kapellan Viberg, zu dem die Kinder aus den Armenvierteln geschickt wurden. Ehrgeizig wie er war, ging der junge Andersen schnurstracks zum Propst und bat um Aufnahme in seine Konfirmandenklasse.

»Tetens konnte sich nicht weigern, mich anzunehmen, doch auf Grund mancher kleiner Vorfälle, deren ich mich entsinne, ist mir heute völlig klar, daß es ihm nicht behagte, mich an der Seite von Kindern höheren Standes zu sehen. Ja, als ich eines Abends beim Apotheker Andersen einige Szenen aus Holberg rezitiert hatte, ließ mich der Propst, bei dem ich damals noch Präparandenunterricht hatte, zu sich kommen, erteilte mir, weil so etwas für einen Konfirmanden als unschicklich galt, eine strenge Rüge und drohte mir an, er würde mich aus seiner Klasse ausschließen, falls ich meine Hausaufgaben nicht ordentlich machte.«

Mehrere prominente Bürger von Odense begannen sich jetzt für den jungen Andersen zu interessieren, darunter auch Oberst C. Höegh-Guldberg, der ihn eines Tages ins Stadtschloß mitnahm, um ihn dem Prinzen Christian vorzustellen. »Wenn der Prinz dich fragt, was du gern tun würdest, dann antwortest du, es sei dein größter Wunsch, in die Gelehrten-Schule zu kommen.« Prinz Christian, der bereits von der Begabung des Jungen gehört hatte, forderte ihn auf, ihm eine Kostprobe zu geben, worauf Hans Christian ihm einige Szenen aus einem Holberg-Stück vorspielte und eines seiner Stegreiflieder sang. Auf die Frage des Prinzen, was er gern tun würde, antwortete er naiv, *man erwarte von ihm*, daß er den Wunsch äußere, studieren zu dürfen, aber *in Wirklichkeit* würde er am liebsten Schauspieler oder Sänger werden. Darauf erklärte der Prinz, es sei für einen jungen Burschen aus seinen Verhältnissen besser, ein anständiges Handwerk, zum Beispiel die Drechslerei, zu erlernen; in diesem Falle würde er ihm gern behilflich sein. Doch der Vorschlag sagte Hans Christian nicht zu.

Am 18. April 1819, kurz nach seinem vierzehnten Geburtstag, wurde er konfirmiert. In seinem *Levnedsbog* berichtet er:

»An Ostern ging ich zur Konfirmation, wofür ich mein erstes Paar Stiefel bekam. Aus einem braunen Überrock meines verstorbenen Vaters machte eine Frau einen Rock für mich; ich kam mir darin sehr ansehnlich vor. Damit jeder sehen konnte, daß ich Stiefel trug, zog ich die Schäfte über die Hosenbeine, und als ich so dastand, war ich sehr stolz. Mein Herz klopfte in heiliger Ehrfurcht vor Gott; ich war unschuldig und fromm, dennoch gingen mir viele weltliche Gedanken durch den Kopf: über meine knarrenden Stiefel, über meine große Hemdkrause. Ich fand diese Gedanken häßlich und sündhaft und bat Gott, mir nicht zu zürnen.«

Jetzt mußte über seine Zukunft entschieden werden: Daß Jungen aus seiner sozialen Schicht sofort nach der Konfirmation zur Arbeit gingen, galt als selbstverständlich. Seine Mutter hätte ihn gern zu einem Schneider oder einem Buchbinder in die Lehre geschickt, aber er erzählte ihr von den vielen berühmten Männern bescheidener Herkunft, über die er Bücher gelesen hatte, und flehte sie unter Tränen an, ihn nach Kopenhagen gehen und Schauspieler werden zu lassen. Er wollte berühmt werden und hatte das Rezept, wie man aus Armut zu Ruhm und Ehre gelangt, parat: »Man muß erst gewaltig viel Widerwärtiges durchmachen, dann wird man berühmt.« Er war überzeugt, daß er es nur in Kopenhagen schaffen würde: Im Königlichen Theater, so meinte er, würde man seine schauspielerische Begabung rasch erkennen.

Seit dem vergangenen Jahr war seine Theaterleidenschaft immer heftiger geworden. Schauspieler und Sänger des Königlichen Theaters gaben im Juni 1818 in Odense ein Gastspiel und führten mehrere Operetten und Dramen auf. Jedermann sprach über dieses große Ereignis, doch für den jungen Andersen waren die Eintrittskarten viel zu teuer. Verzweifelt stellte er sich an den Bühneneingang und erzählte einigen Künstlern von seiner Theaterbesessenheit. Daraufhin erlaubte man ihm, sich die Aufführung von den Kulissen aus anzusehen. Und da er darauf brannte, sich zu produzieren, durfte er schließlich in der Operette *Aschenbrödel* als Page auftreten und sogar einen Satz sagen. »Ich war immer als erster da«, berichtete er später, »zog das rotseidene Kostüm an, sagte meinen Satz und bildete mir ein, daß das ganze Publikum nur an mich dachte.« Von nun an kannte er nur noch ein einziges Ziel: das Königliche Theater in Kopenhagen, wo, wie er gehört hatte, nicht bloß Schauspiele und Opern aufgeführt wurden, sondern etwas angeblich noch viel Schöneres, das man »Ballett« nannte.

Im Juli 1819 kam eine Schauspielerin namens Hammer nach Odense, der Hans Christian durch einen ortsansässigen Schauspieler vorgestellt wurde. Sie brachte dem Jungen freundliches Interesse entgegen, benützte ihn als *postillon d'amour* und wurde in seine Zukunftspläne eingeweiht.

Seine Mutter gab zu bedenken, daß er in Kopenhagen niemanden kannte, der ihm notfalls helfen würde, aber Hans Christian erinnerte sie an die Prophezeiungen der »klugen Frau« und auch daran, daß sein Vater gesagt hatte, er solle zu nichts gezwungen werden. Schließlich gab die Mutter nach, zumal sie fest damit rechnete, daß er bereits bei der Ankunft in Nyborg seine Torheit bereuen würde. »Wenn er die See sieht, bekommt er bestimmt Angst und kehrt um.« Hans Christians Stiefvater wollte sich nicht einmischen. Zu Frau Andersens Erleichterung versprach Fräulein Hammer, den Jungen kostenlos mit nach Kopenhagen zu nehmen, wo sie ihn mit einer befreundeten Tänzerin des Königlichen Theaters, einem Fräulein Didriksen, bekanntmachen wollte. Aber dann verging Woche um Woche, und als sich herausstellte, daß Fräulein Hammer wegen ihrer vielen Schulden gar nicht aus Odense abreisen konnte, wurde beschlossen, daß Hans Christian allein nach Kopenhagen fahren sollte. Er hatte sich im Lauf eines Jahres dreizehn *Ryksdaalder* (Reichstaler) zusammengespart – für ihn ein Vermögen.

Nachbarn und andere Mitbürger, die von seinem verrückten Plan gehört hatten, rieten ihm dringend, ein Empfehlungsschreiben an *irgend jemanden* in Kopenhagen mitzunehmen. Hans Christian beschloß, sich an den alten Buchdrucker Iversen zu wenden, der dem Vernehmen nach zahlreiche Kopenhagener Schauspieler kannte. Als er an einem Sonntagnachmittag bei ihm vorsprach, versuchte Iversen zunächst, dem Jungen seine Theaterpläne auszureden. »Ich sollte lieber ein Handwerk erlernen, sagte er. ›Das wäre wirklich ein großer Jammer!‹ erwiderte ich.« Schließlich erklärte sich Iversen aber bereit, einen Einführungsbrief an das Königliche Theater zu schreiben. Als er fragte, an wen er ihn adressieren solle, nannte der junge Andersen einfach die Solotänzerin Madame Schall, und obwohl Iversen sie nicht persönlich kannte, richtete er das Schreiben tatsächlich an sie. Nun war Hans Christian fest überzeugt, daß alles gut ausgehen würde. So gut wie in der erdichteten Welt, die ihm so vertraut war.

Seine Mutter packte »ein kleines Bündel Sachen« zusammen und vereinbarte mit dem Postkutscher, daß er – für die ihm heimlich zugesteckten drei Taler – den Jungen nach Kopenhagen befördern sollte.

Am 4. September 1819 verließ Hans Christian Andersen seine Heimatstadt Odense. Seine Mutter begleitete ihn bis zum Stadttor, wo er in die Postkutsche einsteigen sollte und wo seine Großmutter auf ihn wartete. Wortlos, mit feuchten Augen, nahm sie Abschied von ihm. Er sah sie nie wieder: Sie starb drei Jahre später. In der Postkutsche saß eine Frau Hermansen, die Hans Christians Mutter vom Sehen kannte und die ihr versprach, sich um den Jungen zu kümmern.

In seinem *Levnedsbog* schreibt Andersen über diese Reise:

»Nun fuhr ich in die Welt hinaus, mit zehn Reichstalern, denn drei hatte der Postillion bekommen. Ich war in dieser Richtung nie weiter als ein paar Meilen aus Odense hinausgekommen, und schon bald war ich glücklich über die neue, wechselnde Landschaft. Ich kam nach Nyborg, sah das Meer. Erst als das Schiff davonsegelte, beschlich mich ein bedrückendes Gefühl; es war, als segelte ich hinaus in die weite, weite Welt. Nach der Ankunft in Korsör ging ich hinter ein Haus, fiel auf die Knie und bat Gott, mir zu helfen, weinte mich aus, war dann aber wieder glücklich und fuhr in der Nacht durch Städte und Dörfer. Als ich nach Slagelse kam, ahnte ich nicht, daß ich ein paar Jahre später dort zur Lateinschule gehen würde.

Montagmorgen, den 6. September 1819, just an dem Tage, als die Theatersaison begann, erblickte ich Kopenhagen zum ersten Mal. Als ich von Frederiksberg aus die Türme von Kopenhagen sah, nach dem ich mich so gesehnt hatte, brach ich in Tränen aus; ich spürte, daß ich jetzt niemanden mehr hatte außer Gott im Himmel.«

2
Harte Zeiten

1819-1822

In Kopenhagen herrschte Tumult, als der junge Andersen dort eintraf. Was er zunächst für das übliche Gewimmel auf den Straßen hielt, hatte sehr ernste Ursachen: Am 4. September 1819 war es in Kopenhagen und einigen Provinzstädten zu antisemitischen Krawallen gekommen. Sie dauerten zehn Tage, in deren Verlauf jüdische Ladenbesitzer und andere ortsansässige Juden vom Mob attackiert wurden. Die Ausschreitungen hatten in Westdeutschland begonnen und auf Dänemark übergegriffen. Dieses Pogrom, das letzte, das in Dänemark stattfand, schilderte Andersen später in seinem Roman *Nur ein Geiger*.

Die Postkutsche setzte den blinden Passagier am Stadtrand ab. Mit seinem Kleiderbündel machte er sich auf den Weg in die Innenstadt, wo er sich in einem billigen Gasthaus nahe am Westtor einquartierte. Sein erstes Ziel war das Königliche Theater, und auf dem Weg dorthin wurde er Zeuge der Ausschreitungen. Wie er später berichtete, stand er dann klopfenden Herzens vor dem Theater, das in seinen Träumen schon so lange eine wichtige Rolle gespielt hatte. Um sich jede Einzelheit einzuprägen, ging er mehrmals um das Gebäude herum. Er war fest überzeugt, seine künftige »Heimstatt« vor sich zu sehen. Dann trat ein Billetthändler zu ihm und fragte, ob er eine Karte für die Abendvorstellung haben wollte. Hans Christian, dem diese Verkaufsmethoden unbekannt waren, hielt ihn für einen großzügigen Herrn, der ihm eine Karte spendieren wollte. Als er auf die Frage, wo er denn zu sitzen wünsche, erwiderte, daß er für jeden Platz dankbar sei, glaubte der Händler, er wolle ihm zum besten halten und beschimpfte ihn – worauf sich der junge Andersen erschreckt aus dem Staub machte.

Tags darauf zog er seinen Konfirmationsanzug samt der großen Hemdkrause an, steckte die Hosenbeine in die Stiefelschäfte und setzte seinen Hut auf, der so groß war, daß er ihm fast die Augen verdeckte. Dann machte er sich, Iversens Einführungsbrief in der Tasche, auf den Weg zu Madame Schall. Auf dem Treppenabsatz vor ihrer Wohnung kniete er nieder und bat Gott um Hilfe. Ein Dienstmädchen, das gerade mit einem Marktkorb die Treppe heraufkam, betrachtete ihn lächelnd und gab ihm einen Schilling. Entrüstet wollte er ihr erklären, daß er kein Bettler sei, aber sie sagte: »Behalt ihn nur!«

Als er schließlich bei Madame Schall vorgelassen wurde, hielt sie ihn für nicht ganz richtig im Kopf. Einen Herrn Iversen kannte sie nicht. Auf ihre Frage, ob er wirklich so gut Theaterspielen könne, erbot sich Hans Christian sofort, ihr die Titelrolle aus *Aschenbrödel* vorzuspielen. Er hatte diese Operette zwar zweimal in Odense gesehen, aber weder das Libretto gelesen noch eines der Lieder auswendig gelernt. Um Madame zu beeindrucken, wollte er ihr eine Szene mit Tanzeinlagen vorspielen. Er zog seine Stiefel aus, gab einen improvisierten Text und aus dem Stegreif erfundende Lieder zum besten, tanzte und benützte dabei seinen Hut als Tamburin. Kein Wunder, daß Madame Schall diesen Jungen für übergeschnappt hielt und ihn möglichst rasch loswerden wollte. Sie machte ihm keinerlei Hoffnung, und als er ihr schluchzend beteuerte, daß er unbedingt zum Theater wolle, erklärte sie sich lediglich bereit, ihn gelegentlich zu verköstigen – ein Angebot, auf das er nie zurückkam. Als er sich unter Tränen verabschiedete, versprach sie ihm allerdings, sich beim Ballettmeister Bournonville zu erkundigen, ob er ihn brauchen könnte.

Nach dem ebenfalls erfolglosen Besuch bei einem bekannten dänischen Schriftsteller und Kritiker sprach Hans Christian schließlich bei Graf Holstein, dem Theaterdirektor, vor, der bereits einen entsprechenden Brief von Oberst Höegh-Guldberg erhalten hatte. Aber auch der konnte dem jungen Andersen keine Hoffnungen machen. Auf seine Bemerkung, er sei für die Bühne zu mager, erwiderte Hans Christian: »Oh, wenn ich nur mit hundert Reichstalern Gage angestellt werden könnte, wollte ich schon fett werden!« Worauf der Direktor pikiert erklärte, man engagiere hier nur Leute, »die Bildung haben«. Ob denn beim Ballett keine Stelle frei sei, fragte der Junge verzweifelt. Nein, war die Antwort; vor nächstem Mai nähme man keine neuen Bewerber an, und außerdem würde er, falls man sich für ihn entschiede, zunächst überhaupt keine Gage bekommen.

Die Aussichten waren tatsächlich trübe. So suchte der junge Andersen Rat bei jener Frau Hermansen, die gemeinsam mit ihm von Odense nach Kopenhagen gereist war. Sie riet ihm, so schnell wie möglich nach Hause zu fahren, doch ihm war der Gedanke, als Versager zurückzukehren und ausgelacht zu werden, unerträglich. Er dachte sogar an Selbstmord, sagte sich dann aber, daß er damit eine Todsünde begehen würde.

Um endlich eine Aufführung im Königlichen Theater zu sehen, kaufte er sich, obwohl von seiner Barschaft nicht mehr viel übrig war, am 16. September eine Galeriekarte für die Operette *Paul und Virginie*. Seine Eindrücke schilderte er später in *Levnedsbog*:

»Ich war von dem Stück tief gerührt; es schien etwas zu enthalten, das meiner eigenen Situation glich. Ich fand, daß Paul mir ähnlich war und daß Virginie für ihn das gleiche bedeutete wie das Theater für mich. Darum brach ich, als Paul im zweiten Akt von Virginie getrennt wurde, hörbar in Tränen aus; es war wie bei mir, den man ebenfalls von seiner Geliebten, nämlich dem Theater, trennen wollte. Die Leute in meiner Nähe hörten mein heftiges Schluchzen, boten mir Äpfel an und redeten mir gut zu. Ich fand sie allesamt so nett, war gänzlich weltfremd, hielt sie ausnahmslos für gute und anständige Menschen und erzählte daher dem ganzen Publikum auf der Galerie völlig naiv, wer ich war, wie ich den ganzen Weg hierher gekommen und wie schrecklich es sei, daß ich nicht zur Bühne durfte und ein ähnliches Schicksal erleiden müsse wie Paul dort unten. Die Leute musterten mich erstaunt und tuschelten miteinander. Das glückliche Ende des Stückes machte auf mich einen ebenso tiefen Eindruck: Ich war von Mut und Freude erfüllt und hielt es für undenkbar, daß ich keinen Erfolg haben würde.«

Obwohl erneute Vorsprachen bei Oberst von Holstein und Madame Schall nichts erbrachten, war der junge Andersen noch immer fest entschlossen, nicht nach Odense zurückzukehren. Als er im Gasthaus seine Rechnung bezahlt hatte, blieb ihm nur noch ein einziger Reichstaler. So kaufte er sich eine Zeitung, um sich über Stellenangebote für Halbwüchsige zu informieren. Unter den Annoncen vom 17. September fand er die eines Tischlers namens Madsen, bei dem er daraufhin sofort vorsprach. Ohne seine fehlgeschlagenen Theaterpläne zu erwähnen, beteuerte er, daß er das Tischlerhandwerk erlernen wolle. Madsen war bereit, ihn – nach Vorlage seines Taufscheines und eines Leumundszeugnisses – auf neun Jahre in Dienst zu nehmen und für Kost, Logis und Kleidung zu sorgen. Als der Junge die Dokumente nicht vorlegen konnte, forderte Madsen ihn auf, sie aus Odense zu beschaffen. Und da Andersen nun völlig mittellos war, bot ihm der Tischler an, inzwischen bei ihm zu arbeiten, um sich darüber klarzuwerden, ob dieser Beruf ihm zusage.

Am nächsten Morgen fand sich der Junge um sechs Uhr in der Werkstatt ein. Da er nicht verbergen konnte, wie peinlich ihm die derben Späße der anderen Lehrlinge und Gesellen waren, machten sich diese über seine Prüderie lustig. Es dauerte nicht lange, bis er, in Tränen aufgelöst, dem Meister erklärte, diese Arbeit sei nichts für ihn und er wolle sofort aufhören.[6] Vergeblich versuchte Madsen, ihn zu beruhigen und zum Bleiben zu bewegen: Der junge Andersen hatte beschlossen, die Rückreise nach Fünen anzutreten – doch nur, weil er naiverweise damit rechnete, daß das Schiff untergehen und er ertrinken werde.

Was aber sollte werden, wenn das Schiff *nicht* sank? Dann würde ganz Odense ihn auslachen! Er war, wie er später berichtete, mit seine Weisheit am Ende und flehte zu Gott um Hilfe. Da fiel ihm ein, wieviel Beifall er zu Hause in Odense mit seinen Liedern geerntet hatte, und als er in der Zeitung las, daß ein italienischer Tenor namens Giuseppe Siboni vor kurzem Direktor der Königlichen Gesangsakademie geworden war, beschaffte er sich dessen Adresse. Um vier Uhr nachmittags stand er vor Sibonis Wohnungstür und sandte, bevor er läutete, ein Stoßgebet zum Himmel.

Die Haushälterin öffnete und erklärte, Siboni habe Gäste und sei nicht zu sprechen. Aber so leicht ließ sich Andersen nicht abspeisen. Er teilte ihr nicht nur mit, daß er sich als Sänger bewerben wolle, sondern erzählte ihr auch seine ganze Lebensgeschichte, woraufhin sie, offenbar tief gerührt, den Hausherrn verständigte. Kurz darauf erschien dieser mit seinen Gästen im Flur, um sich den merkwürdigen Besucher anzusehen. Bei Siboni waren an diesem Tage auch zwei prominente dänische Künstler zu Gast: der Komponist Christoph E. F. Weyse und der Dichter Jens Baggesen. Man führte den jungen Andersen in den Salon und forderte ihn auf, etwas vorzusingen. Ohne zu zögern gab er eine Arie aus einem Singspiel, das er in Odense gehört hatte, zum besten und rezitierte dann einige Gedichte sowie Szenen aus einem Stück von Holberg. Als man ihm herzlich applaudierte, glaubte er, jedermann von seinem Talent überzeugt zu haben. Seinem späteren Bericht zufolge, soll Baggesen den anderen Gästen erklärt haben: »Ich prophezeie, daß er es zu etwas bringen wird.« Und dann ermahnte er Andersen: »Aber werde nur nicht eitel, wenn dir einst das ganze Publikum applaudiert!« Nachdem Siboni sich bereit erklärt hatte, am nächsten Tag alles weitere mit ihm zu besprechen, verabschiedete sich der Junge. Draußen fragte er die Haushälterin, ob sie glaube, daß man ihn als Sänger im Königlichen Theater einstellen werde, worauf sie erwiderte, das wisse sie nicht, aber sie würde ihm empfehlen, morgen bei Professor Weyse vorzusprechen, da dieser sich besonders wohlwollend über ihn geäußert habe.

Am Tag nach dem Besuch bei Siboni (der aller Wahrscheinlichkeit nach am 18. September stattfand) ging Andersen schnurstracks zu Weyse, der ihm mitteilte, er habe bei den Gästen Sibonis siebzig Reichstaler für ihn gesammelt. Er werde das Geld für ihn verwahren und ihm monatlich zehn Taler ausbezahlen.

Siboni erklärte sich ferner bereit, dem Jungen kostenlos Gesangsunterricht zu erteilen, aber da er nicht Dänisch sprach, sollte sein neuer Schüler erst einmal genug Deutsch lernen, um sich einigermaßen mit ihm verständigen zu können. Wieder erwies sich Hans Christians Bekanntschaft mit Frau Hermansen als nützlich: Sie vermittelte ihm einen Lehrer, der ihm unentgeltlich Deutschunterricht erteilte.

Begeistert und voller Optimismus schrieb Andersen nun den ersten Brief an seine Mutter, die so stolz darauf war, daß sie ihn allen ihren Bekannten zeigte.

Sobald Andersen etwas Deutsch gelernt hatte, ging er bei Siboni ein und aus, der Tonleitern mit ihm übte und ihn in seiner Küche verköstigen ließ. Dort plauderte der Junge mit den Dienstmädchen und erledigte Botengänge. Zuweilen durfte er auch zugegen sein, wenn Siboni Mitgliedern der Königlichen Oper Gesangsunterricht erteilte. Wenn der Maestro in Rage geriet, bekam Hans Christian Angst, aber dann tröstete ihn Siboni, gab ihm ein paar Schilling und sagte in gebrochenem Deutsch: »Ein wenig amüsieren!«

Inzwischen hatte Andersen ein billiges Quartier bezogen, dessen Vermieterin, eine Hebamme namens Thorgesen, das Haus von ihrem Mann geerbt hatte. Es lag in einem der verrufensten Stadtviertel. Hans Christian hatte keine Ahnung, daß die Straße, in der er nun wohnte, wegen der zahlreichen Dirnen und Bordelle berüchtigt war. Seine Kammer lag direkt neben der Küche und hatte kein Fenster.

Nun entsann er sich seiner Tante Christiane, der Schwester seiner Mutter. Gewiß, die beiden hatten, als er ein kleiner Junge war, Krach gehabt und jede Verbindung abgebrochen, aber diese Tante war schließlich die einzige Verwandte, die er in Kopenhagen hatte. Offenbar war ihm irgendwann zu Ohren gekommen, sie sei die Witwe eines wohlhabenden Kapitäns namens Jansen. Jedenfalls gelang es ihm, ihre Adresse herauszufinden. Den Besuch bei ihr schildert er in *Levnedsbog*:

»In ihrem Haus war es recht elegant, und sie empfing mich einigermaßen freundlich, äußerte sich aber sehr hart über meine arme Mutter, die sie, in Gegenwart einer gutgekleideten Dame, als unmanierlich, grob und ungebildet beschimpfte. Dann sagte sie: ›Sieh einer an, nachdem sie sich mir gegenüber so schlecht benommen hat, halst sie mir jetzt ihr Kind auf! Und noch dazu einen Knaben – wenn's wenigstens ein Mädchen wäre!‹ Kurz darauf kam ein Herr herein. ›Er ist der Liebhaber dieses Mädchens‹, flüsterte mir meine Tante zu und bedeutete mir, ihr zu folgen. Wir stiegen ins Dachgeschoß hinauf, wo sie immerzu von ihren Einkünften sprach und mir sagte, ich dürfte sie zuweilen besuchen. Aber die Art und Weise, wie sie über meine Mutter sprach, und die Anwesenheit der jungen Dame und ihres Liebhabers machten einen sonderbaren Eindruck auf mich, und als ich Frau Thorgesen davon erzählte, überkam mich Entsetzen, denn plötzlich begriff ich, wie meine Tante lebte.«

In seinen späteren autobiographischen Schriften ist weder dieses Erlebnis noch irgendein anderer Hinweis auf seine Tante Christiane enthalten. Bereits in seinem *Levnedsbog* behauptet er, ihren Familiennamen vergessen zu haben. »Ich erfuhr ihre Adresse ganz zufällig, habe ich mich aber seither nicht mehr an ihren Namen erinnern können und sie auch nie wiedergesehen; vermutlich ist sie inzwischen gestorben.« [7]

Im Frühjahr 1820 bestellte Siboni den jungen Andersen, dem

er nur ein- bis zweimal im Monat Gesangsunterricht erteilt hatte, zu sich und erklärte ihm, daß weder seine äußere Erscheinung noch seine Manieren für die Bühne geeignet seien; außerdem mache sich der Stimmbruch bemerkbar. Es würde mindestens noch drei bis vier Jahre dauern, bis er ihn beim Theater unterbringen könnte, und es sei ihm unmöglich, ihn so lange zu betreuen. Er riet Andersen, nach Odense zurückzukehren und ein Handwerk zu erlernen. Allem Anschein nach hatte er jedes Interesse an seinem Schützling verloren, der jetzt wieder in der gleichen mißlichen Lage war wie im September 1819.

Aber Hans Christian sträubte sich nach wie vor, die Heimreise anzutreten. Zunächst erkundigte er sich, ob ihm Herr Weyse nicht eine Lehrstelle bei einem Uhrmacher verschaffen könnte. Dann fiel ihm ein, daß Oberst Höegh-Guldberg einen berühmten Bruder hatte, der in Kopenhagen lebte. Und so schrieb er dem Dichter Friedrich Höegh-Guldberg einen Brief, in dem er seine verzweifelte Situation schilderte. Dann sprach er sofort persönlich bei ihm vor. Professor Guldberg (wie er allgemein genannt wurde) empfing den jungen Mann, von dem ihm sein Bruder bereits berichtet hatte, sehr freundlich und erbot sich, ihm Nachhilfestunden in dänischer Orthographie zu geben sowie – nachdem er festgestellt hatte, daß Andersens Deutschkenntnisse sehr dürftig waren – ihn auch in dieser Sprache zu unterrichten. Und da das von Weyse gesammelte Geld inzwischen fast aufgebraucht war, bat Guldberg verschiedene Mitbürger, durch Spenden zu Andersens Lebensunterhalt beizutragen. Die Kollekte erbrachte rund achtzig Reichstaler, die Andersen in monatlichen Raten ausbezahlt werden sollten. [8]

Seine Hauswirtin, der er prompt davon erzählte, erklärte sich auf seine Bitte bereit, ihn zu verköstigen, und erlaubte ihm, sich in ihrer Wohnstube aufzuhalten, da seine Kammer kein Fenster hatte. Doch zu seinem Entsetzen verlangte sie nun eine Monatsmiete von zwanzig Talern, zahlbar im voraus. Viele andere Vermieterinnen, so beteuerte sie, seien nur aufs Geld aus, aber bei ihr würde er es sehr gut haben. Er flehte sie an, den Mietzins auf sechzehn Taler herunterzusetzen, worauf sie erklärte, dann müßte er sich eben ein anderes Logis suchen. In seinem *Levnedsbog* schreibt Andersen:

»Was sollte ich tun? Ich brach in Tränen aus und bat sie, die zehn Reichstaler, die ich noch hatte, zu nehmen und auf die anderen zehn noch zwei Wochen zu warten, dann würde ich versuchen, das Geld aufzutreiben. ›Ich will zwanzig Reichstaler‹, erklärte sie. ›Sie haben bei Herrn Guldberg achtzig Reichstaler, das ist Ihr Geld, und er kann es Ihnen nicht vorenthalten. Davon können Sie vier Monate leben, und danach wird er sicherlich Mittel und Wege finden. Ich gehe jetzt zum Einkaufen, und falls Sie sich bis zu meiner Rückkehr nicht zwanzig Reichstaler besorgt haben, können Sie gehen!‹ Sie verschwand, und ich saß, jeder Hoffnung beraubt, weinend in ihrer Wohnstube. An der Wand hing ein Bild ihres verstorbenen Mannes. Während ich schluchzend vor ihm kauerte, war mir, als blickte das Bild freundlich auf mich herab, und in meiner kindlichen Unschuld flehte ich durch das Bild den toten Mann an, er möge das Herz seiner Frau erweichen, um eines armen Kindes willen, wie ich es war. Ja, ich strich meine Tränen auf die Augen des Bildes, damit der Mann spüren könne, wie bitterlich ich weinte.

Von Schmerz und Kummer erschöpft, sank ich in einen Halbschlummer, der andauerte, bis die Hauswirtin zurückkam. Sie war freundlicher gestimmt, und da sie jetzt einsah, daß es mir unmöglich gewesen wäre, dem Betrag noch an diesem Tag zu beschaffen, nahm sie die zehn Reichstaler unter der Bedingung, daß ich die anderen zehn innerhalb von zwei Wochen zahlen würde, und dann so weiter: zehn am Ersten des Monats und zehn nach zwei Wochen.«

So stark also neigte Andersen zu naivem Wunderglauben.

In seiner dreizehn Jahre später verfaßten Autobiographie *Das Märchen meines Lebens ohne Dichtung* findet sich diese Geschichte in einer ausgeschmückten Version, die Andersen dann auch in *Das Märchen meines Lebens* übernahm. In dieser Version gibt sich die Hauswirtin – nachdem der junge Andersen seinen naiven Beschwörungsversuch unternommen hat – mit einer Monatsmiete von sechzehn Reichstalern zufrieden – »und ich war Gott und dem toten Manne dankbar«. Wie in vielen anderen Fällen ist wohl auch in diesem kaum zu bezweifeln, daß *Levnedsbog* viel glaubwürdiger, wenn auch weniger literarisch ist als die späteren, für das große Publikum geschriebenen Selbstdarstellungen Andersens.

Da er aus Guldbergs Kollekte monatlich nur zehn Reichstaler

erhielt, mußte er sich die weiteren zehn für seine Hauswirtin woanders beschaffen. Wieder fanden sich Weyse und einige seiner Freunde bereit, ihm zu helfen: Sie sicherten ihm eine vierteljährlich auszuzahlende Summe zu, die aber noch nicht ausreichte. So suchte Andersen ein junges Mädchen auf, das er vom gemeinsamen Konfirmandenunterricht in Odense kannte und das jetzt bei einem wohlhabenden Onkel in Kopenhagen wohnte. Er erzählte ihr seine Geschichte, worauf sie ihm einen Teil ihres Taschengeldes gab und weitere Spenden bei Freunden und Verwandten sammelte. Nun endlich konnte er Frau Thorgesen zweimal im Monat zehn Reichstaler Miete bezahlen.

Die frühesten handschriftlichen und mit vollem Namen unterzeichneten Dokumente, die Andersen hinterlassen hat, sind zwei fast gleichlautende Bittbriefe an »edle Wohltäter«, geschrieben am 2. und 3. Juni 1820. Darin spricht er von seiner aufrichtigen Liebe zum Theater und erklärt, er halte sich »ganz dafür geboren, Thalia zu dienen«. Er erwähnt die Unterstützung, die ihm Weyse, Siboni und andere »edelmütige Menschen« zuteil werden ließen, gibt sein Alter mit »etwas über fünfzehn« an und schreibt, er sei »im Theater beim Ballett beschäftigt«, wo er aber eine äußerst geringe Gage beziehe und »als einzige Zulage nur Schuhe und Strümpfe« erhalten werde. Da seine Eltern ihn wegen ihrer Armut nicht unterstützen könnten, bitte er edelmütige Wohltäter um einen bescheidenen monatlichen Zuschuß. Eine ähnliche Petition sandte er am 6. August 1820 an den dänischen König.

Die Erklärung, er sei in der Königlichen Ballettschule beschäftigt, traf in gewisser Hinsicht zu. Nachdem er sich endgültig bei Frau Thorgesen eingemietet hatte, sprach er im Büro des Ballettmeisters Antoine Bournonville vor, der jedoch mit seinem Sohn (dem später berühmt gewordenen Auguste Bournonville) nach Paris gereist war. Sein Stellvertreter, der erste Solotänzer Carl Dahlén, dem schon einiges über den merkwürdigen Jungen zu Ohren gekommen war, empfing ihn freundlich und nahm ihn in die Ballettschule auf, die sich damals im alten Hoftheater befand. Dort übte sich der junge Andersen während der ganzen Saison 1820/21 in der schwierigen Kunst des Ballettanzes, hatte jedoch nach Dahléns Meinung keine Aussicht auf eine erfolgreiche Karriere. Gleichwohl wurde er oft von der gastfreundlichen Familie

Dahlén eingeladen, verstand sich gut mit den Töchtern und fühlte sich dort eine Zeitlang wie zu Hause.

Am 24. August 1820 befand die Direktion des Königlichen Theaters: »Als der Bewerber vor rund neun Monaten der Direktion seinen Wunsch vortrug, im Theater beschäftigt zu werden, gelangte man, nachdem er geprüft worden war, zu der Ansicht, daß ihm für die Bühne sowohl die erforderlichen Anlagen als auch das Äußere fehlen. Gleichwohl erbot sich Herr Siboni gütigerweise, ihm Gesangsunterricht zu erteilen, in der Hoffnung, ihn bald in den Theaterchor aufnehmen zu können, doch auch dies mußte er aufgeben. Sodann suchte der Bewerber Zuflucht in Herrn Dahléns Ballettschule, um sich in diesem Fach ausbilden zu lassen, für welches ihm, nach Herrn Dahléns Urteil, ebenfalls die Anlagen und das Äußere fehlen. Angesichts der Tatsache, daß sich die Direktion verpflichtet fühlt, von jeglichem Engagement des Bewerbers abzuraten, kann sie auch die Bewilligung einer Beihilfe aus dem Theaterfonds nicht empfehlen.«

Doch obwohl für ihn jetzt kaum mehr Aussicht bestand, Solotänzer zu werden, glaubte der junge Andersen, endlich Zugang zu der Welt seiner Träume gefunden zu haben. Als Ballettschüler war es ihm erlaubt, sich hinter der Bühne des Königlichen Theaters aufzuhalten, und zudem durfte er sich jede Vorstellung von einer Loge aus ansehen, die im dritten Rang für die Tänzer reserviert war.

Sein erster »Auftritt« fand mehr oder weniger zufällig im September 1820 statt, als für die Massenszene in einem Singspiel zusätzlich Statisten und Ballettschüler, ja sogar Bühnenarbeiter eingesetzt wurden. Andersen, den eine Tänzerin zum Mitmachen aufforderte, wurde eiligst geschminkt und betrat freudig erregt die Bühne. Doch sein Glück war nur von kurzer Dauer: Ein Sänger, dem der Junge in dem abgetragenen, lächerlich wirkenden Konfirmationsanzug aufgefallen war, schüttelte ihm die Hand und gratulierte ihm spöttisch zu seinem Debüt: »Darf ich Sie dem dänischen Volk vorstellen?« Andersen, der bezüglich seiner äußeren Erscheinung ungemein empfindlich war, riß sich los und verließ mit Tränen in den Augen sofort die Bühne.

Vier Monate später trat er in dem Ballett *Nina* von V. Galeotti auf. Darüber berichtet er in *Levnedsbog*:

»Darin kommen zwei Musikanten vor, die aufgefordert werden, für Nina zu spielen, aber sie ist erst mit ihnen zufrieden, als sie die Melodie spielen, die sie an ihren Geliebten erinnert. Für diese Musikantenrollen wurden zwei der größten Ballettschüler ausgewählt, und einer davon war ich. Das war mein Debüt. Ich war schon um vier Uhr nachmittags dort und wurde kostümiert. In dem Ballett wurden wir zwei Musikanten ganz vorn auf der Bühne plaziert. Madame Schall tanzte die Nina, und ich war überglücklich, daß sie mir die größte Beachtung schenkte (ich machte sicherlich einen sehr komischen Eindruck).«

Im Winter 1820/21 fragte Guldberg bei dem Schauspieler Ferdinand Lindgren an, ob er Andersen (der nun seit sechs Monaten Ballettschüler war) Schauspielunterricht erteilen wolle. Lindgren ließ ihn vorsprechen und bescheinigte ihm eine gewisse Begabung für komische Rollen. Doch Andersen wollte unbedingt tragische oder romantische Rollen spielen. »Du lieber Himmel!« rief Lindgren. »Ihre Erscheinung spricht dagegen, mein Junge! Über so einen schlacksigen Helden würden die Leute doch nur lachen.« Trotzdem ließ er ihn den Monolog des Titelhelden aus Oehlenschlägers *Corregio* einstudieren. Als Andersen beim Vorsprechen vor lauter Rührung in Tränen ausbrach, drückte ihm Lindgren die Hand. »Gefühl haben Sie, und Verstand haben Sie weiß Gott auch, aber Sie sollten Ihre Zeit nicht länger hier vergeuden! Sie sollten studieren! Ein Schauspieler steckt nicht in Ihnen, aber es gibt ja noch andere schöne Berufe.« Andersen, der inzwischen auch einige komische Rollen einstudiert hatte, war verzweifelt. »Bin ich denn völlig ungeeignet? Auch für komische Rollen? O Gott! Ich bin so unglücklich! Was soll denn aus mir werden!« Lindgren versuchte ihn zu trösten und riet ihm, Latein zu lernen – vielleicht würde Professor Guldberg das Nötige veranlassen. Andersen war zwar dazu bereit, bat aber, dennoch beim Theater bleiben zu dürfen – in der einzigen Welt, in der er sich wirklich zu Hause fühlte.

Sonnabend, der 12. April 1821, war ein großer Tag für den jungen Andersen: Sein Name erschien zum ersten Mal im Druck. Im Königlichen Theater wurde Dahléns neues Ballett *Armida* aufgeführt, und Andersen durfte als einer der im Programm verzeichneten Trolle auftreten. In seinen Memoiren schildert er seine Empfindungen:

»Es war ein Ereignis in meinem Leben, daß mein Name ge-

Personalet i Balletten Armida.

Armida, Mad. Schall.
Ismene, hendes Fortrolige, Mad. Jansen.
Rinaldo, Herr Funck.
Ubaldo, — Dahlén.
Fortuna, Jfr. Skaarup.
Amor, Jfr. Lina Schall.

Armidas og Ismenes Følge:
Jfr. Bruun.
— Volstrup.
— Larcher.
— Johnsen.
— Høyer.
— Weile.
— Hinck.
— Sannes.
— Svanemann.
Mad. Brandt.
— Bechman.
— Freiman.

Amoriner:
Theodor Scharff.
Andreas Füssell.
Josephine Fredstrup.
Ida Andersen.
Sophie Møller.
Andrea Møller.
Jensine Weiner.

Amoriner:
Johanne Petcher.
Amalia Petcher.
Adelaide Børresen.
Henr. Charpentier.
Antoinette Block.
Henriette Schumann.

Onde Aander:
Herr P. Larcher.
— C. Weile.
— Jacobsen.
— Bentzen.
— Holm.
— Stramboe.
— C. Petersen.
— Hammer.
— Friis.
— W. Petersen.
— C. Lund.
— Rehm.

Trolde:
Herr Fredstrup.
— Lundgreen.
— Villeneuve.
— P. Poulsen.
— Hamberg.
— Aagaard.
— Andersen.
— Wilhelm Scharff.

Handlingen foregaaer paa Armidas fortryllede Øe.

Andersens Exemplar des Programmzettels für das am 12. April 1821 uraufgeführte Ballett *Armida.* Andersen kreuzte seinen Namen an und fügte die Initialen H. C. hinzu. Eine der Amoretten wurde von der kleinen Johanne Pätges getanzt (auf dem Programm fälschlich »Petcher« genannt), der später berühmten Schauspielerin Johanne Luise Heiberg.

druckt war – mir schien, als läge ein Glanz von Unsterblichkeit darüber. Den ganzen Tag mußte ich auf die Buchstaben schauen, ich nahm abends das Ballettprogramm mit ins Bett, lag bei Licht und starrte meinen Namen an, legte es weg, um es wieder herzunehmen. Es war eine Glückseligkeit!«

Im Mai 1821 sprach Andersen beim Leiter der Chorschule des Königlichen Theaters P. C. Krossing vor, der bereits von ihm gehört hatte und aus irgendeinem Grund über Siboni verärgert war. Er fand, daß der junge Andersen noch immer eine schöne Stimme hatte und nahm ihn in die Chorschule auf, die der Sechzehnjährige nun zusätzlich zur Ballettschule besuchte. Als er schließlich im Theaterchor mitsingen durfte, trat er in den verschiedensten Kostümierungen auf, zum Beispiel als Lakai, Page, Bauernbursche, Schäfer, Brahmane, Hellebardier und norwegischer Krieger.

Noch immer reichlich naiv, sagte er jedem, der es hören wollte, Gedichte auf. Durch einen seiner Wohltäter hatte er die Hofdame der dänischen Kronprinzessin kennengelernt und eine Einladung nach Schloß Frederiksberg erhalten. Dort wurde er der Prinzessin vorgestellt, deren Aufforderung, etwas zu singen und zu rezitieren, er völlig unbefangen nachkam. Sie lobte seine Stimme, schenkte ihm Konfekt, Trauben, Pfirsiche und obendrein zehn Reichstaler. In seiner ersten Autobiographie schreibt er darüber:

»Ich setzte mich im Park unter einen Baum, aß einiges von dem, was ich geschenkt bekommen hatte, bewahrte aber die Hälfte davon für meine Hauswirtin auf. Vor lauter Freude begann ich laut zu singen. Bis dahin hatte ich in Seeland noch keine Sommerlandschaft gesehen, und beim Anblick der grünen, duftenden Bäume war ich seltsam gerührt. Ich sang, aber schöner als zuvor, und wandte mich dabei an die Blumen und Vögel, weil ich mein Glück sonst niemandem mitteilen konnte. Während ich dort saß, kam ein Stallbursche vorbei und fragte, ob ich toll geworden sei, worauf ich still und beschämt davonschlich.«

In Frau Thorgesens Wohnung verbrachte er die meiste Zeit mit Lesen. Wann immer er etwas Geld erübrigen konnte, holte er sich Lektüre aus einer Leihbücherei, kaufte Schreibpapier und gebrauchte Bücher. Stets um Kontakte bemüht, die ihm von

Nutzen sein konnten, gelang es ihm, vom Leiter der Universitätsbibliothek die Erlaubnis zu erhalten, sich Bücher auszuleihen.

Seine Kammer war so klein, daß er nur im Bett lesen und schreiben konnte. Oft kroch er schon um sechs Uhr abends in die Federn, ließ sich eine Kerze und sein Abendbrot bringen und versenkte sich in seine Traumwelt. Über diese Periode schreibt er in *Levnedsbog*:

»Die Erinnerung an mein kleines Puppentheater in Odense lebte jetzt wieder in mir auf, und ich wollte mir ein ähnliches machen. Ich begann auch sofort damit und nähte, im Bett liegend, als Sechzehnjähriger Puppenkleider. Um mir Stofflappen zu beschaffen, kam ich auf die Idee, in die Läden in der Östergade zu gehen und mir Proben von Seide und Samt geben zu lassen, die ich dann zu schönen Puppenkleidern zusammennähte. Ich bastelte mir auch ein Stereoskop, und so verbrachte ich spielend ein Jahr meiner Jugend.«

Als Anfang 1821 das von Guldberg gesammelte Geld zur Neige ging und Andersen nicht wußte, wovon er künftig seine Miete bezahlen sollte, veröffentlichte Guldberg eine Broschüre mit Gedichten und Prosa und stellte seine Einnahmen aus dieser Publikation Andersen zur Verfügung – »einem hoffnungsvollen jungen, nahezu jeder anderen Unterstützung entbehrenden Studenten«, wie es im Vorwort hieß. Wieder also konnte sich Andersen eine Zeitlang über Wasser halten.

Um die gleiche Zeit zog bei seiner Hauswirtin eine neue Mieterin ein, die regelmäßig »von ihrem Vater« besucht wurde – allerdings nur abends. Frau Thorgesen erklärte Andersen, daß der ältere Herr, den er zuweilen durch die Küchentür einließ, nur käme, um mit seiner Tocher (einem Fräulein Müller) Tee zu trinken, und da er ungemein menschenscheu sei, unter keinen Umständen gestört werden dürfe. Erst Jahre später, als Andersen auf eine Gesellschaft in Kopenhagen einem distinguierten alten Herrn begegnete, in dem er jenen »Herrn Müller« wiedererkannte, begriff er, was sich damals wirklich abgespielt hatte.

Auch seine Hauswirtin wurde regelmäßig von ihrem Liebhaber, einem Zuschneider, besucht. Als die beiden beschlossen, zu heiraten und nach Westindien auszuwandern, sorgte Frau Thorgesen dafür, daß Andersen zur Untermiete in die ein Stockwerk höher gelegene Wohnung ziehen konnte. Auch dort hatte er eine fensterlose Kammer. Um Geld zu sparen, ließ er sich morgens und abends von seiner neuen Wirtin, Frau Henckel, verköstigen. Nur gelegentlich leistete er sich mittags eine warme Mahlzeit in der »Platane«, einem billigen Kellerlokal. Meistens verbrachte er die Mittagspause in einem Park, wo er im Winter bitterlich fror, weil er keinen Mantel besaß und seine Stiefel dringend einer Reparatur bedurften.

Man legte ihm immer wieder nahe, sich eine bessere Schulbildung anzueignen, und Lindgren blieb nicht der einzige, der ihm riet, sich mit der lateinischen Sprache und Grammatik vertraut zu machen. Obwohl Andersen keine Ahnung hatte, was »Grammatik« bedeutete, und obwohl er entschlossen war, sich durch solche Studien nicht von seiner Theaterlaufbahn abbringen zu lassen, bat er Professor Guldberg, ihn zu unterrichten. Als dieser ablehnte, wandte er sich erneut an Frau Hermansen, deren Sohn inzwischen Student geworden war und Nachhilfeunterricht erteilte. Sie erklärte, ihr Sohn würde ihm eventuell Deutschstunden geben – aber »Latein – das ist eine so *kostspielige* Sprache«. Schließlich fand Guldberg einen Studenten, der sich bereit erklärte, Andersen ein- bis zweimal wöchentlich Lateinunterricht zu erteilen. Doch schon bald fand Hans Christian diesen Unterricht schrecklich trocken und langweilig.

Im September 1821 erfuhr er eines Abends, wie verärgert Guldberg darüber sei, daß er seine Lateinstudien vernachlässigte. Was sich dann abspielte, schildert er in *Levnedsbog*:

»Als ich das gehört hatte, war ich angstvoll und traurig, ließ mein Puppentheater sein und ging schnurstracks zu seinem Haus in Nörrebro, um ihn um Verzeihung zu bitten. Aber er war erregt, nannte mich einen schlechten Menschen, der nicht tun wolle, was gut für ihn sei, und erklärte mir strikt, er wolle nichts mehr mit mir zu tun haben. Ich war verzweifelt, bat ihn, mir zu vergeben und mich nicht völlig unglücklich zu machen. ›Ach, Sie spielen mir doch bloß etwas vor!‹ sagte er. – ›Wenn Sie mich im Stich lassen, habe ich niemanden mehr. Ich habe gefehlt, aber bei Gott, von jetzt an werde ich fleißiger sein! Ich wußte nicht, wozu das alles führen würde und hatte, bevor ich zu Ihnen kam, keine Ahnung, was Latein bedeutet‹, so ungefähr lautete meine Antwort. – ›Unglücklich? Sie?‹ erwiderte er. ›Was für eine Komödientirade! Das habe ich schon einmal gelesen. Ich werde nichts mehr für Sie tun. Ich habe noch dreißig Reichstaler, die Ihnen gehören, davon können Sie zehn pro Monat abholen, aber zwischen uns ist's aus!‹ Er schlug mir die Tür vor der Nase zu. Ich sah ein, daß es falsch von mir gewesen war, die Lateinstunden gelegentlich zu vernachlässigen, aber ich glaubte trotzdem, daß er zu streng mit mir war. Voller Verzweiflung machte ich mich auf den Heimweg. Er hatte mich einen ›schlechten Menschen‹ genannt, und das traf mich zutiefst. Ich stand lange am Peblingsee und sah den Mond aufs Wasser scheinen. Es blies ein kalter Wind, und plötzlich kam mir der entsetzliche Gedanke: ›Aus dir kann nichts Gutes werden! Du bist nicht mehr gut! Gott zürnt dir, du mußt sterben!‹ Ich starrte ins Wasser, aber dann dachte ich an meine alte Großmutter, die gewiß nicht gedacht hätte, daß mein Leben auf diese Weise enden würde. Ich begann bitterlich zu weinen, fühlte mich dadurch aber erleichtert und bat Gott von Herzen um Vergebung für meine Fehler und für meinen sündigen Gedanken, ins Wasser zu springen.«

Danach bat er seinen Lateinlehrer um Verzeihung: Wegen der zahlreichen Verpflichtungen im Theater habe er sich nicht auf die lateinische Grammatik konzentrieren können, künftig aber wolle er sich mehr anstrengen. Zu seiner Erleichterung nahm ihm der Student die Sache nicht übel. Guldberg jedoch blieb, obwohl Andersen seine Lateinstudien jetzt nicht mehr vernachlässigte, lange Zeit unversöhnlich.

Kurz bevor sein Wohltäter ihm die Freundschaft aufkündigte, hatte Andersen mit seiner ersten literarischen Arbeit begonnen. Um sich in seiner Muttersprache zu üben, mußte er damals jede Woche ein Gedicht von Guldberg abschreiben und auswendig lernen.

Zur Abwechslung wollte er einmal ein Trauerspiel schreiben, das auf einer deutschen Erzählung basieren sollte, die er in einer dänischen Zeitschrift gelesen hatte. Guldberg erklärte sich einverstanden, unter der Bedingung, daß Andersen dieses Stück nur zu Übungszwecken verfassen und nicht beim Theater einreichen würde. Das Blankversdrama (dessen Manuskript erhalten ist) nannte Andersen *Die Waldkapelle*. Es ist eine naive, unausgegorene Imitation der deutschen »Schreckensromantik« – nach den Worten des zeitgenössischen dänischen Schriftstellers Thiele »eine fürchterliche, aus schlechten deutschen Romanen übernommene Phantasmagorie«. Allerdings räumte Thiele ein, das Stück zeige »trotz allem einige gute Ansätze«. Wie kindisch Andersen damals noch war, gab er später selbst zu: »Als ich Guldberg fragte, ob ich mich an so etwas versuchen dürfte, war ich hin und her gerissen, ob ich diese Idee nicht lieber aufgeben und mir stattdessen ein größeres Puppentheater anfertigen sollte.«

Er las sein Drama allen möglichen Leuten vor und nahm jedes beifällige Wort als Bestätigung seines schriftstellerischen Talents. Er wandte sich an berühmte dänische Autoren und erhielt freundlichen Zuspruch von Oehlenschläger, Ingemann und Grundtvig. Nun begann er, an seine dichterische Berufung zu glauben. Als ihm jemand riet, das Stück beim Königlichen Theater einzureichen, suchte er sofort bei Guldberg um Erlaubnis nach, der jedoch vernünftig genug war, nein zu sagen. Andersen glaubte damals, er habe es ihm aus Neid verboten, weil er selbst als Dramatiker nie Erfolg gehabt hatte.

Nach dem Bruch mit Guldberg war er mehr denn je auf eine gute Bühnenrolle erpicht: Er wollte endlich die Aufmerksamkeit des Publikums erregen und eine anständige Gage verdienen. Noch immer vom Aberglauben seiner Mutter beeinflußt, war er überzeugt, daß alles, was jemand am Neujahrstag erlebt, über sein Schicksal im kommenden Jahr entscheide. Darum brannte er darauf, am Neujahrstag 1822 auf der Bühne des Königlichen Theaters zu stehen. Zwar fand an diesem Tag keine Vorstellung statt, aber da der Bühneneingang nicht abgeschlossen war, schlich sich der junge Andersen an dem halbblinden Pförtner vorbei und durch die Seitenkulissen auf die leere Bühne. Vor dem Orchestergraben kniete er nieder, um etwas zu rezitieren, aber ihm fiel kein einziger Vers ein. Schließlich sagte er mit lauter Stimme das Vaterunser auf – und verließ das Theater im festen Glauben, daß ihm das Jahr 1822 eine gute Rolle bescheren werde.

Er wollte Schauspieler und er wollte Dichter werden, und er nützte jede Gelegenheit, etwas vorzutragen, entweder Gedichte oder sein eigenes Trauerspiel. Damals gab ihm eine Schauspielerin des Königlichen Theaters den Spitznamen »der kleine Deklamator« [9], und dieser Name blieb an ihm hängen.

Das Lob, das er für seinen ersten literarischen Versuch geerntet hatte, bewog ihn, eine zweite Tragödie zu verfassen, diesmal in aller Heimlichkeit, da er sie beim Königlichen Theater einreichen wollte. Auf den Spuren Schillers schrieb er ein Stück über eine Räuberbande, das er *Die Räuber von Wissenberg* nannte. Es basierte auf einer dänischen Sage, doch die dramatische Handlung war seine eigene Erfindung. In nur zwei Wochen hatte er das Stück fertig, dessen Text von orthographischen und grammatischen Fehlern strotzte. Eine korrigierte, nicht von ihm selbst angefertigte Abschrift wurde im März 1822 beim Königlichen Theater eingereicht, und nun sah Andersen mit hochgespannten Erwartungen dem Beschluß der Direktion entgegen.

Doch im Frühjahr 1822, noch bevor man über sein Drama entschieden hatte, wurde er »von der weiteren Beschäftigung am Theater entbunden«. Das bedeutete das Ende seiner Laufbahn als Sänger und Tänzer. Nach diesem Schicksalsschlag setzte er seine ganze Hoffnung auf eine erfolgreiche Karriere als Bühnenautor. Das Thema seines nächsten Stückes entnahm er einer Erzählung mit dem Titel *Alfsol* (Elfensonne), die in der Sammlung *Nordische Kurzgeschichten* enthalten war. Von seiner neuen, fünfaktigen Tragödie war er so begeistert, daß er bei Kommandeur P. F. Wulff, dem führenden dänischen Shakespeare-Übersetzer vorsprach, bei dem er sich mit den Worten eingeführt haben soll: »Sie haben Shakespeare übersetzt, den liebe ich auch sehr, aber ich habe ebenfalls eine Tragödie geschrieben, bitte hören Sie zu!« Wulff bat ihn, Platz zu nehmen und zunächst mit ihm zu frühstücken, aber Andersen ließ sich durch nichts davon abhalten, sofort mit dem Vortrag zu beginnen. Wulffs Schilderung zufolge fragte er dann: »Nicht wahr, aus mir wird wohl etwas werden? Ich möchte es gar zu gern!« Was Wulff von dem Stück hielt, wissen wir nicht, doch immerhin forderte er Andersen auf wiederzukommen, worauf dieser sagte, das werde er tun, sobald er seine nächste Tragödie geschrieben hätte. Auf Wulffs Bemerkung, dann würde er ihn wohl ziemlich lange nicht wiedersehen, soll er erwidert haben: »Nein, ich denke, daß ich in vierzehn Tagen wieder eine fertig habe!«

Die Frau eines dänischen Schriftstellers, der er damals eines seiner Stücke vorgelesen hatte, berichtete Jahre später, sie habe ihm schon nach den ersten Szenen zugerufen: »Aber da sind ja ganze Passagen, die Sie aus Oehlenschläger und Ingemann abgeschrieben haben!«, worauf er naiv erwiderte: »Ja, aber die sind ja auch wunderbar!«

Eine damals sehr einflußreiche Persönlichkeit war Jonas Collin, der zahlreiche öffentliche Ämter bekleidete und Mitglied des Theaterdirektoriums war.[10] Bereits am 2. April 1821 – seinem sechzehnten Geburtstag – hatte Andersen ein kurzes autobiographisches Gedicht an Collin gesandt, in dem er zum Schluß der Hoffnung Ausdruck gegeben hatte, es möge ihm vergönnt sein, »einen bescheidenen Platz im Garten der Kunst« zu erlangen. Als Theatereleve hatte er auch einmal persönlich mit Collin gesprochen, der sich jedoch außerstande gesehen hatte, etwas für den ihm völlig unbekannten Jungen zu tun. Auf Propst Gutfelds Rat sprach Andersen jetzt in Collins Privatwohnung vor, doch auch dieser Besuch verlief enttäuschend. Wie Andersen später bestätigte, sah er in Collin damals nur den Geschäftsmann. »Er machte nicht viele Worte, und seine Rede war ernst, fast streng. Ich verließ ihn, ohne von ihm eine Anteilnahme zu erhoffen.« Er betrachtete ihn also eher als Gegner denn als Freund und hätte sich wohl kaum träumen lassen, in welch enge Beziehung er später zu ihm treten würde und daß dieser Mann sein größter Wohltäter werden, ja seinem Leben die entscheidende Wendung geben sollte.

Am 16. Juni 1822 wurde Andersens Trauerspiel *Die Räuber von Wissenberg* vom Königlichen Theater mit der Begründung abgelehnt, das Stück sei für die Bühne untauglich und verrate »das Fehlen jeglicher grundlegender Bildung«. Gleichwohl erschien eine Szene daraus am 9. August 1822 in der Zeitschrift *Die Harfe*. Zum ersten Mal stand unter einer Publikation der Name »Hans Christian Andersen«.

Zu diesem Zeitpunkt arbeitete der junge Autor bereits an einem neuen Werk. Zu den Romanen, die er sich ausgeliehen und mit Begeisterung gelesen hatte, zählte auch Walter Scotts *Das Herz von Midlothian*, das soeben in dänischer Übersetzung erschienen war. In enger Anlehnung an diesen Roman schrieb Andersen eine Erzählung über »Mad Stine«, die er *Der Geist an Palnatokes Grab* nannte. Ein Schauspieler machte ihn mit dem Setzer einer Kopenhagener Druckerei bekannt, die sich bereit erklärte, diese Erzählung zusammen mit der Tragödie *Elfensonne* in einem Band mit dem Titel *Jugendliche Versuche* herauszubringen. Andersen

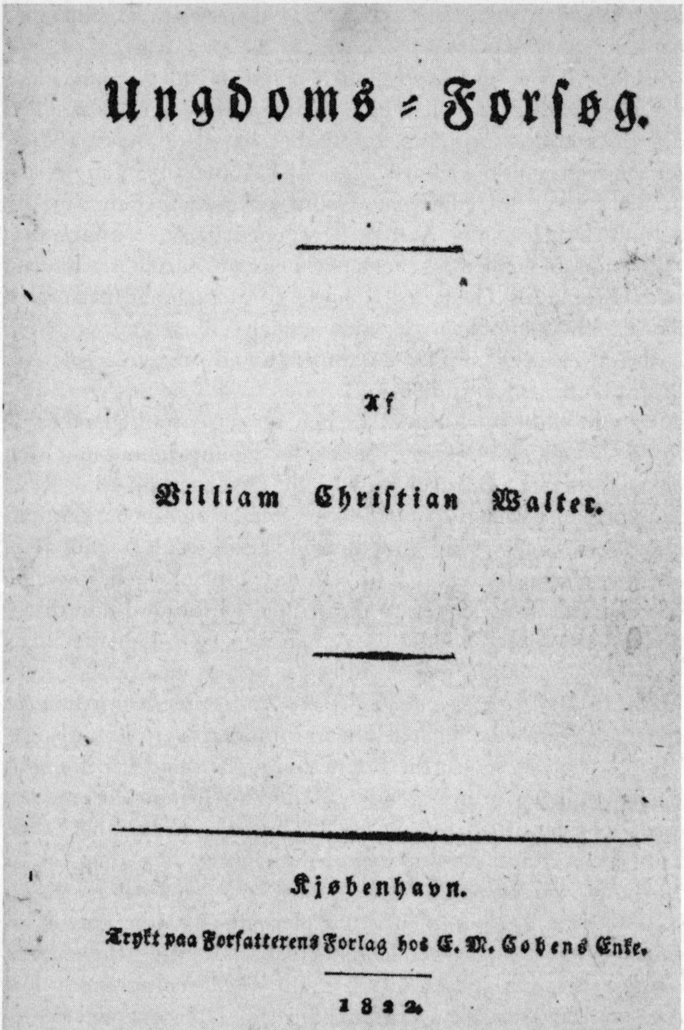
Ungdoms-Forsøg.

Af

William Christian Walter.

Kjøbenhavn.

Trykt paa Forfatterens Forlag hos E. M. Cohens Enke.

1822.

Das Titelblatt von Andersens erstem Buch *Ungdoms-Forsøg (Jugendliche Versuche)*, erschienen 1822 unter dem Pseudonym »Villiam Christian Walter«. (»Ich liebte *William* Shakespeare und *Walter* Scott, und mich selbst liebte ich natürlich auch – also nahm ich meinen Vornamen *Christian,* und nun hatte ich das Pseudonym: William Christian Walter.«)

wählte für diese Publikation das Pseudonym »Villiam Christian Walter«, also seinen zweiten Vornamen, eingerahmt von dem Vornamen seiner beiden Dichteridole William Shakespeare und Walter Scott. Als er bei Guldberg anfragte, ob er ihm das Buch widmen dürfe, erhielt er eine schroffe Abfuhr: »Wenn Sie meinen, mir einige Achtung zu schulden, dann können Sie das nur beweisen, indem Sie *gänzlich* auf Ihre Absicht verzichten, mir ein Buch, das Sie drucken lassen wollen, zu widmen.« Es gäbe kaum etwas, womit ihm Andersen mehr Ärger bereiten würde als damit. Nachdem er die große Chance nicht wahrgenommen habe, sich durch Lernen dankbar zu erweisen, lege er, Guldberg, nun keinen Wert darauf, daß eine Handvoll Leser seinen Namen in diesem Buch entdeckten . . .

Diese Erwiderung verwandte Andersen später wortwörtlich in seinem Roman *Der Improvisator* – ein Zeichen dafür, wie tief er sich von Guldberg gekränkt fühlte.

Der Band *Jugendliche Versuche* wurde am 12. Juni 1822 in der Zeitung *Dagen* angekündigt. Andersen bemühte sich um Subskribenten, aber allem Anschein nach wurden nur ganz wenige Exemplare verkauft. Wenig später verramschte die Druckerei den Restposten an einen Buchhändler, der 1827 vergeblich versuchte, die mit einem neuen Titelblatt versehenen Exemplare abzusetzen. Schließlich wurden die Druckseiten teils als Einwickelpapier benutzt, teils eingestampft. Erhalten geblieben sind nur einige wenige Exemplare.

Indessen war bereits vor der Veröffentlichung der *Jugendlichen Versuche* die entscheidende Wende in Andersens Leben eingetreten.

Sein Drama *Elfensonne*, das Propst Gutfeld einem Mitglied der Theaterdirektion übergeben hatte, wurde zwar am 3. September mit der Begründung abgelehnt, es sei »ein Sammelsurium von Worten und Tiraden ohne jede dramatische Handlung, ohne Plan, ohne Charakter . . . kurz, für die Bühne völlig ungeeignet«. Doch trotz dieser vernichtenden Kritik empfahl die Direktion, man solle den jungen Autor auf eine Lateinschule schicken, damit er sich zumindest eine Elementarbildung aneignen könne. In seiner Sitzung am 6. September wiederholte das Direktorium diese Empfehlung und lud Andersen für den 13. September vor. Dankbar nahm er das Angebot des Gremiums an, ihm ein Stipendium für den dreijährigen Besuch einer Lateinschule zu verschaffen und ihm damit ein späteres Studium an der Kopenhagener Universität zu ermöglichen. Alle notwendigen Schritte sollte Jonas Collin unternehmen. Da das Stipendium aus einem königlichen Fonds finanziert werden mußte, holte Collin unverzüglich die Genehmigung des Monarchen ein. Dann einigte man sich darauf, Andersen auf die Lateinschule der fünfundsechzig Meilen westlich von Kopenhagen gelegenen Kleinstadt Slagelse zu schicken. Zum Rektor dieser Schule war vor kurzem ein Dr. Simon Meisling ernannt worden.

Bevor Andersen am 26. Oktober 1822 nach Slagelse reiste, stattete er Jonas Collin einen Privatbesuch ab. Sein neuer Gönner versicherte ihm, daß er sich mit allen Sorgen an ihn wenden dürfe. Er war gewillt, dem Siebzehnjährigen von nun an die Eltern zu ersetzen, und dieser wiederum versprach, seinem »Vater« regelmäßig zu schreiben.

Von seiner Mutter erhielt er einen Brief, den sie, die weder lesen noch schreiben konnte, einer Nachbarin diktiert hatte. Sie beteuerte ihm, wie glücklich sie sei, daß er jetzt auf die Lateinschule gehen dürfe, und wie sehr sich seine Großmutter (die am 29. August gestorben war) über diese Nachricht gefreut hätte.

In mancher Hinsicht war Andersens dreijähriger Aufenthalt in Kopenhagen als völliger Fehlschlag zu betrachten. Seine Liebe zum Theater hatte ein unglückliches Ende genommen: Er war als Sänger, Tänzer, Schauspieler und Bühnenautor gescheitert. Er war unbeholfen und ein »Außenseiter«; er machte eine unglückliche Figur und war aus seinem einzigen Anzug herausgewachsen, ohne sich einen neuen leisten zu können. Ständig zog er an den Ärmeln seiner zu klein gewordenen Jacke. Seine Hose war zu kurz und zu eng, seine Stiefel waren völlig abgetreten. Er bewegte sich linkisch, weil er ständig versuchte, die Unzulänglichkeit seiner Kleidung zu kaschieren. Sein ganzes Gebaren wirkte oft ausgesprochen komisch. Folgende Schilderung stammt aus einem Brief, den Eline Bredsdorff (die Nichte von Frau Collin und Urgroßtante des Verfassers dieser Biographie) knapp vier Wochen vor Andersens Abreise nach Slagelse an ihre Schwester Hanna nach Fünen schrieb:

»Frag Ottilie, ob sie sich noch an den kleinen Schusterssohn aus Odense erinnert, der ihnen immer Theaterstücke vorgespielt hat. Er ist jetzt hier in Kopenhagen und schreibt Tragödien und Geschichten, die er uns zuweilen vorliest; es sind ein paar hübsche Stellen darin, aber im ganzen gesehen ist es der fürchterlichste Unsinn. Morgen kommt er wieder zum Vorlesen, ich freue mich eigentlich darauf – wenn ich bloß das Lachen unterdrücken könnte, aber das ist fast ein Ding der Unmöglichkeit, weil er sich gar so albern benimmt.«

Gleichwohl waren diese ersten drei Jahre in Kopenhagen nicht völlig vertan: Seinem ungewöhnlichen Talent, andere auf sich aufmerksam zu machen, hatte es der »kleine Schusterssohn« zu verdanken, daß er den nächsten drei Jahren ohne finanzielle Sorgen entgegensehen konnte. Der Siebzehnjährige bereitete sich darauf vor, wieder die Schulbank zu drücken.

3
In der Lateinschule

1822-1827

Am 26. Oktober 1822 traf Andersen in Slagelse ein, und am nächsten Morgen meldete er sich beim Rektor der Schule, Dr. Simon Meisling, der ihn freundlich begrüßte und ihn zusammen mit zwei Schülern der Oberklasse für den Abend zu sich nach Hause einlud. Eifrig bemüht, sein Talent zur Schau zu stellen, las Andersen in diesem Kreis sein Drama *Elfensonne* und seine Erzählung *Der Geist an Palnatokes Grab* vor. Der »kleine Deklamator« war also mit dem Entschluß »Jetzt erst recht!« nach Slagelse gekommen.

Am Montag, dem 28. Oktober, saß er zum ersten Mal auf seinem Platz in der zweiten Klasse, inmitten der elfjährigen Schüler, die den hochaufgeschossenen Siebzehnjährigen erstaunt musterten. Seine Lateinkenntnisse waren nicht der Rede wert, und von einer ganzen Anzahl anderer Fächer hatte er keine Ahnung – vom Griechischen zum Beispiel, von der Geometrie, ja nicht einmal von Geographie. Er mußte zugeben, daß er nicht imstande war, Kopenhagen ohne weiteres auf der Landkarte zu finden.

Die meisten Lehrer waren freundlich und hilfsbereit, allen voran Herr Snitker, der Lateinlehrer, und Herr Quistgaard, der Religionsunterricht erteilte und, da er selbst aus einer armen Familie kam, sich am besten in die Lage des neuen Schülers versetzen konnte. Nach Andersens eigenem Bericht war der Geschichtslehrer ein stets mißmutiger Mensch, der über ihn sagte, er sei so lang, »daß man ihn halbieren und zwei junge Flegel aus ihm machen könnte«. Der Altphilologe Meisling unterrichtete nur einmal wöchentlich in Andersens Klasse, aber da er leicht aufbrauste und ungemein sarkastisch sein konnte, graute es Andersen bald dermaßen vor der Unterrichtsstunde des Rektors, daß er betete, die Klasse möge durch irgendeine Katastrophe davor bewahrt werden. Die Angst vor Meisling, der sich nicht scheute, richtige Antworten des neuen Schülers so zu verdrehen, daß die andern über ihn lachten, scheint ihn zuweilen fast gelähmt zu haben.

Privat jedoch erwies ihm Meisling manche Freundlichkeit, lud ihn sonntags oft in sein Haus ein und erlaubte ihm, gemeinsam mit den Schülern der Oberklasse zum obligatorischen Sonntagsgottesdienst zu gehen.

Im Haus der Witwe Henneberg teilte Andersen eine Schlafkammer und einen Wohnraum mit einem anderen Untermieter, der manchmal betrunken nach Hause kam. Dann flüchtete sich Hans Christian ins obere Stockwerk, wo er die Nacht auf einem Sofa in der Wohnung seiner Hauswirtin verbrachte. Er lebte offenbar ziemlich zurückgezogen und saß, wie früher, gern im Garten und sang vor sich hin.

Slagelse war ein verschlafenes Provinzstädtchen. Als Sehenswürdigkeit empfahl man dem Neuankömmling »die neue englische Feuerspritze und Pastor Bastholms Bibliothek«, doch zu seiner freudigen Überraschung gab es hier auch ein kleines Theater, das sich in einem ehemaligen Stall befand. Alle zwei Wochen fand eine Aufführung statt, und für die Hauptproben erhielten die Lateinschüler Freikarten.

Zu Beginn der Weihnachtsferien mietete Dr. Meisling die einzige verfügbare Reisekutsche. Außer den Passagieren (Herr und Frau Meisling, ihre drei Kinder, das Dienstmädchen und der junge Andersen) wurde darin ein reichlicher Vorrat an Pfannkuchen und Süßigkeiten sowie eine große Daunendecke verstaut, und dann ging es ab nach Kopenhagen. Die Zeit bis zur Ankunft vertrieb man sich mit Kartenspielen, und Frau Meisling sang dazu Arien aus Mozarts *Don Giovanni*. Andersen, der bei diesem Besuch in Kopenhagen bei einer alten Dame wohnte, die er von früher kannte, wurde nun zum ersten Mal von der Familie Collin zum Essen eingeladen. Jonas Collin, der ihn mit väterlicher Güte empfing, war mit seinen Zensuren zufrieden und forderte ihn auf, einmal im Monat von seinen Fortschritten zu berichten und sich mit allen Sorgen vertrauensvoll an ihn zu wenden.

Nach den Weihnachtsferien begann sich Hans Christians gutes Verhältnis zu Meisling zu trüben. Als dieser erfuhr, daß der Junge noch immer allen möglichen Leuten sein Theaterstück vorlas, verbot er ihm das kategorisch und bestand außerdem darauf, daß er sich nicht mehr literarisch betätigte. Einen ähnlichen Standpunkt vertrat auch Jonas Collin, der Andersen dringend riet, sich lieber auf den Unterricht zu konzentrieren statt seinen dichterischen Ambitionen zu frönen. Als ihm auch von anderer Seite solche Ratschläge erteilt wurden, war Andersen nahe daran, das Dichten für etwas Sündhaftes zu halten. Während des ersten Jahres in Slagelse bemühte er sich ernsthaft, sein Versprechen, nichts mehr zu schreiben, zu halten. Aber als er die Nachricht von Propst Gutfelds Tod erhielt, verfaßte er ein Gedicht auf seinen Gönner und schickte es an die Lokalzeitung, die es am 1. Februar 1823 veröffentlichte. Der Redakteur, Pastor Bastholm, schrieb ihm: »Ich muß gestehen, daß Gott Ihnen eine lebhafte Einbildungskraft und ein warmes Herz verliehen hat, es fehlt Ihnen nur noch die Geistesbildung.« Auch er riet Andersen, sich »mit äußerstem Fleiß« seinen Studien zu widmen und alle anderen Pläne zurückzustellen.

Die nächste Gelegenheit, ein Gedicht zu schreiben, ergab sich im Juli 1823, als in Anwesenheit des Bischofs von Seeland die offizielle Amtseinführung Meislings stattfand. Auf Wunsch des Musiklehrers verfaßte Andersen für diese Feier ein Lied. Collin, dem er eine Abschrift sandte, schrieb ihm, das Lied habe ihm zwar gefallen, er hoffe aber, daß dieser »nicht erfolglose Versuch Sie nicht zu weiteren verleiten möge, die Ihrer gegenwärtigen Beschäftigung nicht gut anstünden«.

In Slagelse erhielt Andersen mehrere Briefe von seiner Mutter. Es steht zu vermuten, daß darin nicht nur enthalten war, was sie schreibkundigen Bekannten diktiert hatte, sondern auch, was diese für mitteilenswert und ratsam hielten. In dem frühesten (undatierten) Brief, der erhalten geblieben ist, beklagt sich Frau Andersen darüber, daß Hans Christian auf ihren letzten Brief nicht geantwortet habe. »Ich glaube, daß eine Mutter eine Antwort verdient.« Dann berichtet sie: »Deine Schwester war letzten Sonntag hier und nahm es mir übel, daß ich ihr Deine Adresse nicht geben wollte.« Solche Vorwürfe würden ihr erspart bleiben, wenn er seine Schwester wissen ließe, wo er jetzt wohne. Im nächsten Brief (2. November 1822) bedankt sie sich für seine Antwort und fügt hinzu: »Deine Schwester ist zu Dir hinübergereist [gemeint ist vermutlich: nach Seeland], aber gegen meinen Wunsch.« Dann fordert sie ihren Sohn auf, Leutnant Martens diesen Brief lesen zu lassen und ihn an sein Versprechen zu

Dr. Meisling, Andersens Lehrer und Quälgeist (zeitgenössische Karikatur).

erinnern. Diese Bemerkung scheint darauf zu deuten, daß ein gewisser Leutnant M. F. Martens, der von 1817 bis 1821 in Odense gewohnt hatte, der Liebhaber von Karen Marie gewesen war, die ihn jetzt in Kopenhagen ausfindig machen wollte.

In einem Brief vom Dezember 1822 beteuert Frau Andersen ihrem Sohn, wie stolz sie sei, daß er jetzt die »Gelehrtenschule« besuche. ». . . so manche heimliche Träne rinnt aus dem Auge der Mutter, denn wie konnte eine arme Frau wie ich ahnen oder hoffen, daß unser Allergnädigster Väterlicher Monarch einem Knaben, der sich Hals über Kopf in die große Welt stürzt, diese unendliche Gnade erweisen würde?« Über Karen Marie berichtet sie: »Deine Schwester ist in Kopenhagen. Ihre Adresse weiß ich nicht, Du brauchst Dir aber weder über ihre Tugend noch über ihre Jugend Sorgen zu machen, denn hier in Odense ist das alles wohlerhalten geblieben, aber ich hoffe und wünsche natürlich, recht bald ein paar Worte von ihr zu hören.«

Da Andersen seine Mutter seit fast vier Jahren nicht mehr gesehen hatte, bat er Meisling um Erlaubnis, die Osterferien 1823 in Odense verbringen zu dürfen. Der Rektor genehmigte ihm dafür nur eine Woche, weil er selbst nach Kopenhagen reisen wollte und ihn als Spielgefährten für seine Kinder brauchte.

Um drei Uhr morgens machte sich Andersen auf den Fußmarsch nach Korsör, setzte mit dem Fährschiff nach Fünen über und legte den Weg von Nyborg bis Odense wieder zu Fuß zurück. Als er den Turm der St.-Knuds-Kirche erblickte, kniete er nieder und weinte vor Freude. »Für mich war alles wie ein Traum, als ich in die Stadt kam. In der ersten Straße traf ich meine Mutter, sie weinte, konnte mein Glück aber nicht so recht begreifen.« Er besuchte Oberst Höegh-Guldberg, Herrn Iversen, Fräulein Bunkeflod und andere alte Bekannte. Manche Odenser, die ihn als Kind gekannt hatten, musterten ihn erstaunt und nannten ihn »Herr Christian«, weil sie sich nicht mehr an seinen Nachnamen erinnern konnten. Seine Mutter war so stolz auf ihn, daß sie ihn überall vorzeigen wollte. Einmal holte sie ihn geradewegs aus Höegh-Guldbergs Wohnung, nur weil eine ihrer Bekannten, eine Dienstmagd, neugierig auf ihn war. Und sie wußte sich vor Glück kaum zu fassen, als er mit dem Oberst, dem Bischof und einigen ihrer Familienmitglieder eine Bootsfahrt auf dem Fluß unternahm.

Nach diesen Ferientagen fiel Andersen die Rückkehr in den Schulalltag umso schwerer. Mit den alten Sprachen tat er sich immer härter, und Meislings Launenhaftigkeit machte ihm mehr und mehr zu schaffen. Als im Herbst 1823 die Klassenabschlußprüfung bevorstand, war er sehr pessimistisch. In einem Brief vertraute er dem Religionslehrer Quistgaard seinen Kummer an. Wie üblich begann er mit einem kurzen Lebensbericht, dann beteuerte er, daß er sich der großzügigen Hilfe, die ihm zuteil geworden sei, würdig erweisen wolle. Er zweifle aber allmählich an seinen Fähigkeiten, da die Lehrer mit seinen Leistungen in Latein und Griechisch oft unzufrieden seien, obwohl er sich sehr anstrenge. In letzter Zeit habe er allerdings einige Fortschritte gemacht, und da sowohl seine Lehrer wie auch seine Wohltäter in Kopenhagen dies mit Befriedigung zur Kenntnis genommen hätten, werde er künftig noch eifriger lernen. »Aber ich bin schon über achtzehn und werde mit jedem Tag älter.« Es würde ihn in »tiefste Verzweiflung« stürzen, wenn er wegen seiner schlechten Zensuren im lateinischen Aufsatz durchfiele – »denn dann werde ich das Ziel nie erreichen, dann sind alle meine Anstrengungen umsonst gewesen«. Er flehte Quistgaard geradezu an, ihm bezüglich der Versetzung in die dritte Klasse Mut zuzusprechen. »Sie mögen einwenden, ich sollte über diese Dinge mit dem Rektor sprechen, aber ich glaube, daß er mir nicht mehr so gewogen ist wie in den ersten Tagen.«

Trotz schlechter Zensuren in Latein und Griechisch und mittelmäßiger Leistungen in einigen anderen Fächern wurde er in die dritte Klasse versetzt und in Meislings Bericht wohlwollend beurteilt. »Das machte mich unsagbar glücklich. Meine Freunde schrieben mir ermutigende Briefe, Collin äußerte sich zufrieden. Ich war jugendlich glücklich und fühlte mich wie neugeboren. Die Kronprinzessin sandte mir etwas Taschengeld, und ich ging für die Weihnachtstage nach Kopenhagen, verlebte herrliche Stunden, konnte aber nur eine Woche bleiben. Ich mußte zurück und mit Meislings Kindern spielen; darauf bestand er.« Da die Postkutsche nur an Wochentagen von Kopenhagen nach Slagelse fuhr und Andersen am Sonnabend eine Theateraufführung besuchen wollte, machte er sich am Sonntag in aller Frühe auf den Weg, legte die fünfundsechzig Meilen zu Fuß zurück und traf um ein Uhr nachts in Slagelse ein.

Neben Jonas Collin, dem er regelmäßig Bericht erstattete, korrespondierten auch andere Kopenhagener Freunde mit ihm. Zu ihnen zählten Frau Wulff (Kommandeur P. F. Wulffs Gattin), Frau Birgitte Andersen, Schauspielerin am Königlichen

Theater, und Professor Guldberg, mit dem er sich Ostern 1823 ausgesöhnt hatte.

Den größten Kummer bereitete ihm nach wie vor Meisling, dessen Wutanfälle ihn fast zur Verzweiflung trieben. Der Rektor erfand allerlei Spitznamen für ihn, zum Beispiel »Shakespeare mit den Vampyraugen«, und wenn diese Sticheleien dann den Jungen zum Weinen brachten, forderte Meisling die anderen Schüler auf, einen Ziegelstein zu holen, mit dem sich Hans Christian die Tränen abwischen sollte. In seiner ersten Autobiographie schildert Andersen seine damalige Verfassung:

»Ich verfiel in Schwermut, meine Briefe waren voller Gewinsel und Gejammer. In Odense sprach Guldberg wie ein Vater mit mir, sagte immer wieder, ich besäße Intelligenz und Begabung; ich zweifelte daran, denn Meisling benahm sich mir gegenüber immer in der gleichen Weise. Ich kam so gut voran, daß ich eine Zeitlang Klassenbester war, aber dann wurde ich in seine Nähe gesetzt, und er nutzte die Gelegenheit, um mich nur noch mehr zu hänseln, wenn ich ihm in meiner Angst die Antworten in der falschen Reihenfolge gab.

Eines Tages hatte ein anderer Schüler einen albernen Vers auf den Einband meines Homer geschrieben. Meisling las ihn und war wütend. Ich erwiderte: ›Aber das ist nicht von mir; die Handschrift sieht meiner doch gar nicht ähnlich.‹ – ›Aber der *Geist*!‹ erwiderte er. ›Sie sind ein dummer Junge, aus dem nie etwas wird. Wenn Sie erst einmal auf eigenen Füßen stehen, können Sie soviel Unsinn zusammenschreiben wie Sie wollen, aber niemand wird lesen, was Sie schreiben, und man wird es als Makulatur abtun. Um Himmels willen, fangen Sie bloß nicht zu heulen an, Sie ausgewachsener Kerl!‹ – Das war Meislings Erziehungsmethode. Er meinte es sicherlich gut, denn in Kopenhagen sprach er wohlwollend über mich und er erlaubte mir, ihn sonntags zu besuchen; aber es war nicht die richtige Art Erziehung.«

Das war es weiß Gott nicht! In seiner Verzweiflung schrieb Andersen einen zweiten Brief an Quistgaard, der ihm Mut zusprach: »Es wird Ihnen schon noch gelingen, das Wohlwollen Meislings zu erwerben, der sich, ob er nun lobt oder tadelt, ungewöhnlicher Kraftausdrücke bedient.« Daraufhin schöpfte Andersen Mut. Als es zu neuen Zusammenstößen mit Meisling kam, faßte er sich ein Herz und schrieb ihm:

»Ich hoffe, Sie werden diesen Brief lesen, da ich Ihnen verspreche, Sie nie mehr mit dergleichen zu behelligen. Sie sind mir böse, und zwar vor allem, weil ich gelächelt haben soll, als ich unglücklicherweise schlechte Noten bekam, aber das versichere ich Ihnen bei Gott (und ich glaube, Sie haben bisher keine Unwahrhaftigkeit bei mir gefunden), daß ich niemals, weder in der Schule noch als ich nach Hause ging, irgendein Zeichen von Selbstzufriedenheit geäußert habe; dies ist ein Benehmen, das meinem Wesen ganz fernliegt.«

Er gab zu, daß ihm jede Grammatik, mit Ausnahme der dänischen, Schwierigkeiten mache, und er versicherte dem Rektor, daß er keine »Unterhaltungsbücher« lese und seine Hausaufgaben nicht vernachlässige.

»Haben Sie noch einige Zeit Nachsicht mit mir, und sollte ich dann im nächsten Quartal keine Fortschritte aufweisen, dann verspreche ich Ihnen, mich selbst aus einer Lage zurückzuziehen, in der ich nur Unzufriedenheit errege.«

Wie Meisling auf diesen Brief reagierte, ist nicht bekannt, aber jedenfalls dauerte es nicht lange, bis Andersen von neuem in Ungnade fiel, diesmal weil er im privaten Kreis ein Gedicht vorgetragen hatte. Er wurde zum Rektor zitiert, der ihm erklärte, daß er Herrn Collin unterrichten werde und ihn möglicherweise von der Schule verweisen müsse, da er ohnehin nichts tauge und ihm persönlich unerträglich geworden sei. Tief bestürzt schrieb Andersen daraufhin an Collin und andere Bekannte in Kopenhagen, berichtete, was vorgefallen war und erklärte, jetzt sei alles zu Ende und er wolle nach Amerika auswandern. Collin und Guldberg zeigten Verständnis für seine schwierige Situation, andere Freunde dagegen warfen ihm kindisches Benehmen vor. Voller Angst sah er den im Herbst 1824 stattfindenden Prüfungen entgegen. Er absolvierte sie nicht hervorragend, aber auch nicht abgrundtief schlecht: Unter insgesamt acht Schülern kam er auf den fünften Platz. Aber zur Versetzung reichten seine Zensuren nicht. Er mußte die dritte Klasse wiederholen, und diesmal war er der Primus.

Im Dezember 1824 schrieb er an Collin: »Dieses Jahr behandelt mich der Rektor viel besser (ich bin dieses Jahr ja auch nicht mehr so schlecht) und manchmal sagt er mehrere Tage lang nichts, obwohl ich fast täglich abgefragt werde.« Und im Januar

1825: »Seit meiner Rückkehr hat mich der Rektor mit außergewöhnlicher Milde behandelt. Wenn er doch so bliebe!« Sein nächster Brief verrät bereits wieder Unsicherheit: »Manchmal ist er ärgerlich auf mich, manchmal ist er sehr freundlich.« In den folgenden Monaten berichtete er, sein Verhältnis zum Rektor bessere sich ständig. Im September 1825 teilte ihm Frau Meisling mit, daß ihr Mann Aussicht habe, zum Rektor der Lateinschule in Helsingör ernannt zu werden, wo er früher als Lehrer tätig gewesen war. Falls er den Posten erhalten würde, sei er bereit, Andersen mitzunehmen. In Helsingör wollten ihn die Meislings für den gleichen Betrag, den er Frau Henneberg für Kost und Logis zahlte, in ihrem eigenen Haus einquartieren, und wenn nötig würde ihm der Rektor Nachhilfestunden in Latein und Griechisch geben. Da ihr Mann täglich mit seiner Berufung rechnete, schlug Frau Meisling dem jungen Andersen vor, sein Logis zum nächstmöglichen Termin aufzugeben und, die Erlaubnis Collins vorausgesetzt, schon Ende Oktober zu ihnen zu ziehen. Andersen fühlte sich einerseits geschmeichelt, weil ihm dieser Vorschlag zu beweisen schien, daß er Meislings Wohlwollen errungen hatte, andererseits beunruhigt, weil er nur zu gut wußte, wie unberechenbar der Rektor war. Er überließ Collin die Entscheidung, und als dieser Meislings Vorschlag zustimmte, fand er sich damit ab, künftig im Haus des Rektors zu wohnen.

In einem Provinzstädtchen wie Slagelse war jede traditionelle Festlichkeit, sei es das Fastnachtstreiben oder das sommerliche »Vogelschießen« auf hölzerne Papageien, ein großes Ereignis für die Schuljungen. Den Lateinschülern war es jedoch nicht erlaubt, im städtischen Chor mitzusingen – eine Maßnahme, mit der es der Rektor den Damen des Städtchens, die ihre Wohnungen für die Chorproben zur Verfügung stellten, heimzahlen wollte, daß sie auf die Mitwirkung seiner Frau keinen Wert legten. An Sonntagen und in den Schulferien wanderte Andersen oft in die Nachbarstadt Sorö, wo er dem Dichter B. S. Ingemann und seiner Frau stets willkommen war. Er wollte einen historischen Roman – *Der Zwerg Christians II.* – schreiben und diskutierte darüber mit Ingemann, dessen historische Romane damals sehr beliebt waren.

Großes Aufsehen erregte im April 1825 die öffentliche Hinrichtung dreier Missetäter, die auf einem Hügel zwischen Slagelse und Skælskör stattfand. Eine Siebzehnjährige hatte ihren Liebhaber und einen anderen Mann zum Mord an ihrem Vater verleitet, weil dieser ihr verboten hatte, ihren Geliebten, von dem sie ein Kind erwartete, zu heiraten. Das Gericht hatte alle drei zum Tode verurteilt. Unter den Zuschauern der Hinrichtung waren auch die Lateinschüler, die dafür schulfrei bekommen hatten. In seinem *Levnedsbog* schildert Andersen das grausige Ereignis, das ihn tief erschütterte, während es die meisten anderen Zuschauer offenbar ungerührt ließ. Wie er berichtete, hörte er einige Bauern sagen, es sei schade um die durchaus noch brauchbare Kleidung der drei Geköpften. Einem ortsansässigen Schneider, der eine Moritat über das Verbrechen verfaßt hatte, brachte der Verkauf des gedruckten Textes so viel ein, daß er sein Gewerbe aufgab und öffentlicher Ausrufer wurde.

In den Sommerferien 1825 reiste Andersen wieder nach Odense, wo er bei Oberst Höegh-Guldberg wohnte. Seine Mutter hatte einige Monate zuvor einen Freiplatz in Doctors Boder, einer Wohlfahrtseinrichtung für kranke alte Leute, erhalten. Sie und Hans Christian hatten in unregelmäßigen Abständen Briefe gewechselt (von denen leider kein einziger erhalten geblieben ist). Unter anderem hatte sie ihm berichtet, daß man seinen geistesgestörten Großvater – anscheinend gegen dessen Willen – ins Spital aufgenommen und daß der Verkauf seines Häuschens und seiner Habseligkeiten rund einhundertzehn Reichstaler eingebracht hatte. Die Hälfte davon sollte Hans Christian erben. (Der Großvater starb 1827.)

Aus den Briefen, die Andersen damals schrieb, geht hervor, daß er fest entschlossen war, Dichter zu werden – ein *großer* Dichter. Im Frühjahr 1823 schrieb er an die Schauspielerin Birgitte Andersen: »Wenn jemand durch die Ereignisse seiner Kindheit zum Dichter werden kann, dann ich. Aber keiner von minderer Bedeutung, davon gibt es schon genug. Wenn ich kein großer werden kann, will ich danach trachten, ein nützlicher Staatsbürger zu werden.« Und an Ingemann schrieb er im Mai 1826: »Also Mut! *aut Caesar, aut nihil* sei mein Wahlspruch.« Ähnlich dürfte er sich gegenüber Frau Wulff geäußert haben, denn in einem ihrer Briefe schrieb sie ihm: »Sie denken, mein lieber Andersen, Sie seien zum großen Dichter geboren. Nein, dem ist nicht so, und Sie selbst sollten das am allerwenigsten glauben ... Vor allem, lieber Andersen, schmeicheln Sie sich nicht, ein zweiter Oehlenschläger, ein Walter Scott, ein Shakespeare, Goethe oder Schiller zu werden, und fragen Sie nie mehr, welchem von ihnen Sie nacheifern sollen – denn Sie werden keiner von ihnen sein.«

Aufschlußreich sind vor allem die (nur zum Teil erhaltenen) Briefe an Jonas Collin, denn ihm gegenüber sprach Andersen freimütig über sich selbst. Am 27. März 1823 beendete er einen Brief, in dem er wieder einmal ausführlich über seine Lebensgeschichte berichtet hatte, mit den Worten: »Erst jetzt kenne ich mich selbst; ich bin ganz gutherzig veranlagt, aber ich bin konfus und flatterhaft. Ohne Gott und die Güte anderer wäre ich gar nichts.« Und am 19. Juni 1825 schrieb er an Collin: »Ich bin gewiß zu kindisch, denn ein bloßes Lächeln oder ein freundliches Wort macht mich sogleich überglücklich, während eine kalte Miene mir tiefste Seelenqual bereiten kann.«

Von dem Tagebuch, das er während seiner Schulzeit in Slagelse führte, sind nur Fragmente erhalten. Die frühesten stammen aus der Zeit kurz nach dem Vorschlag der Meislings, er solle zu ihnen ziehen, und kurz vor der Klassenabschlußprüfung, die für ihn entscheidend war, weil er mit dem Abgang von der Schule rechnen mußte, falls er die Versetzung in die vierte Klasse wieder nicht schaffen würde.

Die folgenden Auszüge aus seinem Tagebuch stammen vom September 1825:

18. September. »Kein Brief von Collin. War bei der gnädigen Frau, sie hoffte, wir kämen nach Helsingör, wünschte mir Glück zum Examen ...«

19. September. »Gott! Gott! dein Wille geschehe, belohne mich nach dem Fleiß des Jahres, nicht mehr! ... Unglücklicher! – habe in Latein erbärmlich abgeschnitten, du kommst nicht in die vierte, hinaus aus der Schule, Handwerker oder eine Leiche wird deine Bestimmung sein, Gott, Gott, bist du wirklich gegenwärtig? – Immerhin noch! Dein Name sei gelobt. – Schnitt besser in lateinischer Grammatik ab, vielleicht Gut. Auch gut in Deutsch. – Ich fasse deinen Willen nicht, Vater, o laß mich doch die Hoffnung nicht verlieren, daß Du alles lenkst, gib mir Mut, meinem Geschick entgegenzutreten, ich sehe es, o Gott! Lebt wohl, alle meine Hoffnungen und Träume, ja, es waren nur

Träume, oh, hätte ich nur Mut – Tod, du bist nicht so furchtbar ... Könnte ich doch groß werden, geachtet von meinen Mitmenschen, Freude spenden, der Weg wand sich schon dort hinauf, Engel könnte ich werden, Engel oder Teufel muß ich werden, die Schale schwankt – Gott, Du selbst bestimmst das Los der Verzweifelten.«

20. September. »Was könnte ich werden? und was werde ich? Meine starke Phantasie bringt mich nun ins Tollhaus, mein heftiges Gefühl macht mich zum Selbstmörder, früher hätten beide vereint mich zu einem großen Dichter gemacht, o Gott! sind auch wirklich Deine Wege hienieden? – Vergib mir Gott, ich bin unbillig gegen Dich, der du mir so unsagbar viel Gutes getan hast, oh, vergib mir wie früher, Gott, und hilf mir weiterhin. – (Gott! bei meiner ewigen Ruhe gelobe ich Dir, niemals mehr von Herzen an Deiner Vaterhand zu zweifeln, wenn ich diesmal in die vierte UND NACH HELSINGÖR komme.)«

Am 1. Oktober, als seine Verzweiflung ihren Höhepunkt erreicht hatte (»Gott! mein Gott! verlaß mich nicht. Das Blut wallt mächtig in meinen Adern, meine Nerven zittern. O Gott! Allmächtiger Gott! hilf mir!«), vertraute ihm Frau Meisling an, daß er das Examen bestanden habe. »Und ich wurde versetzt!« schrieb er in sein Tagebuch. »Aber wie seltsam – meine Freude war nicht so gewaltig wie ich erwartet hatte.«

Am 27. Oktober zog er zu den Meislings (»war ein bißchen traurig, fand aber alles besser als erwartet«), und am 31. vermerkte er in seinem Tagebuch: »Ich habe es hier weit besser als bei Hennebergs, o Gott, wie bist Du gut, könnte ich mir die Güte des Rektors erhalten, könnte ich ihn erfreuen, o Gott, wie bin ich doch seelenfroh, es geht in der Schule herrlich.«

Drei Tage später machte er sich von neuem Sorgen, allerdings aus einem ganz anderen Grund. »Meislings haben eine Magd aus Kopenhagen bekommen, mir ahnt, es ist meine Schwester, und man erzählt ja, sie heiße Maria.« Aber schon tags darauf schrieb er erleichtert: »Diesmal trog mich meine Ahnung, ich kenne das Mädchen gar nicht.«

In seinem neuen Domizil herrschten recht merkwürdige Zustände, und seine neue Hauswirtin war eine höchst kuriose Person. Die wohlbeleibte, mit falschen rotbraunen Locken geschmückte Frau Meisling befand sich ständig im Kriegszustand mit ihren Dienstmädchen, über deren Moral sie sich unentwegt Sorgen machte, obwohl man ihr selbst nachsagte, daß sie jede Gelegenheit nütze, ihren Mann zu betrügen. Um von seinen Kindern nicht gestört zu werden, schlief Dr. Meisling im oberen Stockwerk. Gewöhnlich legte er sich schon um acht Uhr zu Bett, wo er sich an selbstgebrautem Punsch labte, während ihm seine Frau Romane von Walter Scott vorlas. Wenn sie dazu keine Lust hatte, brach sie einen Streit vom Zaun, worauf der Rektor sie prompt hinausschickte. Dann braute sie sich ebenfalls einen starken Punsch, und den dafür benötigten Rum mußte ein Dienstmädchen aus dem Vorrat des Rektors stibitzen. Wenn Meisling später entrüstet feststellte, daß der Rum schon wieder zur Neige ging, lenkte seine Frau den Verdacht auf das Dienstmädchen. Zuweilen schloß sie, sobald der Rektor eingeschlummert war, seine Schlafzimmertür ab, verkleidete sich als Bauernmädchen und stahl sich aus dem Haus. Eines Nachts, so erzählte sie dem jungen Andersen, hatte sie sich mit Offizieren des in Slagelse stationierten Regiments amüsiert, die sie nach Hause begleitet und auf der Straße so gelärmt hatten, daß Meisling aufwachte. Aber er hatte seine verkleidete Frau nicht erkannt, die ein Stück weitergegangen war und sich dann unbemerkt ins Haus schleichen konnte. Eines Abends, als die Meislings Gäste hatten und die Hausherrin ihnen zu später Stunde ein paar Lieder vorsang, klopfte jemand an die Fensterscheibe. Andersen mußte auf Befehl des Rektors nachsehen und berichtete nichtsahnend, draußen habe ein Offizier gestanden, der aber vor ihm davongelaufen sei. Der Rektor glaubte ihm nicht, und Frau Meisling war wütend. »Wie konnten Sie bloß so naiv sein, ihm das zu erzählen!« sagte sie tags darauf zu Andersen. »Sie wissen ja nicht, wie eifersüchtig er ist.« In seiner ersten Autobiographie berichtet Andersen:

»Es war eine sehr merkwürdige Welt, die sich allmählich vor mir auftat. Ich war ja noch so sehr Kind, daß ich, sicherlich öfter als nötig, errötete, und die Dame sagte auch: ›Sie sind kein richtiger Mann!‹ – Eines Abends kam sie zu mir herein, erzählte mir, sie fange an, abzumagern, ihr Kleid hänge ganz lose um sie herum, sie forderte mich auf, mal zu fühlen, ich dienerte viele Male vor der Gattin meines Rektors; sie schenkte mir ausgezeichneten Punsch ein, war besonders gut und freundlich – aber ich weiß selber nicht, ich hatte das Gefühl, ich stehe wie auf glühenden Nadeln, ich tat ihr sicherlich Unrecht, glaubte ich wenigstens, aber mir kamen üble Gedanken über sie, ich beeilte mich, fortzukommen, sobald ich konnte, und zitterte am ganzen Leibe. Ich hatte mich von dem Stadtklatsch über ihren Charakter beeinflussen lassen, ich tat ihr sicherlich Unrecht, aber von da an war ich mißtrauisch.«

Das Haus muß sich in einem unvorstellbar schmutzigen Zustand befunden haben. Der Rektor wusch sich höchst selten die Hände; saubere Fingerspitzen hatte er nur, wenn er eine Zitrone für seinen Punsch auspreßte. Der Abort wurde auch als Speisekammer und Schweinekoben benützt (während Andersen bei den Meislings logierte, ging ein Schwein ein, das dann feierlich im Garten begraben wurde). Um zu verhindern, daß übriggebliebene Fleischklopse von den Dienstboten aufgegessen wurden, schloß Frau Meisling sie bis zur nächsten Mahlzeit im Wohnzimmerschrank ein, in dem Nägel, Wäschestärke und alle möglichen anderen Dinge aufbewahrt wurden.

Sonntags war der Rektor meist guter Laune; dann spielte er mit den Zinnsoldaten und dem Puppentheater seiner Kinder und lud den jungen Andersen zum Mitspielen ein. Während der Schulstunden war er unberechenbar und jähzornig wie eh und je. Er behandelte die anderen Lehrer von oben herab und spielte ihnen oft übel mit. Zuweilen forderte er Herrn Snitker auf, der Oberklasse ein französisches Diktat zu geben, nur um dann zusammen mit seiner Frau an der Tür zu lauschen und sich halbtot zu lachen – über die falsche Aussprache seines Kollegen, der nie Französisch gelernt hatte. (Snitker erteilte Andersen eine Zeitlang lateinischen Nachhilfeunterricht, und immer, wenn sein Schüler einen Fehler machte, bekam sein Sohn Georg Prügel: »Er ist mein eigen Fleisch und Blut, ihn darf ich züchtigen.«)

Hier seien noch einige aufschlußreiche Tagebucheintragungen zitiert, die Andersen Ende 1825 machte:

20. November. »Saß den ganzen Tag daheim, las Byrons Biographie, oh, er ähnelt mir bis zur Schwatzhaftigkeit, ehrgeizig ist meine Seele wie die seine, nur darin, von allen bewundert zu werden, fühlt sie sich glücklich, der Geringste, der es nicht tut, kann mich mißmutig machen.«

25. November. »Einige andere Schüler sehen in ihren Büchern nach, G. liest sogar alles daraus ab. Das ärgert mich, aber hätte ich es nicht auch getan, wenn ich die Schande, ertappt zu werden, nicht so gefürchtet hätte? Und doch möchte ich, daß der Lehrer die andern ertappt, das ist niederträchtig von mir.«

5. Dezember. »Ja, er [Meisling] behandelt mich mit Güte, o Gott, könnte ich bloß Fortschritte zeigen, aber ich graule mich vor dem Examen, ich balanciere zwischen *schlecht* und *mäßig*, und zornig muß und wird er werden, er muß glauben, daß ich entweder ungeheuer dumm bin oder nicht arbeite; o Gott, Du kennst mich, Furcht habe ich wohl nicht, der Dämon des Stolzes hat in dieser Zeit Einzug in mich gehalten, ich glaube, ich besitze Dichtergeist, ich werde einen hohen Platz erreichen, und während ich glaube, ist da ein anderes Gefühl, welches furchtbar schreit, es sei eine verschrobene Grille, o Gott, o Gott, verlaß mich nicht . . .«

Nachdem Kommandeur Wulff zum Chef der Marineakademie ernannt worden war, hatten er und seine Familie eine Wohnung im Schloß Amalienborg bezogen. Als Frau Wulff den jungen Andersen für die Weihnachtsferien einlud, sagte er begeistert zu. Am 19. Dezember traf er in Kopenhagen ein, wurde von den Wulffs gastfreundlich aufgenommen, hatte ein Schlafzimmer und ein gemütlich warmes Wohnzimmer zur eigenen Verfügung und erhielt als Weihnachtsgeschenk die dreibändige Ausgabe der von Wulff ins Dänische übersetzten Shakespeare-Dramen. Wenn er auf den Schloßplatz hinuntersah, kam er sich vor sie Aladdin in Oehlenschlägers gleichnamigem Theaterstück. »Vor fünf, sechs Jahren«, schrieb er in sein Tagebuch, »lief ich auch dort unten herum, kannte nicht einen Menschen in der Stadt, und nun kann ich mich hier oben bei einer lieben und geachteten Familie an Skakspear *[sic!]* ergötzen – o Gott! du bist gütig, ein Honigtropfen der Freude läßt mich alle Bitternis vergessen, oh! Gott wird mich nicht verlassen – er hat mich sehr glücklich gemacht.«

Am nächsten Tag besuchte er Jonas Collin, von dem er wegen seines Fleißes in der Lateinschule gelobt wurde; und er sah auch Frau Collin und zwei ihrer Kinder wieder – die mit ihm fast gleichaltrige Ingeborg und den wenige Jahre jüngeren Edvard, der ihm unsympathisch war, weil er kein Wort mit ihm sprach.

Zu den alten Freunden und Bekannten, die Andersen im Lauf der nächsten Tage aufsuchte, zählten Adam Oehlenschläger und seine Tochter Lotte, H. C. Örsted und Frau (bei denen er den Heiligen Abend verbrachte), das Ehepaar Dahlén, Professor Guldberg, die Schauspielerin Andersen und die Hofdame der Kronprinzessin. Er ergriff jede Gelegenheit, um aus seinem unvollendeten historischen Roman vorzulesen und eigene Gedichte aufzusagen. Er bekam Theaterkarten geschenkt und wurde von den Wulffs zu dem am 23. Dezember in ihren Räumen stattfindenden Seekadettenball eingeladen. Auf diesem Fest, bei dem die königliche Familie und die beste Kopenhagener Gesellschaft vertreten war, kam sich der junge Andersen deplaziert vor. Sein dunkelblauer Gehrock wirkte neben den vielen Uniformen und Fräcken schäbig. Als er bemerkte, daß Wulff seiner Frau etwas zuflüsterte, vermutete Andersen sofort, daß seine Kleidung das Mißfallen des Gastgebers erregt hatte, und als er Frau Wulff fragte, ob sein Rock unpassend sei, erwiderte sie: »Ja, haben Sie einen Frack, ist es besser.« Darauf eilte er in sein Zimmer und zog seinen schlichten grauen Frack an, den einzigen, den er besaß und den er täglich beim Schulunterricht trug. Nachdem er ihn fast kaputtgebürstet hatte, fand er sich wieder im Ballsaal ein, wo er nun der einzige war, der keinen *schwarzen* Frack trug. »Nur Oehlenschläger unterhielt sich mit mir; er ging mitten durch die Menge mit ausgestreckter Hand auf mich zu, das machte mich stolz.« Doch Andersen war viel zu verlegen, um den Abend zu genießen, und zudem fürchtete er ständig, man könnte ihn für einen Diener halten. Besonders peinlich war ihm, daß Lotte Oehlenschläger ihn in dieser unpassenden Aufmachung sah: Er war überzeugt, sich in sie verliebt zu haben. (Später gab er allerdings zu, daß er in ihr nur die Tochter des großen Dichters gesehen hatte, den er so sehr bewunderte.) Schon um neun Uhr zog er sich in sein Zimmer zurück. »Ich ging zu Bett und verfluchte mein Schicksal, keine schönen Kleider zu haben.« Am nächsten Morgen erklärte er Kapitän Wulff, er habe sich wegen starker Kopfschmerzen schon vor Beginn des eigentlichen Balles zurückziehen müssen.

Er versäumte es nicht, täglich bei Meisling, der sich ebenfalls in Kopenhagen aufhielt, vorzusprechen. Das hatte sich der Rektor ausbedungen, weil er Andersen für Botengänge brauchte. Am 23. Dezember wies er ihn an, sich auf eine baldige Abreise vorzubereiten. »Sie müssen zu Ihrem Griechisch und Latein zurückkehren und wieder zu arbeiten beginnen.« Darauf schrieb Andersen in sein Tagebuch: »Mir scheint, das geht ein bißchen weit, ich bin kaum ein paar Tage hier, er weiß, ich möchte zurückkehren, und trotzdem quält er mich, in merkwürdigem Gegensatz zu der Art, wie mich andere aufnehmen, täglich finde ich mich bei ihm ein, und wenngleich er mich nicht leiden kann, würde ich ihn ja gern lieben, aber für meine Gefühle kann ich nichts.«

Als er sich am zweiten Weihnachtsfeiertag bei Meisling melden wollte, wurde ihm ein Brief übergeben:

Ich habe Ihnen vor meiner Abreise nichts zu sagen, muß Sie aber nachdrücklichst ersuchen, Ihre Zeit vom Tage Ihrer Rückkehr nach Slagelse an nicht mit dem Schreiben von Geschichten und Gedichten, mit welchen Sie, zu deren großer Belustigung, gewisse Leute unterhalten haben, sondern mit Ihren Schulangelegenheiten zu verbringen. Persönlich werde ich mit Ihnen darüber sprechen, wie Sie meine Bemühungen vereiteln, indem Sie Ihre Zeit auf solche Weise vertrödeln, während ich glaubte, Sie läsen die Ihnen aufgegebenen Texte. Und ich werde Sie mit gewissen Tatsachen bekanntmachen, die abkühlend auf Sie wirken dürften. Ich wünsche nicht, daß Sie sich irgendwie an der Ausschmückung des Kinderweihnachtsbaumes, an Krippen, Maskeraden und Gott weiß was sonst noch geplant ist, beteiligen, da ich sehe, daß Sie Ihre Zeit ohnehin schlecht genug nützen.

Meisling

Andersen teilte dem Rektor unverzüglich mit, er habe das Gedicht, das er vorgetragen hatte, in den Ferien verfaßt, und beteuerte, daß er sich in der Schule die größte Mühe geben. Meislings Brief hatte ihm den ganzen Ferientag verdorben. Nachdem er seinen Gastgebern ein neues Theaterstück des dänischen Autors C. J. Boye vorgelesen hatte, schrieb er in sein Tagebuch:

»Am Abend las ich den Wulffs Boyes *William Skakspear [sic!]* vor. Der Autor schildert ihn ganz wie mich, im ersten Akt stimmen Williams Worte ganz mit meinen Gefühlen überein, er ahnt voraus, daß er ein Dichter werden wird, er beschließt, keine Poesie zu schreiben, ach! mir kamen die Tränen.«

Am 29. Dezember war er wieder in Slagelse. Meisling, der

noch nicht zurückgekehrt war, hatte inzwischen seiner Frau mitgeteilt, daß Andersen, obwohl er sich bereits seit drei Tagen in Kopenhagen aufhalte, seine Schulbücher noch nicht abgeholt habe und ein fauler Bursche sei. »Eine Hölle erwartet mich; Verzweiflung – oh! er ist zu streng, zu streng«, schrieb Andersen in sein Tagebuch. An Silvester ging er schon um acht Uhr zu Bett, denn Frau Meisling hatte, wohl auf Anordnung ihres noch immer abwesenden Mannes, den Kindern verboten, mit ihm zu spielen. Am Neujahrstag 1826 machte er folgende Tagebucheintragung: »Gott! soll das ganze Jahr wie heute sein? Ich bin verängstigt und mutlos, habe verbitterte Briefe an die Collins und Wulffs geschrieben. O Gott, laß dies meinen letzten Neujahrstag sein!«

Am 5. Januar spielte er mit dem Gedanken, eine Tragödie über Leonardo da Vinci zu schreiben – »aber weg damit, weg damit – ich traue mich nicht, ich darf nicht«.

Meisling räumte nach seiner Rückkehr ein, jenen Brief im Jähzorn geschrieben zu haben. Bei den ominösen »Tatsachen«, die auf Andersen »abkühlend« wirken sollten, handelte es sich um die Bemerkung Oehlenschlägers, Andersen fasse jedes Lächeln als Beifall auf. Außerdem, so erklärte der Rektor, hätte Andersen ihm jenes Gedicht ebensogut zeigen können wie Oehlenschläger, denn auch er sei ein Poet. Andersen, der gefürchtet hatte, in die dritte Klasse zurückversetzt zu werden, war erleichtert.

Daß seine Stimmung ganz von der des Rektors abhängig war, zeigen folgende Auszüge aus seinem Tagebuch:

26. Januar [1826]. »M. freundlich und nett.«

8. März. »M. ganz vergnügt.«

25. März. »M. gereizt, ich melancholisch . . .«

1. April. »›Ich mag Sie für noch so schlecht halten, Sie schaffen es immer, noch schlechter zu sein‹, hat er gesagt. Schlechte Note in Griechisch. – Niedergeschlagen. – Nein! Nein! Ich tauge nichts; ich kann meine Gefühle nicht ausdrücken. Wie unglücklich bin ich, und doch genieße ich meinen Mißmut. – Ich werde von einer Art Fieber verzehrt! – O Herr! was für ein wunderliches Geschöpf ich bin!«

2. April. »Mein Geburtstag war ganz nett. – Weiß Gott, ob es mein letzter war.«

Im Mai 1826 zog die Familie Meisling zusammen mit einem Dienstmädchen, Andersen und einem weiteren Schüler nach Helsingör um, wo Meisling sein Amt als Rektor der Lateinschule antrat.

In einem Brief berichtete Andersen ausführlich von der Fahrt durch Seeland, und da er diese Schilderung für gelungen hielt, schrieb er sie mehrmals wortwörtlich ab und sandte sie an verschiedene Freunde und Bekannte. R. Nyerup, der Leiter der Universitätsbibliothek, reichte sie bei einer Kopenhagener Zeitung ein, in der sie (anonym) unter dem Titel »Fragment einer Reise von Roskilde nach Helsingör« erschien. Einige seiner Freunde in Slagelse dankten Andersen daraufhin sarkastisch für einen Brief, den sie dann auch gedruckt gelesen hatten.

Am Tag nach der Ankunft in Helsingör schrieb Andersen an Jonas Collin: »Von außerhalb gesehen, erschien mir Helsingör nicht eben vielversprechend, aber nun, da ich hier bin, kommt es mir wie ein kleines Kopenhagen vor. Welch ein Leben! Wieviel Aufregung auf den Docks! Hier sprechen einige fette Holländer ihre dumpf klingende Sprache, dort höre ich die melodischen Laute eines Italieners, und ein Stück weiter wird von einer englischen Brigg Kohle entladen, so daß ich London zu riechen glaube.« Von der Landschaft war er begeistert. Die Küste, so sagte man ihm, erinnere an Neapel, und das Hügelpanorama Nordseelands an die Schweiz; ». . . und ich war so unaussprechlich glücklich; oh, wenn man diese herrliche Landschaft sieht, muß man ein Dichter oder ein Maler werden. Oh, mein Wohltäter, Dank für jeden glücklichen Augenblick! Das Leben ist trotz allem so schön!«

Die ersten Monate in Helsingör verliefen offenbar harmonisch. Am 2. Juli 1826 schrieb Andersen an Collin: »Wenn die Lehrer mich weiterhin so menschlich behandeln wie bisher, kann ich nur das Beste hoffen, und dann wird wohl alles gutgehen. Ich denke, Meisling, der jetzt Interesse für mich zeigt, wird das auch weiterhin tun.«

Vor Beginn der Sommerferien sandte Meisling einen sehr positiven Bericht an Collin, in dem er Andersen für würdig befand, auch weiterhin ein Stipendium zu beziehen. »Seine Anlagen sind besonders gut, ja im Hinblick auf einzelne Geistesrichtungen sogar ausgezeichnet; sein Fleiß ist unermüdlich, und sein Betragen, auf einer liebenswerten Gutherzigkeit begründet, ist von jener Art, die den Schülern einer Schule als Vorbild dienen kann.«

Am schwersten tat sich Andersen nach wie vor in Latein und Griechisch, den Unterrichtsfächern des Rektors. Auch Hebräisch und Französisch bereiteten ihm Schwierigkeiten, in Mathematik dagegen schnitt er zu seiner eigenen Überraschung weit besser ab als in Slagelse.

Meisling, der bereits von 1808 bis 1812 an dieser Schule unterrichtet hatte, war damals in Helsingör nicht sonderlich beliebt gewesen. Nachdem er nun aber als Rektor zurückgekehrt war, machten die Damen aus den angesehensten Familien Frau Meisling ihre Aufwartung. Wie sie darauf reagierte, schildert Andersen so:

»›Ich kann Ihnen gar nicht sagen, wie froh ich bin, hierher gekommen zu sein‹, sagte sie. ›Slagelse ist eine schreckliche Stadt, mit so viel garstigem Klatsch, keine anständige Frau kann ihm entgehen.‹ Und dann erzählte sie ihnen all die skandalösen Dinge, die man ihr tatsächlich nachgesagt hatte. Die armen Damen erröteten und knicksten, und ich geriet ins Träumen, während ich mir diese Bekenntnisse anhörte. Sobald sie gegangen waren, fragte ich, warum sie ihnen solche Dinge erzähle. ›Es ist besser‹, sagte sie, ›wenn ich sie ihnen erzähle, als wenn sie es von Fremden erfahren. Hören sie es aus meinem Munde, dann glauben sie es nicht.‹«

Daß Andersen nach wie vor von dem Wunsch nach Selbsterkenntnis besessen war, zeigt ein Brief, den er Collin am 2. Juli 1826 schrieb:

»Tag für Tag gebe ich mir Mühe, mich selbst zu erkennen, doch soweit es die Fähigkeit und Kraft betrifft, will mir das nicht recht gelingen, ich glaube, da schleicht sich meine garstige Eitelkeit ein, und wenn ich mich in einem dunklen Augenblick etwas zu streng beurteile, dann ziehe ich es vor, mich für besser zu halten; aber Meisling hat mich erkennen lassen, daß eine Art übler Flatterhaftigkeit in mir ist, etwas Ruheloses und Ungestümes in meiner Seele, das es mir doppelt schwer macht, mit Sprachen zurecht zu kommen.«

Für die Sommerferien 1826 hatte ihn Oberst Höegh-Guldberg nach Odense eingeladen, aber da Meisling ihm griechischen

Nachhilfeunterricht geben wollte, blieb Andersen in Helsingör und machte nur ein paar kurze Abstecher nach Kopenhagen. An einem Julitag legte er den ganzen Weg in die Hauptstadt zu Fuß zurück und war dann Hausgast bei den Wulffs in Schloß Amalienborg. Begeistert von der Wanderung durch die sommerliche Landschaft, schrieb er tags darauf sein erstes deskriptives Gedicht, das er »Abend« nannte und in dem sich zum ersten Mal ein humoristischer Zug bemerkbar machte.

Bei einem Besuch im Hause Collin konnte er offenbar eine gewisse Schüchternheit nicht überwinden; nach Helsingör zurückgekehrt, schrieb er am 27. Juli an Jonas Collin: »Ich weiß nicht, warum ich brieflich so viel freier und herzlicher zu Ihnen sprechen kann als mündlich; ich bin dann nicht halb so verlegen.«

Doch die gelöste, fast glückliche Stimmung der ersten Monate in Helsingör schlug nach den Sommerferien ins Gegenteil um. Der Rektor war wieder gereizt und jähzornig. Frau Meisling hatte ihr neues Heim bereits ebenso verlottern lassen wie das Haus in Slagelse und stritt sich unentwegt mit den Dienstboten. Sie warf ihnen vor, zuviel Butter zu verbrauchen, wettete mit ihnen, daß man mit viel weniger auskommen könnte und stellte das Butterfaß in die Bibliothek, die Andersen und dem zweiten Untermieter als Schlafraum diente. Nachts holte sie Butter aus dem Faß – natürlich in aller Heimlichkeit, um die Wette nicht zu verlieren. Und es dauerte nicht lange, bis in Helsingör genauso über ihre Affären geklatscht wurde wie vorher in Slagelse. Der Rektor wiederum stand bald auch hier mit einigen Lehrern auf dem Kriegsfuß. Und Andersen bekam immer wieder von ihm zu hören, daß der jährlich für Kost und Logis bezahlte Betrag von zweihundert Reichstalern längst nicht ausreiche und daß er, Meisling, bedaure, ihn überhaupt nach Helsingör mitgenommen zu haben.

Vermutlich sandte Andersen nach den Sommerferien einen verzweifelten Brief an Collin, denn dieser schrieb ihm am 19. August 1826: »Seien Sie besonnen und verlieren Sie nicht die Fassung, Andersen, nehmen Sie die Dinge, wie sie in dieser Welt sind und nicht, wie sie Ihrer Vorstellung nach sein sollten. Man kann in jeder Lebenslage unangenehme Erfahrungen machen, aber das ist kein Grund, aus dem Leben zu scheiden. Vor allem aber darf man seine schulische Laufbahn nicht aufgeben. Der schriftliche Bericht, den mir der Rektor über Sie sandte, war äußerst vorteilhaft, verlieren Sie also weder den Kopf noch den Mut, wenn er in ernstem, wahrscheinlich sogar schroffem Ton mit Ihnen spricht; er ist Ihr nächster Vorgesetzter, und Sie müssen ihm gehorchen.«

Frau Wulff schrieb ihm am 25. August 1826, sie mache sich Sorgen, weil seine »beiden letzten Briefe« gezeigt hätten, wie elend er sich fühle. Er müsse Geduld haben. »Daß Meisling Sie im Jähzorn als *toll* usw. bezeichnet, kann Sie doch nicht sonderlich überraschen – das haben Sie schon früher von ihm gehört!« Sie ermahnte Andersen, Jesus Christus nachzueifern und sein Vertrauen in ihn zu setzen. »Christus ist unser Erlöser! – aber es gibt auch in diesem Leben Vorbilder, halten Sie Ausschau danach und folgen Sie ihrem Beispiel! Nehmen Sie auch fiktive Gestalten, denken Sie an das kleine Aschenbrödel, wie wurde es von seinem Vater und den Schwestern gehaßt und schikaniert, die es doch eigentlich liebhaben sollten, aber geduldig hat es sein Los ertragen, und wie reich wurde es dafür belohnt!«

In der Geschichte vom Aschenbrödel dürfte Andersen wenig Trost gefunden haben, denn Meisling tat alles, um ihm jede Hoffnung auf einen glücklichen Ausgang zu nehmen. Das Schlimmste war, daß der Rektor es darauf anlegte, ihm auch den Traum, ein Dichter zu werden, völlig zu zerstören. Wenn aber dieser Traum nicht Wirklichkeit werden konnte, erschien es Andersen sinnlos, all diese Leiden zu ertragen. »Täglich sagte er mir, aus mir würde nie etwas werden, ich sei dumm, ich könnte es nie zu etwas bringen«, schrieb er in seiner ersten Autobiographie. Er wollte sterben – »mit diesem Gedanken ging ich abends zu Bett, und mit ihm wachte ich morgens auf«. Meisling wollte den jungen Andersen nicht nur daran hindern, während seiner Schulzeit Gedichte und Erzählungen zu schreiben, sondern bleute ihm auch immer wieder ein, daß er völlig unbegabt sei und niemals mehr als ein fünftklassiger Schriftsteller werden könnte. Umso bemerkenswerter ist es, daß Andersen damals jenes Gedicht schrieb, das ihn in seiner Heimat und im Ausland bekannt machen sollte: *Das sterbende Kind.* Meislings Versuche, seine poetische Begabung zu ersticken, hatten ihr zum Durchbruch verholfen.

Dem heutigen Leser mag dieses Gedicht rührselig erscheinen, zweifellos aber legt es Zeugnis von der schwermütigen Stimmung des jungen Andersen ab. Und lange Zeit war es ungemein beliebt.

Mutter, ich bin müde, laß in deinen
treuen Armen schlummern ein dein Kind,
doch versprich mir erst, nicht mehr zu weinen;
heiß und brennend deine Tränen sind.
Hier ist's kalt, und draußen Stürme wehen,
doch im Traum ist alles licht und klar;
Engelskinder hab ich dort gesehen,
immer wenn mein Aug' geschlossen war.

Sieh! da steht schon eins an meiner Seite,
hör, wie süß es klinget; Mutter, sieh
doch die Flügel, weiß und glänzend beide!
Mutter, gab ihm unser Vater die?
Gold und Blumen mir vor Augen schweben,
Gottes Engel streut sie um mich aus.
Sag, bekomm ich Flügel auch im Leben,
oder erst in seinem Sternenhaus?

Warum drückst du meine Hand zusammen,
warum so an meine deine Wang'?
Sie ist naß und brennt doch wie die Flammen,
bei dir bleib ich ja mein Lebelang.
Laß nur deine Tränen nicht mehr fließen,
muß auch weinen, wenn du traurig bist.
O wie müd! – Es will mein Aug' sich schließen,
sieh doch – sieh – wie mich der Engel küßt.

(Erste deutsche Übersetzung von Ludolph Schley)

In seiner Verzweiflung identifizierte sich der junge Autor mit dem sterbenden Kind. In reiferem Alter behandelte Andersen das gleiche Thema aus anderer Sicht: Seine meisterhafte *Geschichte einer Mutter* ist durchweg aus der Perspektive der Mutter erzählt. Als er *Das sterbende Kind* schrieb, war er im Grund selbst noch ein Kind.

»Als ich es geschrieben hatte, bekam ich die schrecklichsten Gewissensbisse; denn Gedichte zu schreiben war etwas, das mir nicht erlaubt war. Darum fühlte ich mich ganz erleichtert, als ich es in einem Brief an Collin kopierte, dem ich beteuerte, daß ich einfach nicht anders konnte, es sei ganz von selbst gekommen und ich hätte keine Zeit damit vergeudet, es zu schreiben. Ich zeigte es sogar Herrn und Frau Meisling, da mir schien, ich hätte eine Sünde begangen . . .«

Nachdem Höegh-Guldberg ihm geraten hatte, sich offen mit Meisling auszusprechen, schrieb Andersen dem Rektor im Herbst 1826 einen Brief:

»Ich muß mit Ihnen sprechen; persönlich habe ich keinen Mut dazu, daher diese Zeilen, von denen ich hoffe, daß durch sie Ihre Unzufriedenheit mit mir nicht größer wird. Daß Sie es ehrlich und gut mit mir meinen, davon bin ich überzeugt. Sie hätten mich sonst niemals mit hierher genommen. Ihre Güte kann ich nicht in dem Maße vergelten, wie der kluge Kopf es tun könnte, das einzige, was ich Ihnen entgegenbringen kann, ist, inniges Vertrauen zu Ihnen zu haben, und das möchte ich beweisen. Über vier Wochen lang haben Sie Unzufriedenheit mit mir gezeigt, von Tag zu Tag ist sie größer geworden, und ich sehe keine Möglichkeit, wie das besser werden soll, und zweifle an mir selber.«

Dieser Einleitung ließ er einen Bericht über seine Herkunft und die Jahre vor der Einschulung in Slagelse folgen, dann schilderte er seine Gemütsverfassung:

»Fragen Sie mich etwas, dann kocht sofort das Blut in meinem Kopf, und aus Angst, falsche Antworten zu geben, antworte ich oft in den Nebel hinein, und ist dies geschehen, kommt die verzweifelte Vorstellung: aus mir wird nichts, ich tauge zu nichts, und daher kommt es, daß ich dann ganz schweige.«

Er beteuerte Meisling, daß er nicht faul sei und daß er sich zuweilen wünsche, er wäre nie geboren. Und er bat ihn flehentlich, Geduld mit ihm zu haben und ihn wegen dieses Briefes nicht zu verachten.

Zunächst schien es, als habe er nicht umsonst an den Rektor appelliert. Meisling sprach ihm Mut zu und erklärte, ihm sei daran gelegen, daß er in der Prüfung gute Noten bekäme – nur deshalb sei er so streng mit ihm.

Aber Andersens Erleichterung war nur von kurzer Dauer. Bei der Klassenabschlußprüfung im Herbst 1826 waren seine Leistungen im lateinischen Aufsatz und in Griechisch so schwach, daß Meisling ihn fortan schlechter denn je behandelte. Darüber berichtete Andersen in einem langen Brief, den er Jonas Collin am 24. Oktober schrieb:

»Täglich äußert er seinen Unwillen über mich, und wenn ich sonntagmorgens mit meinem lateinischen Aufsatz komme, erschüttert er bei jedem Fehler meine Seele mit den fürchterlichsten Wahrheiten. Daß er auf mein Wohl bedacht ist, darf ich nicht bezweifeln, aber jede Sache erregt seinen Unwillen, und ich lebe in der fürchterlichsten Aufregung ...

Ich möchte Ihnen Meislings Worte mir gegenüber aus den letzten vierzehn Tagen berichten, ungefähr die gleichen, die er gebraucht hat, und Sie werden sicher meinen Mißmut entschuldigen. Vorigen Sonntag kam ich mit meinem Aufsatz an, und böse über die Fehler, sagte er: ›Ich verzweifle an Ihnen, wenn ich an den Schulabschluß denke! Beim Abiturium bekämen Sie 0 für einen solchen Aufsatz. Sie meinen, auf einen einzelnen Buchstaben käme es nicht an, ob Sie *e* oder *i* schreiben, sei einerlei. Hätte ich das gedacht, so hätte ich Sie nie mit nach Helsingör genommen. Sie sind der bornierteste Schädel, den ich je gekannt habe, und trotzdem meinen Sie, Sie wären etwas; wären Sie wirklich ein Dichter, dann Schluß mit dem Studieren! Widmen Sie sich ganz der Poesie. Können Sie davon nicht in Dänemark leben, dann ist ganz Deutschland für Sie da. Aber Sie sind zu nichts zu gebrauchen! Ein Trinklied können Sie wohl noch zustande bringen, etwas auf Sonne und Mond reimen, aber das sind nur Jungenstreiche. Ich kann auch schreiben, sicher ebenso gut wie Sie, aber das sind nur Narrenpossen‹ ...

›Sie sind faul!‹ sagt er, ›ein unerträglicher Lümmel, ein toller Mensch, ein dummes Rindvieh!‹ usw.«

Es sei zu spät für ihn, ein Handwerk zu erlernen, schrieb Andersen gegen Schluß dieses Briefes, aber es gäbe ja viele andere Dinge – »ehrlich bin ich, und das ist doch immerhin etwas«. Er könnte vielleicht in einem Kontor arbeiten, in Jütland oder Norwegen oder auf den Westindischen Inseln. »Aber bitte ziehen Sie die Hand nicht von mir ab! Ich habe nur Sie! Sie müssen mir Leben oder Tod schenken.«

Zwei Tage später antwortete Collin: »Verlieren Sie nicht den Mut, lieber Andersen, fassen Sie sich, seien Sie ruhig und besonnen, alsdann werden Sie sehen, daß es schon gehen wird. Der Rektor meint es gut mit Ihnen. Seine Art vorzugehen ist gewiß verschieden von der, deren sich andere bedienen, aber sie führt dennoch zum Ziel. Ein andermal mehr, jetzt habe ich nur wenig Zeit. Gott stärke Sie!«

Einem Schulfreund in Slagelse, Emil Hundrup, schrieb Andersen am 31. Oktober:

»Du wirst mich niemals mehr glücklich sehen. Ach! Emil, lies nicht die Dichter, die Traumwelt, die Du in ihren Werken findest, ist nirgendwo auf Erden zu finden. Ich wollte, mein Vater hätte alle Bücher verbrannt, die mir jemals in die Hand kamen, und mich gezwungen, Schuhe zu machen, dann wäre ich nie toll geworden, dann hätte ich meine Wohltäter nie enttäuschen müssen.«

Er befand sich jetzt in einer so ernsten Krise, daß Frau Wulff sich entschloß, mit Jonas Collin zu sprechen. Am 16. November teilte sie Andersen vertraulich mit, Collin sei ebenfalls der Meinung, daß etwas unternommen werden müsse. In den nächsten Tagen wolle er an Meisling schreiben, dabei aber alles vermeiden, was diesen nur noch mehr gegen Andersen aufbringen könnte.

Am 24. November schrieb Collin dem Rektor, er habe lange nichts von Andersen gehört und mache sich Sorgen, weil dessen letzter Brief so deprimiert geklungen habe. »Dies, zusammen mit einigen Äußerungen, die ich vor ein paar Wochen auf einer Gesellschaft hörte und denen ich damals nicht viel Beachtung schenkte, hat in mir die vielleicht völlig unbegründete Sorge geweckt, daß Sie unzufrieden mit ihm sind und er infolgedessen jeden Mut verloren hat (in welchem Falle es mit meiner Hoffnung auf sein Weiterkommen bald vorbei wäre) – eine Sorge, die ich vorher nicht hatte, da ich befriedigt war über den ausgezeichneten Bericht, den Sie im Herbst über ihn erstatteten.«

Der Brief schloß mit der höflichen Bitte um nähere Auskunft. Meisling reagierte sofort mit einem beleidigenden Brief. Er warf Collin vor, sich wichtig zu machen, sich in Angelegenheiten einzumischen, für die allein er, der Rektor, verantwortlich sei, und sich von üblem Klatsch beeinflussen zu lassen. Zum Schluß erklärte er, daß er jederzeit bereit sei, die weitere Erziehung dieses Schülers anderen zu überlassen.

Am nächsten Morgen fragte er Andersen wutentbrannt, warum er sich bei Collin beklagt habe und wer denn eigentlich dieses »Klatschmaul« in Kopenhagen sei. Dann befahl er ihm, sich umgehend bei Collin zu erkundigen, ob dieser ihn für den Rest des Vierteljahres, für das er Kost und Logis im voraus bezahlt hatte, noch im Hause Meisling wohnen lassen wolle. Länger würde man ihn natürlich auf keinen Fall hier behalten.

Andersens Brief an Collin schloß mit den Worten:

»O Gott! das ist also das Ende! Besteht denn keine Möglichkeit, daß ich Privatunterricht erhalte? Verköstigen kann ich mich schon irgendwie, und mit dem so ersparten Geld könnte ein Lehrer bezahlt werden. Daß ich fleißig sein werde, versteht sich von selbst, denn es geht um mein Leben.«

Darauf schrieb ihm Collin, er werde ihn, falls eine Veränderung einträte, wissen lassen, wohin er gehen solle. Dem Rektor sandte er einen sehr kühlen Brief (»Aus Ihrem Schreiben ersehe ich, daß Sie sich nicht verpflichtet fühlen, mir höflich zu antworten«), in dem er den Vorwurf zurückwies, er habe sich von Klatsch beeinflussen lassen. »Falls Sie Andersen nicht in Ihrem Hause behalten wollen, hoffe ich, einige Wochen vorher davon verständigt zu werden.«

Danach geschah, so merkwürdig es klingt, überhaupt nichts. Als Meisling sich beruhigt hatte, ließ er alles beim alten. Collin hielt einen erneuten Schulwechsel Andersens nicht für ratsam, und dieser fand sich wohl oder übel damit ab.

Einem Brief, den er Collin am 1. Februar 1827 schrieb, ist zu entnehmen, daß sich die Situation gebessert hatte. Doch bereits am 24. Februar schrieb Frau Wulff an Andersen: »Es macht mich sehr traurig, aus Ihren letzten Briefen ersehen zu müssen, daß Sie wieder einmal unglücklich sind.«

Nachdem Collin ihm vorgeschlagen hatte, an die Schule in Slagelse zurückzukehren, erkundigte sich Andersen bei seinem Freund Emil Hundrup, der ihm dringend davon abriet.

Anfang März war er offenbar einem Zusammenbruch nahe, denn in einem Brief vom 8. März beschwor ihn Frau Wulff: »Mein lieber, guter Andersen, um Himmels willen, beruhigen Sie sich! Warum ist ›alles verloren‹? Bleiben Sie ruhig, bis Konferenzrat Collin Ihnen seine Entscheidung mitteilt.« Dann warf sie ihm vor, er stelle die Situation so dar, als hätten alle ihn im Stich gelassen. »Sie tun wirklich alles, um Ihre Freunde zu vergrämen, und ich kann nicht glauben, daß Sie daran Vergnügen finden – alles kommt daher, daß Sie ständig mit SICH SELBST beschäftigt sind – IHRER EIGENEN PERSON – DEM GROSSEN DICHTER, DER SIE ZU WERDEN GEDENKEN – mein lieber Andersen! Begreifen Sie denn nicht, daß all diese Ideen zu nichts führen und daß Sie auf dem falschen Weg sind – was würden Sie sagen, wenn ich mich mit dem Gedanken trüge, Kaiserin von Brasilien zu werden und feststellen müßte, daß alle meine Bemühungen fehlschlagen, daß niemand daran interessiert ist – würde ich dann nicht alles tun, um genug Vernunft aufzubringen und einzusehen: Ich bin Frau Wulff – tu deine Pflicht und sei kein Narr! – müßte man dann nicht die Überzeugung akzeptieren, daß es wertvoller ist, etwas Bescheidenes gut als etwas Großes schlecht zu machen? – weil ich so eine törichte Idee gehabt hatte – und glauben Sie keine Minute, daß Sie, lieber Andersen, es jemals werden!«

Um H. Topsöe-Jensen zu zitieren: »Es war nicht leicht für Frau Wulff, zu begreifen, daß sie zu einem künftigen Kaiser von Brasilien sprach.«

In seiner Autobiographie berichtet Andersen, der Rektor habe ihm vorgeworfen, er esse zu viel, und Frau Meisling habe ihn gern in Gegenwart der Dienstboten in Verlegenheit gebracht – »kurzum, es war abscheulich, unglückselig, ich war nahe daran, zugrunde zu gehen und Meislings verächtlichem Spott und falscher Art, mich zu behandeln, zu erliegen«.

Diesmal kam ihm der zweiundzwanzigjährige Lehrer Christian Werliin zu Hilfe, der Zuneigung zu dem gleichaltrigen Andersen gefaßt hatte und in den Osterferien 1827 mit ihm nach Kopenhagen fuhr. Auf seinen Rat ging Andersen (der wieder bei den Wulffs im Schloß Amalienborg wohnte) unverzüglich zu Collin und schilderte ihm seine verzweifelte Lage. Doch sein Gönner war offenbar noch immer der Meinung, daß er in Helsingör bleiben sollte. Daraufhin führte Werliin ein langes Gespräch mit Collin. Was er ihm alles berichtete, ist nicht bekannt (möglicherweise brachte er auch Frau Meislings lockeren Lebenswandel zur Sprache), jedenfalls aber entschied Collin sofort, daß Andersen die Schule nicht in Helsingör absolvieren, sondern in Kopenhagen Privatunterricht erhalten sollte. Dies teilte er Meisling umgehend mit.

»Wie glücklich ich war!« schreibt Andersen in seinem *Levnedsbog.* »Ich konnte wieder atmen und leben! Meine gute Laune kehrte zurück, in der folgenden Nacht konnte ich kaum schlafen.«

Es wurde beschlossen, daß er am Ostermorgen per Dampfschiff nach Helsingör fahren und sich in aller Höflichkeit von den Meislings verabschieden sollte. Aber als er eintraf, war der Rektor verreist, und Andersen wagte nicht, Frau Meisling vor der Rückkehr ihres Mannes von Collins Beschluß zu berichten. Einem Mitschüler aber rief er vom Fenster aus überglücklich zu: »Ich gehe von der Schule ab! Ich gehe nach Kopenhagen!«

Als Meisling am Mittwoch nach Ostern zurückkehrte, fragte er Andersen eisig: »Wieso sind Sie noch hier? Wann reisen Sie ab?« – »Morgen. Mit der Postkutsche.« Kein weiteres Wort wurde gewechselt. Am nächsten Morgen sprach Andersen den Rektor in der Bibliothek an. »Ich möchte mich verabschieden und Ihnen für alles danken, was Sie für mich getan haben.« – »Fahren Sie zur Hölle!«

Am Dienstag, dem 18. April 1827, verließ Andersen Helsingör. Die Jahre, die er später »die finsterste, die unglücklichste Zeit meines Lebens« nannte, waren vorüber.

Ein Jahrzehnt später begegnete er Meisling zufällig in Kopenhagen. Davon berichtete er B. S. Ingemann in einem Brief vom 5. Januar 1838:

»Ein freudiges Erlebnis hatte ich an Weihnachten: Meisling kam auf der Straße auf mich zu und sagte, er wisse, daß er in der Schule unfreundlich zu mir gewesen sei, daß er sich aber in mir geirrt habe und daß es ihm leid tue und ich weit über ihm stehe, wie er es ausdrückte. Er bat mich, seine Härte zu vergessen, und sagte: ›Sie haben die Ehre, ich die Scham.‹ Oh, wie mich das rührte!«

Wie er einem anderen Freund berichtete, sah er einige Jahre, nachdem er Helsingör verlassen hatte, auch Frau Meisling zufällig in Kopenhagen wieder. Sie sprach völlig offen über ihre unglückliche Ehe mit dem Rektor, den sie seit langem »verabscheue« und dem sie sich nicht im geringsten verpflichtet fühle.

Jetzt könne sie tun und lassen, was sie wolle. Sie habe einen Ausflug nach Kopenhagen gemacht, wohne in einer Pension in der Vestergade und wäre sehr erfreut, wenn Andersen ihr einen »lieben Besuch« abstatten würde. Er verzichtete darauf und sah sie nie wieder. Als er sich 1833 in der Schweiz aufhielt, wurde er allerdings an sie erinnert: Am Simplonpaß sah er in einem Abort zwei mit Marmeladegläsern gefüllte Schränke stehen – »und ich glaubte, im Hause Meisling zu sein«, vermerkte er in seinem Tagebuch.

Daß der Gedanke an Meisling ihn zeitlebens bis in den Traum verfolgte, zeigen folgende Auszüge aus seinen Tagebüchern:

30. Januar 1834. »Heute nacht träumte ich etwas über den Papst und Meisling.«

8. Juni 1857. »Sehr unruhiger Schlaf; träumte mich wieder in Meislings Haus zurück.«

26. Juli 1860. »Träumte heute nacht wieder, ich sei bei Meisling in der Schule in Slagelse, sollte ein Examen bestehen, aber wollte nicht, konnte nicht, wußte nichts; fühlte mich schrecklich abhängig vom alten Collin, auch von Edvard, dem ich mich anzuvertrauen suchte.«

1. Januar 1865. »Träumte von Meisling, dessen Schule ich verlassen wollte.«

15. Februar 1866. »Böse Träume, in denen Meisling vorkam.«

14. Mai 1866. »Schlief unruhig, träumte von Meisling.«

18. Oktober 1867. »Schlief unruhig; böse Träume, fühlte mich bedrückt von Meisling und abhängig von Collin – vom alten Collin wie auch von Edvard; hatte Angst, was Sie dazu sagen würden, daß ich Meisling verlassen hatte.«

4. Juni 1870. »Heute nacht schlecht geschlafen. Gestern hatte ich wieder meinen Traum von Abhängigkeit; ich rannte Meisling davon, hatte Angst vor dem alten Collin, weil man in der neuen Schule unzufrieden mit mir war.«

13. Juli 1871. »Träumte, ich sollte von Meisling während des Besuches der königlichen Familie examiniert werden; das wollte ich nicht, weil ich wußte, daß ich die lateinische Übersetzung nicht konnte und man mich deshalb auslachen würde; dann erwachte ich.«

30. Juli 1874. »Ein peinlicher Traum von Meisling, in dem ich bedrückt und linkisch dastand.«

Am 9. Dezember 1874, acht Monate vor seinem Tod, erwähnte Andersen den Namen Meisling zum letzten Mal in seinem Tagebuch – im Zusammenhang mit einem Traum ganz anderer Art:

»Das Morphium muß stark gewirkt haben, ich hatte wunderschöne Träume und vor allem einen angenehmen, in dem ich tüchtig und keck ins Examen gegangen war und Meisling eintrat und ich erklärte, daß er nicht zuhören dürfte, wie ich geprüft würde, denn das würde mich so bedrücken, daß ich dumme Antworten gäbe, was ich dann auch tat; kurz darauf ging ich mit Meisling spazieren, er kam mit seiner Art von Humor, ich fühlte mich frisch und unbefangen, wir kamen schnell in ein Gespräch über Kunst und alles Schöne und wurden zuletzt besonders gute Freunde, er schien mich zu schätzen, und ich ihn. Als ich erwachte, war ich ganz heiter wegen dieses versöhnlichen Traumes.«

4
»Entweder toll, verliebt oder ein Dichter . . .«

1827-1833

In seinem Buch über Andersen und die Familie Collin – das er nach Andersens Tod schrieb – befaßte sich Edvard Collin mit den Widersprüchen in dessen Charakter und sprach von der »zwiespältigen Persönlichkeit« des jungen Mannes, der in Slagelse und Helsingör die Schulbank drückte: Halb Dichter, halb Schuljunge, habe er sich zeitweise wie ein Vogel im Käfig gefühlt, zeitweise aber nur an seine Zensuren gedacht. »Er war fleißig, er las viel; aber *wie* las er? Er lernte viele Dinge, nur nicht ›die richtige Art zu lernen‹.«

Edvard Collin dagegen hatte man die richtige Art zu lernen beigebracht. Er war in vieler Hinsicht ein typisches Produkt seiner Klasse und seiner Erziehung, und in seinen Worten schwingt zweifellos etwas von dem Ressentiment mit, das alle Mitglieder der Familie Collin empfanden. Jonas Collin hatte Andersen nicht aus dem Elend gerettet und auf die Lateinschule geschickt, damit er ein großer Schriftsteller werden konnte, sondern um ihm die Chance zu geben, sich aus der sozialen Schicht, in die er hineingeboren war, hochzuarbeiten und ein nützliches Mitglied der Gesellschaft zu werden. Aufgabe der Lateinschulen war es, den Schülern »die richtige Art zu lernen« beizubringen und sie nach dem vorgegebenen Muster zu formen, damit sie in die Fußstapfen ihrer Väter treten konnten.

Als Andersen 1822 nach Slagelse geschickt wurde, war es um seine Allgemeinbildung kläglich bestellt, und ohne die Grundlage der Lateinschule hätte er das, was er später erreichte, nie geschafft. Aber zum Glück gelang es der Schule nicht, ihn völlig »abzurichten«, zum Glück ließ er sich nicht nach ihrem Klischee formen. In Meislings Augen war er deshalb ein hoffnungsloser Versager, als er Helsingör den Rücken kehrte.

Der Rektor vertrat einen weitverbreiteten Standpunkt, als er auf Grund der Tatsache, daß Andersen keine Abschlußprüfung gemacht und keine sichtbaren Erfolge vorzuweisen hatte, diese fünf Schuljahre als Zeitverschwendung betrachtete. Schließlich hatte man Andersen nur zu dem Zweck auf die Lateinschule geschickt, daß er das Abitur machen würde, das die Voraussetzung für das Studium an der Kopenhagener Universität war.

Glücklicherweise konnte Werliin eine Trumpfkarte ausspielen, als er Collin drängte, Andersen aus Meislings Tyrannei zu befreien. Auf die unausweichliche Frage Collins, was dann aus Andersens Abitur werden sollte, hatte Werliin, der Theologie studiert hatte und in Helsingör Hebräisch lehrte, eine Antwort parat: Sein in Kopenhagen lebender Freund und Kollege L. C. Müller (scherzhaft »der Hebräisch-Müller« genannt) war bereit, Andersen Privatunterricht zu erteilen und ihn auf das Abitur vorzubereiten. Collin stimmte diesem Vorschlag zu. Daraufhin zog Andersen in das im Stadtzentrum gelegene Haus einer Witwe, bei der er eine Mansardenkammer bewohnte. Seine tägliche Hauptmahlzeit nahm er in regelmäßigem Turnus bei Freunden und Bekannten ein: montags bei den Wulffs, dienstags bei den Collins, an den übrigen Wochentagen bei anderen Gönnern. Sonntags stand es ihm frei, sich anderswo einladen zu lassen.

Am wohlsten fühlte er sich bei den Wulffs, mit deren Tochter Henriette ihn später eine enge Freundschaft verband. Dagegen dauerte es eine ganze Weile, bis er sich im Kreis der Familie Collin heimisch fühlte. Er berichtet darüber in *Levnedsbog*:

»In mancher Hinsicht hatte ich richtig Angst vor dem Vater [Collin], obzwar ich ihn von ganzem Herzen liebte; meine Angst kam daher, daß ich ihn als mein Lebensschicksal betrachtete, ja, meine ganze Existenz hing von ihm ab. Die älteste Tochter hatte geheiratet und ihr Zuhause verlassen, sie war diejenige gewesen, die am meisten mit mir gesprochen hatte, die anderen Kinder taten das überhaupt nicht, ja Edvard erschien mir so kalt, so abweisend, daß ich wirklich glaubte, er könnte mich nicht ausstehen, sei hochnäsig, ja sogar mein Feind. Das glaubte ich von dem Manne, der mir später unendlich teuer wurde und, wie ich jetzt weiß, mein bester, mein verläßlichster Freund ist.«

Müller unterrichtete ihn in allen Fächern, ausgenommen Mathematik. Damit kam Andersen, dessen mathematisches Verständnis sich jetzt erstaunlich gut entwickelte, allein zurecht. Er kam auch gut mit seinem Lehrer aus, nur in einem Punkt gab es unüberbrückbare Meinungsverschiedenheiten: Müller war streng bibelgläubig, während Andersen in Glaubensdingen unorthodox war und es zeitlebens blieb: Er glaubte fest an die Existenz eines allmächtigen Gottes und an die Unsterblichkeit der Seele, lehnte es aber (wie sein Vater) ab, an den Teufel und die Hölle zu glauben. Müller war tief betroffen, als er feststellte, daß sein Schüler nicht jedes einzelne Wort in der Bibel für wahr hielt.

Obwohl Andersen sich im Grunde auch jetzt noch moralisch verpflichtet fühlte, auf jede schriftstellerische Tätigkeit zu verzichten, verbrachte er eben damit den größten Teil seiner Freizeit. Er war begeistert, als er im Hause Örsted, wo er jeden Freitag verköstigt wurde, den Lyriker und Dramatiker Johan Ludvig Heiberg kennenlernte, der in Kopenhagener Intellektuellenkreisen als eine Art Literaturpapst galt. Heiberg zeigte Interesse an Andersen, von dem er 1827 und 1828 in seiner Zeitschrift *Kjøbenhavns flyvende Post* einige Gedichte veröffentlichte.

Der deutsche Poet Ludolph Schley, den Andersen in Helsingör kennengelernt hatte, übertrug dessen Gedicht *Das sterbende Kind* ins Deutsche. In dieser Übersetzung wurde es – in einer deutschen Zeitung – zum ersten Mal gedruckt, allerdings ohne Angabe des Verfassers. Im September 1827 erschien die dänische Originalfassung zusammen mit der deutschen Übersetzung in *Kjøbenhavnsposten*, und im Dezember wurde das Gedicht in Heibergs Zeitschrift nachgedruckt. (In der Folgezeit erfreute es sich größerer Beliebtheit als die meisten anderen Gedichte des Autors.)

Nachdem sein Privatlehrer L. C. Müller in den auf der Insel Amager gelegenen Kopenhagener Stadtteil Christianshavn umgezogen war, legte Andersen zweimal täglich den Hin- und Rückweg zu Fuß zurück. Abends widmete er sich in seiner Mansardenkammer den Hausaufgaben, obwohl er sich immer wieder vom »Reimteufel« versucht fühlte (ein Ausdruck, den er auch als Gedichttitel verwandte). Die täglichen Fußmärsche aus dem Stadtzentrum nach Christianshavn regten ihn zu seinem ersten bedeutenden Prosawerk an: *Fußreise vom Holmenskanal zur Ostspitze von Amager*. 1828 erschien es auszugsweise in Heibergs Zeitschrift.

Was den Unterricht betraf, so tat sich Andersen nach wie vor mit den lateinischen Aufsätzen am schwersten. Falls er in diesem Fach schlechte Zensuren erhielt, bestand wenig Aussicht, daß er die im Oktober 1828 stattfindende Reifeprüfung bestehen würde. »Nur noch sechs Wochen bis zum Examen, und ich weiß, ich werde versagen«, schrieb er am 14. August an Henriette Wulff.

Der Zufall wollte es, daß in diesem Jahr Adam Oehlenschläger Dekan der geisteswissenschaftlichen Fakultät war. Bei ihm mußten sich alle Studienbewerber vorstellen. Als Andersen ihm seine Geburtsurkunde und andere Dokumente übergab, drückte der »nordische Dichterfürst« ihm die Hand und wünschte ihm Glück. Außer in Latein schnitt Andersen in fast allen Fächern gut genug ab, um nicht durchzufallen. Während der mündlichen Prüfung war er so nervös, daß er aus Versehen einem der Examinatoren Tinte ins Gesicht spritzte, worüber dieser freundlicherweise kein Wort verlor.

Entgegen Meislings düsteren Prophezeiungen wurde Andersen nach sechs harten Schuljahren glücklich zum Universitätsstudium zugelassen. Aber er hatte nicht vor, einen akademischen Grad zu erwerben, sondern war fest entschlossen, Dichter zu werden. Damit mußten sich jetzt auch die Collins abfinden.

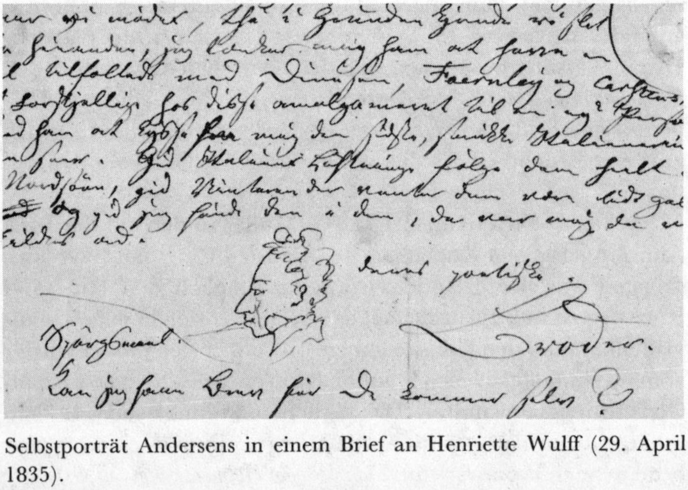

Selbstporträt Andersens in einem Brief an Henriette Wulff (29. April 1835).

In den Monaten vor dem Abitur und im folgenden Jahr entwickelte Andersen einen spöttischen Humor und eine jugendliche Ironie, die in einigen seiner Gedichte und Prosawerke deutlich zum Ausdruck kommen. Zum Teil erklärt sich das wohl aus seinem Bedürfnis, die Niedergeschlagenheit abzureagieren, unter der er während der Schuljahre in Slagelse und Helsingör litt. Doch die Neigung zu Scherz und Ironie – auch zu Selbstironie –, die für diesen neuen Lebensabschnitt Andersens kennzeichnend ist, machte sich schon früher bemerkbar. In der letzten Strophe des 1826 während eines Ausflugs von Helsingör nach Kopenhagen entstandenen Gedichts *Der Abend* zeichnet er ein ironisches Selbstporträt (das hier in wörtlicher Übersetzung wiedergegeben wird):

Schau, auf dem Hügel dort ein langer, dünner Mensch!
Sein Antlitz so bleich wie Werthers Züge,
die Nase so mächtig wie eine Kanone,
die Augen so klein wie grüne Erbsen.
Er singt ein deutsches Lied, das fragt »woher?«
Sehnsüchtig blickt er in den Sonnenuntergang.
Warum wohl bleibt er dort so lange stehn?
Bei meiner Seel, ich bin ja nicht allwissend.
Doch eins steht fest, wenn mich nicht alles trügt:
Er ist entweder toll, verliebt oder ein Dichter.

Vieles spricht auch dafür, daß Andersens Sinn für Humor durch die langjährige enge Freundschaft gefördert wurde, die ihn mit der verwachsenen, aber ungemein klugen und witzigen Henriette Wulff verband. Sie, die sein Gedicht *Das sterbende Kind* rührselig fand, hat ihn zweifellos mit ihrem Humor angesteckt.

Ein Zeugnis für diesen Stimmungsumschwung ist Andersens Prosawerk *Fußreise nach Amager*, das er am 2. Januar 1829 auf eigene Kosten veröffentlichte, nachdem er das Angebot eines Kopenhagener Buchhändlers, ihm siebzig Reichstaler für das Verlagsrecht zu zahlen, abgelehnt hatte. Das Wagnis lohnte sich: Die fünfhundert Exemplare der ersten Auflage waren bald verkauft, woraufhin ihm jener Buchhändler ein günstigeres Angebot machte und das Recht erwarb, eine zweite, höhere Auflage herauszubringen, die im April 1829 erschien. Im großen und ganzen wurde das Werk von Kritik und Publikum beifällig aufgenommen.

Dem Untertitel zufolge spielt sich die *Fußreise nach Amager* »in den Jahren 1828 und 1829« ab – wobei der Witz darin liegt, daß sie in der Silvesternacht unternommen wird. Es handelt sich um eine arabeske, von phantastischen Einfällen übersprudelnde Erzählung im Stil E. T. A. Hoffmanns, der damals Andersens literarisches Idol war. Hauptfigur ist ein junger Dichter (natürlich Andersen selbst), der auf einer Fußreise allerlei phantastische Dinge erlebt: Er begegnet der Muse der Dichtkunst; er überspringt drei Jahrhunderte und landet im Jahr 2129; er hört Hoffmanns Buch *Die Elixiere des Teufels* seine eigene Geschichte erzählen; er trifft einen Riesen, der in Wirklichkeit ein »kleiner Däumling« vom Planeten Sirius ist; er begegnet dem heiligen Petrus, der die Schlüssel des Stadttors von Amager bei sich trägt und ihm seine Brille borgt, durch die der junge Dichter Dinge sehen kann, die für jeden anderen Sterblichen unsichtbar sind; er trifft den König Ahasveros und borgt sich dessen Hundertmeilenstiefel – usw., usw.

Auch ein versteckter Hinweis auf Rektor Meisling ist in diesem Werk enthalten: Der junge Dichter begegnet dem als Schulmeister verkleideten Teufel. »Er sah fürchterlich aus. Sein Haar sträubte sich borstig und ungekämmt um das dunkelrote Gesicht; seine Augen hatten einen grünlichen Schimmer, und seiner ganzen Erscheinung war anzusehen, daß sie in den Tümpel gehörte.« Wer Meisling kannte, wußte sofort, daß er (der von den Schülern in Slagelse und Helsingör »das Ungeheuer« genannt wurde) mit dieser Schilderung gemeint war.

Andersen machte es damals auch Spaß, Parodien zu verfassen. Als er sich wieder einmal sein unausgegorenes Trauerspiel *Die Waldkapelle* vornahm, fand er es lächerlich und schrieb daraufhin eine heroische Burleske mit dem Titel *Liebe auf dem Nikolaiturm, oder Was sagt das Parkett?*, die im Königlichen Theater aufgeführt wurde. Offenbar störte es weder ihn noch das Publikum, daß er damit offene Türen einrannte, da ja der hier parodierte Tragödienstil bereits der Vergangenheit angehörte. In seiner Autobiographie berichtet Andersen von der Premiere:

»Als das Stück auf die Bühne kam, wurde es von meinen

Kommilitonen mit Jubel aufgenommen, sie brachten ein ›Hoch auf den Verfasser‹ aus, mir fehlte es an Voraussicht, ich war von der Freude überwältigt, maß dem Applaus mehr Bedeutung bei, als er in Wirklichkeit hatte, ich hatte keinen Platz für mein Glück, ich stürzte aus dem Theater hinaus auf die Straße ins Collinsche Haus, wo nur Frau Collin daheim war. Fast ohnmächtig sank ich auf einen Stuhl und schluchzte, von einem Weinkrampf befallen. Die teilnehmende Frau wußte gar nicht, was das bedeuten sollte, tröstete mich daher mit den Worten: ›Nehmen Sie sich's nicht so zu Herzen, man hat auch Oehlenschläger und viele große Dichter ausgepfiffen!‹ – ›Ja, aber man hat gar nicht gepfiffen!‹ rief ich schluchzend. ›Man hat geklatscht und Lebe hoch! gerufen.‹«

Diese Schilderung dürfte etwas übertrieben sein, denn wie wir aus anderen Quellen wissen, gab es auch Pfiffe und Buhrufe. Das Stück erlebte nur drei Aufführungen.

Die beiden ausländischen Dichter, die damals in Dänemark am meisten bewundert wurden, waren Lord Byron und Heinrich Heine. Im Frühjahr 1829 wurde Andersen von einer Art Heine-Fieber befallen: Gemeinsam mit einem Studienfreund las und rezitierte er unentwegt Werke von Heine, vor allem die Liebesgedichte. In seiner ersten Autobiographie schreibt er, es gebe nur drei Schriftsteller, »die mir gleichsam ins Blut übergegangen sind, und mit denen ich eine Zeitlang ganz ausschließlich gelebt habe – nämlich Scott, Hoffmann und Heine«.

Andersen hatte beschlossen, das *examen philosophicum et philologicum* abzulegen, das für die Studenten aller Fakultäten die Voraussetzung für den Erwerb eines akademischen Grades war und in der Regel ein Jahr nach dem Abitur absolviert wurde. Im Oktober 1829 bestand er dieses Examen und durfte sich nun *candidatus philosophiae* nennen. Zu den Examinatoren zählte auch H. C. Örsted, dessen Fragen Andersen zunächst befriedigend beantwortete. Die letzte lautete: »Sagen Sie mir, was Sie vom Elektromagnetismus wissen.« »Ich kenne nicht einmal den Namen«, antwortete der Prüfling dem Entdecker des Elektromagnetismus. »Es steht nichts darüber in Ihrer Chemie.« Das sei richtig, erwiderte Örsted, aber er habe in seinen Vorlesungen darüber gesprochen. »Die habe ich alle, mit Ausnahme einer einzigen, besucht. Sie müssen also gerade in dieser Vorlesung davon gesprochen haben.« Von der wichtigen Entdeckung, durch die Hans Christian Örsted zu Weltruhm gelangte, erfuhr Andersen erstmals, als er den Wissenschaftler nach dem Examen zu Hause besuchte.

Im Januar 1830 erschien unter dem Titel *Digte* ein Band mit Gedichten Andersens, in dem auch viele seiner humoristischen Verse enthalten waren. Danach beschäftigte er sich erneut mit dem Plan, einen historischen Roman zu schreiben, der im Dänemark des frühen sechzehnten Jahrhunderts spielen und *Der Zwerg Christians II.* heißen sollte. Er begann historisches Material zu sammeln und beschloß, einige wichtige Schauplätze zu besuchen. Nachdem er im Sommer 1829 mehrere Exkursionen auf Seeland und Fünen unternommen hatte, wollte er jetzt endlich auch Jütland kennenlernen. Mit seinen bescheidenen Ersparnissen in der Tasche reiste er per Dampfschiff nach Aarhus, wanderte durch die jütische Moorlandschaft und besuchte verschiedene Städte und Dörfer. Beglückt stellte er fest, daß man ihn überall als hoffnungsvollen jungen Dichter betrachtete, dessen Name vor allem durch die *Fußreise nach Amager* bekannt geworden war. Von Jütland setzte er über nach Fünen, wo er – wie im vorausgegangenen Sommer – seine Mutter besuchte und zehn Tage bei der Witwe des 1827 verstorbenen Buchdruckers Iversen in ihrem Landhaus außerhalb von Odense wohnte. Im Kreise ihrer Enkeltöchter und anderer junger Mädchen, die ihn als »Dichter« bewunderten, fühlte er sich glücklich. Um diesmal auch andere Orte auf Fünen kennenzulernen, reiste er weiter nach Svendborg und machte von hier aus Ausflüge in die Umgebung. Leider sind seine Tagebücher aus den Jahren 1827 bis 1831 nicht erhalten; lediglich die Eintragungen vom 4. und 5. August 1830, als er sich in Svendborg aufhielt, sind bekannt, wenngleich auch sie nicht mehr im Original vorliegen. Die Eintragung vom 5. August schließt mit folgenden Sätzen:

»Allmächtiger Gott! Ich habe nur dich, du bestimmst mein Geschick, ich muß mich dir überantworten! Bitte gib mir ein Auskommen! Bitte gib mir eine Braut! Mein Blut verlangt nach Liebe, so wie mein Herz danach verlangt.«

Zwei Tage später lernte er ein junges Mädchen kennen, in das er sich verliebte.

Am 6. August war er in dem Provinzstädtchen Faaborg eingetroffen, um seinen Studienfreund Christian Voigt, den Sohn eines wohlhabenden Kaufmanns, zu besuchen. Er hatte sich in einem Gasthaus einquartiert und Voigt seine Visitenkarte überbringen lassen, worauf dieser sofort zu ihm kam und ihn für den nächsten Tag in sein Elternhaus einlud.

Als Andersen am nächsten Morgen dort erschien, wurde er, da sein Freund noch schlief, von dessen ältester Schwester, der vierundzwanzigjährigen Riborg empfangen, die *Fußreise nach Amager* und einige Gedichte Andersens kannte. Diese Begegnung schilderte er zwei Jahre später (1832) in *Levnedsbog*:

»Die älteste Tochter empfing mich sehr freundlich, sie errötete jedes Mal, wenn sie mit mir sprach; sonst wirkte sie fröhlich und lebhaft. Sie hatte ein sehr schönes Gesicht mit viel Kindlichkeit darin, doch ihre Augen blickten klug und nachdenklich, sie waren braun und voller Leben. Sie trug ein schlichtes graues Hauskleid, das ihr sehr gut stand; ja, mit ihrer ganzen Schlichtheit und ihrem Gesicht nahm sie mich sogleich für sich ein. Ihr Interesse an meinen Gedichten und die Tatsache, daß sie mir fast so etwas wie Respekt entgegenbrachte, schmeichelten meiner Eitelkeit und nahmen mich sogleich für sie ein. Sie machte Scherze über die Schlafmützigkeit ihres Bruders und erwies sich als so geistreich und humorvoll, daß auch ich den Wunsch empfand, mich interessant zu machen – ich weiß nicht, warum, aber fast augenblicklich war es, als wären wir beide schon seit langem miteinander bekannt, und es machte mir den ganzen Tag ein ungeheures Vergnügen, dem jungen Mädchen gefällig zu sein.«

Er ließ sich überreden, ein paar Tage in Faaborg zu bleiben, machte gemeinsam mit den Voigts Bootsfahrten und Ausflüge in die Umgebung und nahm sogar an einem Ball teil, den Freunde der Familie veranstalteten. Da Andersen nicht tanzte, verzichtete Riborg ebenfalls darauf und leistete ihm den ganzen Abend Gesellschaft. Vor seiner Abreise versprach er ihr während eines letzten Spaziergangs scherzhaft, die Heldin seines nächsten Romans Riborg zu nennen. Als sie ihn bat, ihr zur Erinnerung eines seiner Gedichte aufzuschreiben, entschied er sich für *Avis aux lectrices*. Darin wünscht sich der Dichter eine Frau, bedingt sich aber aus, daß sie alle seine Gedichte loben muß – andernfalls werde er die Verlobung lösen.

Aus Faaborg schrieb er am 9. August 1830 an Edvard Collin:

»Die Damen in dieser Stadt sind die hübschesten, denen ich

bisher begegnet bin, Jütland inbegriffen, und eine von Herrn Voigts Töchtern ist sogar schön und, was mir besonders gefällt, sehr natürlich.«

Tags darauf fand er sich wieder in Frau Iversens Landhaus ein, wo er den jungen Mädchen so verändert vorkam, daß sie ihm neckisch erklärten, er müsse sich wohl verliebt haben. Seine Reaktion beschreibt er in *Levnedsbog*:

»Als ich das zum ersten Mal hörte, war mir, als liefe ein Feuer durch meinen Leib, und ich tat es als Scherz ab, konnte aber nicht umhin, darüber nachzudenken. Ich war selbst frappiert über mein Verhalten, über die Art und Weise, wie ich mich in den paar Tagen, die ich mit ihr verbrachte, benommen hatte. Ich begann, mich nach ihr zu sehnen; die andern machten Scherze über mich; ich mochte das nicht und wollte mir diese Gedanken ein für allemal aus dem Kopf schlagen. Ich fand es lächerlich, daß ich, der stets spöttisch über Liebe und Schwärmerei gesprochen hatte, ihr jetzt selber zum Opfer gefallen sein sollte.«

Der jetzt Fünfundzwanzigjährige war noch nie verliebt gewesen – »meine eigene Person hatte mir genug zu denken gegeben, ohne daß ich an jemand anderen gedacht hätte«.

Nach eigener Aussage versuchte er, das Ganze zu vergessen. In Faaborg hatte er gehört, daß Riborg mit einem Sohn des dortigen Apothekers so gut wie verlobt sei, aber es war ihm auch zu Ohren gekommen, daß ihre Eltern gegen diese Verbindung waren. Nach der Rückkehr nach Kopenhagen traf er sich nun öfter mit Christian Voigt, der ihm eines Tages mitteilte, daß Riborg bald in die Hauptstadt kommen werde und sich auf ein Wiedersehen mit ihm freue. Während ihres dreiwöchigen Aufenthalts traf er sie mehrmals. Einmal las er ihr aus einem Libretto vor, an dem er gerade arbeitete, und hoffte dabei, ihr mit dem Dialog des Liebespaares seine eigenen Gefühle zu enthüllen. Sie reichte ihm die Hand, und als er einen Kuß darauf drückte, wurde ihm plötzlich klar, daß er sich leidenschaftlich in sie verliebt hatte. Als heimliches Unterpfand seiner Liebe schenkte er ihr einige Gedichtmanuskripte, darunter auch das Gedicht *An sie.* Zugleich stellte er nun Erkundigungen über den jungen Mann an, mit dem Riborg »inoffiziell verlobt« war, und erfuhr, daß er »ihrer unwürdig« sei, aber wegen ihrer reichen Mitgift keinesfalls auf sie verzichten werde.

Eines Abends gestand er Christian Voigt seine heimliche Liebe zu Riborg, worauf der Freund ihm die Hand drückte und erklärte, das habe er bereits vermutet. Was jedoch die Gefühle seiner Schwester betreffe, so könne er ihm nur sagen, daß sie ihn *gern habe*. Vergeblich hoffte Andersen auf eine Aussprache unter vier Augen mit Riborg. In seiner Verzweiflung schrieb er ihr am 30. Oktober 1830:

»Es ist mir unmöglich, es einzurichten, daß ich mit Ihnen über das spreche, was ich Ihnen sagen muß, über das, was Sie erfahren müssen, bevor Sie abreisen; am allerwenigsten möchte ich es dem Papier anvertrauen, aber es ist das einzige, das letzte Mittel, und ich bin in meinem Herzen davon überzeugt, daß Sie das reine weibliche Gefühl besitzen, daß mein inniges Zutrauen zu Ihnen nicht verspottet wird und daß kein anderer diese Worte sieht. Versprechen Sie mir, dieses Papier nicht wegzulegen, bevor Sie alles gelesen haben, und lassen Sie mich zum mindesten ein schwesterliches Herz finden, wenn ich das meine zum ersten Mal jemand anderem offenbare.«

Es käme ihm so vor, als brächte sie ihm etwas mehr entgegen als das, was die Welt »gesellschaftliche Höflichkeit« nenne. Er habe, als er sie kennenlernte, nicht gewußt, daß sie verlobt sei.

»Erst jetzt hat mir Ihr Bruder von Ihrem Verlöbnis erzählt, ich müßte also resignierend zurücktreten – aber Sie haben sicher schon meine Gefühle spüren können, ich bin nicht weltklug genug, um mein Herz zu verbergen, und ich träumte mich in eine Hoffnung hinein, ohne die mein Leben verloren ist. LIEBEN SIE DEN ANDEREN WIRKLICH? Ich kenne ihn ganz und gar nicht, kann nichts gegen ihn haben, und sicherlich hat er seine Vorzüge, da Sie ihn erwählt haben, aber lieben Sie einander wirklich?«

In diesem Falle wünsche er ihnen beiden Glück und bitte sie, diese Zeilen als »ein Gedicht« zu betrachten. »Lieben Sie ihn aber nicht so sehr wie Gott und die ewige Seligkeit, sind Sie sich dessen nicht ganz sicher? Dann machen Sie mich nicht unglücklich!« Er sei bereit, alles zu tun, was sie und ihre Eltern von ihm verlangen würden. »Sie sind mein einziger Gedanke, mein Alles, und ein Dichterherz klopft stärker als irgendein anderes!«

»Lieben Sie wirklich den anderen, nun, dann vergeben Sie mir! vergeben Sie mir, daß ich dies gewagt habe, denn es wäre dann eine Vermessenheit. Mögen Sie beide glücklich werden! und vergessen Sie nie ein Wesen, das Sie niemals, niemals vergessen wird. Hat dieser Brief Sie aber nicht gekränkt, dann gestatten Sie mir noch ein einziges Mal, Sie zu sehen, und ich werde alsdann mein Schicksal in Ihren Mienen lesen. Daß Sie den Brief vernichten oder mir zurückgeben werden, darin vertraue ich auf Ihr weibliches Herz. Nun wissen Sie alles! – Leben Sie wohl! vielleicht für ewig Lebewohl!

Nachschrift:

Glauben Sie um Gottes willen nicht, das Ganze wäre ein Dichtertraum von mir! drei ganze Monate lang haben mein Herz und mein Geist damit gerungen, jetzt kann ich nicht länger in dieser Ungewißheit leben, ich muß die Entscheidung wissen, aber vergeben Sie mir! vergeben Sie mir! ich habe nicht anders handeln können! Leben Sie wohl! –«

Hans Brix hat – wie ich glaube zu Recht – diesen Liebesbrief als eine »Warnung vor dem Gedanken an eine Verlobung« interpretiert und die Meinung vertreten, daß die Art, wie Andersen an die Sache heranging, unweigerlich das Gegenteil dessen bewirken mußte, was er anscheinend erreichen wollte.

In seinem *Levnedsbog* berichtet Andersen, er habe (vermutlich von Christian Voigt) erfahren, daß Riborg beim Lesen seines Briefes in Tränen ausgebrochen sei, dann aber erklärt habe, sie fühle sich verpflichtet, dem andern treu zu bleiben, der sie liebe und den die Auflösung der Verlobung unglücklich machen würde. Noch am selben Tag sah er sie in Begleitung ihres Vaters und ihrer Schwester bei einer Aufführung im Königlichen Theater – »ihr Blick suchte den meinen, sie war totenblaß und dennoch sehr schön, ungemein schön«. Er hatte keine Gelegenheit, sie unter vier Augen zu sprechen. Am nächsten Abend, dem letzten, den sie in Kopenhagen verbrachte, ging sie mit ihren Angehörigen nochmals ins Theater, und nach der Vorstellung verabschiedete sich Andersen am Ausgang von ihr.

Tags darauf übergab ihm ihr Bruder einen Abschiedsgruß: »Leben Sie wohl! Leben Sie wohl! Hoffentlich wird mir Christian bald sagen können, daß Sie wieder so ruhig und glücklich sind wie zuvor. In aufrichtiger Freundschaft, Riborg.« Es ist anzunehmen, daß sie seinen Liebesbrief beigelegt hatte. Sechs Monate später heiratete sie ihren Verlobten.

Andersen versuchte sich einzureden, daß Riborg trotz allem *ihn* liebte und seinen Antrag nur aus Loyalität gegenüber dem anderen Mann nicht angenommen hatte. Aber alles spricht dafür, daß er sich täuschte. In einem (undatierten) Brief schrieb Riborg ihrem Bruder: »Meine Liebe kann ich ihm natürlich nicht schenken, weil sie seit langem jemandem gehört, der sie ganz verdient; aber meine Freundschaft kann er haben. Ich werde ihm gern eine Schwester, eine Freundin sein, falls er mich dessen für würdig hält.«

Daß Andersen sich tatsächlich verliebt hatte, ist kaum zu bezweifeln – aber er war auch in das Verliebtsein verliebt. Hatte Heine nicht in einigen seiner schönsten Gedichte die unglückliche Liebe besungen? Und gehörte die unerwiderte Liebe nicht fast zwangsläufig zum Themenkreis des echten romantischen Dichters?

In den folgenden Monaten schrieb Andersen zahlreiche melancholische Liebesgedichte. Die schönsten wurden in dem Band *Melodien des Herzens* zusammengefaßt. Am bekanntesten wurde folgender Vierzeiler:

Zwei braune Augen sah mein Blick,
drin lag meine Welt, meine Heimat, mein Glück,
drin strahlten der Geist und des Kindes Frieden,
und nie und nimmer vergeß' ich's hienieden.

Auch in den zahlreichen Briefen, die er damals an seine Freunde schrieb, machte er kein Hehl aus seinem Kummer. Als Henriette Hanck (Frau Iversens Enkelin) ihm im November 1830 schrieb: »Sie sind nicht so unglücklich, wie Sie sich gern einbilden«, antwortete er ihr gekränkt: »Sie meinen, daß ich mir *einbilde*, unglücklich zu sein? Ja, Sie haben allen Grund, das zu glauben, und die Welt wird Ihnen zustimmen; aber bedenken Sie, daß nicht nur im Herzen, sondern auch in Wirklichkeit manche Szenen sich abspielen, in die niemand eingeweiht ist und die ich nicht enthüllen *darf*.« Im selben Brief spielte er dann allerdings den Überraschten: »Die Leute sind über meine letzten Gedichte frappiert, denken Sie nur, man glaubt, ich sei verliebt; alle glauben es; ich habe schon die Namen von Verschiedenen gehört, die man in Betracht zieht, darunter, das wird Sie amüsieren, auch den Ihren; einige sagen, es sei. . .« – hier führte er sechs Namen an, als letzten »Fräulein Voigt«, und fügte hinzu: »Letzteres ist ganz närrisch, da sie verlobt ist, und ich könnte fast einen Eid darauf ablegen, daß sie mir nicht mehr bedeutet als ich ihr.«

Im Januar 1831 erschien ein neuer Gedichtband, *Phantasien und Skizzen*, in dem sämtliche Liebesgedichte enthalten waren, die er für und über Riborg Voigt geschrieben hatte, deren Name natürlich nicht erwähnt wurde. Ein typisches Beispiel ist das folgende Gedicht:

Ein schönes Märchen hört' ich viele Male:
Jedwede Muschelschale
im tiefen Meere ist dem Tod erkoren,
sobald sie eine Perle hat geboren.
Du, Liebe, bist die Perle, die mein Herz gewollt;
mit meinem Leben zahl ich jetzt den Sold.

Ingemann, dem Andersen ein Exemplar des neuen Bandes sandte, schrieb ihm, daß er, falls sein Gedicht *Das Leben ist ein Traum* auf persönlichen Erfahrungen beruhe, vom Leben tatsächlich auf eine harte Probe gestellt worden sei; er müsse sich aber davor hüten, das ganze Leben als einen unglücklichen Traum zu betrachten. Er warnte Andersen vor »Byrons Poesie der Verzweiflung«, deren Einfluß sich offenbar in diesem Gedicht bemerkbar mache. Daraufhin schrieb ihm Andersen am 18. Januar 1831:

»Ja, meine Gedichte sind keine Phantasie, es liegt ihnen etwas Wirkliches zugrunde, oh! es ist etwas so Trauriges, daß es fast gar nicht wie Wirklichkeit aussieht. Ich hänge mit Seele und Gedanken an einem einzigen Geschöpf, einem geistreichen, kindlichen Geschöpf, wie ich noch nie eins gesehen habe; . . . aber, oh!, es klingt häßlich, das fühle ich wohl, sie ist verlobt und heiratet nächsten Monat. Meine Freunde und Bekannten scherzen mit mir über meine Gedichte, sie lassen sich nicht träumen, daß es eine tiefe, traurige Wahrheit ist, oh, ich leide unter ihrem Spott, den ich doch selber erwidern und parieren muß! . . . Ich bin ihr zum ersten Mal vorigen Sommer begegnet, ihre Familie war die angesehenste in der Stadt und ihr Bruder ein Studienfreund von mir, ich war nur drei Tage dort im Hause, und als ich fühlte, was ich noch nie gefühlt habe, und hörte, daß sie verlobt sei, bin ich sofort abgereist. Aber hier in Kopenhagen sind wir wieder zusammengetroffen (drei Wochen). . . ach, ich weiß selber nicht, Gott ist doch gar zu hart gegen mich! Wäre ich doch tot, hier auf Erden werde ich nie glücklich!«

Zum Thema Riborg Voigt äußerte er sich gegenüber Ingemann auch in einem Brief vom 2. März 1831:

»Wir schreiben einander nie, es wäre nicht recht, und trotzdem weiß ich, daß sie oft an mich denkt, daß sie mich wirklich liebt, aber ich kann nicht verstehen, wie sie dann einen anderen HEIRATEN kann – ich könnte das nicht!«

Im selben Brief schreibt er, daß er jetzt allmählich daran glaube, ein Dichter zu sein. »Hoffentlich ist das nicht zu eitel von mir, aber es ist das Schönste, das ich mir erträumen kann.«

Einem jungen Freund schrieb er: »Voriges Jahr war ich ein glückliches, flatterhaftes Geschöpf, bereit, mich über jeden Wertherkult zu mokieren, und dieses Jahr bin ich selber fast ein *solcher* Narr!« Und andeutungsweise fügte er hinzu: »Täglich komme ich zu meinem lieben Christian Voigt, demjenigen, zu dem ich mich am meisten von allen hingezogen fühle.«

Am Schluß seiner ersten Autobiographie *Levnedsbog*, die er mit siebenundzwanzig Jahren schrieb (und die mitten im Satz abbricht), schildert Andersen in aller Ausführlichkeit die Riborg-Voigt-Episode, wobei er allerdings weder den Namen der Stadt Faaborg noch den Familiennamen erwähnt; selbst der Vorname taucht, wie zufällig, nur ein einziges Mal auf. Für die Zeit nach 1832 sind Andersens deutsche Selbstbiographie *Das Märchen meines Lebens ohne Dichtung* (1847) und deren erweiterte, definitive Fassung *Mit Livs Eventyr* (1855, *Das Märchen meines Lebens*) die wichtigsten Quellen, die glücklicherweise durch die Tagebücher und Briefe sowie durch andere zeitgenössische Quellen ergänzt werden.

In einer bedeutsamen Studie über Andersen als Autobiograph hat H. Topsöe-Jensen darauf hingewiesen, daß die Schilderung, die Andersen in diesen beiden Selbstbiographien von den Ereignissen der Jahre 1830 bis 1833 gibt, den falschen Eindruck erweckt, als wäre der junge Dichter damals von nahezu jedermann in Kopenhagen unablässig drangsaliert, verspottet und geringschätzig behandelt worden. Tatsächlich aber gibt es genug Belege dafür, daß er in diesen Jahren sowohl von der Literaturkritik wie auch vom Lesepublikum viel höher eingeschätzt wurde, als er selbst wahrhaben wollte.

Mitunter wurde er natürlich auch angegriffen. Im Januar 1830 veröffentlichte der dänische Romantiker Carsten Hauch eine Komödie, in der er Andersen als Pierrot porträtierte, der sich damit brüstet, er habe »ein Tollhaus auf dem Flachland erbaut«, er sei »spaßigerweise zu Fuß zum Strand von Dagör gewandert« (eine Anspielung auf Andersens *Fußreise nach Amager*) und er besitze das Talent, »Schwänke ohne Maß und Ziel zu schreiben« (ganz offensichtlich gemünzt auf *Die Liebe auf dem Nikolaiturm*). Tief gekränkt schlug Andersen mit einem langen Gedicht zurück, das in der *Fliegenden Post* erschien.

Ein Angriff, den er sich noch viel mehr zu Herzen nahm, war in der anonymen Publikation *Gespensterbriefe* enthalten, die im Dezember 1830 herauskam. Sie bestand aus sechs gereimten, angeblich von dem verstorbenen Dichter Jens Baggesen im Paradies verfaßten Briefe. Ihr Autor (der sich 1832 dazu bekannte) war der begabte Dramatiker und Lyriker Henrik Hertz. In seinen als dichterisches Manifest konzipierten *Gespensterbriefen* warf er zeitgenössischen Autoren vor, die künstlerische Form zugunsten des Inhalts zu vernachlässigen. In einem dieser Briefe nahm er Andersen aufs Korn: »Berauscht vom Bier der Phantasie« reite dieser junge Schriftsteller »auf dem erst eine Nacht alten Fohlen der Muse, einem Slagelser Klepper mit gelähmten Flanken« und gelte beim Mob als »Dichterprophet«. Würde sich Andersen die orthographischen und grammatikalischen Schnitzer, von denen seine Publikationen nur so strotzten, in einer Schule für zurückgebliebene Kinder leisten, dann würde man ihn übers Knie legen und ihm die Narrenkappe aufsetzen.

Statt solche Seitenhiebe gelassen hinzunehmen, war Andersen immer wieder verbittert darüber.

Im April 1831 schrieb er einem Freund, er sei ein »elender Schwächling und fast zu sentimental« geworden. »Ich habe daher beschlossen, Anfang Mai über Hamburg und Braunschweig in den Harz zu fahren und von da über Leipzig nach Dresden und schließlich über Berlin und Hamburg nach Hause.«

Am 16. Mai fuhr er per Dampfschiff von Kopenhagen nach

Lübeck, dann per Postkutsche nach Hamburg und von hier aus durch die Lüneburger Heide nach Braunschweig und Goslar. Anschließend wanderte er durch den Harz (wo er den Brocken bestieg) nach Eisleben. Über Halle und Merseburg ging es weiter nach Leipzig, dann über Meißen nach Dresden. Von einem dreitägigen Ausflug in die Sächsische Schweiz kehrte er am 8. Juni nach Dresden zurück, wo er – mit einem Einführungsbrief Ingemanns – Ludwig Tieck besuchte und an einer Veranstaltung teilnahm, bei der Tieck *Viel Lärm um nichts* vorlas. In seinem Tagebuch schildert Andersen, wie er sich am 10. Juni von Tieck verabschiedete:

»Um drei Uhr ging ich zu Tieck, er schrieb ein paar Abschiedsworte, drückte mich ans Herz und küßte meine Wange, ich konnte die Tränen nicht unterdrücken, an der Tür drückte er mich noch einmal an die Brust und sagte, ich sollte mutig den Weg gehen, für den ich geboren sei. – Ich werde ihn nie wiedersehen!«

Tatsächlich aber traf er noch zweimal mit ihm zusammen, 1844 und 1846. Später bezeichnete er Tieck als den ausländischen Dichter, von dem er »den Weihekuß« empfangen habe.

Von Dresden reiste Andersen nach Berlin, wo er – mit einem Empfehlungsschreiben Örsteds – Adelbert von Chamisso besuchte. Am 12. Juni vermerkte er in seinem Tagebuch: »Chamisso ist ein großer, kräftig gebauter, hagerer Mann; graubrauner Hausrock und lange graue Locken; er sah wie ein Eremit aus der Wüste aus; eine Menge Kinder waren da; er sagte, in Zeiten wie diesen würden die Dichter nicht gelesen, die Welt wolle Taten sehen.« Chamisso, der Dänisch konnte, übersetzte später einige Andersen-Gedichte ins Deutsche.

Sobald Andersen in der zweiten Junihälfte nach Kopenhagen zurückgekehrt war, begann er an einem Buch über seine Deutschlandreise zu arbeiten, das er *Skyggebilleder* (Schattenbilder) nannte und das in seiner Mischung aus Dichtung und Wahrheit, Prosa und Lyrik deutlich den Einfluß von Heines *Reisebildern* verrät. Zu den fiktiven, Heine nachempfundenen Episoden zählt eine Trauungszeremonie im Braunschweiger Dom. Im Gesicht der Braut spiegeln sich Freude *und* Kummer. Auf dem Weg zum Altar scheint sie nach jemandem Ausschau zu halten – nach dem Mann, der sie *wirklich* liebt und der, wäre dies eine Szene aus einem billigen Roman, »wahrscheinlich blaß wie der Tod hinter einem Pfeiler stehen und die Trauung beobachten würde, aber das hier war die Wirklichkeit. Er war nicht da, aber wo . . .?« Mit dieser Schilderung und dem anschließenden Gedicht spielt Andersen auf Riborg Voigts Hochzeit an, die kurz vor seiner Abreise aus Dänemark stattgefunden hatte.

Seine Gefühle für Riborg hatten sich freilich gewandelt. »Jedes Mal, wenn ich an sie denke«, schrieb er ihrem Bruder am 9. Juni 1831, »spüre ich einen unsagbar tiefen Schmerz, aber ich kann nicht weinen, und ich liebe sie nicht mehr, *das ist gewiß*, aber jetzt leide ich *mehr* unter der Erinnerung an sie, ich fühle eine Leere – O Gott! Christian! Mögest Du niemals fühlen, was ich jetzt fühle.«

Skyggebilleder erschien im September 1831 und fand im großen und ganzen Anklang. Andersens schwermütige Stimmung war inzwischen gewichen. Im Oktober schrieb er einem Freund: »Du wirfst mir vor, ich sei allzu fröhlich – ein größeres Kompliment könntest Du mir gar nicht machen.« Er begann wieder an seinem historischen Roman zu arbeiten – und schrieb dem Freund: »Wenn dieses Werk mich nicht unsterblich macht, dann werde ich es nie.« Aber es war nicht dieser – unvollendet gebliebene – historische Roman, der ihn unsterblich machen sollte.

Wie schon 1829 und 1830 besuchte Andersen auch im Sommer 1832 seine Heimatstadt Odense. Es ist anzunehmen, daß er auch diesmal seine Mutter wiedersah.

Ob die beiden regelmäßig miteinander korrespondierten, ist nicht bekannt. Von Andersens Briefen an die Mutter ist kein einziger erhalten. Wir wissen jedoch aus anderen Quellen, daß sie sich seine Briefe gegen ein Entgelt von anderen Leuten vorlesen ließ und daß sie mehr und mehr dem Alkohol verfiel. Unter den erhaltenen Briefen Frau Andersens sind einige, in denen sie ihren Sohn um Geld bittet, und einige, in denen sie sich für empfangene Beträge bedankt. Im Mai 1829 schrieb sie ihm, sie hoffe auf eine Gelegenheit, sein Stück *Die Liebe auf dem Nikolaiturm* zu sehen, und in einem Brief vom 2. April 1830, seinem fünfundzwanzigsten Geburtstag, nannte sie diesen Tag »den glücklichsten meines Lebens« und versicherte ihrem Sohn: ». . . wärest Du nicht so gut zu mir gewesen, dann wäre ich tot, denn wie soll man von vierundzwanzig Schilling in der Woche leben?« In einem ihrer Briefe bat sie ihn um Geld für ein Paar neue Schuhe, und in einem anderen beklagte sie sich darüber, daß er Oberst Höegh-Guldberg einen Betrag für sie übersandt habe, statt das Geld direkt an sie zu schicken; die Guldbergs hätten ihr dafür ein Hemd aus grobem Stoff gekauft. Und etwas rätselhaft fügte sie hinzu: »Was Du mich gebeten hast, nicht zu tun, werde ich nicht tun, aber ich kann nicht verhindern, daß neidische Leute schlecht von mir reden.« (Wahrscheinlich bezog sich diese Bemerkung darauf, daß Andersen – wie er viele Jahre später einem Freund erzählte – seine Mutter gebeten hatte, nicht zu oft die Flasche in ihrem Schrank zu entkorken. »Es täte mir sehr leid, von meinen Freunden und Bekannten in Odense zu hören, daß man sich über meine liebe alte Mutter lustig macht.«)

Im Dezember 1831 teilte er Frau Iversens Tochter in Odense mit, er habe dafür gesorgt, daß seine Mutter ihre Mahlzeiten auf seine Kosten in einer Speisewirtschaft holen könne. Er bat seine Bekannte, sie möge der alten Frau, die das Geld in bar erhalten habe, möglichst freundlich klarmachen, daß ihr mit dieser Regelung am besten gedient sei. »Sie weiß, daß ich ihr schicke, was immer ich kann, und sie wird an Weihnachten bestimmt von mir hören.« Eine Woche später schrieb ihm seine Mutter: »Ich brauche jetzt dringend Geld«, und im Februar wandte sie sich erneut an ihn: »Mein guter Christian, wäre es Dir möglich, mir eine kleine Unterstützung zu schicken, ich hoffe, Du vergißt nicht Deine schwache alte Mutter.«

Als Prinz Christian (der spätere König Christian VIII.) im Sommer 1832 das Altenheim »Doctors Boder« besuchte, äußerte er den Wunsch, Andersens Mutter kennenzulernen. »Ihr Sohn macht Ihnen viel Ehre!« sagte er zu ihr, und die alte Frau war stolz und glücklich, zumal alle Anwesenden dieses hohe Lob hörten.

Andersen sah seine Mutter zum letzten Mal im Juli 1832. Sie hatte das letzte Stadium der Trunksucht erreicht und war krankhaft sentimental geworden. Ohne sie und ihren desolaten Zustand zu erwähnen, schrieb er aus Odense an Edvard Collin, seine Freunde hätten ihn äußerst gastfreundlich aufgenommen – »und trotzdem bin ich hier mißmutig, all die Erinnerungen an meine Kindheit, jede Stelle hat einen düsteren Einfluß auf mich«.

Im Dezember 1831 veröffentlichte er einen neuen Gedichtband. Um seine Finanzen aufzubessern, übersetzte er für das Königliche Theater zwei französische Libretti und verfaßte außerdem in enger Zusammenarbeit mit dänischen Komponisten Operntexte, die auf ausländischen Dramen und Romanen basierten. Der Erfolg der Opernfassung von Walter Scotts *Die Braut von Lammermoor* bewog den Komponisten C. F. Weyse, der zu den ersten Wohltätern Andersens gezählt hatte, ein auf Scotts Roman *Kenilworth* basierendes Libretto bei ihm zu bestellen. Andersen führte den Auftrag aus, aber Weyse war mit dem tragischen Ausgang nicht einverstanden. Als er vorschlug, die Oper glücklich enden zu lassen, nämlich mit der Heirat Amy Robsarts und Leicesters, erhob Andersen Einspruch: »Aber das ist gegen die Historie! Was machen wir dann mit Königin Elisabeth?« – »Sie kann sagen: ›Stolzes England, ich bin dein!‹« – und mit diesen Worten ließ Andersen dann das Libretto tatsächlich enden.

1832 erschien sein Gedichtzyklus *Die zwölf Monate des Jahres*, und ein Jahr später kamen seine *Gesammelten Gedichte* heraus. Zu diesem Zeitpunkt befand er sich bereits auf einer langen Auslandsreise.

Schon Anfang 1832 hatte er mit dem Gedanken an einen ein- bis zweijährigen Auslandsaufenthalt gespielt, ein Plan, der allerdings nur mit einem Stipendium des königlichen Fonds *ad usus publicos* zu verwirklichen war. Jonas Collin unterstützte dieses Vorhaben, rechnete aber damit, daß man Henrik Hertz vorziehen würde, der sich ebenfalls um ein Stipendium beworben hatte. Daher riet er Andersen, der König Frederik VI. bei einer Audienz den ihm gewidmeten Gedichtband *Die zwölf Monate des Jahres* überreichen wollte, bei dieser Gelegenheit dem Monarchen zu erklären, daß er bisher ohne jeden öffentlichen Zuschuß allein von seiner schriftstellerischen Arbeit gelebt habe und daß eine Auslandsreise seinen Horizont beträchtlich erweitern würde. Das schriftliche Gesuch um ein Stipendium solle er dem König gleich bei der Audienz übergeben. Andersen zögerte und ging auf den Vorschlag erst ein, als ihm versichert wurde, der König rechne ohnehin damit, daß der Autor ihn bei der Überreichung des Buches um eine Gunst bitten würde.

In *Das Märchen meines Lebens* schildert Andersen, wie diese Audienz verlief:

»Mein Eintritt beim König mag denn auch komisch gewesen sein, mein Herz pochte in Angst, und als der König in seiner eigentümlichen schnellen Art auf mich zutrat und mich fragte, was das für ein Buch sei, das ich ihm brächte, antwortete ich: ›Ein Zyklus von Gedichten.‹ – ›Zyklus, Zyklus, was meinen Sie damit?‹ Ich wurde nun ganz und gar verblüfft und sagte zaghaft: ›Es sind einige Verse über Dänemark!‹ Er lächelte. ›Nun, das kann ja etwas Gutes sein! Ich danke, ich danke!‹ Er nickte mir zum Abschied zu. Da ich aber mein Anliegen noch nicht vorgebracht hatte, sagte ich, daß ich noch viel zu erzählen hätte. Und ohne weiteres begann ich von meinem Studium und wie ich mich durchgeschlagen hätte zu berichten. ›Das ist lobenswert!‹ sagte der König – und als ich endlich herausbrachte, daß ich um ein Reisestipendium zu bitten wünschte, antwortete er, wie man mir vorausgesagt hatte: ›Dann bringen Sie mir ein Gesuch.‹ – ›Ja, Majestät‹, rief ich in meiner Natürlichkeit, ›das habe ich gleich mitgebracht! Ich finde es schrecklich, daß ich es zugleich mit dem Buch bringen soll, aber man hat mir gesagt, es sei so Sitte. Dennoch finde ich es abscheulich, es ist mir geradezu zuwider!‹ Die Tränen standen mir in den Augen. Der gute König lachte laut, winkte mir freundlich zu, nahm das Gesuch entgegen, ich verbeugte mich und eilte so schnell wie möglich davon.«

Andersens Gesuch an den Fonds *ad usus publicos* trägt das Datum 7. Dezember 1832. Formuliert wurde es von Jonas Collin, der als ehemaliger Geschäftsführer der Stiftung genau wußte, worauf es ankam. Auf seinen Rat hatte sich Andersen Referenzen einiger prominenter Persönlichkeiten besorgt, darunter Ingemann, Örsted, Oehlenschläger und Heiberg. Am 13. August 1833 erhielt er tatsächlich ein mit sechshundert Reichstalern pro Jahr dotiertes Zweijahresstipendium (das nach Ablauf des ersten Jahres um zweihundert Taler erhöht wurde).

Es ist notwendig, an dieser Stelle näher auf Andersens Verhältnis zur Familie Collin einzugehen, insbesondere auf die Freundschaft, die ihn mit dem fast vier Jahre jüngeren Edvard Collin verband.

Jonas Collin wurde für ihn zur geliebten, ja verehrten Vaterfigur; auf seine Güte, Loyalität und Freundschaft konnte er bauen. Collin, der ihm nicht gönnerhaft, sondern väterlich gegenüberstand, behandelte ihn fast wie einen adoptierten Sohn. In Andersens Briefen wird er immer wieder als »der Vater« bezeichnet und das Kopenhagener Haus der Familie Collin als »das Heim der Heime«. Nach dem Abitur fand Andersen sich dort täglich ein und wurde von Jonas' Kindern fast als Familienmitglied betrachtet. So war er von ganzem Herzen dankbar dafür, daß ihn diese engverbundene und in vieler Hinsicht selbstgenügsame Patrizierfamilie so freundlich aufgenommen hatte. Oft aber litt er auch darunter, daß er dort nur *fast* ein Sohn, nur *fast* ein Familienmitglied, nur *fast* ein Bruder war; in solchen Momenten fühlte er sich als heimatloser Außenseiter.

Jonas Collin war der *pater familias*, dem man nie widersprach, der aber wegen seines Gerechtigkeitssinnes zutiefst respektiert wurde. Seine Frau, die fast taub und später nahezu blind war, spielte im Familienleben eine eher unauffällige Rolle. Das Ehepaar hatte zwei Töchter und drei Söhne. Ingeborg Drewsen, die älteste Tochter, war witzig und offenherzig, und ihre Neckereien nahm Andersen nie übel. Ihre Schwester Louise war erst dreizehn, als er im Jahre 1826 wieder nach Kopenhagen kam. Edvard, der ihm zunächst unsympathisch gewesen war, half ihm vor dem Abitur bei den lateinischen Aufsätzen, eine engere Freundschaft entwickelte sich aber erst ab 1827. In seinem Buch über Andersen und die Familie Collin schreibt Edvard: »Natürlich hatte ich Andersen bei seinem ersten Aufenthalt in Kopenhagen oft gesehen, doch falls ich mir in jenen Tagen ein Bild von ihm gemacht hatte, ist es in meinem Gedächtnis jetzt ganz verschwommen. Ich habe nur eine schwache Erinnerung an einen hochaufgeschossenen Jungen mit einem langen, ältlichen Gesicht, farblosen Augen und Haaren, der eine gelbe Nanking-Hose trug, die ihm nur bis zu den halben Waden reichte. Doch als er später in die Stadt zurückkehrte, hatte ich durchaus eine deutliche Vorstellung von seiner früheren Erscheinung und bemerkte erstaunt die Veränderung zum Besseren, die sich in seiner körperlichen Entwicklung vollzogen hatte.«

Edvard Collin war in fast jeder Hinsicht das genaue Gegenteil Andersens: ein kühler, zurückhaltender Mensch, der seinen festen Platz in der Gesellschaft hatte und tief in seinem Milieu verwurzelt war; ein junger Mann mit der traditionellen Bildung der Oberschicht, der es für selbstverständlich hielt, daß jeder, mit dem er verkehrte, die Klassiker gelesen hatte und ein tadelloses Dänisch sprach und schrieb; ein Jurastudent, aus dem später ein vortrefflicher Verwaltungsbeamter wurde; ein Bürger, der fest an den *status quo* glaubte. Wie alle Mitglieder seiner Familie war er überzeugt, daß die dänische Literatur mit Oehlenschläger und Heiberg ihren Höhepunkt erreicht hatte. Die Collins hielten nicht viel von Grundtvig, betrachteten Kierkegaard als einen Rebellen und wußten die dichterische Leistung Andersens nie richtig zu schätzen.

Kein Wunder, daß die freundschaftliche Beziehung, die sich zwischen Edvard Collin und Andersen entwickelte, mit Konfliktstoff geladen war und daß sie Andersen, obwohl er dringend eines Freundes bedurfte, einige der bittersten Stunden seines Lebens bescherte.

Im Juni 1830 schrieb er an Edvard: »Es gibt niemanden, dem ich mich enger verbunden fühle als Ihnen, und wenn Sie bereit sind, die Umstände der Geburt zu vergessen und mir stets das zu sein, was ich Ihnen bin, dann finden Sie in mir den aufrichtigsten und herzlichsten Freund.« Und als er kurz darauf von Edvard, der meist nüchtern-geschäftsmäßig mit ihm korrespondierte, einen Brief mit der Unterschrift »Ihr aufrichtiger Freund« erhielt, erwiderte er beglückt:

»Es war das erste Mal, daß Sie als mein ›Freund‹ unterschrieben haben, wiewohl Sie sich im wirklichen Leben schon oft als solcher erwiesen, und dieser kleine Umstand war mir deshalb so unendlich teuer, weil ich mich zu Ihnen hingezogen fühle, nicht nur aus Dankbarkeit, sondern aus tiefstem Herzen, und es ist mein innigster Wunsch, Ihnen niemals Grund zu geben, daß unsere Freundschaft, wenn ich diesen Ausdruck gebrauchen darf, sich lockert. Ich werde Ihnen stets aufrichtigstes Vertrauen entgegenbringen und bin kühn genug, zu hoffen, daß Sie mich nicht von sich stoßen werden, nicht einmal, wenn Sie mißmutig sind, und wenn Sie es tun, werde ich mir sagen, daß nicht Ihre Freundschaft zu mir geschwunden ist, sondern daß momentane Umstände daran schuld sind.«

Es gereicht Edvard Collin zur Ehre, daß er unermüdlich bestrebt war, Andersen praktische Hilfe zu leisten: Er kümmerte sich um seine finanziellen Angelegenheiten, unterstützte ihn bei Vertragsverhandlungen mit Verlegern, diskutierte mit ihm über seine Arbeit und korrigierte seine schlimmsten orthographischen Fehler. Aber unglücklicherweise betrachtete er es als eine noch wichtigere Aufgabe, ihn ständig zu »erziehen«, indem er ihn mit allen möglichen unbequemen Tatsachen konfrontierte.

So fühlte er sich zum Beispiel im Juli 1830 verpflichtet, ihm mitzuteilen, »jemand in Kopenhagen« habe geäußert, es sei unverzeihlich egoistisch und selbstgefällig, daß Andersen sich für einen Schriftsteller von größerer Originalität als Oehlenschläger und Ingemann halte. »Sie haben das Recht, von mir als Ihrem Freund zu erwarten, daß ich Sie gegen diese harte Beschuldigung verteidige. Als Ihr Freund muß ich Sie jedoch diesmal darauf hinweisen, daß dieses Urteil teilweise zutrifft. Ginge ich nur nach äußeren Kriterien, dann müßte ich ihm zustimmen; aber Ihre Denkart und, in einem Wort, Ihre Beziehung zu mir werden mich stets daran hindern, dies zu tun.«

Darauf schrieb ihm Andersen bestürzt, er dächte nicht im Traum daran, sich für origineller als Oehlenschläger zu halten oder sich auch nur auf eine Stufe mit ihm zu stellen. Sein eitelster Wunsch sei, sich als den hoffnungsvollsten jungen Dichter dieser Zeit betrachten zu dürfen – »und ich glaube, mit Gottes Hilfe werden es mir die Umstände erlauben, meinen Platz unter den guten Schriftstellern einzunehmen, aber einen Platz weit unter Oehlenschläger und weit entfernt von Ingemann«.

Edvard Collins Mißfallen erregte er besonders auch dadurch, daß er bei jeder Gelegenheit eigene Gedichte rezitierte. In *Das Märchen meines Lebens* berichtet Andersen, daß er auf einer Gesellschaft gebeten worden sei, einige seiner Gedichte vorzutragen. Als er diesem Wunsch nachkommen wollte, sei Edvard Collin aufgestanden und habe mit lauter Stimme gesagt: »Wenn Sie auch nur ein einziges Gedicht rezitieren, gehe ich!« Im Sommer 1830 schrieb er Andersen, er müsse sich gewisse Dinge abgewöhnen, die ihm nur schadeten; sobald sein Name erwähnt werde, sprächen die Leute nur davon, daß er es einfach nicht lassen könne, jedermann seine Gedichte vorzulesen. Dieses Gerede ließe sich nur verhindern, wenn man den Leuten keinen Grund mehr dazu gäbe. »Wenn Sie außer mir einen einzigen echten Freund haben, der nicht zögert, Ihnen seine wahre Meinung zu sagen, dann fragen Sie ihn und Sie werden sehen, daß Sie die gleiche Antwort bekommen.«

Andersen bemühte sich nach Kräften, Edvards Rat zu beherzigen. »Begierig verschlinge ich jeden Brief, den ich erhalte, mag er zuweilen auch wie Arznei schmecken, aber Arznei soll ja dem Kranken helfen, und wenn sie von einem Freund verabreicht wird, nimmt man sie dankbar an. Bitte glauben Sie mir, daß ich mir meiner vielen Fehler und Schwächen bewußt bin, aber es ist mir unmöglich, sie alle auf einmal zu korrigieren. Ich glaube allerdings, daß im letzten Jahr eine Besserung eingetreten ist und ich, wie man so sagt, mehr Schliff bekommen habe.« Gleichzeitig gab er zu, daß er sich noch immer versucht fühle, seine Gedichte vorzulesen. »Glauben Sie mir, ich konnte nur schwer widerstehen und hätte es, offengestanden, sehr gern getan – wieder meine sündhafte Eitelkeit! Aber Ihr Brief bewog mich, die Einladung kategorisch abzulehnen.«

Manche seiner Briefe an Edvard Collin klingen fast wie Liebeserklärungen. »Ich wiederhole, was ich Ihnen bereits gesagt habe«, schrieb er im August 1830, »daß Sie der einzige Mensch sind, den ich als meinen wahren Freund betrachte, und mein Herz hängt aufrichtig an Ihnen. Das könnte ich Ihnen nie persönlich sagen, aber seien Sie versichert, daß ich jedem Ihrer Worte die größte Bedeutung beimesse, also stoßen Sie mich bitte nicht von sich – aber ich werde sentimental. Sie verstehen mich schon.«

Während seiner ersten Auslandsreise im Frühjahr 1831 faßte sich Andersen ein Herz und bot Edvard das »Du« an. Erst als er fern von Kopenhagen in Hamburg weilte, wagte er, die rührende Bitte an ihn zu richten, er möge ihn als seinesgleichen akzeptieren.

»Von allen Menschen sind Sie derjenige, den ich in jeglicher Hinsicht als meinen wahren Freund betrachte, seien Sie es immer, lieber Collin, ich bedarf wirklich eines offenen Herzens, aber, mein Freund, der, den ich als einen solchen lieben kann, muß auch Geist haben, ich muß ihn in dieser Hinsicht achten können, und daran mangelt es im Grunde den wenigen anderen, die ich so recht liebe, nur Sie sind unter den Gleichaltrigen derjenige, dem ich mich so recht verbunden fühlen kann. Ich habe auch eine Bitte an Sie, Sie werden vielleicht lachen, aber möchten Sie mich einmal so recht erfreuen, mir so recht einen Beweis für Ihre Achtung geben – falls ich sie verdiene – dann – ja,

Sie dürfen nicht böse sein! – sagen Sie ›Du‹ zu mir! Mündlich werde ich Sie nie darum bitten können, es muß jetzt geschehen, jetzt, während ich fort bin; haben Sie etwas dagegen, dann sprechen Sie nie mit mir darüber, ich werde es natürlich nie mehr erwähnen! In Ihrem ersten Brief, den ich jetzt erhalte, werde ich sehen, ob Sie mich erfreuen wollten, und ich trinke dann dort auf Ihr Wohl, und das von ganzem Herzen. – Sind Sie böse? – Sie können sich nicht denken, wie mir das Herz klopft, da ich dies schreibe, obgleich Sie nicht hier sind.«

Es ist schwer zu verstehen, daß Edvard Collin es übers Herz brachte, Andersens ausgestreckte Hand nicht zu ergreifen und ihm in seinem Antwortschreiben (28. Mai 1831) höflich und kühl diese Bitte abzuschlagen:

»Ich komme jetzt zu einem Punkt in Ihrem Brief, der – ja, wie soll ich mich Ihnen ganz verständlich machen, lieber Freund? Ich werde Sie nicht überzeugen können, indem ich Gründe anführe, und vielleicht sind Gründe hier fehl am Platz, aber Sie müssen mir aufs Wort glauben, sie müssen fest überzeugt sein, daß in meinem Charakter ein Zug ist, den ich Ihnen jetzt ehrlich enthüllen werde. Andernfalls wäre es Ihnen unmöglich, mich nicht mißzuverstehen, und das wäre mir schrecklich. Worauf ich hinaus will, sind meine Gefühle bezüglich der Frage, Du zueinander zu sagen, und das ist etwas, das ich Ihnen klarmachen möchte. Wie gesagt, Andersen, Sie müssen mir aufs Wort glauben, daß ich ehrlich zu Ihnen bin. Wenn mir in einer fröhlichen Gesellschaft von Studenten etc. jemand das Du anbietet, dann stimme ich zu, teils aus momentaner Unbesonnenheit, teils um den Betreffenden, der dadurch eine freundschaftlichere Beziehung zu mir aufzunehmen meint, nicht zu beleidigen. Ich erinnere mich nur an einen einzigen Fall, da hatte ich bei einer solchen Gelegenheit auf das Drängen eines jungen Mannes auf Du und Du mit ihm getrunken und ihn, nach näherer Überlegung, dann weiterhin mit ›Sie‹ angeredet, was ich, so leid es mir auch tat, diesen Menschen zu beleidigen, später nie bereut habe. Warum tat ich das? Es war jemand, den ich seit langem gekannt und sehr gern hatte! Etwas in mir, das ich nicht erklären kann, bewog mich dazu. Es gibt viele Belanglosigkeiten, gegen welche Menschen, glaube ich, einen angeborenen Widerwillen haben. Ich habe ein Frauenzimmer gekannt, das hatte einen derartigen

Widerwillen gegen graues Papier, daß ihr übel wurde, wenn sie es sah – wie soll man das erklären? Wenn ich einen Menschen, den ich achte und gern habe, seit langem kenne, und er bietet mir das Du an, dann stellt sich dies unbehagliche, unerklärliche Gefühl bei mir ein.«

Wie Collin weiter ausführte, sei ein langjähriger, enger Freund des Dichters Jens Baggesen so unangenehm berührt gewesen, als dieser ihm das Du anbot, daß er beinahe eine Abneigung gegen ihn gefaßt hätte. Damit, so beteuerte Collin, wolle er natürlich nicht sagen, daß es zwischen ihnen beiden auch so weit kommen könnte.

»Meine Duzfreundschaften gehen zumeist auf meine frühe Kindheit zurück, zum Teil auch auf solche fröhlichen Momente, die mir keine Zeit zu reiflicher Überlegung ließen, zum Teil auch darauf, daß ich zu verlegen war, das Angebot abzulehnen. Wie offen ich zu Ihnen bin, beweise ich ja gerade dadurch, daß ich mich, so leicht das auch mißverstanden werden könnte, Ihnen gegenüber so äußere, wie ich es hier getan habe, statt Ihnen meine wahre Natur zu verbergen. Aber nein, Andersen! Sie werden mich nicht mißverstehen! Und warum sollten wir diese Änderung in unserer Beziehung vornehmen? Um anderen ein äußeres Zeichen unserer Beziehung zu geben? Das wäre doch überflüssig und für uns beide ohne Bedeutung. Und ist unsere Beziehung nicht für uns beide angenehm und nützlich, so wie sie ist? Warum sie dann nach anderer Fasson neu beginnen, einer Fasson, die, glaube ich, als solche bedeutungslos ist und gegen die ich, wie gesagt, einen Widerwillen empfinde; ich gebe zu, in dieser Hinsicht ein kurioser Mensch zu sein. Aber so betrübt ich bin, daß diese Angelegenheit überhaupt zur Sprache gekommen ist, so sicher bin ich, daß unsere Beziehung so sein muß, wie Sie es möchten, vorausgesetzt, daß dies nicht mehr als ein zufälliger Einfall ist, denn bei Gott! ich möchte Sie nicht beleidigen. Aber nochmals, Andersen, warum sollten wir eine solche Änderung vornehmen? Sprechen wir nicht mehr davon. Ich hoffe, wir beide werden diesen Meinungsaustausch vergessen. Wenn Sie zurückkehren, werde ich in Jütland sein, wir sehen uns also bis zum Winter nicht wieder. Es kann keine Rede davon sein, daß ich über Ihre Bitte böse bin. Ich verstehe Sie nicht falsch, und Sie mich hoffentlich auch nicht.«

Von Berlin aus, wo er diesen Brief erhielt, sandte Andersen eine fast demütige Antwort an Edvard Collin: »Ja, ich liebe Sie wie einen Bruder, ich danke für jede Zeile! – Nein, ich mißverstehe Sie nicht, ich kann nicht einmal traurig sein, da Sie mir Ihr Herz so ehrlich offenbaren. Ich wollte, ich hätte Ihren Charakter, Ihr ganzes Ich! Oh, ich fühle freilich, wie sehr ich in vieler Hinsicht unter Ihnen stehe! aber bitte seien Sie mir immer, was Sie jetzt sind, mein wahrer, vielleicht ehrlichster Freund, ich brauche ihn wirklich!«

In diesem Brief erzählte er Edvard auch von seiner unglücklichen Liebe. »Sie werden mit mir fühlen und finden, daß das Leben eigentlich etwas zu hart mit mir umgesprungen ist. Diesen Sommer lernte ich ein reiches, schönes, geistvolles Mädchen kennen, sie empfindet das gleiche für mich wie ich für sie. Sie war verlobt, und die Umstände geboten ihr, einen Mann zu ehelichen, der sie allein ihres Vermögens wegen nahm; sie heiratete, kurz bevor ich abreiste, einige Worte sind das einzige, was ich von ihr habe, mit denen bittet sie mich schwesterlich, alles zu vergessen. Das war es, warum ich fort wollte, fort mußte, oh, ich habe geweint wie ein Kind. Es war gewiß unklug von mir, mittellos wie ich bin, mich zu verlieben; zwar hätte sie genug Vermögen für uns beide gehabt, aber dann hätten die Leute gesagt, es sei Berechnung, und das hätte mich tief verletzt.«

In seinen Briefen beteuerte er Edvard Collin immer wieder, wie innig er ihn liebe, aber er machte auch kein Hehl daraus, wie sehr ihm Edvards kühle, gönnerhafte Art mißfiel. Im August 1831 schrieb er ihm: »Ich sehne mich danach, von Herzen und in Freundschaft mit Ihnen zu sprechen, allein ... Aber bitte! schauen Sie nicht so ernst drein, so – wie soll ich es nennen? – so schrecklich vernünftig, wie Sie es zuweilen tun, dann muß ich fortspringen wie ein Federball und gar manches düstere und bittere Gedicht schreiben.«

Fast fünf Monate lang enthielt sich Andersen jeder Äußerung über Edvards Reaktion auf seine Bitte, Duzfreundschaft zu schließen, doch vergessen konnte er diese Demütigung nicht. Im November 1831 schrieb er ihm: »Sie schrieben mir einmal, als ich zu vertraulich wurde, den Menschen gegenüber, die Du zu Ihnen sagen wollten, wandelte Sie ein unerklärlich kaltes Gefühl an. Sie wissen, es war bei mir der Ausruf eines Herzens, ein langgehegter

Wunsch; daß ich ihn aussprach, kann doch nicht bewirkt haben, daß Sie jetzt etwas in sich fühlen, wodurch Sie mir nicht so begegnen könnten, wie ich es möchte? Sagen Sie es mir nur!«

Und im Juli 1832 schrieb er: ». . . wir werden und müssen immer befreundet bleiben, wenn wir auch in Worten nicht Du sagen, so tun wir es doch im Herzen; und Sie werden schon noch eines Tages Freude an mir haben . . . Oh, wären Sie doch von Bluts wegen mein Bruder, wie Sie es mir im Herzen und Denken sind, vielleicht hätten Sie dann mehr Gelegenheit, meine Liebe zu Ihnen zu erkennen!« Im selben Brief bat er Edvard, ihm gegenüber nicht zu moralisieren: »In Ihren Briefen ist hier und da etwas – etwas Solides gewesen, etwas von Zukunft etc., etc., das mich so sehr verstimmt hat, und ich kann es weiß Gott nicht ertragen – jetzt nicht ertragen. Seien Sie mein lieber guter Edvard, wie Sie es mir in einzelnen Augenblicken sind! Gerade weil ich Sie so herzlich gern habe, eben deshalb wäge ich jedes Ihrer Worte.«

Darauf erwiderte Edvard: »Sie sagen, ich soll Ihnen gegenüber nicht moralisieren. So leicht man diese Bitte mißverstehen könnte, seien Sie versichert, daß ich Sie nicht mißverstanden habe, als ich Ihren Brief las, denn ich kenne Sie sehr gut, vielleicht sogar besser als mich selbst, und aus Ihren anschließenden Worten, daß ich Ihr lieber guter Edvard bleiben soll, wußte ich sofort, daß ich Sie nicht mißverstanden hatte. Das bin ich, lieber, guter Freund, und das werde ich bleiben, trotz mancher momentaner Mißverständnisse, und ich bin gleichermaßen sicher, daß ich in Ihnen den aufrichtigsten und treusten Freund habe und immer haben werde, auch wenn wir uns nicht mit ›Du‹ anreden.«

So herzliche Worte von Edvard zu hören, war Andersen nicht gewöhnt. »Ihr Brief hat mich sehr glücklich gemacht, mehr, als ich es schon tue, kann ich Sie nicht lieben, und doch wünsche ich es mir so sehr, da ich sehe und fühle und weiß, daß Sie mich auch lieben! Oh! mein lieber Edvard, mein Herz soll Ihnen immer offen sein, denn so, nur so kann echte Freundschaft bestehen.«

Als Andersen sich im Sommer 1832 auf Fünen aufhielt, schrieb ihm Edvard: »Wir hier zu Hause sehnen uns mindestens ebenso sehr nach Ihnen wie Sie sich nach uns.« Worauf Andersen beglückt erwiderte: »Das Wort ›sehnen‹ warf den Sonnenschein eines ganzen Sommers in mein Herz.« Doch im selben Brief stehen auch die bitteren Worte: »Mögen die Leute noch so gut zu mir sein, ich bin und bleibe stets ›ein Fremder‹.« Und er fügte hinzu: »Ihr Heim betrachte ich als das meine, das darf ich doch?«

Da es ihm nicht möglich gewesen war, mit dem Freund über seine unglückliche Liebe zu Riborg Voigt zu sprechen, vertraute er sich Edvards Schwester Louise an, die ihm geduldig zuhörte und ihn zu trösten versuchte. Und als die Wunde allmählich heilte, stellte er fest, daß er sich in die Achtzehnjährige verliebt hatte. Inwieweit er sich dabei (unbewußt) von dem Wunsch leiten ließ, von den Collins als Familienmitglied »akzeptiert« zu werden, läßt sich schwer sagen. Aller Wahrscheinlichkeit nach hat er Louise nie einen Heiratsantrag gemacht und wurde von ihr auch nicht dazu ermutigt. Sobald sie und ihre Angehörigen merkten, wie es um seine Gefühle stand, ließen sie ihn wissen, daß jede Zeile, die er an Louise schrieb, von nun an auch deren ältere Schwester Ingeborg lesen würde. Die meisten seiner Briefe an Louise Collin und sämtliche Briefe, die sie an ihn richtete, wurden später vernichtet. Aus dem Jahr 1832, in dem sie eine wesentliche Rolle in Andersens Leben spielte, sind jedoch einige Briefe erhalten.

Einem der frühesten lag ein Gedicht Andersens bei, das den Titel *Die braunen und die blauen Augen* trägt (womit die braunäugige Riborg und die blauäugige Louise gemeint sind) und mit folgenden Zeilen endet:

> *Det Brune vinker ned, det gjør mig svimmel,*
> *Det Blaae mig aabner Kjærlighedens Himmel.*
> (Das Braune winkt mich hinab, es macht mich schwindlig,
> Das Blaue öffnet mir den Himmel der Liebe.)

In einem Brief, den er Louise im September 1832 schrieb, sprach er davon, wie schwer es sei, »fremd und allein auf der Welt« zu sein. Sie solle sich doch einmal vorstellen, wie es wäre, wenn sie ohne Eltern und Geschwister leben müßte. »Danke für all Ihre Güte, für die schwesterliche Freundschaft, die Sie mir jüngst erwiesen. Bei Gott! ich weiß das zu schätzen, ich denke mehr an Sie, als Sie glauben – oder glauben können, aber einer jungen Dame wagt man solche Dinge kaum zu sagen.«

Als er das Manuskript seiner ersten autobiographischen Skizze *(Levnedsbog)* so gut wie abgeschlossen hatte, gab er es Louise zu lesen, damit sie ihn und sein bisheriges Leben besser verstehen könnte. Am 27. Oktober 1832 schrieb er ihr:

»Sie sagten mir, daß es Ihnen Freude macht, meine Briefe zu lesen – und das, nachdem Sie den letzten gelesen hatten, den ich schrieb, und in dem ich mein Herz so stark sprechen ließ, daß ich Angst bekam; ich schrieb, glaube ich, etwas sehr Merkwürdiges. – Sie haben nun die Geschichte meiner Kindheit gelesen, voller Vertrauen habe ich Ihnen alles gezeigt, und doch erscheinen Sie mir fremder als zuvor. Ich dachte an Sie, während ich es schrieb, oh! Bisher haben Sie mir kein freundliches Wort darüber gesagt. Das hat mich sehr traurig gemacht; so manche Nacht, wenn Sie ruhig schlafen, bin ich sehr traurig, sehr unglücklich. – Das nennt man hysterisch, ich weiß! – Warum haben Sie überhaupt nicht mit mir gesprochen, seit ich Ihnen meine ganze Jugend zeigte, mir kein einziges Wort darüber gesagt? Ist in mir etwas, das mich so abstoßend macht, so unwürdig Ihrer – Freundschaft? – SIE und Edvard sind die beiden Menschen in Ihrem lieben Heim, in die ich das meiste Vertrauen setze, Sie haben doch nichts dagegen, daß ich das sage? Es ist doch nichts Unrechtes. O Gott! ich habe solche Angst bekommen, meine Gefühle auszudrücken, immer fürchte ich, daß es mich in Schwierigkeiten bringt, mich unglücklich macht. – Mir kommt es vor, als hätte ich seit einer Ewigkeit nicht mit Ihnen gesprochen! Sie sind immer von so vielen anderen umgeben, daß ich nicht ernsthaft mit Ihnen reden kann. Ich bin schrecklich zaghaft, ich würde gern wie ein Bruder mit Ihnen sprechen, Trost und Mut finden . . .

O Gott! mein liebes Fräulein Collin, ich fühle mich sehr unglücklich – ja, ich muß fortgehen, weit fort! Könnte es doch im nächsten Frühling sein! . . . Sie haben mir Interesse entgegengebracht, seien Sie mir also eine Schwester, ich vertraue Ihnen, bitte machen Sie mir Mut! Wenn Sie *können*, so lassen Sie mich spüren, daß ich Sie nicht falsch eingeschätzt habe.«

Und am 1. November schrieb er ihr:

»Da ich jetzt mit Ihrem geistigen Ich allein bin, möchte ich plaudern, das haben Sie mir erlaubt – und schließlich ist ja Ihre Schwester unser Zensor in diesem geheimen Gespräch. Wie peinlich mir selbst diese Zensur ist! . . .

Sie müssen mir gut sein, liebes Fräulein Collin! Ich habe großes Zutrauen zu Ihnen, ich vertraue Ihnen, wie ich Edvard vertraue

– Sie haben doch nichts dagegen, daß ich das sage? Schließlich kennen wir uns seit vielen Jahren! – Sie glauben es vielleicht nicht, aber es ist wahr: Mir kommt es jedes Mal wie Ewigkeiten vor, bis ich Sie wiedersehe, und wenn ich dann komme, finde ich es seltsam, daß ich tags zuvor dort war. – Das kommt daher, daß ich sehr einsam bin, kein Zuhause habe und es bei der Familie suche, die mir am teuersten ist.«

Schließlich sei noch ein undatierter Brief an Louise Collin zitiert:

»Andersen ist immer derjenige, der unrecht hat; darunter leidet er in seiner Einsamkeit auch am meisten, das soll seine Strafe sein! In einer anderen Welt, in der alles verständlicher für uns sein wird, kriecht er sicherlich öfter zu Kreuze, obwohl er dort seine Freunde vielleicht nicht so nötig hat wie hier. Bitte akzeptieren Sie dies als Entschuldigung dafür, daß er Sie zuweilen als eine Schwester betrachtet und vergessen hat, daß er selbst nichts weiter ist als

H. C. Andersen«

Am Neujahrstag 1833 verlobte sich Louise Collin mit W. Lind, den sie 1840 heiratete. Andersen fand sich offenbar ziemlich rasch mit dieser Enttäuschung ab. Es steht zu bezweifeln, ob er eine Heirat mit Louise jemals ernsthaft in Betracht gezogen hatte.

Mit Edvard Collin verband ihn auch weiterhin eine stürmisch bewegte Freundschaft. Nachdem Oehlenschläger ihm mangelnde Dankbarkeit gegenüber Jonas Collin vorgeworfen hatte, schrieb Andersen bestürzt an Edvard:

»Ich fühle mich so sklavisch unterdrückt, daß ich selbst mit Ihnen nicht so richtig sprechen kann – Ihnen nicht von Angesicht zu Angesicht meinen Kummer äußern kann; ich liebe Sie wie einen Bruder, o Gott, Edvard, und dennoch stehen Sie für mich nun viel zu hoch, als daß ich mich an Ihnen festhalten könnte, es ist etwas zwischen uns getreten, das mich unsagbar traurig macht, ich fühle nur zu gut Oehlenschlägers Worte über meine untergeordnete Stellung, ich sehe jetzt deutlich ein, wie richtig es war, daß Sie im vorigen Jahr meinen kindischen Auslassungen nicht nachgaben, wir sollten Du zueinander sagen, wie Freunde es zu tun pflegen; ich habe oft deswegen geweint, mehr getrauert, als Sie meinen, aber jetzt sehe ich wohl ein, es gehörte sich nicht.«

In einer ganz anderen Gemütsverfassung schrieb er 1833 folgende undatierte Zeilen an Edvard: »Ich verspüre den Wunsch, zu jemandem grob zu sein, ich muß mir Luft machen! Würden Sie mir den echten Freundschaftsdienst erweisen, mich heute abend ein bißchen zu beleidigen, damit ich Grund habe, meine Wut auszulassen? Seien Sie doch so nett! Ich verlange ja nichts besonders Schwieriges, oder?«

Anfang März 1833, kurz nachdem Edvard Collin die Nachfolge seines Vaters als Geschäftsführer des Königlichen Fonds *ad usus publicos* angetreten hatte, schrieb ihm Andersen:

»Lieber Collin! Sie haben mir schon oft Ihre ehrliche Meinung gesagt, und auch wenn mich das – ich will nicht sagen gekränkt, aber doch bekümmert hat, war ich Ihnen stets aufrichtig ergeben. Gestatten Sie mir einmal, in gleicher Weise mit Ihnen zu sprechen. – Ich bin, wie Sie wissen, übermäßig erregt, das kommt daher, daß ich so töricht war, zu glauben, es könnte in dieser Welt eine innige Freundschaft geben. Es war etwas in Ihnen, das mich schon frühzeitig anzog, vieles, das ich achtete und sehr ansprechend fand; Sie zeigten Interesse an mir, ich wollte, daß es zunähme, wollte in Ihnen einen Freund gewinnen, von der Art, wie es nur wenige gibt, und ich habe alles dafür getan, habe nach Ihren Wünschen gehandelt, selbst wenn wir gegensätzlicher Meinung waren. Nun sehe ich ein, daß ich für Sie nicht das bin, was Sie brauchen und was Sie zu Recht verlangen können; Tag für Tag entfernen Sie sich mehr von mir – gerade jetzt, da so vieles in mein Leben eingreift und meine Seele beunruhigt, jetzt, da ich wirklich eines Freundes bedarf, sprechen Sie kaum mit mir. Ich spüre, daß in dieser ständigen Bitte um Mitleid etwas von Bettelei, etwas Erniedrigendes ist, aber aus Liebe zu Ihnen begebe ich mich meines Stolzes. Ich habe Sie so unsagbar gern, und es bringt mich zur Verzweiflung, daß Sie mir nicht der Freund sein können und wollen, der ich, im umgekehrten Falle, Ihnen wäre. Kann es sein, daß Ihr neues Amt sich so sehr auf Ihr Leben auswirkt, daß es Sie gegen die aufrichtigste Zuneigung gleichgültig macht? – Was habe ich denn getan? Was mißfällt Ihnen an meinem Charakter? Sagen Sie es mir nur! Ist es das gleiche unerklärliche Gefühl, welches Sie mir früher einmal in einem Antwortbrief auf eine unglückselige Bitte erklärten, das Sie von mir fernhält? Sagen Sie es mir nur, ich muß mich ans Verlieren gewöhnen!

Alles, was meinem Herzen nahe kommt, wird mir sogleich zerstört. Sie können mich nicht wegschicken oder in einen neuen Freundeskreis stellen, aber als Freund hätten Sie mich mehr als jeder andere trösten können, und ich bin sicher, Sie hätten es getan, wenn Ihre Gefühle für mich mehr als bloßes Interesse wären. Glauben Sie nicht, daß ich ganz und gar ungerecht gegen Sie bin, daß meine kränkliche Natur die Fäden spinnt, an denen ich meine verrückten Ideen aufhänge! Nein, Edvard, in letzter Zeit sind Sie mir etwas weniger gut gewesen. Ja, ich zweifle bereits so sehr an Ihnen, daß ich glaube, den letzten Rest Ihres Wohlwollens durch diese Ergüsse zerstört zu haben. Aber eines Tages werden Sie mich so recht kennen und ganz verstehen, wieviel ich Ihnen war, auch wenn Ihr armer Freund es nie beweisen konnte. Ich wünsche Ihnen alles Gute! In Ihrer künftigen Stellung werden Sie viele Freunde haben, aber keinen, der Sie liebt wie ich. Ihr Andersen.«

Sein verzweifeltes Verlangen nach einem vertrauten Freund, nach einer Blutsbrüderschaft, wie sie später auch D. H. Lawrence vorschwebte, ist ein Zeichen dafür, wie unsicher und gesellschaftlich minderwertig er sich fühlte.

Oft genügten ein paar freundliche Worte, um seine Stimmung umschlagen zu lassen. Als er am 22. April 1833 seine Auslandsreise antrat, schrieb er in sein Tagebuch: »Beim Abschied sah ich Tränen in Louises Augen, auch Ingeborg war traurig. Sie haben mich also doch gern! Diese lieben, lieben Menschen!« Am selben Tag hatte ihm Edvard Collin einen Abschiedsbrief geschrieben, den ihm am nächsten Morgen der Kapitän des Schiffes aushändigte: »Glauben Sie mir, ich bin wirklich betrübt über Ihre Abreise. Ich werde Sie schrecklich vermissen, es wird mir fehlen, Sie nicht mehr wie üblich in mein Zimmer heraufkommen und mit mir sprechen zu sehen; ich werde Sie dienstags auf Ihrem Platz am Eßtisch vermissen. und doch weiß ich, daß Sie uns noch mehr vermissen werden, weil Sie allein sind.«

Andersen, den dieser Brief zu Tränen rührte, antwortete Edvard:

»Bitte verzeihen Sie mir alles, was ich jemals gegen Ihre Wünsche getan habe, verzeihen Sie mir jede Bitterkeit, die ich empfand, denn ich war ungerecht gegen Sie. Daß Sie sich weigerten, mich ›Du‹ zu nennen, hat mich so tief getroffen, daß ich daran zu zweifeln begann, ob Sie mehr für mich übrig hätten als bloßes Interesse. Ich dachte, Sie sähen voraus, daß es in der Stellung, die Sie einmal bekleiden würden, unangenehm für Sie wäre, wenn wir uns duzten, und zwei Jahre lang war mein Herz bekümmert, ich will es nicht verhehlen; aber jetzt denke ich ganz anders darüber und gebe zu, daß es schlecht von mir war, bitte seien Sie mir deshalb nicht böse! Jetzt verstehe ich Sie besser, lieber, lieber Freund!«

Zwar hatte Andersen nun eine lange Reise angetreten, die ein Wendepunkt seines Lebens werden sollte. Doch den Konflikten, die seiner Freundschaft mit Edvard Collin innewohnten, konnte er auch im Ausland nicht entgehen.

5
Reisen – Verzweiflung – Erfolg

1833-1835

Nachdem Andersen über Lübeck nach Hamburg gereist war, hielt er sich zwölf Tage in Deutschland auf. Er besuchte den Komponisten Ludwig Spohr und das Frankfurter Judengetto. Er ging, wie er in seinem Tagebuch vermerkte, »durch die bekannte Judengasse, sie wirkte düster, aber nicht schmutzig, überall guckten jüdische Gesichter heraus, und in den Vorderzimmern saßen alte Weiber; es wurde gehandelt. In dieser Gasse lebt die Mutter der reichen Rothschilds, sie hat sich nicht bewegen lassen, aus diesem Viertel wegzuziehen, da sie in ihrem frommen Aberglauben fürchtet, das Glück würde dann ihre Söhne verlassen. Einer von ihnen wohnt nicht weit entfernt in einem großen, grünen Eckhaus. Am Eingang waren livrierte Lakaien und im Erdgeschoß große Kontore.« Auf das Thema Rothschild kam Andersen später in *Bilderbuch ohne Bilder* zurück.

Am 10. Mai 1833 traf er in Paris ein. »Paris –! Es gefiel mir nicht«, schrieb er an Henriette Wulff. »Es machte fast einen häßlichen Eindruck auf mich. Man sah es vor lauter Staub nicht, bis man da war. Die Häuser durcheinandergewürfelt, die Straßen eng, wir wurden sofort von acht bis zehn Polizisten visitiert, die in unserer Kutsche vergeblich nach jemandem suchten.« Doch schon einige Zeilen weiter unten schreibt er begeistert: »Als ich mir tags darauf den Schlaf aus den Augen rieb und in die Stadt ging – Pardonnez, sancta Paris! Was für eine Stadt! Eine wunderbare, stolze Stadt! Eine Welt für sich! Sie gefällt mir, sie gefällt mir sehr!«

Er blieb etwas über drei Monate in Paris, traf einige dänische Landsleute und besichtigte Kirchen, Museen und Gemäldegalerien. Ein Höhepunkt war für ihn der Besuch in Versailles. »War im großen und kleinen Trianon«, vermerkte er in seinem Tagebuch, »besichtigte das Schlafzimmer Napoleons, alles war so, wie er es verlassen hat. Gelbe Bezüge und gelbe Tapisserien, einige Stiche, eine kleine Leiter führte zu seinem Bett hinauf, ich legte meine Hand auf die Stufen und auf sein Kopfkissen. Sah mich in dem Spiegel, der oft sein Gesicht widergespiegelt hat. Wie unbedeutend ich aussah! Wären die anderen nicht dagewesen, ich wäre niedergekniet.« Er verehrte noch immer das Idol seines Vaters und war tief bewegt, als er der Enthüllung der Napoleonstatue auf der Vendôme-Säule beiwohnte.

Von den weiteren Feierlichkeiten anläßlich des dritten Jahrestages der Julirevolution berichtete er in einem Brief:

»Am ersten Tage (Sonnabend, den 27. Juli) wurde vom Hôtel des Invalides Ehrensalut geschossen; diese Schüsse wurden den ganzen Tag lang jede Viertelstunde wiederholt. An den verschiedenen Stellen der Stadt, wo die Gefallenen aus den Julitagen beerdigt waren, hatte man Trauermonumente errichtet, und es wurden Choräle gespielt. Jeder, der vorbeiging, warf seinen Immortellenstrauß auf die Gräber; mehrere Bürger gingen hinein und hängten Kränze über die Säule; ich war am Grabe eines Knaben, der die poetische Geschichte hatte, daß er in den Tuilerien durch einen Bajonettstich getötet wurde; blutend schleppte er sich in den Thronsaal, wo er auf dem Throne zusammenbrach; man hüllte ihn in die samtenen Vorhänge, und so starb das arme Kind auf Frankreichs Thron.«

Auch diese Geschichte verwandte Andersen später in *Bilderbuch ohne Bilder*.

So oft er es sich leisten konnte, ging er ins Theater. Im Opernhaus sah er Aubers *Gustave III, ou le bal masqué*, eine auf der Ermordung des Schwedenkönigs Gustav III. im Jahre 1792 basierende Oper. Begeistert über die realistische Inszenierung schrieb er seinem Freund Ludvig Müller: »Jetzt erst weiß ich, was Dekorationen sind. Großer Gott, das müßtest Du sehen! Im dritten Akt sah man die Umgebung von Stockholm im Mondschein; der Mond spiegelte sich im Wasser. Leichte Wolken zogen durch die Luft, und man sah wirklich in Gottes blauen Himmel hinauf; auf dem ganzen Fußboden lag Schnee; es war keine Dekoration, nein, Wirklichkeit, die große, schöne Wirklichkeit!«

Über einige Aspekte des Pariser Lebens war er schockiert.

»Die sinnlichsten Bilder, oft äußerst pikante, hängen direkt auf der Straße. Was mich am meisten abstößt, ist, daß selbst heilige Gegenstände gemein gemacht werden. Ich bin gar nicht engherzig und kann es gut vertragen, ein leichtfertiges Bild zu sehen;

aber selbst im Sinnlichen muß doch eine Art *Decorum* gewahrt bleiben.«

Und an Christian Voigt schrieb er:

»Ich sage Dir, Paris ist die liederlichste Stadt unter der Sonne, ich glaube nicht, daß es hier auch nur ein unschuldiges Geschöpf gibt, hier geht es unglaublich zu; auf offener Straße hat man mir am Tage in den anständigsten Straßen ›ein hübsches Mädchen von sechzehn Jahren‹ angeboten; eine junge Dame mit dem unschuldigsten Gesicht, dem artigsten Benehmen, hielt gestern mich und S. an [gemeint ist der dänische Schauspieler Schwartsen] und forderte uns mit dem anmutigsten Gehabe auf, sie zu besuchen, sie sei ganz gesund usw. Überall sind unanständige Bilder, überall stellt man die Laszivität als etwas Naturgegebenes hin usw., so daß das Schamgefühl fast ganz abgestumpft wird. Trotzdem kann ich ganz ehrlich sagen, daß ich noch unschuldig bin, obzwar das für jeden, der Paris kennt, kaum zu glauben ist.«

Einige in Paris lebende dänische Schauspieler sagten ihm, er habe sich verändert. »Die Schauspieler finden mich etwas blasser, aber mehr Gentleman.«

Über einen Monat lang erhielt er keine Post aus Dänemark, und als dann endlich ein Brief (ohne Absenderangabe) eintraf, enthielt er ein anonymes Schmähgedicht. Es war eine der vielen Sticheleien, die Andersen nie vergessen konnte und über die er in *Märchen meines Lebens* so ausführlich berichtet hat. Zu seinem größten Kummer hörte er kein Wort von Edvard Collin, dem er aus Hamburg geschrieben hatte: »Sie müssen mich immer so lieben wie jetzt, sonst werde ich mich sehr unglücklich fühlen.« Und in Mainz hatte er in sein Tagebuch geschrieben: »O Edvard! Wären Sie doch hier!«

Am 11. Juni schrieb er ihm aus Paris:

»Ihr Schweigen hat ein seltsames Gefühl in mir geweckt, das ich vorher nicht kannte; es ist eine Art Zorn, der im Begriffe steht, in Liebe und Trauer umzuschlagen. O Gott! Edvard, ich fühle mich so einsam, Sie haben Ihre Jette [Edvards Verlobte Henriette Thyberg], Ihre Schwestern und all die Lieben zu Hause. Ich habe hier niemand, absolut niemand, und seit einem ganzen Monat lassen Sie mich meine Einsamkeit spüren.«

Vermutlich als Antwort auf einen Brief schrieb Jonas Collin Anfang Juli an Andersen: »Seien Sie überzeugt, lieber A., daß Sie in ihm [Edvard] einen treuen Freund haben, dessen Herz warm für Sie schlägt, auch wenn er kalt erscheint, und der es, wann immer Gelegenheit dazu ist, durch die Tat beweisen wird. Und habe ich keinen Grund, böse zu sein, wenn Sie meinen, wir hätten Sie vergessen? Nein, Andersen, dazu waren Sie uns allen zu teuer; wir sprechen oft von Ihnen und vermissen Sie oft in unserem kleinen Kreise.«

Im Juli entschuldigte sich Edvard für sein Schweigen: »Sie haben ganz recht, lieber Freund, sich zu beklagen, daß Sie bisher keinen Brief von mir erhielten, und mir tut das sehr leid. Ganz unerwartet trat ich eine Reise an, die mich daran hinderte, zu schreiben.« Er gab zu, wegen Andersens enger Freundschaft mit Ludvig Müller eine Weile eifersüchtig gewesen zu sein. Mit Erleichterung habe er vernommen, daß er Andersen näher stände als Müller. »Offen gesagt, ich wußte es, ich war überzeugt davon; diese Freundschaft ist, wie Sie selbst sagen, zu sehr dem Augenblick entsprungen. Sie waren bereits ein reifer Mensch, als Sie ihn kennenlernten, während ich Sie noch als die poetische Karikatur kannte, die wir den ›Clamator‹ nannten, der kam, um uns aus seiner *Waldkapelle* etc. vorzulesen. Ich kannte Sie als den Schuljungen, der auf eine harte Probe gestellt wurde, ich kannte Sie als jungen Studenten, ich habe Sie auf Ihrem Bildungsweg begleitet und schließlich in Ihnen das echte poetische Talent erkannt, das unverdorbene, natürliche Herz, ich habe gelernt, das erstere zu achten und das letztere zu lieben. Während Ihrer schriftstellerischen Laufbahn habe ich Ihre Freuden und Leiden getreulich geteilt, auch wenn ich Ihnen oft in einem nicht sehr klaren Licht erschien, weil ich mit meiner geringeren Begeisterungsfähigkeit Ihre Ansichten über anderer Leute Gebaren Ihnen gegenüber nicht immer teilen konnte. – Hier ist meine Hand, Andersen, wir sind alte Freunde.«

Darauf schrieb ihm Andersen besänftigt: »Danke für Ihren versöhnlichen Händedruck; ich habe festgestellt, daß wir oft streiten, aber das ist ganz natürlich, weil unsere Herzen sich so nahe sind.« Und im nächsten Brief: »Sie haben keine Ahnung, wie sehr ich mich nach Ihnen sehne. Ja, Edvard, Sie sind mir unendlich teuer! Ihre Jette kann Sie, auf ihre Art, nicht lieber haben als ich. Ich denke immer an Sie und weiß, Sie sind mir treu und werden es bleiben.«

An Jonas Collin schrieb Andersen aus Paris: »Mein lieber, lieber Vater – Darf ich Sie so nennen? Ich weiß kein anderes Wort, das besser ausdrückt, was Sie mir wirklich sind.«

Auch in Paris gelang es ihm, interessante Leute kennenzulernen. Kurz nach seiner Ankunft besuchte er den italienischen Komponisten Luigi Cherubini, und am 26. Juni berichtete er Christian Voigt von einer Begegnung, zu der es tags zuvor gekommen war: »Ich bin ins ›Europe littéraire‹ eingeführt worden, eine Art Athenäum für die Schöngeister von Paris. Ich hatte beschlossen, Heine *nicht* aufzusuchen, aber das Schicksal wollte es, daß er der erste war, den ich hier traf; er kam mir sehr freundlich entgegen, sprach sehr wohlwollend von unserer Literatur und sagte laut vor allen, daß Oehlenschläger sicher Europas größter Dichter sei ... Heine hat mich besucht, oder richtiger, den Pförtner; ich habe seine Karte nicht; aber ich will mich nicht mit ihm abgeben, ich glaube, daß man sich vor ihm ganz besonders in acht nehmen muß.« An Frau Lässöe, eine mütterliche Freundin in Kopenhagen, schrieb er: »Als Persönlichkeit mag ich Heine nicht; ich habe keinerlei Vertrauen zu ihm; ich glaube, er taugt nichts!« Bei der Empfängerin dieser Zeilen handelte es sich allerdings um eine sehr prüde Dame, der Heines »Sittenlosigkeit« ein Dorn im Auge war.

Als Andersen drei Wochen später auf einem Boulevard spazierenging, klopfte ihn jemand auf die Schulter und nahm seinen Arm. Es war Heinrich Heine, der anschließend ein langes Gespräch mit ihm führte: Für ein geplantes Buch wollte er Näheres über Baggesen und Oehlenschläger erfahren. Vor seiner Abreise aus Paris machte Andersen einen zweistündigen Abschiedsbesuch bei Heine, der ihm auf deutsch einige freundliche Worte in das Album schrieb, in dem Andersen Autographen berühmter Persönlichkeiten sammelte.

Er hatte gehofft, in Paris auch Victor Hugo kennenzulernen, dessen Werke er sehr bewunderte und über den er oft mit Henriette Wulff diskutiert hatte, in deren Wohnung ein Porträt Hugos hing. Als seine Abreise immer näher rückte, entschloß er sich, ihm seine Aufwartung zu machen, obwohl er keinen Einführungsbrief hatte. Über diesen Besuch berichtete er Henriette Wulff:

»Man sagte, er sei nicht zu Hause, ich aber sagte: ›Ich will morgen abreisen!‹, und da wurde ich empfangen. Er sieht aus wie auf dem Bild, das Sie haben, nur ist er magerer und erscheint jünger. Im Vorzimmer hing Notre Dame, und auf dem Boden kroch ein kleiner Zigeunerbengel, der wahrscheinlich dem guten Victor gehört. Wir saßen zusammen und sprachen über dänische Literatur, aber nicht einmal Oehlenschläger kannte er. Ich glaube, ich könnte seine Persönlichkeit sehr lieben; er hatte etwas, was mir sehr gefiel! Während des Gesprächs habe ich tatsächlich oft an Sie gedacht und gewünscht, Sie könnten da bei Ihrem Liebling sitzen . . . Victor war in Schlafrock und Pantoffeln; ich hätte ihn gern gebeten, mir einen Vers in mein Album zu schreiben; aber ich war ihm ja ganz fremd; bescheiden bat ich ihn daher nur um seinen Namen (nur damit Sie ihn sehen können), und er hat ihn dann zwischen die anderen Berühmtheiten hingekritzelt. Er sagte, er verstände mich gut; aber er ist wohl auch ein sehr kluger Kopf.«

Am 15. August reiste Andersen weiter nach Genf und Lausanne, von wo aus er einen Ausflug nach Vevey machte, um Schloß Chillon zu besichtigen, das ihm aus Byrons Gedicht *Der Gefangene von Chillon* ein Begriff war. Bei einer Bergwanderung sang er als guter Patriot die dänische Nationalhymne. Ein Schweizer Uhrmacher (durch Heirat mit der Familie eines Kopenhagener Uhrmachers verwandt) hatte ihn in das Dorf Le Locle im Kanton Neuchâtel eingeladen. Hier verlebte Andersen einige glückliche Tage, genoß die herrliche Juralandschaft und übte sich im Französischen. »Hier gibt es auch hübsche Mädchen«, schrieb er an Ludvig Müller, »die mir freundlich zunicken, wenn ich spazierengehe; wüßten sie, daß ich ein Dichter bin, gäben sie mir sicherlich einen Kuß.«

In Le Locle vollendete er sein dramatisches Gedicht *Agnete und der Meermann*. Er hatte sich schon über ein Jahr damit beschäftigt, in Paris mit der Niederschrift begonnen und den ersten Teil an Edvard Collin gesandt. Zu diesem Werk hatte ihn eine alte dänische Ballade angeregt: Auf das Mädchen Agnete übt das Meer eine seltsame Anziehungskraft aus. Als ein Nöck sie bittet, seine Frau zu werden, willigt Agnete ein, mit ihm auf dem Grund des Meeres zu leben. Nach achtjähriger Ehe, in der sie ihm sieben Söhne geschenkt hat, vernimmt sie eines Tages den Klang von Kirchenglocken. Von Sehnsucht überwältigt, bittet sie den

Nöck, ihre Heimat wiedersehen und dort zur Kirche gehen zu dürfen. Er stellt ihr Bedingungen, auf die sie eingeht, doch als sie wieder in der Menschenwelt ist, bricht sie ihr Versprechen und erzählt ihrer Mutter von ihrer heimlichen Ehe. Als der tief bekümmerte Nöck erscheint, weigert sie sich, zu ihm und ihren Kindern zurückzukehren.

Andersens Briefe aus der Schweiz zeigen, mit welcher Begeisterung er an dieser Dichtung arbeitete; er war fest davon überzeugt, daß sie ihm zum Durchbruch verhelfen würde. »Sie [Agnete] ist meine dem Meer entstiegene nordische Aphrodite«, schrieb er an Edvard Collin, und am 30. August machte er folgende Tagebucheintragung: »Ich bin sehr müde, aber *Agnete* ist fertig. Gütiger Gott, gib, daß meine *Agnete* ein Werk sein wird, das mir Freude und Ehre macht! Nimm dich unser beider an, lieber Gott!« Ein paar Tage später schrieb er: »In Dänemark hat man über mich gesagt, ich sei ›ein junger Dichter, der einmal vielversprechend *gewesen ist*‹, und das, nachdem ich Fortschritte gemacht hatte. Diese Worte hängen wie Gifttropfen in meinem Herzen; hoffentlich wirft *Agnetes* Erfolg etwas Sonnenschein hinein, der diese Tropfen verschwinden läßt.«

Unglücklicherweise gefiel Edvard Collin der erste Teil von *Agnete* nicht. In einem ausführlichen, nicht eben diplomatisch formulierten Brief erklärte er Andersen, das Gedicht enthalte zahlreiche triviale Elemente und abgedroschene Phrasen, wirke imitiert und lasse vor allem jede Objektivität vermissen. »Hatte einen langen Brief von Edvard«, vermerkte Andersen in seinem Tagebuch, »es war eine Art Widerspruch gegen *Agnete*. Ich gebe ihm nicht länger nach, ich lasse mich von jemandem, der jünger ist als ich, nicht wie ein Kind behandeln, auch wenn er ein Freund ist. Ein Ton, wie Edvard ihn anschlägt, verlangt Widerspruch, und dennoch liebe ich ihn aufrichtig.«

Nach Kräften bemüht, sich zu beherrschen, antwortete Andersen ihm: »Lob, grenzenloses Lob hat, wie ich so oft gesagt habe, die wohltätigste Wirkung auf mich. Sie können es mir nicht zollen, nun gut, ich werde weder den Kopf hängen lassen noch in Tränen ausbrechen, sondern alles im Herzen bewahren, wenn ich den Weg weitergehe, den ich einschlagen muß und einschlagen werde. . . Mit dem ganzen Vertrauen eines Kindes bot ich Ihnen mein brüderliches Du an, und Sie schlugen es aus! Da weinte ich und schwieg, immer ist es seither wie eine offene Wunde gewesen.« Aber an Edvards guten Absichten zweifelte er trotzdem nicht. »Ich weiß, Sie geben mir Wermut, um meinen verdorbenen Magen zu kurieren.« Ein späterer Brief enthielt jedoch eine Warnung: »Auch das Kind, das man aus zu viel Liebe züchtigt, wird störrisch.«

Als diese Briefe geschrieben wurden, hielt sich Andersen bereits in Italien auf. Seine Eindrücke von diesem Land waren zunächst eher zwiespältig. Aus Mailand schrieb er an Henriette Wulff: »Frankreich und Deutschland kommen da nicht mit! Nein, hinter den Alpen liegt der Garten Eden mit Marmorgöttern, Musik und Gottes klarem Himmel.« Ein paar Tage später berichtete er aus Genua: »Heute vor fünf Tagen verließen wir Mailand, fuhren in zweieinhalb Tagen mit einem Vetturin hierher und erlebten alle Qualen und Schändlichkeiten, die Italien dem Reisenden bietet. Alles geht darauf aus, ihn zu betrügen, es ist hier eine Schweinerei, von der Sie sich keinen Begriff machen. Wir haben mit der Polizei drohen müssen, haben unser Gepäck ängstlich gehütet, haben gesehen, wie Räuber von Soldaten weggeschleppt wurden usw., usw.«

Im selben Brief berichtete er auch von einem deprimierenden Erlebnis in Genua:

»Beim Admiral von Genua verschafften wir uns die Erlaubnis, uns das Arsenal anzusehen; wir kamen hier auch zu den sechshundert Galeerensklaven; die meisten hatten die abscheulichsten Gesichter, die man sich denken kann; immer zwei und zwei sahen wir aneinandergekettet, als wenn es nur ein Körper wäre; wir waren in ihren Schlafräumen; sie saßen festgekettet an den Wänden und nahmen die Mützen ab, als wir eintraten; wir sahen die Krankenstube; da lagen drei mit grüngelben Gesichtern, langen schwarzen Haaren und gebrochenen Augen und warteten auf den Tod; das hat mich ganz furchtbar angegriffen; ich hörte, wie man uns mit ihnen einschloß. Einer von diesen Ärmsten bemerkte meine Schwäche, und als er sah, daß ich die Augen schloß, lachte er ganz grauenvoll und rasselte mit den Ketten wie ein wildes Tier. Im Hof ging ein junger Mann, gekleidet wie die andern, aber in den besten Sachen; das war ein reicher Mann aus Genua, der die Stadt bestohlen und betrogen hatte, weshalb er verurteilt worden war, hier zehn Jahre in den Galeeren zu sein;

er arbeitete freilich nicht, ja, er bekam die besten Dinge zu essen, aber in der Nacht mußte er bei den andern schlafen, an die Pritsche gefesselt. Wenn ich es wäre, ich stürbe vor Scham oder tötete mich!«

Über Pisa reiste Andersen weiter nach Florenz, wo er viel Zeit in den Bildergalerien verbrachte. »Tizians Venus ist die irdische Schönheit in all ihrer Fülle; aber die Mediceische Venus ist die himmlische! Ich habe eine Stunde vor ihr gesessen.«

Als er im Oktober in Rom eintraf, schrieb er sofort an Henriette Wulff: »Oh, Italien ist wundervoll – und doch, auf der Reise nach Rom habe ich mir gewünscht, ich wäre nie hierher gekommen. – Sie sind überrascht? Ja, hören Sie sich meine Gründe an, auch wenn Sie es nicht glauben werden: die Schweinerei übertrifft die schmutzigste Phantasie! Von sechs Nächten haben wir nur eine geschlafen, und die Wanzen zwangen uns in die Ställe.«

Kurz nach seiner Ankunft in Rom erlebte er die Zweitbestattung Raffaels mit. Der Sarg im Pantheon war mit Genehmigung des Papstes geöffnet worden, weil man die weitverbreitete Meinung, der Kopf des Leichnams befände sich anderswo, widerlegen wollte. Als man sich vergewissert hatte, daß das vollständige Skelett im Sarg lag, wurde es mit allem Pomp zum zweiten Male bestattet.

In den folgenden Monaten besuchte Andersen häufig den dänischen Bildhauer Thorvaldsen, mit dem ihn bald eine herzliche Freundschaft verband. Er erinnerte sich daran, daß er dem berühmten Künstler zum ersten Mal im Jahre 1819 auf der Straße in Kopenhagen begegnet war und ihn ehrerbietig gegrüßt hatte, worauf Thorvaldsen ihn gemustert und gefragt hatte: »Wo habe ich Sie früher schon gesehen? Mir scheint, wir kennen einander.« Am 7. November 1833 schrieb Andersen in sein Tagebuch: »Besuchte Thorvaldsens Atelier, sah eine ganz wunderbare *Psyche* aus gebranntem Gips und einen marmornen *Byron*; er sitzt mit einem Buch da, hat einen Mantel lose um die Schultern, stützt den Fuß auf eine zerbrochene korinthische Säule; neben ihm ist ein menschlicher Schädel. Für London bestimmt.« (Diese Statue befindet sich heute in der Alten Bibliothek des Cambridger Trinity College.)[11]

Rom war damals ein wahres Mekka für Künstler und Schriftsteller aus Dänemark und den anderen nordischen Ländern. Andersen fand bald Zugang zur skandinavischen Künstlerkolonie, deren Mitglieder sich regelmäßig im Café Greco in der Via Condotti trafen. Zu ihnen zählte auch der dänische Dichter Ludvig Bödtcher, von dem Andersen viel über Rom und seine Umgebung erfuhr. Mit acht Freunden unternahm er einen Ausflug nach Frascati, Nemi, Albano und Monte Cavo. Später besuchte er auch Tivoli.

Von den römischen Theatern war er nicht sonderlich beeindruckt. Über eine Aufführung von Bellinis *Nachtwandlerin* schrieb er Christian Voigt: »Die edlen Römerinnen im Chor waren abstoßend häßlich: die reinsten fünischen Milchmädchen, eine hatte tatsächlich eine Hasenscharte, eine war blind, und bei einer dritten stimmte etwas mit der Nase nicht.«

Daß Henrik Hertz in Rom erwartet wurde, beunruhigte Andersen, der den Autor der *Gespensterbriefe* für seinen Feind hielt. Aber wie sich dann herausstellte, war seine Sorge unbegründet. In einem Brief an H. C. Örsted berichtete er:

»Der Zufall wollte es, daß ich unter den Landsleuten war, die Hertz zuerst traf; er kam mir freundlich entgegen, und ein Händedruck läßt mich meine Bitterkeit leicht vergessen. Ich lief am ersten Tag mit ihm herum, fand Zimmer für ihn, die ihm sehr gefielen, und wenn es in Dänemark keinen früheren Konflikt zwischen uns gegeben hätte, würde ich sagen, daß er ein gutmütiger und angenehmer Mensch ist. Einige unserer Landsleute sagten mir, ich sollte nicht zu freundlich zu ihm sein, weil er das als einen Ausdruck von Angst auffassen könnte; aber das stimmt nicht. Es freut mich, aus einem Feind einen Freund zu machen.«

Natürlich besichtigte Andersen alle Sehenswürdigkeiten von Rom: das Colosseum, das Capitol, die Katakomben, den Petersdom und die anderen berühmten Kirchen (»im Kreuzgang [der Laterankirche] sahen wir die Körpergröße von Christus, die meiner eigenen entsprach«), den Vatikan und die Sixtinische Kapelle, die Museen und Gemäldegalerien. »Rom ist eine dreiköpfige Chimäre«, schrieb er in einem Brief. »Ein Kopf ist die Antike mit ihrer Krone aus Tempeln und dem Immergrün der Erinnerung; der zweite ist eine von Weihrauchgeruch und singenden Mönchen umgebene Kapuze; und der dritte ist ein fröhliches Pariser Kind, das zwischen den beiden anderen spielt.«

Und an Henriette Wulff schrieb er: »Rom hat mir die Augen für das Schöne geöffnet!«

Kurz vor Weihnachten teilte ihm Jonas Collin mit, Edvard habe keinen Verleger für *Agnete und der Meermann* finden können, bereite aber einen Privatdruck des Werkes vor. »Hoffentlich stößt es nicht auf zu strenge Kritik, denn die Form, lieber Andersen, die Form, der Sie nicht genug Beachtung schenken, läßt viel zu wünschen übrig. Gleich nachdem Edvard Ihnen seinen letzten Brief geschrieben hatte, erhielten wir die Nachricht vom Tode Ihrer Mutter. Ich darf annehmen, daß Sie bereits davon verständigt worden sind und sich nach dieser für einen guten Sohn bestürzenden Nachricht wieder gefaßt haben.«

Darauf schrieb ihm Andersen:

»Mein lieber, lieber Vater! So stehe ich nun ganz allein auf der Welt. Ihr Brief, den ich gestern erhielt, teilte mir den Tod meiner alten Mutter mit. Es war eine gute Tat vom lieben Gott, sie war kränklich und hilflos. Sie wissen nicht, wie viele Tränen ihre Lage in mir hervorgerufen hat, da ich fast überhaupt nichts tun konnte, um diese zu lindern, ich habe oftmals zu Gott gebetet, er möge sie zu sich nehmen. Meinen letzten Brief aus Rom hat sie nicht bekommen, aber ich weiß, daß sie in ihrer letzten Stunde für mich gebetet, mich gesegnet hat. Mein erster Gedanke, als ich hörte, daß sie verschieden sei, war: Gott, ich danke dir! Aber späterhin habe ich mich doch nicht recht mit dieser Seltsamkeit vertraut machen können, so ganz allein zu sein. Hier empfinde ich es doppelt, und daher werden diese Worte geschrieben, so spreche ich doch wenigstens mit Ihnen! – Seien Sie mir so gut wie immer, falls Sie das können? Noch bin ich dessen nicht unwürdig.«

Über *Agnete und der Meermann* schrieb er in diesem Brief: »Edvards Kritik am ersten Teil von *Agnete* und Ihre Kritik an der vernachlässigten Form sind die einzigen Worte, die ich bisher von zu Hause über ein Werk zu hören bekam, in das ich große Hoffnungen gesetzt habe, daher bin ich von Ihren Äußerungen tief betroffen.«

Weihnachten feierte Andersen gemeinsam mit Mitgliedern der skandinavischen Künstlerkolonie in einem Haus im Park der Villa Borghese. Am Silvesterabend gedachte er der Ereignisse des vergangenen Jahres und seiner unglücklichen Liebe zu Louise

Collin. »Wieviel hat mir doch das jetzt hinscheidende Jahr gebracht!« schrieb er an Henriette Wulff. »An seinem Anfang ließ es mich von einer Leidenschaft träumen, die mir nie befriedigt wurde. Wer nicht schön und reich ist, erringt niemals ein Frauenherz.«

Das Jahr 1834 brachte ihm zunächst ein paar glückliche Tage, am 6. Januar aber brach für ihn eine Welt zusammen.

Er hatte schon seit geraumer Zeit auf einen Brief von Edvard Collin gewartet und hoffte, daß dieser nach der Lektüre des zweiten Teils von *Agnete* zu einem positiven Urteil gelangen würde. »Wäre doch heute ein Brief da!« schrieb er in sein Tagebuch, und tatsächlich traf an diesem Tag ein Brief ein, den Edvard am 18. Dezember 1833 in Kopenhagen geschrieben hatte. Zunächst ist darin von einigen alltäglichen Begebenheiten im Hause Collin die Rede, dann teilt Edvard dem Freund (offenbar in Unkenntnis der Tatsache, daß sein Vater dies bereits getan hatte) den Tod seiner Mutter mit. »Ich kann Sie nicht trösten, lieber Freund. Das Bewußtsein, daß Sie ein guter Sohn gewesen sind, der seine arme alte Mutter nicht vergaß, als er in eine neue Lebenssphäre eintrat, sollte ein großer Trost für Sie sein.«

Der Rest dieses langen Briefes betraf *Agnete* und soll hier ausführlich zitiert werden:

»Sie wissen nicht, Andersen, wie ich und andere, die es gut mit Ihnen meinen und Sie aufrichtig liebhaben, wie die Leute – es ist entsetzlich, mit wie wenigen Ausnahmen – sich über Sie äußern: ›Hat er nun schon wieder etwas zusammengeschmiert?‹ – ›Ich habe ihn schon längst satt!‹ – ›Es ist immer dasselbe, was er schreibt!‹ Kurz, es ist unglaublich, wie wenige Freunde Ihre Muse hat. Was mag der Grund dafür sein? Ich will es Ihnen sagen: Sie schreiben zu viel! Wenn die eine Arbeit unter der Presse ist, sind Sie schon halb fertig mit dem Manuskript zur nächsten. Durch diese rasende Produktivität entwerten Sie Ihre Arbeiten in einem solchen Grade, daß am Ende kein Buchhändler sie auch nur geschenkt haben will. Nach Ihrem Brief an Vater muß ich annehmen, daß Sie erneut daran denken, eine Reise zu beschreiben. Wer, glauben Sie, wird ein mehrbändiges Buch kaufen, das Ihre Reise behandelt, eine Reise, die von Tausenden gemacht wurde, und zweitausend Augen dürften doch wohl kaum so viel übersehen haben, daß Sie zwei Bände Neues und

Interessantes erzählen könnten. Es ist doch im Grunde genommen ein ungeheurer Egoismus von Ihnen, den Leuten ein solches Interesse zuzutrauen. Die Schuld daran muß bei Ihnen selbst liegen, denn das Publikum und schon gar die Rezensenten haben wahrlich keine Veranlassung dazu gegeben. Kenne ich Sie recht, Andersen, so werden Sie mir ruhig und mit Selbstzufriedenheit antworten: ›Ja, wenn nun aber die Leute meine *Agnete* lesen, dann werden sie schon ihre Ansicht ändern, dann werden sie erkennen, wie meine Reise zum Besseren gewirkt, mich reifer gemacht hat usw.‹ Dies ist ungefähr der Inhalt Ihres letzten Briefes. Aber Sie irren, Andersen, Sie irren bedauerlicherweise. *Agnete* ist so ganz der alte Andersen, sowohl in den schönen kindlichen Partien wie auch in jenen hoffnungslos unförmigen, nein, formlosen Partien, die wir aus seinen früheren Arbeiten kennen. Beim Lesen der Korrekturen war ich oft dem Weinen nahe über die vielen Bekannten, die ich in *Agnete* antraf und die ich nicht anzutreffen wünschte; in der Regel erstickte der Ärger meine Tränen. Wenn Sie dies gelesen haben, werden Sie sagen, ich sei unbillig, sei ... Ich will Ihnen daher folgendes sagen: Einem Manne, der viel Interesse für sie hat und für den Sie viel Achtung hegen, auf dessen Urteil Sie sich verlassen haben, vertraute ich meine Sorgen wegen der Korrekturen an und bat ihn, das Manuskript durchzulesen, damit *Agnete* sich doch einigermaßen anständig vor den Leuten zeigen könnte. Ich übergab ihm das Manuskript zur vorläufigen Durchsicht. Darauf erhielt ich folgende Antwort von ihm: ›Ich hatte mir vorgenommen, den Abend mit Andersens *Agnete* zu verbringen, konnte es aber nicht aushalten. Es peinigte mich, ein so mittelmäßiges Produkt von ihm zu lesen, und ich bitte Sie um Verzeihung, denn es ist mir nicht möglich, an eine Berichtigung kleiner Fehler zu denken, wo das, was ich bis jetzt gelesen habe, nur äußerst selten einen Lichtpunkt bietet. Ist die Rede davon, unserem Freund zu nützen, dann ist nichts weiter zu tun, als das Ganze zurückzuhalten. Dies wird meiner Ansicht nach ein wahrer Freundschaftsdienst gegen ihn sein. Das Unglück ist, daß Oehlenschläger einst von Paris aus Meisterwerke nach Hause sandte, darum ist dies auch wahrscheinlich Hals über Kopf zusammengeschmiert worden. Ich sende Ihnen die Arbeit zurück und wasche meine Hände in Unschuld, tun Sie das gleiche! Gevatter bei diesem Kind gestanden zu haben, würde uns vielleicht einst gereuen.‹ Hieraus mögen Sie ersehen, daß das von mir Gesagte nicht meine Meinung allein ist. Sie werden leider zeitig genug erfahren, daß dies die Meinung fast aller ist. Um Gottes willen, Ihrer Dichterehre wegen, unterlassen Sie einige Zeit gänzlich das Schreiben, wenigstens ein halbes Jahr. Verbringen Sie die Hälfte Ihrer Reise mit Studieren oder damit, sich zu unterhalten, und die andere Hälfte auf die gleiche Weise!«

Nach weiteren Bemerkungen dieser Art schloß Edvard Collin seine Epistel mit den Worten: »Hiermit enden die Unannehmlichkeiten. Im nächsten Brief, den Sie von mir bekommen, werde ich mich eines freundlicheren und ruhigeren Tones befleißigen, denn in diesem bin ich etwas giftig gewesen.«

Etwas giftig! Dabei war dies sicherlich der gefühlloseste, grausamste Brief, den Andersen jemals erhalten hatte. Zu allem Unglück enthielt er auch die Nachricht, daß seine Gedichte in einer der führenden dänischen Literaturzeitschriften, in der *Maanedsskrift for Litteratur*, von dem Kritiker C. Molbech verrissen worden waren – und zwar auf so niederträchtige Art, daß selbst Edvard Collin sich zu der Bemerkung bemüßigt fühlte: »Doch wahrlich, es sollte Ihnen nichts anhaben, wenn Sie auf diese Weise kritisiert werden.«

Wie Andersen auf Edvards Brief reagierte, ist aus seinen Tagebucheintragungen zu ersehen, in denen über einen Monat lang abgrundtiefe Verzweiflung und Selbstmordgedanken vorherrschen. »Es hat meine Seele so tief erschüttert«, schrieb er am selben Tage, als der Brief eintraf. »Ich war derartig mitgenommen, daß all mein Gefühl, mein Glaube an Gott und die Menschen vergingen, der Brief brachte mich zur Verzweiflung.« Tags darauf schrieb er: »Was für eine Nacht habe ich verbracht, es war Fieber in meinem Blut, ich wälzte mich im Bett; wie nahe war ich doch daran, dieses jammervolle Leben zu beenden! Gott vergebe mir meine Gedanken, Gott vergebe jenen, die mich so tief betrübt haben.« Und am nächsten Tag: »Heute nacht fand ich etwas Schlaf, aber mein Gemüt kann nicht ins Gleichgewicht kommen, ich bin krank. Die Dänen sagen mir das auch alle. Ich habe nun Edvard einen ernsthaften Brief geschrieben, er müsse den Ton zu einem freundschaftlichen Ton umstimmen, sein Schulmeistern könnte ich nicht länger dulden, wenn wir Freunde bleiben wollten; doch ich wollte den Vater nicht betrüben, dem ich so viel verdanke, habe ihm daher einen Brief gesandt, nun kann er ihn Edvard geben, wenn er will. Vielleicht verliere ich sie beide. – Aber der Vater ist ja ein kluger Mann, er kann nicht böse auf mich werden. Gott füge und lenke alles zum Besten.«

Am 9. Januar vermerkte er in seinem Tagebuch, daß er den Brief an Jonas Collin abgesandt und den an Edvard beigelegt habe. »Es ist schwierig, sich von alten Unterdrückungen loszureißen, aber besser spät als nie! Ich lasse mich nicht länger von Edvard bevormunden . . . Die Erbitterung unserer Feinde züchtigt uns mit Peitschen, aber die unserer Freunde mit Skorpionen.«

Einige weitere Zitate aus Andersens römischem Tagebuch zeigen, welch tiefe Wunden ihm Edvard Collins Brief geschlagen hatte:

10. Januar. »Eine unruhige Nacht! – Gott vergebe meinen Feinden und meinen Freunden.«

13. Januar. »Mein Herz verlangt nach einem freundlichen, liebevollen Brief von zu Hause. – Nein, es kam nichts.«

16. Januar. »O Gott! soll ich nie wieder das junge Glück der Jugend kennen?«

17. Januar. »In sehr gedrückter Stimmung. Edvard, du bist daran schuld! Ich glaube nicht, daß wir jemals wieder Freunde sein werden!«

18. Januar. »Nachmittags kehrte meine düstere Stimmung zurück. Edvard hat entweder den Brief, den er zitiert, halb erdichtet, oder sich in einer solchen Art gegenüber dem anderen ausgelassen, daß der seine unfreundliche Gesinnung merkte. So würde man nicht an den Freund des Freundes schreiben. Nur Feinde schreiben über Feinde in dieser Weise.«

19. Januar. »Edvard, je mehr ich alles durchdenke, desto mehr sehe ich deinen beispiellosen Egoismus, das ungeheure Unrecht, das ich erleide. Du hast eine Kluft zwischen uns aufgetan, die gewiß niemals überbrückt wird. Alles ist falsch, sie [Louise Collin] auch, sie, die weinte, die so fromm war, so schwesterlich, falsch, falsch wie die ganze Welt.«

25. Januar. »Meine Freunde werden meine bitteren Feinde. Ewiger Gott, gib, daß ich niemals die Heimat wiedersehe, sie ist mir verhaßt. – Was habe ich von meiner Gutherzigkeit? Nichts! Nichts! nun wohl, dann will ich Teufel sein, man hat mich zur

Verzweiflung getrieben, der Mensch ist böse, böse! Auch heute noch kein Brief. Ging und schlenderte halb außer mir umher, Gift und Haß waren in meinen Adern, ich hätte meine Feinde zerreißen mögen.«

26. Januar [während eines Besuches im Petersdom]. »In meinem Herzen bat ich Gott, mich zu führen und zu leiten, meine Seele gütig zu machen und die Herzen anderer mir gegenüber zu erweichen.«

27. Januar. »Heute müssen Briefe kommen, oder ich habe keine Freunde; und liebevolle Briefe, oder ich zerreiße jedes Band, das schwache Gutmütigkeit mir auferlegt hat. Von meinem aufrichtigsten Freund bekomme ich heute einen Brief.«

[Am selben Tag, nachdem er wieder keinen Brief erhalten hatte:] »Ein Fieber ging mir durch alle Glieder; die Tränen drängten sich mir in die Augen, ohne daß ich weinen konnte.«

28. Januar. »Heute geht es mir schlecht, meine Erbitterung gegen E. und einzelne daheim nimmt ständig zu. Sie haben meine Ruhe getötet, meine Freude hier, wo ich so glücklich sein könnte.«

31. Januar. »Heute endet also dieser Monat; seit ich in Meislings Haus gewesen bin, hat mich kein so zersetzendes Gefühl beherrscht, jeder Morgen wie in jener Zeit, damals war es Zerknirschung, jetzt ist es Erbitterung und Schmerz. Gott! Edvard, was für ein Wesen bist du – und die anderen! Ihr tötet mich!«

2. Februar. »Ich zitterte wie im Fieber. B. [Bödtcher] dachte, es sei Heimweh, o nein! nein! Ich zittere nur wegen daheim, nichts Gutes erwartet mich dort, von dort kommt keine Freude, dort hat man mich verhöhnt, beleidigt, zum Narren gemacht. Sie – er – alle.«

5. Februar. »In gedrückter Stimmung, ich möchte weiterreisen, immer weiterreisen! – Phantasie, Idealismus, alles, was ich vorher besaß, ist anscheinend von den jüngsten Ereignissen getötet worden. Ich bin untätig – und daher unglücklich.«

Am 20. Februar trafen endlich Briefe von Jonas und Edvard Collin ein. Jonas schrieb:

»Ihr letzter Brief, vom 9. ult., hat mich zutiefst bekümmert wegen des Mißverständnisses, das zwischen Ihnen und Edvard aufgekommen ist, und weil ich mir Ihre Stimmung genau vorstellen kann. Ich wußte nichts von Edvards Brief und hatte keine

Ahnung, daß er etwas enthielt, das Ihnen unangenehm sein könnte. Ich habe Ihren Brief sofort verbrannt. Nicht, daß ich Ihnen ein einziges Wort vorwerfe, welches darin stand, aber ich mußte befürchten, daß er eine Wirkung haben könnte, die mich in höchstem Grade geschmerzt hätte, einen Bruch zwischen Ihnen und ihm. Und so, wie Sie nicht alle seine Vorwürfe verdienen, so verdient er nicht den ganzen Zorn, den Sie in einem Anfall von Erbitterung geäußert haben; denn er ist Ihnen wirklich aufs herzlichste zugetan und tritt, wann immer dies nötig ist, aufs wärmste für Sie ein ... Ich billige es nicht, daß er Sie ständig schulmeistert. Aber, lieber Andersen, rechten Sie nicht zu streng mit ihm; jeder Mensch hat seine schwache Stelle, und das ist die seine; wir müssen duldsam gegeneinander sein. Ich habe ihm Ihren Brief nicht gezeigt, sondern nur gesagt, daß sein letzter Brief Sie sehr unglücklich gemacht hat, weil er Sie kränkte. Er nahm es sich zu Herzen und sagte, er wollte Ihnen postwendend schreiben. Wenn Sie also einen Brief von ihm bekommen, zerreißen Sie bitte Ihren schlimmen Brief; solche Erinnerungen sollte man nicht behalten.«

Edvards Brief (datiert 29. Januar) begann mit folgenden Worten:

»Diesen Augenblick rief mich Vater aus meinem Arbeitszimmer hinunter und sagte, daß er einen Brief von Ihnen erhalten habe, der Sie in einer äußerst bekümmerten, ja fast verzweifelten Stimmung zeige, und daß diese durch meinen letzten Brief an Sie verursacht worden sei. Lieber Andersen, ist Ihr Charakter noch immer so weich? Ich dachte eigentlich, er wäre durch die vielen Angriffe auf Ihre Gutmütigkeit, welche Sie von vielen Seiten zu erleiden hatten, etwas härter geworden. Ich kann mich nicht mehr erinnern, was ich in jenem Brief schrieb, das so schrecklich war; ich weiß aber, daß ich verärgert war. Inwiefern ich guten Grund dazu hatte, müssen Sie selbst beurteilen.«

Dann aber warf er Andersen von neuem vor, er wiederhole sich ständig, sei selbstgefällig und sperre sich gegen jede Kritik. Während er, Edvard, alles tue, um die Begleichung der Papier- und Druckkosten zu ermöglichen, schreibe ihm Andersen vergnügt, daß er mit einem Gewinn von rund zweihundert Reichstalern rechne. Für ihn sei das wie ein Schlag ins Gesicht gewesen – »können Sie sich nicht vorstellen, daß man sich ärgert, wenn man von der Hand eines Freundes ins Gesicht geschlagen wird? Wenn es die Hand eines Feindes ist, schlägt man zurück. Aber, Gott verzeih mir, ich glaube, ich werde schon wieder ärgerlich. Das war nicht meine Absicht, denn eigentlich bin ich sehr gut gelaunt und glücklich. Ich kann Ihnen sagen, daß ich Sie noch nie so gern gehabt habe wie jetzt. Des weiteren kann ich Ihnen sagen, daß ich immer noch hoffe, daß Sie nicht bedauern werden, *Agnete* privat veröffentlicht zu haben. Und außerdem möchte ich Ihnen sagen, daß ich verschiedene Leute getroffen habe, denen *Agnete* tatsächlich *gefallen hat.*« Der Brief schloß mit den Worten: »Mögen Sie Erfolg haben, lieber Freund, und nichts für ungut, daß ich vorher Ihr ärgerlicher Freund gewesen bin, denn jetzt bin ich Ihr ehrlicher Freund E. Collin.«

Sofort nach Erhalt dieses Briefes schrieb Andersen in sein Tagebuch: »Edvards Brief hat mich nicht ganz befriedigt, aber schließlich hat er ja *meinen* Brief nicht gekannt.« Jonas Collins Zeilen dagegen nannte er »herzlich und gütig«. Der Antwortbrief, den er Edvard aus Neapel sandte, war ziemlich formell:

»Ich kann Ihnen nicht dankbar genug sein für Ihr großes Interesse an mir, für Ihre Besorgtheit um das Werk, das ich Ihnen nach Hause sandte. Leider ist und bleibt meine Stellung so, daß ich es nicht vergelten kann. Seien Sie aber versichert, daß ich ganz tief empfinde, wieviel Freundschaft Sie mir erweisen, wie sehr ich in Ihrer Schuld bin.«

Und an Jonas Collin schrieb er:

»Mein liebevoller, teurer Vater! Gott segne Sie für Ihre Liebe zu mir. Ich wollte, ich könnte Ihnen ausdrücken, was mein Herz empfindet. Welcher Trost, welche Heilkraft war in Ihrem Brief an mich! Daß der meine Ihnen Kummer bereiten würde, hätte ich voraussehen müssen, aber – ich habe unsagbar gelitten. Alle Bitterkeit soll vergessen sein, und ich weiß, ich werde Edvard wieder wie vorher lieben; ich möchte nur seine guten, seine vielen guten Seiten sehen. Wenn ich mich ihm nur nicht die ganze Zeit verpflichtet fühlen müßte, es schadet unserer Freundschaft, es legt eine Kluft zwischen unsere Herzen.«

Als Anfang Februar der römische Karneval begann, ließ sich Andersen eine Weile von seinem Kummer über Edvards Brief ablenken und stürzte sich in den heiteren Trubel. Folgende Schilderung sandte er an Henriette Wulff:

»Dann hatten wir den Karneval in Rom, und das war fabelhaft. Ich kämpfte mit Konfetti, so daß Hertz in eine Schuhmacherwerkstatt flüchten mußte, wo er ein Paar Stiefel nahm und damit nach mir zu werfen drohte, weil er kein Konfetti mehr hatte. Die Damen leerten ganze Körbe voll über uns aus. Rom war ein Maskeradensaal, *Il Corso* ein brausender Strom. Ein Dieb stahl meinen Geldbeutel mit 3 Scudi und warf mir Konfetti in die Augen, das war die Schattenseite des Karnevals. Täglich gab es Pferderennen und im Theater glänzende *festini* mit und ohne Musik. Während Tanz und Musik im Gang waren, wurde jemand in einer Theaterloge ermordet.«

Nach dem Karneval reiste Andersen mit Hertz und einigen anderen nach Neapel. »Mein Gott! Mein Gott! Wie stiefmütterlich wir im Norden behandelt werden«, schrieb er nach einwöchigem Aufenthalt in sein Tagebuch. »Hier, hier ist das Paradies!« Und an Henriette Wulff schrieb er aus Neapel:

»Ich sitze in meinem Zimmer, es ist fast Mitternacht. Ich habe mir von meinem Kellner eine Flasche Lacrymae Christi bringen lassen, ich koste ihn zum ersten Mal, es ist ein Vesuvgeruch darin. SKAAL! meine liebe Schwester! Horch! nun singt man auf der Straße Serenaden, man spielt Gitarre. Oh, das ist wirklich zu schön! Meine Seele ist voller Liebe, seit langem bin ich nicht so glücklich gewesen wie in diesem Augenblick. Wenn ich leide, ist mein Kummer niederschmetternd, aber wenn ich glücklich bin, ist meine Freude auch unsäglich. – Die Wärme des Südens ist in meinem Blut, und dennoch – sterben muß ich im Norden. – Es heißt in der Bibel, wer vom himmlischen Brot gekostet hat, kann sich nie mehr am irdischen sättigen, und so werde ich mich in dem kalten Land, wo ich beheimatet sein muß, nie mehr sättigen können. Aber Gott sei Dank, daß ich den Himmel wenigstens einmal gesehen und gefühlt habe; ich werde davon träumen, ich werde davon singen.«

Von Neapel aus besuchte Andersen Herculaneum und bestieg gemeinsam mit Hertz den Vesuv. Später unternahm er eine sechstägige Exkursion nach Pompeji, Paestum, Salerno, Amalfi, Capri (wo er die erst wenige Jahre zuvor entdeckte Blaue Grotte besichtigte) und Sorrent. Ein anderer Ausflug führte ihn zunächst zum Kratersee von Agnano und dann nach Ischia. Schweren Herzens nahm er schließlich Abschied von Neapel. Die

Ostertage verbrachte er in Rom, und am 1. April trat er die Heimreise an, die sich vier Monate hinzog.

Während eines Aufenthaltes in Innsbruck lernte er einen jungen Schotten kennen, der während einer gemeinsamen Bergwanderung solches Heimweh bekam, daß er beim Angelusläuten in Tränen ausbrach. »Ich war mir selbst böse, weil ich dieses schöne Gefühl nicht kannte«, schrieb Andersen an Henriette Wulff. »Nun kenne ich's! Diese Seite der Alpen hat Heimweh in meiner Seele geweckt, tief und machtvoll! Ich sehne mich nach meiner Heimat, wo die Orangen wachsen, nach dem endlosen blauen Meer mit seinen schwimmenden Inseln, dem Vesuv mit seiner roten Lava und dem ganzen Leben dort. Oh! wäre ich doch in Neapel gestorben, könnte ich doch immer dort leben! – Rom genügt mir nicht, dort ist die Natur ausgestorben, ein ausgebrannter Krater, und ohne das Meer kann ich nicht leben, ich bin daran gebunden wie Agnete – meine arme, im Stich gelassene Agnete, ›dieses hoffnungslos unförmige Werk‹, wie es mein *bester* Freund nannte.«

Daß Edvard Collin sich seit fast drei Monaten in Schweigen hüllte, beunruhigte Andersen immer mehr. In München schrieb er am 14. Mai in sein Tagebuch: »Heute muß ein Brief kommen!« – etwas später: »Kein Brief. Fiebrig. Habe den ganzen Nachmittag und Abend auf dem Sofa gelegen. – Wäre ich doch tot! Das Leben hat mit keine Freude zu bieten. Sie, jugendliches Verlangen, Italien, alles ist dahin! – Oh! Ich bin krank an Leib und Seele, könnte ich doch nur schlafen, ganz tief schlafen, um nie mehr in dieser Welt zu erwachen.«

Am 25. Mai traf ein Brief von Edvard ein, der ihm vorwarf, er wolle ihn aus »verletztem Stolz« durch sein langes Schweigen bestrafen – »weil ich einmal die unglückseligen Worte schrieb, daß Sie zu viele Briefe schreiben, womit ich damals recht hatte, ganz gleich, was Sie sagen«. Darauf erwiderte Andersen, es sei absurd, sein Schweigen – »das heißt, mein Warten auf Antwort« – mit »verletztem Stolz« zu erklären. »O Gott! lieber Freund, wie wenig Sie mich kennen! Mein Stolz soll verletzt sein, weil Sie einmal sagten, ich schriebe zu viele Briefe? Nein, mein Stolz ist nicht so empfindlich, da täuschen Sie sich.« Er hoffe, daß sie beide bei ihrem Wiedersehen nach fast anderthalb Jahren die gleichen guten Freunde sein würden wie früher. »Sie haben Ihre

Eltern, Ihre Geschwister und ein wunderbares Mädchen, das Sie liebt, ich bin ganz allein auf der Welt. Ihr Herz kann vielleicht ohne mich auskommen, das meine aber nicht ohne Sie, und dennoch könnte ich Sie verlieren, ich bin von einer seltsamen Angst ergriffen, einer Angst, die mir sagt, wie unendlich teuer Sie mir sind und wie unglücklich Sie mich daheim machen können. Gottes Wille geschehe! Ich werde dieses Thema nie mehr berühren, es führt zu einem Gewinsel, das eines Mannes unwürdig ist.«

An dem Tag, als er Edvards Brief erhielt, schrieb er in sein Tagebuch: ». . . sein Brief war von der üblichen Art, der Mächtige an seinen Untertan.«

Von München aus, wo er Schelling kennenlernte, fuhr Andersen nach Prag und dann nach Wien, wo er die Bekanntschaft Franz Grillparzers machte und in Hietzing Johann Strauß (den Älteren) dirigieren sah.

Im Juli traf er im böhmischen Kollin ein, von wo aus er an Edvard Collin schrieb (»gewissermaßen ein Brief aus Collin an Collin«), dem er berichtete, er habe sich bereits soviel von der Sprache angeeignet, daß er von der Postkutsche aus den jungen Mädchen zurufen könne: »*Krásné děvče, já tě miluji*!« (»Schönes Mädchen, ich liebe dich!«) »Bald sehen wir uns wieder. Ob Sie wohl älter aussehen? Ob Sie – ja, verzeihen Sie bitte – ob Sie mir wohl noch besser gefallen werden als vorher? Ich bin, glaube ich, nicht mehr so leidenschaftlich und weich wie früher, das war ein Fehler, der korrigiert worden ist, vielleicht gefalle ich Ihnen nun besser? – Ich bitte Sie, kommen Sie mir freundlich und brüderlich entgegen, dann werden Sie sehen, wie liebenswert ich sein kann! Ja, ich meine das ernst!«

Die nächsten Stationen seiner Reise waren Prag und Dresden, wo er von Raffaels Sixtinischer Madonna hingerissen war. (»Sie ist die personifizierte Unschuld«, schrieb er in sein Tagebuch. »Die andern sagen, sie könnten sich in eine solche Frau nicht verlieben, sondern ihr nur Respekt bezeugen; ich aber könnte sie tatsächlich lieben, glückselig von ganzem Herzen und von ganzer Seele lieben, mit heißen Küssen und Umarmungen.«)

Je näher die Ankunft in Dänemark rückte, desto mehr bangte ihm vor der Heimkehr. Er hoffe, schrieb er an Ludvig Müller, daß seine Freunde den schulmeisternden Ton ablegen würden. »Ich werde ihn nicht mehr dulden! Ich will und muß jetzt mit alten Gewohnheiten brechen, sonst werde ich sie für den Rest meines Lebens behalten.« Und kurz vor der Ankunft in Kopenhagen schrieb er an Henriette Wulff: »Ja, jetzt fliege ich meinem Gethsemane entgegen, den Judasküssen und bitteren Kelchen; aber das ist natürlich ganz poetisch; als Dichter werde ich für einen Schmetterling gehalten, und die sollen ja am schönsten sein, wenn sie an der Nadel zappeln.«

Tatsächlich aber war nach der Heimkehr alles viel besser, als er erwartet hatte. Am 3. August 1834 traf er in Kopenhagen ein, und zwei Wochen später, als er bei den Ingemanns in Sorö zu Gast war, schrieb er an Frau Iversen:

»Daheim in Kopenhagen wohnte ich bei Kommandeur Wulff in der Seekadettenakademie, wo mein Gepäck noch steht, und besuchte am selben Abend Collins, wo Louises Geburtstag war; sie nahmen mich alle so väter- und brüderlich auf; ich sah selbst in den Augen des teuren Konferenzrats Tränen; ich war ein heimgekehrtes Kind in diesem lieben Kreise. Der König war auch sehr mild.«

Im September bezog Andersen eine eigene kleine Wohnung in Kopenhagen. An Henriette Wulff, die sich in Italien aufhielt, schrieb er: »Jetzt, wo ich keine so großen Forderungen mehr stelle, ist alles herrlich. Seit langem bin ich nicht mehr so fröhlich gewesen; ich kenne meinen Platz, und bemerke besser als früher, wohin andere Leute gehören. Wenn mir irgendein schulmeisternder Prediger von jener Art, die mich erziehen möchte, über den Weg läuft, höre ich ihm zuerst zu, um zu sehen, ob er Unsinn redet, und wenn es so ist, halte ich es ihm unter die Nase ... Niemand soll mich mehr wie ein Kind behandeln, seit meiner Rückkehr habe ich das nur ein einziges Mal erlebt.« (Dabei hatte es sich allerdings ausgerechnet um Henriettes Mutter gehandelt, auf deren Schulmeisterei er so scharf reagiert hatte, daß die Beziehung zwischen ihm und Frau Wulff fortan getrübt blieb.)

Auch von Edvard Collin berichtete er in diesem Brief:

»Ich habe Edvard gesagt, wie böse ich auf ihn war, und durch gegenseitige Verständigung haben wir gelernt, einander richtig einzuschätzen. Er ist mein treuer Freund, ich schätze seine vielen guten Eigenschaften, und da ich jetzt in meinen Gefühlen nicht mehr so weibisch und weichherzig bin, geht alles gut, es fällt ihm gar nicht ein, mich zu schulmeistern, wir sind jetzt AUF GLEI-

CHEM FUSSE, und als einen erprobten Freund habe ich ihn sehr gern.«

Für Andersen war Jonas Collins Haus nach wie vor sein eigentliches Heim. Im November 1834 schrieb er an Henriette Hanck: »Täglich bin ich bei Collins; aber das ist fast das einzige Haus, in dem ich verkehre . . . Bei Collins ist mein Zuhause; die kleinen Enkelkinder dort nennen mich Onkel, und der Konferenzrat ist mir so ganz ein Vater, wie seine Kinder mir Geschwister sind, so daß ich dort zu Hause sein muß.«

Die Freundschaft zwischen ihm und Edvard war allerdings auch weiterhin starken Schwankungen unterworfen. Einem Brief vom Oktober 1834 fügte Andersen folgende Nachschrift bei: »Entschuldigung, daß ich ein bißchen zu empfindlich war, Sie mögen das nicht, aber ich fühlte mich nicht wohl – und nach und nach werde ich schon kühler.« Einen Monat später schrieb er ihm:

»Am Abend werde ich überempfindlich; heute nacht schrieb ich ein Gedicht an Sie, das Sie nicht erhalten. Denken Sie nicht, das sei meine alte Empfindsamkeit, nein! Es ist, wie meine Signora aus Neapel sagt, der Umstand, daß unser Herz sich nach etwas außerhalb unserer selbst sehnt, und dann habe ich einen idealen Edvard, einen sehr gütigen Freund, und ich strecke die Arme nach ihm aus, Sie sind es gar nicht, Sie haben viel zu viele Mängel, Schattenseiten und schlechte Witze, als daß ich von Ihnen träumen könnte.«

»Meine Signora aus Neapel« – das war eine sinnliche Italienerin von junonischer Statur, die Santa hieß und in dem Roman vorkam, den Andersen gerade vollendet hatte. Die Arbeit an diesem Werk hatte er im Dezember 1833 in Rom begonnen und dann in Neapel fortgesetzt. Von München aus, wo er mehrere Bücher über Italien (den Schauplatz des Romans) las, hatte er an Henriette Wulff geschrieben:

»Ich habe eine Menge Bücher über Italien gelesen – wie leer sie alle sind! Heines kleine Spritztour hinunter nach Lucca [in den *Reisebildern*] könnte ebensogut in Hamburg geschrieben sein; es ist keine Spur von italienischer Szenerie darin. [Madame de Staëls] *Corinne* ist ein langweiliger Führer voller Romangeschwätz und Kritik; Goethe ist der einzige, der [in der *Italienischen Reise*] etwas Wahres gibt, aber es ist sehr bruchstückhaft. Ist es denn nicht möglich, diesen ungeheuren Eindruck wiederzugeben?«

Andersen hatte sich also vorgenommen, in Romanform seine eigenen überwältigenden Eindrücke wiederzugeben. Nachdem er das Manuskript in Dänemark vollendet hatte, schrieb er in einem Brief, daß zwar jeder ein Reisebuch verfassen und beschreiben könne, was er unterwegs gesehen habe, daß aber sein eigenes Buch etwas ganz anderes sei. »Sie werden sehen, was ich in den beiden interessantesten Städten Italiens, Rom und Neapel, gesehen, erlebt, gefühlt und geträumt habe, und wie Walter Scott, wenn ich so sagen darf, das Hochland und die Menschen dort beschrieben hat, so schildere ich Land und Leute Hesperiens.«

Unter dem Titel *Improvisatoren* (Der Improvisator) erschien der Roman in einer zweibändigen Ausgabe im April 1835. Von den meisten Rezensenten beifällig aufgenommen, wurde dieses Werk endlich in Dänemark und anderen Ländern ein großer Erfolg. Es machte den Namen Andersen in ganz Europa bekannt.

Noch im selben Jahr wurde es ins Deutsche übersetzt (unter dem Titel *Jugendleben und Träume eines italienischen Dichters*), danach ins Schwedische (1838/39), Russische (1844), Englische (1845), Holländische (1846), Französische (1847) und Tschechische (1851). Einen ähnlichen Erfolg hatte noch kein dänischer Roman gehabt.

Die Erklärung liegt auf der Hand: Mit einer Mischung aus poetischem Realismus und Romantik vermittelte Andersens Roman ein farbenprächtiges, vielseitiges Bild des italienischen Ambiente und der verschiedensten Volksschichten. Die Skala der Romanfiguren reicht von Räubern und Hexen über Bettler und Bauern bis hin zu Künstlern, Akademikern und reichen Patrizierfamilien. Antonio, der Ich-Erzähler, wächst in einem Armenviertel Roms auf. Der poetisch begabte Junge erregt die Aufmerksamkeit von Mitgliedern der Familie Borghese und wird in eine Jesuitenschule geschickt. Dank seiner dichterischen Begabung und seines Improvisationstalents findet er schließlich Aufnahme in die Gesellschaftsschicht, die ihn gefördert hat, muß jedoch, da seine Freunde und Gönner es nicht lassen können, ihn zu kritisieren und zu »erziehen«, viel Kummer erleiden.

Mehrere Frauen spielen in Antonios Leben eine wichtige Rolle: Domenica, eine schlichte Bäuerin, die nach dem Tod seiner Mutter für ihn sorgt und die er wie eine Mutter liebt;

Annunziata, eine gefeierte spanisch-italienische Sängerin [12], in die er – in der fälschlichen Annahme, sie liebe seinen Freund Bernardo – unglücklich verliebt ist; Santa, eine verheiratete Neapolitanerin, die sich in ihn verliebt und ihn (vergeblich) zu verführen sucht; Flaminia, ein junges Mädchen, das eine rein schwesterliche Zuneigung für ihn empfindet; und die schöne Maria, die ihm einst als das blinde Mädchen Lara begegnet war und mit der er schließlich eine glückliche Ehe führt.

Schon diese kurze Inhaltsangabe zeigt, daß es sich um einen nur leicht verschleierten, auf italienische Schauplätze verlegten autobiographischen Roman handelt. Wer mit Andersens Lebensgeschichte vertraut ist, erkennt sofort die zahlreichen Parallelen. Habbas Dahdah, der Leiter der Jesuitenschule, ist eine Mischung aus Dr. Meisling und dem Literaturkritiker Molbech. Santas Verführungsversuch erinnert deutlich an die Avancen, die Frau Meisling dem jungen Andersen in Helsingör machte. Daß die einflußreichen Mitglieder der Familie Borghese, die Antonio fördern, bestimmte Eigenschaften der Collins, Wulffs und Höegh-Guldbergs in sich vereinen, ist unschwer zu erkennen. Mit der warmherzigen Schilderung der des Lesens und Schreibens unkundigen Bäuerin Domenica hat Andersen zweifellos seiner Mutter ein Denkmal gesetzt. Und Antonios Angst vor dem verkrüppelten Bettler Peppo [13], erinnert unweigerlich an des kleinen Hans Christian Angst vor seinem geistesschwachen Großvater in Odense.

»Jeder Charakter ist dem wirklichen Leben entnommen«, bekannte Andersen. »Kein einziger ist erdichtet. Ich kenne und kannte sie alle.«

Auch der Titel des Romans steht in enger Beziehung zum Verfasser: In einem Artikel über Andersen als Bühnenautor hatte J. L. Heiberg ihn (etwas abwertend) einen »lyrischen Improvisator« genannt – eine Bezeichnung, die dieser dann in einem durchaus positiven Sinn für Antonio, sein Alter ego, verwandte.

Daß er auch seine eigene Person in den Roman »schmuggelte«, entdecken vermutlich nur wenige Leser. Das letzte Kapitel spielt am 6. März 1834 auf Capri, wo Antonio und Lara/Maria, die mit ihrer kleinen Tochter Annunziata dort eingetroffen sind, zwei Ausländern begegnen – Dänen, wie sich bald herausstellt. Der eine ist »ein ziemlich großer, etwas blasser Herr, mit scharfen

Zügen und einem blauen Gehrock«, der andere »ein ernsthafter kleiner Mann mit klugem Blick und im weißen Gehrock«. Das ist gewissermaßen Andersens Geheimsignatur: Die beiden Dänen sind er selbst und Henrik Hertz, mit dem er am 6. März 1834 Capri besuchte.

Die Widmung des Romans lautet: »Dem Konferenzrat Collin und seiner edlen Gattin, in denen ich Eltern fand, seinen Kindern, in denen ich Geschwister fand, dem Heim der Heime bringe ich in Sohnes- und Bruderliebe das Beste, was ich besitze.«

In *Das Märchen meines Lebens* will Andersen den Eindruck erwecken, als sei das Buch *trotz* der Versuche der Kritiker, es totzuschweigen, ein Erfolg geworden. »Das Buch wurde gelesen, war bald vergriffen und wurde neu aufgelegt; die Kritiker schwiegen, die Zeitungen brachten nichts.« Aber dann sei »endlich« eine sehr positive Rezension erschienen. Tatsächlich aber erschien diese Rezension bereits zehn Tage nach Veröffentlichung des Romans, und unmittelbar darauf folgten weitere, ebenfalls positive Besprechungen.

Ende April 1835 schrieb Andersen an Henriette Wulff: »Alle sind sehr liebenswürdig, sehr reizend zu mir, viele sagen mir sogar, so etwas hätten sie von mir nicht erwartet. Ich schwimme oben, aber mein Herz ist voll Dankbarkeit gegen den guten Gott; ich fühle, das Ganze ist sein Geschenk . . .«

Er war noch immer in Italien vernarrt und konnte sich nur schwer damit abfinden, wieder in Dänemark leben zu müssen. »Ich gehöre nicht hierher in die nordischen Länder,« schrieb er an Henriette Hanck, »und betrachte es als eines meiner irdischen Mißgeschicke, daß ich an der Ecke von Grönland und Novaja Semlja geboren und aufgewachsen bin.« Und in einem anderen Brief: »Ich liebe Italien mit meiner ganzen jugendlichen Seele; ich denke nur an seinen blauen Himmel, seine schönen Menschen und seine weihevollen Ruinen. Hätte ich nur noch drei Jahre zu leben, ich gäbe mit Freuden zwei davon, um in Neapel zu sein. Dort träumen meine Gedanken, dort leben meine Erinnerungen.«

Während der *Improvisator* gedruckt wurde, hatte Andersen begonnen, Geschichten für Kinder zu schreiben. Am Neujahrstag 1835 berichtete er Henriette Hanck: »Jetzt fange ich mit einigen

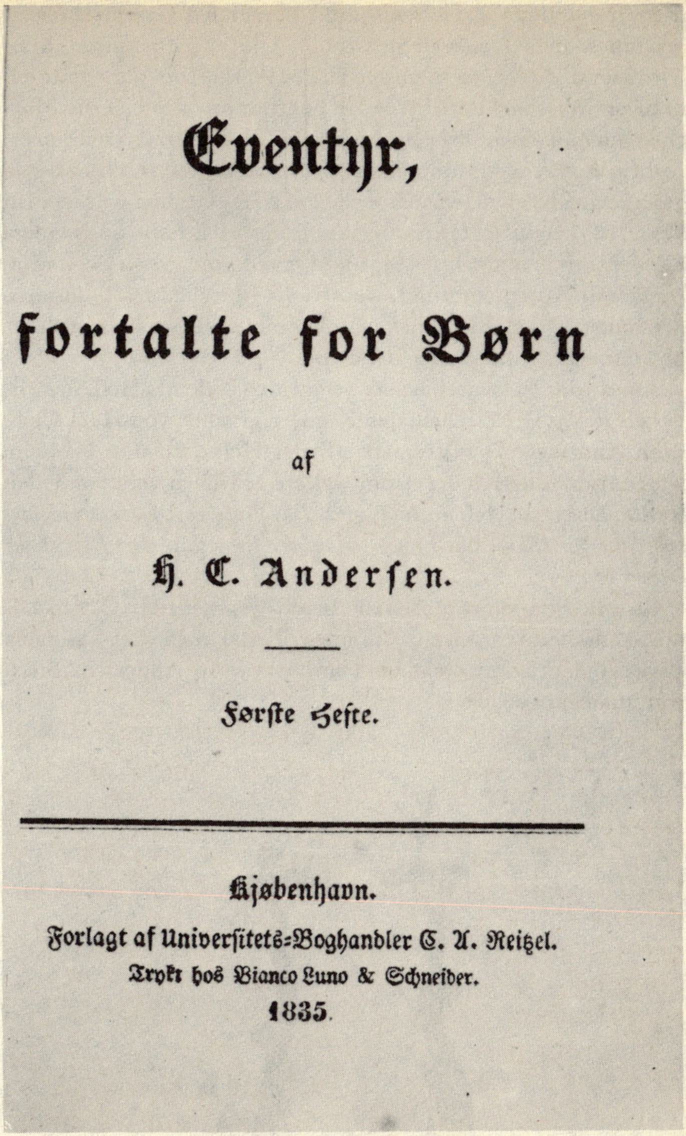

Eventyr,

fortalte for Børn

af

H. C. Andersen.

Første Hefte.

Kjøbenhavn.

Forlagt af Universitets-Boghandler C. A. Reitzel.

Trykt hos Bianco Luno & Schneider.

1835.

Titelblatt des ersten Heftes der *Märchen, den Kindern erzählt*, erschienen 1835.

›Kindermärchen‹ an, ich will die kommenden Geschlechter zu gewinnen suchen, müssen Sie wissen!« Und er fügte hinzu: »Man wird sagen, dies sei mein unsterbliches Werk. Aber das werde ich in dieser Welt nicht erleben.« Im Februar erwähnte er die Märchen auch in einem Brief an Ingemann. Es sei ihm, so schrieb er, recht gut gelungen, die richtige Form zu finden. »Ich habe sie ganz so geschrieben, wie ich sie einem *Kind* erzählen würde.« Im März 1835 teilte er Henriette Wulff mit: »Ich habe auch einige Kindermärchen geschrieben, und Örsted sagt, wenn der *Improvisator* mir Ruhm einbringt, werden die Märchen mich unsterblich machen, denn sie seien das Vollkommenste, was ich geschrieben habe; aber das glaube ich nicht.«

Am 8. Mai 1835 erschien ein bescheidenes kleines Heft: *Eventyr, fortalte for Børn* (Märchen, den Kindern erzählt) von Hans Christian Andersen. Der Vermerk »Erstes Heft« auf der Titelseite wies darauf hin, daß der Autor weitere Märchen veröffentlichen wollte. Das erste Heft enthielt vier: *Das Feuerzeug, Der kleine Klaus und der große Klaus, Die Prinzessin auf der Erbse* und *Die Blumen der kleinen Ida.*

Kaum jemand wäre damals bereit gewesen, H. C. Örsteds prophetischen Worten zuzustimmen. Tatsächlich aber hatte sich etwas Bedeutsames ereignet: Hans Christian Andersens Stern war aufgegangen.

6
»Oh, wär' ich reich!«

1835-1840

Im Januar 1836 schrieb Andersen an Henriette Hanck:

»Kein Winter ist so ruhig und glücklich dahingegangen wie dieser. Der *Improvisator* hat mir Achtung bei den Edelsten und Besten verschafft, sogar die Menge hat mehr Ehrerbietung gezeigt. Von Nahrungssorgen weiß ich gottlob nichts, und ich habe mir in der letzten Zeit das Leben recht angenehm machen können. Die Zeitungsherausgeber senden mir Zeitungen, Reitzel [sein Verleger] schickt mir Bücher und Kupfer; so sitze ich in bunten Pantoffeln und Schlafrock mit den Beinen auf dem Sofa, der eiserne Ofen summt, auf dem Tisch singt die Maschine, und das Räucherwerk tut gut. Ich denke dann an den armen Knaben in Odense, der in Holzpantinen ging, und dann wird mir weich ums Herz und ich danke dem gütigen Gott.«

Und ein paar Wochen später an Henriette Wulff:

»Meine Dichterjahre haben mit meiner Rückkehr aus dem Ausland begonnen; ich habe vielleicht noch vier oder sechs Jahre vor mir, um etwas Gutes zu schreiben, und ich muß sie wahrnehmen. Daheim habe ich es gemütlich, das Feuer knistert, und dann besucht mich meine Muse, erzählt mir seltsame Märchen, holt mir komische Figuren aus dem Alltagsleben, Adlige und Bürgerliche, und sagt: ›Schau dir diese Leute an, du kennst sie! Zeichne sie, und – sie werden leben!‹ Das ist zwar ein großes Wort, aber sie sagt es.«

Im Dezember 1835 war die zweite Folge von *Eventyr* erschienen (*Däumelinchen, Der unartige Knabe* und *Der Reisekamerad)*. Die dritte Folge kam 1837 heraus. Eine neue Serie begann 1838 und wurde 1839 und 1842 fortgesetzt. Im Dezember 1839 erschien *Bilderbuch ohne Bilder* (zunächst die ersten zwanzig »Abende«), und 1840 kam der zweite Teil (mit dreizehn »Abenden«) heraus.

Die erste Rezension der *Märchen, den Kindern erzählt* erschien 1836 in der Zeitschrift *Dannora*. Die Einstellung des anonymen Rezensenten ist aus folgendem Auszug zu ersehen:

»An den ersten drei Märchen des Herrn Andersen, *Das Feuerzeug, Der kleine Klaus und der große Klaus* und *Die Prinzessin auf der Erbse,* könnten sich Kinder vergnügen, aber Erbauung werden sie darin bestimmt nicht finden, und der Rezensent kann nicht dafür einstehen, daß das Lesen derselben unschädlich ist. Jedenfalls kann man nicht behaupten, daß der Sinn des Kindes für Schicklichkeit geschärft wird, wenn es von einer Prinzessin liest, daß sie schlafend auf dem Rücken eines Hundes zu einem Soldaten reitet, der sie küßt, worauf sie hellwach wird und von diesem Vorfall als einem ›sonderbaren Traum‹ erzählt; oder daß es die Vorstellung des Kindes von Anständigkeit fördert, wenn es von einer Bauernfrau liest, daß sie sich während der Abwesenheit ihres Ehemannes allein mit einem Küster an den Tisch setzt – ›und sie schenkte ihm ein, und er fiel über den Fisch her, denn das war sein Leibgericht‹; oder daß das Kind den Wert eines Menschenlebens besser schätzen lernt, wenn es zum Beispiel liest, daß der große Klaus seine Großmutter tötet und dann selbst vom kleinen Klaus getötet wird. Das Märchen von der Prinzessin auf der Erbse erscheint dem Rezensenten nicht nur undelikat, sondern sogar unverzeihlich, weil das Kind daraus die falsche Vorstellung erhalten könnte, daß eine so hochgestellte Dame stets sehr empfindlich sein müsse.«

Abschließend äußerte der Rezensent die Hoffnung, »daß der Verfasser seine Zeit nicht ferner mit dem Schreiben von Kindermärchen vergeuden möge«.

Eine weitere Besprechung erschien in der *Dansk Litteraturtidende.* Andersens Stil, so rügte der Verfasser, sei nicht literarisch genug. »Es ist keine leere Konvention, daß man die Wörter nicht in der gleichen unordentlichen Manier aneinanderreihen soll, die in der mündlichen Rede durchaus annehmbar sein mag.« Der Rezensent lobte einen vor kurzem erschienenen Band mit Märchen von C. Molbech, weil diese, im Gegensatz zu Andersens Märchen, eine klar und deutlich formulierte Moral hätten.

Auch einige Freunde Andersens nahmen seine Märchen mit einer gewissen Skepsis auf.

Als er die zweite Folge an B. S. Ingemann sandte, schrieb er ihm: »Hoffentlich sind Sie mit diesen zufriedener als mit den früheren. Seltsamerweise stellen viele Leute diese sogar über den *Improvisator*; anderen dagegen wäre es, wie Ihnen, lieber, wenn ich sie nicht geschrieben hätte. Was soll ich glauben?« In seinem Antwortbrief schrieb Ingemann, die zweite Folge sage ihm sehr zu, und er habe diese Märchen bereits mehreren Kindern geschenkt. »Ich habe Ihnen gesagt, was ich am ersten Teil auszusetzen hatte; und ich habe Ihnen nach bestem Wissen gesagt, wie gut mir der zweite Teil gefällt.«

Der Dichter Carsten Hauch schrieb Andersen über das erste Heft der *Märchen*:

»Meiner Meinung nach ist *Die Prinzessin auf der Erbse* eine ebenso amüsante wie treffend satirische kleine Geschichte, und so manche Mutter arrangiert die Heirat ihrer Tochter nach Grundsätzen, die nicht besser sind als die hier angeführten. Die Königin ist unbeschreiblich heikel, keine bornierte adlige Dame könnte sie darin übertreffen. Die Geschichte vom *Kleinen Klaus und großen Klaus* ist meines Erachtens (trotz allem, was zartfühlende Leser dagegen einwenden mögen) ebenfalls die echte Schöpfung einer kindlichen, aber keineswegs geringen Phantasie. Daß die Gestalten grotesk und daher stark ausgeprägt sind, ist kein Einwand – im Gegenteil, in einer solchen Geschichte müssen sie so sein.«

Dagegen mißfiel ihm die »moralische Indifferenz«, die ihm kennzeichnend für das Märchen *Das Feuerzeug* erschien. Er fand es anstößig, daß der Soldat keinerlei Gewissensbisse hat, die alte Frau zu töten, die ihm – und sei es auch aus reinem Egoismus – geholfen hat. *Die Blumen der kleinen Ida* fand er zu offensichtlich E. T. A. Hoffmann nachempfunden. Wie Ingemann gefiel auch Hauch die zweite Folge der Märchen besser, insbesondere *Der Reisekamerad*.

Nach der Veröffentlichung des zweiten Heftes schrieb Henriette Hanck an Andersen: »Der Ruhm der Nachwelt ist Ihnen gewiß.« Und sie berichtete ihm von einem elfjährigen Mädchen, das seine Märchen das schönste Buch der Welt genannt hatte.

Im Januar 1837 schrieb er an Henriette Hanck: »Was wird Tante Augusta, die meine Kindermärchen nicht mag, sagen, wenn sie hört, daß Heiberg erklärt, sie hätten einen Platz hoch über dem *Improvisator* und *O.Z.*, und daß die Märchen, nicht die Romane, mir den größten Namen in unserer Literatur machen würden.« Und an Ingemann schrieb er: »Heiberg sagt, sie seien besser als alles, was ich geschrieben habe. Sicherlich wird Ihnen mein jüngstes Märchen, *Die kleine Meerjungfrau*, gefallen. Es ist besser als *Däumelinchen*, und außer der Geschichte von der kleinen Äbtissin im *Improvisator* ist das die einzige meiner Arbeiten, die mich gerührt hat, während ich sie schrieb. Vielleicht lächeln Sie? Nun ja, ich weiß nicht, wie andere Schriftsteller fühlen. Ich leide mit meinen Charakteren, ich teile ihre guten und schlechten Stimmungen je nach der Art der Szene, mit der ich mich befasse.«

Das entscheidende Urteil aber fällten jene, denen diese Märchen zugedacht waren: die Kinder. Im Juni 1836 schrieb Andersen an Henriette Wulff: »Überall, wohin ich komme und wo Kinder sind, haben sie meine Märchen gelesen und bringen mir darum die schönsten Rosen und einen Kuß; aber die Mädchen sind noch so klein, einige von ihnen habe ich daher gebeten, ob ich das Kapital mit Zinsen nicht erst in sechs bis sieben Jahren abheben dürfte.« Zwei Jahre später konnte er beglückt berichten, daß in Deutschland eine illustrierte Ausgabe seiner Märchen herausgebracht werde.

Er hatte begonnen, die Welt zu erobern.

Kurz nach Erscheinen des *Improvisators* hatte Andersen seinen zweiten Roman in Angriff genommen. »Es ist eine Schilderung unserer Zeit von 1829 bis 1835, sie bewegt sich nur in Dänemark. Ich glaube, es mag verdienstlich sein und der Arbeit ein besonderes Interesse gewähren, daß der Dichter schildert, was er kennt, worin er lebt. Nach vielen Jahren besitzt man dann ein getreues Bild unserer Tage, und beweise ich dabei eine glückliche Hand, dann muß das Interesse an dem Buch, je älter es wird, immer mehr zunehmen.«

Unter dem Titel *O.T.* (deutsche Übersetzung: *O.Z.*) wurde sein neuer Roman im April 1836 in einer zweibändigen Ausgabe veröffentlicht. Die Buchstaben O. T. beziehen sich sowohl auf den Protagonisten Otto Thostrup als auch auf das Odenser Zuchthaus, dänisch: Odense Tugthus.

Otto Thostrup (eine den Helden Byrons nachempfundene Romanfigur) wird von düsteren, seine Herkunft überschattenden Geheimnissen gequält. Die vage Vermutung, daß er seine Kindheit zusammen mit einer kleinen Schwester in einem fabrikähnlichen Gebäude verbracht hat, wird bestätigt, als er erfährt, daß er und seine Schwester (deren Schicksal ihm unbekannt ist) im Zuchthaus von Odense geboren wurden, wo ihre Mutter für ein Verbrechen büßte. Diese Eröffnung macht ihm der deutsche Gaukler Heinrich (der Bösewicht des Romans), als er ihm die Initialen O. T. auf die Schulter tätowiert. Außerdem glaubt Thostrup, Andeutungen des Gauklers entnehmen zu können, daß die durch und durch verderbte Sidsel seine Schwester ist. Schließlich aber kommt die Wahrheit ans Licht: Thostrups Mutter war keine Verbrecherin, sondern hatte edelmütig die Schuld ihres Geliebten auf sich genommen, um ihn vor dem Zorn seines wohlhabenden Vaters zu schützen. Sidsel ist in Wirklichkeit die Tochter Heinrichs, und als Thostrups Schwester entpuppt sich die schöne, engelhafte Eva, die so hinfällig ist, daß sie die Wiedervereinigung mit ihrem Bruder nicht mehr erlebt. Zum Schluß werden Heinrich und Sidsel von der gerechten Strafe ereilt: Sie ertrinken während eines Unwetters.

O.Z. ist kein guter Roman, aber auch nicht ganz so schlecht, wie man aus dieser kurzen Inhaltsangabe schließen könnte. Andersen wollte einen Roman über das Leben in Dänemark während der ersten Jahrzehnte des neunzehnten Jahrhunderts schreiben, zugleich aber auch einen psychologischen Roman über »interessante« Charaktere. Beides versuchte er in enger Anlehnung an Walter Scott zu bewerkstelligen, dessen Werke er zeitlebens bewunderte, mit dem er sich aber als Romanautor nie messen konnte. Gestalten wie Heinrich und Sidsel (»meine Meg Merrilies« wird diese von einer anderen weiblichen Romanfigur genannt) sind Gestalten Scotts nachgebildet, desgleichen Peer, der Krüppel (von derselben Romanfigur »mein kleiner Dickie, mein Junge aus Kenilworth« genannt). Otto Thostrup ist einer jener melancholischen, »interessanten« Helden, die so oft in Romanen der zwanziger und dreißiger Jahre des neunzehnten Jahrhunderts zu finden sind – ein Resultat der Byron-Schwärmerei, die damals in ganz Europa grassierte. Nicht zufällig ist Otto Thostrup ein ausgezeichneter Schwimmer.

In diesem mißglückten Roman hat Andersen natürlich auch viele eigene Erfahrungen verarbeitet. Ein Teil seiner selbst verkörpert sich in Otto Thostrup, und in dessen Freund, dem jungen Baron Vilhelm, ist Edvard Collin zu erkennen (sogar die leidige Frage »du oder Sie?« taucht hier auf). Der Bericht über Thostrups angeblich niedere Herkunft erinnert daran, daß Andersen sich selbst als »Sumpfpflanze« bezeichnete, vor allem aber verrät sich darin seine Ungewißheit über das Schicksal seiner »verschollenen« (und verleugneten) Schwester Karen Marie. Mit diesem Roman versuchte Andersen, durch seine Herkunft bedingte geheime Ängste zu überwinden. Als Selbstzeugnis betrachtet ist *O.Z.* sehr aufschlußreich.

Kurz nach der Veröffentlichung schrieb Andersen an Henriette Hanck: »Ich möchte Dänemarks führender Romanautor werden! In meinem abgelegenen Winkel der Welt müssen mich die wenigen Menschen, die um mich sind, als echten Dichter anerkennen. Wäre ich Franzose oder Engländer, dann würde die Welt meinen Namen kennen. Aber ich werde vergehen, und meine Lieder mit mir, niemand wird ihnen im armen, fernen, kleinen Dänemark zuhören!«

Zu diesem Zeitpunkt plante er bereits seinen dritten Roman. »Ich habe von Italien gesungen und einen dänischen Roman verfaßt«, schrieb er im Juni 1836 an Henriette Wulff. »Jetzt möchte ich einen Roman zu meinem eigenen Vergnügen schreiben.« Während er daran arbeitete, berichtete er Ingemann:

»Für *O.Z.* hatte ich einen genauen Plan, bevor ich ein einziges Wort schrieb, aber diesmal überlasse ich alles dem lieben Gott. Ich habe zwei bestimmte Charaktere, deren Lebensgeschichte ich erzählen will, aber was aus ihnen werden soll – das muß ich Ihnen gestehen –, weiß ich selber noch nicht, obwohl sich der zweite Teil dem Ende nähert . . . Diesmal schreibe ich kein einziges Wort, ohne daß es mir EINGEGEBEN, ja fast aufgezwungen wird. Es ist, als wäre mir die Erinnerung an ein altes Märchen in den Sinn gekommen, das ich erzählen muß. Wäre es nicht zu lästerlich, so würde ich behaupten, den Bibelspruch begriffen zu haben: ›Die ganze Heilige Schrift wurde unter göttlicher Eingebung geschrieben.‹«

Der neue Roman, *Kun en Spillemand* (*Nur ein Spielmann*, in Deutschland unter dem Titel *Nur ein Geiger* bekannt geworden), erschien im November 1837 in einer dreibändigen Ausgabe.

Der Titelheld heißt Christian (also wie Andersen in seiner Kindheit genannt wurde). Zeitgenössischen Lesern konnte kaum verborgen bleiben, daß sein Charakterporträt und seine Entwicklungsgeschichte zahlreiche autobiographische Elemente enthielten, wie ja alle Romane Andersens gewissermaßen Selbstporträts sind. Christian ist der Sohn einer armen fünischen Familie (sein Geburtsort ist allerdings nicht Odense, sondern Svendborg), und seine Eltern sind in vieler Hinsicht denen des Autors ähnlich. Er ist musikalisch begabt, doch da er (im Gegensatz zu Andersen) keine verständnisvolle Unterstützung und Förderung findet, schafft er es nicht, ein großer Geiger zu werden, sondern muß sein Leben schließlich als kleiner Dorfmusikant fristen. In die Handlung sind so viele Einzelheiten aus Andersens Leben verwoben, daß der Roman (meiner Meinung nach fälschlicherweise) oft als zuverlässige Quelle für Informationen über noch nicht oder nur wenig bekannte Aspekte der Kindheit und Jugend des Autors betrachtet worden ist. Verschiedene Personen, die Andersen gern hatte oder aber nicht leiden konnte, sind in dem Werk unverkennbar porträtiert oder karikiert, zum Beispiel Herr und Frau Meisling (in den Rollen des Odenser Schulmeisters Knepus und seiner Frau) sowie der hämische, verständnislose Kritiker C. Molbech, den Andersen verabscheute.

Die zweitwichtigste Romangestalt ist Christians Jugendfreundin, das jüdische Mädchen Naomi – eine Kontrastfigur. Christian ist schüchtern, Naomi wagemutig; er ist puritanisch-asketisch, sie sinnlich; er ist naiv und leicht zu Tränen gerührt, sie zynisch und weltklug. Die beiden werden in jungen Jahren getrennt, und als sie sich später wiedersehen, ist die durch ihren unterschiedlichen Gesellschaftsstatus und Charakter bedingte Kluft unüberbrückbar geworden. Christians Herz gehört noch immer Naomi, aber für sie ist er zu temperament- und phantasielos. Eines Tages brennt sie mit dem faszinierenden, aber unsteten Ladislaus, einem polnischen Reitlehrer, durch (auch er eine den Helden Byrons nachempfundene Romanfigur). Doch schon bald verläßt sie ihn, heiratet einen Marquis und führt eine unglückliche Ehe. Als sie schließlich mit ihrem untreuen Gatten nach Dänemark zurückkehrt und durch ein fünisches Dorf fährt, sieht sie einen armseligen Trauerzug: Man trägt ihren Jugendfreund Christian zu Grabe, den armen Spielmann, der seine Träume von einer großen Karriere nie verwirklichen konnte.

In diesem Roman werden zwei gegensätzliche Anschauungen formuliert. Die eine (von Andersen heftig abgelehnt) wird einem hochnäsigen Adligen in den Mund gelegt, der Christian erklärt, er dürfe nie vergessen, daß er ein armer Junge sei. »Besitzt du wirklich Genie, so wird es sich schon Bahn brechen, auch wenn du dich noch ein Jahr lang auf See herumtreiben mußt. *Per aspera ad astra!* Widerwärtigkeiten läutern das Genie.« Die andere Anschauung (die Andersens eigener Überzeugung entspricht) drückt sich in den Worten aus: »Das Genie ist ein Ei, welches der Wärme, der Befruchtung durch das Glück bedarf, sonst wird es ein Windei.«

1846 schrieb Andersen über *Nur ein Geiger*: »Ich wollte zeigen, daß Talent nicht Genie ist, und daß, wenn der Sonnenschein des Glückes ausbleibt, jenes hier auf Erden zugrunde geht, nicht aber die edle, bessere Natur.« Der Roman sollte also exemplifizieren, wie Talent durch die gesellschaftlichen Verhältnisse und durch andere widrige Umstände zerstört werden kann. Sein Thema ist *nicht* die Zerstörung des Genies, denn Andersen glaubte (jedenfalls immer dann, wenn er zuversichtlich gestimmt war) an die romantische Theorie, derzufolge das wahre Genie sich am Ende immer durchsetzen wird – eine Überzeugung, die am deutlichsten aus einer anderen autobiographisch geprägten Erzählung spricht: dem Märchen *Das häßliche junge Entlein*.

Die Romane *O.T.* und *Kun en Spillemand* fanden beim Publikum Anklang und wurden bald in verschiedene andere Sprachen übersetzt. In England erschienen beide zusammengefaßt unter dem Titel *Only a Fiddler! and O.T. or Life in Denmark*. Die deutsche Übersetzung von *Kun en Spillemand (Nur ein Geiger)* trug entscheidend dazu bei, daß der Romanautor Andersen sich in Deutschland wachsender Beliebtheit erfreute.

Indessen füllte in Dänemark die vernichtende Kritik, die der fünfundzwanzigjährige Theologiestudent Sören Kierkegaard an dem Roman übte, ein ganzes Buch – das erste, das er veröffentlichte. Es erschien 1838 unter dem seltsamen Titel *Aus den Papieren eines noch Lebenden. Gegen seinen Willen herausgegeben von Sören Kierkegaard*. Der Untertitel lautete: »Betreffend Andersen als Romanschriftsteller, mit ständiger Bezugnahme auf sein letztes Buch *Nur ein Geiger*.«

Es ist das Erstlingswerk eines hochbegabten, etwas arroganten jungen Mannes, der seine überragenden geistigen Fähigkeiten unter Beweis stellen will. Für Leser ohne entsprechende Vorbildung ist es wegen seines komplizierten Stils und der Hegelschen Terminologie nahezu unverständlich. Kierkegaards Hauptargument ist in dem Satz zusammengefaßt:

»In Andersens Roman geht kein aufstrebendes Genie zugrunde, sondern ein Jammerlappen, den wir für ein Genie halten sollen, der aber mit einem Genie nichts anderes gemeinsam hat, als daß er einiges Mißgeschick erleidet – auf Grund dessen er sich geschlagen gibt.«

Inzwischen weiß man natürlich, wie scharfsichtig viele Äußerungen Kierkegaards über Andersen waren (der von ihm als »der durch eine ziemlich umfangreiche literarische Wirksamkeit nicht unvorteilhaft bekannte Dichter Herr H. C. Andersen« apostrophiert wurde). Sein Urteil über *Nur ein Geiger* ist jedoch aus zwei Gründen ungerecht: zum einen, weil Andersens Titelheld nicht unbedingt als Genie zu betrachten ist, zum anderen, weil Kierkegaard nur die sentimentalen Züge des Romans hervorhebt und andere wichtige Aspekte völlig außer acht läßt – zum Beispiel den Humor und die Ironie, desgleichen die Tatsache, daß Andersen Themen anzuschneiden wagte, die damals gemeinhin tabu waren, und nicht zuletzt auch die literarische Qualität der deskriptiven Passagen.

Am 30. August 1838 machte Andersen folgende Kalendernotiz: »Litt Seelenqualen wegen Kierkegaards noch nicht veröffentlichter Kritik.« Eine Woche später schrieb er: »Ein aufregender Brief von Wulff und unmittelbar darauf Kierkegaards Kritik. Edvard gab mir ein kühlendes Pulver. War wie in einem Nebel.« Die beiden letzten Sätze sind oft in direkten Zusammenhang mit Andersens Reaktion auf Kierkegaards Buch gebracht worden. Ich halte diese Interpretation für höchst fragwürdig und teile Topsöe-Jensens Meinung, daß der Hauptgrund für Andersens Niedergeschlagenheit der »aufregende Brief« war, den er von P. F. Wulff erhalten hatte. Sein einstiger Wohltäter, der inzwischen Admiral geworden war, bezichtigte ihn darin der üblen Nachrede, ohne ihm eine Chance zu geben, sich gegen diesen Vorwurf zu verteidigen. Der Brief schloß mit dem Satz: »Im übrigen bitte ich Sie, mich mit jeder weiteren mündlichen oder schriftlichen Erklärung zu verschonen.« Andersen schloß daraus, daß Wulff jede Beziehung zu ihm abbrechen wollte. »Nach einem Brief, den ich heute morgen von Deinem Vater bekommen habe«, schrieb er an Christian Wulff, »kann ich nie mehr in ein Haus kommen, wo ich mich achtzehn Jahre lang wie daheim gefühlt habe.« Drei Wochen später kam Admiral Wulff, nachdem sich alles als ein Mißverständnis herausgestellt hatte, zu Andersen, bat ihn um Verzeihung und versicherte ihm, daß er jederzeit ein willkommener Gast sei. Es ist höchst unwahrscheinlich, daß die tiefe Verzweiflung, von der Andersen in diesen drei Wochen befallen war, durch die Kritik eines unbekannten Studenten ausgelöst wurde, auf deren Veröffentlichung er ja bereits vorbereitet war. Da die Nachwelt dazu neigte, diese Episode im Lichte der späteren Berühmtheit Kierkegaards zu sehen, ist der Kritik, die er als Student an Andersen geübt hatte, oft zu große Bedeutung beigemessen worden.

Nach der Lektüre von Kierkegaards Buch schrieb Ingemann an Andersen:

»Vermutlich hat Sie Kierkegaards Kritik bekümmert. Ich kann darin keine Bitterkeit oder den Wunsch zu verletzen finden. Seine Absichten Ihnen gegenüber sind sicherlich viel besser als er zu erkennen gibt. Der Schluß des Buches verrät eine – zugegebenermaßen merkwürdig unterdrückte – wohlwollende Einstellung, aber es ist einseitig und unbillig, wenn man nur seine Einwände laut werden läßt, während man Lob und Anerkennung flüstert, wenn man seine Mißbilligung mit Druckerschwärze, Dank und Zustimmung aber mit unsichtbarer Tinte registriert.«

Was bewog Kierkegaard, nur diesem einen Roman und nicht auch den anderen Werken Andersens eine so ausführliche Studie zu widmen? Sein Buch gibt darauf keine klare Antwort. Der verschiedentlich geäußerten Vermutung, es sei persönliche Animosität im Spiel gewesen, ist entgegenzuhalten, daß an Kierkegaards Bemerkung, er habe Andersen »persönlich kaum gekannt«, nicht zu zweifeln ist, auch wenn beide damals dem Kopenhagener Studentenverein angehörten und sich dort vermutlich ein paarmal begegnet sind. Georg Brandes äußert in seinem Buch über Kierkegaard die Meinung, *Nur ein Geiger* habe dessen Mißfallen erregt, weil Andersen sich darin offenbar grundsätzlich zu der Auffassung bekannt hatte, ein Genie brauche Wohlwollen, Wärme und Anerkennung, um sich entfalten zu können. Da Kierkegaard die gegensätzliche Anschauung vertreten habe, nämlich daß widrige Umstände dem Genie förderlich seien, habe er sich berechtigt gefühlt, Widerspruch zu erheben. Bei Andersen habe er genau das vermißt, was ihm selbst kurz vorher noch gefehlt habe: eine in sich schlüssige Weltanschauung. Demnach sei seine Kritik an dem Roman auch Selbstkritik gewesen, und da er dies vor der Öffentlichkeit nicht zugeben wollte, habe er Andersens Einstellung angegriffen. Unter den zahlreichen Versuchen, Kierkegaards Motive zu erklären, scheint mir Brandes' Argument das stichhaltigste zu sein.

Kierkegaards Buch fand offenbar nicht viele Leser. Man witzelte sogar, die einzigen, die es von vorn bis hinten gelesen hätten, seien er selbst und Andersen gewesen.

In den ersten Jahren nach seiner Rückkehr aus dem Ausland (1834) fiel es Andersen schwer, mit seinen Einkünften auszukommen, und auch der Erfolg seiner Romane verbesserte seine Lage nur vorübergehend. Obwohl er Henriette Hanck das Gegenteil beteuerte, machte er sich oft große Sorgen über seine finanzielle Situation. Im Mai 1835 schrieb er einen verzweifelten Brief an Jonas Collin, von dem er sich bereits einige Male Geld geborgt hatte:

»Ich bin arm und empfinde meine Armut schwerer als der kümmerlichste Bettler, und das drückt meinen Geist und meinen Mut nieder. Ich weiß viel zuviel von der Wirklichkeit des Lebens, als daß ich mir bessere Zeiten erträumte. Ich sehe einer unglücklichen Zukunft entgegen, die zu erwarten ich kaum den Mut habe. Es wird eine Zeit kommen, da ich gezwungen sein werde, mich um ein armseliges Lehreramt auf dem Lande oder eine Stellung an der Küste Guineas zu bewerben. – Sterben Sie mir, dann habe ich gar niemanden, der sich für mich interessiert, und Talent ist nichts, es sei denn, die Umstände sind günstig.«

Darauf sandte ihm Collin umgehend ein paar tröstliche Zeilen: »Seien Sie heute abend ruhig und schlafen Sie gut! Morgen sprechen wir miteinander und überlegen uns Ressourcen. Ihr C.«

Im November 1834 hatte sich Andersen um eine Stellung in der Königlichen Bibliothek beworben, für die ihn Örsted schriftlich empfohlen hatte. Doch der Leiter der Bibliothek erklärte ihm, daß er für einen solchen Posten viel zu begabt sei, und betraute einen anderen Bewerber damit. Als ein weiterer Versuch, sich zusätzliche Einkünfte zu verschaffen, fehlschlug, mußte sich Andersen erneut an Jonas Collin wenden. In *Das Märchen meines Lebens* schildert er seine mißliche Lage:

»Mein Beistand, mein Trost und meine Stütze war damals der

Konferenzrat Collin, bei dem ich zögernd und nur im dringendsten Notfall Zuflucht suchte – worüber ich hier nicht gern spreche. Ich glaubte jedoch, wie einst in meinen Knabenjahren, daß Gott uns Hilfe schickt, wenn uns die Not am größten erscheint. Ich habe einen Glücksstern – es ist unser Herrgott.«

Nach wie vor träumte er davon, nach Italien zurückzukehren. An einem stürmischen, verregneten Tag im Juli 1836 schrieb er an Henriette Wulff: »O Danimarca cattiva! Ich möchte herzlich gern Patriot sein; aber ich kann nicht Tartüff sein und ein Element preisen, das in den Sümpfen Lapplands beheimatet ist.« Im Herbst desselben Jahres bat er Örsted, sich beim König dafür zu verwenden, daß man ihm wieder ein Reisestipendium gewähren möge:

»Meine beste Schule ist das Leben. Je freier ich mich darin bewegen kann, umso reifer wird mein Geist werden, umso kraftvoller mein Wirken. Leider bin ich in einem kleinen Land geboren, in dem ich, auch wenn meine Werke von einem ziemlich großen Publikum gelesen werden, kaum mehr verdienen kann als zum Leben reicht, und es ist gewiß unmöglich für mich, das zu erlangen, was meiner Weiterbildung zum besten käme: für eine kurze Weile wieder reisen zu können. Aber Dänemark ist ja auch das Land, das mehr als jedes andere für die bedürftigen Künstler tut. Diese Hilfe muß ich suchen, mit meiner ganzen Seele versuche ich, sie zu erhaschen!«

Da Andersen jedoch erst vor kurzem ein Reisestipendium erhalten hatte, kam er für ein zweites vorläufig nicht in Betracht. 1837 reiste er zwar zum ersten Mal ins Nachbarland Schweden, aber auf eigene Kosten. In Stockholm schrieb er am 1. Juli in sein Tagebuch: »Heute fange ich an, um mein Geld zu fürchten, so muß, glaube ich, der Geizhals leiden. Oh! Dieses Fegefeuer ist genug Strafe auf Erden für jede Sünde.«

Wie schlecht es um seine Finanzen stand, zeigen die Briefe, die er in den ersten Monaten des Jahres 1838 an Frau Lässöe schrieb. »Jetzt bin ich oft gezwungen, an einen Brotbaumzweig zu denken, und muß daher den Lorbeerbaum loslassen.« Folgende Zeilen schrieb er an ihren Sohn Frederik:

»Kein Mensch kann es mehr hassen, von Geld und Auskommen zu sprechen – ... aber hier und dieses eine Mal kann ich es Ihnen sagen: es gibt einen Plagegott, und der heißt Bedürftigkeit, er ist an meinen größten Mängeln schuld. Sie wissen nicht, wie ich gekämpft habe! Meine Kinderjahre gingen dahin, ohne daß ich etwas lernte. In dürftiger, ungeistiger Umgebung bin ich aufgewachsen; niemand hat mich geleitet, niemand meiner geistigen Kraft eine Richtung gegeben; sie brannte wie ein Irrlicht. Als ich endlich in die Schule kam, wurde ich hart und wie eine Maschine behandelt, und es ist ein Wunder, daß ich nicht zugrunde gegangen bin. Jede Stufe meiner Dichterlaufbahn habe ich öffentlich vor dem Publikum zurückgelegt; es ist ein Schauspiel gewesen, bei dem der Teller herumgegangen ist, um dem Künstler seinen Unterhalt zu verschaffen. Immerhin habe ich es soweit gebracht, mir einen Namen zu machen, ja einen Schatten davon selbst außerhalb meines Vaterlandes; aber ich stehe noch ebenso arm, ebenso hilflos da wie damals, als ich mit meinem Bündel in der Hand zum Vesterport hereinkam, und weniger glücklich; denn damals war meine Seele erfüllt von schönen Träumen, nun dagegen von einer Wirklichkeit, einer Erkenntnis, die mir zeigt, was mir fehlt, und daß es schier unmöglich ist, es zu erringen.«

Um vom König ein jährliches Ehrengehalt bewilligt zu bekommen, wie es Oehlenschläger und Heiberg seit Jahren bezogen, brauchte man einflußreiche Fürsprecher. Und Jonas Collin war anscheinend nicht bereit, in dieser Sache etwas zu unternehmen.

Dann aber geschah ein Wunder. Der holsteinische Graf Rantzau-Breitenburg, der dänischer Staatsminister war, schrieb Andersen, er sei vom *Improvisator* sehr beeindruckt, worauf Andersen ihm ein Exemplar von *O.Z.* sandte. Als Rantzau ein paar Tage später anfragen ließ, ob er ihn besuchen dürfe, sprach Andersen lieber gleich bei dem Minister vor, der von nun an zu seinen Gönnern und Freunden zählte. Auf Rantzaus Frage, ob er etwas für ihn tun könnte, erklärte ihm Andersen unumwunden, wie schwierig es für einen Dichter sei, in Dänemark seinen Lebensunterhalt zu verdienen. Daraufhin versprach ihm der Graf, sich beim König für ihn zu verwenden. Im Januar 1838 erhielt Frederik VI. die Petition, und im Mai wurde Andersen offiziell mitgeteilt, daß ihm ein jährliches Gehalt von vierhundert Reichstalern bewilligt worden sei – eine Freudenbotschaft, die er fortan als Wendepunkt seines Lebens bezeichnete. »Nun habe ich doch einen kleinen Brotbaum in meinem Dichtergarten«, schrieb er an

Ingemann, »und brauche nicht vor jedermanns Tür zu singen, um eine Brotkrume zu bekommen.«

Wie sich sein tägliches Leben kurz vor der Bewilligung des Jahresgehaltes abspielte, zeigt folgender Ausschnitt aus einem Brief an Henriette Hanck:

»Ich möchte Ihnen einen Plan von meiner Woche geben, zunächst jedoch die übliche Tagesordnung. Um acht Uhr Kaffee; dann wird bis elf oder zwölf Uhr gelesen und geschrieben, danach gehe ich in den [Studenten-]Verein zum Zeitunglesen, darauf ins Bad, dann wird ein Spaziergang gemacht und bis drei Uhr Besuche; dann wird geruht. Von vier bis sechs Mittagessen und der Rest zu Hause, um zu arbeiten oder zu lesen; gibt es im Theater etwas Neues, dann bin ich DORT, abends nirgendwo anders. Meine Mittage sind: montags bei Frau Bügel, wo wir immer essen wie auf einer großen Gesellschaft; dienstags bei Collins, wo der älteste Sohn mit Frau ebenfalls an diesem Tag ißt, daher bekommen wir etwas Ausgefallenes; mittwochs bei Ørsteds, die an diesem Tag immer Besuch haben; donnerstags wieder bei Frau Bügel; freitags bei Wulffs, wo Weyse immer am selben Tag hinkommt und nach Tisch [am Klavier] phantasiert; Samstag ist mein freier Tag, da esse ich, wo ich eingeladen werde, sonst bei Ferrini [ein Kopenhagener Restaurant]; sonntags bei Frau Lässöe oder im Studentenverein, falls ich mich nicht wohl genug fühle, den langen Weg zu machen. Sehen Sie, das ist der Verlauf der Woche. So gibt es doch etwas Abwechslung!«

Im Sommer 1835 schrieb er aus Odense an Edvard Collin, er solle sich von seiner Braut Jette sagen lassen: »Jeg elsker Dig!« (Ich liebe dich!) und dies als eine Botschaft von ihm, Andersen verstehen. »Sie darf wohl sagen ›liebe‹, darf wohl ›du‹ sagen, bei einem Manne wird es zur Sentimentalität, und das ist etwas, was ich von mir abgeschüttelt habe . . .«

Doch das hatte er keineswegs. Im August schrieb er Edvard einen Brief, von dem er sagte, es sei »ein Brief, der aus meiner Seele kommt, ein Brief von der Art, die ich hinterher bereue. Einer der Briefe, in denen ich den Gefühlen die Nummer 1 und der Vernunft die Nummer 16 gebe. Verstimmt Sie das?« Was er schrieb, klang tatsächlich wie ein Liebesbrief:

»Ich sehne mich nach Ihnen, ja in diesem Augenblick sehne ich mich nach Ihnen, als wären Sie ein schönes kalabrisches Mädchen mit dunklen Augen und einem leidenschaftlich flammenden Blick. Ich hatte nie einen Bruder, aber hätte ich einen gehabt, dann hätte ich ihn nicht so lieben können wie ich Sie liebe, und dennoch – Sie erwidern meine Gefühle nicht! Das schmerzt mich, oder vielleicht bindet mich gerade das noch fester an Sie. Meine Seele ist stolz, die eines Fürsten kann nicht stolzer sein. Ich habe mich an Sie geklammert, ich habe – *bastare!* das ist ein gutes italienisches Wort und in Kopenhagen mit ›Halt's Maul!‹ zu übersetzen.«

Wie stark er die gesellschaftliche Kluft zwischen Edvard und sich selbst empfand, geht ebenfalls aus diesem Brief hervor:

»Oh, wollte Gott, Sie wären sehr arm und ich reich, vornehm, ein Adliger. In diesem Falle würde ich Sie in die Mysterien einweihen, und Sie würden mich mehr zu schätzen wissen, als Sie es jetzt tun. Oh, wenn es ein ewiges Leben gibt, und das muß es doch geben, dann werden wir einander wahrhaft verstehen und schätzen. Dann bin ich nicht mehr der arme Kerl, der Wohlwollen und Freunde braucht, dann sind wir gleich.«

Im Juni 1836 schrieb er Edvard: »Ob wir hier auf Erden ›Sie‹ oder ›du‹ zueinander sagen, ob Sie es bis zum Premierminister bringen und ich schlicht Herr H. C. bleibe, wir werden doch immer Freunde sein, einander so treu ergeben, wie es Freunde nur sein können.« Edvard, der dies als bare Münze nahm, erwiderte erfreut: »Ihr Argument in der Sache mit dem Du und Sie fand ich ergötzlich. Das war mir aus der Seele gesprochen; es hat lange gedauert, bis Sie das einsahen.« Und er fuhr fort: »Ihr letzter Brief hat mich vielleicht mehr erfreut als gewöhnlich. Es ist ein so menschlicher Ton darin, ich möchte ihn, aber werden Sie jetzt nicht böse, ›erwachsen‹ nennen; doch ist er natürlich, wie immer, eine Mischung von liebenswürdiger Herzlichkeit und Anmaßung – eine Folge davon, daß sie sich mit sich selber nicht im reinen sind, für welches Rollenfach Sie sich am besten eignen, oder was Ihnen am besten steht.«

Erbost über Edvards schulmeisternden Ton erwiderte Andersen: »Ihr letzter Brief hat mich vielleicht mehr erfreut als gewöhnlich. Es ist ein so menschlicher Ton darin – ich möchte ihn, aber werden Sie jetzt nicht böse, ›kindlich‹ nennen; doch ist er natürlich, wie immer, eine Mischung von liebenswürdiger Herzlichkeit und schulmeisterlicher Besonnenheit – eine Folge davon, daß Sie sich mit sich selber nicht im reinen sind, für welches Rollenfach Sie sich am besten eignen, oder was Ihnen am besten steht.«

Die Unterschrift dieses Briefes lautete: »Ihr ›erwachsener‹ Freund, der ›einen so menschlichen Ton‹ hat.«

Als Edvard ihn kurz darauf in einem Brief »skikkelig« nannte (was soviel wie »brav«, »artig«, »gutmütig« bedeutet), schrieb ihm Andersen verärgert: ». . . und weshalb nennen Sie mich Ihren ›braven‹ Freund? Ich will nicht brav sein! es ist das fadeste, langweiligste Wort, das Sie anwenden können.«

Im August 1836, wenige Tage vor Edvards Vermählung mit Henriette Thyberg, schrieb Andersen ihm: »Mein lieber, lieber Edvard! Gott segne und begleite Dich! Ja, Du wirst glücklich sein und Du verdienst es.« Nach diesen ersten Sätzen wechselte er wieder zum formellen »Sie« über. Häusliches Glück, so schrieb er, könne er sich recht gut vorstellen.

»Wie Moses stehe ich auf dem Berg und schaue ins gelobte Land, wohin ich niemals komme . . . Aber meine Gefühle sind stark wie die Ihren, wie Sie Ihre Jette lieben, habe auch ich geliebt! zweimal habe ich geliebt, aber das war nur Selbsttäuschung, jedoch leidet der, welcher sich selbst getäuscht hat, sicher am tiefsten, ich vergesse es niemals, aber selbst wir beide sprechen niemals davon. Es gehört zu jenen Leiden, über die man nicht einmal mit seinem liebsten Freunde spricht.«

Er müsse woanders Trost finden, schrieb er einige Zeilen später. »Italien ist meine Braut!«

Etwas, das Andersen immer stärker bedrückte, war die Tatsache, daß die Familie Collin ihn nicht für einen echten Dichter hielt. Im August 1837 schrieb er an Edvard: »Ich weiß, daß Sie alle mich als Person gern haben, ja daheim bin ich für Sie wie ein Bruder. Irgendwann müssen Sie auch meinen Wert als Schriftsteller anerkennen, der in Ihrer Familie keinen hohen Platz hat und unter Hertz und Heiberg gestellt wird.«

Die Familie Collin sollte stolz auf ihn sein, aber das zu erreichen, war schwierig.

Der Wunsch, berühmt zu werden, war von jeher eine treibende Kraft in Andersens Leben gewesen. Geringschätzige oder demütigende Äußerungen vergaß er nie, und daß er in *Das Märchen meines Lebens* voller Mitleid mit sich selbst die trivialsten (oft wirklich sehr törichten) Bemerkungen wiedergibt, die mündlich oder schriftlich über ihn gemacht wurden, gereicht dieser Autobiographie nicht zum Vorteil.

Im November 1835 schrieb er an Henriette Hanck:

»Ich werde die fixe Idee nicht los, daß der Schriftsteller, über den die *Monatsschrift* einmal sagte, er habe Hoffnungen erweckt, die aufgegeben worden seien, der Knabe, dem einer unserer hoffnungsvollsten Männer sagte, er müsse daran denken, daß er nur ein armer Knabe sei, und dem Bischof Mynster vor zwölf Jahren erklärte, es sei ein ganz besonderes Privileg, daß man ihn studieren lasse – daß der eines Tages einen so berühmten Namen wie sie haben wird. Das wünsche ich mir! Geschieht es nicht jetzt, dann muß ich in einer Welt dafür sorgen, in der wir alle Kinder desselben Vaters, also gleich sind.«

An Frau Iversen schrieb er im Januar 1837:

»Der Sohn der armen Waschfrau, der mit Holzschuhen an den Füßen in den Straßen von Odense herumlief, hat es so weit gebracht, daß er im Hause eines der angesehensten Männer Dänemarks wie ein Sohn behandelt wird und verdienstvolle, glänzend begabte Menschen zu seinen Freunden zählt. Ich MUSS unter den GUTEN Schriftstellern meiner Zeit genannt werden; aber ich will mehr als das! Gott gebe mir Kraft dafür. Ich möchte zu den ERSTEN Dichtern Dänemarks gezählt, mit Holberg und Oehlenschläger genannt werden. Aber bis dorthin ist es noch ein ziemlich großer, ja ein sehr weiter Sprung; ich fühle es wohl, obschon ich nicht gern davon spreche. Der Herrgott muß mich an den Armen hochheben, es nützt nichts, wenn ich meine Beine hebe. Aber nur nicht aufgeben! Ein großer Dichter in dieser Welt und ein noch größerer in der nächsten, das möchte ich sein, und der ist ein schlechter Soldat, der nicht davon träumt, General zu werden.«

Und im September desselben Jahres an Henriette Hanck:

»Ganz allmählich dringt mein Name doch durch; das ist auch das einzige, wofür ich lebe! Ich strebe nach Ruhm wie der Geizige nach dem Klang des Goldes; beide sind sicher hohl; aber für *eine* Sache in dieser Welt muß man schließlich begeistert sein, sonst bricht man zusammen und vermodert!«

1836 hatte er das Glück gehabt, dem französischen Schriftsteller Xavier Marmier zu begegnen, der sich eine Zeitlang in Skandinavien aufhielt. Basierend auf seinen Gesprächen mit Andersen, schrieb Marmier eine biographische Skizze, *Une vie de poète*, die im Oktober 1837 in der *Revue de Paris* erschien und später in Marmiers *Histoire de la littérature au Danemark et en Suède* (Paris, 1839) aufgenommen wurde. Sie trug, nicht nur in Frankreich, viel dazu bei, daß Andersen international bekannt wurde. 1838 konnte er Henriette Hanck berichten, daß ihm die Witwe Byrons einen Gruß geschickt habe. »Lady Byron hat *La vie d'un poète* gelesen, und wissen Sie, ce poète, c'est moi!«

Wie bereits erwähnt, reiste Andersen im Sommer 1837 erstmals nach Schweden. Der Zufall wollte es, daß er auf dem Schiff die schwedische Romanautorin Fredrika Bremer kennenlernte, die sich in Europa und Amerika bereits einen Namen gemacht hatte. [14] Diese Begegnung war der Beginn einer lebenslangen Freundschaft.

Während seines Aufenthalts in Uppsala schrieb Andersen in sein Tagebuch: »Ging zum Schloßberg hinauf, einem großen, nach allen Seiten offenen Plateau. Rief den Namen der Frau, die ich liebe, der kalte nördliche Wind trug ihn davon.«

Die Frau, der damals sein Herz gehörte, war Örsteds Tochter Sophie, die er seit ihrer Kindheit kannte. Aber er hatte wenig Hoffnung, ihre Hand zu erringen. Nach seiner Rückkehr aus Schweden schrieb er an Christian Wulff: »Ich bin auf meiner schwedischen Reise besonders braun geworden und sehe angeblich gut aus, soweit das möglich ist. Ich laufe mit einer glühenden Sehnsucht umher, heiraten zu können; aber ich muß ein Vermögen haben, das mir jährlich dreitausend an Zinsen einbringt, sonst kann ich nicht mit Frau und Kindern leben.«

Diesmal bewahrte er selbst seinen engsten Freunden gegenüber Stillschweigen. Henriette Hancks Vermutung, er habe sich heimlich verlobt, wies er energisch zurück:

»Ich versichere, ich glaube, es ist nicht daran zu denken, daß ich mich jemals verlobe. Ich habe zu viel Klugheit, um einen unbesonnenen Schritt zu tun. (Der Herrgott möge mir immer helfen, diese zu behalten!) Ich habe nur eine mäßige Existenz und keinerlei Aussichten. Meine Frau muß leben, wie sie es im Kreis ihrer Familie gewohnt ist, und Sie sehen also, daß ich mich niemals verloben kann; ich muß einsam sterben wie mein armer Christian im Roman . . . Ja, wäre ich vermögend, hätte ich die Aussicht, einmal ein- oder zweitausend im Jahr zu bekommen – dann würde ich mich verlieben! Hier gibt es ein Mädchen, das hübsch, geistreich, gut und liebreizend ist, sie stammt aus einer der ersten Familien des gebildeten Kopenhagen; aber ich habe kein Vermögen und – ich verliebe mich nicht! Außerdem ist sie genau halb so alt wie ich. Gott sei gelobt, sie hat keinen Schimmer davon, daß sie mir besser als leidlich gefällt, und sie behandelt mich auch wie einen älteren Herrn, den sie seit vielen Jahren kennt; sie hat Vertrauen zu mir, und ist imstande, mir zu erzählen, und zwar in diesen Tagen: ›Andersen, Sie müssen mir gratulieren, ich habe mich verlobt.‹«

Genauso kam es dann auch. Kurz nachdem er diesen Brief geschrieben hatte, machte er folgende Tagebucheintragung:

»Heute hat sich Sophie verlobt. Als ich das letzte Mal mit Marmier dort gespeist hatte, sagte er: ›Sie sind in sie verliebt, das weiß ich! Ich kann es sehen. Warum halten Sie nicht um sie an?‹ Ich sann den ganzen Abend darüber nach, wie falsch es wäre, weil ich arm bin. Als ich letzten Samstag dort war, war sie sehr liebenswürdig, am Abend jedoch fühlte ich, daß es mir durchaus möglich wäre, allein zu leben.«

Er sei, so fuhr er fort, zu der Überzeugung gelangt, daß er sich gar nicht ernsthaft in Sophie verlieben wollte. »Ich werde mich nie verloben, und es wäre ein großes Unglück, wenn es jemals geschähe. Gott hat alles zum Besten gerichtet.«

Er hatte den Örsteds versprochen, ihnen an diesem Abend seine Autobiographie vorzulesen, brachte es aber nicht über sich, als er von Sophies Verlobung erfuhr.

»Zum ersten Mal nahm ich ihre Hand. Ich drückte sie zweimal und war guten Mutes, davon war ich überzeugt, denn ich litt nicht und war äußerst ruhig. – Nun bin ich zu Hause, allein, wie ich es immer sein werde! Ich hätte es ihr vielleicht an Weihnachten gesagt, aber für sie wäre es niemals gut gewesen. Jetzt werde ich nicht mehr heiraten. Kein junges Mädchen wächst für mich heran; jeden Tag werde ich mehr zum Hagestolz. Oh! Noch gestern gehörte ich zu den Jungen, heute bin ich alt. Gott segne dich, meine geliebte Sophie! Du wirst nie wissen, wie glücklich ich mit dir gewesen wäre, wenn ich das Geld gehabt hätte!«

In der gleichen Stimmung schrieb er an Ingemann: »Ach, ich bin alt geworden, die *Jugend* hat mich verlassen . . . Seine [Ørsteds] Tochter, das hübscheste, liebreizendste Mädchen, das als Kind auf meinem Schoß saß und mich küßte, damit ich ihr Märchen erzählte, hat sich verlobt – ja, ich werde alt!«

Als Nachwort zu dieser kurzen Liebesgeschichte sei ein Brief zitiert, den Andersen im März 1838 an Frau Lässöe sandte. Er enthielt die Abschrift des Gedichtes *Oh, wär' ich reich!* aus seinem (damals noch unveröffentlichten) Märchen *Die Galoschen des Glücks:*

»Oh, wär' ich reich!« so wünscht' ich mir schon oft,
Als ich, kaum ellengroß, auf viel gehofft.
Oh, wär' ich reich! so würd' ich Offizier,
Mit Säbel, Uniform und Bandelier.
Es kam die Zeit, und ich ward Offizier;
Doch nun und nimmer ward ich reich, ich Armer.
Hilf mir, Erbarmer!

Einst saß ich abends lebensfroh und jung,
Ein kleines Mädchen küßte meinen Mund,
Denn ich war reich an Märchenpoesie,
An Gold dagegen, ach!, so arm wie nie.
Das Kind nur wollte diese Poesie;
Da war ich reich, doch nicht an Gold, ich Armer.
Du weißt's, Erbarmer!

»Oh, wär' ich reich!« so tönt zu Gott mein Flehen.
Das Kind hab' ich zur Jungfrau reifen sehen;
Sie ist so klug, so hübsch, so seelengut;
O wüßte sie, was mir im Herzen ruht:
Das große Märchen – wäre sie mir gut!
Doch bin zum Schweigen ich verdammt, ich Armer.
Du willst's, Erbarmer!

Oh, wär' ich reich an Trost und Ruhe hier.
Dann käme all mein Leid nicht aufs Papier.
Verstehst du mich, du, der ich mich geweiht,
So lies dies Blatt aus meiner Jugendzeit,

Ein dunkles Märchen, dunkler Nacht geweiht.
Nur finstre Zukunft seh ich; ach, ich Armer.
Dich segne der Erbarmer!

»Es ist eine alte Geschichte, das heißt: kaum ein Jahr alt«, schrieb der Dichter dazu. »Mein eigenes Herz wurde damals ein wenig zu heiß, aber keiner hat es bemerkt, auch Sie nicht, liebe Freundin; es war ja auch nur eine von jenen *kleineren* Schwärmereien! Jetzt ist sie abgekühlt, und das einzige Ergebnis des Vulkanausbruchs ist dieses kleine Gedicht, das als ein hübsches Stückchen Lava gelten mag.«

Bei dieser sicherlich nicht ganz ernst zu nehmenden Schwärmerei könnte der uneingestandene Wunsch Andersens, der Schwiegersohn Örsteds zu werden, im Spiel gewesen sein (wie ja auch der Wunsch, Jonas Collins Schwiegersohn zu werden, eine Rolle gespielt haben dürfte, als er sich in dessen Tochter Louise verliebte).

Jedenfalls scheint er sehr schnell über diese Enttäuschung hinweggekommen zu sein. Im April 1838 war er, wie folgende Zeilen an Henriette Hanck zeigen, wieder hauptsächlich in sich selbst verliebt:

»Wissen Sie, was meine galanten Freunde sagen: ›Andersen ist so unbeschreiblich stutzerhaft geworden, der größte Modejunker! Er läuft in einem Mantel mit Samtfutter zu sechzig Rtlr. herum, mit einem Hut wie ein Regenschirm und einer Figur – ja, er wird von Tag zu Tag hübscher!‹ Jette Wulff sagt: ›Früher waren Sie so herrlich originell; jetzt sind Sie genauso wie Kammerjunker X und Leutnant U, ein feiner, vornehmer Herr!‹ – Frau Drewsen sagt: ›Unser Freund wird schön auf seine alten Tage, aber er ist derselbe verwünschte Quasselpeter wie früher. Ist das ein *célèbre poète*? Doch, Sie sollten ihn nur kennen, wie wir ihn kennen . . .‹«

Gern zitierte er die witzigen Bemerkungen, die Ingeborg Drewsen über ihn machte. Mit offensichtlichem Vergnügen berichtete er Henriette Hanck, was Frau Drewsen geäußert hatte, als er sich nach einer Brunnenkur von einer längeren Krankheit erholte: »Nicht das Wasser hat Andersen kuriert, nein! Es war das ungewöhnliche Glück, das er diesen Winter gehabt hat.« Worauf sie drei neue Theaterstücke (seiner Konkurrenten Heiberg, Paludan-Müller und Hertz) aufzählte, die durchgefallen waren.

Im Frühjahr 1839 schrieb Andersen an Henriette Wulff: »Ich habe mich damit amüsiert, meinen Freunden einen Streich zu spielen ... Ich habe eine Kritik über mich selbst geschrieben, scharf, aber nicht übertrieben, und habe sorgfältig auf meine Mängel als Schriftsteller hingewiesen, Mängel, die bisher noch niemand bemerkt hat.« Das Manuskript dieser »Kritik«, von Dr. Topsöe-Jensen entdeckt und veröffentlicht, beginnt wie folgt:

»H. C. Andersen hat eine Dichternatur, die uns zeigt, was für ein Unterschied es ist, ob man Originalität oder Einfallsreichtum besitzt, denn daß er letzteres hat, kann niemand leugnen. Er versteht es, Gedanken und Gefühle auszuschmücken und zusammenzustellen, aber es fehlt ihm die schöpferische Kraft. Seine Freunde werden diese Äußerung als hart und ziemlich unbillig empfinden, weil er insgesamt drei Romane geschrieben hat, die als ungewöhnlich gelten dürften, ja, auf den ersten Blick lassen sie sich mit keinen anderen, die wir kennen, vergleichen; sehen wir aber etwas genauer hin, dann ist es nichts anderes als eine poetische Ausschmückung von tatsächlichen Erlebnissen, die in diesen drei Büchern zusammengestellt wurden.«

In diesem Stil »kritisierte« er auch seine Gedichte und anderen Werke, desgleichen seine eigene Person – »unseren Improvisator, unseren gutmütigen, kindlichen, eitlen Andersen, den man allerdings ein gewisses Talent nicht absprechen kann«.

Als angeblich echtes Kritikerurteil las er diesen Artikel einigen seiner Freunde vor. Örsted fand die Kritik zu hart, lobte aber den klaren Stil und die Intelligenz des Verfassers. Die Collins stimmten in vielen Punkten mit dem Artikel überein. Alle waren sehr überrascht, als Andersen sich als dessen Verfasser zu erkennen gab: Soviel Mut zur Selbstkritik hätten sie ihm nicht zugetraut.

Im Sommer 1839 reiste Andersen wieder nach Schweden, diesmal aber nur in den südlichen Teil. Als er an Bord des Dampfers nach Malmö gehen wollte, traf er zufällig seinen alten Widersacher Molbech. Von dieser Begegnung berichtete er Henriette Hanck: »›Herr Andersen‹, sagte Molbech mürrisch, ›fahren Sie auch nach Schonen?‹ – ›Ja‹, erwiderte ich, ›zu Baron Wrangel‹. – ›Ich will ja gar nicht wissen, wen Sie besuchen!‹ antwortete er zähnefletschend.«

Graf Wrangel, bei dem Andersen auf Schloß Hyby zu Gast war, machte ihm mit einem anderen schwedischen Adligen, seinem Sohn und seinen beiden Töchtern bekannt. »Graf Barcks Töchter Louise und Mathilda gefielen mir, die ältere Schwester war eine junge Dame von Welt, wir sprachen über Paris, Musik und Dichtung; halbwegs verliebt verabschiedeten wir uns, nachdem wir ein Treffen bei ihrem Onkel, Graf Beck-Friis, vereinbart hatten.«

Drei Tage nachdem er diese Tagebucheintragung gemacht hatte, schrieb er an Henriette Hanck: »In Torup machte ich die Bekanntschaft des Grafen Barck und seiner Familie, und die eine Tochter machte großen Eindruck auf das Dichterherz. Wir sahen uns während eines Besuches auf Börringe beim Grafen Beck-Friis wieder, wo ich den *Mulatten* vorlas und viel Beifall bekam; ich merkte auch, daß mein Herz sich gütlich tat, denn es neigte jetzt Mathilda Barck, nicht Louise Barck zu.«

Und am 3. Juli an Henriette Wulff: »Eine der Gräfinnen von Barck war lange in Paris, ist jung, lebhaft und schön, o weh! mein altes Herz – wenn ich nur genug Geld hätte, würde ich mich auf meine alten Tage verlieben.«

Im Herbst 1839 schrieb Andersen sein *Bilderbuch ohne Bilder*, in dem der Mond einem bettelarmen jungen Maler Abend für Abend Geschichten erzählt. Am sechsten Abend schildert er eine Szene, die er eines Nachts bei den Hünengräbern des alten Uppsala beobachten konnte:

»›Oben stand ein Mann: ein Sänger. Er leerte das Methorn mit dem breiten Silberrand und flüsterte einen Namen. Er bat den Wind, er möge ihn nicht verraten, doch ich vernahm, was er sagte. Ich kannte den Namen. Eine Grafenkrone zierte ihn, deshalb nannte er ihn nicht laut. Ich mußte lächeln, denn eine Dichterkrone zierte den seinen. Eleonora d'Estes Adel ist mit Tassos Namen verknüpft. Auch ich weiß, wo die Rose der Schönheit blüht!‹

So sprach der Mond. Eine Wolke verhüllte ihn. Mögen die Wolken sich niemals zwischen den Dichter und seine Rose drängen!«

Hier gab der Dichter ein eigenes Erlebnis zeitlich verändert wieder: Als er sich 1837 in Uppsala aufhielt, kannte er die Töchter des Grafen Barck noch gar nicht; auf dem Schloßberg hatte er

Sophie Örsteds Namen gerufen. Der sechste Abend des *Bilderbuchs ohne Bilder* (erschienen im Dezember 1839) war jedoch als eine Art Liebesbrief an Mathilda von Barck gedacht.

Im Frühjahr 1840 fuhr Andersen wieder nach Schonen. Den Höhepunkt seines Aufenthalts bildete ein Bankett – mit Tischreden, Trinksprüchen, Ständchen und allem Drum und Dran –, das die Studenten der Universität von Lund ihm zu Ehren veranstalteten. Daß ein dänischer Autor im Ausland so gefeiert wurde, war eine Seltenheit. In Kopenhagen löste die Nachricht unterschiedliche Reaktionen aus. Jonas Collin war zu Tränen gerührt, andere machten sich über die Sache lustig. Heiberg sagte sarkastisch zu Andersen: »Wenn ich das nächste Mal nach Schweden fahre, müssen Sie mitkommen, damit ich auch ein bißchen von solcher Huldigung abbekomme.« Worauf Andersen schlagfertig erwiderte: »Fahren Sie mit Ihrer Frau hinüber, dann kommen Sie viel leichter dazu.« Frau Heiberg, damals Star des Königlichen Theaters zu Kopenhagen, wurde in ganz Europa als größte Schauspielerin, die Skandinavien jemals hervorgebracht hatte, gefeiert.

Während seines Aufenthalts in Schonen sah Andersen auch den Grafen Barck und seine Töchter wieder, die ihm, als er in Malmö die Heimreise antrat, vom Kai aus nachwinkten.

An Mathilda, deren Schönheit und Charme ihn nun vollends in Bann geschlagen hatten, schrieb er nach der Heimkehr einen Brief, in dem er sich für die freundliche Begleitung bis zum Hafen bedankte. Er habe eine Zeichnung gemacht, die sie und ihre Schwester bei einer Fahrt durch das Flachland von Schonen zeige. »Könnte ich doch Porträts zeichnen, dann hätte dieses Bild die schönsten Figuren ... Oh, kommen Sie bald übers Meer zu uns herüber! Leider kann ich nicht zu bald wieder nach Schweden kommen, dazu erweist man mir dort viel zuviel Güte und Aufmerksamkeit.« Er bat sie, ihn in freundlicher Erinnerung zu behalten – »ja, mir nur halb so zugetan zu sein wie ich es Ihnen bin«. Zwei Monate später schrieb er ihr, er sehne sich nach seinen schwedischen Freunden, und sie möge seinen Brief als ein Bukett von Grüßen betrachten, »deren beste für Sie bestimmt sind«.

Ende August 1840, kurz bevor er eine lange Auslandsreise antrat, schrieb er noch einmal an Mathilda:

»Liebe Gräfin! Ich muß Ihnen noch ein paar Worte senden, bevor ich Skandinavien verlasse. Ich gehe in trauriger Stimmung. Der Süden mit all seiner Wärme, all seiner Herrlichkeit, wird keinen Sonnenschein in mein Gemüt hauchen. Bringen Sie Ihren Eltern, Ihrer Schwester und Ihren Brüdern meine innigsten Abschiedsgrüße. Ob wir uns wiedersehen werden? In einem Jahr kann viel geschehen. Mein Herzensgebet ist, im Ausland zu sterben oder heimzukehren, um ein Werk zu schaffen, das mir und Dänemark Ehre macht. Ich bin in Gedanken öfter bei Ihnen als Sie denken. Die schwesterliche, sanfte Güte, mit der Sie mir begegnet sind, läßt mich hoffen, daß Sie mich durch einen Brief glücklich machen, ja wenn Sie gut zu mir sind, werde ich schon in München ein Briefchen bekommen, schreiben Sie mir also Anfang November, Adresse München postlagernd, dann bekomme ich es, bevor ich die Alpen überquere. Zeigen Sie mir, ob Schweden es von Herzen gut mit mir meint. Für mich verkörpern SIE das ganze Land. Aber schreiben Sie bitte nur, wenn Sie mich wirklich glücklich machen wollen. Dann bekommen Sie einen Brief von mir, und zwar aus Rom.«

Aus unerfindlichen Gründen erhielt Mathilda diesen (auf den 25. Oktober 1840 datierten) Brief erst am 6. Januar 1841. Dies geht aus einem Brief hervor, den Louise von Barck am 1. Februar 1841 an ihre Eltern schrieb: »Am dreizehnten Tag nach Weihnachten bekam Mathilda einen netten, aber sehr traurigen Brief von Andersen, datiert 25. Oktober, in dem er ihr vor seiner Auslandsreise Lebewohl sagt und sie bittet, Anfang November nach München zu schreiben, was natürlich nicht möglich war; stattdessen hat sie ihm jetzt nach Rom geschrieben. Ich hoffe sehr, daß der Brief ihn erreicht, zumal man sagt, er sei schrecklich melancholisch, ja einem Zusammenbruch nahe, was, falls es stimmt, sehr traurig wäre.«

Mathilda fügte dem Brief ihrer Schwester folgende Zeilen bei: »Mein geliebter Vater, meine geliebte Mutter! Ein Brief von Andersen hindert mich daran, denen zu schreiben, die mir am teuersten sind, deshalb diesmal nur einen kurzen Brief.«

An Andersen sandte sie einen freundlichen, aufmunternden Brief (drei eng beschriebene Seiten), in dem sie beteuerte, daß sie oft an ihn denke und sich aufrichtig wünsche, ihn wiederzusehen. Nun, da er Kopenhagen verlassen habe, zöge sie nichts mehr dorthin. Sie sprach von seiner »schönen Seele« und seiner »reichen Phantasie«. »Der dänische Dichter ist oft Thema unserer Gespräche und Gedanken.«

Doch dieser Brief, den Andersen in Rom ungeduldig erwartete, traf nicht bei ihm ein. Mathilda hatte eine Dame aus Dänemark, die nach Rom reiste, gebeten, ihn Andersen persönlich zu überbringen, aber die Dame hatte den Auftrag vergessen. Erst fast drei Jahre später fiel ihr der Brief in Kopenhagen zufällig wieder in die Hand, worauf sie ihn mit schlechtem Gewissen bei Andersen abgab. Zu diesem Zeitpunkt aber war er leidenschaftlich in eine andere Schwedin verliebt, in Jenny Lind. Und Mathilda von Barck hatte sich inzwischen mit dem belgischen Botschafter in Kopenhagen verlobt. Ein Jahr später starb sie im Alter von nur zweiundzwanzig Jahren.

»Das Theater«, schreibt Andersen in *Das Märchen meines Lebens*, »war während einer Reihe von Jahren der Ort, von wo aus mir das Leben in einem hohen Grade verbittert wurde.« Das trifft ganz sicher auf die Jahre 1839 und 1840 zu.

Er war seiner Liebe zum Theater treu geblieben und hatte noch immer den Ehrgeiz, auch als Bühnenautor anerkannt zu werden. Die Aussicht auf das Honorar, das ihm die erfolgreiche Aufführung eines Stückes im Königlichen Theater einbringen würde, spielte dabei natürlich auch eine Rolle. Nachdem er mehrere Libretti und einen Schwank verfaßt hatte, schrieb er ein Singspiel, *Trennung und Wiedersehen*, das aus zwei Einaktern bestand: *Die Spanier in Odense* und *Zwanzig Jahre danach*. Es wurde im April 1836 uraufgeführt und vom Publikum freundlich aufgenommen. Ein viel größerer Erfolg war sein nächster Schwank *Der Unsichtbare auf Sprogö*, der nach der Premiere im Juni 1839 längere Zeit auf dem Spielplan des Königlichen Theaters stand.

Andersens nächstes Bühnenwerk war ein »romantisches Originaldrama«, dessen Thema er der Erzählung *Les épaves* von Fanny Reybaud entnommen hatte und das er *Der Mulatte* nannte. Dieses fünfaktige Schauspiel in gereimten Versen wurde gegen die Stimme C. Molbechs, der damals zu den drei Direktoren des Königlichen Theaters zählte, angenommen. Die Premiere sollte am 3. Dezember 1839 stattfinden, doch das Schicksal wollte es, daß an diesem Tag König Frederik VI. starb. Da während der zweimonatigen Staatstrauer das Theater geschlossen blieb, konnte der *Mulatte* erst am 3. Februar 1840 uraufgeführt werden. Zwei Tage später erschien das Drama in Buchform – gewidmet dem neuen König, Christian VIII., dem Andersen das Stück wenige Tage vor dem Tod Frederiks VI. vorgelesen hatte.

Es war sein bisher größter Bühnenerfolg und erlebte zahlreiche, vom Publikum bejubelte Aufführungen. Als jedoch die französische Erzählung, die ihn zu diesem Stück angeregt hatte, in einem Kopenhagener Journal in dänischer Übersetzung erschien, wurden Zweifel an der Originalität des Dramas laut. Dazu kam, daß Andersens Hinweis auf *Les épaves* in der Buchausgabe aus drucktechnischen Gründen weggelassen worden war. Obendrein gefiel Heiberg das Stück nicht, und seine zahlreichen Anhänger – darunter auch Mitglieder der Familie Collin – teilten seine kritischen Einwände.

Daraufhin wollte Andersen seinen Landsleuten beweisen, daß er durchaus imstande war, ein völlig eigenständiges Drama zu schreiben. Im August 1840 reichte er das Manuskript seines neuen Stückes *Das Maurenmädchen* beim Theater ein. Dieses recht unbedeutende Melodram wurde vom Direktorium sofort angenommen und sollte am 18. Dezember uraufgeführt werden. Aber für Andersen waren die Verhandlungen, die er wegen dieses Stückes führte, enervierend. Bereits im März, als er noch mitten in der Arbeit daran saß, hatte er Frau Heiberg aufgesucht, um mit ihr über die Rolle der Titelheldin Raphaella zu sprechen, die er ihr von Anfang an zugedacht hatte. Einen Tag bevor er das Stück beim Theater einreichte, sprach er bei Heiberg vor, auf dessen Urteil er großen Wert legte, und zwei Tage später machte er folgende Kalendernotiz: »Habe erfahren, daß Heiberg *Das Maurenmädchen* nicht annehmen will, bin absolut wütend.« Elf Tage später erhielt er den Bescheid, daß das Stück akzeptiert worden sei, und tags darauf sprach er bei Frau Heiberg vor.

29. August. »An Frau Heiberg geschrieben. Las das Stück um ein Uhr Frau Heiberg vor; sie nannte sie [gemeint ist die Titelrolle] eine männliche und sagte, sie sei schwülstig. Schlug mir die flehentliche Bitte ab, die Rolle zu spielen. Antwort morgen. Wütend.«

Da Frau Heiberg unnachgiebig blieb, wurde die Rolle schließlich mit einer längst nicht so beliebten Schauspielerin besetzt. Andersen, der leider so unklug war, sich bei Gott und der Welt über Heiberg auszulassen, sollte bald erfahren, wie gefährlich es war, sich diesen Mann zum Feind zu machen. Es dauerte nicht lange, bis Heiberg sich rächte (zu diesem Zeitpunkt befand sich Andersen allerdings nicht mehr in Dänemark).

In *Das Märchen meines Lebens* geht Andersen ausführlich auf die schlimmen Erfahrungen ein, die er im Zusammenhang mit der Aufführung des *Maurenmädchens* machte, und schreibt zusammenfassend:

»Das Unrecht mag nun auf meiner Seite gewesen sein oder nicht – gleichviel, ich hatte eine Partei gegen mich, das Publikum war mir nicht günstig gesinnt, ich hatte das Gefühl, stets übersehen und schlecht behandelt zu werden, ich fühlte mich gekränkt, und als noch verschiedene andere Unannehmlichkeiten hinzukamen, wurde es mir in der Heimat unheimlich, ich war fast krank – ich vermochte es nicht länger zu ertragen. Ich überließ mein Stück seinem Schicksal, leidend und verstimmt beeilte ich mich, fortzukommen. In dieser Stimmung schrieb ich eine Vorrede zum *Maurenmädchen*, die gar sehr mein krankes Gemüt offenbarte, und darüber machte man sich natürlich lustig.«

Er wartete nicht einmal die Uraufführung seines Stückes ab. Am 30. Oktober 1840 gaben einige seiner jungen Freunde und alten Gönner (darunter Jonas Collin, Adam Oehlenschläger und Hans Christian Örsted) eine Abschiedsgesellschaft für ihn, und tags darauf trat er seine zweite große Auslandsreise an.

7
Von Land zu Land

1840-1843

»Mein Gemüt war krank, als ich Dänemark verließ«, schrieb Andersen an Henriette Wulff. Tief bewegt hatte er sich vor der Überfahrt nach Kiel von einigen Mitgliedern der Familie Collin verabschiedet, die ihn zum Hafen begleiteten. »Edvard C. war der letzte, von dem ich Abschied nahm«, schrieb er in sein Tagebuch. »Er drückte mir einen Kuß auf den Mund. Oh, es war, als wollte mir das Herz zerspringen.« Aus Deutschland schrieb er tags darauf an Jonas Collin:

»Mein gütiger, geliebter Vater! Noch nie habe ich so viel für die Heimat empfunden wie gestern, als ich sie verließ, und mit Heimat meine ich Ihr Haus und alle dort, und auch Edvards und Gottliebs Haus. Kein Sohn, kein Bruder kann mehr leiden als ich, aber es ist wohl besser, wenn ich fortgehe: meine Seele ist krank. Selbst denen, die uns am teuersten sind, wagen wir nicht zu offenbaren, was unser Gemüt am meisten bedrückt. – Oh, wie Sie mich in diesen letzten Tagen Ihre Liebe fühlen ließen! Ich liebe Sie wie einen Vater, seien Sie es immer für mich, und ich werde erkennen, daß ich in dieser Welt viel errungen habe.«

Er hielt sich neun Monate im Ausland auf, und diesmal führten ihn seine Reisen sogar über die Grenzen Europas hinaus.

Zunächst war er einige Tage auf Schloß Breitenburg in Holstein zu Gast bei seinem neuen Freund und Gönner, dem Grafen Rantzau-Breitenburg. Dann fuhr er nach Hamburg, wo er Franz Liszt spielen hörte. In seinem Reisebuch *Eines Dichters Basar* schildert er dieses Konzert:

»Als Liszt vor dem Piano saß, war mein erster Eindruck von seiner Persönlichkeit durch den Ausdruck starker Leidenschaft auf seinem blassen Gesicht bestimmt, so daß er mir wie ein Dämon erschien, der an das Instrument festgenagelt, aus dem die Töne strömten – sie kamen aus seinem Blut, aus seinen Gedanken. Er war ein Dämon, der seine Seele aus der Knechtschaft befreien wollte; er war auf die Folter gespannt, sein Blut ergoß sich, und seine Nerven bebten. Aber während er weiterspielte, verschwand das Dämonische. Ich sah das blasse Gesicht einen edleren und schöneren Ausdruck annehmen: Die göttliche Seele leuchtete aus seinen Augen, aus jedem Zug seines Gesichtes; er wurde so schön, wie es nur jene werden können, die dem Geist und der Begeisterung huldigen.«

Auf der erst kurz zuvor eröffneten Eisenbahnstrecke zwischen Magdeburg und Leipzig machte Andersen die erste Zugreise seines Lebens. Folgende Schilderung ist dem Kapitel »Die Eisenbahn« aus *Eines Dichters Basar* entnommen:

»Die erste Empfindung ist ein ganz sachter Ruck in den Wagen; nun sind die Ketten gespannt, welche diese zusammenhalten; wieder ertönt die Signalpfeife, und die Fahrt beginnt, erst langsam, als zöge eine Kinderhand einen kleinen Wagen. Unmerklich nimmt die Geschwindigkeit zu, während du in deinem Buche liest, deine Karte studierst und noch nicht recht weißt, wie schnell es vorwärts geht, denn der Wagen gleitet dahin wie ein Schlitten auf einem ebenen Schneefeld. Du blickst aus dem Fenster und entdeckst, daß du wie mit galoppierenden Pferden dahinjagst; es geht immer schneller, du scheinst zu fliegen, aber hier gibt es kein Rütteln, keinen Luftzug, nichts von alledem, was du dir unbehaglich vorgestellt hast.

Was war das Rote, das gleich einem Blitz dicht neben dir aufzuckte? Der Wärter war es, der mit seiner Fahne dastand. Sieh nur hinaus! und die nächsten zehn bis zwanzig Ellen ist das Feld ein pfeilschneller Strom. Gras und Pflanzen verschwimmen, man bekommt einen Begriff davon, wie es sein könnte, wenn man außerhalb des Erdballs stände und sähe, wie er sich dreht. Es greift das Auge an, wenn man lange in dieselbe Richtung blickt. Aber richtest du den Blick einige Ruten weiter fort, dann bewegen sich die Gegenstände nicht schneller, als sie sich bei einer gewöhnlichen Fahrt zu bewegen scheinen, und weiter gegen den Horizont scheint alles stillzustehen; man sieht die ganze Gegend vor sich und erhält einen vortrefflichen Gesamteindruck.

Das ist genau die richtige Art, durch ebene Länder zu reisen! Es ist, als läge Stadt an Stadt; jetzt kommt eine, nun wieder eine. Man kann sich so recht den Flug der Zugvögel vorstellen – so muß es sein, wenn sie Stadt um Stadt hinter sich lassen.

Jene, die man in Kutschwagen auf den Seitenwegen fahren

sieht, scheinen stillzustehen; die Pferde heben die Füße, scheinen sie aber auf derselben Stelle niederzusetzen – und schon sind wir vorbei.«

Eine andere technische Novität lernte Andersen in Augsburg kennen: Zum ersten Mal sah er Daguerreotypien. Wie er Edvard Collin berichtete, zeigte ihm ein Schweizer Maler »eine Sammlung ausgezeichneter Daguerreotypbilder, Porträts lebender Personen, aufgenommen in 5 bis 10 Minuten. Sie waren alle von verschiedener Größe und sahen aus, wie auf einer stählernen Platte gestochen. Die Haare waren schön und die Augen ganz deutlich, sogar der Glanz in den Pupillen.« [15]

Aus München schrieb er an Jonas Collin, er sei in Gedanken ganz in der Heimat – »und damit meine ich nur Ihr Haus; danach kann ich Heimweh empfinden, ansonsten möchte ich Dänemark nie wiedersehen, wo ich mich mehr unglücklich als glücklich gefühlt habe. Bitte urteilen Sie deswegen nicht zu hart über mich, es gibt viele Sorgen, vieles, was in unserer Seele verborgen liegt und was wir nicht einmal uns selbst offenbaren können.« Seinem Tagebuch vertraute er an, er habe beim Schreiben dieses Briefes zu weinen begonnen. Möglicherweise trug der Gedanke an Louise Collins bevorstehende Vermählung zu seinem Kummer bei. Seine unglückliche Liebe zu Louise gehörte zwar der Vergangenheit an, aber vergessen hatte er sie nicht, auch wenn er in einer Grußbotschaft, die dem Brautpaar am Hochzeitstag übergeben werden sollte, geschrieben hatte: »Andersen wünscht Ihnen beiden so viel Glück, wie ein Bruder nur wünschen kann.«

In einer Münchner Buchhandlung entdeckte er einen Band der deutschen Ausgabe seines *Improvisators*. Das Gespräch mit dem Buchhändler hielt er in seinem Tagebuch fest:

»›Das ist aber nur der erste Teil‹, sagte ich. ›Das ist alles‹, erwiderte der Buchhändler. ›Nein‹, sagte ich, ›es ist nur der erste Teil.‹ – ›Aber ich habe es gestern gelesen‹, sagte der Buchhändler. ›Fanden Sie nicht, daß es ziemlich abrupt endet?‹ – ›Das schon; wie die neuen französischen Romane; die enden auch auf diese moderne Art.‹ – ›Es ist aber trotzdem nur der erste Teil‹, sagte ich. ›Aber ich sage Ihnen doch, ich habe es gelesen.‹ – ›Und ich habe es geschrieben‹, erwiderte ich.«

Über Innsbruck und den Brenner reiste Andersen nach Italien, wo er, so sehr es ihn dorthin zurückgezogen hatte, zunächst einige Enttäuschungen erlebte. »Der Norden Italiens ist ein Schweinestall«, schrieb er an Henriette Wulff. »Später gewöhnt man sich so daran, daß es einem nichts mehr ausmacht.« In einem Brief an Henriette Hanck schilderte er die sechstägige Reise mit einem *vetturino* von Florenz nach Rom:

»Unter meinen Reisegefährten war ein Engländer, welcher dermaßen flegelhaft und unausstehlich war, daß mir beim bloßen Gedanken daran noch jetzt die Galle hochkommt. Zugleich aber war er ein solcher Charakter, daß er in einem Roman für den Leser so belustigend wäre wie er im wirklichen Leben lästig war. Er nahm stets den besten Platz im Wagen ein, betrug sich ständig tölpelhaft und störend, bediente sich von unseren Tellern, wenn er darauf einen guten Bissen entdeckte, plünderte in jedem Gasthaus die Küche aus, so daß es ständig Streit gab, und wollte von jedermann bedient werden, was ich aus törichter Gutmütigkeit an den ersten beiden Tagen tat, während ich ihm später gehörig heimleuchtete.«

In *Eines Dichters Basar* hat er (in dem Kapitel »Reisen mit einem Vetturin«) diesen englischen Italienreisenden sehr amüsant geschildert.

Nachdem er Mitte Dezember in Rom eingetroffen war, fühlte sich Andersen oft einsam und elend. Es war kalt, und er litt unter Zahnschmerzen. Am Neujahrstag 1841 ging er in den Petersdom, wo er (wie seinem Tagebuch zu entnehmen ist) unter der mächtigen Kuppel betete: »Gott! Gewähre mir einen unsterblichen Namen als Dichter, gib mir Gesundheit und gib mir Deinen Frieden!« Zwei Tage später machte er folgende Eintragung: »Ging nach Hause und dachte in meiner Einsamkeit an meinen Wunsch, fern der Heimat zu sterben. Dachte an die Lieben zu Hause und war traurig.« Und am 13. Januar: »Melancholisch und traurig: Ich dachte an meine verlorene Rose in Dänemark.« (Damit meinte er zweifellos Louise Collin, die jetzt Louise Lind hieß.)

Am 18. Dezember 1840 war *Das Maurenmädchen* in Kopenhagen uraufgeführt worden. Auf einen Bericht über die Aufnahme, die sein Stück gefunden hatte, mußte Andersen einen vollen Monat warten. Seine Befürchtungen bestätigten sich insofern nicht, als Publikum und Kritik dem Stück bei der Premiere höflichen Beifall gezollt hatten. Aber in finanzieller Hinsicht war es ein Reinfall: Wegen mangelnden Publikumsinteresses wurde es nach drei Aufführungen abgesetzt. Andersen erhielt diese Nachricht von Edvard Collin und nahm sie, wie sein Tagebuch zeigt, zunächst erleichtert zur Kenntnis. Dann aber wurde er von Tag zu Tag deprimierter. »Ich würde am liebsten sterben, es gibt nichts mehr, wofür es sich zu leben lohnt«, schrieb er am 3. Februar in sein Tagebuch. »Ich kann nicht zu Gott beten, ich weiß, daß meine Gebete nicht erhört werden. Oh, ich bin müde an Leib und Seele, so laß denn die Flamme erlöschen, den Leib vermodern! – Oh, wohin soll ich in dieser Trübsal gehen? – Ich ging in eine Kirche am Corso, ein Kind wurde Eduardo getauft. Mein Edvard denkt vielleicht an mich, wenn ich meine Taufe erhalten habe: die drei Schaufeln Erde auf meinem Sarg.« Sechs Tage später hatte er sich in eine verbissene Wut »über die eisige Kälte von Edvards letztem Brief« hineingesteigert.

Eine Passage dieses Briefes trug vor allem zu Andersens Verbitterung bei: »Falls Sie aber meinen«, schrieb Edvard, »daß die unfreundliche Kritik am *Maurenmädchen* einen nachhaltigen Eindruck zu Ihren Ungunsten hinterlassen habe, dann irren Sie sich; es ist bereits vergessen. Eine andere wichtige literarische Erscheinung ist an seine Stelle getreten, nämlich Heibergs *Neue Gedichte*, ein in seiner Art und durch seine brillante Form höchst bemerkenswertes Produkt.«

Obendrein hörte Andersen kurz darauf von anderer Seite, Heiberg habe sich in seinem neuen Buch über ihn lustig gemacht. Auf welche Weise dies geschehen war, erfuhr er nicht. »Es ist doppelt peinlich«, schreibt er in *Das Märchen meines Lebens*, »verspottet zu werden, wenn man nicht weiß, wodurch man zum Gespött wird. Die Nachricht wurde gleich geschmolzenem Blei in eine offene Wunde geträufelt.«

Erst als er nach Dänemark zurückgekehrt war, konnte er sich über Heibergs Angriffe informieren: Der Band *Neue Gedichte* enthielt eine brillant geschriebene »apokalyptische Komödie«, betitelt *Eine Seele nach dem Tode*. Es war eine Satire auf den Kopenhagener »Durchschnittsbürger«, der nach dem Tod weder in den Himmel noch ins Elysium aufgenommen wird, in der Hölle dagegen sofort Einlaß findet. Dort fühlt er sich wie zu Hause, denn die Hölle ist kein Ort voller Feuer und Schwefel, sondern nur eine unaufhörliche Wiederholung der geistlosen Existenz, die er zeitlebens geführt hat. Mephistopheles versichert der »Seele«, sie werde hier alles finden, woran sie gewöhnt sei, auch Theater. Bei Ankunft der Seele in der Hölle werden dort gerade *Der Mulatte* und *Das Maurenmädchen* aufgeführt, und Mephistopheles erzählt von Andersens europäischem Ruhm, der »von Schonen bis zum Hunsrück« reiche – ja sogar bis nach Konstantinopel, wo der Großeunuche dem Harem des Sultans das Schauspiel *Der Mulatte* vorlese und den zum Tod durch den Strang Verurteilten *Das Maurenmädchen.* Zu allem Überfluß enthielt der Text auch noch einige Bemerkungen über Andersens Drang, berühmt zu werden um jeden Preis.

In Rom, also noch bevor er den Inhalt dieser Satire kannte, hatte Andersen einen satirischen Brief in Versen geschrieben, den er Heiberg schicken wollte. »Es versetzte mich in gute Stimmung«, vermerkte er in seinem Tagebuch, »ich habe mich den ganzen Tag immer munterer und zufriedener gefühlt.« Da jedoch einer seiner dänischen Kollegen diesen Brief »zu gehässig« fand, sandte Andersen ihn nicht ab und zerriß ihn später. Der Öffentlichkeit präsentierte er seine Antwort auf Heibergs Spöttelei erst später in seinem Reisebuch *Eines Dichters Basar,* und zwar im Rahmen einer Schilderung der schlimmen Erfahrungen, die er in einem osteuropäischen Quarantänelager gemacht hatte.

»In *dieser* Hölle träumte mir, ich sei in die Heibergsche Hölle eingeschlossen, und es war natürlicherweise ganz so, wie er erzählt hat; man gab nur meine beiden Stücke, und es war mir sehr recht, nein, als gutem Christen sogar besonders angenehm, zu erfahren, wie er uns auch erzählt hat, daß die Verdammten, nachdem sie meine Stücke gesehen hatten, sich als hinlänglich bestraft mit gutem Gewissen niederlegen konnten. Dort zum mindesten habe ich mit meinen Werken etwas Gutes bewirkt. Allerdings erfuhr ich da unten, daß man beschlossen hatte, nicht nur meine beiden Stücke an einem Abend, sondern zum Abschluß auch Heibergs *Fata Morgana* aufzuführen; aber die verlorenen Seelen hatten dagegen protestiert – schließlich kann man einem auch die Hölle zu heiß machen, und irgendwo muß doch eine Grenze sein!«

Damit war die Rechnung beglichen, und Andersen war großmütig (oder gewitzt) genug, in einer Fußnote anzumerken, er

Das kleine Haus, in dem Andersen aufwuchs (Zeichnung von J. H. T. Hanck, 1839).

EN HÖKERLOGE.

Links oben der »Olymp« im Königlichen Theater zu Kopenhagen. Von einer dieser sogenannten Hökerlogen aus sah Andersen am 16. September 1819 das Singspiel *Paul und Virginie.*

Links unten das Zentrum von Odense zu Lebzeiten Andersens. Im Hintergrund die St. Knuds-Kirche, rechts die Lateinschule.

Rechts oben ein Amateurgemälde des Zentrums von Odense, wie es zu Andersens Lebzeiten aussah. »Ich hatte stets einen inneren Trieb, mich den Schülern der Lateinschule zu nähern . . . Wenn sie auf dem Kirchhof spielten, stand ich vor dem Holzzaun, guckte hinein und wünschte, daß ich unter den Glücklichen wäre.« *(Das Märchen meines Lebens)*

Links oben der Hafen von Helsingör, im Hintergrund Schloß Kronborg.

Links unten ein zeitgenössisches Porträt des Rektors Simon Meisling.

Rechts oben das Königliche Theater in Kopenhagen.

Links Riborg Voigt, Andersens erste Jugendliebe (Daguerreotypie).

Oben die Lateinschule in Helsingör.

Selbstporträt Andersens aus dem Jahre 1830.

Das vermutlich früheste Porträt Hans Christian Andersens, eine 1828 entstandene Zeichnung des zehnjährigen Fritz Jürgensen.

Links oben Louise Collin, Jonas Collins jüngste Tochter, Andersens zweite Jugendliebe, im Jahre 1835.

Links unten das Haus der Collins (Rückansicht) in der Kopenhagener Bredgade.

Rechts oben Jonas Collin, Andersens Wohltäter und väterlicher Freund (Gemälde von J. V. Gertner, 1839).

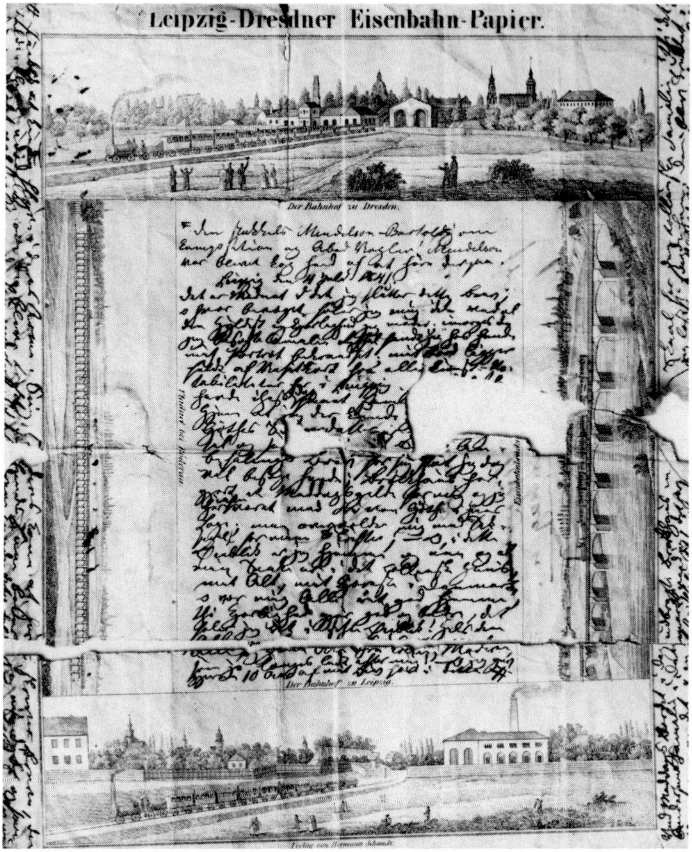

Links oben eine Skizze von Andersen: »Ein Trauerzug vor meinen Fenstern in Rom, 28. Dezember 1833«.

Links unten Hans Christian Andersen in Rom, Januar 1834 (Gemälde von Albert Küchler).

Oben ein Blatt eines Briefes, den Andersen 1841 auf »Leipzig-Dresdner Eisenbahn-Papier« schrieb.

Oben Henriette und Edvard Collin, porträtiert von W. Marstrand, 1842.

Rechts oben Andersen in Athen mit türkischem Fez, Zeichnung von C. Hansen.

Rechts unten tanzende Derwische in Pera, Skizze von Andersen.

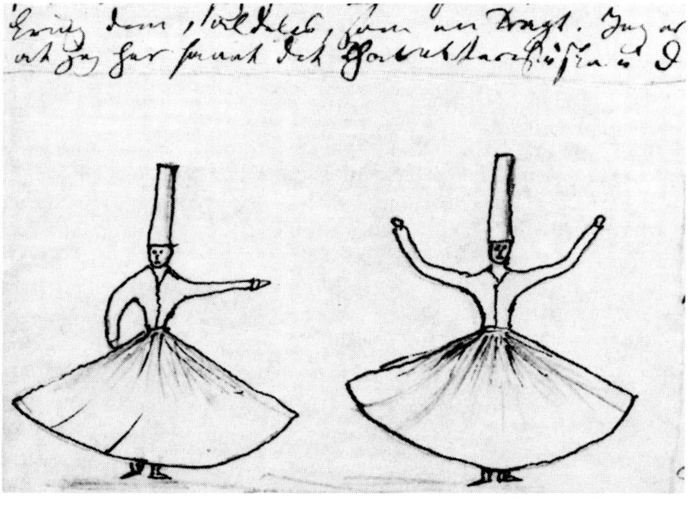

Jenny Lind, die »schwedische Nachtigall«. Andersen bewahrte dieses Porträt in seinem Sammelalbum auf. Neben ihren Namenszug hatte Jenny Lind geschrieben: »Kunst und Religion wurden der Menschheit als Wegweiser zum nächsten Leben geschenkt.«

halte diesen Gedichtband für Johan Ludvig Heibergs »vorzüglichstes Werk«.

Als er von Rom nach Neapel gereist war, ging es ihm gesundheitlich so schlecht, daß er zur Ader gelassen werden mußte und eine Zeitlang mit dem Schlimmsten rechnete. Schon hatte er die Hoffnung begraben, nach Griechenland weiterfahren zu können – da erhielt er die freudige Nachricht, daß der dänische König ihm ein Reisestipendium von sechshundert Reichstalern gewährt hatte.

Nun begann der abenteuerlichste Teil seiner Reise. Auf einem französischen Dampfschiff fuhr Andersen von Neapel nach Malta und weiter zu der griechischen Insel Syra (Siros), von wo aus er sich an Bord eines anderen Schiffes nach Piräus begab. Am 24. März 1841 traf er in Athen ein. Seine ersten Eindrücke beschrieb er in einem Brief an Carsten Hauch:

»Man kann fast sagen, daß Athen mit jeder Stunde wächst; Häuser und Straßen schießen aus dem Schutt empor; mehrere Straßen sehen genau wie unsere Buden auf dem Jahrmarkt aus: Zelte sind ausgespannt, alle möglichen Waren sind ausgelegt, und hübsche Griechenknaben hocken dahinter und verkaufen sie; einzelne Stadtviertel sind nur Schutthaufen, und mitten in diesen sieht man ein Loch; das ist der Eingang zu einer Wohnung; man muß sich bei jedem Schritt vorsehen, denn plötzlich steht man vor einem Brunnen ohne das geringste Geländer. Überall liegen Kapitelle, zerbrochene Marmor-Basreliefe, überall stehen verfallene Kirchen mit bunten Heiligenbildern an den Wänden; die Türken haben jedes Gesicht zerkratzt und Christi Augen und Mund mit Kugeln durchschossen. Täglich gehe ich zur Akropolis hinauf; die Aussicht ist unvergleichlich, und der Ort selbst eine zertrümmerte Feenwelt; wilde Gurken überwuchern die Stufen des Pantheons; überall liegen unbestattete Totenschädel von Türken und Griechen; überall sieht man Bomben aus der Zeit der Venezianer. Ich bin im Kerker des Sokrates gewesen; es sind zwei schmale, viereckige Höhlen in einem Felsen in der Nähe von Athen; am Eingang wuchsen schöne rote Blumen; ich pflückte eine und dachte an Oehlenschläger; wollen Sie ihm diese Blume von mir geben?«

Andersen hatte vorgehabt, an seinem Geburtstag auf den Parnassos zu steigen, aber das schlechte Wetter hielt ihn in Athen zurück, wo er zwei nach alter Tradition »Rhapsoden« genannte Wandersänger ihre Lieder aus vergangenen Tagen vortragen hörte. Er besuchte das Kloster Daphni, feierte den griechischen Unabhängigkeitstag (6. April) und das Osterfest in Athen und nahm auf Einladung König Ottos von Griechenland an einer Soirée im Schloß teil.

Nach vierwöchigem Aufenthalt in Griechenland fuhr er per Schiff nach Smyrna, dann durch die Dardanellen und das Marmarameer nach Konstantinopel. Dort überquerte er den Bosporus, um sich in Scutari und Pera die tanzenden Derwische anzusehen. Eines der reizvollsten Kapitel in *Eines Dichters Basar* ist jenes, in dem Andersen zunächst den wilden, fast grausigen Tanz der Derwische von Scutari beschreibt, die er für wahnsinnig hielt, und dann den eigentümlich schönen Tanz der Derwische von Pera – »jeder in einen großen dunkelgrünen Mantel gehüllt; ein weißer Filzhut, gewiß eine Elle hoch und ganz ohne Rand, bedeckte den Kopf«. Er schildert, wie sie zunächst einen alten Derwisch umkreisten:

»Nun warfen sie ihre Mäntel ab und standen da in einem offenen, dunkelgrünen Wams mit langen, engen Ärmeln und einem langen Rock von gleichem Zeug und gleicher Farbe, der bis an die Knöchel hinabreichte und in großen Falten um ihre Beine fiel; sie breiteten die Arme aus und drehten sich immer nach derselben Seite in der Runde; ihr Rock umgab sie wie ein Trichter.

Mitten im Kreise drehten sich zwei Derwische beständig auf demselben Fleck, immer nach *einer* Richtung; und um diese die andern in wirbelndem Tanz. Der Älteste mit dem langen Bart spazierte ruhig zwischen den Äußersten und den beiden in der Mitte. Der Tanz sollte den Lauf der Planeten darstellen.«

Dieser Tanz kam Andersen »wie eine Art Ballett« vor, während er den Tanz der Derwische von Scutari »als das Bild eines Tollhauses« in Erinnerung behielt.

In Konstantinopel überlegte er sich, ob er für die Rückreise wieder die erprobte Route über Griechenland und Italien wählen oder »Europas königlichen Fluß«, die Donau, aufwärtsfahren sollte, um weitere osteuropäische Länder kennenzulernen. Man warnte ihn in Konstantinopel vor dieser Reiseroute; es hieß, daß in Rumelien und Bulgarien Aufstände ausgebrochen und mehrere tausend Christen ermordet worden seien. Trotzdem entschloß er sich – nach einer schlaflosen Nacht – für die Donaureise.

Ihn als besonders mutig zu bezeichnen, wäre wohl niemandem in den Sinn gekommen, am allerwenigsten ihm selbst. Aber was Christian in *Nur ein Geiger* von sich sagt, galt auch für Andersen: »In kleinen Dingen bin ich kein Held, und ich schäme mich dessen nicht. Aber glauben Sie mir, wenn es um wichtige Dinge geht, habe ich Mut.« Andersen fürchtete sich vor Hunden, litt unter Platzangst und unter dem Wahn, bei einem Brand umzukommen, zu ertrinken oder Mördern zum Opfer zu fallen; außerdem fürchtete er ständig, bestohlen zu werden, seinen Reisepaß zu verlieren, verführt zu werden usw. usf. Aber seine Reiselust und sein Drang, möglichst viel von der Welt zu sehen, waren so unbezähmbar, daß er seine Ängste und Bedenken, selbst wenn sie begründet waren, überwinden konnte.

Edvard Collin, der gewiß nicht leicht zu beeindrucken war, fand es höchst beachtlich, daß Andersen sich bis nach Konstantinopel gewagt hatte. »Sie sind ein Teufelskerl, so herumzureisen«, schrieb er ihm nach Erhalt eines Briefes aus der türkischen Hauptstadt. »Wie Sie sich auf dieser Tour durchgeschlagen haben, werden es Ihnen nicht viele nachtun, und sind Sie nicht mutig, so haben Sie doch gewiß einen festen Willen, der ebenso gut ist, dies Zeugnis stellt Ihnen der Unterzeichnete aus, der Ihnen nicht zu schmeicheln pflegt.«

Das Lob war umso bemerkenswerter, als die Familie Collin sonst keinerlei Verständnis für Andersens Reiselust aufbrachte. Jonas Collin hatte ihm nach Italien geschrieben: »Aus Ihrer Reise nach Griechenland wird wohl nichts, und das bedaure ich nicht, denn weiß Gott, was Sie dort wollen.« Und seine Tochter, Ingeborg Drewsen, schrieb: »Weiß der Himmel, warum Sie nicht zu Hause bleiben und sich die vielen schönen Dinge ansehen, die wir hier haben! Ist es ein Vergnügen, in Rom zu frieren? Es wäre besser, in Kopenhagen zu frieren.«

Sobald Andersen sich für die Reise durch die Donauländer entschieden hatte, sah er ihr zuversichtlich entgegen. In Konstantinopel erlebte er noch die Feierlichkeiten anläßlich Mohammeds Geburtstag, dann fuhr er per Dampfschiff durch den Bosporus und das Schwarze Meer nach Küstendje (Konstanza). Von hier aus ging es im Ochsenwagen weiter nach Cernawoda, wo

Andersen sich an Bord eines Donaudampfers begab. Durch die Walachei, Bulgarien und Serbien führte die Reise zum Eisernen Tor. In Orschowa an der walachisch-ungarischen Grenze mußten alle Reisenden, die aus Konstantinopel kamen, zehn Tage in Quarantäne.

Zu den Passagieren zählte auch der britische Forschungsreisende William F. Ainsworth (ein Vetter des Romanciers W. Harrison Ainsworth), der gerade aus Kurdistan zurückkehrte und später ein Buch über seine Reisen veröffentlichen sollte. In der Quarantänestation bewohnte er gemeinsam mit Andersen zwei kleine Zimmer und freundete sich mit ihm an. Fünf Jahre später schilderte er ihn in einem Artikel in der *Literary Gazette* als »liebenswürdigen und launigen Gesprächspartner, jedoch ruhelos und *préoccupé*« und sprach von dem »ungemein schlichten Auftreten« und der »Zutraulichkeit«, die Andersen so liebenswert machten. ». . . ein großer, blasser junger Mann von einnehmendem Äußeren, aber etwas empfindlich; braunes Haar, scharfe Nase und Gesichtszüge, ein ganz leicht gebeugter Gang und die vagen Bewegungen eines gedankenverlorenen Menschen.« Während der Quarantäne sei er, Ainsworth, hocherfreut gewesen, dank »einem glücklichen Zufall mit einem so angenehmen und in jeder Hinsicht ehrenhaften Gefährten hinter Schloß und Riegel zu sitzen«. Er erwähnte auch, daß Andersen mit großem Geschick Papierschnitte anfertigte. »Die in meinen asiatischen Reisebeschreibungen enthaltenen Zeichnungen der Mewlewis oder tanzenden Derwische basieren auf seinen Papierschnitten.«

Die Strecke von Orschowa bis Drenkowa legten die Reisenden im Wagen zurück, dann gingen sie wieder an Bord eines Donaudampfers. In Budapest nahmen Andersen und Ainsworth Abschied voneinander. Einschließlich der zehntägigen Quarantäne hatte die Reise von Konstantinopel nach Budapest knapp einen Monat gedauert.

Nach einem mehrtägigen Aufenthalt in der ungarischen Hauptstadt fuhr Andersen per Dampfschiff nach Wien, wo er auch diesmal Franz Grillparzer traf, Johann Strauß d. Ä. dirigieren sah und den Pianisten und Komponisten Sigismund Thalberg aufsuchte. Seine nächsten Stationen waren Prag und Dresden, dann ging es mit der Eisenbahn weiter nach Leipzig. Hier lernte er Goethes Schwiegertochter Ottilie kennen und stattete – bereits zum zweiten Mal – Felix Mendelssohn-Bartholdy einen Besuch ab. Am 13. Juli 1841 traf Andersen wieder in Dänemark ein, wo er zunächst einige Tage auf Fünen verbrachte und am 22. Juli nach Kopenhagen zurückkehrte.

Wie folgende Tagebuchnotizen zeigen, konnte er während der Heimreise nach Dänemark verschiedentlich feststellen, daß sein Name allmählich in ganz Europa bekannt wurde.

Budapest, 31. Mai. »Las die deutschen Zeitungen und sah in einem Theaterlexikon und einem Konversationslexikon meine eigene Biographie.«

Budapest, 1. Juni. »Sah meinen *Improvisator* in einer Buchhandlung; kaufte später zwei Exemplare.«

An Bord des Dampfschiffes »Bohemia« zwischen Prag und Dresden, 28. Juni. »Ein Arzt aus Prag sah meinen Namen auf dem Koffer und fragte mich, ob ich der ›vielberühmte Dichter Andersen‹ sei; ein anderer Herr kam begeistert auf mich zu, ein Dr. der Rechte aus Schleswig; er ging in seine Kabine hinunter und schrieb ein deutsches Gedicht auf mich und meinen Palmstock.«

An Bord des Dampfschiffes »Hamburg« zwischen Magdeburg und Hamburg, 7. Juli. »Eine Dame las meinen *Improvisator* und schwärmte für den Autor; sie stellte mich ihren Töchtern vor, Berlinerinnen; dort soll ich das größte Publikum haben, aber ich mag Berlin nicht.«

In Hamburg hatte er einige dänische Landsleute getroffen, darunter eine ältere Dame, die ihn fragte: »Sagen Sie, Herr Andersen, haben Sie auf Ihren vielen langen Auslandsreisen jemals so etwas Schönes wie unser kleines Dänemark gesehen?« Worauf er erwiderte: »O ja. Ich habe vieles gesehen, was schöner ist.« – »Schämen Sie sich! Sie sind kein Patriot!«

Nach der Heimkehr schrieb er jenes Reisebuch, das unter dem Titel *Eines Dichters Basar* im April 1842 erschien. Es ist in seiner reizvollen Mischung aus Dichtung und Wahrheit (einige Kapitel wurden später in *Eventyr og Historier – Märchen und Geschichten* – aufgenommen) sein weitaus bestes Reisebuch und wurde schon bald in mehrere andere Sprachen übersetzt. Andersen erweist sich darin als ein Berichterstatter, der seine Beobachtungen ungemein lebendig wiederzugeben versteht. Das politische Element fehlt allerdings in seinen Reiseschilderungen: Über die Entwicklung, die zu den Revolutionen von 1848 führte, erfährt man in *Eines Dichters Basar* nichts.

Bei den dänischen Kritikern fand das Buch nicht die Würdigung, die es verdient hätte. Die von M. A. Goldschmidt herausgegebene radikalrepublikanische Zeitschrift *Corsaren* würdigte zwar die literarische Qualität von Andersens Schilderungen, doch der Rezensent (zweifellos Goldschmidt selbst) bemängelte unüberhörbar, daß dieses Buch etwas vermissen lasse – »etwas, das wir besonders von H. C. Andersen erwartet hätten, der aus dem Volke stammt, der den bitteren Kampf der Armut gegen den Reichtum gekämpft hat, der weiß, was Unterdrückung und Unterjochung sind; von ihm hatten wir ein Gefühl für das Volk, für seine Armut, für seine Unterdrückung erwartet. H. C. Andersen hat das Licht der Sonne und den Glanz des Meeres und das Grün der Ebenen und die Pracht der Berge geschildert, ja, er hat den toten Steinen Leben verliehen. Nur das Leben des Volkes ist für ihn totes Gestein geblieben.«

Im Hinblick auf bestimmte Ereignisse des Jahres 1842 muß hier etwas über Andersens Einstellung zur Klassenfrage gesagt werden.

Er kam aus jener Schicht, die man später als »Lumpenproletariat« bezeichnete, besaß aber keinerlei »Klassenbewußtsein«. In seinen Romanen und Erzählungen zeigte er zwar immer wieder Mitgefühl mit den Zukurzgekommenen (insbesondere mit denen, die auf Grund ihrer bescheidenen Herkunft keine Aufstiegschancen haben) und Entrüstung über jene, die sich mit ihrer vornehmen Geburt oder ihrem Reichtum brüsten und für die unteren Klassen nur Verachtung empfinden. Doch im wirklichen Leben akzeptierte er das absolutistische System mit seiner Klassengesellschaft, brachte Fürsten und Grafen Ehrfurcht und Bewunderung entgegen und empfand es als besondere Auszeichnung, von Königen, Herzögen und Prinzen empfangen zu werden und in den Adelskreisen Dänemarks und anderer Länder zu verkehren.

Andersen war alles andere als ein Sozialrevolutionär oder ein Verfechter politischer Reformen. In *Das Märchen meines Lebens* weist er ausdrücklich auf sein Desinteresse an politischen Fragen hin und vertritt die Meinung, daß Künstler und Dichter sich aus der Politik heraushalten sollten. Mit seinen Argumenten konnten auch die konservativsten Anhänger des *status quo* übereinstimmen:

»Frau Politika ist die Venus, die sie in ihren Berg lockt, wo sie dann zugrunde gehen. Es geht mit den Liedern dieser Dichter wie mit den Tageblättern, man nimmt sie in die Hand, liest sie, wird davon eingenommen – und vergißt sie. In unserem Zeitalter wollen alle regieren. Die Subjektivität macht ihre Macht geltend, aber die meisten vergessen, daß vieles, was theoretisch möglich ist, sich praktisch nicht durchführen läßt. Man vergißt, daß es vom Wipfel eines Baumes anders aussieht als unten von der Wurzel aus. Wer von edler Überzeugung getrieben wird, sei er Fürst oder ein Mann aus dem Volk, vor dem beuge ich mich. Politik ist nicht meine Sache, auf diesem Gebiet bin ich nicht zuständig. Gott hat mir eine andere Aufgabe zugedacht, das fühle ich und werde es weiterhin fühlen.«

Um sozialen Aufstieg bemüht, war Andersen stets hochbeglückt, wenn er Umgang mit jenen pflegen durfte, die alles »vom Wipfel des Baumes aus« betrachten konnten. Aber er fühlte sich gesellschaftlich so unsicher, daß er in Gegenwart von Fürstlichkeiten oft geradezu liebedienerisch wirkte. Heinrich Heine, ein politischer Rebell, der jede Vornehmtuerei verabscheute, sprach mit grausamer Ironie von diesem Charakterzug:

»Andersen hat mich hier vor einigen Jahren besucht. Er kam mir vor wie ein Schneider; er sieht auch wirklich ganz so aus. Er ist ein hagerer Mann mit einem hohlen, eingefallenen Gesichte und verrät in seinem äußeren Anstande ein ängstliches, devotes Benehmen, so wie die Fürsten es gern haben. Daher hat Andersen auch bei allen Fürsten eine so glänzende Aufnahme gefunden. Er repräsentiert vollkommen die Dichter, wie die Fürsten sie gern haben wollen.«

Schon in den dreißiger Jahren war Andersen mehrmals auf Herrenhöfe dänischer Aristokraten eingeladen worden. Im Sommer 1842 verbrachte er zwei Monate in den Schlössern Gisselfeld, Bregentved und Glorup als Gast der Grafen Danneskiold-Samsöe, Moltke und Moltke-Hvidtfeldt. Beglückt vermerkte er in seinem Tagebuch, daß der Kammerdiener in Gisselfeld ihm »untertänigst gute Nacht« gewünscht habe. Wenige Tage nach der Ankunft in Bregentved kehrte er nach Gisselfeld zurück, nur um den Herzog und die Herzogin von Augustenburg kennenzulernen, die dort kurze Zeit zu Gast waren und ihn zu seiner großen Freude aufforderten, sie doch einmal auf Schloß Augustenburg zu besuchen.

In Gisselfeld schrieb er in sein Tagebuch: »Ich war traurig, gegen meinen Willen, lief ziellos in Wald und Feld herum, fühlte mich unbehaglich. Hatte den Einfall zur *Geschichte einer Ente*, das hob meine Stimmung.« Drei Wochen später, im Schloß Bregentved, vermerkte er: »Begann gestern mit dem *Jungen Schwan*.« Beide Eintragungen beziehen sich auf das Märchen, das später unter dem Titel *Das häßliche junge Entlein* weltberühmt wurde. Der Schluß dieses Märchens spielt in einem großen Garten (ähnlich den Parks von Gisselfeld und Bregentved), in dem das verwandelte Entlein auf einem Gewässer (ähnlich dem Wallgraben eines Schlosses) drei prächtigen Schwänen begegnet:

In den Garten kamen einige kleine Kinder, die warfen Brot und Korn in das Wasser, und das kleinste rief: »Da ist ein neuer!« Und die anderen Kinder jubelten mit: »Ja, es ist ein neuer angekommen!« Und sie klatschten mit den Händen und tanzten umher, holten Vater und Mutter, und es wurde Brot und Kuchen in das Wasser geworfen, und sie sagten alle: »Der neue ist der schönste! So jung und so prächtig!« Und die alten Schwäne neigten sich vor ihm.

In einem berühmt gewordenen Essay, den Georg Brandes 1869 über Andersen als Märchendichter schrieb, bedauerte er, daß die Geschichte vom häßlichen jungen Entlein damit endet, daß ein zahmer Schwan (»ein Haustier«) sich von den Kindern aus dem Herrenhaus füttern läßt. »Laß ihn sterben, wenn es sein muß! Das ist tragisch und groß. Laß ihn seine Schwingen erheben, im Jubel über seine Schönheit und Kraft brausend durch die Luft dahinfliegen!« Es gibt freilich eine ganz einfache Antwort auf Brandes' Argument: Dieser romantische Schluß hätte nicht gestimmt. Denn Andersen, der mit dem häßlichen Entlein, aus dem ein schöner Schwan wird, natürlich sich selbst meinte, war auch im wirklichen Leben ein zahmer und eben kein wilder Schwan. Er aß die Brot- und Kuchenkrumen, die ihm Leute von Rang und Namen huldvoll zuwarfen, und es wäre falsch gewesen, dies anders darzustellen.

Im Dänemark des frühen neunzehnten Jahrhunderts war es nahezu unmöglich, die Klassenschranken zu durchbrechen. Bei den wenigen Ausnahmefällen handelte es sich fast durchweg um so außergewöhnlich begabte Künstler wie Bertel Thorvaldsen, Johanne Luise Heiberg und Hans Christian Andersen. Dennoch hielt man es für nötig, auch sie mitunter in die Schranken zu verweisen, indem man sie an ihre bescheidene Herkunft erinnerte. Von Jonas Collins Schwager, einem bekannten Botaniker, bekam Andersen einmal zu hören, er hätte im Hinblick auf seine Herkunft eine Einladung des Königs zu einem *bal paré* im Schloß Christiansborg nicht annehmen dürfen. Worauf Andersen empört erwiderte: »Mein Vater war Handwerker, und mit Gottes und meiner eigenen Hilfe habe ich das aus mir gemacht, was ich jetzt bin, und ich dachte, das würden Sie respektieren!« Er betrachtete die Vergangenheit als endgültig überwunden – und einem Genie gestand man schließlich selbst in einem so erbarmungslosen Klassensystem, wie es damals in Dänemark existierte, das Recht zu, trotz seiner bescheidenen Herkunft seinen Weg zu machen.

Als Andersen dann aber doch einmal von der Vergangenheit eingeholt wurde, geriet er auch prompt in Panik. Was er seit Jahren gefürchtet und in einem seiner Romane gewissermaßen wegzuzaubern versucht hatte, war eingetreten. Am 8. Februar 1842 machte er folgende Kalendernotiz:

»Aß im Studentenverein, fühlte mich nicht wohl im Theater, sehr verstimmt. Als ich nach Hause kam, fand ich einen Brief von der Tochter meiner Mutter vor; ich erlebte das, was ich in *O.Z.* beschrieben habe. Fiebrig. Eine schreckliche Nacht, sinnliche Gedanken und Verzweiflung trieben ihren Spott mit mir.«

Seit er Odense im Jahre 1819 verlassen hatte, war er seiner Halbschwester Karen Marie nicht mehr begegnet. Der Gedanke, man könnte sie, die dem Vernehmen nach in Kopenhagen lebte, eines Tages als Kriminelle oder Prostituierte inhaftieren, dürfte ihn wie ein Alptraum verfolgt haben. Und nun tauchte sie nach all den Jahren wieder in seinem Leben auf.

Am nächsten Morgen sprach er sofort bei Jonas Collin vor, der wahrscheinlich erst bei dieser Gelegenheit erfuhr, daß Andersen überhaupt eine Schwester hatte. Jedenfalls bat er daraufhin seinen Schwiegersohn, Adolph Drewsen, der Vorsitzender des Polizeigerichts war, Erkundigungen über Karen Marie und ihren Ehemann (den sie offenbar in dem Brief erwähnt hatte) einzuziehen. Das Ergebnis dürfte Andersen einigermaßen beruhigt haben, denn am 11. Februar vermerkte er in seinem Kalender: »Sandte Brief an Karen, rechnete mit dem Besuch ihres Mannes.« Dieser erschien tags darauf. Er hieß Kaufmann, »sah ehrlich und anständig aus«, berichtete Andersen von seiner Armut und erhielt von ihm vier Reichstaler. »Er war sehr froh, ich auch.« Vier Wochen später sprach Kaufmann erneut bei ihm vor und erhielt zwei Taler. Sechs Monate später notierte Andersen lakonisch: »Gab Karens Mann 1 Reichstaler.« Am 30. September 1842: »Heute morgen Besuch von Karen. Sie sah recht adrett und jung aus. Ich gab ihr 1 Reichstaler.« Am 25. November: »Karens Mann 4 Mark.« Danach ist erst wieder unter dem 30. Oktober 1843 ein Hinweis auf Karen zu finden: »Meine Schwester meldete sich in der Pförtnerloge« (des Kopenhagener Hotels, in dem Andersen damals wohnte). Ob er sie empfing, ist nicht bekannt. Dies ist, soviel wir wissen, die letzte Notiz, in der er seine Halbschwester erwähnte.

Bei Nachforschungen in den Archiven der Kopenhagener Stadtverwaltung fand H. G. Olrik heraus, daß Karen Marie Andersen, wie sie sich damals nannte, im Jahre 1840 gemeinsam mit einem neunundzwanzigjährigen ledigen Arbeiter namens Peter Kaufmann ein Zimmer in einem Armenviertel bewohnte. Laut eigener Angabe war sie ledig, zweiunddreißig Jahre alt (tatsächlich aber war sie damals mindestens vierzig) und als Waschfrau tätig. Aus den standesamtlichen Unterlagen geht hervor, daß sie im November 1846 kinderlos starb und in einem Armengrab bestattet wurde. Bei ihrem Begräbnis war nicht einmal der Mann, mit dem sie zusammengelebt hatte, zugegen.

Nichts deutet darauf, daß nach 1843 zwischen Andersen und seiner Halbschwester noch irgendeine Verbindung bestand. Vermutlich hat er auch nie von ihrem Tod erfahren – in seinen Notizen findet sich jedenfalls kein Hinweis darauf.

»Die Tochter meiner Mutter« nannte er seine Halbschwester. Gegenüber anderen Frauen floß ihm das Wort »Schwester« leicht von den Lippen. Die Töchter und Söhne Jonas Collins bezeichnete er gern als seine Geschwister, und seine Briefe an Henriette Wulff und Henriette Hanck unterschrieb er häufig mit »Broderen« (Der Bruder), wie ja die beiden auch ihm gegenüber schwesterliche Gefühle hegten (Henriette Wulff unterschrieb ihre Briefe an ihn oft mit »Sorella«). Die einzige aber, die er mit vollem Recht als seine Schwester hätte bezeichnen können, wollte er nicht so nennen. Die Erklärung liegt auf der Hand: Karen stellte für ihn eine Bedrohung dar – nicht weil er fürchtete, von ihr erpreßt zu werden, sondern weil sie ihn mit der Vergangenheit, die er hinter sich gelassen hatte, konfrontieren konnte: mit einer Vergangenheit, die er bis zu einem gewissen Grade absichtlich verfälschte, indem er sie in einem rosigeren Licht und idyllischer zeichnete, als sie gewesen war. Die »Sumpfpflanze« hatte einen neuen Standort gefunden, während Karen noch immer den Sumpf verkörperte – und im Sumpf lebte.

Ende Januar trat Andersen wieder eine Auslandsreise an, die ihn nach Paris führen sollte. Auch diesmal war er zunächst zwei Wochen beim Grafen Rantzau auf Schloß Breitenburg zu Gast, wo er an seiner balladenartigen Versdichtung *Ahasverus* arbeitete. Seine nächste Station war Brüssel. Von den Rubensgemälden, die er sich dort ansah, war er nicht begeistert. »Ich mag Rubens nicht«, schrieb er in sein Tagebuch. »Ich finde diese fetten blonden Frauen mit groben Gesichtern und gebleichten Kleidern sehr langweilig.«

Im März traf er in Paris ein, das er zehn Jahre zuvor kennengelernt hatte und wo er diesmal zwei Monate blieb. Xavier Marmiers biographische Skizze hatte wesentlich dazu beigetragen, daß der Name Andersen inzwischen auch über den Kreis der französischen Schriftstellerkollegen hinaus bekanntgeworden war. Einige Tage nach seiner Ankunft wurde Andersen in der Pariser Oper von einem neben ihm sitzenden Herrn nach seiner Nationalität gefragt, und als er sich als Däne zu erkennen gab, erzählte ihm sein Nachbar, er habe Marmiers Buch über die skandinavische Literatur gelesen und sich zwei ihrer wichtigsten Vertreter gemerkt: Tegnér und Andersen.

Überdies erbot sich Marmier, der ziemlich gut dänisch sprach, für Andersen den Fremdenführer zu spielen und ihn mit Schriftstellern und Künstlern bekanntzumachen. Er nahm ihn unverzüglich mit in die Redaktion der *Revue de deux mondes*, stellte ihn seinen Kollegen vor und versprach, ihn bei Victor Hugo, Lamartine und anderen Berühmtheiten einzuführen.

Als Andersen bei Hugo vorsprach, war nur dessen Gattin zu

Hause. Hugo hatte ihm jedoch eine Freikarte für das Théâtre Français geschickt, wo sein neues Stück, *Les Burgraves*, aufgeführt wurde. Bei seinem zweiten Besuch wurde Andersen von Hugo (der, wie er betroffen feststellte, erschöpft wirkte und in den vergangenen zehn Jahren stark gealtert war) zum Mittagessen eingeladen. Als er ihn drei Wochen später erneut besuchte, lernte er auch die Kinder und Madame Hugo kennen, die er sehr schön fand. »Aber im Oberstübchen hat sie gar nichts!« sagte ihm später der Bildhauer David, den er, wie viele andere berühmte Künstler, durch Marmiers Vermittlung kennenlernte. In seinem Tagebuch beschrieb Andersen ihn als einen »schlichten, freimütigen Menschen, wie ein dänischer Bauer; er trug eine blaue Jacke und eine griechische Kappe«.

Über seine erste Begegnung mit Alexandre Dumas d. Ä. vermerkte er in seinem Tagebuch:

»Ging zu Alexandre Dumas in die Rue Richelieu, Hôtel de Paris; er empfing mich mit offenen Armen, trug ein blaugestreiftes Hemd und lose herabhängende Beinkleider. Sein Bett war im selben Zimmer und ungemacht, der Tisch voller Papier. Wir saßen am Feuer. Er war ungemein herzlich und natürlich. Er erzählte mir, daß der König von Schweden, der mit seinem [Dumas'] Vater General gewesen war, ihn nach Stockholm eingeladen habe; er wollte hinreisen und dann Kopenhagen und St. Petersburg besuchen. Er erbot sich, mich morgen um 8.30 in das Théâtre Français mitzunehmen und mich der Rachel vorzustellen.«

Die große französische Tragödin Rachel (eigentlich: Elisa Rachel Félix) begeisterte damals ganz Europa. Auch in Dänemark war der Name der erst zweiundzwanzigjährigen Schauspielerin allgemein bekannt. Ihre berühmteste Rolle war die der Phädra in Racines gleichnamiger Tragödie, und in dieser Rolle trat sie im Théâtre Français auf, als Andersen in Paris weilte.

»Um 8.30 Uhr ging ich zu A. Dumas, ich traf ihn auf der Straße mit seinem Sohn [Alexandre Dumas d. J.], der 18 ist, er selbst ist 36. Zuerst gingen wir in das Palais Royal, wo er eine Verabredung mit der Déjazet [der beliebten französischen Schauspielerin Paulina Déjazet] hatte, dann ins [Théâtre] Français. Ich mußte draußen warten, bis er festgestellt hatte, ob die Rachel auf der Bühne war oder nicht. Ein Mann rief mich hinein, ich war gut gekleidet und frisiert. Hinter den Kulissen, auf der ›Königsseite‹, wie wir es nennen [d. i. die linke Seite der Bühne], bildete eine spanische Wand eine Art Zimmer, in dem drei Tabourets standen. Die Rachel, im Kostüm der Phädra, begrüßte uns freundlich. Sie ist schön und hat ein sehr interessantes Gesicht; keines ihrer Porträts sieht ihr ähnlich. Ihre Stimme ist sehr tief, aber schön. Sie bat uns, Platz zu nehmen. Ich sagte ihr, sie sei in meinem Land sehr bekannt und beliebt, und ihr Porträt sei in jedem Haus zu finden; das wollte sie mir nicht glauben. Sie sagte, falls sie jemals nach Kopenhagen käme, würde sie mich als guten Bekannten betrachten. Ich erwiderte, sie würde dort so viele Freunde finden, daß sie sich dann wohl kaum mit mir abgeben würde. Als ich mit Dumas die Treppe hinaufgestiegen war, hatte ich zu ihm gesagt: ›Sie werden mich auslachen, aber ich habe Herzklopfen wie ein Kind, weil ich der Rachel vorgestellt werde!‹ Er erzählte ihr das, und sie rief: ›Künstler sollten doch wohl Verständnis für einander aufbringen!‹ – Dumas unterhielt sich sehr angeregt mit ihr, sie lachte und wirkte sehr heiter, dann reichte sie uns die Hand und trat als Phädra vor das jubelnde Publikum. Ich wollte bleiben, aber D. sagte: ›Um diese Zeit haben die Aktricen im Saint Martin ihre kurzen Röckchen an – da gehen wir jetzt hin!‹ Arm in Arm gingen wir die Vivienne hinunter und den ganzen Boulevard entlang; ich sprach ständig das gräßlichste Französisch.«

Ein paar Tage später saß Andersen im Zuschauerraum des Théâtre Français, sah sich die ganze Aufführung der *Phädra* an und war von der schauspielerischen Leistung der Rachel tief beeindruckt. Später sah er sie auch in einer französischen Bearbeitung von Schillers *Maria Stuart*. In seinem Tagebuch schilderte er dieses Erlebnis:

»Die Rachel war einfach wunderbar, eine vollkommen überzeugende Maria Stuart; die Szene zwischen ihr und Elisabeth war hinreißend, ihr *›Vous est – Elisabeth, je suis votre Reine!‹* superb. Und diese natürliche Gelassenheit, dieses tragische Gefühl im letzten Akt! Das Publikum raste vor Begeisterung, und ich rief: *›Vive Rachel!‹* Sie sah heute abend glücklich aus, als sie hervorgerufen wurde, gleichzeitig aber etwas benommen.«

Kurz darauf war Andersen zu einer Abendgesellschaft in ihrem Salon eingeladen. Über diese Soirée, die zu den Höhepunkten seines Pariser Aufenthaltes zählte, berichtete er Henriette Wulff:

»Gestern abend war ich bei der Rachel zu einer ihrer berühmten Soirées eingeladen. Ich fand alles reich und prächtig in ihrer Wohnung – purpurrote Wände, Teppiche in der gleichen Farbe, kostbare Gardinen und geschmackvolles Mobiliar. Ich und ein älterer Herr erschienen als erste; sie bat mich, neben ihr auf dem Sofa Platz zu nehmen, direkt vor dem Kamin. Sie trug Schwarz und war ungemein elegant. Ich bat sie, deutsch zu sprechen, worauf sie sagte: ›Dazu wäre ich gern bereit, wenn Sie nicht französisch sprächen. Aber Sie drücken sich in meiner Sprache sehr viel besser aus als ich es in einer Fremdsprache kann; Ihre Aussprache ist gut, Sie brauchen nur noch etwas Übung, dann wird sie sehr gut sein!‹ Ich mußte also französisch sprechen. In den kostbaren Bücherschränken stand Literatur aus aller Herren Länder, in französischer Übersetzung, selbst schwedische Dichter, aber kein einziger dänischer Autor. Shakespeare, Goethe, Racine und Corneille standen für sich allein auf einem kleinen Bücherbrett, desgleichen die Büsten der beiden letztgenannten; ich entdeckte Grillparzers *Sappho* im deutschen Original; der Blumenschmuck war herrlich. Während wir dort saßen, kam ein Herr nach dem anderen herein, Scribe, Gautier – ich kann mich nicht mehr an alle Namen erinnern. Sie war die einzige Dame in diesem Kreis, temperamentvoll und schön; sie schenkte den Tee selbst ein, wir unterhielten uns über Dichtung und Kunst, und ich konnte mich erst um Mitternacht davonstehlen.«

Nach seinem nächsten Besuch bei Dumas notierte er in sein Tagebuch:

»Um 4.30 bei Dumas, er lag schreibend im Bett, bat mich, einen Augenblick zu warten und schrieb weiter, wobei er halblaut etwas vor sich hinsagte. Dann rief er ›Voilà!‹ und sprang aus dem Bett. ›Der dritte Akt ist fertig!‹ Es war ein Schauspiel in Prosa, welches er für das Théâtre Français schrieb.«

Kurz nach Andersens Ankunft in Paris hatte Heinrich Heine im Hotel vorgesprochen und seine Visitenkarte abgegeben. Einige Tage später stattete ihm Andersen einen Besuch ab und vermerkte danach in seinem Tagebuch:

»Er sagte, er habe sein Deutsch fast vergessen, habe französische Freuden und französische Leiden und eine französische

Frau. Skandinavien sei für ihn das mystische Land, in dem der Schatz der Dichtung vergraben liege; wäre er nicht schon so alt, dann würde er anfangen, Dänisch zu lernen. Ihn interessierten besonders unsere Nisser [Kobolde] und Trolle, darum habe er sein letztes Buch *Atta Troll* genannt (›Atta‹ heißt ›Vater‹). Er fand, daß nur die lyrische Dichtung in Deutschland lebendig sei, nannte Eichendorff, Uhland, Grün.«

Heine hatte den *Improvisator* gelesen und bezeichnete ihn als »plastisch«. »Sie sind ein wahrer Dichter!« sagte er zu Andersen und lud ihn ein, wiederzukommen.

In den folgenden Wochen traf Andersen noch zweimal mit Heine zusammen. Beim nächsten Besuch erzählte er einige seiner Märchen und sprach mit ihm über dänische Literatur. »Sie sind ein *raconteur«*, sagte Heine. »Das war Goethe auch, aber ich bin es nicht.« Beim dritten Besuch berichtete Heine, er habe das Märchen *Der standhafte Zinnsoldat* seiner Frau erzählt, die davon entzückt gewesen sei.

Andersen war sehr daran gelegen, Lamartine kennenzulernen, dessen *Souvenirs d'un voyage en orient* (1835) er in dänischer Übersetzung gelesen hatte, bevor er selbst in den Orient gereist war. Das Buch hatte ihn damals sehr beeindruckt, aber nach seinem Besuch in der Türkei fand er manches daran auszusetzen.

Dank Marmiers Vermittlung wurde Andersen von Lamartine formell eingeladen, ihn am 1. Mai zu besuchen. In seinem Tagebuch schreibt er darüber:

»Viele livrierte Lakaien empfingen uns, wir gingen durch große Zimmer in eines, das mit herrlichen Bildern geschmückt war, darunter eins von Lamartine in Lebensgröße. Er begrüßte uns sehr freundlich; mehrere Mitglieder der Deputiertenkammer waren da; Madame Lamartine, die nicht schön ist, sieht sehr klug aus; ich redete ziemlich viel. Lamartine bat mich, ihm auf deutsch zu geben, was ich über Konstantinopel geschrieben hatte, dann würde einer seiner Freunde es für ihn übersetzen. Er sprach über Thorvaldsen; ich erläuterte ihm die Geographie Stockholms, er meinte, er würde vielleicht einmal hinfahren. Er kannte unseren König und die Königin aus Italien und rühmte sie sehr, besonders die Schönheit der Königin, bat mich, ihnen seine Grüße zu überbringen.«

Andersen lernte auch Alfred de Vigny kennen, der ihm beim

zweiten Besuch eine Ausgabe seiner sämtlichen Gedichte und Dramen schenkte. Später am selben Tag kam de Vigny unerwartet zu Andersen ins Hotel, um ihm nochmals Lebewohl zu sagen. Beim Weggehen rief er ihm von der Treppe her zu: »Kommen Sie bald wieder nach Paris und vergessen Sie mich nicht!«

Auch in den Salons französischer Aristokraten war Andersen häufig zu Gast, und bei einer dieser Soirées begegnete er Honoré de Balzac, der ihm »einige Komplimente machte« und den er als »kleinen breitschultrigen Knollen« beschrieb. In einem Brief an Ingeborg Drewsens Tochter Jonna berichtete er:

»Denken Sie nur – in einem großen Salon bei der Gräfin *[Pfaffin]* zerrte mich diese zu ihrem Samtsofa und forderte mich auf, an ihrer Satinseite Platz zu nehmen – sie trug das schwärzeste Schwarz, besetzt mit Edelsteinen –, worauf sie meine Hand hielt und Balzac, den Schriftsteller, bei der Hand faßte und auf das Sofa zog, so daß jetzt auch er an ihrer Seite saß, und dann rief sie: ›Welch glücklicher Zufall! Es beschämt mich, daß ich hier zwischen zwei Männern sitzen darf, die zu den größten unserer Zeit zählen.‹ – ›La baronne!‹ sagte ich mit vorwurfsvollem Blick und erklärte ihr – auf französisch – wie unbedeutend ich sei.«

Daß sein Französisch schlecht war, wußte er sehr wohl, aber er war stolz darauf, daß er sich, wie er es nannte, durch eine Konversation »voltigieren« konnte. [16] An Jonna Drewsen schrieb er: »Sie wissen, daß ich sogar mit der Rachel gesprochen habe, die das beste Französisch von allen hier spricht; aber ich war unerschrocken. Ich sagte mir: Gutes Französisch kann sie jeden Tag gesprochen hören, und sie selbst ist unübertrefflich; aber mein Französisch ist originell, und sie muß merken, wie sehr ich mich bemühe, die Wörter so anzuordnen, daß sie meine Gedanken wiedergeben. Hie und da komme ich im Gespräch plötzlich ins Stocken, aber dann sage ich: ›Voilà, c'est tout!‹ und lasse den anderen reden. Ihr alle kennt mich so gut zu Hause; aber Ihr wißt nicht, wie ich im Ausland bin. Die Ansichten der Collins über Sprachen sind zu streng und nicht die gleichen, die in der Welt gelten.«

Es hat sicher nicht viele ausländische Schriftsteller gegeben, die das Glück hatten, während eines zweimonatigen Aufenthaltes in Paris mit Victor Hugo, Dumas Vater und Sohn, Lamartine, Vigny, Balzac, Scribe, Gautier und Heine zusammenzutreffen – ganz zu schweigen von Berühmtheiten wie der Rachel und David. Andersens erstaunliches Talent, die Bekanntschaft interessanter Persönlichkeiten zu machen, ist nicht nur einem gewissen Snobismus zuzuschreiben: Er hätte diese Kontakte nicht aufnehmen können, wenn er nicht imstande gewesen wäre, sich trotz aller sprachlicher Schwierigkeiten verständlich zu machen und andere durch seine eigene Persönlichkeit zu beeindrucken. Bedenkt man, daß vier Jahrzehnte später so bekannte skandinavische Autoren wie Björnson, Jonas Lie und Strindberg jahrelang ohne persönlichen Kontakt zu französischen Schriftstellern in Paris lebten, so erscheint Andersens Talent, Beziehungen anzuknüpfen, nur noch erstaunlicher. Er, *»le bon, aimable poète danois«*, wie Dumas ihn nannte, verstand es wie kein anderer skandinavischer Schriftsteller seiner Epoche, sich im Ausland Freunde zu machen – auch in Kreisen, die mit seinen besten Werken nicht vertraut waren.

Daß man ihm im Ausland so viel Anerkennung zollte, erfüllte Andersen mit noch mehr Mißtrauen und Bitterkeit gegenüber seinen Landsleuten, und manchmal schlug diese Verbitterung sogar in Haß um. Er betrieb eine Art Schwarzweißmalerei: Ausland – das bedeutete Anerkennung und Bewunderung, Dänemark – das bedeutete Neid und ungerechte Kritik. Dabei übersah er oft, daß der Beifall, den seine Romane und Märchen in anderen europäischen Ländern fanden, für seine dänischen Landsleute wohl kaum Grund genug sein konnte, Beifall zu spenden, wenn eines seiner mittelmäßigen Theaterstücke in Kopenhagen aufgeführt wurde.

Als er an seinem achtunddreißigsten Geburtstag (den er in Paris feierte) keine Post aus Dänemark erhielt, war er enttäuscht wie ein Kind. »Niemand hat an meinen Geburtstag gedacht«, schrieb er am 2. April 1843 in sein Tagebuch. Und einige Tage später: »Nur ein kurzer Brief von Collin [der den Geburtstag nicht erwähnt hatte]. Bin rasend vor Wut! Keine Aufmerksamkeit von denen zu Hause!« Am selben Tag schrieb er an Jonas Collin:

»Ich war kindisch genug, zu glauben, der 2. April hätte die Erinnerung an mich zurückgebracht, aber dem war nicht so. Ich habe fleißig an die Familie geschrieben, und wenn jemand meint, das bereite mir genug Vergnügen, dann irrt er sich gewiß, denn ich schreibe Briefe vor allem, um Briefe zu bekommen. Edvard hätte mir einen schicken können; auch wenn ich nicht das Glück habe, zu den Freunden zu gehören, denen er sich anvertraut, um Trost zu finden, wenn er einen tiefen Kummer hat, hätte er trotzdem, wenn dieser Kummer gelindert ist, an mich denken und mir ein paar Worte schreiben können. Ich will offen sein und zugeben, wie sehr es mich geschmerzt hat, zu sehen, wie wenig Interesse man daheim für mich hat, und mit ›daheim‹ meine ich die Familie Collin, denn ich kenne die Situation zu gut, um mir einzubilden, die Dänen interessierten sich für mich.«

Mit dem »tiefen Kummer« Edvards war dessen Trauer um seine älteste Tochter gemeint, die kurz zuvor gestorben war. Andersen hatte ihm einen Kondolenzbrief geschrieben, aber keine Antwort darauf erhalten. An Edvards Bruder Gottlieb schrieb er, daß er jetzt »eine jener unglücklichen Perioden« durchleben müsse, unter denen er während seiner ersten Italienreise so oft gelitten habe. »Es ist wie ein kalter Luftzug, der von zu Hause kommt, mein Gemüt krank macht und mein Blut vergiftet. Aber das ist wohl meine Art, Heimweh zu haben.«

In seinem nächsten Brief beteuerte Jonas Collin: »Man denkt hier in der Amaliegade immer mit Liebe an Sie, wenn es auch nicht immer in Worten ausgedrückt wird.«

Am 1. Mai 1843 notierte Andersen in sein Tagebuch: »Zu Hause fand ich einen Brief von Edvard, so kalt wie ein Gesetzbuch, so daß ich nur noch an sein Benehmen denken konnte. Wie seltsam, daß ich mich nicht an seine Art, Briefe zu schreiben, gewöhnen kann. Statt Freundschaft hat er mir Hilfsbereitschaft angeboten.«

Einige Tage zuvor hatte Andersen erfahren, daß die Bühnenfassung seiner *Agnete* bei der Uraufführung in Kopenhagen ausgebuht worden war. Wutentbrannt schrieb er einen Brief an Henriette Wulff, in dem er seiner Verbitterung über Dänemark und seine Landsleute im allgemeinen Luft machte:

»Möge mein Auge nie mehr das Zuhause schauen, das nur Augen für meine Fehler hat, aber kein Herz für das, was Gott mir Großes verliehen hat! Ich hasse, was mich haßt; ich fluche dem, was mir flucht! Aus Dänemark kommt wie immer der kalte Luftzug, der mich draußen zu Stein werden läßt! Man bespeit mich, man trampelt mich in den Schlamm! Ich bin jedoch eine

Dichternatur, wie Gott ihnen nicht viele geschenkt hat, aber im Augenblick meines Todes werde ich ihn bitten, diesem Volk nie wieder eine zu schenken! – Oh, was für ein Gift ist doch in diesen Stunden in meinem Blut! – Als ich jung war, konnte ich weinen; jetzt kann ich das nicht; ich kann nur stolz sein – hassen – verabscheuen – meine Seele bösen Mächten überlassen, um einen Augenblick Linderung zu finden! – Hier, in der großen, fremden Stadt, umgeben mich liebevoll Europas bekannteste und edelste Geister, treten mir als Verwandte entgegen, und in meiner Heimat sitzen die Jungen und spucken auf das beste Geschöpf meines Herzens! – Ja, und wenn ich selbst nach meinem Tode verurteilt werde wie hier im Leben, so sage ich: ›Die Dänen können boshaft, kalt, satanisch sein! Es ist ein Volk, das auf die nassen, schimmelgrünen Inseln paßt, von denen Tycho Brahe vertrieben wurde, wo Eleonore Ulfeldt im Gefängnis saß, Ambrosius Stub der Narr der Gutsherren war, und wo man noch viele, wie jene, übel behandeln wird, bis der Name des Volkes eine Sage geworden ist!‹ – Doch ich drücke mich sicher charakteristisch für einen ausgepfiffenen Dichter aus; dieser mein Brief müßte gedruckt werden, und Kopenhagen hätte eine heitere Minute! – Sähe ich doch diesen Ort niemals wieder! Ließe doch der ewige Gott niemals eine Natur wie die meine dort geboren werden! Ich hasse, ich verabscheue die Heimat, wie sie auch mich haßt und bespeit! Beten Sie für mich zu Gott! Beten Sie, daß ich einen schnellen Tod finde, nie mehr den Ort sehe, wo ich fremd bin, fremd, wie draußen nirgendwo!«

Der Brief schloß mit den Worten:

»Ich bin heute abend krank, krank! Meine Heimat hat mir Fieber aus ihren nassen, kalten Wäldern geschickt, auf die die Dänen starren und die sie zu lieben meinen; aber – ich glaube nicht an die Liebe im Norden, sondern an das Böse und Falsche; das spüre ich selbst in meinem Blut, und daran kann ich erkennen, wohin ich gehöre!«

Da er befürchtete, daß Henriette Wulff diesen Brief zerreißen würde, trug er den Text wortwörtlich in sein Tagebuch ein.

Der Mann, der später ein berühmt gewordenes Gedicht auf sein Vaterland schrieb, das mit den Worten »In Dänemark ward ich geboren« beginnt und mit den Worten »Ich liebe dich, Dänemark, mein Heimatland!« endet, meinte es durchaus ehrlich, als er im Frühjahr 1843 diesen haßerfüllten Brief schrieb. Und es war keineswegs das letzte Mal, daß seine Freude über den Erfolg im Ausland mit der Verbitterung darüber einherging, daß er in Dänemark keine Anerkennung fand (oder zu finden glaubte).

Im Mai verließ er Paris, um über Nancy und Straßburg nach Deutschland zu reisen, wo er ebenfalls literarische Bekanntschaften schloß. In St. Goar hieß ihn Ferdinand Freiligrath begeistert willkommen und erzählte ihm, er und seine Frau hätten einander durch einen Briefwechsel über *Nur ein Geiger* gefunden. Auch den alten Ernst Moritz Arndt und den jungen Emanuel Geibel lernte Andersen kennen. Und überall in Deutschland begegnete er Damen, die seinen Roman *Nur ein Geiger* »liebten«, davon »schwärmten« oder ihn »ihre Bibel« nannten.

Im Juni kehrte Andersen nach Kopenhagen zurück, verließ die Stadt aber schon wenige Tage später, um den Sommer als Gast in verschiedenen adligen Häusern auf Fünen und Seeland zu verbringen.

Auf Fünen führte ihn der Zufall mit der Familie Böving zusammen. Frau Böving war seine Jugendliebe Riborg Voigt. Diese Begegnung wird nur kurz in seinem Kalender erwähnt (Tagebuch führte er zu dieser Zeit nicht), und der einzige – in Klammern gesetzte – Kommentar dazu lautet: »Es ist 13 Jahre her.« Auch in keinem seiner Briefe sprach Andersen von dieser Begegnung. Wie sie auf ihn wirkte, ist jedoch (und darauf hat zuerst Hans Brix hingewiesen) der kurzen Geschichte *Das Liebespaar* zu entnehmen, die er wenig später schrieb. Darin erzählt er, ironisch verbrämt, seine eigene Liebesgeschichte: Mit dem verliebten Kreisel meint er sich selbst, mit dem Bällchen, das »mit einer Schwalbe so gut wie halb verlobt« ist und den Heiratsantrag des Kreisels ablehnt, ist Riborg Voigt gemeint. Daß das Bällchen für ihn unerreichbar ist, macht den armen Kreisel nur noch verliebter. Das Bällchen verschwindet, so manches Jahr verstreicht – »und nun war es eine alte Liebe«. Als der Kreisel schließlich das Bällchen wiedersieht, erkennt er es kaum mehr und verliert kein Wort über seine einstigen Gefühle. Die Moral der Geschichte: »Die Liebe vergeht, wenn die Liebste fünf Jahre lang in einer Wasserrinne gelegen hat und aufgeweicht ist; ja man erkennt sie nicht wieder, wenn man ihr im Kehrichtkasten begegnet.«

Auf diese Art also machte Andersen endgültig Schluß mit seiner Jugendliebe.

Zwei Monate später verliebte er sich so leidenschaftlich wie nie zuvor: Er lernte die schwedische Sängerin Jenny Lind kennen. Die damals knapp Dreiundzwanzigjährige hatte sich in ihrer Heimat bereits einen Namen gemacht. Wenige Jahre später war sie die gefeiertste Sängerin Europas und in aller Welt als die »schwedische Nachtigall« bekannt.

Schon zwei Jahre zuvor war es zwischen ihr und Andersen in Kopenhagen zu einer flüchtigen Begegnung gekommen, die aber beiderseits keinen tieferen Eindruck hinterlassen hatte. Als Jenny Lind im Herbst 1843 erneut die dänische Hauptstadt besuchte, sah sie Andersen im Hause des Ballettmeisters Auguste Bournonville wieder, der sie aus Stockholm kannte und von ihrer Stimme begeistert war. Er wollte sie mit Andersens Hilfe bewegen, eine Opernpartie im Königlichen Theater zu übernehmen. Nach längerem Zögern sagte sie zu: Am 10. und 13. September sang sie die Alice in Meyerbeers *Robert der Teufel* und gab außerdem ein Wohltätigkeitskonzert.

Die folgenden Kalendernotizen zeigen die Ereignisse dieser Tage aus Andersens Sicht:

3. September. »Schlechte Stimmung. Mittagessen bei Bournonville. Mademoiselle Lind aus Stockholm mir vorgesungen.«

9. September. »Abends mit Jenny Lind bei Bournonvilles.«

10. September. »Jenny Linds erstes Auftreten als Alice in *Robert der Teufel*; sie wurde hervorgerufen. Abends mit ihr bei Bournonvilles; auf ihr und mein Wohl getrunken; verliebt.«

11. September. »Jenny ein Gedicht geschickt.«

12. September. »Heute abend bei Bournonvilles mit Jenny Lind; ihr eine Mappe geschenkt.«

13. September. »Jenny Lind zum zweiten Mal in *Robert*; sie bekam von mir ein Bukett und ein Gedicht; verstimmt, weil sie am Samstag (d. 16.) abreist.«

14. September. »Die Reise verschoben; täglich bei ihr; ihr meine Gedichte gesandt; mit ihr in die Ausstellung von Thorvaldsen gegangen.«

16. September. »Jenny Linds Konzert; abends bei Bournonvilles. Jenny und ich vertraut.«

17. September. »Mittagessen bei Oehlenschläger. Abends kam Jenny Lind. Ich habe nicht mit ihr geredet. Eifersüchtig auf Günther [schwedischer Tenor]. Wir fuhren im Omnibus, und ich habe sie nach Hause begleitet.«

18. September. »Sie besucht. Die Gedichte der anderen gelesen, um ihre Hand anzuhalten gedacht. – Beim Schwimmen gewesen. Sie wird vor dem König singen.«

19. September. »Jenny Linds Diamanten, ein Geschenk des Königs. Ihr mein Porträt geschickt. Lied gedichtet. Abends bei Nielsen, wo ihr dreihundert Studenten ein Ständchen brachten. Ich liebe sie; kam nachts halb zwei Uhr nach Hause, ihr einen Brief geschrieben.«

20. September. »Draußen am Zollschuppen um halb fünf Uhr früh, Jenny Lebewohl gesagt, ihr einen Brief zugesteckt, den sie verstehen muß. Ich liebe. –«

Vermutlich hatte er Henriette Wulff, die sich zu einer langen Auslandsreise rüstete, von seiner Liebe zu Jenny Lind erzählt. In einem Abschiedsbrief schrieb er ihr am 18. Oktober: »Ich habe gestern wieder keinen Brief von Jenny Lind bekommen. Sie wird in Stockholm jeden Abend vergöttert und bekränzt, ein Bankett nach dem andern.«

Seine Kalendernotiz vom 31. Oktober lautet: »Heute morgen Brief von Jenny Lind.« Was sie ihm schrieb, ist nicht bekannt, es darf jedoch als sicher gelten, daß sie seinen Brief nicht als Heiratsantrag aufgefaßt hatte. An Henriette Wulff schrieb Andersen, die beiden wichtigsten Ereignisse seit ihrer Abreise seien das Erscheinen eines neuen Bandes seiner *Märchen* und die Tatsache gewesen, daß er »einen Brief von Jenny L.« erhalten habe. »Jennys Brief war sehr lang und äußerst herzlich und liebenswürdig, ganz so, wie ich ihn mir wünschte. Sie ist eine große und schöne Seele; gebe Gott, daß ihr künftiger Gatte sie glücklich macht. Ich vermute, es wird G. sein. [17] – Aber ich bin eigentlich nicht in der Lage, mir darüber eine Meinung zu bilden.«

Die schwedische Romanautorin Fredrika Bremer, mit der er seit mehreren Jahren korrespondierte und die eng mit Jenny Lind befreundet war, schrieb ihm aus Stockholm, daß sie und Jenny vor kurzem von ihm gesprochen und sein Lob gesungen hätten, denn sie beide zählten zu den größten Bewunderern seiner Werke, ob Lyrik oder Prosa. »Aber aus dem Briefchen, das mir

Mlle. Lind von Ihnen gab, sehe ich, daß es zwecklos ist, mitIhnen über jemand anderen als sie zu sprechen.« Jenny Lind sei längst der Liebling des schwedischen Publikums. »Blumen häufen sich zu ihren Füßen, auch Gedichte, desgleichen Verehrer (wenn auch nicht in *so* großer Anzahl), und zudem bezaubert sie durch ihr schlichtes, natürliches, liebenswürdiges Auftreten die Frauen ebenso wie die Männer. Sie ist eine vielseitig begabte Natur – Gott möge sie behüten! Ich war stets für sie eingenommen und, wie jeder hier, bezaubert von ihrer wunderbaren sängerischen und schauspielerischen Begabung. Wollen Sie sehen, wie Jenny Linds Augen leuchten, wie ihr Antlitz und ihre ganze Erscheinung durch Freude und Begeisterung schön werden, dann müssen Sie mit ihr über ihre Kunst sprechen, über deren Schönheit und Reinheit, über deren wohltätige Wirkung auf die menschliche Seele. Aber wollen Sie ihren tiefsten und gewinnendsten Wesenszug erkennen, dann müssen Sie mit ihr über die Religion sprechen, über die Gnade und das Walten Gottes, über den gleichen Wert und die gleichen Rechte, die jeder vor ihm hat, über seine Offenbarung in Christus, über die Bestimmung des Menschen – dann werden Sie Freudentränen in ihren Augen und tiefe Bewegung auf ihrem jungen Antlitz mit seinem kindlichen Ausdruck sehen, dann ist in ihren Augen ein frommes, echtes Leuchten, dann – dann ist sie schön!«

Diese Charakterisierung zitierte Andersen in einem Brief an Henriette Wulff. »Das sind Fräulein Bremers Worte. Verstehen Sie nun, daß alle meine Gedanken einer solchen Perle gelten? Und dennoch, sie wird nicht mein – kann nicht mein werden, sondern muß in meiner Seele als guter, freundlicher Geist leben, der – das weiß ich – mich schätzt, mich lieb hat – vielleicht mehr als ich verdiene!«

Und an Ingemann schrieb er: »Sie ist das liebreizendste *Kind*, das ich kenne. In ihrem Privatleben kommt sie mir wie ein geadeltes Aschenbrödel vor . . . Jenny Lind, muß ich hinzufügen, ist auf den ersten Blick nicht schön zu nennen; aber sprechen Sie mit ihr – und jedes Wort, das Fredrika Bremer gesagt hat, ist wahr. Aber ich habe schon zu viel von ihr gesprochen. Mißverstehen Sie mich bitte nicht: sie ist verlobt!«

Das stimmte zwar nicht ganz, aber Andersen glaubte offenbar wirklich, daß sie sich heimlich mit Günther verlobt hatte.

Am 11. Oktober 1843 notierte er in seinem Kalender: »Das chinesische Märchen begonnen.« Und tags darauf: »Das chinesische Märchen fertig.« Gemeint ist *Die Nachtigall*, eines seiner berühmtesten Märchen, eine neue, viel feinsinnigere Variante des Themas, das er zuerst in dem Märchen *Der Schweinehirt* verwandt und zu der ihn ganz zweifellos die Begegnung mit Jenny Lind inspiriert hatte.

Als die außerhalb ihrer schwedischen Heimat noch nicht bekannte Sängerin im Herbst 1843 in Kopenhagen aufgetreten war, hatten die Anhänger der konventionellen Geschmacksrichtung einer im Hoftheater aufgeführten italienischen Oper den Vorzug gegeben. Diese Erfahrung brachte Andersen in sein Märchen ein, indem er der echten Nachtigall (Jenny Lind) einen künstlichen Vogel (italienischer Opernstil) als Rivalen gegenüberstellte. Im Märchen singt die Nachtigall für den Kaiser – Jenny Lind sang für den dänischen König. Er schenkte ihr Diamanten – im Märchen soll die Nachtigall als Geschenk des Kaisers einen goldenen Pantoffel am Hals tragen. Für Andersen war Jenny Lind gewissermaßen sein musikalisches Ebenbild: das begnadete Naturtalent, das geborene Genie, das die ihm von Gott verliehene Begabung aufs beste zu nützen weiß. Die Nachtigall ist Jenny Lind und zugleich Andersen selbst. So entstand aus dieser Begegnung eines seiner schönsten und charakteristischsten Märchen.

Das Liebespaar – Andersens heiter-ironische Grabschrift auf seine Liebe zu Riborg Voigt – und *Die Nachtigall* – sein liebevoller Tribut an Jenny Lind – bilden zusammen mit dem Märchen *Das häßliche junge Entlein* und *Der Engel* den ersten Teil des Bandes *Nye Eventyr (Neue Märchen)*, der im November 1843 erschien. Andersen ließ hier zum ersten Mal den Zusatz »den Kindern erzählt« weg, um deutlich zu machen, daß seine Märchen – oder zumindest eine Anzahl davon – für verschiedene Altersstufen gedacht waren: zum einen für die Kinder, denen »die Geschichte als solche« und die »Staffage«, wie er es nannte, Spaß machten, zum anderen für die Erwachsenen, die Interesse an den »tieferen Ideen«, der »Philosophie« dieser Märchen fanden. Dazu äußerte er sich in einem Brief an Ingemann:

»Ich glaube – und ich wäre sehr froh, wenn ich recht hätte –, daß ich mir jetzt darüber im reinen bin, Märchen zu dichten. Die ersten, die ich herausgab, waren ja meist ältere, die ich als Kind gehört hatte und die ich, meiner Art und Weise entsprechend, zu erzählen und umzudichten pflegte; jene, die ich selber schuf, z. B. *Die kleine Meerjungfrau, Die Störche, Das Gänseblümchen* fanden indessen mehr Beifall, und das hat mich angespornt. Jetzt erzähle ich aus vollem Inneren, ergreife eine Idee für die Älteren und erzähle dann für die Kleinen, indes ich eingedenk bin, daß Vater und Mutter oft zuhören, und die müssen etwas zum Nachdenken haben!«

Seine vier neuen Märchen fanden großen Anklang. Einen Monat nach der Veröffentlichung schrieb er an Henriette Wulff: »Diese Märchen sind mit einhelligem Beifall aufgenommen worden; keines meiner anderen Bücher war hierzulande so erfolgreich, jede Zeitung lobt sie, jeder liest sie – und nicht vom Nachbarn des Nachbarn ausgeliehen, nein, sie werden gekauft! Ich gelte als der vortrefflichste Märchenerzähler – kurz, diesmal habe ich allen Grund, mit dem Publikum sehr zufrieden zu sein.«

Und eine Woche später konnte er ihr berichten: »Heute teilte mir Reitzel mit, daß die *Neuen Märchen*, von denen 850 Exemplare gedruckt wurden, alle verkauft sind und wir darum nochmals 850 drucken sollten, zumal noch nicht Weihnachten ist! Ist das nicht wunderbar? Das Buch hat sich wie warme Semmeln verkauft! Alle Zeitungen loben es, jeder liest es! Keines meiner Bücher scheint so viel Anklang zu finden wie diese Märchen!«

8
Zu Gast bei Königen und Fürsten

1844-1847

In den folgenden vier Jahren war Andersen wieder viel auf Reisen. Es waren die Jahre, in denen er in Europa und über Europa hinaus endgültig anerkannt und so berühmt wurde, wie er es in seinen kühnsten Träumen nicht zu hoffen gewagt hätte. Und es waren die Jahre, in denen er sich schmeicheln konnte, ein begehrter Gast an Königs- und Fürstenhöfen zu sein.

Den Höhepunkt der zweimonatigen Deutschlandreise, die er im Sommer 1844 unternahm, bildete sein achttägiger Besuch in Weimar. Sofort nach seiner Ankunft lud ihn der großherzogliche Kammerherr Beaulieu de Marconnay ein, in seinem Hause zu wohnen, und schon am nächsten Tag baten ihn Großherzog Carl Friedrich und seine Gemahlin zum Tee und Diner. Im Jagdschloß Ettersburg war Andersen Gast des siebenundzwanzigjährigen Erbgroßherzogs Carl Alexander, der mit einer niederländischen Prinzessin verheiratet war. »Der junge Herzog war äußerst liebenswürdig«, schrieb er am 16. Juni 1844 in sein Tagebuch. »Ich könnte ihn zum Freunde erwählt haben, wenn er kein Herzog wäre . . . Ich habe den jungen Herzog wirklich lieb, er ist der erste Fürst, zu dem ich mich wirklich hingezogen fühle; ich wollte, er wäre kein Fürst, oder ich wäre einer.« Er las dem Erbgroßherzog einige seiner Märchen vor und »wurde bewundert«, wie er in seinem Tagebuch vermerkte.

Zwei Tage später war er wieder zur großherzoglichen Tafel im Schloß Belvedere geladen. »Die Großherzogin sagte, ihr Sohn sei mir sehr zugetan, und bat mich, wieder nach Weimar zu kommen.« Noch am selben Tag war er erneut auf Schloß Ettersburg zu Gast. »Der Erbgroßherzog wollte, daß ich länger in Weimar bliebe, drückte mir lange und fest die Hand, sagte, er sei mein Freund und daß er hoffe, mir das künftig beweisen zu können. Seine Gemahlin bat mich auch, wieder nach Weimar zu kommen und sie nicht zu vergessen.«

Nachdem er Goethes und Schillers Grabstätten besucht hatte,

notierte er: »Ich stand zwischen den beiden, sagte das Vaterunser, betete zu Gott, er möge mich einen ihrer würdigen Dichter werden lassen, aber Sein Wille geschehe in schlimmen wie in guten Dingen.«

Anfang August kehrte er nach Dänemark zurück, und ein paar Wochen später reiste er auf Einladung König Christians VIII. auf die nordfriesische Insel Föhr (die damals zu Dänemark gehörte). Als Gast des Königspaares, das dort zur Kur weilte, verbrachte er zwölf Tage auf der Insel. Die Eindrücke, die er dort und während einer Fahrt zu den Halligen sammelte, verwandte er später in seinem Roman *Die beiden Baroninnen* (in Deutschland unter dem Titel *Die zwei Baronessen* erschienen). Er speiste täglich mit den Majestäten und las ihnen einige seiner Märchen vor.

Den fünfundzwanzigsten Jahrestag seiner Ankunft in Kopenhagen feierte er auf Föhr (allerdings irrtümlich am 5. und nicht am 6. September). Die Eintragung in seinem Tagebuch beginnt mit den Worten: »Dankte Gott für die 25 Jahre!«

»Verbrachte den Abend mit dem König, 5. September. Der König kam zu mir herüber, gratulierte mir zu allem, was ich überstanden und errungen habe; später kam er noch einmal, fragte mich nach meinem ersten Auftreten in der Welt, sprach von meinem Ruhm in Deutschland, und ich erzählte ihm ein paar charakteristische Beispiele. Er lachte und fragte, ob ich ein festes Einkommen hätte; ich sagte ihm, daß Frederik VI. mir 400 Reichstaler ausgesetzt und daß Seine Majestät mir gewährt habe, dieses Einkommen zu behalten, wofür ich dankbar sei. ›Das ist nicht viel‹, sagte er. ›Aber ich brauche auch nicht viel‹, antwortete ich. Er ging auf meine Schriften ein, fragte, wieviel sie mir einbrächten – ich sagte, 12 Reichstaler pro Druckbogen, das sei nicht viel. Wir sprachen über den Lebensunterhalt; es wäre eine Gelegenheit gewesen, ihn um mehr zu bitten, aber das konnte und wollte ich nicht. Dann sagte er: ›Kann ich Ihnen jemals behilflich sein, indem ich Ihr literarisches Wirken fördere, dann kommen Sie zu mir!‹ Ich dankte ihm und sagte, daß ich vorerst nichts von ihm erbitten wollte. Rantzau, mit dem ich nach Hause ging, sagte, der König habe es mir förmlich in den Mund gelegt, eine Bitte an ihn zu richten. Er lobte jedoch meine Einstellung und versprach, sich bei passender Gelegenheit für mich zu verwenden. Ich war ein wenig unzufrieden mit mir selbst, setzte jedoch mein Vertrauen in Gott.«

Von Föhr reiste Andersen weiter zur Insel Als (Alsen), wo er auf Schloß Augustenburg zu Gast war. Am Tag nach seiner Ankunft erlebte er einen Triumph: Er fuhr in der herzoglichen Karosse zur Residenz des Alsener Bischofs, des früheren Stiftpropstes Tetens, der ihn 1819 in Odense konfirmiert hatte. »Welch seltsame Schicksalsfügung«, schrieb er in sein Tagebuch, »daß ich das Haus des Mannes, der so hart mit mir gesprochen hatte, als ich als armer Knabe zu ihm kam, nun als Gast eines Herzogs betreten durfte.«

Gegen Ende seines zweiwöchigen Aufenthalts auf Schloß Augustenburg lernte er den Prinzen von Nör kennen, der damals Gouverneur von Schleswig-Holstein war. »Ich sah damals auf Augustenburg nur freundliche, fröhliche Menschen, ein harmonisches Familienleben«, schreibt er in *Das Märchen meines Lebens*. »Alles fand ich so dänisch, und es schien mir, als ruhe ein Geist des Friedens über dieser Stätte. Es war im Herbst 1844. – Wie bald sah ich alles anders!« Diese Worte beziehen sich auf die Erhebung Schleswig-Holsteins gegen Dänemark (1848), an der sowohl der Herzog von Augustenburg wie auch der Prinz von Nör entscheidend beteiligt waren. Aus Andersens Tagebüchern geht jedoch hervor, daß er schon während jenes Besuches auf Schloß Augustenburg eine gewisse Spannung und antidänische Einstellung (insbesondere seitens des Prinzen von Nör) bemerkt hatte.

Von Schloß Graasten aus reiste er im folgenden Jahr erneut nach Deutschland, wo er an einem Fürstenhof nach dem andern zu Gast war. In Oldenburg speiste er mehrmals bei der großherzoglichen Familie. Als Abschiedsgeschenk überreichte ihm der Großherzog einen Ring, der (wie man ihm umgehend erklärte) über zweihundert preußische Taler wert war.

In Berlin wurde er vom preußischen Königspaar zu einem Diner geladen, bei dem Alexander von Humboldt sein Tischnachbar war. Der Prinzessin von Preußen, die ihn zweimal einlud, las er einige seiner Märchen vor, und auch in Potsdam, wo er einen Tag in Gesellschaft der Majestäten verbrachte, gab er Märchen zum besten. König Friedrich Wilhelm IV. verlieh ihm den Roten Adlerorden dritter Klasse – die erste hohe Auszeichnung, die Andersen erhielt.

Bevor er im Herbst 1845 Kopenhagen verlassen hatte, hoffte er, vom König mit einem Orden ausgezeichnet zu werden. Am 31. Oktober vermerkte er in seinem Tagebuch: »Audienz bei der Königin, mit dem König, habe ihn nicht erhalten.« Am selben Tag schrieb er an Örsted: »Was Sie für mich erwartet haben und worüber ich mich *sehr* gefreut hätte, habe ich nicht erhalten. Man hat es wohl vergessen, und – vielleicht sollte ich das nicht sagen – das hat mich verstimmt; denn *draußen* wäre es ein sichtbares Zeichen für die Huld meines Königs gewesen. Ich hatte es mir für diese Reise erhofft.«

Jetzt hatte er zwar einen deutschen, aber keinen dänischen Orden. In einem Brief an Jonas Collin erwähnte er, daß er den König um die Genehmigung ersucht habe, die deutsche Auszeichnung auch in Dänemark tragen zu dürfen, und fügte hinzu: »Wenn sie [die Genehmigung] von einem kleinen Danebrog [-Orden] begleitet wäre, hätte ich nichts dagegen. Sie können dem König sagen, daß man auf einem Bein nicht gehen kann. Um Himmels willen, Sie wissen doch, daß dieser letzte Teil ein Scherz war!« Im September 1846 wurde er endlich mit dem Danebrog-Orden ausgezeichnet und war, wie er Jonas Collin versicherte, »überrascht und glücklich«.

Von Berlin aus, wo er mit weiteren blaublütigen Herrschaften zusammentraf (darunter Fürst Radziwill, Fürst Hermann von Pückler-Muskau und Gräfin von Bismarck-Bohlen), reiste er wieder in sein geliebtes Weimar. In welcher Atmosphäre sich dieser Besuch abspielte, zeigen folgende Auszüge aus den Tagebucheintragungen, die Andersen im Januar und Februar 1846 machte.

8. Januar. »An der Post erwartete mich Beaulieus Diener. Beaulieu umarmte mich, bat mich zu einem Ball bei General Beulewitz, wo ich viele Bekannte und die ganze herzogliche Familie traf. Der Erbgroßherzog eilte auf mich zu, drückte mir die Hände und sagte: ›Ich kann Sie hier nicht so empfangen, wie ich es zu Hause gern getan hätte, oh!, mein Freund, ich hatte Sehnsucht nach Ihnen!‹ Auch seine Gemahlin begrüßte mich huldvoll. Ich traf [Amalie von] Groß und [. . .]. Die Großherzogin befahl mich zu sich. Meine Beine waren so müde, mir war so schwindlig, daß ich fast ohnmächtig wurde; sie fragte, was mir fehle, ich sagte, es sei meine Brust, ich konnte ihr doch nicht sagen, daß meine Stiefel drückten; sie rief den Kammerherrn Beaulieu und sagte, er sollte nach einem Arzt schicken; ich erzählte ihm, was los war, und sagte, daß er lieber nach einem Schuster schicken sollte. Der Großherzog war sehr huldvoll, ich saß an seinem Tisch – ging um einhalb zwölf Uhr nach Hause.«

9. Januar. »Um 10 ging ich zum Erbgroßherzog, in diese prächtigen Zimmer. Er kam mir entgegen, drückte mich an die Brust, küßte mich mehrmals, dankte mir für meine Liebe zu ihm; Arm in Arm gingen wir in sein Zimmer, wo wir lange saßen und uns unterhielten, bis er in den Staatsrat gerufen wurde, dann ging er, Arm in Arm mit mir, bis an die äußere Tür.«

10. Januar. »Besuche. Ging nach Tisch mit Beaulieu nach Ober-Weimar, trank Kaffee, dann zum Erbgroßherzog. Ich saß ›auf meinem Stammplatz‹, wie er es nannte, auf dem Sofa; er sagte, wir müßten immer Freunde bleiben, und daß ich später einmal ganz bei ihm in Weimar bleiben sollte. Ich sagte ihm, ich liebte mein Vaterland. ›Aber wir Deutschen schätzen Sie doch mehr als die Dänen. – Nun, dann teilen Sie sich zwischen uns! Reichen Sie mir die Hand!‹ Er hielt sie ganz fest, sagte mir, daß er mich liebe und drückte seine Wange an meine.«

12. Januar. »Zur Tafel des Großherzogs geladen, saß ihm zur Linken . . . Abends um einhalb acht Uhr zum Erbgroßherzog; die Großherzogin war da, und später erschien der Großherzog. Ich las den *Tannenbaum* und die *Schneekönigin*. An der Tafel saß ich zur Rechten des Erbgroßherzogs, der unter dem Tisch meine Hand drückte. Er erzählte mir, daß seine Gemahlin, als sie in den Wehen lag, zu ihm sagte, sie wollte der standhafte Zinnsoldat sein. Die Großherzogin sprach sehr huldvoll und liebenswürdig mit mir. Bevor ich ging, führte mich der Großherzog in sein kleines Gewächshaus, war sehr gütig und liebenswürdig. Zur Tischzeit trug ich einen Dreispitz und einen Degen.«

13. Januar. »Zu einer englischen Aufführung des *Kaufmanns von Venedig* eingeladen, konnte aber nicht hin, weil ich zur Großfürstin ging. Ihr, dem Großherzog und einem kleinen Kreis las ich *Das Liebespaar, Das häßliche Entlein* und *Das Gänseblümchen* vor. Saß am Tisch des Großherzogs; der Erbgroßherzog drückte mir die Hand, bat mich, W. als meine zweite Heimat zu betrachten, hoffte, daß wir Freunde blieben.«

17. Januar. »Besuchte den Erbgroßherzog, der mich zu seinem kleinen Sohn Carl August führte und alles tat, um den Kleinen zum Lachen zu bringen. ›Er weiß, daß Sie der Freund seines Vaters sind‹, sagte er, ›deshalb ist er so zutraulich.‹ Der Erbgroßherzog verabschiedete sich, seine junge Gemahlin kam herein, nahm den Kleinen auf den Rücken und galoppierte, ›hopp!‹, im Zimmer herum, nannte ihn ›Klumpe-Dumpe‹; ich hatte ihn auf dem Arm und tanzte mit ihm, wir spielten miteinander.«

22. Januar. »Diner beim Großherzog, in einer *porte-chasse* dorthin gebracht, es ist das erste Mal in meinem Leben, daß ich auf diese Weise getragen wurde.«

2. Februar. »Geburtstag des Großherzogs von Weimar. War in meiner besten Hofkleidung, mit Degen und Dreispitz für den Salon. Später beim Festbankett eine Vielfalt von Uniformen, alle Damen mit langen Schleppen, die der Großherzogin wurde von Pagen getragen.«

7. Februar. »Morgens um 8 Uhr zum Erbgroßherzog, er empfing mich im Hemd, darüber nur einen Schlafrock: ›Das darf ich doch, wir kennen einander.‹ Er drückte mich an die Brust, wir küßten uns. ›Gedenken Sie dieser Stunde‹, sagte er, ›als sei es gestern gewesen. Wir sind Freunde fürs Leben.‹ Wir weinten beide.«

Nachdem er solcherart in den Gunstbezeugungen der hohen Herrschaften von Weimar geschwelgt hatte, setzte er seinen Triumphzug fort: In Dresden wurde er vom sächsischen König Friedrich August II. und dessen Gemahlin empfangen, die ihm einen Empfehlungsbrief an ihre Zwillingsschwester, die Erzherzogin Sophie von Österreich, mitgab. In Prag wurde er dem Statthalter von Böhmen, Erzherzog Stephan, und dem Grafen Thun-Hohenstein vorgestellt. In Wien fügte die Erzherzogin Sophie ihrer Einladung die Bitte hinzu, Herr Andersen möge einige seiner Märchen mitbringen, und zwar solche, die auch für ihren Sohn (den späteren Kaiser Franz Joseph I.) geeignet seien. Bei der Erzherzogin lernte er auch deren andere Schwester, die Kaiserinmutter Karoline (Witwe Franz' I.) kennen. Wie er in seinem Tagebuch vermerkte, zählten zu den Gästen auch so illustre Persönlichkeiten wie Graf Bombello, Prinz Wasa (Sohn des abgesetzten Schwedenkönigs Gustav IV. Adolf) nebst Gemahlin, der Prinz von Hessen-Darmstadt und ein bejahrter Erzherzog, dessen Namen er vergessen hatte. Außerdem waren der

Thronfolger Franz Joseph und einige weitere junge Prinzen zugegen. Nach dem Tee las Andersen fünf Märchen vor. Ein paar Tage später erhielt er als Geschenk der Erzherzogin »eine geschmackvolle Brustnadel . . . ein sichtbares Zeichen ihrer Huld«.

Auf seinen Reisen von Triumph zu Triumph blieb ihm aber auch eine herbe Enttäuschung nicht erspart: Als er im Sommer 1844 in Berlin weilte, wollte er die Brüder Grimm kennenlernen (mit denen er fälschlicherweise so oft verglichen wurde). Er hatte kein Empfehlungsschreiben, war aber überzeugt, keine Einführung zu brauchen. Doch als er sich bei Jakob Grimm vorstellte, hatte dieser keine Ahnung, wer Hans Christian Andersen war – worauf sich der Besucher sehr betreten verabschiedete.

Zwei Wochen später besuchte Jakob Grimm Kopenhagen, sprach unverzüglich bei Andersen vor und entschuldigte sich. »Jetzt weiß ich, wer Sie sind.« Er hatte inzwischen einige seiner Märchen gelesen und zählte von nun an zu seinen Freunden. Um die Jahreswende 1845/46 war Andersen in Berlin mehrmals mit den Brüdern Grimm zusammen.

Und in Deutschland sah er im Winter 1845/46 auch Jenny Lind wieder.

Im März 1844 hatte sie ihm aus Stockholm geschrieben, daß Bournonville ihr berichtet habe, sein Freund Andersen »vergösse Tränen« wegen ihres langen Schweigens. Sie halte das zwar für einen Scherz, bitte ihren »Bruder« aber trotzdem, ihr nicht böse zu sein und sie wissen zu lassen, daß sie seine Freundschaft nicht verloren habe. Sie bewundere seine »himmlisch schönen« Märchen, unter denen sie dem *Häßlichen jungen Entlein* den Ehrenplatz einräume. Die Unterschrift dieses Briefes lautete: »Ihre Sie liebende Schwester Jenny.«

Andersen liebte sie nach wie vor. Henriette Wulff, der er sich anvertraute, schrieb ihm aus Portugal: »Fahren Sie nach Schweden, brechen Sie eine Lanze und Sie werden gewiß siegen.« Aber dazu fehlte ihm der Mut.

Im Herbst 1845 hatte Jenny Lind in Kopenhagen drei Konzerte gegeben und die Titelpartien in Bellinis *Norma* und Donizettis *Regimentstochter* gesungen. Andersen, der sie während dieses Gastspiels häufig traf, vermerkte in seinem Kalender: »Jenny ist sehr nett zu mir; ich bin froh, voller Hoffnung – obwohl ich weiß –!« Bei einer Abschiedsfeier, die für sie gegeben wurde, hielt Bournonville eine Rede, in der er sagte, daß alle Dänen gern Jenny Linds Brüder wären. Darauf erwiderte sie: »Das wären viel zu viele. Ich würde mir lieber einen von ihnen, stellvertretend für die anderen, zum Bruder wählen. Wollen Sie mein Bruder sein, Andersen?« Vermutlich wollte sie ihm damit schonend beibringen, daß er sich keine Hoffnung auf ihre Hand machen konnte.

Zwei Monate später sahen sich die beiden in Berlin wieder. Andersen hatte Jenny, die dort Triumphe feierte, bereits aus Oldenburg mitgeteilt, daß er bald in der preußischen Hauptstadt eintreffen werde. Da sein Tagebuch auch in diesem Fall verläßlichere Informationen gibt als seine Autobiographie, seien hier einige Auszüge zitiert:

19. Dezember [1845]. »Traf um 1.15 in Berlin ein, ging ins Britische Hotel, von wo ich sofort einen Kellner zu Jenny Lind schickte, um zu sagen, daß ich angekommen sei, und ob sie mir ein Billett besorgen könnte? Sie antwortete, falls eines aufzutreiben sei, würde ich es bekommen, aber kein Billett kam. – Ich ging in die Oper, es gab noch Billetts für das Stehparterre und die Galerie, ich ging ins Stehparterre, dort war allerlei gemeines Volk, ein betrunkener Franzose; ich stand an der Tür, hörte Jenny, hatte ihr eigentlich böse sein wollen, aber sie eroberte mich ganz. Sie singt deutsch genauso, wie ich meine Märchen vorlese, die Muttersprache scheint durch, aber das macht es, wie man über mich gesagt hat, noch interessanter. Das Theater war prachtvoll, aber ich sah es eigentlich gar nicht; ich war Jennys wegen da, ich hörte sie wie in einem Traum. Ich glaube, ich liebe sie anders als ich sollte.«

21. Dezember. »Fuhr zu Jenny. ›Sie empfängt niemanden‹, sagte der Portier. ›Doch, mich empfängt sie!‹ – ›Geben Sie mir Ihre Karte!‹, und dann hatte ich keine. ›Wie ist Ihr Name?‹ – Dann kam sie zu mir heraus; sie sah blühender aus als in Kopenhagen. Wir saßen auf dem Sofa und sprachen von der Familie Collin.«

23. Dezember. »Nicht gut gelaunt, fühle mich etwas einsam. – Bisher hat mir Jenny noch kein Billett geschickt; Fräulein Frohmann gab mir gestern abend eines von der Prinzessin von Preußen. – Jenny sang so schön, daß ich nicht böse auf sie war. – Nein, nein! Sie kann mich nicht vergessen haben!«

24. Dezember. »Nichts von Jenny gehört. Fühle mich gekränkt und verstimmt. In Berlin ist sie nicht wie eine Schwester zu mir. Wenn sie wünscht, daß ich hier ein Fremder bin, hätte sie es mir sagen können, dann wäre ich es gewesen. Sie hat einst mein Herz erfüllt – ich liebe sie nicht mehr! In Berlin hat sie mein krankes Fleisch mit einem kalten Messer herausgeschnitten. Ich wüßte gern, woran sie denkt, sie schenkt mir so wenig Beachtung, und ich bin doch hauptsächlich ihretwegen nach Berlin gekommen und hätte einen viel froheren Weihnachtsabend verbringen können. – In Kopenhagen habe ich für sie gelebt – was ist mein Lohn für alles, was ich gegeben habe, einem Menschen gegeben habe, den die Welt den edelsten und besten nennt! – Es ist Heiliger Abend! Glücklich das Heim, wo der Gatte einen Herd hat! Jetzt ist der Christbaum angezündet, die Gattin steht mit dem kleinsten Kind auf dem Arm davor, es streckt die Hände nach den vielen Kerzen aus, hüpft vor Freude auf dem Arm der Mutter, die anderen Kinder jubeln vor Freude, halten Ausschau nach den Geschenken und sind von einem Freundeskreis umgeben. – Der Fremde ist draußen, sein Weihnachtsbaum sind die Sterne, Bilder neuer Städte, neue Gesichter – er fliegt von Ort zu Ort – unter Gottes Weihnachtsbaum erhebe ich meinen Blick und frage: Vater im Himmel, was gibst du mir? – und bekomme vielleicht einen Sarg.«

In *Das Märchen meines Lebens* erzählt Andersen von seinem »verlorenen Weihnachtsabend« in Berlin. Seinem Tagebuch aber ist zu entnehmen, daß er zu einer Weihnachtsfeier im privaten Kreis ging und um elf Uhr in sein Hotel zurückkehrte.

25. Dezember. »Meine Gedanken sind unter einem Schleier verborgen, aber sie fliegen zu Jenny! – Was habe ich ihr getan? Schenkt sie mir so wenig Beachtung, weil sie um ihren guten Ruf besorgt ist? ›Ich hasse Sie nicht, denn ich habe Sie nie geliebt‹, hat sie mir einmal gesagt, ich habe es damals nicht verstanden, jetzt verstehe ich's ... Brief von Jenny, sie ist sehr liebenswürdig.«

26. Dezember. »Besuchte Jenny, sie hatte einen Weihnachtsbaum, schenkte mir Seife, geformt wie ein Stück Käse, Kölnisch Wasser, war ganz wunderbar, strich mir über die Stirn, sagte ›Kind!‹ zu mir. Wir fuhren zu Madame Birch-Pfeiffer, die, wie sie sagte, zu ihr wie eine Mutter sei ... Jenny sagte, ich sei ein so guter Mensch und ihr Bruder.«

27. Dezember. »Brief von Jenny, Mittagessen zu Hause.«

30. Dezember. »Um 2 Uhr noch kein Billett von Jenny, falls diesmal wieder keines, werde ich böse. – In diesem Augenblick kam ein Billett von Jenny: Parkett rechts 161 . . . Im zweiten Akt war Jenny ergreifend plastisch, ihre Stimme hat mich in dieser Musik nicht ganz ergriffen; sie wurde hervorgerufen.«

31. Dezember. »Mittagessen zu Hause. Um 6 zu Jenny, wo ein Weihnachtsbaum für mich angezündet wurde. Jenny sang einige Lieder, wir plauderten vergnügt, sie fragte mich nach der *Neuen Wochenstube*, sagte, sie glaube noch immer nicht, daß ich der Verfasser sei, denn ich sei ein Kind und das Stück ›boshaft‹. – Als wir Gefrorenes aßen, erklang ein Ton, als käme er vom Piano, aber viel kräftiger. ›Was war das?‹ sagten wir beide. Aber im Piano waren keine Schwingungen, von dort konnte er nicht gekommen sein. ›Was für eine Note war es?‹ fragte ich. ›Das C!‹ – ›Mein Gott, Collin!‹ rief ich, und mich überkam eine Angst, die mir die Tränen in die Augen trieb; ich sagte Jenny den Namen und daß ich mich schon immer vor Visionen gefürchtet und mir deshalb gewünscht hätte, Töne nur von den mir am nächsten Stehenden zu hören, wenn sie stürben. – Jenny fürchtete sich auch; ich war in gedrückter Stimmung. – Jenny ging zu einem Ball beim britischen Gesandten, ich half ihr beim Aussuchen ihrer Bänder.«

5. Januar 1846. »Ging hinaus zu Jenny, sie war beschäftigt und nervös, ich war auch mitgenommen, habe mich von ihr verabschiedet, wir sehen uns in Weimar wieder.«

Er hielt sich bereits zwei Wochen in Weimar auf, als Jenny Lind dort eintraf. Die folgenden Auszüge aus seinem Tagebuch beziehen sich vornehmlich auf sie:

22. Januar. »Gestern abend kam Jenny an. Ging zu ihr. Sie freute sich, mich zu sehen, und schenkte mir ihr Porträt.«

23. Januar. »Ging zu Jenny und hörte sie mit Fräulein Achte singen; letztere nicht erfolgreich . . . Abends Konzert bei Hofe. Ich trug einen Degen und einen Dreispitz; große Prachtentfaltung und herrlich erleuchtete Säle. Jenny saß ganz allein an einem Fenster, mit gesenkten Augen, wie ein Tier, das zur Schlachtbank geführt wird. Ich stand ganz vorn neben dem Erzherzog, der mich nach vorn gezogen hatte. Während der Mendelssohn-Lieder fiel Jennys Blick auf mich, ich glaube, sie sah ständig in diese Richtung. Ich wurde dem Herzog von Gotha vorgestellt, der musikalisch ist und Gedichte schreibt, er ist der Bruder des Prinzen Albert von England, Jenny sah mich an, als ich ihm vorgestellt wurde, zuerst grüßte ich sie. Dann stellte er mich seiner Gemahlin vor und bat mich, ihn in Coburg oder Gotha zu besuchen. Sprach mit Jenny. Alle waren hingerissen von ihr. Die Erbgroßherzogin sagte: ›Ich bin so glücklich, ich wollte, ich könnte mit ihr herumhüpfen.‹ Die Großherzogin und alle sagten, daß sie mit Jenny über mich gesprochen hätten.«

24. Januar. »Heute nacht nicht viel geschlafen, lag in Schweiß gebadet. Mit Beaulieu zu Jenny, die Kopfweh hatte. ›Sie war nicht sehr gnädig‹, sagte er, als wir gingen; das behagte mir nicht. Ging anderthalb Stunden mit Jenny im Park spazieren, sie sagte, daß in Schweden die Dinge nicht zum Besten für sie ständen und sie sich vermutlich in Altona niederlassen werde, sie hat Mendelssohn-Bartholdy sehr gern . . . Im Theater, vom Erbgroßherzog eingeladen. Jenny Lind (*Norma*, das erste Mal), begeisterter Applaus.«

26. Januar. »Der Erbgroßherzog nahm mich zu Gräfin Redern mit, wo wir Jenny trafen. Sie, der Erbgroßherzog und seine Gemahlin, unsere Gastgeberin, Gräfin Beust und ich speisten zusammen, Jenny sang sechs Lieder und anschließend ein Kirchenlied, das uns alle tief bewegte. ›Ich kann nichts zu ihr sagen, ich bin ganz überwältigt!‹ sagte die junge Herzogin, sie legte ihren Arm um Jennys Hals und küßte sie. Jenny brach in Tränen aus . . . Ging ins Theater, setzte mich auf Beaulieus Platz, der besser als meiner war; das ärgerte mich. Er hatte sich verspätet, ich war nervös. Jenny trat in der *Nachtwandlerin* auf, sie war herrlich.«

27 Januar. »Speiste mit Beaulieu und Jenny bei Baron Maltitz, der aus diesem Anlaß ein schönes Gedicht geschrieben hatte, Jenny erhielt als Geschenk ein Tablett mit einem Bild von Goethes Haus, sie war gerührt. Abends Gesellschaft beim Kammerherrn Plötz; die gesamte herzogliche Familie. Ich las drei Bilder [aus *Bilderbuch ohne Bilder*], Jenny weinte über Colombinchen. Sie mußte singen, ich war in schlechter Stimmung, sagte das auch, war unfreundlich. Kurz vor zwölf fuhren wir heim. Ich fühlte mich krank. Beaulieu sagte, ich sei nahe daran, mich in Jenny zu verlieben; ich sagte ihm, das würde nicht geschehen. Er erzählte mir die Geschichte seines Herzens, ich dachte an meine und weinte.«

28. Januar. »Frost und Sonnenschein. War mit Beaulieu bei Jenny. Gingen zur Bibliothek, sahen Schillers Schädel. Begleitete Jenny zum Theater. Besuchte Gräfin Redern, der Lakai sagte, es sei jemand bei ihr; ich wurde empfangen, der Erbgroßherzog und die Herzogin waren ganz heimlich mit Jenny Lind da. Sie dachten sofort, ich hätte es gewußt, aber ich hatte keinen Schimmer. Der Erbgroßherzog trank auf mein Wohl und legte seinen Arm um mich, seine Gemahlin küßte Jenny, und er ging hin, ergriff ihre Hand und küßte sie. Mittagessen bei [. . .], Herders Enkel. Abends in Jenny Linds Konzert, wieder Billetts vom Erbgroßherzog. Jenny änderte ihren Plan, nach Erfurt zu gehen, sie fährt morgen früh nach Leipzig und von dort aus nach Berlin. Ging mit Beaulieu zu Jenny. Eine Menschenmenge stand vor dem Tor . . . Die Menge auf der Straße brachte Jenny ein Ständchen, man spielte Melodien aus *Norma* und *Nachtwandlerin.* Auf unseren Rat sagte sie: ›Dank, herzlichen Dank, ihr guten Weimaraner!‹ Sie stand am offenen Fenster. Ich war ergriffen. Als alle fort waren, saßen wir vier am Teetisch. Beaulieu bat sie um das Papier, auf welches sie heute morgen mit seiner Hilfe ein Lied geschrieben hatte. Sie war gut und liebenswürdig. ›Weiß Gott, wann wir uns wiedersehen‹, sagte sie, ›aber zwischen uns ist es fürs ganze Leben, hoffe ich.‹ – Ich hatte einen Krampf in der Kehle. Beaulieu umarmte mich. Als wir gingen, sagte sie zu ihm: ›Ich danke Ihnen, daß Sie so gut zu Andersen sind!‹ – Ein reizendes Mädchen. Zu Hause sprachen wir viel von ihr; ich litt; Beaulieu sagte, ich sollte mich ausweinen, küßte mich liebevoll.«

29. Januar. »Abends auf einem Ball bei Maltitz. Der Erbgroßherzog sprach mit mir über Jenny, von der er ganz überwältigt war. Er möchte, daß sie seiner Frau Gesellschaft leisten und bei ihnen leben soll.«

30. Januar. »Abends beim Erbgroßherzog. Er hatte mir geschrieben, ich möchte doch eine halbe Stunde früher kommen, damit wir über Jenny sprechen könnten. Ich kam um halb acht, saß mit ihm auf dem Sofa. Er war ganz bewegt, bat mich, ihm immer über sie zu schreiben, keine Namen zu erwähnen, nur ›unsere Freundin‹. – Er hielt meine Hand und drückte sie.«

Andersens Tagebuchnotizen aus Deutschland verraten die

ganze Zwiespältigkeit seiner Beziehung zu Jenny Lind: Er war abwechselnd in sie verliebt und über sie verärgert, und dann schmollte er wie ein verzogenes Kind; er wollte ihr »Bruder« sein, zugleich aber die Rolle eines *preux chevalier* mit Degen und Dreispitz spielen; und gewissermaßen war er gleichzeitig in Jenny und den Erbgroßherzog Carl Alexander verliebt, die beide, wie er sehr wohl wußte, für ihn unerreichbar waren.

Nachdem er im März 1846 Prag und Wien besucht hatte, reiste er über Triest nach Rom. Von dort schrieb er am 2. April an Louise Lind, geb. Collin: »Sie [Jenny Lind] ist wie eine Schwester zu mir, eine treue Seele, aber nicht mehr, Sie verstehen? Sie denkt nicht ans Heiraten, wenn ich sie recht verstehe. Bis zu einem gewissen Grade kenne ich ihre Absichten, aber ich habe kein Recht, darüber zu sprechen. Was mich betrifft, so weiß ich genug, um mich bescheiden zu können. Ich baue keine Luftschlösser, sondern nehme hin, was Gott mir auferlegt. Ich fühle einen inneren Frieden wie nie zuvor . . . Weiß Gott, ob ich als verheirateter Mann glücklicher geworden wäre, ob ich einen anderen Menschen glücklich machen könnte.« Am selben Tag schrieb er an Jonas Collin: »Heute bin ich 41! Wie alt, und dennoch, innerlich bin ich kaum über zwanzig. Was für ein Leben voll Glück und Sonnenschein liegt hinter mir, und das wird zweifellos so bleiben, ich vertraue fest auf Gott. Dank, Dank Euch allen zu Hause für Eure Liebe zu mir! Ich feire meinen Geburtstag zum dritten Mal in Rom, wie wenigen ist das vergönnt! Oh, ich fließe über von Freude!«

Er nahm am Ostergottesdienst im Petersdom teil und berichtete in einem Brief an Örsted: »Ich ärgerte mich in der Kirche über einige Frauen, die während der Andacht unaufhörlich redeten und lachten. Wie ein echter Polizist ermahnte ich sie, daran zu denken, daß sie sich in der Kirche befänden und daß Ostern sei; sie sahen mich erstaunt an und hielten mich wohl kaum für einen Protestanten. Mir sind die Gebräuche einer jeden Religion heilig, und in den Synagogen der Juden und den Moscheen der Türken bin ich ebenso andächtig gestimmt wie in unseren christlichen Kirchen.«

Andersen versuchte auch, Örsted zu einem Italienbesuch zu bewegen: »Kommen Sie in zwei Jahren, dann sind alle Eisenbahnen fertig, und dann können Sie und Ihre Gattin in sieben Tagen von Kopenhagen nach Neapel fliegen; das ist doch gar nichts. Wie sehr das Leben doch durch Erfindungen bereichert wird! Jetzt kann man in einem Jahr all das sehen und erleben, wozu man früher ein Leben lang gebraucht hat. Ich glaube, unsere Zeit ist die poetischste, die man sich vorstellen kann; die Vernunft bringt eine Blume nach der andern hervor, und diese gehören ja zur Poesie, da die Wahrheit eines ihrer drei Elemente ist. Ich denke dabei an die Worte, die Sie vor geraumer Zeit in mein Album schrieben: ›Vernunft des Denkens ist Wahrheit; Vernunft des Wollens ist Tugend; Vernunft der Einfallskraft ist Schönheit.‹«

Nach vierwöchigem Aufenthalt in Rom fuhr Andersen nach Neapel. »Von der Sonne fühlt man sich wie in Feuer gebadet«, schrieb er am 13. Mai in sein Tagebuch, »es ist, als ob einem das Mark in den Knochen vertrocknet, und man wird ganz schwindlig; verzweifelt sucht man nach Schatten.« Seine Tagebuchnotiz vom 8. Juni beginnt mit den Worten: »Die Hitze strömt herab, ich wage mich kaum ins Freie.« In unmittelbarem Zusammenhang damit steht der letzte Satz seiner Eintragung vom 9. Juni: »Begann abends, die Geschichte von meinem Schatten zu schreiben.« In der Sonnenglut Neapels war ihm die Idee zu dem Märchen *Der Schatten* gekommen, das so beginnt: »In den heißen Ländern, da kann die Sonne brennen!« Der gelehrte Mann, »der aus den kalten Gegenden gekommen war«, sieht bald ein, daß er hier nicht so herumlaufen kann wie in seiner Heimat. »Er und alle vernünftigen Leute mußten zu Hause bleiben; die Fensterläden und Türen blieben den ganzen Tag geschlossen; es sah so aus, als ob das ganze Haus schliefe oder niemand daheim wäre. Die schmale Straße mit den hohen Häusern, wo er wohnte, war aber auch so gebaut, daß die Sonne vom Morgen bis zum Abend darauf liegen mußte; es war wirklich nicht auszuhalten!« Der unaufhörliche Straßenlärm, die Tonleitern, die tagaus, tagein aus dem gegenüberliegenden Haus zu hören waren, und zahlreiche andere Beobachtungen aus dem neapolitanischen Tagebuch sind in dieses Märchen eingeflossen – ein weiters Beispiel dafür, wie eng Andersens Märchen mit seinen eigenen Erfahrungen verknüpft sind.

Auf der Schiffsreise von Neapel nach Marseille lernte er den Marquis of Douglas kennen. »Das einzige, was er von der dänischen Literatur kannte, war der *Improvisator*«, notierte Andersen in sein Tagebuch. »Es sei ein berühmtes Werk, sagte er. Ich sagte ihm, daß ich der Verfasser sei, er machte eine tiefe Verbeugung und schüttelte mir die Hand.«

In Marseille begegnete er dem norwegischen Geiger Ole Bull, der gerade aus Amerika zurückgekehrt war, wo, wie er berichtete, Andersen Tausende von Bewunderern habe und wo seine Romane, insbesondere *Nur ein Geiger*, in wohlfeilen Massenausgaben erschienen seien.

Eigentlich wollte Andersen auf dieser Reise auch Spanien besuchen, doch als er in dem Pyrenäenort Vernet eingetroffen war, fühlte er sich so erschöpft, daß er beschloß, die Rückreise nach Dänemark anzutreten. Er unterbrach sie, um nochmals einige Tage in Weimar zu verbringen, wo es wieder zu überschwenglichen Freundschaftsbezeugungen zwischen ihm und dem Erbgroßherzog kam. Seine Tagebuchnotiz vom 20. August lautet:

»Abends ging der Erbgroßherzog Arm in Arm mit mir über den Schloßhof zu meinem Zimmer, küßte mich zärtlich, bat mich, ihn immer zu lieben, auch wenn er nur ein gewöhnlicher Sterblicher sei, und diesen Winter bei ihm zu bleiben. Ich Unglücklicher, der ich bei alledem das Gefühl habe, daß diese große Liebe unmöglich von Dauer sein kann! Schlief mit dem melancholischen, glücklichen Gefühl ein, Gast im Schlosse dieses fremden Fürsten zu sein und von ihm geliebt zu werden. Die Lakaien sagen ›gnädiger Herr!‹ zu mir. Es ist wie ein Märchen.«

Während seines Deutschlandaufenthalts im Jahre 1845 hatte Andersen mit dem dänischbürtigen Leipziger Verleger Carl B. Lorck einen Vertrag über die deutsche Ausgabe seiner *Gesammelten Werke* geschlossen. Zum ersten Mal sollte er Honorar aus dem Ausland erhalten: Bei allen bis dahin außerhalb Dänemarks publizierten Ausgaben seiner Werke hatte es sich um Raubdrucke gehandelt. Die deutschsprachige Werkausgabe sollte mit einer speziell dafür verfaßten Selbstbiographie eingeleitet werden, die Andersen dann während seiner langen Auslandsreise 1845/46 schrieb und schließlich in zwei schmalen Bändchen im Januar und Februar 1847 unter dem Titel *Das Märchen meines Lebens ohne Dichtung* veröffentlichte. Im Sommer 1847 erschien die englische Ausgabe, *The True Story of My Life*. Erstaunlicherweise erschien die dänische Originalfassung erst knapp hundert Jahre später (1942), herausgegeben und kommentiert von Helge Topsöe-Jensen.

In Dänemark erschienen dagegen zwischen 1844 und 1848 einige neue Bühnenwerke Andersens – darunter die romantischen Dramen *Der König träumt* (1844) und *Die Blume des Glücks* (1847) – sowie das Libretto für J. P. E. Hartmanns Oper *Klein Kirsten* (1847), die meistgespielte dänische Oper. Das von Andersen anonym eingereichte Lustspiel *Die neue Wochenstube* wurde 1845 im Königlichen Theater uraufgeführt. Als Autor dieses Stückes gab sich Andersen erst zu erkennen, als es 1854 in die dänische Ausgabe seiner *Gesammelten Schriften* aufgenommen wurde.

Viel bedeutsamer aber war die Veröffentlichung weiterer Märchen. Der zweite Teil der *Neuen Märchen* kam 1845 heraus. Er enthielt den *Tannenbaum* (eine traurige Geschichte über ein Thema, das Andersen nur allzu vertraut war: daß man die kurze Zeit des Glückes genießen soll, bevor es zu spät ist) und die *Schneekönigin*. Über dieses unnachahmliche Meisterwerk schrieb Andersen im Dezember 1844 an Ingemann: »Es war eine reine Freude für mich, mein letztes Märchen, *Die Schneekönigin*, zu Papier zu bringen; ich war innerlich so davon durchdrungen, daß es, als es herauskam, übers Papier tanzte.« Die dritte Sammlung der *Neuen Märchen* erschien ebenfalls 1845 und enthielt fünf Märchen, darunter *Elfenhügel*, *Die roten Schuhe* sowie *Die Hirtin und der Schornsteinfeger*. Als erster Teil des zweiten Bandes der *Neuen Märchen* wurden 1847 *Die Stopfnadel* und *Der Schatten* veröffentlicht. Weitere berühmte Märchen wie zum Beispiel *Die Glocke* und *Das kleine Mädchen mit den Schwefelhölzern* wurden erst später in die Sammlung *Märchen und Geschichten* aufgenommen.

Andersen glaubte jetzt allmählich selber daran, daß der Erfolg seiner Märchen nicht so rasch abklingen würde. Im Dezember 1845 schrieb er an Örsted: »Weiß Gott, was man in zwanzig Jahren über sie sagen wird! Vergessen werden sie doch wohl nicht sein?«

Eine schmerzliche Erfahrung mußte er im Jahre 1845 machen, als in Kopenhagen Carsten Hauchs neuer Roman *Das Schloß am*

Rhein erschien. Andersen, der fünfzehn Jahre zuvor von Hauch angegriffen worden war, ihn jetzt aber als seinen Freund betrachtete und als großen Schriftsteller bewunderte, hatte 1843 an Ingemann geschrieben, er freue sich sehr auf Hauchs neuen Roman. Doch als das Buch erschien, erkannten Publikum und Kritik in einer der Romanfiguren, nämlich dem eitlen Dichter Eginhard, der im Wahnsinn endet, sofort eine boshafte Karikatur Andersens. Bevor dieser den Roman gelesen hatte, schrieb er an Ingemann, er habe gehört, daß Hauch in einer Literaturzeitschrift einen Artikel über ihn und seine Werke veröffentlichen wolle; das freue ihn umso mehr, als die Öffentlichkeit daraus ersehen könnte, wie wohlwollend Hauch ihm gegenüberstehe.

»Ich bin böse auf die dummen Leute gewesen, die so garstig zu mir sind, daß sie, sobald sie die Beschreibung eines selbstsüchtigen Dichters lesen, der aus purer Eitelkeit im Irrenhaus stirbt, der Meinung sind und diese auch äußern, der Autor hätte dabei an mich gedacht. Sie wissen sicher, daß man Hauch vorwirft, er habe in seinem jüngsten Roman mehrere Personen, darunter auch mich, porträtiert, ja, *Den Frisindede* hat mich sogar als die Person erwähnt, aus deren Leben Hauch, mittels verschiedener Gedankenverbindungen, das Material für einen Wesenszug dieses wahnwitzigen Dichters genommen hat. Ich bin häufig von Leuten in Kopenhagen gefragt worden: ›Was haben Sie Hauch getan? Das ist ja schändlich!‹, usw., und ich habe erwidert, daß Hauch gar nicht mich gemeint habe, daß er einen edlen und großherzigen Charakter hat und Freundschaft und Wohlwollen gegen mich empfindet.«

Als er drei Wochen später mit der Lektüre des Romans begonnen hatte, schrieb er Ingemann:

»Ich schrieb Ihnen, daß ich auf die Leute böse sein müßte, die, sobald sie von einem selbstsüchtigen, verschrobenen Dichter lesen, sogleich sagen, das sei ich. Ich muß anders über die Leute im allgemeinen urteilen, jetzt, da ich diese Figur gesehen habe. Doch, man hat das Recht zu sagen: ›Das ist Andersen!‹ Hier sind alle meine Schwächen zusammengefaßt! Ich möchte glauben und hoffen, daß ich diese Periode hinter mich gebracht habe; aber alles, was dieser Poet sagt und tut, könnte ich gesagt und getan haben. Ich fühle mich unheimlich gepackt von diesem grellen Bild, das mich in meinem Elend zeigt.«

Er sei, so fügte er hinzu, völlig überzeugt, Hauch habe nicht beabsichtigt, »daß alle mich darin sehen sollten«. Hauch sei »so edel, so großherzig«. Was ihn erschüttert habe, sei das Ende des unglücklichen Poeten. »Mein eigener Großvater ist geisteskrank gewesen, mein Vater war es kurz vor seinem Tode. Sie werden daher verstehen, wie die Auflösung bei dem Unglücklichen in der Hauchschen Dichtung wirkt – wie die Auflösung bei dem wirkt, der *mein* Ebenbild ist.«

Hauchs Eginhard konnte tatsächlich nur als eine maliziöse Karikatur Andersens verstanden werden. Daß dieser trotzdem glaubte, der Autor habe solch eine Wirkung nicht beabsichtigt, war ein erstaunliches Zeichen von Großmut. Als Ingemann versuchte, die Angelegenheit mit Hauch zu erörtern, wollte dieser nicht zugeben, daß er mit dem eitlen Poeten tatsächlich Andersen gemeint hatte, räumte allerdings ein, daß ihm vielleicht »ein oder zwei« Eigenschaften Andersens in den Sinn gekommen seien. Es ist als versöhnliche Geste zu verstehen, daß er daraufhin einen wohlwollenden Essay über das dichterische Werk Andersens schrieb (der freilich nicht ganz zu dessen Zufriedenheit ausfiel).

Nach wie vor wünschte sich Andersen sehnlich, von der Familie Collin bewundert zu werden. Nicht zuletzt deshalb wurmte es ihn, daß J. L. Heiberg seinen Theaterstücken immer noch kritisch gegenüberstand. Er wünsche sich, schrieb er an Edvard Collin, von Heiberg gelobt zu werden – »nicht, weil es mich, sondern weil es Ihren Vater glücklich machen würde. Ich werde in dieser Welt als Dichter erst dann glücklich sein, wenn Ihr Vater sagen kann: ›Ich bin stolz auf ihn!‹« Auf Jonas Collins väterliche Liebe und Güte konnte er jederzeit zählen – aber nicht auf seine Bewunderung.

Daß Andersen sich der Gunst von Herzögen und Fürsten erfreute, beeindruckte die Collins nicht halb so sehr wie ihn selbst. Als er nach seinem ersten Besuch in Weimar in einem Brief an Edvard berichtete, wie herzlich er von der großherzoglichen Familie aufgenommen worden sei, erhielt er eine ironische Antwort: »Was für einen Wirbel macht man dort um Sie, aber ich bin darüber höchst erfreut, sowohl weil Sie sich verständlicherweise darüber freuen als auch deshalb, weil es die andern, ebenfalls verständlicherweise, ärgern wird. Sehen Sie zu, daß Sie einen Orden mit nach Hause bringen, das wäre ein großer Spaß!«

Am 29. Dezember 1845 hatte Andersen in einem Geburtstagsbrief an Jonas Collin geschrieben:

»Sie wissen ja, meine größte Eitelkeit, oder nennen Sie es lieber Freude, besteht darin, Ihnen begreiflich zu machen, daß ich Ihrer wert bin. Ich denke gerade an Sie bei all der Anerkennung, die ich finde. Ich werde doch im Ausland geliebt, anerkannt, ich bin – berühmt; ja, Sie lächeln darüber. Aber die ersten Männer fliegen mir entgegen, ich sehe mich in alle Familien aufgenommen, Fürsten und die begabtesten Männer sagen mir die größten Höflichkeiten. Sie sollten sehen, wie man sich in der sogenannten großen Gesellschaft um mich schart. Oh, daran denkt keiner von den vielen daheim, die mich dort völlig übersehen und bestimmt beglückt wären durch eine Tropfen der Huldigung, die mir zuteil wird. Meine Schriften müssen doch einen größeren Wert haben, als die Dänen zugeben. Jetzt ist Heiberg auch übersetzt, aber niemand spricht davon, und es wäre doch erstaunlich, wenn die Dänen die einzigen auf der Welt wären, die klug genug sind, etwas zu beurteilen. Sie müssen es wissen, Sie, mein geliebter Vater, sollen verstehen, daß Sie sich in mir nicht geirrt haben, da Sie mich als Ihren Sohn aufnahmen, da sie mir halfen und mich beschirmten.«

Aber die Beliebtheit, derer sich Andersen an deutschen Fürstenhöfen erfreute, konnte Jonas Collin nicht beeindrucken. Nachdem Andersen ihm ausführlich von seinen Erlebnissen in Weimar berichtet hatte, schrieb er ihm einen Brief, der mit folgenden Worten schloß: »Und damit müssen Sie sich für den Augenblick begnügen. Ich kann nicht von einem Zusammenleben mit Herzögen und Herzoginnen berichten und krieche nicht mit deren Kindern auf dem Fußboden herum. – Nun werden Sie sagen: ›Vielen Dank!‹, und ich sage: ›Keine Ursache!‹«

Gleichermaßen unbeeindruckt schrieb Ingeborg Drewsen im Juli 1846 an Andersen: »Gott! wie langweilig muß es gewesen sein, mit so vielen berühmten Männern zu verkehren! Ich habe zum Glück keinen mehr gesehen, seit der berühmte Forschungsreisende Kohl hier war, denn den König von Schweden kann man, glaube ich, nicht berühmt nennen, und ich habe ihn auch gar nicht gesehen.«

Im Mai 1845 erhielt Andersen einen Beweis dafür, daß ihn die Collins wirklich als zur Familie gehörig betrachteten. An einem Sonntag überbrachte ihm ein Bote zu später Stunde folgende Mitteilung: »Lieber Andersen! Meine Frau ist sehr krank, die Kinder sind alle hier versammelt. Ihr Collin.« Darauf eilte er sofort zu der Todkranken, die wenige Tage später starb.

Wieviel es Andersen bedeutete, daß Jonas Collin ihn in »das Heim der Heime« gerufen hatte, zeigt ein Brief, den er ihm ein paar Wochen später schrieb:

». . . meine Gedanken sind und waren seit der Abreise so lebhaft daheim, ich habe in den letzten Tagen erkannt, wie fest ich mit der Familie verwachsen bin, habe gefühlt, was mich im guten Sinne stolz macht, daß ich Sohn in Ihrem Kreise bin. Daß Sie mich mit den anderen Kindern in jener Sonntagnacht nach Hause riefen, daß ich in einer der ernstesten Stunden bei den Ihren weilen durfte, hat mich, wenn nicht schon tausend frühere Beweise darauf hingedeutet hätten, mit Glück und Dankbarkeit erfüllt! Ich bin seltsam gerührt, könnte ich es doch aussprechen, es zeigen, daß ich Sie liebe, Sie mit der ganzen Seele eines Sohnes liebe, oh, möge Gott mich Sie lange behalten lassen, mögen wir alle noch eine lange Zeit mit Ihnen leben dürfen, ich werde erschüttert sein, verzweifelt, wenn Sie vor mir von hinnen gehen.«

Als er dann erneut von Triumph zu Triumph eilte, ließ ihm der Gedanke keine Ruhe, daß Jonas Collin anscheinend noch immer nicht begriffen hatte, *wie* berühmt Hans Christian Andersen im Ausland geworden war. Aus Dresden schrieb er im Februar 1846 an Edvard: »Ich denke an Ihren Vater und möchte glauben, er hat Freude an mir, und dieser Gedanke ist mein höchstes Glück. Und dennoch –? Er weiß es nicht, faßt es nicht so auf. Ich bin selbst für meine Liebsten in der Heimat nur – Andersen, der gutmütige Mensch, der Talent hat, aber schrecklich viel von sich selbst hält, und Dänemark hat ganz andere Größen . . . Niemand daheim ist stolz auf mich, ich scheine der Eckstein zu sein, den man verwirft.« Und einige Zeilen später:

»Es ist doch etwas, daß ich überall von Fürsten und den bedeutendsten Männern mit Herzlichkeit und Freundschaft aufgenommen werde – ja, Sie wissen es wohl nicht –, aber daß alle Zeitungen von Stadt zu Stadt über mich Nachrichten bringen, selbst wenn man sich nur an das Greifbare hält, so ist es doch allerhand! – In Oldenburg schenkte mir der Großherzog, wie Sie wissen, zur Erinnerung einen äußerst kostbaren Ring, in Berlin ließ mich der König sogleich an seine Tafel rufen, eine Ehre, die, wie die deutschen Zeitungen sagen, wenigen deutschen Dichtern zuteil wird, und ich bekam den Roten Adlerorden. In Weimar bin ich bei Hofe so aufgenommen worden, wie dort noch kein Bürgerlicher aufgenommen worden ist, und der junge Fürst schenkte mir seine ganze Liebe, seine Freundschaft und das Anerbieten, dermaleinst für immer bei ihm zu bleiben, in Leipzig einigte ich mich mit einem Verlagsbuchhändler auf ein ganz ordentliches Honorar für die deutsche Ausgabe meiner Schriften, wer von zu Hause reiste besser? Ich bin selbst erstaunt, glücklich, Gott dankbar, ich reise durch Deutschland und werde wie ein Fürst empfangen, daheim hingegen werde ich wie ein Bettler behandelt; draußen werde ich mit Ehren und Freuden überhäuft, und von daheim kommt kein einziger Strahl, nicht eine einzige Nachricht, die beweist, daß ich dort meine Heimat habe. Der eine Brief von Ihrem Vater war lebhaft und gut, der zweite sagte mir nur, was schon mehrmals berührt worden ist, daß es im Grunde ein leeres Leben ist, das ich führe, daß es ›dem Geist nicht dienlich sein kann‹, und ob ich nicht bald etwas schreiben wollte. – Ich hatte das Gefühl, als wollte ich einem um den Hals fliegen, und er wende sich ab. Ich weiß es, keiner in Dänemark ist mir so gütig gesonnen wie Ihr Vater, aber eben das, lieber Freund! – Für mich liegt Dänemark im Hause Collin!«

Darauf erwiderte Edvard:

»Mein lieber Andersen! Ich greife wieder einmal zur Feder, und auch wenn Sie mich darum nicht bewundern, so bewundere ich mich selber, denn ich habe mich immer davor gefürchtet, mit dem Schreiben langer Briefe zu beginnen; diesmal aber kann ich nicht anders, nachdem ich gestern Ihren Klagebrief erhalten habe. Nichts wäre leichter für mich, als diese Briefseiten damit zu füllen, daß ich bereitwillig in Ihre Klagen einstimme, aber, offen gesagt, das kann ich nicht. Die Dinge liegen doch so: Sie sind in Deutschland beliebt, in Weimar verwöhnt man Sie, von allen hohen Herrschaften dort werden Sie geküßt und umarmt. Wir, Ihre Freunde hier zu Hause, die nun einmal diese gegenseitige Küsserei nicht mögen, zerfließen nicht vor rührseliger Freude darüber, aber wir freuen uns aufrichtig über den Teil der Geschichte, der wesentlich ist, nämlich daß Sie Erfolg haben, daß Sie sich Freunde erwerben, die, wie ich fürs erste annehmen möchte, wahre Freunde sind, und daß Sie alles in allem auf dieser Reise glücklich gewesen sind. Nehmen Sie dies als die wahre Lage der Dinge, die so bleiben sollte von Ewigkeit zu Ewigkeit, Amen! – und vergleichen sie mit der Kaffeestunde in der Amaliengade, wo Ingeborg Sie neckt und Theodor Sie aufzieht und *un pauvre pomme de terre* nennt, dann ist es Ihre auserlesene Einbildungskraft, die sogleich die Geschichte erfindet, daß Sie in Dänemark verachtet sind und daß Sie Dänemark verachten – das sind ja beides Unwahrheiten! Sie und Dänemark vertragen sich vortrefflich und würden sich noch besser vertragen, wenn es kein Theater in Dänemark gäbe – *hinc illae lacrymae*! Immer kommen Sie auf dieses verdammte Theater zurück, und das kann mich ärgern. Ist dieses Theater denn Dänemark, und sind Sie denn nichts anderes als ein Theaterschriftsteller? Werden Sie in Deutschland als solcher gefeiert, nicht etwa als Verfasser der Märchen? Und liebt man Ihre Märchen in Dänemark nicht? Vielleicht redlicher als in Deutschland! Aber Ihr letzter Brief war in schlechter Stimmung geschrieben, nachdem Sie sich plötzlich nach all dem Wirbel und Trubel allein in Dresden befanden . . . Erst werden Sie vom Weimarer Hof umarmt, weil Sie Märchen vorgelesen haben, und nun sitzen Sie allein in einem Hotelzimmer. Das gleiche hier: Gestern schrien die Rammarbeiter auf dem Kasinoplatz ›Hurra!‹, damit ich ihnen Schnaps spendierte, und heute sitze ich in meiner alten Samtjacke und mit Bauchschmerzen zu Hause. Wir müssen uns mit dem Auf und Ab des Lebens abfinden.«

Andersen dürfte eingesehen haben, wie berechtigt einige dieser ernüchternden Bemerkungen waren. Jedenfalls bezeichnete er Edvard gegenüber seinen letzten Brief als »etwas *irritabile genus* – aber, du liebe Güte, warum müssen Sie immer Jubel und Glückseligkeit von mir erwarten!«

Im April 1846 schrieb er ihm aus Rom: »Ja, wenn ich Staatsrat geworden bin und einen Sohn habe, wird er sich weigern, ›du‹ zu Ihrem Sohn zu sagen, falls Sie dann nicht mehr sind als ein Justizrat.« Worauf Edvard antwortete: »Welch herrlicher Unsinn in Ihrem Brief über die alte Duzgeschichte, wir haben uns darüber amüsiert. Sie närrischer Mensch, war es meinerseits denn Stolz? Ich kann sehr stolz darauf sein, daß ich Nummer 1 unter Ihren Freunden bin, aber Brüderschaft möchte ich nach wie vor nicht mit Ihnen trinken.«

Als Andersen das Märchen *Der Schatten* schrieb, fügte er dieses Thema so subtil in die Handlung ein, daß nur Edvard Collin die wahre Absicht erkennen konnte.

Gegen Ende des Märchens, als aus dem Schatten der Herr und aus dem gelehrten Mann der Schatten geworden ist, fragt dieser eines Tages: »Da wir nun auf solche Weise Reisekameraden geworden und zugleich von Kindesbeinen an miteinander aufgewachsen sind, wollen wir da nicht Brüderschaft trinken? Das ist doch viel vertraulicher.« Worauf der Schatten, »der ja nun der eigentliche Herr war«, erwidert: »Sie sagten da etwas, das sehr geradezu und wohlwollend gesagt ist, ich will nun ebenso wohlwollend und geradezu sein. Sie als ein gelehrter Mann wissen es wohl, wie wunderlich die Natur ist. Manche Menschen können es nicht vertragen, graues Papier anzufassen, denn davon wird ihnen übel; anderen fährt es durch alle Glieder, wenn man mit einem Nagel über eine Glasscheibe streicht. Ich habe ein ähnliches Gefühl, wenn ich Sie ›du‹ zu mir sagen höre, ich fühle mich dadurch, wie in meiner ersten Stellung bei Ihnen, zu Boden gedrückt. Sie sehen, daß dies ein Gefühl ist, kein Stolz. Ich kann Sie nicht ›du‹ zu mir sagen lassen, aber ich will gern ›du‹ zu Ihnen sagen, dann wird Ihr Wunsch doch zur Hälfte erfüllt.«

Doch schon kurz nachdem er den *Schatten* geschrieben hatte, war Andersen wieder zutiefst gerührt, weil Edvard sich bereit erklärte, das gesamte Manuskript der Autobiographie durchzusehen. Andersen schickte es ihm kapitelweise aus dem Ausland, und Edvard korrigierte nicht nur die grammatikalischen und orthographischen Fehler, sondern machte sich auch die Mühe, das Manuskript für den deutschen Übersetzer ins reine zu schreiben. »Sie wissen nicht«, schrieb ihm Andersen, »wie es mich gerührt, mich beschämt hat, ich finde gar kein Wort dafür, daß Sie meine Biographie abschreiben! Danke, danke! – niemals werde ich diesen Zug Ihres brüderlichen Gemütes vergessen, es ist eine Umarmung, es ist ein Kuß – es ist ein Trunk der Brüderschaft – Sie verstehen mich schon. Danke!«

9
In Großbritannien

1847 und 1857

Eine Reise nach England und Schottland zog Andersen zum ersten Mal im Winter 1846/47 ernsthaft in Betracht, nachdem seine Romane *Der Improvisator, Nur ein Geiger* und *O.Z.* (die 1845 in englischer Übersetzung erschienen waren) und sein Reisebuch *Eines Dichters Basar* (englische Fassung 1846) in Großbritannien sehr beifällig aufgenommen worden waren. Ab 1846 erschienen dort auch seine Märchen und Geschichten. Daß seine Werke in nahezu allen britischen Literaturzeitschriften mit Lob bedacht wurden, sprach sich in Dänemark bald herum. Im Juli 1845 schrieb Mary Howitt (seine erste englische Übersetzerin) an Andersen: »Sie haben jetzt in England einen guten Namen.« Und im November 1846 schrieb ihm William Jerdan, Herausgeber der *Literary Gazette*, er müsse unbedingt nach England kommen, wo man ihm einen herzlichen Empfang bereiten werde. In seinem Antwortschreiben versicherte Andersen, er habe sich schon lange gewünscht, Großbritannien kennenzulernen – »dessen Literatur meine Phantasie so seltsam bereichert und mein Herz erfüllt hat«. Er sprach von seiner kindlichen Begeisterung für Shakespeare und fügte hinzu:

»Später hat mich kein Schriftsteller so erfüllt wie Walter Scott; als ich nach meiner Ankunft in Kopenhagen arm und verlassen und oft ohne Geld für eine Mahlzeit durch die Straßen lief, gab ich die paar Groschen, die ich hatte, aus, um mir in der Leihbücherei einen Roman von Scott zu holen, und das ließ mich Kälte und Hunger vergessen, ich war reich und glücklich. Wieviel bedeutet mir Bulwer, wie glühend wünsche ich mir, Boz [Pseudonym von Charles Dickens] die Hand zu drücken; wenn ich seine Bücher lese, denke ich oft: das habe ich selbst erlebt, das könnte ich porträtieren! . . . Wie der Wind in den Glockenzügen pfeift, so habe ich es oft an kalten, nassen Herbsttagen gehört, und das Zirpen der Heimchen ist mir aus der warmen Ecke in der ärmlichen Stube meiner Eltern vertraut.«

Aus zeitgenössischen englischen Rezensionen und Artikeln geht hervor, daß »der Däne«, wie man ihn nannte, allgemein als eine große literarische Entdeckung galt und daß seine Werke im Verlauf von zwei Jahren zu größerer Beliebtheit gelangten als die von Madame de Staël und Fredrika Bremer (der beiden zu Beginn der vierziger Jahre in Großbritannien erfolgreichsten ausländischen Autoren). Robert Browning und Elizabeth Barrett sprachen in ihren Liebesbriefen von Andersens *Improvisator*. Im April 1845 schrieb Elizabeth Barrett über Andersen, er sei »ein Dichter aus ganzer Seele«, und über seinen Roman: »Es ist ein Buch voller Schönheit und hat großen Zauber auf mich ausgeübt.« Robert Browning staunte darüber, »daß ein Mann von den Sandbänken und Heckenrosen und weißen Felsen über grünen Meereswogen nach Italien kommt, wo mein Herz lebt, und den Charakter des Landes entdeckt . . . wirklich entdeckt.« Und Thackeray schrieb im Januar 1847 an W. E. Aytoun: »Hans Christian Andersen, haben Sie ihn gelesen? Ich bin hingerissen von ihm – habe dieses köstliche, phantasievolle Geschöpf eben erst entdeckt.«

Auch Dickens kannte bereits einige Werke Andersens, als dieser im Sommer 1847 zum ersten Mal nach England kam: Mit Sicherheit kann gesagt werden, daß er den *Improvisator*, *Eines Dichters Basar* und mehrere Märchen gelesen hatte. »Mein Vater schätzte sein [Andersens] literarisches Werk sehr hoch ein«, schrieb Dickens' Sohn in seinen Memoiren. Und William Jerdan teilte Andersen im März 1847 mit: »Erst vor zehn Tagen hatte ich Gelegenheit, meinem Freund Dickens zu erzählen, wie herzlich Sie von ihm sprachen, und er fühlte sich höchst geschmeichelt. Er hat seinen Wohnsitz jetzt wieder in London, und niemand wünscht sich sehnlicher als er, Sie hier herzlich willkommen zu heißen.«

Im Winter 1846/47 nahm Andersen regelmäßig Englischunterricht. An die Herzogin von Augustenburg schrieb er im März 1847: »Ich lerne jetzt etwas Englisch und habe vor, im Juni London zu besuchen.«

Anfang Juni reiste er zunächst über Norddeutschland nach Holland, wo er sich neun Tage aufhielt und Amsterdam, Leiden, Den Haag und Rotterdam besuchte – eine Reise, die einem Triumphzug glich. Er erfreute sich hier noch größerer Beliebtheit als in Deutschland und wurde von den niederländischen Autoren gefeiert. Ein Amsterdamer Buchhändler, der in seinem Schaufenster die Porträts von zwei ausländischen Autoren – Edward Bulwer-Lytton und Hans Christian Andersen – ausgestellt hatte, erkannte ihn sofort und schüttelte ihm begeistert die Hand. In Den Haag gab der Herausgeber der *Tjid* (deren neueste Ausgabe das Porträt Andersens auf der Titelseite brachte) ihm zu Ehren ein Bankett.

Am 22. Juni ging Andersen in Rotterdam an Bord, und am nächsten Morgen traf er in London ein. Seine Ankunft schildert er in *Das Märchen meines Lebens*:

»Als ich in den frühen Morgenstunden wieder an Deck kam, konnte man in der Ferne die englische Küste erkennen. Vor der Themsemündung lagen Tausende von Fischerbooten gleich einer ungeheuren Schar junger Hühner, gleich zerrissenen Papierstücken, gleich einem ganzen Jahrmarkt oder einem Lager von Zelten. Die Themse verkündet offenbar, daß England der Beherrscher der Meere ist. Hier fliegen seine Diener aus, ganze Scharen von zahllosen Schiffen. Jeden Augenblick kommt gleich einer Stafette Dampfschiff auf Dampfschiff. Ein Läufer war es mit schwerem Rauchflor im Hut, an dem zuoberst die rote Feuerblume erglänzte. Sich brüstend wie ein Schwan, glitt ein großes Segelschiff nach dem andern an uns vorüber. Lustjachten mit reichen jungen Gentlemen tauchten auf, Fahrzeug folgte auf Fahrzeug . . .

Beim Zollhause, wo wir anlegten, nahm ich einen Wagen und fuhr und fuhr immerfort, es hörte gar nicht auf in der unendlichen Stadt. Größer und größer wurde das Gedränge, Wagen an Wagen, in zwei Reihen, bewegte sich die Straßen auf und ab. Man sah alle Arten von Fahrzeugen. Jeder Omnibus war draußen und drinnen gestopft voll. Große Wagen, eigentlich nur Kästen, nur dazu bestimmt, Plakate und die Neuigkeiten des Tages anzuheften, Männer mit großen Schildern an Stangen, die sie über das Gewimmel hoben und auf denen man lesen konnte, was zu sehen oder zu kaufen war, tauchten in dem Getümmel auf. Alles war in Bewegung, als strömte das halbe London nach der einen Seite und die andere Hälfte nach der anderen Seite der Stadt. Wo die Straßen sich kreuzten, befand sich eine erhöhte Stelle, von Steinen eingefaßt, dorthin eilten die Menschen vom

Bürgersteig zwischen den Wagenreihen hindurch, um auf diesem geschützten Platz zu warten, bis auf der anderen Seite Gelegenheit war, zwischen den Wagen hindurch auf den gegenüberliegenden Fußsteig zu gelangen, London, Stadt der Städte! Ja, ich spürte augenblicklich, daß sie es war, lernte es aber von Tag zu Tag mehr erkennen. Hier ist ein Paris in höherer Potenz, hier ist Neapels Leben, aber nicht dessen Lärm. Ein Omnibus folgt dem andern, man sagt, es gäbe viertausend davon. Arbeitswagen, Packwagen, Cabs, kleine Chaisen, wo der Kutscher hinten aufsitzt, Droschken und stattliche Equipagen poltern, rattern, rollen und jagen dahin, als wäre eine wichtige Begebenheit an jedem Ende der Stadt, wo alles zugegen sein müßte. Und immer wogt es so fort!«

»London ist die Stadt der Städte, Rom ausgenommen; diese beiden Städte haben den größten Eindruck auf mich gemacht – London ist der geschäftige Tag, Rom die große, schweigende Nacht.« So formulierte es Andersen in seinem Tagebuch, und danach wiederholte er diese Worte in mehreren Briefen an Freunde in der Heimat.

Er wohnte im Hotel Sablonière am Leicester Square. Sein erster Besuch galt dem dänischen Gesandten, Graf Reventlow, sein zweiter dem Erbgroßherzog von Weimar, der gerade in London eingetroffen war und im Marlborough House wohnte. Carl Alexander empfing Andersen mit gewohnter Herzlichkeit, beklagte sich aber bitter darüber (wie Andersen in seinem Tagebuch notierte), daß ihm die britische Etikette nicht erlaube, mit Schriftstellern zu verkehren. »Dickens hat für den *Punch* geschrieben, folglich darf man nicht mit ihm sprechen. Im Lande der Freiheit stirbt man fast vor Etikette.«

Der Ruhm, der Andersen vorausgeeilt war, und das diplomatische Geschick des dänischen Gesandten in London öffneten ihm Türen, die den meisten britischen Schriftstellern verschlossen blieben. Schon wenige Tage nach seiner Ankunft war er zu einer großen Abendgesellschaft im Hause des Außenministers Lord Palmerston geladen. Zwei Tage zuvor war überall in London sein Porträt zu sehen, das auf der Titelseite von *Howitt's Journal* prangte, in dem ein Artikel von Mary Howitt stand: *A Memoir of Hans Christian Andersen.* Er sandte ein Exemplar an Edvard Collin und schrieb an dessen Frau: »Ich bin wirklich berühmt, wie berühmt, das wußte weder ich selbst noch Dänemark; ob ich es verdiene, ist eine andere Sache, aber es ist schön, beglückend, der Herrgott ist wunderbar gut zu mir, wie seltsam, daß auch er seine Günstlinge hat – falls dieses Glück kein beunruhigender Vorschuß ist.« Er berichtete von den Huldigungen, die er in Holland erfahren hatte und erwähnte, daß er gleich nach der Ankunft in London das Porträt Jenny Linds neben seinem eigenen auf der Titelseite von *Howitt's Journal* entdeckt habe.

Mary Howitts Artikel begann mit folgenden Sätzen:

»In diesem Augenblick, da Hans Christian Andersen in unserem Lande weilt, glauben wir unseren Lesern keine willkommenere Gabe überreichen zu können als ein vortreffliches Porträt und ein Lebensbild dieses ungewöhnlichen Mannes. Ob als Mensch betrachtet, der in seiner Persönlichkeit wahren Geistesadel und moralischen Wert offenbart, oder als Genie, das allein dank seiner Werke aus tiefster Armut und Niedrigkeit emporstieg, um der geehrte Gast von Königen und Königinnen zu sein – Hans Christian Andersen ist einer der bemerkenswertesten und interessantesten Männer unserer Zeit.«

An Edvard schrieb der solchermaßen Gefeierte:

»Liebster Freund! Sie werden das Briefchen gesehen haben, das ich Ihrer Jette schrieb, und Sie werden auch gesehen haben, was in dem Journal mit meinem Porträt steht – daß ich ›einer der bemerkenswertesten und interessantesten Männer unserer Zeit‹ sei, und dennoch waren Sie zu stolz, damit einverstanden zu sein, ›du‹ zu mir zu sagen – pfui! – ich könnte beinahe eitel genug sein, noch einmal zu sagen: Edvard, lassen Sie uns Brüderschaft schließen, und Sie würden erwidern, was ich meinen Schatten erwidern ließ. Ja, Sie haben sicherlich bemerkt, daß diese Boshaftigkeit gegen Sie gerichtet ist. Sie wollen die Rolle des Diogenes spielen, während ich Alexander bin! Sie sehen, ich bin, was Ingeborg einen ›bescheidenen Narren‹ nennen würde. Aber ich bin ja in der großen Gesellschaft gewesen – o je! Gestern abend hatte ich mein Debüt, in den höchsten Kreisen, unter den feinsten Leuten, so haben mir Graf Reventlow und der Herzog von Weimar gesagt. Ich ging zu Lord Palmerston; der Erbgroßherzog von Weimar war liebenswürdig und herzlich; ich sprach mit dem Herzog von Cambridge, der Herzogin von Sutherland – ja,

Gott weiß all die Namen; aber denken Sie nur, fast alle kannten meine Schriften, und schließlich war ich von aristokratischen Damen umringt, die über *Das Liebespaar* und *Das häßliche junge Entlein* sprachen – am Ende war mir ganz schwindelig – aber nicht vor Stolz.«

Die Abendgesellschaft bei Lord Palmerston war jedoch nur der Auftakt. Überrascht stellte Andersen fest, daß er zum Salonlöwen der Saison geworden war. Die britische Aristokratie riß sich derart um ihn, daß er unverhältnismäßig viel Zeit und Kraft aufwenden mußte, um in den Häusern all derer zu speisen und zu tanzen, die miteinander wetteiferten, ihn als interessante Neuentdeckung zu präsentieren. Zu seinen Gastgebern zählten unter anderem Lady Duff-Gordon (deren Übersetzung der *Kleinen Meerjungfrau* in der Zeitschrift *Bentley's Miscellany* erschienen war), Lord Castlereagh, Lord und Lady Stanley, Sir Anthony de Rothschild, der preußische Gesandte, Graf Bunsen, ein weiteres Mal Lord Palmerston und natürlich auch Graf Reventlow, bei dem er häufig eingeladen war.

Wie stets, wenn er im Ausland mit Ehrungen überhäuft wurde, schmerzte und erboste es ihn umso mehr, daß er zu Hause nicht die gleiche Anerkennung fand. Als er in der dänischen Gesandtschaft feststellte, daß der triumphale Empfang, den man ihm in Holland bereitet hatte, von den dänischen Zeitungen mit keinem Wort erwähnt worden war, schäumte er vor Wut. Am 8. Juli schrieb er an Edvard Collin:

»Ich stehe jetzt sicher auf dem höchsten Gipfel meiner Ehren und Anerkennung, nun muß es abwärts gehen, mehr kann ich nicht erhalten, als diese ›Weltstadt‹ mir gegeben hat. Hambro zeigte mir einen Brief von seinem Sohn, der in Schottland ist, und darin stand: ›Nimm Dich Andersens an, man kennt ihn hier mehr als selbst Thorvaldsen.‹ Und tatsächlich ist es so, ich bin ›ein berühmter Mann‹; die aristokratische Welt, so abweisend gegenüber ihren eigenen Poeten, hat mich empfangen, als gehörte ich zu ihrem Kreis. Ich bin heute und vierzehn Tage voraus täglich eingeladen; vormittags von 8 bis 11 Uhr, und von halb zwölf bis in die Nacht hinein; ich halte es nicht aus! ich bin im Begriff umzusinken, ein Strom von Einladungen kommt auf mich zu, von Briefen wegen meiner Unterschrift. – All dies ist wie ein Traum, und in der reinen Freude, die ich dabei empfinde, Freude darüber, daß ich Ihrem Vater und Dänemark Ehre mache, bin ich glücklich. Ihr Vater hat daran teil – aber Dänemark, Kopenhagen – für die bin ich eine Null, an Interesse, an Teilnahme nicht zu denken; mein Aufenthalt in Holland ist für die Dänen ehrenvoll gewesen; was man mir dort erwies, hat man noch keinem Dänen erwiesen; es hat in den Zeitungen gestanden; aber dänische Zeitungen, die ich noch heute gesehen habe, erwähnen es mit keinem Wort, wollen es nicht erwähnen – ich fühle mich gekränkt; ich sehe eine Niedertracht darin! Man hat mich daheim bespien, und Europa hat mich geehrt, und jetzt, da ich geehrt werde, will man es nicht einmal erwähnen, während man die Geschichte jedes Theatertropfs in unseren Dörfern erwähnt. Ich fühle mich heute fieberkrank, nachdem ich gesehen habe, wie ich immer und ewig nichts bin für dieses Land, ich könnte es – Gott vergebe mir meine Gedanken! . . . Moralpredigt über diesen Brief verbeten!«

Edvards Antwort war ein Geschäftsbrief; die einzige persönliche Bemerkung lautete: »Zu Hause alles wohlauf. – Was Ihre Vergötterung in England betrifft, so will ich nichts sagen. Sie macht mich genau so schwindelig wie Sie.«

Jener Hambro, den Andersen in seinem Brief erwähnt hatte, war der dänische Bankier Joseph Hambro, der 1840 nach England ausgewandert war, wo er und sein Sohn (der spätere Baron Hambro) ein Bankhaus gegründet hatten (heute als »Hambro's Bank« bekannt). Der alte Hambro, der Andersens Vertrauter und Ratgeber in London wurde, lud seinen berühmten Landsmann des öfteren zu sich nach Kilburn ein, damit er sich von all dem Trubel etwas erholen konnte.

Schon vor seiner Abreise aus Dänemark hatte Andersen erfahren, daß Jenny Lind in London weilte. Sie war im April dort eingetroffen, hatte in Her Majesty's Theatre ihr Debüt als Alice in *Robert der Teufel* gegeben und London in einen Begeisterungstaumel versetzt, der monatelang anhielt. Während ihres Gastspiels trat sie auch in der *Nachtwandlerin*, in der *Regimentstochter* und in *Norma* auf. Ihr Name war in aller Munde. Flugschriften über das »Jenny-Lind-Fieber« wurden auf den Straßen verkauft, Lokale, Zigarren, Hüte, Melonen, Kuchen und sogar künstliche Fliegen fürs Forellenangeln wurden nach der schwedischen Sängerin benannt.

Am Tag nach seiner Ankunft erhielt Andersen einen Willkommensgruß von Jenny Lind, die in einem kleinen Landhaus, Clairville Cottage, in Old Brompton wohnte. Als er sie tags darauf besuchte, lud sie ihn ein, zum Essen zu ihr zu kommen, wann immer er Zeit und Lust dazu hätte. In der Folgezeit war er sechsmal bei ihr zu Gast. Sie lud ihn zu ihrem Londoner Debüt in der *Nachtwandlerin* ein (das in Anwesenheit Königin Viktorias, des Prinzen Albert und des Erbgroßherzogs von Weimar stattfand) und später auch zu ihrem Debüt in Verdis *I Masnadieri* (nach Schillers *Räubern*). Zugleich aber machte sie sich darüber lustig, daß er so begierig alles verschlang, was über ihn geschrieben wurde. Kurz vor der Abreise nach Schottland notierte er: »Habe Jenny Lind keinen Abschiedsbesuch gemacht, obgleich es mir gut möglich gewesen wäre. Ich bin mir selbst ein Rätsel! Schrieb ihr einen Abschiedsbrief.« Er sah sie erst 1854 in Wien wieder, als Ehefrau des Pianisten Otto Goldschmidt.

Während Andersens Aufenthalt in London hatte William Jerdan (den er bald zu seinen besten Freunden in England zählte) die englische Ausgabe von *Das Märchen meines Lebens ohne Dichtung* in der *Literary Gazette* besprochen. Die Rezension begann mit einem Charakterporträt Andersens:

»Nachdem wir ihn aus der Ferne schon seit langem sehr bewundert haben und nachdem seine Werke in England zu größter Beliebtheit gelangt sind, weilt Herr Andersen nun seit drei Wochen unter uns, in der literarischen, kultivierten Londoner Gesellschaft, und münzt diese Bewunderung und Beliebtheit in persönliche Sympathie, herzliche Achtung und Freundschaft um. Wer ihn kennengelernt hat, ist entzückt von seiner Persönlichkeit, in der eine anerkanntermaßen originelle Begabung und dichterische Phantasie vereint sind mit einer gewinnenden Schlichtheit, mit einer Offenheit und Wahrhaftigkeit von jener seltenen Art, die das Wesen eines Menschen selbst dem unachtsamsten Beobachter enthüllt. Jemand hat einmal gesagt, es müsse gefährlich sein, ein Fenster in der Brust zu haben. Andersen hat ein solches Fenster, aber statt ihn Unannehmlichkeiten und Gefahren auszusetzen, scheint es allein solche Gefühle hervorzurufen, die unser aller Menschlichkeit zur Ehre gereichen – aufrichtige Achtung, volles Vertrauen und uneigennützige Liebe.«

Und weiter unten schrieb Jerdan: »In seiner Sphäre ist Hans Christian Andersen, was Jenny Lind in ihrer Sphäre ist.«

Eifrig bemüht, Andersen in persönlichen Kontakt mit englischen Schriftstellern zu bringen, plante Jerdan auch ein gemeinsames Treffen mit Dickens, Bulwer-Lytton, Harrison Ainsworth und anderen, das sich jedoch als undurchführbar erwies. Am 6. Juli sprach er zusammen mit Andersen in Gore House, Kensington, bei Lady Blessington vor. In Adelskreisen rümpfte man die Nase über sie, weil es ein offenes Geheimnis war, daß sie mit dem Grafen d'Orsay, dem früheren Gatten ihrer Stieftochter, zusammenlebte. (»Man wagt gar nicht zu erwähnen, daß man Lady Blessington treffen möchte«, hatte der Erbgroßherzog von Weimar bei seinem Wiedersehen mit Andersen gesagt.)

Lady Blessington lud Andersen sofort zu einem Essen ein, das sie ihm zu Ehren am 16. Juli geben wollte. Von diesem denkwürdigen Ereignis berichtete er in einem Brief an Henriette Wulff:

»Ich war neulich mittags bei Lady Blessington; sie führt ein großes Haus, und fast in jedem Zimmer hängt ein Bild von Napoleon; im Eßzimmer hängt er in Öl, lebensgroß und von einer großen Lampe beleuchtet: Napoleon in einer Glorie an der Wand. Und wissen Sie, wer mein Tischnachbar war? Wellingtons ältester Sohn! Ehe wir uns zum Essen setzten, gab mir Lady Blessington die englische Ausgabe von *Das Märchen meines Lebens* und bat mich, meinen Namen hineinzuschreiben; während ich schreibe, kommt ein Mann ins Zimmer, der ganz genau so aussieht, wie das Porträt, das wir alle gesehen haben, ein Mann, der um meinetwillen in die Stadt gekommen war und geschrieben hatte: ›I must see Andersen!‹ Als er die Gesellschaft begrüßt hatte, lief ich vom Schreibtisch zu ihm hin; wir faßten uns an beiden Händen, schauten einander in die Augen, lachten und jubelten; wir kannten einander so gut, obwohl wir uns zum ersten Mal trafen – es war Charles Dickens. Er entspricht völlig den besten Vorstellungen, die ich mir von ihm gemacht hatte. Vor dem Hause ist eine herrliche Veranda in der ganzen Breite des Hauses, Weinlaub und Rosen hängen wie ein Dach über die Säulen herüber, hier sind bunte Vögel und unten ein Garten und ein grünes Feld, grün, wie man es nur in England sieht; hier draußen standen wir lange und sprachen – sprachen Englisch; aber er verstand mich und ich ihn.«

Dickens lud Andersen ein, am 1. August bei ihm zu frühstücken. Am 30. Juli sagte er die Einladung wieder ab: Es sei ihm leider aus verschiedenen Gründen nicht möglich, vor Mitte August sein Londoner Haus zu beziehen, er hoffe aber, Andersen dann bei sich begrüßen zu können. Tags darauf sprach er im Hotel Sablonière vor, traf Andersen nicht an und hinterließ ein Paket, das die zwölfbändige Ausgabe seiner gesammelten Werke enthielt. In jeden Band hatte er geschrieben: »Für Hans Christian Andersen von seinem Freund und Bewunderer Charles Dickens.«

Bei Richard Bentley, dem Verleger, der ihn in England bekannt gemacht hatte, war Andersen oft zu Gast. Im August schrieb er an Henriette Wulff: »Ich war drei Tage auf dem Lande bei Mr. Bentley in Sevenoaks, Kent. Er hat ein herrliches Haus, sehr elegant, Lakaien in Seidenstrümpfen bedienen die Gäste – das nenne ich einen Verleger!« Bei einem Essen, das Bentley ihm zu Ehren gab, bedankte sich Andersen mit einer kurzen Ansprache, der einzigen, die er jemals auf englisch hielt und die er folgendermaßen in seinem Tagebuch festhielt: »I can not speake Englisch, bat I hope I scal in a neuw Worck give the Sentiments of my Heart! I thank you.«

Weniger harmonisch entwickelte sich Andersens Beziehung zu Mary Howitt, die sich trotz des herzlichen Briefwechsels, den sie vorher mit ihm geführt hatte, sehr anmaßend benahm, sich einbildete, ein Monopol auf die Übersetzung seiner Werke zu haben und über seinen Kopf hinweg Entscheidungen traf. Als er sich, von Freunden gewarnt, weigerte, ihr die Übersetzungsrechte zu übertragen, und stattdessen auf ein weniger einträgliches, aber verläßlicheres Angebot einging, das ihm von Bentley gemacht wurde, brach Mary Howitt jede Beziehung zu ihm ab. 1852 rächte sie sich auf ihre Weise: In ihrem Buch *The Literature and Romance of Northern Europe* nannte sie ihn einen *»petit-maître,* der danach seufzt, von Fürsten bemerkt zu werden«. Seinen von *ihr* übersetzten Werken zollte sie Anerkennung, die späteren bezeichnete sie als »mißlungene Versuche«. Er sei ein Egoist und schildere immer nur »sich selbst, seinen eigenen Geist, seine Geschichte und seine Gefühle«. Abschließend schrieb sie:

»Vielleicht beruht Andersens Ruhm bei uns zum größten Teil auf der Tatsache, daß hierzulande fast niemand wußte, daß

Dänemark eine ganze Reihe wirklich großer origineller Schriftsteller besitzt. Andersen stand vor uns als ein Wunder aus einem Land, von dessen literarischem Reichtum das englische Publikum nur sehr wenig wußte, während er in Wirklichkeit nur ein mittelmäßiger Vertreter eines zahlreichen, gigantischen Geschlechtes ist.«

Zu den Schriftstellern, die Andersen in London kennenlernte, zählte auch Benjamin Disraeli, den er traf, als er zum zweiten Mal bei Lord Palmerston eingeladen war. In seinem Tagebuch vermerkte er nur: »Sprach mit dem Schriftsteller Israeli, der jüdisch aussah.« Eine Begegnung mit Bulwer-Lytton kam nicht zustande. Am 23. Juli wurde das Parlament aufgelöst (Andersen beobachtete von einem Gebäude in Whitehall aus die Ankunft der königlichen Equipage), und da Bulwer-Lytton für die Neuwahlen kandidierte, hatte er keine Zeit für ein Treffen mit dem Besucher aus Dänemark.

Der Schriftsteller Leigh Hunt, der Andersen bei einem Essen im Hause Lord Stanleys kennenlernte, berichtete danach seinem Freund und Kollegen William Allingham: »Er sieht wie ein

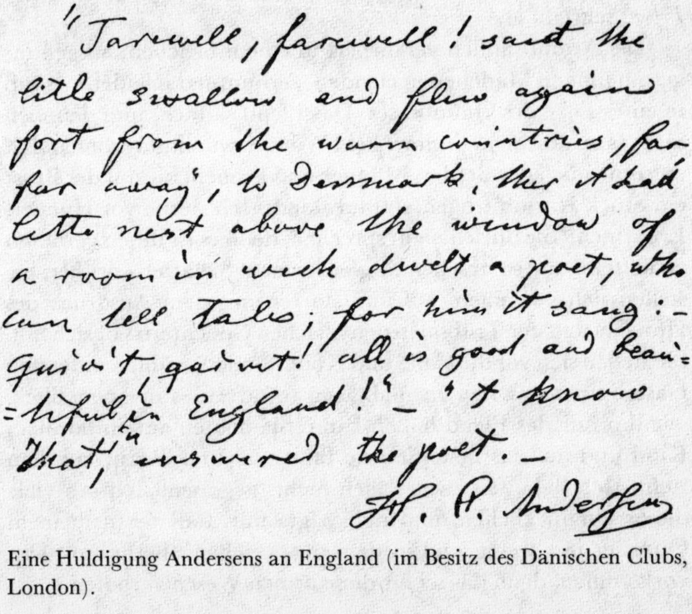
"Farewell, farewell! said the little swallow and flew again fort from the warm countries, far far away, to Denmark, ther it had little nest above the window of a room in wich dwelt a poet, who can tell tales; for him it sang: - Quivit quivit! all is good and beau=tiful in England!" – "I know that," answered the poet. –
H. C. Andersen

Eine Huldigung Andersens an England (im Besitz des Dänischen Clubs, London).

großes Kind aus, halb wie ein Engel. Es waren viele Leute von Rang zugegen, aber niemand in dem Raum sah distinguierter aus als Andersen, der Schuhmachersohn.« Der damals dreiundzwanzigjährige William Allingham hatte Andersen im Hotel aufgesucht, um ihm zu sagen, wie sehr er ihn verehre, konnte sich ihm aber nicht verständlich machen und wurde von Andersen für einen Bettler gehalten, woraufhin er ihm brieflich den Zweck seines Besuches erklärte. In seinem Tagebuch beschreibt er Andersen als »groß und hager, mit einem sonderbaren, langen Gesicht, in dem jedoch Freundlichkeit und Klugheit durchscheinen«. Und Lady Blessington schrieb später in einem Brief an William Jerdan: »Ich habe selten an jemandem, von dem ich so wenig sah, so großen Anteil genommen; er interessierte mich, weil er ebenso gut wie gescheit ist, und von wie wenigen Schriftstellern kann man das sagen!«

Andersen genoß es ganz offensichtlich, von den Mitgliedern der Londoner High Society verhätschelt zu werden, aber das machte ihn, wie sein Tagebuch und seine Autobiographie bezeugen, keineswegs blind für soziale Mißstände. In *Das Märchen meines Lebens* schreibt er:

»Die Armut sah ich verkörpert in einem bleichen, ausgehungerten jungen Mädchen in elenden, zerlumpten Kleidern; es saß in einer Ecke des Omnibusses. Das Elend sah ich, und dennoch sagte es in all seinem Jammer kein Wort, es war ihm verboten. Ich entsinne mich der Bettler, Männer und Frauen, die auf der Brust ein Stück Karton trugen, darauf stand: ›Ich sterbe vor Hunger! Erbarmen!‹ Sie dürfen nicht sprechen, denn es ist ihnen verboten zu betteln, und so huschen sie gleich einem Schatten vorüber. Sie stellen sich vor einem auf und starren mit dem Ausdruck des Hungers und der Trübsal in den bleichen Gesichtern vor sich hin. Sie stellen sich vor die Cafés und Konditoreien, wählen unter den Gästen einen aus, den sie unablässig anstarren – mit einem Blick, wie ihn nur das Elend haben kann. Sie deuten auf ein krankes Kind und auf das beschriebene Blatt auf ihrer Brust, auf dem steht: ›Ich habe seit zwei Tagen nichts gegessen!‹ Ich sah viele dieser Unglücklichen, und man sagte mir, daß sie in meinem Quartier nur wenig und in dem der Reichen überhaupt nicht vorkommen, denn das sei für diese armen Wesen verboten.«

Zu den Sehenswürdigkeiten, die Andersen in Schottland besuchen wollte, zählte vor allem Abbotsford, der Wohnsitz Walter Scotts. Auf einer Gesellschaft bei Lady Duff-Gordon hatte er John Richardson, einen Freund Scotts, kennengelernt, der ihm kurz darauf schrieb, er sei gern bereit, ihm Abbotsford zu zeigen. Und zu seiner großen Freude machte ihn der Schriftsteller Charles Boner mit Scotts Schwiegersohn J. G. Lockhart und dessen Tochter bekannt, die ihm die Tagebücher Walter Scotts zeigten und ihm später dessen Namenszug sowie einen Einführungsbrief an den Hausverwalter von Abbotsford übersandten.

Am 10. August reiste Andersen gemeinsam mit Joseph Hambro nach Edinburgh, wo sie von dessen Sohn erwartet und in sein Landhaus am Stadtrand gebracht wurden.

Andersen, der sich im Kreise dieser dänischen Familie sehr wohl fühlte, blieb eine Woche in Edinburgh und lernte in dieser kurzen Zeit eine ganze Anzahl schottischer Schriftsteller kennen, hauptsächlich solche, deren Namen eng mit der Monatszeitschrift *Blackwood's Edinburgh Magazine* verknüpft waren.

Mit einem Einführungsbrief von Lady Stanley besuchte er die Autorin Elizabeth Rigby (später Lady Eastlake), die vor allem durch *Letters from the Baltic* bekannt wurde. »Sie hat vor kurzem meine Biographie gelesen und war besonders beeindruckt von meiner Kindheitsgeschichte.« In Miß Rigbys Tagebuch findet sich folgende Eintragung:

»Ich war allein und schrieb, als Andersen, der dänische Dichter, hereingeführt wurde: ein langer, dünner, knochiger Mann, zappelnd und schwänzelnd wie eine Eidechse, mit leichenblassem Gesicht und eingefallenen Wangen. Schlicht und kindlich, mit tolpatschigen Manieren. Wir unterhielten uns ausgiebig, und da ich erst kürzlich seine Lebensgeschichte gelesen habe, kommt er mir nicht wie ein Fremder vor. Sein ganzes Gebaren ist unwiderstehlich komisch.«

Ein paar Tage später lud sie ihn zum Essen ein und hatte plötzlich einen ganz anderen Eindruck von ihm:

»Er strömt über von interessantem Geplauder – vielleicht etwas zu viel über sich selbst, aber für mich war es neu und unterhaltsam . . . Im ganzen hinterließ er einen höchst angenehmen Eindruck im Geist wie im Gemüt, vor allem in letzterem, denn sein eigenes scheint so liebevoll. Kein Wunder, daß er die

Leute nett findet. Jede Steifheit ist bei ihm zwecklos, da er offenbar selber ein schlichtes Kind ist.«

Andersen besuchte auch Lord Jeffrey, den Gründer der *Edinburgh Review*, und lernte den Gynäkologen James Young Simpson, Professor an der Edinburgher Universität, kennen, der in die Geschichte der Medizin einging, weil er als erster Arzt für die Narkose Chloroform verwandte. Das entscheidende Experiment gelang ihm 1847, also im selben Jahr, in dem Andersen Gast in seinem Hause war. Dieser notierte am 17. August in seinem Tagebuch: »Dinner bei Dr. Simpson, wo Miß Crowe und eine andere Schriftstellerin Äther tranken; ich hatte das Gefühl, mit zwei Irren zusammenzusein, sie lachten mit offenen, toten Augen. Es hat etwas Unheimliches an sich; ich finde es vorzüglich für eine Operation, nicht aber, um Gott damit zu versuchen.«

Von einem anderen Erlebnis, das er bei der Besichtigung der Edinburgher Sehenswürdigkeiten hatte, berichtete er Henriette Wulff:

»Auch in diesem Land kennt man mich und liebt meine Schriften. Bevor ich Edinburgh verließ, erhielt ich dafür einen Beweis, der mich zu Tränen rührte. Wir fuhren zum berühmten Heriot-Hospital hinauf; als wir uns alle eingetragen hatten, sah der Pförtner meinen Namen und fragte, ob das der berühmte Däne sei, der Bücher schreibe, und als einer aus unserer Gesellschaft bejahte, deutete der Mann auf den alten Herrn Hambro und fragte: ›Ist es der mit den ehrwürdigen weißen Haaren?‹ – Sie zeigten auf mich, und der Mann rief erstaunt: ›So jung! Sonst sind solche Leute immer alt oder tot!‹ Dann erzählte er uns, daß er und alle armen Knaben, die hier erzogen werden, meine Geschichten gelesen hätten; ich drückte ihm die Hand und war seltsam gerührt und überrascht, hier Freunde unter der neuen Generation zu finden.«

Am 19. August brach er mit der Familie Hambro zu einer fünftägigen Fahrt auf, die über Stirling, Callander, Loch Katrine, Loch Lomond und Balloch nach Dumbarton führte. Für Andersen war es ein faszinierendes Erlebnis, viele jener Stätten, die ihm aus Scotts Verserzählungen und Romanen vertraut waren, mit eigenen Augen zu sehen. Ein typisch schottischer Sonntag, den er in Dumbarton erlebte, sagte ihm weniger zu. »Niemand ist auf der Straße«, vermerkte er in seinem Tagebuch, »alle

Türen sind geschlossen, fast überall sind die Vorhänge zugezogen; die Leute lesen die Bibel oder trinken sich voll.«

Nach der Ankunft in Glasgow geriet er in ein Dilemma, das ihm schwer zusetzte. In London hatte er ein Schreiben von Prinz Alberts Privatsekretär Dr. Meyer erhalten, eine Einladung, Königin Viktoria und den Prinzgemahl in Osborne auf der Isle of Wight zu besuchen. Doch da er sich zu erschöpft fühlte, hatte er mit Graf Reventlows Hilfe eine höfliche Absage geschrieben und Dr. Meyer mitgeteilt, er reise in Kürze nach Schottland. Daraufhin hatte man ihn wissen lassen, daß die Königin und Prinz Albert sich ebenfalls nach Schottland begeben und ihn in Ardverikie nahe Loch Laggan empfangen würden. In Stirling schrieb Andersen in sein Tagebuch: »Beschloß, nicht nach Loch Laggan zu gehen, schrieb an Professor Meyer, bat ihn um Rat, sagte, ich würde seine Antwort in Glasgow erwarten.« Aber als er dort im Postamt nachfragte, war keine Antwort eingetroffen. »Voller Verzweiflung und Wehmut gab ich die Reise nach Loch Laggan auf, schrieb Meyer einen Entschuldigungsbrief.« Der Hauptgrund für Andersens Zögern war finanzieller Art: Er hatte erfahren, daß es im Umkreis der königlichen Residenz weit und breit kein anständiges Gasthaus gab, und glaubte, dort nicht ohne einen eigenen Diener erscheinen zu können und sich eleganter ausstatten zu müssen, als es sein Geldbeutel erlaubte.

Voller Sorge, durch seine Absage die königliche Familie beleidigt zu haben, kehrte er nach Edinburgh zurück und verließ Schottland fast fluchtartig – ohne Abbotsford, auf das er sich so gefreut hatte, besucht zu haben und ohne der Einladung Lord Willoughbys nachzukommen, auf Drummond Castle sein Gast zu sein. In der Eisenbahn erzählte ihm jemand, die Zeitungen hätten bereits über seinen Besuch bei der Königin berichtet. Das stimmte nicht ganz: Die *Times* hatte lediglich gemeldet, daß er nach Schottland gereist sei und auf Drummond Castle erwartet werde, und einige Edinburgher Zeitungen hatten berichtet, er sei »durch eine Einladung von Prinz Albert nach Osborne geehrt worden, die huldvoll in eine Einladung nach Ardverikie in Badenoch umgeändert wurde«.

Zu allem Unglück las Andersen während der Eisenbahnfahrt dann auch noch einen Kommentar des *Punch* zu der Meldung, daß er eine Einladung der königlichen Familie erhalten habe:

»Falls wir, als Dichter, den Wunsch hätten, mit unserem Souverän zu speisen – was wir, offen gestanden, lieber nicht täten –, dann brauchten wir bloß unsere Untertanentreue abzulegen, was wir nicht sehr gern täten, und in irgendeinem dreckigen kleinen Fürstentum auf dem Kontinent die Staatsbürgerschaft zu beantragen. Kämen wir dann als Untertanen irgendeines lächerlichen kleinen Potentaten mitsamt unserer Genialität, die nicht übertragbar ist, hierher zurück, dann wären wir zweifellos mindestens einmal im Jahr im Buckingham Palace eingeladen, ganz zu schweigen von gelegentlichen Abstechern nach Windsor oder Osborne.« Wie Andersen auf diesen Seitenhieb reagierte, verrät sein Tagebuch: »Ich war in einem solchen Zustand der Verzweiflung, daß es mir nichts ausgemacht hätte, wenn ein Eisenbahnunglück passiert wäre – wie schrecklich selbstsüchtig!«

In London mußte ihm Graf Reventlow Trost zusprechen. Aber beruhigt war Andersen erst, als ein Schreiben von Doktor Meyer eintraf, der gar nicht nach Schottland gefahren, sondern auf der Isle of Wight geblieben war und ihm abriet, nach Loch Laggan zu reisen.

Auf eine Anfrage Andersens, ob die Möglichkeit bestände, Dickens noch einmal zu treffen, hatte ihm William Jerdan nach Schottland geschrieben, daß dieser sich mit seiner Familie in Broadstairs, Kent, aufhalte. Am 29. August sandte Andersen, der gerade bei den Bentleys in Sevenoaks zu Gast war, folgenden Brief an Dickens:

»Mein lieber, lieber Dickens! Morgen komme ich nach Ramsgate, ich hoffe, Sie werden Ihre Adresse im Royal Oak Hotel abgeben, wo ich bis zum nächsten Morgen bleibe, dann fahre ich per Dampfschiff nach Ostende. Ich muß Sie sehen und Ihnen danken; das ist die letzte Blume für mich im lieben England! Ihr Bewunderer und wahrer Freund für immer Hans Christian Andersen.«

Dickens lud ihn umgehend für den 30. August fünf Uhr nachmittags nach Broadstairs zum Dinner ein. »Wenn Sie wieder nach England kommen – und Sie müssen heute einen Eid darauf ablegen, das bald zu tun – hoffe ich, Sie oft in meinem eigenen Haus in London zu sehen, wo ich ein paar kleine Bilder und andere Dinge habe, die Sie vielleicht interessieren werden. Aber

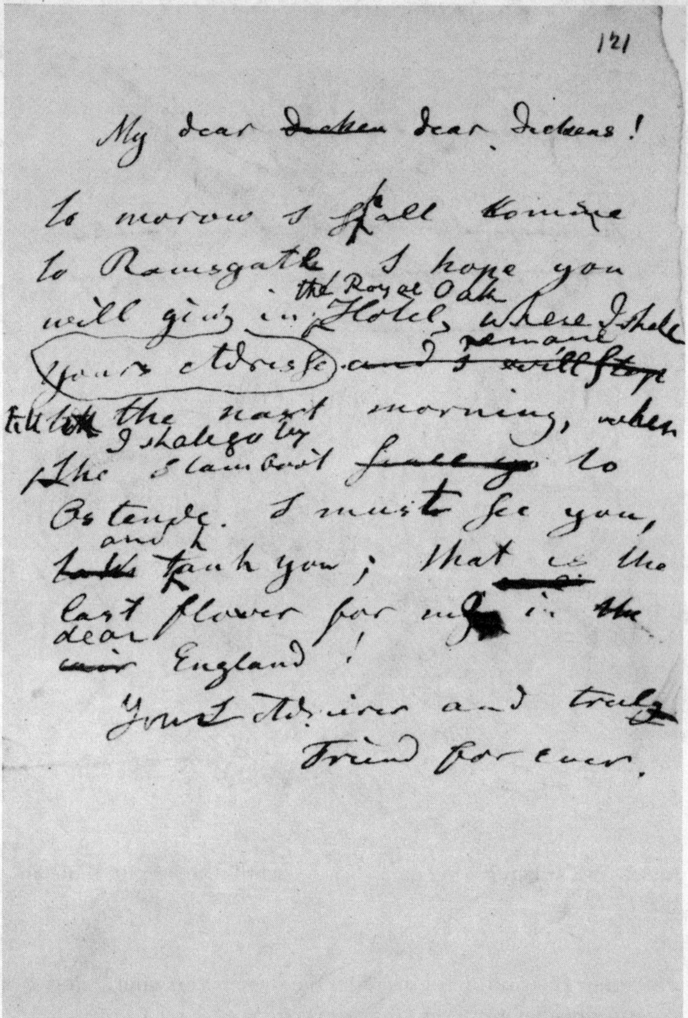

121

My dear ~~Dicken~~ dear Dickens!

To morrow I shall come to Ramsgate. I hope you will give in the Royal Oak Hotel, where I shall remaine your Adresse ~~and I will stop~~ till ~~the~~ the next morning, when I shall go by the Steamboot ~~[illegible]~~ to Ostende. I must see you, ~~talk~~ and thank you; that ~~is~~ the last flower for me in ~~the~~ ~~mir~~ dear England!

Your Admirer and truly Friend for ever.

Entwurf des Briefes, den Andersen am 29. August 1847 an Charles Dickens schrieb.

Andersen-Karikatur in der dänischen Zeitschrift *Corsaren*, 10. September 1847.

wo immer Sie sind, ich bin, seien Sie dessen versichert, stets Ihr Freund und Bewunderer Charles Dickens.«

Andersen genoß jede Minute seines Zusammenseins mit Dickens und dessen Familie. Als er am nächsten Morgen in Ramsgate an Bord gehen wollte, stand Dickens auf der Schiffsbrücke. »Er war zu Fuß von Broadstairs gekommen, um mir Lebewohl zu sagen«, schrieb Andersen in sein Tagebuch. »Er trug einen grünen Schottendreß und ein buntes Hemd, ungemein smart und englisch. Er war der letzte, der mir in England die Hand drückte, versprach, wenn er einen Brief von mir bekäme, zu schreiben, wie es in England geht. Als das Schiff aus dem Hafen glitt, sah ich Dickens ganz weit draußen stehen. Ich dachte, er sei längst gegangen. Er schwenkte den Hut, dann hob er die eine Hand zum Himmel. Gott weiß, ob er sagen wollte: ›Dort oben sehen wir uns wieder.‹«

Von Belgien aus reiste Andersen nach Deutschland, wo er zu seinem Kummer feststellen mußte, daß er in einer Klatschspalte lächerlich gemacht worden war: Es sei teils seiner Gewinnsucht, teils seinem Snobismus zuzuschreiben, daß er in London Triumphe gefeiert hatte. Er werde sich vielleicht mit Jenny Lind verloben, es sei aber durchaus denkbar, daß er einer Engländerin den Vorzug geben würde – »es mangelt ja keineswegs an Leonoren für den dänischen Tasso«. Dieser sei sich noch nicht im klaren, für welchen Typ er sich entscheiden solle: für einen Blaustrumpf oder eine Empfindsame.

In Hamburg entdeckte Andersen in der dänischen Zeitschrift *Corsaren* einen mit vier Karikaturen illustrierten Artikel, der *Andersen, der Salonlöwe* betitelt war und sarkastisch über seine Erfolge in der Londoner High Society berichtete. Außerdem erfuhr er, daß Edvard Collin den in der *Literary Gazette* erschienenen begeisterten Artikel William Jerdans an den Herausgeber der *Berlingske Tidende* geschickt und daß dieser ablehnend reagiert hatte: Er würde Andersen einen schlechten Dienst erweisen und ihn in ganz Dänemark lächerlich machen, wenn er Zitate aus einem Artikel veröffentlichte, in dem Andersen allen Ernstes mit Jenny Lind verglichen werde. In diesem Zusammenhang ist auch eine Passage aus *Das Märchen meines Lebens* aufschlußreich:

»Ich kam nach Kopenhagen, einige Stunden später stand ich am Fenster meiner Wohnung und sah hinaus. Da kamen zwei gutgekleidete Herren vorbei, sie sahen mich, blieben stehen, lachten, und einer deutete zu mir herauf und sagte so laut, daß ich jedes Wort verstehen konnte: ›Sieh einer an, da steht unser im Ausland so berühmt gewordener Orang-Utan!‹«

Boshaftigkeiten dieser Art kränkten Andersen ganz besonders und waren in seinen Augen kennzeichnend für die Einstellung seiner Landsleute.

Nach seiner Heimkehr schrieb er fünf neue Märchen: *Die Geschichte einer Mutter*, *Die glückliche Familie*, *Der Wassertropfen*, *Das alte Haus* und *Der Halskragen*. Im November 1847 teilte er Richard Bentley mit, es sei sein Wunsch, daß diese Märchen zuerst in einer englischen Ausgabe erscheinen sollten. Für diese Ausgabe, der er den Titel *A Christmas Greeting to My English Friends* gab, schrieb er eine Widmung an Charles Dickens:

»Ich habe das Verlangen, England als Weihnachtsgruß diese ersten Sprößlinge aus meinem Dichtergarten darzubringen und übergebe sie Ihnen, den ich bereits durch seine Werke liebgewonnen hatte und dem, nachdem wir uns kennengelernt haben, nun mein Herz für immer gehört, meinem lieben, edlen Charles Dickens. Sie gaben mir den letzten Händedruck in England, Sie riefen mir von der Küste das letzte Lebewohl zu. Es ist daher natürlich, daß ich Ihnen von Dänemark aus meinen ersten Gruß sende, so innig, wie ihn ein hingebendes Herz zu bringen vermag.«

Im Januar 1848 antwortete ihm Dickens: »Tausend Dank, mein lieber Andersen, für Ihr freundliches und höchst schätzenswertes Mein-Gedenken in Ihrem Weihnachtsbuch. Ich bin sehr stolz darauf, fühle mich sehr geehrt und kann Ihnen gar nicht sagen, wie hoch ich so ein großherziges Zeichen des Gedenkens einschätze von einem Manne mit einem solchen Genius, wie Sie ihn besitzen.« Über das Märchen *Das alte Haus*, das ihm besonders gut gefiel, schrieb er: »Ich las dieses Märchen immer wieder – mit unsagbarer Freude ... Kommen Sie wieder nach England, bald! Aber was Sie auch tun, hören Sie nicht auf zu schreiben, denn wir können es uns nicht leisten, auch nur einen einzigen Ihrer Gedanken zu verlieren. Sie sind so wahrhaft und schlicht schön, daß Sie sie nicht bei sich behalten dürfen.«

Es dauerte volle zehn Jahre, bis Andersen und Dickens wieder zusammentrafen. Die Briefe, die sie in der Zwischenzeit wechselten, sind jedoch fast ausnahmslos erhalten geblieben.

Im September 1848 erschien Andersens Roman *Die beiden Baroninnen* in englischer Übersetzung – zwei Monate vor der dänischen Ausgabe. Im April 1849 fragte Andersen bei Dickens nach, ob er das ihm zugedachte Exemplar erhalten habe, und im Postscriptum dieses Briefes teilte er ihm mit, daß er in Kürze nach Stockholm und nach Finnland reisen werde.

Am 4. Juni bestätigte Dickens den Erhalt des Buches. Sein Brief begann mit folgenden Sätzen:

»Mein lieber und bewunderter Andersen, ich schicke diesen eiligen Brief übers Wasser an Sie, um Ihnen für die Freude zu danken, die mir Ihr lieber Brief bereitet hat, und um Ihnen zu versichern, daß Sie stets frisch in meiner Erinnerung leben. Meine Frau und meine Kinder bitten mich, Sie herzlich von ihnen zu grüßen, und wir alle möchten wissen, wann Sie uns durch ein neues Buch glücklicher und besser machen werden. Wir sind eifersüchtig auf Stockholm und eifersüchtig auf Finnland, und wir sagen zueinander, daß Sie zu Hause und nirgendwo sonst sein sollten (es sei denn in England, wo wir Sie aufs Herzlichste empfangen würden), mit einer Feder in der Hand und einem stattlichen Stoß Papier vor sich.«

Andersen erhielt diesen Brief in Schweden, aber es verging ein ganzes Jahr, bevor er wieder an Dickens schrieb. »Sie sind so lebhaft in meinen Gedanken, daß ich oft meine, im selben Haus mit Ihnen zu leben, und deshalb das Schreiben aufschiebe.« Er dankte Dickens für die bisher erschienenen Kapitel von *David Copperfield*, von denen er begeistert war. »Ich sehne mich unglaublich danach, Sie zu sehen und mit Ihnen zu sprechen.«

1853 brachte Richard Bentley in England einen Band mit dreißig neuen Andersen-Märchen heraus, der den Titel *A Poet's Day Dreams* (*Tagträume eines Dichters*) trug und wiederum Dickens gewidmet war – »als ein Zeichen herzlichen Gedenkens von seinem dänischen Freund und Bewunderer Hans Christian Andersen«.

Im Sommer 1856 übergab Andersen einem dänischen Freund namens Bille einen Brief, den dieser Dickens persönlich aushändigen sollte. Da sich Dickens zu diesem Zeitpunkt in Frankreich aufhielt, wurde ihm der Brief nachgeschickt. Daraufhin schrieb er Andersen aus Boulogne, es wäre eine große Freude für ihn gewesen, Herrn Billes Hand zu drücken, die erst vor kurzem seine, Andersens, Hand umfaßt habe. »Und *Sie*, mein Freund – wann werden *Sie* wiederkommen? Neun Jahre (wie Sie sagen) sind verflogen, seit Sie bei uns waren. In diesen neun Jahren sind Sie nicht aus den Herzen der Engländer geschwunden, sondern noch bekannter und beliebter geworden, als Sie es bei Ihrer ersten Begegnung mit ihnen waren.« Dickens schlug Andersen

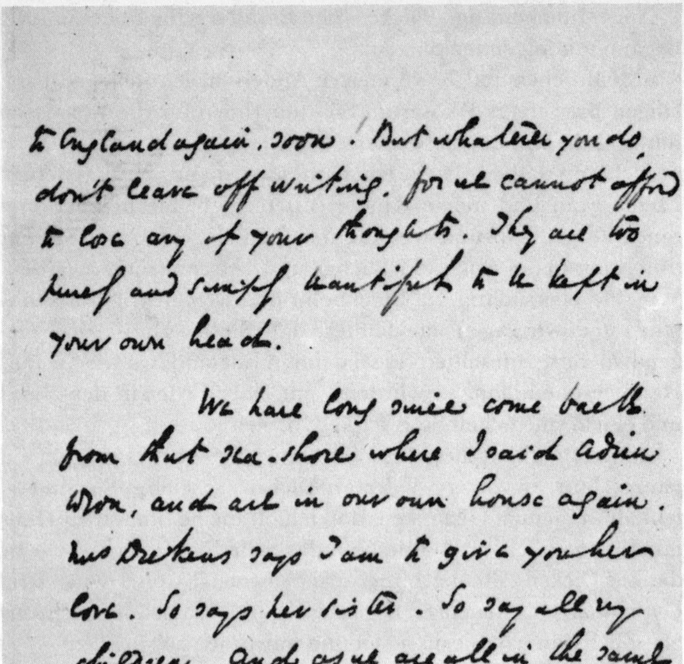
to England again, soon! But whatever you do, don't leave off writing, for we cannot afford to lose any of your thoughts. They are too purely and simply beautiful, to be kept in your own head.

We have long since come back from that sea-shore where I said adieu to you, and are in our own house again. Mrs Dickens says I am to give you her love. So says her sister. So say all my children. And as we are all in the same mind, I beg you to receive mine with the bargain, as the love of your true and admiring friend

Charles Dickens

Hans Christian Andersen.

Letzte Seite eines Briefes, den Charles Dickens Anfang Januar 1848 an Andersen schrieb.

vor, nach England zu kommen und bei ihm zu wohnen. »Wir alle würden uns nach besten Kräften bemühen, Sie glücklich zu machen.« Er berichtete, daß er intensiv an seinem Roman *Little Dorrit* arbeite. Und er beteuerte, daß seine Frau und seine Töchter tief gekränkt wären, wenn Andersen glaube, sie hätten ihn vergessen. »Sie sagen, wenn Sie sie nur halb so gut kennen würden, wie sie seit Jahren Däumelinchen oder das häßliche Entlein kennen, dann wüßten Sie es besser.« Am Ende beteuerte er, daß er Andersen mehr liebe und schätze, als er ihm auf all dem Papier schreiben könnte, das nötig wäre, »um den ganzen Weg von hier nach Kopenhagen damit zu pflastern«.

Obwohl Andersen über diesen Brief hochbeglückt war, beantwortete er ihn erst neun Monate später. Im März 1857 teilte er Dickens mit, er habe sich zu einer Englandreise entschlossen und nehme seine Einladung an – »wenn Sie nicht in London sind, werde ich nicht nach England kommen, mein Besuch soll nur Ihnen gelten«.

Dickens schrieb ihm umgehend, wie sehr er sich auf seinen Besuch freue. Er werde den Sommer mit seiner Familie in Gad's Hill, Kent, siebenundzwanzig Meilen südlich von London, verbringen. »Sie bekommen ein hübsches Zimmer mit reizvollem Ausblick und werden so ruhig und gedeihlich leben wie in Kopenhagen.« Für Besuche in London stelle er ihm gern sein Haus am Tavistock Square zur Verfügung. »Little Dorrit nimmt mich zur Zeit sehr in Anspruch. Ich hoffe, ihre Geschichte Ende des Monats fertig zu haben, dann werden Sie mich im Sommer als freien Mann vorfinden, der Krickett spielt und allen möglichen englischen Sport betreibt ... Wohlgemerkt! Sie dürfen nicht mehr daran denken, in die Schweiz zu fahren. Sie müssen zu uns kommen.«

Andersen sagte sofort zu. »Ich bin ganz überwältigt vor Freude bei dem Gedanken, für kurze Zeit mit Ihnen zusammenzusein, in Ihrem Haus zu wohnen und zu Ihrem Kreis zu gehören. Sie wissen nicht, was das für mich bedeutet, wie ich im Herzen Gott, Ihnen und Ihrer Frau danke ... Bitte verlieren Sie nicht die Geduld, wenn ich mich auf englisch so schwerfällig und ungeschickt ausdrücke.«

Nachdem Ende Mai 1857 seine neuer (wiederum Dickens gewidmeter) Roman *Sein oder Nichtsein* gleichzeitig in London und Kopenhagen erschienen war, rüstete sich Andersen für die Reise nach England. Aus Brüssel schrieb er Dickens nochmals, wie sehr er sich auf das Wiedersehen freue (». . . ich glaube, daß ich eine Woche oder vierzehn Tage bei Ihnen bleiben und Ihnen nicht zu sehr zur Last fallen werde«), dann reiste er nach Calais. In der Nacht zum 11. Juni – zehn Jahre nach seinem ersten Besuch in England – überquerte er den Ärmelkanal.

Fünf Wochen, vom 11. Juni bis zum 15. Juli, war Andersen diesmal Gast im Hause Dickens. »Der Empfang war äußerst herzlich«, schrieb er aus Gad's Hill an Henriette Wulff. »Dickens nahm mich in die Arme, dann kamen seine Frau und die Kinder.« Allerdings stellte sich bald heraus, daß Dickens in diesem Sommer keineswegs ein so »freier Mann« war, wie er erwartet hatte: Sein Freund Douglas Jerrold war kurz vor Andersens Ankunft gestorben, und da er Frau und Kinder völlig mittellos hinterlassen hatte, war Dickens den ganzen Sommer über damit beschäftigt, Lesungen und Benefizvorstellungen zu arrangieren, deren Erlös den Hinterbliebenen zufloß.

Trotzdem unternahm die Familie Dickens mit ihrem Gast Ausflüge in die Umgebung und mehrere Fahrten nach London. Im Kristallpalast hörte er Händels *Messias*. Die italienische Tragödin Adelaide Ristori konnte er in Montanellis *Camma* und in *Macbeth* bewundern, und außerdem sah er den *Sturm* in der Inszenierung von Charles Kean. Die Ausstattung sei verschwenderisch gewesen, berichtete er Henriette Wulff – »aber Shakespeare verschwindet in diesem Spektakel, und ich kam müde und leer heraus, da ich nur ein prächtiges Panorama gesehen hatte«.

Der dänische Geschäftsträger in London wollte für ihn eine Audienz bei der Königin arrangieren, aber Andersen, dem die Einladungen, die unweigerlich folgen würden, zu anstrengend erschienen, zog das behagliche Leben im Hause Dickens vor.

Er besuchte Baron Hambro und andere alte Bekannte, wechselte einige Briefe mit William Jerdan, der nicht mehr in London ansässig war, und lernte Dickens' engeren Freundeskreis, darunter auch den Romancier Wilkie Collins kennen. Die Philanthropin Angela Burdett-Coutts, die er ebenfalls in Gad's Hill traf, gab ihm zu Ehren ein Bankett, zu dem auch der britische Admiral Sir Charles Napier geladen war. »Miß Coutts muß ungeheuer reich sein«, schrieb er an Henriette Wulff. »Pförtner, Lakaien in fürstlicher Livree, mit Teppichen ausgelegtes Treppenhaus; ich hatte ein Schlafzimmer wie nie zuvor, mit Badestube daneben, Feuer im Kamin, kostbaren Teppichen, Aussicht auf den Garten und die Picadilly-Straße.«

Und natürlich besuchte er auch die Familie Bentley, die jetzt in St. John's Wood wohnte. Um Andersens willen brachte es Dickens über sich, Richard Bentley, mit dem er sich zerstritten und den er als »Bandit aus der Burlington Street« bezeichnet hatte, gemeinsam mit Wilkie Collins nach Gad's Hill zum Dinner einzuladen.

Nachdem Andersen eines Tages in ein Londoner Stadtviertel gekommen war, in dem Jenny Lind während eines Englandaufenthaltes gewohnt hatte, schrieb er in sein Tagebuch: »In einem der Häuser dort verbrachte Jenny Lind einen Sommer; eines steht leer, ›zu vermieten‹; ich stellte mir vor, daß es dieses war. Die Nachtigall ist nicht in ihrem Käfig, ihr Freund, der kleine Sperling, zwitschert draußen, erinnert sich des Liedes, erinnert sich ihrer – es ist ein trauriger Morgen.«

Er besichtigte das Parlament, das Britische Museum – und die Druckerpresse der *Times*, »den Ort, von dem die Königin der Zeitungen in die Welt hinausgeht, in über 50 000 Exemplaren. Eine königliche Blume mit mehr als 50 000 Blütenblättern, die in der ganzen Welt duften und leuchten«. (Tagebucheintragung vom 1. Juli.)

Am 4. Juli sah er in der Gallery of Illustrations, Regent Street, eine Benefizvorstellung von Wilkie Collins' »arktischem Melodram« *The Frozen Deep* mit Dickens in der Hauptrolle. Auch Collins, Dickens' Schwägerin Georgina Hobarth sowie einige seiner Töchter traten in dem Stück auf. Anschließend wurde eine einaktige Farce gegeben. Seine Eindrücke schilderte Andersen in einem Brief an Henriette Wulff:

»Ich war in der Aufführung am Samstagabend, sah Dickens in der Hauptrolle, er spielte vortrefflich, mit echtem Gefühl, es war ganz frei von den englisch-französischen Manierismen, die man gerade in tragischen Rollen findet; es war so, wie Wiehe bei uns zu Hause spielt. Nach diesem Stück erschien Dickens als Komiker in *Two o'clock in the Morning* (bei uns: *Der nächtliche Gast*), es war unbezahlbar, es war sehr spaßig. Die andere Rolle in dem Stück hatte Mark Lemon (Herausgeber des *Punch*) übernommen, ein älterer, korpulenter Herr mit einem prächtigen, jovialen Gesicht. Die Königin, der König von Belgien, Prinz Albert und die ganze königliche Familie waren zugegen, außerdem nur ungefähr 50 Gäste, darunter ich; die Königin wußte das.«

In den meisten Briefen, die er aus dem Hause Dickens an Freunde in Dänemark schrieb, zeigte sich Andersen hochbeglückt. Er fand – jedenfalls zunächst – alles ganz reizend und harmonisch. Am 18. Juni berichtete er Henriette Wulff:

»Das Familienleben scheint sehr herzlich zu sein, und eine junge Miß Hogarth, die seit vielen Jahren hier im Haus ist, schenkt den Tee und den Kaffee ein, spielt mit den jungen Fräulein Dickens und scheint eine höchst liebenswürdige, gebildete Dame zu sein. Dickens selbst ist wie das Beste in seinen Büchern: herzlich, lebhaft, fröhlich und innig; ihn verstehe ich, was die Sprache betrifft, am besten, und jetzt – es ist ja heute gerade erst der achte Tag, seit ich angekommen bin – sagt er, daß ich erstaunliche Fortschritte im Englischsprechen mache; von Stunde zu Stunde geht es besser, aber ich rede ja auch ohne Furcht, und selbst die Kleinen beginnen mich zu verstehen.«

Er fand Mrs. Dickens »so sanft, so mütterlich, so ganz wie Agnes in *David Copperfield*« und ihre Töchter »hübsch, natürlich und begabt«.

Doch wie so oft hielt seine gute Stimmung auch diesmal nicht lange an. Er litt unter Magenbeschwerden, Zahnschmerzen und Anfällen von Schwermut. Und schon bald hatte er das Gefühl, daß er weder der Schwägerin noch den Kindern Dickens' wirklich sympathisch war. Am 22. Juni schrieb er in sein Tagebuch: »Charles [Dickens' ältester Sohn] war alles andere als liebenswürdig, und ich kehrte in sehr schlechter Laune zurück, die ich nicht verbergen konnte. Das ist der erste unerfreuliche Tag in England.« Und es blieb nicht der einzige. Am 27. Juni ärgerte sich

»Huldigung an Hans Christian Andersen« in der Londoner satirischen Zeitschrift *Punch*, 10. Januar 1857. Wie Andersen während seines Besuches bei Charles Dickens im Sommer 1857 erfuhr, war der hier abgedruckte »echte Brief einer jungen Dame« von Shirley Brooks, einer Redakteurin des *Punch*, verfaßt worden.

HOMAGE TO HANS CHRISTIAN ANDERSEN.

A Genuine Letter from a Young Lady.

"My Dear Mr. Punch,

"we Hope you are Quite well and i wish you Many Happy returns of Chrismas and i Hope you will Excuse me riting to You but mamma Says you allways are Fond of little peeple so i Hope you will Excuse as me And charley read in the illusterated London [*News*] that Mr. Hans Christian andersen is Coming to spend His Hollidays in England And We shold like to see Him becase he as Made us All so Happy with is Betiful storys the ugly duck the Top and the ball the snow Quen the Red shoes the Storks little ida the Constant tinsoldeir great claws and Little Claws the darning Neddle and All the rest of Them and it says in the ilustat [*several attempts, a smeur, and the spelling evaded by*] Paper the children shold Meet him in the Crys-pallace and we shold Like to Go and tell him how much We Love him for his betiful stores do you know the tinder box and tommelise and charley liks the wild Swans best but i Hope you will Excuse bad riting and i Am

"Your affectionate

"Nelly."

"charley says i Have not put in wat We ment if you please Will you put In punch wat everybody is to Do to let Mr. hans Ansen know how Glad we are He is Coming."

Andersen über Dickens' Sohn Walter und dessen Freund: »Keiner von ihnen war so aufmerksam, mir etwas von meinem Gepäck abzunehmen; sie gingen weiter ... Mir dröhnte der Kopf, ich war müde und verstört, hatte das Gefühl, daß niemand Teilnahme für mich empfand.« Dazu kam die Enttäuschung über eine schlechte Besprechung seines Romans *Sein oder Nichtsein*, die in der Zeitschrift *Athenaeum* erschienen war und in der das Buch als »gefährlich« bezeichnet wurde, weil es Zweifel an Glaubensdogmen wecken könnte.

Diese Kritik, so schrieb er tags darauf in sein Tagebuch, »liegt wie ein Alpdruck auf meinem Herzen ... Ich bin nicht glücklich, kann es nicht sein, fühle mich als Fremder unter Fremden; wenn Dickens doch hier wäre!« Von dem Gespräch, das er am folgenden Tag mit ihm führte, berichtete er Henriette Wulff:

»Dickens kam erst am nächsten Tag nach Hause. Ich erzählte ihm davon, er nahm mich in die Arme, drückte mir einen Kuß auf die Wange, redete mir gut zu, bat mich, daran zu denken, wie unendlich viel Gott mir gegeben habe, wie groß meine Berufung sei – dies waren seine Worte, die ich wiederhole; er sagte, ich sollte, genau wie er selbst, niemals Zeitungskritiken lesen. ›Die sind in einer Woche vergessen, Ihr Buch aber wird leben!‹ Wir gingen den Gad's Hill hinauf, er kratzte mit seinem Fuß im Sand. ›Das ist Kritik!‹ sagte er, und strich mit dem Fuß darüber. ›Verschwunden! Aber das, was Gott Ihnen gegeben hat, wird bleiben.‹«

Aus den Tagebucheintragungen, die Andersen in den folgenden zwei Wochen machte, geht hervor, daß er den Umgang mit dem Ehepaar Dickens als höchst erfreulich empfand, sich aber von Miß Hogarth und den Kindern unfreundlich und rücksichtslos behandelt fühlte.

Was nun die Einstellung Dickens' und seiner Angehörigen zu Andersen betrifft, so deutet manches darauf hin, daß sie seinen Besuch im großen und ganzen für einen Fehlschlag hielten, ja daß sie ihm gegenüber weit weniger freundschaftliche Gefühle hegten, als er angenommen hatte.

Das Verhalten von Dickens selbst mutet recht merkwürdig an, wenn man die herzlichen Einladungsbriefe, die er Andersen sandte, mit Bemerkungen vergleicht, die er in Briefen an andere über ihn machte. Eine Woche vor Andersens Ankunft äußerte er sich in einem Brief an Angela Burdett-Coutts in unmißverständlich abfälligem Ton über ihn: »Hans Christian Andersen kommt vielleicht zu uns, aber *seine* Anwesenheit wird Sie nicht stören – zumal er keine andere Sprache als Dänisch spricht und im Verdacht steht, nicht einmal diese Sprache zu beherrschen.« Wie kam Dickens zu dieser Behauptung? Wahrscheinlich durch abfällige Bemerkungen Mary Howitts, die Andersen nicht verzeihen konnte, daß er sich geweigert hatte, ihr die englischen Übersetzungsrechte zu übertragen. Diese Vermutung legt jedenfalls ein Brief nahe, den Dickens an Miß Burdett-Coutts schrieb, nachdem Andersen bereits einen Monat in Gad's Hill weilte: »Andersen macht uns ziemlich zu schaffen ... Ich bin zu der Überzeugung gelangt, daß er nicht richtig Dänisch sprechen kann; und der Witz dabei ist, daß seine Übersetzerin das bestätigt – sie ist bereit, vor jedem Richter einen Eid darauf abzulegen.«

Man kann Dickens sicher keinen Vorwurf daraus machen, daß er sich zu der Bemerkung bewogen fühlte, Andersen mache ihm und seiner Familie ziemlich zu schaffen; schließlich konnten selbst dessen beste Freunde in Dänemark ein Lied davon singen, wie schwer er es seiner Umgebung manchmal machte. Einige Vorfälle während seines Besuches bei der Familie Dickens zeigen, wie anspruchsvoll und egozentrisch er sein konnte. So berichtet Sir Henry Dickens (damals ein achtjähriger Junge) in seinen Memoiren: »Am Morgen nach seiner Ankunft ... ließ er meinen ältesten Bruder holen, um sich von ihm rasieren zu lassen – zum heftigen Ärger des Personals und mit dem Ergebnis, daß er fortan jeden Morgen zum Barbier in Rochester gefahren wurde ...« Aber auch wenn Charles Dickens von der Launenhaftigkeit seines Gastes irritiert war, so erklärt dies keineswegs seine verächtlichen Äußerungen über Andersens Unfähigkeit, sich seiner Muttersprache korrekt zu bedienen. Was Dickens von Mary Howitt gehört haben dürfte, geht wahrscheinlich auf den törichten Vorwurf C. Molbechs und einiger anderer dänischer Kritiker zurück, daß Andersens Schriften grammatikalische und stilistische Mängel aufwiesen.

Am 15. Juli reiste Andersen ab. »Dickens fuhr mich bis nach Maidstone«, schrieb er in sein Tagebuch. »Mein Herz war so voll, ich sprach nicht viel und beim Abschied sagte ich fast nichts; Tränen erstickten meine Stimme.«

Danach schrieb Dickens an William Jerdan:

»Andersen fuhr am Mittwochmorgen nach Paris, von dort reist er nach Dresden und dann nach Hause. Ich brachte ihn nach Maidstone und löste ihm die Fahrkarte nach Folkstone. Er war fünf Wochen hier. Er sprach voller Hochachtung von Ihnen und hat Sie, glaube ich, getroffen. Aber immer wenn er nach London kam, geriet er durch die Droschken und den Sherry in die tollsten Verwicklungen, aus denen er anscheinend erst wieder herausfand, wenn er hierher zurückgekehrt war, aus Papier alle möglichen Muster schnitt und im Wald die merkwürdigsten Sträußchen pflückte. Sein unverständliches Vokabular war fabelhaft. Im Französischen und Italienischen war er Peter, der wilde Knabe, im Englischen die reinste Taubstummenanstalt. Mein ältester Sohn schwört, kein menschliches Ohr könne Andersens Deutsch verstehen, und wie dessen Übersetzerin Bentley erklärt hat, kann er auch nicht richtig Dänisch!

Als er eines Tages in unser Haus am Tavistock Square zurückkam, litt er anscheinend an Hühneraugen, die in zwei Stunden reif geworden waren. Wie sich dann aber herausstellte, hatte ihn ein Droschkenkutscher von der City aus auf der neuen, noch nicht fertiggebauten Durchgangsstraße durch Clerkenwell gefahren. Überzeugt, daß der Kutscher ihn berauben und ermorden wollte, hatte Andersen seine Uhr und sein Geld in seine Stiefel gesteckt – zusammen mit einem Kursbuch, einer Brieftasche, einer Schere, einem Taschenmesser, einem oder zwei Büchern, einigen Empfehlungsbriefen und verschiedenen anderen Gegenständen.

Das sind alle Einzelheiten, die ich berichten kann. Er erhielt eine ganze Anzahl Briefe, verlor (wie ich behaupten möchte) eine noch größere Anzahl und war zumeist sehr konfus – er schien eigentlich immer zu glauben, MORGEN werde sich alles ganz von selbst klären.«

Man kann sich den ständig von Sorgen und Ängsten geplagten Andersen allerdings nur schwer in der Rolle des Mr. Micawber aus *David Copperfield* vorstellen, mit dem Dickens ihn am Schluß seines Briefes verglich.

Sir Henry Dickens schildert Andersen in seinen Memoiren als

eine »liebenswerte und dennoch etwas seltsame Persönlichkeit . . . ausgesprochen wunderlich in seinem Gehabe, da er ständig dies und das ganz unbewußt tat; man könnte es beinahe linkisch nennen.«

Kate Perugini, Dickens' Tochter, äußerte sich viel unverblümter: »Er war ein altes Ekel und blieb lange, lange bei uns.« Wie sie berichtet, konnte ihr Vater nach Andersens Abreise der Versuchung nicht widerstehen, über dem Spiegel der Frisierkommode eine Karte mit der Aufschrift anzubringen: »Hans Christian Andersen schlief in diesem Zimmer fünf Wochen – der Familie erschien es wie eine EWIGKEIT!«

Das man im Hause Dickens über diesen langen Besuch nicht gerade erfreut war, hatte sicher noch einen anderen Grund, von dem Andersen selbst nicht die geringste Ahnung hatte: die Spannungen zwischen Dickens und seiner Frau. (Einen Monat nach Andersens Abreise lernte Dickens die junge Schauspielerin Ellen Ternan kennen, derentwegen er sich dann von seiner Frau trennte.) Daran, daß Andersens Besuch sich so lange hinzog – und das war zweifellos der Hauptgrund für das Mißvergnügen der Familienmitglieder – war Dickens zum Teil selbst schuld. Am 21. Juni, also nach zehntägigem Aufenthalt in Gad's Hill, vermerkte Andersen in seinem Tagebuch:

»Gestern bat mich Dickens höchst liebenswürdig, nicht abzureisen, bevor ich die Aufführung zugunsten von Jerrolds Witwe gesehen hätte; sagte, daß er, seine Frau und die Töchter so froh seien, mich hier zu haben; ich war sehr gerührt; er umarmte mich, ich küßte ihn auf die Stirn.«

Besagte Aufführung fand am 11. Juli statt, und vier Tage später reiste Andersen ab.

Letztlich aber erklärt sich der unbefriedigende Verlauf dieses Besuches daraus, daß Andersen und Dickens so verschiedene Naturen waren, daß es zwischen ihnen zu keiner echten Freundschaft kommen konnte. In seinen Romanen konnte Dickens empfindsam sein, im Privatleben war er das nicht. Im Kreis seiner Freunde war er jungenhaft ausgelassen. Dagegen kam Andersens Humor, der so deutlich aus den Märchen und Geschichten spricht, in den zwischenmenschlichen Beziehungen viel verhaltener und bei Gesprächen in einer Fremdsprache so gut wie gar nicht zum Ausdruck. Und seine starke Emotionalität muß auf andere oft sentimental gewirkt haben. Einen Schriftsteller wegen einer schlechten Rezension weinen zu sehen, dürfte Dickens, der sich nicht um Kritiken scherte, unmännlich und würdelos erschienen sein. Als Andersen England verließ, liebte und bewunderte er Dickens mehr denn je, während dessen Gefühle für ihn – die schon vor dem Eintreffen Andersens beträchtlich kühler gewesen waren, als er es sich in seinen Briefen anmerken ließ – inzwischen noch stärker abgekühlt waren.

Eines allerdings ist Dickens hoch anzurechnen: Er zeigte sich, wie Andersens Tagebuch beweist, seinem Gast gegenüber niemals auch nur im geringsten ungeduldig oder gereizt. Im Gegenteil, wann immer Andersen sich elend oder vernachlässigt fühlte, war Dickens der einzige, dem es gelang, ihn aufzumuntern. War sein Gastgeber abwesend, fühlte sich Andersen oft von den übrigen Familienmitgliedern unverstanden und versank in Selbstmitleid. »Laß mich lernen, freundlich und gut zu Fremden zu sein«, schrieb er am 28. Juni in sein Tagebuch. »Den Verlassenen hat Gott zu mir geschickt, auf daß ich ihm bei unserer Begegnung vergessen helfe, daß er in einem fremden Lande weilt und eine Sprache spricht, die mir fremd ist.« Doch sobald Dickens zurückgekehrt war, fühlte sein Gast sich wieder wohl.

Am 1. August 1857 schrieb Andersen einen langen Dankesbrief an Dickens:

»Mein Besuch in England, mein Aufenthalt bei Ihnen ist ein Höhepunkt in meinem Leben; deshalb blieb ich so lange; deshalb fiel es mir so schwer, Lebewohl zu sagen . . . Ich erkannte in jeder Minute, daß Sie gut zu mir waren, daß Sie mich gern sahen und mein Freund waren . . . Ich weiß, daß es für den ganzen Kreis durchaus nicht leicht gewesen sein kann, wochenlang einen unter sich zu haben, der so schlecht englisch spricht wie ich, einen, der aus den Wolken gefallen zu sein scheint. Doch wie wenig bekam ich das zu spüren . . . Vergessen Sie freundschaftlich die dunkle Seite, welche die Nähe Ihnen an mir gezeigt haben mag. Ich möchte so gern in guter Erinnerung bei einem leben, den ich als Freund und Bruder liebe.«

Es ist erwiesen, daß Andersen einen weiteren Brief an Dickens schrieb, bevor dieser ihm – in freundlichem Plauderton, aber etwas gönnerhaft – antwortete. Darauf sandte ihm Andersen einen langen, herzlichen Brief, dem folgende Passage entnommen ist:

»Mein Herz hängt so leidenschaftlich an Ihnen, und ich höre noch mit Dankbarkeit die sanfte, gütige Stimme, mit der Ihre liebe Frau mir viele Male sagte, ich sei Ihnen allen wirklich willkommen, Sie freuten sich, mich dort zu haben. – Ich habe immer befürchtet, Sie könnten meiner überdrüssig werden, des Fremden, der Ihre Sprache nicht richtig sprechen kann. Mit einem solchen Gefühl hat man Ohren und Augen an den Fingerspitzen, aber ich spürte und verstand, daß Gatte und Gattin auch in dieser Hinsicht eine Seele und ein Gedanke waren. Gott segne Sie dafür!«

Weder auf diesen Brief (vom September 1857) noch auf alle weiteren, die er in der Folgezeit an Dickens schrieb, erhielt Andersen eine Antwort. Gleichwohl übersandte er ihm nach wie vor seine Bücher und gab zwei dänischen Freunden Einführungsbriefe an ihn mit. Den zweiten dieser Briefe schrieb er im April 1862 für eben jenen Herrn Bille, dem Dickens im Sommer 1856 nach seinen eigenen Worten so gern die Hand gedrückt hätte. Nach Billes Rückkehr aus England im Juli 1862 notierte Andersen in sein Tagebuch: »Bille sagte, er habe meinen Brief an Dickens geschickt, aber nicht einmal eine Empfangsbestätigung erhalten, obwohl das in England der höfliche Brauch sei; sagte, D. habe mich beleidigt. War verärgert!« Nach diesem Vorfall schrieb er Dickens keine Briefe mehr.

Im Januar 1863 hätte er ihn leicht wiedersehen können, als beide sich zufällig in Paris aufhielten. »Dickens ist hier, liest heute abend und morgen aus einigen seiner Werke«, schrieb Andersen in sein Tagebuch. »Bin mir nicht sicher, ob ich ihn aufsuchen soll oder nicht, er hat mich beleidigt, als er Bille nicht empfing, den ich empfohlen hatte.« Da Andersen schließlich auf einen Besuch verzichtete, erfuhr er nie, warum sich Dickens all die Jahre in Schweigen gehüllt hatte. In der erweiterten Fassung von *Das Märchen meines Lebens* (1868/69) stellte er nur lakonisch fest: »Später kamen seltener Briefe, in den letzten Jahren überhaupt keine. ›Zu Ende! Zu Ende!‹ – das sind alle Geschichten einmal.«

Die meisten Dickensforscher nehmen an, daß der berühmte Romancier es leid war, immer wieder Empfehlungsbriefe zu erhalten, die Andersen für dänische Freunde geschrieben hatte. »Groß war die Zahl der Fremden, die mit Einführungsbriefen von Hans Christian Andersen bei Dickens anklopften«, behauptet Una Pope-Hennessy in ihrer Dickens-Biographie. Tatsächlich aber belief sich die Zahl derer, für die Andersen im Laufe von mehr als zehn Jahren solche Empfehlungen geschrieben hatte, auf ganze fünf, und keiner von ihnen wurde von Dickens empfangen.

Ich glaube, daß der Grund für Dickens' Schweigen woanders zu suchen ist. Nach der Rückkehr aus England hatte Andersen unter dem Titel »Ein Besuch bei Charles Dickens im Sommer 1857« eine Artikelserie für die Kopenhagener Zeitung *Berlingske Tidende* geschrieben. Eine deutsche Übersetzung dieses Berichts erschien 1860 in dem Sammelband *Aus Herz und Welt*, der dann im August desselben Jahres in der (früher von Dickens herausgegebenen) englischen Zeitschrift *Bentley's Miscellany* besprochen wurde. In dieser Rezension, die von Zitaten über Dickens angeblich so harmonisches und idyllisches Familienleben nur so strotzte, wurde Andersen vorgeworfen, er habe einen »Vertrauensbruch« begangen. Es ist anzunehmen, daß Dickens diese Besprechung las und umso erboster darüber war, als sie kurz nach dem endgültigen Scheitern seiner Ehe erschien. Und es ist durchaus möglich, daß die scheinheilige Art, in der *Bentley's Miscellany* die harmlosen Schilderungen Andersens ausschlachtete, bei Dickens, dessen Nerven damals ohnehin arg strapaziert waren, den Eindruck erweckte, als habe Andersen die Partei seiner Frau ergriffen. Und bekanntlich brach Dickens, sobald jemand aus seinem Freundeskreis dies tat, stets alle Beziehungen zu ihm ab.

Zwei Tage nach Dickens' Tod im Juni 1870 schrieb Andersen in sein Tagebuch:

»Am Abend des 9. starb Charles Dickens, ich las es heute abend in der Zeitung. Wir werden uns also in dieser Welt nicht wiedersehen, nie mehr miteinander sprechen. Ich werde keine Erklärung von ihm bekommen, warum er meine späteren Briefe nicht beantwortet hat.«

10
Jahre des Triumphs und der Verzweiflung

1848-1860

In dem Jahrzehnt, das zwischen Andersens beiden Englandreisen lag, waren Ereignisse eingetreten, die zu einem Wendepunkt in der Geschichte Dänemarks führten. Im Januar starb König Christian VIII. Der Absolutismus, der seit 1660 in Dänemark geherrscht hatte, ging zu Ende: Der neue König, Frederik VII., mußte 1849 eine liberale Verfassung bestätigen, die das allgemeine Wahlrecht garantierte. Der Anfang 1848 in Schleswig ausgebrochene Aufstand (an dem zwei alte Bekannte Andersens, der Herzog von Augustenburg und der Prinz von Nör, entscheidend beteiligt waren) führte zum Deutsch-Dänischen Krieg, der fast drei Jahre dauerte und eine für Dänemark unglückliche Wende nahm, als der Herzog von Augustenburg sich der Hilfe Preußens versicherte.

Dänemark wurde von einer Woge des Patriotismus ergriffen, und Andersen, der die Gefühle seiner Landsleute teilte, bemühte sich, seine guten Beziehungen zu England zu nützen und dort um Verständnis für die Sache Dänemarks zu werben. Eine Woche bevor die dänischen Truppen in Schleswig eine schwere Niederlage erlitten, schrieb er einen Brief an William Jerdan, den dieser sofort in der *Literary Gazette* veröffentlichte:

Kopenhagen, den 13. 4. 1848

Lieber Freund!

Es sind erst wenige Wochen vergangen, seit ich Ihnen schrieb, dennoch hat sich in der Zeitgeschichte eine Reihe von Ereignissen abgespielt, als ob inzwischen Jahre verflossen seien. Politik ist nie meine Sache gewesen, der Dichter hat andere Aufgaben, aber jetzt, da die Bewegung alle Lande durcheilt, so daß man nicht auf dem Erdboden stehen kann, ohne die Erschütterung bis in die Fingerspitzen zu spüren, muß ich davon sprechen.

Sie wissen, wie es im Augenblick in Dänemark aussieht: Wir haben Krieg! Aber einen Krieg, der von dem ganzen begeisterten dänischen Volk geführt wird, einen Krieg, in dem der Edelmann und der Bauer erfüllt sind von der gerechten Sache, sie stellen sich freiwillig in die Schlachtreihe. Die Begeisterung, von der ich Ihnen erzählen will, erfüllt die ganze dänische Nation.

Das falsche Licht, in das die parteiführenden Schleswig-Holsteiner seit einer Reihe von Jahren durch deutsche Blätter uns bei dem ehrlichen, tüchtigen deutschen Volk gestellt haben, die Art und Weise, wie der Prinz von Nör die Festung Rendsburg genommen hat, indem er sagte, daß der dänische König nicht frei sei und er in dessen königlichem Interesse handle, hat die Dänen empört, und wie ein Mann hat sich das Volk erhoben; alle Kleinigkeiten des Alltags verschwanden vor den großen, edlen Zügen.

Alles ist in Bewegung, aber in Ordnung und Einigkeit. Geldbeträge strömen in reichem Maß von allen Ständen und Gesellschaftsklassen herein, selbst der arme Handwerksbursche und die Dienstmagd bringen ihr Scherflein. Als man hörte, es sei Mangel an Pferden, sandte man in wenigen Tagen aus den Städten und vom Lande eine solche Menge, daß der Minister bekanntgab, er habe nunmehr für Pferde keine Verwendung mehr. In allen Häusern zupfen die Frauen Scharpie, in den oberen Schulklassen arbeiten die Knaben, um Patronen anzufertigen. Die meisten, die Waffen tragen können, üben sich darin. Junge Grafen stellen sich als Gemeine in die Reihen der Soldaten, und das Gefühl, daß alle in der Liebe und dem Willen zur Verteidigung des Vaterlandes einander gleich sind, stärkt, wie Sie sich vorstellen können, den Mut und die Begeisterung der Truppen ...

Bis zu diesem Augenblick, und wir hoffen, auch weiterhin, ist der Herrgott mit uns. Der König und sein Heer rücken kühn und siegreich vorwärts. Die Insel Alsen ist bereits genommen, wie auch die Städte Flensburg und Schleswig. Wir stehen an der holsteinischen Grenze und haben über tausend Gefangene gemacht. Die meisten von ihnen wurden nach Kopenhagen gebracht und sind höchst aufgebracht gegen den Prinzen Nör, der sie, ungeachtet seines Versprechens, Leben und Blut mit ihnen zu opfern, in der ersten Schlacht bei Bau verließ, als die Dänen in Flensburg eindrangen.

In unserer Zeit gehen die Stürme der Veränderung durch die Länder, aber einer über allen wechselt nicht, das ist Gott, der Gerechte. Er ist für Dänemark, das nur sein Recht will, und es wird, es muß anerkannt werden. Die Wahrheit ist die Macht, die bei Menschen und Nationen siegt. Den Nationalitäten ihr Recht, dem Tüchtigen und dem Guten jeden Erfolg! Das ist und muß Europas Losung sein, und mit ihr sehe ich getrost in die Zukunft. Die Deutschen sind ein ehrliches, wahrheitsliebendes Volk, sie werden zur Klarheit über die Verhältnisse kommen, und ihre Erbitterung wird sich in Hochachtung und Freundschaft wandeln. Möge dieser Gedanke sich bald erfüllen. Gott lasse leuchten sein Angesicht über alle Lande!

Hans Christian Andersen

Nachdem Richard Bentley diesen Brief in der *Literary Gazette* gelesen hatte, schrieb er an Andersen: »Dänemark hat in England das herzlichste Wohlwollen. Ich bin zuversichtlich, daß es der Plage dieser deutschen Anarchisten Einhalt gebieten wird. Die sich ständig wiederholende Feigheit hochgestellter Persönlichkeiten, denen es möglich gewesen wäre, diese Ungeheuer schon bei ihrer Geburt zu vernichten, widert einen an.«

Doch als Andersen diesen Brief am 24. Mai von Fünen aus beantwortete, hatte sich die Lage bereits dramatisch zugespitzt.

»Dies sind schwere, unglückliche Tage, dem kleinen Dänemark wird großes Unrecht zugefügt. Sie wissen, daß die Preußen in unser Land eingedrungen sind, Jütland besetzt haben und Tag für Tag Nahrungsmittel, Wein und Tabak requirieren, Truppen aussenden, um ganze Pferdeherden und Tuch aus den Fabriken wegzuholen, kurz, sie bedrängen dieses arme Land aufs härteste und führen die Beamten ab, wenn diese nicht bereit sind, ihnen zu geben, was sie verlangen. Gerade in diesen Tagen haben sie – und das ist wirklich die Höhe – eine Zwangsabgabe von vier Millionen Reichstalern erhoben, zu zahlen bis zum 28. Mai, anderfalls wollen sie zur Gewalt und zum Schrecken des Krieges greifen! Jütland kann nicht einmal die Hälfte dieser Summe zahlen, und deshalb werden die Preußen die Städte plündern und einäschern. Daß dergleichen in unserer Zeit geschehen, in zivilisierten Nationen geschehen kann, das erscheint mir wie ein böser Traum [18] . . . Dänemark ist ein kleines Land, es wird überwältigt, es erleidet das größte Unrecht, es blutet sich zu Tode. England hat uns Schleswig garantiert, wir haben vertrauensvoll nach England geblickt. Edles, hochherziges England! Oh, käme doch Hilfe! Gerade von dort möchte ich sie kommen sehen, wo mein Herz gefestigt wurde durch die Freunde, die ich dort habe, und durch die geistige Staatsbürgerschaft, die ich dort erwarb.«

»Der Krieg ist ein schreckliches Ungeheuer, das sich von Blut und brennenden Städten nährt«, schrieb Andersen im Juni 1848 an Henriette Wulff. Für ihn war es besonders bitter, daß Deutschland gegen Dänemark kämpfte, Deutschland, wo man seine Werke frühzeitig anerkannt und wo er so viele Freunde gefunden hatte. In *Das Märchen meines Lebens* bekennt er:

»Mehr als viele andere litt ich seelisch unter diesem unglücklichen, uns aufgezwungenen Krieg. Ich fühlte in einem Grade wie nie zuvor, wie fest ich im Boden der Heimat wurzelte, wie dänisch mein Herz war. Ich hätte mich in die Schlachtreihen stellen und frohen Mutes mein Leben hingeben können, um zum Sieg und damit zum Frieden beizutragen. Gleichzeitig aber ging mir lebhaft alles Gute durch den Sinn, das ich in Deutschland genossen hatte, die große Anerkennung, die man meinem Talent erwiesen, und die vielen Menschen, die ich lieben und deren ich dankbar gedenken mußte. Ich litt unendlich!«

Im Herbst 1848 erschien in London sein neuer Roman, *Die beiden Baroninnen,* zwei Monate vor der Publikation in Dänemark. Richard Bentley hatte Andersen ein Honorar von zweihundert Pfund zugesagt – unter der Bedingung, daß die englische Übersetzung so rechtzeitig vor der Originalfassung erschien, daß die Verkaufschancen nicht durch Raubdrucke gemindert wurden.

Obwohl kein Meisterwerk, ist dieser vierte Roman Andersens noch heute lesenswert. Er ist unterhaltsam, gut konstruiert und nicht zuletzt wegen seines drastischen, oft grotesken Humors von beträchtlichem Reiz. Der erste Teil spielt vorwiegend auf Fünen, der zweite auf den Halligen (die den Autor stark beeindruckt hatten, als er sie 1844 von Föhr aus besuchte); der dritte Teil spielt vornehmlich in Kopenhagen und spiegelt viele Eindrücke wider, die der junge Andersen dort gesammelt hatte.

Die Hauptfigur, die alte Baronin Dorothea, ist jener ebenso reichen wie exzentrischen Frau Bügel nachgezeichnet, bei der

Andersen regelmäßig zum Essen und zu literarischen Abendgesellschaften eingeladen war, bis er aus unerfindlichen Gründen in Ungnade fiel. Andersens Romanheldin ist die Tochter eines armen Bauern, der von einem reichen, arroganten Baron ausgebeutet und mißhandelt wird. Ihrer schwangeren Mutter versetzt der Baron einen Fußtritt, und Dorothea selbst, ein unschuldiges Kind, bekommt seine Peitsche zu spüren, als sie ihrem Vater helfen will, der zur Strafe dafür, daß er seinen Pachtzins nicht bezahlen kann, auf das sogenannte hölzerne Pferd gebunden worden ist. Später heiratet sie den Sohn des Barons und nach dem Tod ihres Gatten fällt ihr der gesamte Besitz zu. Doch ihre bitteren Jugenderlebnisse kann Baronin Dorothea zeitlebens nicht vergessen: Sie verabscheut alles, was sie an ihren Schwiegervater erinnert und womit dieser sich identifiziert hat.

Die zweite Baronin, Elisabeth, stammt ebenfalls aus ärmlichen Verhältnissen. Als Waise, deren Mutter im Wochenbett gestorben und deren Vater spurlos verschwunden ist, wird sie auf einer ostfriesischen Hallig von einem gütigen Pastor und dessen Schwester aufgezogen. Als Vierzehnjährige versucht sie (genau wie Jeanie Deans in Walter Scotts Roman *Das Herz von Midlothian*), das Leben des jungen Mannes, den sie liebt, zu retten. Wie Jeanie Deans sich von Schottland nach London durchschlägt, um der Gemahlin Georgs II. ihre Bitte vorzutragen, so verläßt Andersens Heldin Elisabeth heimlich die Heimat, um in Kopenhagen König Frederik VI. um Gnade für ihren Liebsten zu bitten, der, wie sie befürchtet, wegen Mordes gehängt werden soll. Schließlich aber wird sie in das Haus der Baronin Dorothea aufgenommen und heiratet deren Sohn Herman.

Der Roman spielt in den dreißiger Jahren des neunzehnten Jahrhunderts und schildert Menschen aus den verschiedensten Gesellschaftsschichten Dänemarks. Der Leitgedanke des Buches: Wahrer Adel gründet sich nicht auf Herkunft, sondern auf Geist und Gemüt. Um die alte Baronin zu zitieren: »Wir sind alle aus einem Stück, aus demselben Klumpen Erde gemacht; der eine wurde bei der Geburt in Zeitungspapier, der andere in Goldpapier gewickelt, aber darauf braucht der Erdklumpen nicht stolz zu sein. In jedem Stand gibt es Adel, aber der steckt im Gedanken und nicht im Blut.«

Den größten Teil des Romans schrieb Andersen vor und nach

seiner ersten Englandreise in Dänemark, aber auch in London arbeitete er daran. Die Eindrücke, die er in Schottland sammelte, haben in der zweiten Hälfte ebenso deutliche Spuren hinterlassen wie seine erneute Beschäftigung mit den Werken Walter Scotts. Obwohl *Die beiden Baroninnen* nicht so stark autobiographisch geprägt ist wie Andersens frühere Romane, enthält auch dieses Buch zahlreiche Details, die an die Lebensgeschichte des Autors erinnern. Eine gewisse Selbstironie hat Andersen bei der Charakterisierung einer Nebenfigur bewiesen, eines reiselustigen Kammerjunkers, der gern über sich selbst spricht und kein Glück in der Liebe hat. Den jungen Baron Herman macht Andersen zu seinem Sprachrohr, wenn er ihn sagen läßt: »Gutherzigkeit ist, jedenfalls in unserer Zeit, kein Charakteristikum des dänischen Volkes. Unsere Spottlust ist viel auffälliger. Wir haben einen ausgeprägten Sinn für das Lächerliche, und deshalb werden bei uns viele Komödien geschrieben, aber bei der Menge schlägt dieser Sinn in eine Sucht um, alles zu verdrehen und auf den Kopf zu stellen – alles lächerlich zu machen.«

Und wenn Baron Herman erklärt, wie seiner Ansicht nach ein Roman beschaffen sein sollte, spricht wiederum Andersen selbst aus ihm:

»In Romanen möchte ich nicht nur Begebenheiten finden, sondern Charaktere und Poesie; ein Roman, der bloß Begebenheiten enthält, wird nur einmal gelesen; das Unerwartete, das Überraschende, das Leben in ihn gebracht hat, ist nach der Lektüre dahin, ist tot. Wo dagegen der menschliche Charakter eindrucksvoll und natürlich gezeichnet ist, wo der Gedanke im lebendigen Wort lebt, wo die Poesie zu unvergänglicher Entfaltung gelangt – zu einem solchen Werk kehren wir immer wieder zurück: dieses Buch wird gelesen und wiedergelesen, man verläßt es erfrischt wie nach einer Frühjahrswanderung im Walde.«

Als ihm sein alter Gegner und Kritiker Heiberg für diesen Roman dankte (»den man wie nach einer Frühjahrswanderung im Walde verläßt«), war Andersen überglücklich.

Anfang Mai 1849 schrieb er an Richard Bentley, der Frühling habe keine besseren Tage »für mein innig geliebtes, leidendes Vaterland« gebracht. [19] »Eine ungeheure Zahl von Feinden gegen eine tapfere kleine Nation, die ihr Recht verlangt. Viel Blut

»Farväl!« (»Lebewohl!«). Andersen als Speichellecker in Schweden, 1849. Karikatur von D. von Dardel.

wird vergossen, Menschen werden verstümmelt, Städte eingeäschert! Ich lebe in ständiger Spannung, es ist unmöglich, die Gedanken von dem entsetzlichen Geschehen loszureißen. Frieden und Ruhe für die Arbeit kann ich nicht finden, Tag für Tag habe ich auf eine Friedensbotschaft gewartet und gehofft, auf das Mitgefühl der Großmächte für mein Dänemark, aber nichts ist gekommen.« Im vergangenen Jahr habe er vorgehabt, nach Schweden zu fahren, es sei ihm jedoch unmöglich gewesen, seine Heimat in einer so kritischen Zeit zu verlassen. Jetzt plane er allerdings, diese Reise in zwei bis drei Wochen anzutreten – »wenn doch bis dahin die Friedensglocken glücklich für mein liebes Heimatland läuten würden!«

Am 17. Mai reiste er nach Schweden, wo er sich drei Monate aufhielt. Zuerst besuchte er Göteborg und Trollhättan, dann fuhr er auf dem Göta-Kanal nach Stockholm. Über die Audienz bei König Oscar I., der ihm im Februar 1848 den Nordsternorden verliehen hatte, machte er folgende Tagebuchnotiz:

»Ging um 10 zum König, wurde um zwölf vorgelassen, war unendlich gelangweilt, schrecklich nervös. – Der Innenminister war sehr lange bei ihm, man holte Landkarten. ›Vermutlich teilen sie Schleswig auf.‹ Endlich wurde ich vorgelassen. Der König war sehr freundlich, er hatte etwas fast Schüchternes an sich, aber er war sehr herzlich, als wären wir einander schon oft begegnet. Ich dankte ihm für den Nordsternorden, sprach über die Ähnlichkeit zwischen Stockholm und Konstantinopel.«

König Oscar sagte ihm, er habe gehofft, einen Friedensschluß herbeiführen zu können, glaube aber, daß gewisse Kreise in Dänemark für den Krieg seien. Er habe schließlich die Interessen zweier Nationen zu vertreten (nämlich Schwedens und Norwegens).

Nach einem siebentägigen Aufenthalt in Uppsala kehrte Andersen nach Stockholm zurück, wo er beim Könispaar zum Diner geladen war. Nach Tisch las er vier Märchen vor. »Bei der *Geschichte einer Mutter* weinten der König und die Königin«, vermerkte er in seinem Tagebuch.

Auch auf dieser Auslandsreise gelang es ihm wieder, bekannte Schriftsteller und andere prominente Persönlichkeiten des kulturellen Lebens persönlich kennenzulernen. In vielen Landesteilen wurde er gefeiert – nicht nur als Dichter, sondern auch als Vertreter Dänemarks, das damals in Schweden große Sympathie genoß.

Zu Andersens großem Kummer war es jedoch unvermeidlich, daß sich der Deutsch-Dänische Krieg auch auf seine enge Freundschaft mit Carl Alexander von Weimar auswirkte.

Im Februar 1848, kurz vor Kriegsausbruch, war er vom Großherzog mit dem Weißen Falkenorden ausgezeichnet worden, worauf er beglückt an den Erbgroßherzog geschrieben hatte: »Nun besitze ich ein sichtbares Band, das mich mit dem Heim verbindet, das Goethe, Schiller und die Großen der deutschen Literatur das ihre nannten.«

In ganz anderer Stimmung schrieb er im Mai 1848 an Carl Alexander: »Dänemark, meine Heimat, und Deutschland, wo so viele Menschen sind, die ich liebe, stehen einander feindlich gegenüber! Eure Königliche Hoheit werden empfinden können, wie alles dies mich schmerzt . . . Wann werden wir uns wieder treffen, mein edler, hoher Freund? Vielleicht nie mehr!« Darauf antwortete der Erbgroßherzog: »Haben unsere Gefühle füreinander etwas mit dem politischen Meinungsstreit zu tun? Sind wir auf Grund unserer politischen Ansichten Freunde geworden? Die Harmonie unserer Seelen, unserer Gedanken, unserer Phantasie hat uns zusammengeführt und wird uns auch fürderhin vereinen. Versprechen Sie mir, lieber Freund, daß die Zeitläufte und die Meinungen des Augenblicks niemals Einfluß auf unsere Freundschaft haben dürfen.«

Doch als der Erbgroßherzog sich dann an der Spitze eines weimarischen Freiwilligenkontingents aktiv an den Kämpfen in Schleswig-Holstein beteiligte, brachte es Andersen nicht über sich, den Briefwechsel fortzusetzen. Wie er Edvard Collin am 22. Juli 1849 aus Motala schrieb, habe er einen Brief von Carl Alexander erhalten, der sehr traurig darüber sei, »daß ich ihm seit vielen Monaten nicht geschrieben habe, er dachte, unsere Freundschaft hätte nichts mit Politik zu tun, es würde ihn sehr betrüben, wenn er sich in meinen Gefühlen für ihn getäuscht hätte. Ich fand das sehr bedrückend, denn er muß doch verstehen, daß ich ihm nicht schreiben kann, wenn ich in den Zeitungen lese, daß er nach Schleswig-Holstein geht.«

Mittlerweile war der Erbgroßherzog jedoch nach Weimar zurückgekehrt, und im August schrieb ihm Andersen aus Trollhättan: »Auf meinen letzten Brief an Sie im frühen Frühjahr habe ich keine Antwort bekommen; dann erfuhr ich, daß weimarische

Truppen, das Kontingent, gen Norden marschiert seien, und endlich las ich, daß Sie selber sich auf den Kriegsschauplatz begeben hätten; ich begriff die Verhältnisse und bin tief traurig gewesen! Aber nun klingt eine Friedensbotschaft zu mir herüber, nun darf ich meinem Herzen folgen und dem Freunde einen Brief senden [20] ... Mein Herz ist dänisch, aber meine wahren Freunde in Deutschland liebe ich nach wie vor. Doch nun Frieden! Frieden! Gott lasse Frieden über den Ländern weilen!« Und im Postscriptum fügte er hinzu: »Ihr edles Herz und jedes edle deutsche Herz wird fühlen, daß Dänemark schuldlos und gut ist und Unrecht erlitten hat.«

Als schließlich im Juli 1850 in Berlin der Friedensvertrag unterzeichnet wurde, weilte Andersen im Schloß Glorup auf Fünen. Von dort schrieb er dem Erbgroßherzog:

»›Frieden! Frieden mit Deutschland!‹ klingt es durch das Land und durch mein Herz. Es ist wirklich wie Sonnenschein, wie ein Festtag, der mir aufgegangen ist ... In Deutschland die Erkenntnis, daß die Dänen nur ihr Recht wollen! Oh, das tut meinem Herzen so wohl! Wenn nur nicht noch mehr Blut um Schleswig fließt! Mögen die Werke des Friedens in Gott gedeihen!«

Er berichtete Carl Alexander, wie wohl er sich in der »herrlichen Waldeinsamkeit« Glorups fühle. »Hier hat mich die Friedensbotschaft erreicht. Ich dachte nicht, daß sie noch kommen würde. Ich ging gerade im Tierpark des Grafen spazieren, da kam der Jäger, der ausgeschickt war, mich zu suchen, und rief, es sei überall nach mir gefragt und gesucht worden; mir solle etwas Gutes mitgeteilt werden; es sei die bestimmte Nachricht vom Frieden gekommen. Ich lief ins Haus, bekam die gedruckte Botschaft – oh, mein hoher Freund, hätte ich Ihnen in diesem Augenblick um den Hals fliegen können! Die Tränen kamen mir in die Augen, ich war so froh, mußte wieder in den Wald hinaus, sang aus vollem Herzen deutsche Lieder und dänische Weisen!«

Erst Anfang Januar 1851 wurde der Krieg offiziell für beendet erklärt. Andersen hatte während der drei Kriegsjahre oft um seine weitere dichterische Laufbahn gefürchtet, doch als die Truppen endlich nach Kopenhagen zurückkehrten, schrieb er beglückt in sein Tagebuch: »Es ist eine herrliche Zeit, die Herzen der Menschen begegnen sich, die Menschen lieben und schätzen einander.«

Trotz häufiger Depressionen hatte Andersen auch in den Kriegsjahren seine schriftstellerische Arbeit nicht vernachlässigt, aber daß er von Zweifeln an sich selbst geplagt wurde, geht beispielsweise aus einem Brief an Örsteds Tochter Mathilde hervor:

»Das Gefühl, noch nicht so etwas richtig Tüchtiges geleistet zu haben – und die Gewißheit, es nicht zu können –, quält mich oft schrecklich! Viele reden und schreiben über meine Eitelkeit, meine Überschätzung der eigenen Kräfte. Oh, wie wenig wir Menschen einander kennen!«

Außer dem Roman *Die beiden Baroninnen*, den er im Sommer 1848 vollendete, verfaßte er in diesen Jahren einen Prolog für die Hundertjahrfeier des Königlichen Theaters, ein Opernlibretto, die dänische Fassung einer französischen Farce, drei Märchenspiele, mehrere Gedichte (darunter das patriotische Lied *In Dänemark ward ich geboren*), zwei Märchen und den Reisebericht *In Schweden*. Dieser Bericht (dessen englische Fassung, *Pictures of Sweden*, im Mai 1851 kurz vor der dänischen Originalausgabe erschien) zählt neben dem umfangreicheren Werk *Eines Dichters Basar* zu Andersens besten Reisebüchern. In *Das Märchen meines Lebens* bezeichnet er ihn als sein »am sorgfältigsten durchgearbeitetes Buch« und fügt hinzu: »Ich möchte glauben, daß sich darin mehr als bei jedem anderen meiner Bücher, ausgenommen einige kleinere, das Eigentümliche bei mir offenbart: Naturschilderung, Märchenhaftes, Humor und Poesie, soweit diese in Prosa wiedergegeben werden kann.«

Das Buch basiert zwar auf Andersens Schwedenreise im Jahre 1849, ist aber keine Reisebeschreibung im üblichen Sinn, sondern eine Mischung aus Dichtung und Wahrheit, aus Sagengut, Historie und persönlichen Erlebnissen. Streckenweise mutet es wie eine Folge von Märchen und Geschichten an – später wurden einige Kapitel in *Eventyr og Historier* übernommen.

Innerhalb Andersens Gesamtwerk nimmt *In Schweden* insofern eine Sonderstellung ein, als die Person des Autors hier stark in den Hintergrund tritt: Andersen widerstand der Versuchung, den Lesern von seinen zahlreichen Begegnungen mit prominenten Persönlichkeiten (etwa dem schwedischen Königspaar) oder von den Huldigungen zu berichten, die Studenten und andere ihm gebracht hatten. Stattdessen zeichnete er mit der ihm eigenen poetischen Farbgebung Bilder aus dem Nachbarland, zu dem er eine tiefe Zuneigung gefaßt hatte. Kein Däne hat jemals ein besseres Buch über Schweden geschrieben.

Das letzte Kapitel, betitelt »Das Kalifornien der Poesie«, verdient besondere Beachtung. Es ist ein Epilog, dem Andersen selbst große Bedeutung beimaß: Er wies darin auf Themen hin, mit denen sich künftige Dichter befassen sollten. Der rapide wissenschaftliche Fortschritt erschien ihm als Ideen-Fundgrube für die Schriftsteller der Gegenwart und Zukunft. »Unsere Zeit ist die Zeit der Entdeckungen – auch die Poesie hat ihr neues Kalifornien.« Statt der alten romantischen Muse zu folgen, die den Aberglauben und die Verherrlichung der Vergangenheit verkörpere, sollten die Dichter lieber der Jugend, der Verkörperung von Wissenschaft und Erkenntnis, folgen. »Folgt mir zu Leben und Wahrheit!« Er beschreibt einen Wassertropfen aus einer Pfütze, der »eine ganze lebendige Welt« in sich birgt – »voller seltsam geformter Lebewesen, die kämpfen und durcheinanderspringen – eine Welt in einem Wassertropfen« (wie er es auch in seinem Märchen *Der Wassertropfen* schildert). Er sah eine Zeit kommen, in der die Stimme des wissenschaftlichen Fortschritts in aller Welt ertönen würde – ein neues Zeitalter der Wunder:

»Schmale Eisenbänder wurden über die Erde gelegt, und auf ihnen flogen schwerbeladene Wagen auf Flügeln des Dampfes dahin gleich dem Flug einer Schwalbe; Berge mußten sich dem Forschergeist des Zeitalters öffnen; Flachland mußte sich emporheben. Und menschliche Gedanken wurden in Worten durch Metalldrähte in Blitzesschnelle in ferne Städte getragen. ›Leben! Leben!‹ klang es durch die ganze Natur. ›Es ist unsere Zeit! Dichter, du besitzt sie! Singe von ihr im Geiste und in Wahrheit!‹ . . . Ja, im Wissen und in der Wissenschaft liegt das Kalifornien der Poesie. Das Sonnenlicht der Wissenschaft muß den Dichter durchdringen; er muß die Wahrheit und Harmonie im Kleinsten wie im unendlich Großen mit klarem Auge erkennen; es muß sein Verständnis und seine Phantasie läutern und bereichern, ihm neue Formen zeigen, die seine Welt noch lebendiger machen.«

Den Anstoß zu den Ideen, die er in diesem Epilog formulierte, hatte zweifellos H. C. Örsteds Buch *Der Geist in der Natur* (1850) gegeben. Als Andersen es gelesen hatte, schrieb er Örsted, daß er ganz mit den darin dargelegten Gedankengängen übereinstimme. »... ich finde es bei weitem wunderbarer und segensreicher, wenn man mit dem Glauben das Wissen verbindet. Gott kann es wohl ertragen, wenn man ihn mit dem Verstand, den er uns ja selber verliehen hat, betrachtet. Ich möchte nicht mit verbundenen Augen zu Gott gehen, ich muß sie offen haben, sehen und wissen. Und komme ich auch zu keinem anderen Ziel als derjenige, der nur glaubt, so ist mein Denken doch bereichert worden.«

Der Besuch in Schweden war Andersens einzige Auslandsreise während des dreijährigen Krieges gewesen, innerhalb der dänischen Grenzen aber unternahm er in diesen Jahren zahlreiche Reisen. In Odense schrieb er am 9. Juni 1850 in sein Tagebuch: »Gegen zehn Uhr fuhr ich in meiner alten Heimatstadt ein, dankbar gegen Gott, der meinen Weg in der Welt gelenkt hat; ohne ihn säße ich hier als armer Handwerker, verspottet von meinen Genossen. Es ist einunddreißig Jahre her, seit ich diese Stadt verließ – er, der mich in dieser Zeit geleitet hat, wird mich auch künftig nicht verlassen.«

Als er nach Kriegsende wieder größere Reisepläne schmieden konnte, spielte er mit dem Gedanken, nach Weimar zu fahren. Vorsichtshalber fragte er zunächst bei seinem alten Freund Beaulieu-Marconnay an, ob Besuch aus Dänemark in Weimar gegenwärtig willkommen sei. Andernfalls würde er diese Reise lieber noch ein Jahr aufschieben. Darauf schrieb ihm Graf Beaulieu-Marconnay einen arroganten Brief: Falls Andersen den einseitigen Standpunkt vertrete, daß Dänemark völlig im Recht und Holstein völlig im Unrecht gewesen sei, möge er lieber fernbleiben. »Ist dies aber nicht der Fall, dann dürfen Sie sicher sein, daß man Sie nur als einen lieben, braven Poeten und Freund betrachten wird, mit dem man eben nicht über Politik spricht.« Daraufhin formulierte Edvard Collin für Andersen eine sehr scharfe Erwiderung und riet ihm, auf die Ehre zu verzichten, sich als »lieber, braver Poet« unter den Großen von Weimar bewegen zu dürfen. Andersen verwandte diesen Text nicht, sondern antwortete Beaulieu gelassen und würdevoll: »Ich muß gestehen, daß etwas an Ihrem Brief mich überrascht und betrübt hat, ich dachte nicht, daß Sie mir solche Worte schreiben könnten.« Er verzichtete auf den Besuch in Weimar und schrieb an Edvard Collin: »Ich fahre lieber gar nicht nach Deutschland.«

Aber Deutschland war nun einmal das Tor zu Europa. Und so machte sich Andersen Mitte Juli 1851 doch wieder auf die Reise, diesmal in Begleitung von Jonas Collins ältestem Enkel, Viggo Drewsen, der auf dieser Reise sein Gast war. In Deutschland besuchten die beiden vorwiegend Städte, die Andersen bereits kannte. Danach machten sie noch einen Abstecher nach Prag.

Im folgenden Jahr fuhr Andersen wieder nach Deutschland, und diesmal war Weimar sein erstes Reiseziel. Er traf am 19. Mai dort ein und sah tags darauf den Erbgroßherzog zum ersten Mal seit fünf Jahren wieder.

»Um 11.30 ging ich zum Erbgroßherzog, er war bei seiner Mutter, ich wurde in sein Zimmer geführt, wo der Ofen geheizt war. Ich war nervös. Er kam, schloß mich in die Arme und küßte mich liebevoll; wir sprachen über die Kriegsjahre, ich berichtete von der guten Sache Dänemarks.«

An Ingeborg Drewsen schrieb er: »Überall wurde ich als alter Freund willkommen geheißen ... Die Kaiserin von Rußland ist hier gewesen, aber nur zwei Tage. Sie ist sehr leidend, mußte die Treppe hinaufgetragen werden und ist fast blind. Eine Tragödie! Die Arme! Leiden zu müssen und gleichzeitig über das mächtige Rußland zu gebieten, das so groß ist wie die Oberfläche des Mondes.« In diesem Brief findet sich auch folgende Passage:

»Letzten Sonntag war ich beim alten Großherzog zur Tafel geladen; seine Gemahlin, welche die Schwester der Kaiserin von Rußland ist, ist eine kluge und sehr gütige alte Dame; sie begrüßte mich sehr herzlich. ›Viele traurige Tage sind vergangen, seit wir uns das letzte Mal sahen!‹ sagte sie ...

Heute habe ich Liszt besucht, der außerhalb der Stadt wohnt und mit der Fürstin Wittgenstein zusammenlebt; ihre Beziehung ist in einer so kleinen Stadt wie Weimar ein großer Skandal, aber man spricht trotzdem gut über die Fürstin. Sie würden gern heiraten, aber da sie beide katholisch sind und sie ihren Mann verlassen hat, erlaubt es der Papst nicht.«

Am 3. Juni schrieb Andersen, der des öfteren mit Liszt und der Fürstin Sayn-Wittgenstein zusammen war, an Ingeborg Drewsen: »Angeblich um meinetwillen – und ich bin geneigt, es zu glauben – wurden die beiden berühmtesten Opern Wagners,

Tannhäuser und *Lohengrin*, aufgeführt; sie werden sonst nirgends gespielt, und Liszt hat sie hier auf die Bühne gebracht.«

Nach einem Besuch bei Liszt notierte er in sein Tagebuch: »Er und die Fürstin erscheinen mir wie Feuergeister, glühend und lodernd; man kann sich einen Augenblick lang an ihnen wärmen, aber man kann ihnen nicht nahekommen, ohne zu verbrennen.« Als er ihnen ein paar Tage später *Die Nachtigall*, Liszts Lieblingsmärchen, vorlas, legte es die Fürstin so aus, daß mit der Nachtigall Liszt und mit dem Kunstvogel Sigismund Thalberg gemeint sei.

Nach dreiwöchigem Aufenthalt in Weimar fuhr Andersen über Leipzig, wo sich Viggo Drewsen zu ihm gesellte, nach München. Dort wurde ihm, auf den Königshöfe von jeher eine magische Anziehungskraft ausgeübt hatten, die Ehre zuteil, sowohl von König Maximilian II. als auch von dessen Vater, dem zurückgetretenen König Ludwig I., empfangen zu werden. Maximilian lud ihn nach Schloß Berg am Starnberger See ein und unternahm mit ihm eine Bootsfahrt. Über sein Gespräch mit dem Monarchen vermerkte Andersen in seinem Tagebuch:

»Ich saß allein mit dem König auf einer Bank. Er sprach über alles, was Gott mir verliehen hat, über das Los der Menschen, und ich sagte, daß ich nicht König sein möchte, es sei eine so große Verantwortung, und ich wäre nicht imstande, die Aufgabe zu erfüllen; er sagte, Gott müsse uns Kraft verleihen, durch ihn seien wir imstande, nach unseren Fähigkeiten zu handeln.«

Zu den Leuten, die Andersen auf dieser Deutschlandreise *nicht* wiedersehen wollte, zählten vor allem jene, die sich in der Schleswig-Holstein-Frage exponiert hatten. In Frankfurt wollten einige seiner deutschen Freunde ihn dazu bewegen, mit ihnen nach Homburg zu fahren. In seiner Tagebucheintragung vom 14. Juli 1852 hielt er folgendes Gespräch fest:

»›Was soll ich dort?‹ fragte ich. ›Die Herzogin von Augustenburg und die Prinzessinnen haben uns gebeten, Sie hinzubringen, sobald Sie hier eingetroffen seien.‹ – ›Das ist ein Scherz!‹ – ›Nein, allen Ernstes, Sie müssen fahren, man rechnet ganz fest mit Ihnen.‹ – ›Ich kann nicht, es ist unmöglich! Wie kann ich zu den Augustenburgern gehen!‹ – ›Fürchten Sie sich vor Ihren Landsleuten?‹ – ›Daran dachte ich nicht. Ich kann nur sagen, daß es meinen Gefühlen zuwider ist. Selbst sie auf der Straße zu treffen, wäre schmerzlich für mich – ich kann es nicht. Früher einmal waren sie lieb und gut zu mir, aber eine unglückliche Zeit liegt dazwischen; sie haben Unglück über mein Vaterland gebracht. Ich richte nicht über sie, aber ich könnte es nicht ertragen, sie zu treffen.‹«

Am nächsten Tag stellten seine Freunde das Ganze als einen Scherz hin, aber Andersen wußte genau, daß es keiner gewesen war.

Im Sommer 1853 wurde Kopenhagen von einer schweren Choleraepidemie heimgesucht, die in weniger als drei Monaten fast fünftausend Opfer forderte. Andersen blieb der Hauptstadt den ganzen Sommer über fern und machte sich große Sorgen um seine dort verbliebenen Freunde.

1849 war eine Ausgabe seiner sämtlichen Märchen erschienen (deren Zahl sich damals auf fünfundvierzig belief), illustriert von dem jungen dänischen Künstler Vilhelm Pedersen, dessen Zeichnungen seither die Kinder in aller Welt entzückt haben und der heute als der beste aller dänischen Andersen-Illustratoren gilt. 1853 wurde in Dänemark mit der Publikation der *Gesammelten Schriften* in zweiundzwanzig Bänden begonnen. Dies bewog Andersen, seine Memoiren zu überarbeiten und zu ergänzen. In den folgenden zwei Jahren widmete er sich der Arbeit an dieser Autobiographie, die sich weitgehend auf *Das Märchen meines Lebens ohne Dichtung* gründete und dann unter dem Titel *Mit Livs Eventyr* (*Das Märchen meines Lebens*) erschien.

In den Jahren 1854 bis 1858 hielt sich Andersen jährlich zwei bis drei Monate im Ausland, vornehmlich in Deutschland auf. Als er 1854 Weimar besuchte (wo er sich auch in den folgenden drei Jahren stets wieder einfand), hatte Carl Alexander die Nachfolge seines verstorbenen Vaters angetreten. Am 30. Juni 1854 schrieb Andersen in sein Tagebuch: »Der Herzog wollte, daß ich die Herzogin von Augustenburg in Gotha besuche, ich sagte, es wäre kein Vergnügen für sie und ich wüßte, daß es für mich auch keines wäre. Er meinte, man sollte nicht nachtragend sein und Damen ständen über der Politik. Mir behagte dieses Gespräch nicht, aber er meinte es gut.« Im Jahre 1855 traf er den Großherzog in Wildbad, und 1856 besuchte er ihn auf Schloß Ettersburg, wo er folgende Tagebucheintragung machte:

»Sah zuerst die kleinen Prinzessinnen. ›Ich kenne Sie auch!‹ sagte die kleinste und machte einen Knicks. Die Großherzogin hieß mich sehr freundlich willkommen. Die Herzoginwitwe war da und sah, wie mich der Großherzog in die Arme schloß und auf beide Wangen küßte. Mir kamen die Tränen. Ich dachte, daß ich, der Sohn des armen Schuhmachers und der Waschfrau, jetzt vom Enkel des Kaisers von Rußland geküßt wurde und daß die Gegensätze sich anziehen.«

1857, nach seinem Besuch bei Dickens, weilte Andersen zum letzten Mal in Weimar. Der Großherzog hatte ihn zu den Feierlichkeiten anläßlich des hundertsten Geburtstages seines Großvaters Carl August eingeladen, die am 3. September stattfinden und mit der Enthüllung der Denkmäler Goethes, Schillers und Wielands ihren Höhepunkt finden sollten. Andersen, der zunächst höflich abgesagt, dann aber dem Drängen Carl Alexanders nachgegeben hatte, traf am 1. September in Weimar ein. Beim Festbankett am 3. September saß er an der herzoglichen Tafel. »Es war ein großer Augenblick«, vermerkte er in seinem Tagebuch, »als die beiden Dichter Goethe und Schiller enthüllt wurden; Schiller sieht mir ähnlich.« Zwei Tage später fand im Hoftheater ein Festkonzert statt, bei dem vorwiegend Kompositionen von Liszt gespielt wurden. Über seinen Eindruck von dieser Musik notierte Andersen: »Sie war wild, unmelodisch und unverständlich, mit Beckenschlägen dazwischen; als ich den ersten hörte, dachte ich, ein Teller sei heruntergefallen; es war teuflische Musik.« Am 6. September verließ er Weimar. »Ging zum Großherzog, er bat und befahl, ich sollte ihm jeden Monat schreiben. Lud mich ein, heute mit ihm zur Wartburg zu fahren, aber ich nahm die Einladung nicht an.«

Andersen sah den Großherzog nie wieder. Als er sich 1858 in Deutschland aufhielt, lehnte er eine Zusammenkunft mit ihm ab: Die politische Lage hatte sich im Sommer dieses Jahres so zugespitzt, daß er sich vornahm, nie wieder einen deutschen Fürsten zu besuchen. Eine Zeitlang korrespondierten sie noch in größeren Abständen miteinander, dann aber wechselten sie auf Grund des gespannten Verhältnisses, das vor und nach dem Krieg von 1864 zwischen Dänemark und Deutschland bestand, siebzehn Jahre lang keine Briefe mehr.

Die Auslandsreise, die Andersen im Sommer 1854 in Begleitung von Viggo Drewsens jüngerem Bruder Einar unternahm, führte ihn von Deutschland nach Prag, dann nach Wien, Triest, Venedig und Verona. Auf dieser Reise sah er Jenny Lind-Goldschmidt wieder: Er besuchte ein Wohltätigkeitskonzert, das sie in Wien gab, und war tags darauf gemeinsam mit Einar Drewsen bei ihr zum Essen eingeladen. Sie hatte einen Sohn, der ihr, wie Andersen vermerkte, »etwas ähnlich sah und Goldschmidts braune Augen hatte«.

In Bayern wurde er wieder von König Max empfangen. Folgende Schilderung gab er in einem Brief an Ingemann:

»Ein Hofwagen holte mich ab, ich wohnte auf Hohenschwangau, bekam an der Tafel meinen Platz neben König und Königin, und mit dem König fuhr ich mehrere Stunden weit ins österreichische Tirol hinein; da gab es kein Fragen nach dem Paß, was mir so lästig ist; es war wunderschön, und der König, der *Das Märchen meines Lebens* gelesen hatte, sprach viel von meiner Kindheit, von meiner Entwicklung und den verschiedenen Menschen, mit denen ich zusammen gewesen war. Er war so teilnehmend, und es kam mir selber wie ein Kapitel in einem Märchen vor, daß ich, der Sohn des armen Schuhmachers, dort an eines Königs Seite über die Berge flog.«

Über seine nächste Begegnung mit König Maximilian, die im August 1855 in Nürnberg stattfand, berichtete er Henriette Wulff:

»Ich wollte gerade abreisen, da hörte ich, daß König Max und die Königin in der Stadt weilten und droben auf der Burg wohnten; ich schob daher meine Reise auf, und sobald die Majestäten hörten, daß ich hier sei, wurde ich zur königlichen Tafel geladen und aufs Herzlichste und Schönste empfangen. Wir speisten in dem großen Bankettsaal mit seiner herrlich geschnitzten Holztäfelung, den mittelalterlichen Mauern und Fenstern, und dort unten lag die alte Stadt im Sonnenschein.«

Wie er mit offensichtlicher Genugtuung in seinem Tagebuch vermerkte, saß er an der königlichen Tafel neben dem Monarchen und wurde mit »Königl. dänischer Hofrat« angeredet.

Aus Wildbad, wo er sich vier Tage aufhielt, schrieb er an Jonas Collin: »Zu meinem großen Ärger ist der Prinz von Nör hier; heute sah ich ihn von hinten. Hoffentlich begegnen wir uns nicht!« Es blieb ihm erspart.

In Zürich lernte er Richard Wagner kennen, der sich dort im Exil befand. In seinem Tagebuch finden sich nur zwei Sätze über diese Begegnung: »Besuchte Wagner, den Komponisten, der mich sehr freundlich empfing. Ich blieb eine halbe Stunde.«

In Wildbad hatte Andersen auch Edvard und Henriette Collin getroffen, die dort zur Kur weilten. Im Lauf der Jahre war die Beziehung zwischen den beiden Männern unkomplizierter geworden, zum einen, weil Andersen gegenüber seinem alten Freund nicht mehr so anspruchsvoll und emotionsgeladen war, zum andern, weil Edvard sich nicht mehr so anmaßend und taktlos benahm. »Lieber Himmel, wie verschieden wir sind, und doch kommen wir sehr gut miteinander aus«, hatte Edvard im Juni 1851 an Andersen geschrieben, und wenige Tage später schrieb ihm Jonas Collin: »Ich war wirklich höchst erfreut, lieber Andersen, von Ingeborg und Edvard zu hören, daß Sie in letzter Zeit einen herzlichen Briefwechsel mit ihm geführt haben. Ich kann Ihnen gar nicht beschreiben, wie glücklich ich war, als mir zuerst Edvard sagte: ›Ich habe einen so netten Brief von Andersen bekommen‹, und gleich darauf Ingeborg sagte: ›Andersen schreibt, daß er einen so netten Brief von Edvard bekam.‹ Ich kann nur immer wieder sagen: ›Wie schön! Jetzt kann ich für beide Partei ergreifen!‹«

Mittlerweile hatte Henriette Collin einen beträchtlichen Teil des privaten Briefwechsels mit Andersen übernommen, während Edvard sich sehr gewissenhaft um dessen geschäftliche Angelegenheiten kümmerte, Verträge aushandelte und andere Dinge – etwa die Erneuerung seines Lotterieloses – für ihn erledigte.

Henriette blieb länger in Wildbad als ihr Mann, und dieser zitierte in einem Brief an Andersen, was sie ihm nach Kopenhagen berichtet hatte: »Andersen ist natürlich unser Hauptgesprächsthema, und ich habe es ihm zu verdanken, daß man mir hier so viel Freundlichkeit erweist. Bitte sage ihm das, und auch, daß ich jedes respektlose Wort bedaure, das ich jemals über ihn gesagt habe. Er ist wirklich schrecklich berühmt!« Dergleichen von der Familie Collins zu hören, war für Andersen wahrlich ein Geschenk des Himmels.

In seinen Briefen an Henriette Collin zeigte er sich oft von seiner humorvollen Seite, mitunter machte er sich sogar über sich selbst lustig. Im Juni 1856 schrieb er ihr aus Deutschland, er sei von einem Hund gebissen worden, dessen Zähne zwar nicht durch die Haut gedrungen seien – »aber Sie können sich wohl vorstellen, daß ich noch immer etwas Angst habe und darauf warte, ›tollwütig‹ zu werden«. Dann berichtete er, daß er auf einer Geflügelausstellung in Dresden zufällig dem sächsischen König und seiner Gemahlin begegnet sei, die ihn sofort erkannt und mit ihm gesprochen hätten. »Die Leute sahen mich an, sie dachten gewiß, ich sei ein fremder Prinz! Als ich ging, zogen alle Lakaien tief den Hut. Und dann wagt es ein Hund, mich zu beißen, und noch dazu hinten!«

Über die unangenehmen Seiten des Berühmtseins berichtete er in einem anderen Brief:

»Hier in Maxen [bei Dresden] sind so viele Schriftstellerinnen, und eine davon, übrigens ausgezeichnet, hat die Angewohnheit, mich mit Küssen zu überfallen, wenn ich etwas vorgelesen habe, das sie rührt – aber sie ist alt, fett und heiß! – Neulich wurde ich bei Tisch so plötzlich und gutgemeint umarmt, beim Weggehen flüsterte eine andere Dichterin mir zu: ›Werden Sie oft so belohnt wie heute abend, dann beneide ich Sie nicht!‹ Wenn ich nur wüßte, wann die Anfälle kommen, dann könnte ich beidrehen, aber ich bin unvorbereitet!!!«

Am 15. Mai 1857 brachte Richard Bentley die englische Ausgabe von Andersens fünftem Roman, *Sein oder Nichtsein*, heraus, fünf Tage bevor das Buch in Dänemark erschien. Es ist eine mißglückte Mischung aus (handlungsarmem) Roman, philosophischer Abhandlung und religiösem Traktat. Beeinflußt von »modernen Materialisten« wie David Friedrich Strauß und Ludwig Feuerbach, verliert Niels Bryde, der Pappmaché-Held des Romans, seinen christlichen Glauben, findet aber schließlich zu ihm zurück: Nun glaubt er fest an die Unsterblichkeit der Seele – ohne seinem naturwissenschaftlichen Forschungsdrang abzusagen. »Gleich einem neuen Aladdin war er in die Höhle der Wissenschaft hinabgestiegen, um unter ihren wunderbaren Früchten die Lampe des Lebens zu finden, und er fand – seiner Mutter Bibel, nicht leibhaftig, sondern ihre göttliche Seele.«

Trotz seines undogmatischen Glaubens bekannte sich Andersen rückhaltlos zum Dogma von der Unsterblichkeit der Seele. In

Märchen wie *Die kleine Meerjungfrau*, *Die Schneekönigin* und *Eine Geschichte aus den Dünen* brachte er diese Überzeugung auf bezwingende Weise zum Ausdruck, in *Sein oder Nichtsein* dagegen bleibt sie ein hohles Postulat.

Der Leser kann freilich auch in diesem Roman manches Interessante und Amüsante entdecken. Er wird zum Beispiel nicht im Zweifel darüber gelassen, daß Andersen für Grundtvigs »Edda-Christentum« ebenso wenig übrig hatte wie für Kierkegaards »einer Tropfsteinhöhle entspringenden Humor und Scharfsinn«, wie es die Romanheldin ausdrückt, die es auch satt hat, bei der Lektüre Kierkegaards »über das Pflaster der Sprache bis zum Tempel des Gedankens zu klettern; der Weg war ihr zu weit, und das Grün, das sie fand, war nicht frisch gesprossen«.

Keine der Romanfiguren kann als Selbstporträt Andersens bezeichnet werden, obzwar auch dieses Buch autobiographische Elemente aufweist. Um ein Beispiel zu nennen: Der Protagonist Niels Bryde hatte als Knabe »eine angeborene Angst vor Hunden, es machte ihm großen Kummer, daß diese Geschöpfe existierten; wenn ein Hund nur an ihm schnupperte, fuhr ihm der Schreck durch alle Glieder«.

Bevor er im Juni 1858 erneut nach Deutschland reiste, nahm Andersen Abschied von einer seiner ältesten und treusten Freundinnen: Henriette Wulff wollte nach Amerika auswandern. Sie war schon früher mit ihrem Bruder Christian in Dänisch-Westindien und den Vereinigten Staaten gewesen (1856 war Christian Wulff in South Carolina gestorben) und hatte des öfteren versucht, Andersen zu einem Besuch in der Neuen Welt zu bewegen, von der sie begeistert war und wo sie gute Freunde hatte. Nach seiner Abreise aus Kopenhagen schrieb er ihr aus Sorö:

»Mir war schwer ums Herz, gewiß viel schwerer als Sie wußten, als ich Ihnen Lebewohl sagte, obgleich ich fest überzeugt bin, daß wir uns in dieser Welt noch mehr als einmal treffen werden. Dank für die Treue, die Sie mir erwiesen, obwohl wir, wie Sie, sicher zu Recht, sagen, in vieler Hinsicht so verschieden sind. Dank dafür, daß Sie, bei all meiner Empfindlichkeit, so nachsichtig mit mir waren.«

Andersens Freundschaft mit Henriette Wulff hatte begonnen, als er noch zur Schule ging und bei ihren Eltern Gastfreundschaft genoß. Sie und Henriette Hanck (die 1846 starb) waren die einzigen »Schwestern«, auf deren Freundschaft er immer bauen konnte. Die Briefe Henriette Wulffs zeigen, wie herzlich sie sich dem Menschen Andersen verbunden fühlte und wie sehr sie den Dichter Andersen bewunderte; und sie zeigen, was für eine starke Persönlichkeit das kleine, bucklige Fräulein Wulff war. Ihre Bewunderung für Andersen hinderte sie keineswegs daran, ihm, wenn nötig, deutlich die Meinung zu sagen. [21]

Um nur ein Beispiel zu nennen: Vor der Veröffentlichung von *Das Märchen meines Lebens* (1855) sandte Andersen die Korrekturabzüge sofort an Henriette Wulff, an deren Lob ihm viel gelegen war. Sie äußerte sich im großen und ganzen positiv, machte aber kein Hehl daraus, daß ihr etwas sehr mißfiel – »ein Punkt, in dem Sie und ich so verschieden wie nur möglich sind. Sie sind, unbegreiflicherweise, ein Royalist und Aristokrat, ich dagegen bin eine ausgesprochen demokratische und egalitäre Natur, kann also beim besten Willen Ihre und verschiedener anderer Leute Gefühle in diesen Dingen nicht begreifen . . . Ich sehe darin eine völlige Verleugnung der eigenen Person, der Gaben, die Gott uns so gnädig verliehen hat, eine so unbegreifliche Selbsterniedrigung, daß es mich wundert, daß jemand wie Sie, Andersen – wenn Sie wirklich erkennen, daß Gott Ihnen besondere Geistesgaben verliehen hat –, daß SIE sich *glücklich* und *geehrt* fühlen, an der Tafel des Königs von Preußen oder anderer hochgestellter Personen zu sitzen, oder einen Orden zu bekommen, wie ihn auch die größten Halunken tragen, von einem ganzen Schwarm höchst unbedeutender Personen ganz zu schweigen. Stellen Sie wirklich einen Titel, Geld, blaues Blut, Erfolg in rein äußerlichen Dingen *über* Genialität – Geist – die Gaben der Seele?«

Diese sehr berechtigte Frage ließ Andersen unbeantwortet. Während seiner Deutschlandreise im Jahre 1855 schrieb ihm Henriette Wulff: »Wo sind Sie jetzt, lieber Andersen? Vermutlich bei König Max, den Sie ja lieben und verehren; obzwar ich kein Freund von Königen bin, wäre ich hocherfreut, zu wissen, daß Sie bei einem sind, den Sie lieben und der (*entre nous*) auch nach meiner Überzeugung einen edlen Charakter haben muß – da Sie ihm zugetan sind; Sie wissen, daß mein Vertrauen in Sie fast grenzenlos ist.«

Am 12. Juni 1858 verließ sie Dänemark, um sich – nach einem

kurzen Aufenthalt in Deutschland – in Hamburg nach New York einzuschiffen. Kurz vorher hatte sie Andersen nach Deutschland geschrieben:

»Mein lieber, guter Andersen! Ich bin Ihnen sehr zugetan und habe Sie immer dann sehr gern, wenn ich an Sie denke, wie Sie *wirklich* und *wahrhaftig* sind – und daß ich das sehr oft tue, brauche ich Ihnen nicht zu sagen; wie oft habe ich das getan – aber ich werde darüber nicht schweigen – so lange nicht, bis ich für immer schweigen muß.«

In ihrem letzten Brief, zehn Tage vor der Einschiffung, schrieb sie ihm: »Bitte vergessen Sie mich nicht ganz! Ich werde in unverändert schwesterlichem Geiste an Sie denken, dem ich so viele Jahre herzlich zugetan war. Gott segne und behüte Sie!«

Am 1. September trat sie an Bord des Dampfers *Austria* die Reise nach Amerika an. Am 13. September, wenige Tage bevor das Schiff in New York eintreffen sollte, geriet es in Brand und sank. Von den fünfhundertsechzig Passagieren und Besatzungsmitgliedern wurden nur neunzig gerettet. Henriette Wulff zählte nicht zu den Überlebenden.

Andersen erfuhr erst am 7. Oktober von der Schiffskatastrophe. Da der Presse zu diesem Zeitpunkt noch nicht alle Namen der Überlebenden bekannt waren, gab er die Hoffnung nicht auf, daß Henriette vielleicht doch gerettet worden sei. In diesen schweren Tagen schrieb er an Ingemann:

»Fräulein Henriette Wulff, die Tochter von Admiral Wulff, war an Bord. Sie wissen, daß ich sie seit meiner frühesten Jugend gekannt habe und im Hause ihrer Eltern verkehrte; ich hatte bis zu den letzten Tagen eine treue, schwesterliche Freundin an ihr. Sie haben sie gesehen, den kleinen, verkrüppelten Körper, der einen großen, starken Geist umschloß. Als sie das vorige Mal in Amerika war, starb der Bruder dort am gelben Fieber; verlassen und einsam mußte sie die Heimreise antreten. Hier ging es ihr auch nicht sonderlich gut; ihr stand der Sinn nach der Neuen Welt, wo ihr Bruder sein Grab und sie viele Freunde hat.«

Am 18. Oktober erfuhr er, daß sie die Katastrophe nicht überlebt hatte. Von Jonas Collin erhielt er am Abend dieses Tages folgenden Brief:

»Mein lieber Andersen! Diesen Augenblick war Ingeborg hier,

um mir zu sagen, daß Sie sich soeben ganz gebrochen von ihr verabschiedet haben, nachdem sie kurz vorher die Bestätigung erhielten, daß Ihre Angst um das Schicksal der unglücklichen Henriette Wulff begründet war. Ich bin erschüttert über das Los der *Austria* und die damit verbundenen entsetzlichen Szenen, die viele Familien und Freunde schwer betroffen haben, so auch Sie, der Sie auf solch traurige Weise eine liebe, treue Freundin aus Ihrer frühen Jugend verlieren mußten. Seien Sie versichert, daß ich Ihre Trauer von Herzen teile.«

Wie erschüttert Andersen über die Katastrophe war, zeigt ein Brief an Frau Lässöe:

»Tag für Tag hat diese grauenhafte Vision meine Phantasie erregt; es machte mir Angst, wie lebhaft alles vor meinem fiebrigen Geiste erschien; mehrere Wochen konnte ich nicht arbeiten ... Sie [Henriette Wulff] war einer der wenigen Menschen, die mich wahrhaft geliebt haben; sie hat mich geschätzt und überschätzt. Sie hatte den ganzen Reichtum ihres Gefühls zu geben, und sie gab ihn, das habe ich ihr nicht genug vergolten und darum mache ich mir jetzt Vorwürfe.«

In späteren Jahren wurde Andersen häufig eingeladen, die Vereinigten Staaten zu besuchen, aber der Gedanke an die Schiffskatastrophe, der Henriette Wulff zum Opfer gefallen war, hielt ihn davon ab, den Atlantik zu überqueren.

Im Sommer 1859 reiste er nicht ins Ausland, sondern hielt sich drei Monate lang in Jütland auf. Er besuchte entlegenere Landstriche, die er noch nicht kannte, zum Beispiel die Westküste und Skagen im äußersten Norden Dänemarks. Nach Kopenhagen zurückgekehrt, verfaßte er eine Reisebeschreibung, *Skagen*, und ein Märchen, zu dem ihn die jütische Landschaft angeregt hatte: *Eine Geschichte von den Dünen*. In einem Brief an König Max von Bayern berichtete er darüber:

»Die ganze Schilderung ist das Ergebnis eines Besuches, den ich letzten Sommer im interessantesten und merkwürdigsten Teil meines Landes machte: Westjütland bis hinauf nach Skagen. Hier ist die Landschaft sehr ungewöhnlich; von den herrlichen Buchenwäldern im östlichen Teil, wo noch immer Adler und Schwarzstorch nisten, gelangt man in ein ausgedehntes, von Heidekraut bedecktes und von unzähligen uralten Hünengräbern übersätes Heidegebiet. Die Fata Morgana der Wüste entfaltet hier ihre Luftbilder; die Westküste hat grüne Wiesen und riesige Dünen, die mit ihren gezackten Gipfeln wie eine Alpenkette emporragen, ein Bollwerk gegen die brandende See. Dort verbrachte ich den Sommer, nachdem ich auch den nördlichsten Punkt des Landes besucht hatte, wo die Nordsee und das Kattegat gegeneinander branden und wo, wie im Märchen vom verzauberten Wald, die mit Treibsand bedeckte und von Hagedorn und Heckenrosen überwucherte Kirche einen merkwürdigen Anblick bietet, da nur der Turm über die Dünen ragt. Die Stadt selbst hat weder Straßen noch Gassen, alle Häuser stehen verstreut zwischen den Sandwogen, und von einem Stück Strandgut zum andern sind Seile gespannt, die den Weg weisen.«

Der eigentliche Anlaß zu diesem Brief war die kurz vorher erfolgte Verleihung des Bayerischen Maximiliansordens für Kunst und Wissenschaft an Hans Christian Andersen. Er wurde jetzt allenthalben mit königlichen Gunstbezeugungen überhäuft, und zwar nicht nur im Ausland: Zu Hause in Dänemark war ihm bereits 1851 der Professorentitel verliehen worden, und 1858 wurde er mit einem zweiten dänischen Orden ausgezeichnet.

Seit den späten fünfziger Jahren war Andersen regelmäßig auf den im Süden Seelands gelegenen Herrensitzen Basnæs und Holsteinborg zu Gast, wo er in aller Ruhe arbeiten konnte. Im Februar 1858 schrieb er an Frau Scavenius, die Eigentümerin von Basnæs:

»Der Grund, warum ich Ihnen so lange nicht schrieb, ja aufgehört habe, Briefe an meine lieben Freunde im Ausland zu schreiben, ist der, daß ich seit meiner Rückkehr aus Basnæs so produktiv gewesen bin wie seit langem nicht mehr; ich habe jetzt nicht weniger als sieben neue Märchen zu Papier gebracht, so daß schon seit einiger Zeit ein Band beim Drucker ist.«

Es waren tatsächlich produktive Jahre: 1858/59 wurde ein in vier Lieferungen erscheinender Band mit zwanzig neuen Märchen veröffentlicht; sein Titel lautete: *Nye Eventyr og Historier (Neue Märchen und Geschichten)*.

Im folgenden Jahr hielt sich Andersen von Ende Mai bis November im Ausland auf, also länger als je zuvor. Zu den Höhepunkten seines Deutschlandbesuches zählte ein Ausflug nach Oberammergau, wo er Anfang Juli die Passionsspiele besuchte. (Später schilderte er ausführlich seine Eindrücke.) Außerdem verbrachte er längere Zeit in der Schweiz, vornehmlich in Brunnen, Le Locle (wo er seit 1833 nicht mehr gewesen war) und in Genf.

Im Juni wurde er in München von Bayerns Königin Marie empfangen, und im Oktober von König Max, der ihm sagte, wie sehr er seine Märchen liebe. Am 2. November, als Andersen gerade aus Leipzig abreisen wollte, erhielt er eine Einladung König Johanns von Sachsen, am folgenden Abend im Schloß einige seiner Märchen zum besten zu geben. Andersen verschob die Abreise, las den Majestäten und anderen Mitgliedern der königlichen Familie vier Märchen vor und erhielt zum Dank einen Brillantring. Seine Freude darüber wurde allerdings etwas gedämpft, als er später von Ingemann zu hören bekam, dies sei vielleicht ein angemessenes Geschenk für einen Musikvirtuosen; einen Mann wie ihn hätte man zum mindesten mit einem Orden auszeichnen müssen.

Auf der Rückreise nach Kopenhagen stattete er seiner Heimatstadt Odense einen kurzen Besuch ab und stellte fest, daß sie sich sehr verändert hatte. »Ja, es ist eine ganz nette Stadt geworden«, schrieb er an Henriette Collin, »sauber und glatt, aber unendlich langweilig. All die alten Häuser waren niedergerissen, und geleckte, viereckige Kästen an ihrer Stelle errichtet. Das Haus, in dem ich meine Kindheit verbrachte, hatte ein Stockwerk aufgesetzt bekommen und große Fenster; wo die kleine Stube meiner Eltern gelegen hatte, war jetzt ein langer Gang. Keinen Menschen kannte ich ... Mir war wehmütig zumute, ich war ein Fremder in meiner Heimat.«

In Kopenhagen wurde er im Dezember 1860 von Prinz Christian (dem späteren König Christian IX.) eingeladen, einen Abend mit ihm und seinen Kindern zu verbringen. Auch in seinem Vaterland galt Andersen jetzt als der berühmteste Däne seiner Zeit.

11
An der Schwelle des Alters

1861-1869

Andersen hatte Bedenken gehabt, nach Italien zu reisen, solange der Freiheitskampf dort noch im Gange war. Er bewunderte Garibaldi, allerdings lieber aus sicherer Entfernung. Aber im April 1861 brach er dann doch nach Italien auf. In Florenz nahm er an den Feiern anläßlich des ersten Jahrestages der italienischen Einheit teil, und in Genua erfuhr er vom Tode Cavours. Das eigentliche Ziel seiner Reise war jedoch Rom, das damals noch nicht zum vereinten Italien gehörte.

Als Reisebegleiter hatte er diesmal Edvard Collins einundzwanzigjährigen Sohn Jonas eingeladen. Edvard, der nur zu gut wußte, daß Jonas kein Muster an Umgänglichkeit war, schrieb an Andersen: »Ich betrachte es in mehr als einer Hinsicht als ein Opfer Ihrerseits, einen so jungen Reisebegleiter mitzunehmen.« Tatsächlich kam es dann auch zu einigen Mißhelligkeiten, teils weil Jonas sich von Andersen wie ein Vierzehnjähriger behandelt fühlte, teils weil er ein eigensinniger junger Mann war, der selbst zugab, daß er leicht in Wut geriet. Im Mai schrieb sein Vater an Andersen: »Ich hoffe nach wie vor, daß Sie es nicht bereuen werden. Sie können sicher sein, daß Jonas Ihnen dankbar ist, auch wenn er das vielleicht nicht so sehr in Worten ausdrücken kann; das ist wohl kaum seine Art, wie es gewiß auch nicht die meine ist.«

Im Hinblick auf Andersens und Edvards alte Meinungsverschiedenheiten bezüglich der Duzbrüderschaft mutet die Tagebucheintragung, die Andersen am 20. August 1861 – kurz vor der Rückkehr nach Dänemark – machte, geradezu rührend an:

»Am Abend führte ich aus, was ich schon die ganze Zeit vorgehabt hatte: Ich schlug ihm [Jonas] vor, ›du‹ zu mir zu sagen; er war überrascht, sagte aber mit fester Stimme ›ja!‹ und dankte mir. Später, als ich zu Bett gegangen war, kam er vor dem Niederlegen zu mir herein, nahm meine Hand und sagte noch einmal ein tiefempfundenes ›Danke!‹, so daß mir die Tränen in die Augen traten; er drückte mir einen Kuß auf die Stirn, ich fühlte mich sehr glücklich.«

Fünf Tage später schrieb er an Edvard: »Ich glaube, Jonas hat mich jetzt wirklich gern, und ich habe ihn liebgewonnen wie einen Sohn, wenn nicht wie einen Bruder.«

In Rom lernte Andersen den norwegischen Dichter Björnstjerne Björnson kennen, den er sehr sympathisch fand, obwohl Björnson ihm und Jonas am Tag ihrer Ankunft einen Streich gespielt hatte:

»Björnstjerne Björnson kam sogleich zu uns herüber und war äußerst liebenswürdig. ›Haben Sie Onkel Peppo gesehen?‹ fragte er. ›Er ist sehr böse auf Sie, er hat von den Engländern und Deutschen gehört, daß Sie ein Buch geschrieben hätten, in dem er erwähnt werde, und daß die Leute sagen, er sei ein schlechter Mensch; das bringt ihn um viele *bajocchi*.‹ Ich war sehr betroffen: ein Unbekannter, der mich nicht versteht, aber mich trotzdem haßt, will mir etwas antun! Ich werde umgebracht, war mein Gedanke; ich war äußerst beunruhigt, mein Aufenthalt hier eine Qual, ich würde am liebsten sofort abreisen.«

Tags darauf notierte er: »Schlecht geschlafen, in Angstschweiß. Björnstjerne kam, bedauerte, was er gesagt hatte, sagte, es sei natürlich nichts Wahres daran.« Aber Andersen glaubte nicht, daß es nur ein Scherz gewesen war. Vermutlich reiste er nur um Jonas' willen nicht schleunigst aus Rom ab.

Daß er Björnson später in einem Brief seiner herzlichen Freundschaft versicherte, geht aus dessen Antwort hervor:

»Daß ich SIE gern habe, der so charaktervoll ist, so viel hinter sich hat, aus dessen Worten und Gebaren eine so herrliche Liebe spricht, und der – verzeihen Sie bitte! – so viele Schwächen hat, die man in Kauf und auf die man stets liebevoll Rücksicht nehmen muß – nun, das kann ich verstehen. Aber daß Sie mich so gern haben, der für Sie zu hart, zu aufbrausend und entweder zu reizbar oder zu unbesonnen ist und der ohnehin in Ihrer Gesellschaft nicht viel geben kann, weder vom Gefühl noch vom Verstand her, weil ich überboten werde, oft auch (verzeihen Sie mir noch einmal!), weil Sie die ganze Zeit reden – nun, das kann ich nicht ganz verstehen . . .

Jedesmal wenn ich Ihren Brief lese, muß ich lachen, weil es Ihnen anscheinend überall zu zugig ist und Sie im Gedränge

Hans Christian Örsted, der Entdecker des Elektromagnetismus.

CHARLES
Grand-duc de Saxe-Weimar-Eisenach.

Links oben Carl Alexander, Erbgroßherzog und ab 1853 Großherzog von Sachsen Weimar.

Links unten das Weimarer Schloß, wo Andersen in den Jahren 1844–47 oft und gern zu Gast war.

Oben die schwedische Gräfin Mathilda von Barck.

Links oben: Andersen als Dandy auf dem Weg zum Herzog von Augustenburg. Karikatur von Carl Hartmann, 1845.

Links unten: Andersen liest dem Herzog von Augustenburg und dessen Familie aus seinen Werken vor. Zeichnung von Carl Hartmann, 1845.

Oben: Andersen kommt vom Friseur. Karikatur von Fritz Jürgensen, 1838.

H. Olrik
1859

Links: Andersen-Porträt von H. Olrik, 1859.

Oben: Andersen in seiner Wohnung am Kopenhagener Nyhavn, Mai 1874, ein Jahr vor seinem Tod (Photographie).

Photographie Andersens. Auf der Rückseite des Abzugs, den Edmund W. Gosse von Andersen erhielt, steht die Widmung: »Min unge Ven Hr Gosse et glædeligt Nytaar! hjerteligst H. C. Andersen, Nytaarsaften 1872« (»Meinem jungen Freund Herrn Gosse ein glückliches Neues Jahr! herzlichst H. C. Andersen. Neujahr 1872«). Das Original befindet sich im Besitz des Verfassers.

Der englische Literturkritiker Edmund W. Gosse. Die Photographie wurde im Mai 1874 während seines Aufenthaltes in Kopenhagen gemacht.

Links oben Andersen beim Vorlesen aus seinen Werken im Kreise junger Damen auf dem Landsitz Frijsenborg, 1865.

Links unten der dänische Literaturwissenschaftler und -kritiker Georg Brandes (um 1869).

Oben: Andersens »Heim der Heime«: das Haus in der Kopenhagener Amaliegade, das Jonas Collin 1838 bezog (es steht noch).

Oben: Henriette Wulff, Andersens schwesterliche Freundin, gemalt von Adam Müller.

Rechts eine Photographie Andersens, die 1860 in München aufgenommen wurde.

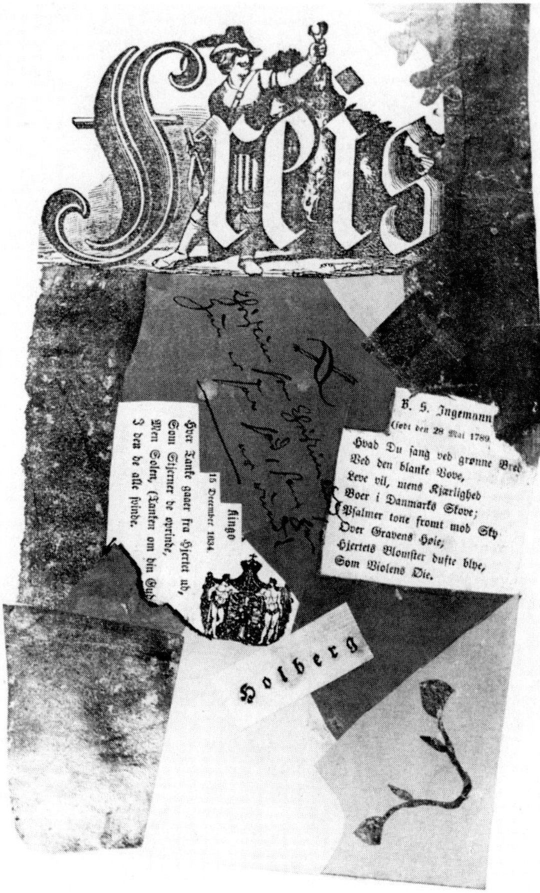

Links das Großbritannien gewidmete Paneel des großen Wandschirms, den Andersen wenige Jahre vor seinem Tod dekorierte.

Oben eine Collage – »rund 70 Jahre vor dem Kubismus entstanden« (Kjeld Heltoft) –, die Andersen für eine Tochter von Louise Lind, geb. Collin, anfertigte. Er erwies damit drei dänischen Autoren (Thomas Kingo, Ludvig Holberg, und B. S. Ingemann) seine Reverenz – aber auch einer gemeinsamen Freundin: *Christine aus Christinelund, sie ist genauso lieb wie rund.*

Das Andersen Denkmal von August Saabye, Kongens Have, Kopenhagen.

gestoßen werden. Weiß Gott, ob Sie sich nicht vielleicht, wenn Sie dereinst in den Himmel kommen, umdrehen und Petrus bitten werden, das Tor zu schließen, damit es nicht zieht – falls Sie nicht lieber gleich am Tor umkehren, weil Sie im Gedränge gestoßen werden. Nun gut – wie ich gerade gestern einem Freund geschrieben habe: Es gibt in Dänemark niemand, über den man so viele Witze erzählen kann wie über H. C. Andersen, aber es hat auch seit Holberg keinen Dänen gegeben, der so viele Witze über sich selbst erzählt hat.«

Im Hause des dänischen Konsuls lernte Andersen den amerikanischen Bildhauer William Whetmore Story kennen. Er und seine Frau lebten seit 1848 in Rom und waren eng mit Robert Browning und Elizabeth Barrett Browning befreundet, die Andersen ebenfalls bald kennenlernen sollte.

Henry James berichtet in seinem 1903 erschienenen Buch über *William Whetmore Story and His Friends* von einer »liebenswürdigen Legende von zwei freundlichen, berühmten Besuchern« im Hause Story. Der eine sei »unvergleichlich gütig zu einem kränklichen kleinen Mädchen« gewesen, das Abwechslung gebraucht habe und ihm zeitlebens dankbar gewesen sei:

»Hans [Christian] Andersen, dessen persönliches Interesse an Kindern und dessen Gabe, sie zu entzücken, nicht weniger ausgeprägt waren als seine literarische Begabung, kannte den Weg zu diesem Haus [Piazza di Spagna Nr. 93] so gut wie später den zum Palazzo Barberini (in das Viertel, dessen Reiz durch seinen *Improvisator* noch erhöht worden war). Hier geriet das kleine Volk, mit dem er spielte, in seinen Bann und wiegte sich in dem Glauben, er bewahre – immer und für alle Zeit – die alten Zinnsoldaten und zerbrochenen Spielsachen auf, die er zum Dank für seine Güte spontan aus Kinderhand empfing. Die kuriose Vorstellung von dem großen Wohltäter, der mit dieser Andenkensammlung in Europa herumreist, ist herrlich. Und herrlich klingt für uns auch, was sich bei einem bestimmten Anlaß – einer späteren Kindergesellschaft – ereignete: Nachdem er seinen kleinen Freunden *Das häßliche junge Entlein* vorgelesen hatte, stimmte Browning den ›Pied Piper‹ [Rattenfänger von Hameln] an, worauf ein großer Umzug durch die geräumige Wohnung Barberini stattfand, und Story, in Ermangelung eines Dudelsacks, die Flöte blies, so gut er konnte.«

In Andersens Briefen aus Rom sind diese Erlebnisse merkwürdigerweise nicht erwähnt; dank der Veröffentlichung seiner Tagebücher konnte jedoch der Beweis erbracht werden, daß die von Henry James nacherzählte »Legende« auf Tatsachen beruht. Nur in einem Punkt irrte sich James: Andersen lernte das Ehepaar Story erst im Mai 1861 kennen, als es bereits im Palazzo Barberini wohnte. Am 13. Mai vermerkte er in seinem Tagebuch:

»Um zwei Uhr ging ich mit Jonas zu dem amerikanischen Bildhauer Story, der sehr reich ist und im Palazzo Barberini wohnt, sehr aufwendig; hier fanden sich viele Amerikaner, Engländer, auch Franzosen ein, ich machte Scherenschnitte für die Kinder, mußte AUF ENGLISCH den Anfang vom *Häßlichen jungen Entlein* vorlesen, aber es war zu schlecht, und ich ließ Story den Rest lesen. Hier war ein Bruder von Longfellow, dem Dichter, hier war der Dichter Robert Browning, der einem Kreis von Kindern zwei seiner Gedichte vorlas, eines über den Rattenfänger von Hameln; er kostümierte sich und spielte die Rolle des Rattenfängers, die Kinder zogen hinter ihm her durch das Zimmer; wir spielten ein englisches Kinderspiel, bei dem getanzt wurde . . . Die Kinder des Hauses setzten mir einen Kranz aus Jasmin auf, ein junges Mädchen schenkte mir herrliche Rosen.«

Am 17. Mai notierte er: »Besuchte die englische Dichterin Mrs. Browning, die sich freute, mich zu sehen; sie sah sehr krank aus.« In einem Brief, den sie tags darauf schrieb, schildert Elizabeth Barrett Browning ihren Eindruck von Andersen:

»Andersen (der Däne) hat mich gestern besucht – küßte mir die Hand und schien in einer allgemeinen *Verve* des Umarmens. Er ist sehr ernst, sehr schlicht, sehr kindlich. Ich mag ihn. Pen [ihr zwölfjähriger Sohn] sagt von ihm: ›Wirklich hübsch ist er nicht. Er ist eher wie seine häßliche Ente, aber sein Geist hat sich zu einem Schwan *entwickelt*.‹ Das war gar nicht schlecht von Pen, nicht wahr?«

Am 21. Mai notierte Andersen: »Besuchte Story, von den Kleinen drängte mir jeder ein Spielzeug als Andenken auf.« Und am 28. Mai: »Gedicht und Brief von Browning.«

Leider scheint ihm beides abhanden gekommen zu sein. Möglicherweise handelte es sich um die Abschrift des Gedichtes *The North and the South*, zu dem Elizabeth Barrett Browning durch

Andersens Besuch angeregt worden und das ihr letztes Gedicht überhaupt war. Die letzten drei Strophen lauten:

»Yet oh, for the skies that are softer and higher!«
Sighed the North to the South;
»For the flowers that blaze, and the trees that aspire,
And the insects made of a song or a fire!«
Sighed the North to the South.

»And oh, for the seer to discern the same!«
Sighed the South to the North;
»For a poet's tongue of baptismal flame,
To call the tree or the flower by its name!«
Sighed the South to the North.

The North sent therefore a man of men
As a grace to the South;
And thus to Rome came Andersen.
»Alas, but must you take him again?«
Said the South to the North.

Am 21. Mai sandte sie das Gedicht an William M. Thackeray (in seiner Eigenschaft als Herausgeber des *Cornhill Magazine*) und schrieb ihm dazu: »Hans Christian Andersen ist hier, er entzückt uns alle, nicht zuletzt die Kinder. Deshalb habe ich diese Verse geschrieben.«

Einen Monat später starb Elizabeth Barrett Browning.

Auf der Heimreise erhielt Andersen einen Brief von Adolph Drewsen, der ihm berichtete, daß der Gesundheitszustand von Jonas Collin senior sich ständig verschlechtere. »Als Sie diese Stadt verließen, lieber Andersen, waren Sie auf die Möglichkeit vorbereitet, daß Sie ihn, den Sie mit so viel Recht Ihren Vater nennen, nicht wiedersehen würden. Nach menschlichem Ermessen wird es nun so sein.«

Von Edvard und Henriette Collin wurden Andersen und der junge Jonas über den Zustand des Kranken auf dem laufenden gehalten. Sie waren bereits in Dänemark, aber noch nicht in Kopenhagen eingetroffen, als der alte Collin starb. Aus Sorö schrieb Andersen an Edvard: »Die Nachricht von seinem Tode hat mich nicht so zermalmt, wie sie es früher getan hätte, aber während des gestrigen Tages, auch letzte Nacht und heute, habe ich an nichts anderes gedacht, mich verlangt es, bei Ihnen zu sein, mit Ihnen zu sprechen.«

Daß die Beziehung zwischen ihm und Edvard durch die gemeinsame Trauer um Jonas Collin wieder enger geworden war, geht aus dem Entwurf eines Briefes hervor, den Andersen kurz vor Weihnachten 1861 schrieb: »Mein lieber, treuer Freund! Danke für das vergangene Jahr! Bei all dem Schweren, das es uns beiden brachte, glaube ich, daß ich etwas gewonnen habe, weil ich Ihnen sozusagen nähergekommen bin; Sie waren so herzlich zu mir, so treu, und Ihre Frau so ungemein gütig.«

1861 erschien die erste Lieferung einer weiteren Reihe der *Neuen Märchen und Geschichten.* Unter anderem waren darin enthalten: *Zwölf mit der Post*, *Der Mistkäfer*, *Was Vater tut, ist immer richtig*, *Der Schneemann* und *Die Muse des neuen Jahrhunderts*.

Auf seiner Italienreise schrieb Andersen das Märchen *Die Schnecke und der Rosenstock*, zu dem er durch eine Diskussion mit dem jungen Jonas Collin angeregt worden war, der behauptet hatte, sein egozentrischer Vetter Viggo Drewsen stände hoch über Leuten wie Björnson. Nach Jonas' Meinung, so vermerkte Andersen, »kümmere sich Viggo um seine eigene Entwicklung und schere sich nicht um andere Leute. Das bewog mich, die Geschichte von der Schnecke und dem Rosenstock zu schreiben«. Als er sie Jonas zehn Tage später vorlas, fand dieser darin »viel Boshaftigkeit gegen Viggo, der – selbst wenn er der Welt niemals etwas vorzuweisen hätte, selbst wenn er nackt wie Lazarus auf der Straße läge – doch ein ganz *vortrefflicher* Mensch sei«.

Während seines Aufenthalts in der Schweiz begann Andersen mit der Niederschrift eines langen Märchens, das er zuerst *Der Gebirgsjäger*, dann *Das Adlernest* und schließlich *Die Eisjungfrau* nannte. Ein weiteres Märchen, *Die Psyche,* konzipierte und schrieb er in Rom und überarbeitete es zu Hause in Kopenhagen. Diese drei Märchen erschienen im November 1861 in der zweiten Lieferung der *Neuen Märchen und Geschichten*.

Inzwischen war Andersen längst ein gern gesehener Gast bei König Frederik VII., der ihn fast wie einen alten Freund behandelte. So lautet zum Beispiel eine Tagebucheintragung Andersens vom 27. Januar 1861:

»Abends um acht Uhr beim König, las meine neuen Märchen vor. Der König selbst stellte mir Zucker und Wasser hin und reichte mir dreimal die Hand, die ich küßte; er war sehr offen und herzlich. ›Wie denken Sie sich nur all das aus?‹ fragte er. ›Wie kommen Sie darauf? Haben Sie das alles im Kopf?‹ – ›Nicht, wenn ich draußen bin, aber wenn ich wieder den Boden der Heimat betrete, strömt es nur so heraus.‹«

Im September 1861 war er gemeinsam mit dem italienischen Gesandten zum Diner ins Schloß geladen. »An der Tafel nickte mir der König zu und hieß mich [nach der Italienreise] zu Hause willkommen. Ich dankte ihm für die gütige Einladung. ›Sie wissen doch, alter Freund, daß ich Sie sofort sehen wollte!‹ sagte er.«

Zu welchen seltsamen Wahnideen sich Andersen versteigen konnte, zeigt eine Tagebuchnotiz vom Oktober desselben Jahres. Ein paar Tage zuvor war er wieder einmal bei einem Bankett im Schloß gewesen und hatte sich, einer spontanen Laune folgend, die Blüten einer Levkoje, die als Tischschmuck diente, zur Erinnerung mit nach Hause genommen. Dann aber plagten ihn heftige Gewissensbisse, die von Tag zu Tag schlimmer wurden, bis er schließlich schrieb: »Ich habe ein Gefühl, als hätte ich ein Verbrechen begangen und würde in Verzweiflung enden, in den Schmutz gezogen, verhöhnt und verachtet! Ich kann mich nur für kurze Augenblicke aus diesem Wahn befreien, dann falle ich wieder in ihn zurück.« (Auch andere Stellen im Tagebuch zeigen, daß Andersen sich in solche Vorstellungen hineinsteigern konnte, obgleich er wußte, wie unsinnig sie waren.)

In derselben Tagebuchnotiz beweist er jedoch ein paar Zeilen später, daß sein Geist keineswegs angekränkelt war und daß er über weit mehr als den sogenannten gesunden Menschenverstand verfügte. Er berichtet von einem Gespräch mit dem Direktor des Königlichen Theaters, der behauptet habe, es sei eine »Sünde wider die Natur«, wenn er in seinen Märchen die Tiere sprechen lasse. »›Nun, Exzellenz‹, erwiderte ich, ›das stimmt schon, aber dann verstehen eben Exzellenz die Sprache der Tiere nicht; sie müssen so sprechen, wie ich sie sprechen lasse.‹«

Im Frühjahr 1862 erhielt Andersen von seinem dänischen Verleger ganz unerwartet ein beträchtliches Honorar für eine neue Ausgabe seiner *Gesammelten Märchen*, woraufhin er beschloß, eine Spanienreise zu unternehmen. Auch diesmal lud er den jungen Jonas Collin ein, ihn zu begleiten.

Sie reisten im Juli ab, verbrachten zunächst gemeinsam mit Jonas' Eltern einen Monat in der Schweiz und trafen im September in Barcelona ein. Nach zehntägigem Aufenthalt fuhren sie per Schiff und dann per Kutsche nach Valencia, von dort weiter über Alicante, Murcia und Cartagena nach Malaga, wo sich Andersen besonders wohl fühlte. Entsetzt war er allerdings, als er zum ersten Mal einen Stierkampf sah. »Das ist eine grausame, abscheuliche Volksbelustigung.« Er war überzeugt, daß die Regierung den Stierkampf bald verbieten würde. Die nächste Station der Reise war Granada, wo die beiden zwei Wochen blieben und die Festlichkeiten anläßlich des Besuches von Königin Isabella II. miterlebten. Nachdem sie anschließend noch eine Woche in Malaga verbracht hatten, setzten sie die Reise per Dampfschiff nach Gibraltar und Marokko fort, wo Andersen einer Einladung des mit einer Dänin verheirateten britischen Generalkonsuls in Tanger, Sir John Drummond Hay, Folge leistete. Der Aufenthalt dort zählte zu den Höhepunkten der Reise. Allerdings war die Teestunde beim Pascha von Tanger für Andersen kein reines Vergnügen, da er kein Teetrinker war und das süße Pfefferminzgebräu, das dort serviert wurde, widerlich fand. Als man ihm unbedingt eine dritte Tasse eingießen wollte, erklärte er daher ganz einfach, es sei gegen seine religiöse Überzeugung, mehr als zwei Tassen Tee zu trinken.

In Tanger schifften sich die beiden Reisenden nach Cadiz ein, von wo aus sie mit der Eisenbahn nach Sevilla, Córdoba und – via Santa Cruz – nach Madrid fuhren. Dort lernte Andersen die Schriftsteller Ángel de Saavedra, Duque de Rivas und Juan Eugenio Hartzenbusch kennen, namhafte Vertreter der spanischen Romantik.

Aus Madrid berichtete er Henriette Collin:

»Heute gingen wir zu einem Stierkampf, hoffentlich das letzte Mal, aber Jonas wollte so gern hingehen; wir sahen die Eingeweide aus den Leibern der armen Pferde hängen, sahen Blut aus den Hörnern des Stieres spritzen, hörten den Jubel der Menge und den Klang der Trompeten und Kastagnetten. Salons und

Ved Husets Muur stod en Hæk af Geranier,
Der sad hun paa Trappens Marmorsteen,
Saa ung, saa deilig, hun solgte Kastanier,
Sad med Blomst i Haaret og bare Been,
Hun saae med to Livsens Öine paa Een,
Var man ei en Ismand, strax blev man en Spanier.
(Ill. Tid. Nr. 184 P. 219.)

H. C. Andersen i Malaga.

Satirisk Træsnit i „Sværmere" 1863.

Andersen in Malaga, 1863. Dänische Karikatur.

Theater sind alles, was Madrid zu bieten hat, sie entschädigen einen aber nicht dafür, daß es eine sehr teure Stadt ist, und schon gar nicht für das schlechte Klima.«

Im Dezember reisten die beiden nach Paris. Aber für Andersen hatte die Stadt viel von ihrem Reiz verloren, und eigentlich blieb er nur Jonas zuliebe zwei Monate dort. Er freute sich über das Wiedersehen mit Björnson, der sich besonders eifrig an den Vorbereitungen für einen Empfang beteiligte, den eine Gruppe in Paris lebender Skandinavier für Andersen gab. »Björnson hielt eine wunderbare Rede auf mich, auf die ich nur erwidern konnte, ich hätte, während er sprach, das Gefühl gehabt, im Sarg zu liegen, bei welchem Anlaß der Redner immer die guten Seiten hervorhebt und alles im schmeichelhaftesten Licht sieht.«

Ende März kehrten Andersen und Jonas nach Dänemark zurück. Während der langen Reise hatte es zwischen den beiden so manche Spannung gegeben: Andersen litt wie üblich unter Anfällen von Nervosität, war übertrieben ängstlich und leicht erregbar, während Jonas oft arrogant, egoistisch und sehr eigensinnig auftrat. »Er ist selbstsüchtig, ein Tartüff, durchaus kein angenehmer Reisegefährte«, schrieb Andersen kurz nach ihrer Abreise aus Spanien in sein Tagebuch.

Ein voller Erfolg war Andersens Spanienbesuch nicht gewesen: Er verstand die Sprache nicht, kannte niemanden, und sein Name war dort kein Begriff. (Die erste spanische Übersetzung seiner Märchen erschien erst vier Jahre nach seinem Tod.) Folglich wurde er wie jeder andere Tourist behandelt. Daß die Leute sich manchmal sogar über ihn mokierten, zeigen folgende Tagebuchnotizen, die er in Granada machte:

9. Oktober [1862]. »Ich sah, wie ein paar Soldaten und auch einige Damen auf dem Balkon meine lange Figur bemerkten und lachten; ein Glück, daß Jonas nicht da war. Ich fühlte mich gedemütigt und verlegen, ging in eine Seitenstraße.«

11. Oktober. »Wanderte durch die Straßen, um die üblichen Sehenswürdigkeiten zu betrachten, wurde wegen meiner Länge ausgelacht.«

Nach der Heimkehr vollendete Andersen seinen Reisebericht *In Spanien*, der 1863 in den *Gesammelten Schriften* erschien (Übersetzungen folgten 1864 in Deutschland und England, 1870 in den Vereinigten Staaten).

Das Buch enthält zwar zahlreiche interessante Passagen, ist aber keine so reizvolle Lektüre wie einige andere Reisebeschreibungen Andersens: Da er in Spanien wenig Gelegenheit zu persönlichen Kontakten hatte, bezog er seine Informationen meist aus Reiseberichten anderer Autoren. Und während er auf früheren Reisen unermüdlich neue Eindrücke und Erfahrungen gesammelt hatte, reiste er in späteren Jahren hauptsächlich deshalb ins Ausland, weil er sich zu Hause einsam und oft auch gelangweilt fühlte. Das bezeugen einige Tagebucheintragungen, die er im Herbst 1863 machte:

13. September. »Mittagessen bei Collins. Essen und Trinken, stelle ich fest, sind das, was uns miteinander verbindet. Der jugendliche Geist und die Frische der Jugend sind dahin.«

19. September. »Ich bin mit mir selbst nicht zufrieden, kann in meiner Einsamkeit nicht existieren, bin des Lebens müde.«

15. Oktober. »Fühlte mich alt, auf dem absteigenden Ast, melancholisch.«

Als im November 1863 der leutselige König Frederik VII. starb, empfand Andersen (der ihn zum ersten Mal in Odense gesehen hatte, als sie beide noch sehr jung gewesen waren) seinen Tod als einen persönlichen Verlust. Doch schon bald war er auch bei König Christian IX., der sich distinguierter und weniger jovial als sein Vorgänger gab, ein gern gesehener Gast. Die Söhne und Töchter des neuen Königs – Kronprinz Frederik (der spätere König Frederik VIII.), Prinz Georg (später König Georg I. von Griechenland), Prinzessin Alexandra (später Königin von England) und Prinzessin Dagmar (später Kaiserin von Rußland) – waren mit Andersens Märchen aufgewachsen und liebten auch den Menschen Andersen.

Zur selben Zeit aber sah Dänemark einer düsteren Zukunft entgegen: Wegen der Schleswig-Holstein-Frage drohte ein neuer Krieg mit Deutschland. In der Fortsetzung von *Das Märchen meines Lebens* schildert Andersen, was er damals empfand:

»Ich glaubte noch immer an die Errettung durch Gott, aber mein Herz war oft voller Angst; dennoch habe ich niemals glühender empfunden, wie fest ich an meinem Vaterland hänge. Ich vergaß nicht, wieviel Zuneigung, Anerkennung und Freundschaft ich in Deutschland gefunden, wie viele teure Freunde ich dort hatte, nun aber lag ein gezogenes Schwert zwischen uns. Ich vergesse weder Freundlichkeiten, die man mir erwiesen hat, noch vergesse ich Freunde, aber mein Land ist für mich wie eine Mutter: Es wird immer an erster Stelle stehen.«

Im Dezember 1863 zog Dänemark seine Truppen aus Holstein ab, das daraufhin von Preußen und dem mit ihm verbündeten Österreich besetzt wurde. Am 1. Februar überquerten die preußisch-österreichischen Truppen die Eider, und in wenigen Monaten war die dänische Armee geschlagen. Im Herbst 1864 mußte Dänemark einen Friedensvertrag unterzeichnen, in dem die Abtretung der Herzogtümer Schleswig, Holstein und Lauenburg an Deutschland verfügt wurde.

Welche Gefühle Andersen bewegten, als die deutschen Truppen nach Jütland vorstießen und täglich mit einer Invasion Fünens zu rechnen war, beschreibt er in seinen Erinnerungen:

»Ich verlor für einen Augenblick meinen Glauben an Gott und fühlte mich so unglücklich, wie es ein Mensch nur sein kann. Es folgten Tage, in denen mir alle gleichgültig waren, und ich glaubte, daß ich allen gleichgültig sei. Es brachte mir keine Erleichterung, mit irgend jemandem zu sprechen. Doch dann kam mir jemand verständnisvoll und mit liebevollem Herzen entgegen: Edvard Collins vortreffliche Gattin. Sie sagte mir mitfühlende Worte und bat mich inständig, über meine Arbeit nachzudenken.«

Andersens Tagebucheintragungen vom Sommer 1864 bestätigen, daß er damals an Gott zweifelte.

30. Juni: »Gottlos, daher unglücklich.« *1. Juli:* »Gott hat uns verlassen, wir können ihn nicht erreichen; wie ein Gefangener warte ich auf mein Todesurteil . . . Gott hat mich, hat uns verlassen! – Wie elend ich mich fühle, keine Freunde, innerlich einsam, und die Tage, die vor mir liegen, werden noch schlimmer sein, bis es endet – im Grab!«

Auch nach dem Ende des Krieges litt er unter Depressionen:

9. September. »Ich habe keine Zukunft mehr, nichts, worauf ich mich freuen kann, keine Einfälle, ich bin ausgelaugt.«

31. Oktober. »Ich bin reizbar und melancholisch, auf viele Menschen böse. Ich habe nur noch Elend, Trübsal, Gewalttat, Vergessenheit und den Tod zu erwarten.«

20. November. »In gedrückter Stimmung, die Geschwulst in

meiner Hand wird sicherlich eine Operation erfordern, und ich werde daran sterben. Es ist ohnehin Zeit für mich, zu sterben, und bei diesem Gedanken scheint mir, daß ich das Leben nicht genossen, die Gaben, die Gott mir verliehen, nicht angenommen habe. Mit meinem Glück ist es vorbei; der Krieg hat mich von vielen Freunden getrennt, die ich nicht wiedersehen kann, und hier zu Hause muß ich nur noch darauf warten, begraben zu werden.«

Nach einer Einladung bei Bulwer-Lyttons Sohn Edward Robert Lytton (dem späteren Earl of Lytton, bekannter unter seinem Schriftstellerpseudonym »Owen Meredith«), der damals britischer Legationsrat in Kopenhagen war, notierte Andersen am 14. April 1864:

»Ich mußte englisch sprechen, Lytton kann sehr gut Deutsch, aber in meiner Gemütsverfassung konnte ich diese Sprache nicht sprechen, fand es unpatriotisch und sagte daher in meinem schlechten Englisch: ›Im Augenblick klingt diese Sprache zu sehr nach Kanonen und Kriegsgeschrei; ich spreche lieber schlechtes Englisch.‹ Er zeigte mir die *Letzten Gedichte* von Elizabeth Barrett Browning, die viel in Italien gelebt hat und vor kurzem in Florenz gestorben ist. Ich sprach mit ihr, als ich das letzte Mal in Rom war. Ihr LETZTES Gedicht heißt *The North and the South* und ist sehr schmeichelhaft für mich.«

Schon seit geraumer Zeit hatte Andersen keine Märchen mehr geschrieben. Es schien, als hätte ihn die Verbitterung über den zweiten Deutsch-Dänischen Krieg und seinen Ausgang jedes schöpferischen Impulses beraubt. Doch als er 1865 wieder einmal in Basnæs zu Gast war, fühlte er sich plötzlich zum Schreiben aufgelegt. Das erste seiner neuen Märchen, *Die Irrlichter sind in der Stadt, sagte die Moorfrau*, beginnt so:

»Es gab einen Mann, der einmal viele neue Märchen wußte, aber nun waren sie ihm entschlüpft, wie er sagte. Das Märchen, das ganz von selbst Besuch gemacht hatte, kam nicht mehr und klopfte an seine Tür. Und warum kam es nicht? Ja, es ist wahr, daß der Mann seit Jahr und Tag nicht daran gedacht hatte, nicht erwartete, daß es kommen und anklopfen würde, und es war auch gewiß nicht dagewesen, denn draußen war Krieg, und drinnen war Kummer und Not, die der Krieg mit sich bringt.«

Jetzt aber hatte Andersen den toten Punkt überwunden, und Märchen um Märchen »klopfte an seine Tür«. Im November 1865 konnte er eine weitere, aus sieben Teilen bestehende Folge der *Neuen Märchen und Geschichten* veröffentlichen.

Anfang 1865 hatte er eine Einladung nach Portugal erhalten, einem der wenigen europäischen Länder, in das er noch nicht gereist war. Sie kam von zwei portugiesischen Geschäftsleuten, den Brüdern Jorge und José Torlades O'Neill, die vier Jahre ihrer Kindheit in Dänemark verbracht und bei der Familie Wulff gewohnt hatten. Hocherfreut über die Einladung, hatte Andersen beschlossen, im September nach Lissabon zu reisen, doch dann waren ihm, wie folgende Passage aus einem Brief an Edvard Collin zeigt, wieder einmal Bedenken gekommen:

»Ich habe mir mehrmals ganz lebhaft eingebildet, ich sei schon abgereist, sei schon in Lissabon, und das war eine so lebhafte Vorstellung, daß ich plötzlich Sehnsucht nach denen verspürte, die mir am nächsten und teuersten sind, Angst, sie vielleicht nicht wiederzusehen, Anhänglichkeit an meine Heimat und außerdem entsetzliche Angst, im Ausland krank zu werden, vielleicht gar auf der Reise von Madrid nach Lissabon. Ich bin geteilter Meinung, wie Herkules am Scheidewege.«

Als er sich dann doch zu der Reise entschlossen hatte, hielt ihn zunächst die Nachricht von einer in Spanien ausgebrochenen Choleraepidemie zurück, und als dort keine Gefahr mehr bestand, verschob er die Reise erneut, weil er von Cholerafällen in Paris gehört hatte. Im Januar 1866 schrieb er an Edvard Collin, es wäre besser gewesen, wenn man ihn gar nicht auf den Gedanken gebracht hätte, nach Portugal zu reisen – »aber seit dieser Einladung juckt es mich, hinzufahren, und ich wäre liebend gern abgereist, wenn die Krankheit nicht durch die Länder zöge. Ich finde keine Ruhe mehr, seit diese Einladung kam, und ich werde wohl auch keine finden, bis ich diese Reise unternommen habe.«

Am 31. Januar war es endlich soweit. Diesmal blieb er sieben Monate im Ausland. In den Niederlanden, wo er begeistert empfangen und gefeiert wurde, verbrachte er zunächst fünf Wochen in Amsterdam, dann besuchte er Leiden und Den Haag. Über Antwerpen und Brüssel fuhr er nach Paris, wo er vom dänischen Kronprinzen zum Pferderennen in Vincennes eingeladen wurde und den über siebzigjährigen Rossini kennenlernte, der auf ihn »etwas zusammengesackt und nicht ganz reinlich« wirkte. Später wurde er von Rossini zu einem Konzert eingeladen, mußte aber absagen. George Sand wartete vergebens auf seinen Besuch, da er ihre Einladung zu spät erhalten hatte.

Am 13. April reiste Andersen nach Bordeaux, wo er sich nach Lissabon einschiffen wollte. Als sich ihm jedoch die Gelegenheit bot, die große italienische Tragödin Ristori, die er in London als Lady Macbeth erlebt hatte, in der Rolle der Medea zu sehen, blieb er einige Tage länger in Bordeaux und nahm es dafür in Kauf, auf dem Landweg nach Lissabon zu reisen. »Von Spanien nach Portugal zu kommen«, notierte er, »das ist, als käme man aus dem Mittelalter in die Neuzeit.«

Zunächst war er bei Jorge O'Neill in dessen Landhaus außerhalb Lissabons zu Gast, dann bei José O'Neill in Setubal. Er besuchte Aveiro, Coimbra, Sintra und Lissabon, folgte einer Einladung des blinden Dichters Feliciano de Castilho (wobei dessen aus Dänemark stammende Frau als Dolmetscherin fungierte) und wurde von König Fernando, dem Vater des regierenden Monarchen Luiz I., empfangen. Er unternahm Ausflüge aufs Land, Eselsritte zum Kloster Brancanas, auf den Monte São Luiz und den Monte Arrabida, erlebte in Setubal das Fest des heiligen Antonius und besuchte einen portugiesischen Stierkampf, den er längst nicht so grausam wie die spanische Corrida fand. Obwohl er wegen der steigenden Flut die berühmte Tropfsteingrotte am Fuße des Arriba nicht besichtigen konnte, wird seine Beschreibung dieser »Felskirche« noch heute von portugiesischen Fremdenführern zitiert und in Reiseprospekten abgedruckt. In Coimbra fühlte sich Andersen beim Anblick der Studenten in ihren mittelalterlichen Talaren an Faust und Paracelsus erinnert. Sintra, von Byron »das neue Paradies« genannt, faszinierte ihn. Das folgende Zitat stammt aus seinem Reisebericht *Ein Besuch in Portugal 1866* (der nach Andersens Heimkehr in der dänischen Ausgabe seiner *Gesammelten Schriften* erschien):

»Traut man dem Gerücht, so findet jedes Volk gerade in Sintra Anklänge an seine eigene Heimat; mir ward diese Behauptung zur Tatsache, ich fand dort wirklich ein Stückchen Dänemark, und zugleich manchen Fleck aus andern schönen Landen: hier die grünen Wiesen Kents, dort die wild durcheinander gewürfelten Steinblöcke des Brockens. Diese Stelle versetzte mich an die

Gestade des Genfer Sees, jene zwischen die Birken von Leksand.«

In Sintra sah er Robert Lytton wieder, der an die britische Gesandtschaft in Lissabon versetzt worden war. Den Besuch bei ihm schildert er in seinem Tagebuch:

»Lytton las den *Schmetterling* und *Die Schnecke und der Rosenstock* vor; küßte meine Hand. Er tat dies auch, als ich mich im Vestibül verabschiedete, umarmte und küßte mich, sagte, er möge mich sehr und hätte sich in Kopenhagen nicht träumen lassen, daß wir uns hier wiedersehen würden.«

Auch Lyttons (etwas anders lautende) Schilderung dieser Begegnung ist erhalten, und zwar in einem Brief an einen Freund:

»Andersen, der dänische Dichter (das ›häßliche Entlein‹) ist hiergewesen und war ganz in seinem Element. Als er eines Tages bei uns aß, las ich nach Tisch meiner Frau und den Brackenburys eine seiner kleinen Geschichten vor, und er war darüber so erfreut, daß er aufsprang und mich küßte – ›rundherum‹, wie Mrs. Disraeli sagen würde. Er ist ein vollkommener Faun, halb Kind, halb Gott.«

Der Entschluß, auf dem Seeweg von Lissabon zurück nach Bordeaux zu reisen, kostete Andersen große Überwindung. Wie ängstlich und nervös er an Bord war, verrät folgende Tagebuchnotiz:

»Ich dachte an Jette Wulff auf dem brennenden Schiff, lag nachts wach und zählte die Stunden, dachte an den Augenblick, in dem ein Unglück passieren würde, sei es, daß wir mit einem anderen Schiff zusammenstießen, sei es, daß wir untergingen, vielleicht passierte das in den nächsten zehn Minuten, ich spürte Todesangst und hielt es für wahrscheinlich, daß wir Bordeaux nie erreichen würden.«

Nach der Rückkehr von dieser Reise verbrachte er zunächst drei Wochen in der nahe bei Kopenhagen gelegenen Villa »Rolighed« (»Ruhe«), die ihm in seinen letzten Lebensjahren zur zweiten Heimat wurde, ähnlich wie früher das Collinsche Haus sein »Heim der Heime« gewesen war.

Rolighed gehörte dem reichen jüdischen Geschäftsmann Moritz G. Melchior, dessen Frau Dorothea die Schwester des Börsenmaklers Martin R. Henriques war, den Andersen im Hause Bournonville kennengelernt hatte. Die Melchiors und Henriques waren die engsten und großherzigsten Freunde, die er in seinem letzten Lebensjahrzehnt besaß. Aus der Korrespondenz, die er von 1860 bis 1875 mit der Familie Henriques führte, sind über hundert Briefe erhalten, und fast ebenso viele aus seiner Korrespondenz mit den Melchiors (insbesondere mit Frau Dorothea). Ab 1867 war Andersen jedes Jahr viele Wochen lang in Rolighed und häufig auch in Petershöi, dem Landhaus der Henriques, zu Gast. Beide Familien brachten ihm eine völlig uneigennützige Zuneigung und Verehrung entgegen und gaben ihm das Geborgenheitsgefühl, dessen er so sehr bedurfte. Aus einem seiner frühesten Briefe an Frau Henriques stammen folgende Zeilen:

»Wie glücklich Sie sind! Ein Heim, ein echtes Heim ist eben doch der größte Segen. Ich werde es auf Erden niemals haben, darum bin ich so ruhelos, darum wünsche ich mir, immer unterwegs zu sein, was mich aber – wenn ich mein Herz wirklich öffnen muß – nicht ganz befriedigt.«

Obwohl beide Familien eifrig bemüht waren, dem alternden Dichter ein Zuhause zu bieten, kam es zu keinerlei Eifersüchteleien, als er sich in späteren Jahren öfter und länger in Rolighed als in Petershöi aufhielt. Hatte es in seiner Beziehung zur Familie Collin immer wieder Komplikationen gegeben, so erlebte er jetzt im Umgang mit den Melchiors und den Henriques das Glück einer wirklich harmonischen Freundschaft.

Wenn er sich in Kopenhagen aufhielt, speiste er nach wie vor in regelmäßigem Turnus bei Freunden und Bekannten. Mitte der sechziger Jahre war er montags fast immer bei Edvard und Henriette Collin zu Gast, dienstags bei Ingeborg und Adolph Drewsen, mittwochs bei H. C. Örsteds Witwe und deren Tochter, donnerstags bei den Melchiors, freitags bei Ida Koch, der Schwester Henriette Wulffs, samstags bei Frau Neergaard (die 1866 starb) und sonntags bei den Henriques.

Die erste Tagebuchnotiz, die er im Jahre 1867 machte, beginnt mit den Worten: »Fing mit den Geldsorgen des reichen Mannes an: Angst, zu verlieren, was man besitzt.« Finanziell ging es ihm einigermaßen gut. Einem Geschäftsbrief zufolge, den er tags darauf von Edvard Collin erhielt, belief sich sein Gesamtvermögen damals auf 12 506 Reichstaler.

Aber er fühlte sich allmählich alt. Im Herbst 1866 mußte ihn Henriette Collin fast dazu zwingen, sich sein erstes eigenes Bett zu kaufen. »Nun soll ich ein Haus bekommen, sogar ein Bett, mein eigenes *Bett*; das macht mir Angst! Ich belaste mich mit Mobiliar, Bett und Schaukelstuhl, ganz zu schweigen von Büchern und Bildern.« An den Komponisten J. P. E. Hartmann schrieb er: »Hundert Reichstaler habe ich für ein Bett ausgeben müssen, und das wird nun mein Sterbebett werden; denn hält es nicht so lange, dann ist es das Geld ja nicht wert! Ich wollte, ich wäre noch zwanzig, dann nähme ich mein Tintenfaß auf den Rücken, zwei Hemden und ein Paar Strümpfe, steckte eine Schreibfeder an die Seite und ginge in die weite Welt hinaus. Nun bin ich aber, wie Frau Jette Collin so schön schreibt, ›ein älterer Herr‹; so muß ich denn wohl an das Bett denken, ans Sterbebett.« Am 8. Januar 1867 schrieb er an Henriette Collin: »Ich glaube, dieses Jahr holt mich der Tod; wenn ich's doch wüßte, dann flöge ich schnurstracks in die weite Welt hinaus, um richtig zu atmen, bevor in diesem Sack voll Würmer überhaupt kein Atem mehr ist.«

Es trieb ihn tatsächlich bald wieder »in die weite Welt hinaus«: Kurz nachdem im Frühjahr 1867 die Weltausstellung eröffnet worden war, reiste er nach Paris, um sich dieses »Märchen unserer Zeit« anzusehen. Einige Monate später fuhr er nochmals dorthin: Paris hatte ihn dazu angeregt, mit der Arbeit an einem neuen Märchen, *Die Dryade,* zu beginnen. Zudem hatte Herr Melchior durch einen finanziellen Zuschuß dafür gesorgt, daß Andersen in Begleitung eines jungen Freundes reisen konnte. Diesmal fühlte er sich in Paris wie neugeboren. »Es ist ein herrlicher Abend«, schrieb er am 5. September in sein Tagebuch, »wir sind in Paris, ich bin jung, 62 Sekunden im großen Jahr der Ewigkeit.«

Ein Vorfall, der sich nach seiner Rückkehr aus Paris zutrug, verdient Beachtung, vor allem weil er beweist, daß Andersen nicht so selbstsüchtig und eitel war, wie ihm oft nachgesagt wurde. In Dänemark waren mehrere Briefe, die der Dichter Carsten Hauch als junger Mann geschrieben hatte, ohne Wissen des Autors veröffentlicht worden, darunter einige, in denen er sich sehr abfällig über Andersen äußerte. Am 14. November vermerkte dieser in seinem Tagebuch: »Darunter ist einer von Hauch über mich und meine *Fußreise*, der fast verleumderisch ist: Ich werde ein Stiefellecker genannt und als ganz erbärmlich hingestellt, meine Persönlichkeit wird bloßgestellt. Mein erster Eindruck war: Gott sei Dank, daß nicht ich das geschrieben habe;

das muß wirklich schmerzlich für Hauch sein, der sich in späteren Jahren meinen Freund und Bewunderer genannt hat.« Um Hauch zu beweisen, daß er keinen Groll gegen ihn hegte, schrieb ihm Andersen ein paar sehr freundliche Worte und sprach dann persönlich bei ihm vor. »Ich sagte ihm, diese Sache bedeute mir jetzt nichts mehr, niemand würde mich für einen herzlosen Menschen halten, und mein erster Eindruck, nachdem ich seinen Brief gelesen hatte, sei gewesen: Gott sei Dank, daß nicht ich es war, der arme Hauch ist sicher sehr betrübt!« Hauch war zu Tränen gerührt und zog Andersen an seine Brust.

Am 6. Dezember 1867 ehrte die Stadt Odense ihren berühmtesten Sohn durch die Verleihung der Ehrenbürgerurkunde. Und sie nahm dieses Ereignis zum Anlaß, die inzwischen in aller Welt bekanntgewordene Prophezeiung, Andersens Vaterstadt würde eines Tages ihm zu Ehren illuminiert werden, zu verwirklichen: Nach den feierlichen Reden und dem Festmahl fand ein Fackelzug statt – der Höhepunkt des großen Tages. Doch leider war der Ehrengast, der von einem Fenster des Rathauses aus zusah, derart von Zahnschmerzen geplagt, daß er diesen Augenblick des Triumphes nicht richtig genießen konnte. In seinen Lebenserinnerungen berichtet er:

»Wie glücklich war ich, und dennoch – zu himmlischer Glückseligkeit darf sich der Mensch nicht versteigen, ich sollte und mußte fühlen, daß ich nur ein armseliges Menschenkind war, durch die Bresthaftigkeit des Irdischen in Fesseln geschlagen. Ich litt an heftigem Zahnweh, das durch die Hitze hier oben und durch die Gemütsbewegung unerträglich wurde; trotzdem las ich meinen kleinen Freunden ein Märchen vor. Dann kamen die Deputationen der verschiedenen Körperschaften der Stadt mit Fackeln und wehenden Fahnen zum Rathaus gezogen. Die Prophezeiung jener alten Frau, als ich zum ersten Mal aus meiner Vaterstadt schied, sollte nun in Erfüllung gehen: Odense wurde für mich illuminiert. Ich trat ans offene Fenster; alles strahlte im Fackelglanz, der Platz war ganz voll von Menschen, Lieder tönten zu mir herauf, ich war seelisch überwältigt, war körperlich sehr mitgenommen, konnte diesen Höhepunkt des Glücks in meinem Leben nicht genießen. Das Zahnweh war unerträglich; durch die eiskalte Luft, die mir entgegenschlug, flammte es heftig wieder auf, und anstatt die Glückseligkeit dieser nie wiederkehrenden Minuten so recht zu genießen, schaute ich auf das gedruckte Lied, um zu sehen, wieviele Verse noch abzusingen waren, bis ich dieser Marter entrinnen könnte, die ich durch die kalte Luft an meinen Zähnen litt ... Als die zu einem Freudenfeuer aufgeschichteten Fackeln verglommen, ließen auch meine Schmerzen nach.«

In der letzten Tagebucheintragung, die Andersen 1867 machte, bezeichnete er dieses Jahr als das für ihn »ehrenvollste und abwechslungsreichste. Ich war zweimal in Paris ... Ich bin zum Staatsrat ernannt worden und habe in Odense eine Ehrung erfahren, die zu den seltensten zählt, welche die Welt einem Menschen zu bieten hat ... Herrgott, mein einziger Gott, ich danke dir für das vergangene Jahr. Was kann, darf, wird und muß mir das neue bringen? Ich bitte dich, Herr, gib mir die Kraft, es auf mich zu nehmen, verlaß mich nicht!«

Im Herbst des folgenden Jahres lernte Andersen den damals siebenundzwanzigjährigen Georg Brandes kennen. Am 27. Oktober 1868 trug er in sein Tagebuch ein: »Besuch von Brandes, dem Kritiker, der mit sichtlicher Befriedigung zuhörte, als ich ihm die *Dryade* vorlas; er meinte, sie sei aus einem Guß und im einzelnen so vollkommen wie im ganzen. Äußerte sich herzlich.« Es freute Andersen, daß dieser junge, hochbegabte Literaturwissenschaftler und -kritiker ihm so viel Interesse entgegenbrachte.

Aber das war nur der Anfang. Im Februar 1869 begann Professor Rasmus Nielsen, ein Lehrer von Brandes, mit einer Vorlesungsreihe über Märchen und Volkssagen. Andersen, der die erste Vorlesung besuchte, notierte: »Es war höchst interessant, aber ich hörte mit einer gewissen Verlegenheit zu, da der ganze Vortrag am meisten von mir als Märchendichter handelte, obwohl er nicht ein einziges Mal meinen Namen nannte.« Er habe das Gefühl gehabt, als sei er bereits tot – »und nun Zeuge, wie einer der verdienstvollen Professoren in der Kopenhagener Universität einen Vortrag über mich hält.«

Im Juli erschien in der *Illustreret Tidende* der erste Teil eines langen Aufsatzes von Georg Brandes über »H. C. Andersen als Märchendichter«. Der erste Absatz lautete:

»Es gehört Mut dazu, Talent zu besitzen. Man muß wagen, sich seiner Inspiration anzuvertrauen, man muß überzeugt sein, daß der Einfall, welcher einem durch das Hirn schießt, gesund ist, daß die Form, welche einem als natürlich ansteht, selbst wenn sie neu ist, ein Recht hat, sich geltend zu machen, man muß die Kühnheit gewonnen haben, sich der Beschuldigung auszusetzen, daß man affektiert oder auf Irrwegen sei, ehe man sich seinem Instinkt überlassen und demselben folgen kann, wohin er uns gebieterisch lenkt. Als Armand Carrel seinerzeit als junger Journalist von seinem Redakteur getadelt wurde, der, auf eine Stelle seines Artikels deutend, bemerkte: ›So schreibt man nicht‹, erwiderte er: ›Ich schreibe nicht, wie *man* schreibt, sondern wie *ich* schreibe‹, und dies ist die allgemeine Formel der Begabung. Sie verteidigt weder Gesudel noch Erfinderei, aber sie spricht mit Selbstbewußtsein das Recht des Talentes aus, wenn keine herkömmliche Form und kein vorhandener Stoff den eigentümlichen Bedürfnissen seiner Natur genügen, sich neue Stoffe zu wählen, neue Formen zu bilden, bis es eine Baustätte von solcher Beschaffenheit findet, daß es, ohne Überanstrengung einer einzigen seiner Kräfte, sie alle verwenden und sie leicht und frei entfalten kann. Eine solche Baustätte hat der Dichter H. C. Andersen im Märchen gefunden.«

Brandes' Aufsatz, ein brillanter, wissenschaftlich fundierter und sehr einfühlsamer Versuch, Andersens einzigartigen Beitrag zur Gattung des Kunstmärchens zu würdigen, gilt als die erste bedeutende Studie über den dänischen Dichter.

Nachdem er den ersten Teil des Essays mit großer Genugtuung gelesen hatte, war er umso betroffener, als er am nächsten Tag folgenden Brief von Georg Brandes erhielt:

Werter Herr Andersen!

Unter allen Schriftstellern sind Sie derjenige, welcher der Literaturkritik am meisten unrecht getan hat, da Sie jedes vulgäre Vorurteil gegen diese unterstützt, sie verächtlich gemacht und in Verruf gebracht haben.

Für mich ist Literaturkritik ein Zweig der Wissenschaft und eine Passion, und wie andere Leute bilde natürlich auch ich mir ein, daß jedermann die Vortrefflichkeit meines Berufes erkennen müßte.

In der morgigen Ausgabe der *Illustreret Tidende* habe ich mit einer Artikelserie über Ihre Märchen begonnen. Ich möchte Sie bitten, nicht darüber zu urteilen, bevor Sie sie zu Ende gelesen haben, und – falls Sie finden, daß ich mich nicht für Ihre vielen Schmähungen der Literaturkritik gerächt habe – doch ein wenig Vertrauen in diesen ästhetischen Wissenschaftszweig zu setzen und die Freundlichkeit nicht zu vergessen, die Sie jüngst erwiesen haben

Ihrem aufrichtigen und Ihnen sehr ergebenen Kritiker
G. Brandes

Darauf erwiderte Andersen:

»Lieber Freund! Ich erhielt Ihren Brief gestern abend . . . Mit der Gescheitheit und starken Empfindsamkeit der Jugend haben Sie meinen kleinen Geisteskindern bis auf den Grund des Herzens geblickt, und als ich Ihren Aufsatz las, erlebte ich eine Freude, die Gott Ihnen lohnen möge . . . Aber bezüglich des Anfangs [Ihres Briefes] muß ich sagen, daß ich ihn für einen Scherz und nicht für ernst gemeint halte. Niemand ist in vergangenen Tagen von der sogenannten Kritik härter und rücksichtsloser behandelt worden als ich; sie hat alles getan, um mich auszulöschen und zu vernichten; ich schwieg und litt . . . Nun macht die junge Generation die Verbrechen, die von der alten Generation begangen wurden, wieder gut, und Sie, lieber Freund, zählen zu den jungen Männern, denen ich vertraue und die ich schätze. Ich bin gegen eine leere, bösartige, schädliche Kritik wegen ihres Gekläffs angegangen und werde das auch weiterhin tun; alte Schulden müssen beglichen werden. Aber wenn Sie *Das Märchen meines Lebens* lesen, werden Sie sehen, wie warmherzig und dankbar ich jedes freundliche Verständnis, jede Ermunterung anerkenne und im Gedächtnis bewahre. Mein Herz ermangelt nicht der Dankbarkeit.«

Brandes schrieb ihm darauf:

»Was ich über Ihre Einstellung zur Literaturkritik schrieb, war durchaus ernst gemeint, obwohl ich Sie deshalb nicht weniger gern habe. Sie haben der – an sich schon schwierigen – Stellung des Kritikers in diesem nicht hochentwickelten Lande beträchtlichen Schaden zugefügt; Sie haben zur Verbreitung der Ansicht beigetragen, er sei von Neid getrieben und mit Schlangen gegürtet. Ich kann Ihnen nicht zugestehen, daß Sie in Ihren Märchen zwischen schlechter und guter Kritik unterschieden hätten. Für Sie ist der Kritiker der *Raisonneur*, der unfruchtbare, nutzlose Lästerer ... Ein Literaturkritiker ist jemand, *der sich auf das richtige Lesen versteht* und der andere die Kunst des Lesens lehrt ... Ich gebe zu, daß Sie zwischen *mißfälliger* und *freundlicher* Beurteilung unterschieden haben; aber ich glaube, Sie haben eine falsche Trennungslinie gezogen. Es gibt nur eine, nämlich die zwischen *richtiger* und *falscher* Beurteilung, und diese Unterscheidung wird vom Publikum – besonders wenn es darin von einer berühmten Autorität unterstützt wird – oft mit der zuvor genannten verwechselt.

Trotzdem – hier ist meine Hand! Ich hege nicht den mindesten Groll gegen Sie, dem ich eine echte geistige Bereicherung verdanke. Ich wollte nach meinem bescheidenen Vermögen dazu beitragen, daß erkannt wird, was Sie für Dänemark bedeuten. Sollte mir das gelungen sein, so wird es mich freuen.«

Daß Andersens Werke immer berühmter und populärer wurden, bezeugen nicht zuletzt die zahlreichen Briefe, die er von Bewunderern in aller Herren Länder, insbesondere von Kindern erhielt. Als Beispiel sei der undatierte Brief eines kleinen Mädchens aus England zitiert:

The Cottage, Wimbledon Common, S. W. london
dear mister Hans Andersen a littel girl wishes you meny Happy returns of the Day and she likes youer fairy tales very much

I remain youer
Ethel H. Weguelin

Der folgende Brief war ganz einfach an »Hans Andersen, Dänemark« adressiert:

Ulva Cottage, Hamilton, Scotland
1. Januar 1869

Lieber Hans Andersen,
Ich mag Ihre Märchen so gern, daß ich Sie gern besuchen würde, aber das geht nicht, deshalb möchte ich Ihnen schreiben. Wenn Papa aus Afrika nach Hause kommt, will ich ihn bitten, daß er mich zu Ihnen mitnimmt. Meine liebsten Märchen in einem Buch sind »Die Galoschen des Glücks«, »Die Schneekönigin« und einige andere. Mein Vater heißt DR. LIVINGSTONE, ich schicke Ihnen meine Karte und Papas Autogramm. Ich sage

Ihnen Lebewohl und ein gutes Neues Jahr. Mit herzlichen Grüßen bin ich Ihre kleine Freundin

Anna Mary Livingstone

P.S. Bitte schreiben Sie mir bald, meine Adresse steht auf der ersten Seite, und bitte schicken Sie mir Ihre Karte.

Am 14. Januar 1869 schrieb Andersen in sein Tagebuch: »Bekam einen Brief mit einer Photographie von einem kleinen Mädchen in Schottland, es war ein Brief von der Tochter des berühmten Forschungsreisenden Dr. Livingstone. Sie schrieb mir in ihrer kindlichen Art, wünschte mir ein gutes Neues Jahr, sandte das Autogramm ihres Vaters.« Drei Tage später beantwortete er ihren Brief, und im Verlauf der nächsten fünfzehn Jahre wechselten er und Anna Mary Livingstone insgesamt dreizehn Briefe.

Wie gut er es verstand, auf Kinder einzugehen, zeigte sich natürlich am deutlichsten in seinem Verhältnis zu Kindern, die er persönlich kannte. Die folgenden Passagen aus Briefen, die er im Sommer 1867 mit Frau Melchior wechselte, beziehen sich auf deren kleinen Neffen, der noch nicht lesen und schreiben konnte und den Andersen sehr gern hatte.

Andersen an Frau Melchior (31. Juli): »Bitte sagen Sie William, daß vor einer kleinen Weile eine Fliege sich auf meinem Ohr ausgeruht hat; sie sagte, sie hätte gesehen, daß William mir einen Brief geschrieben hat; die Fliege wollte wissen, was er schrieb, aber er jagte sie weg. Ist das wahr?«

Frau Melchior an Andersen (5. August): »Der kleine William, der gestern hier war, fand Ihre Geschichte über die kleine Fliege lustig, sagte aber, er hätte sie ja gar nicht weggejagt.«

Andersen an Frau Melchior (7. August): »Bitte richten Sie meinem Freund William aus, daß er die Fliege, die ihm meine Grüße überbringen sollte, eben doch weggejagt hat; die Fliege versichert mir, daß es so gewesen sei, und sagt, sie kann beschwören, daß seine Hand schmutzig war; sie hat ganz deutlich einen Schmutzfleck auf seiner Hand gesehen, als er sie wegjagte. Wem soll ich glauben, der Fliege oder William? Übrigens, sagen Sie ihm bitte, daß die Fliege eine fliegende Prinzessin ist; ihr Vater lebt noch und regiert über alle menschlichen Nasen.«

Andersen an Frau Melchior (12. August): »Bitte sagen Sie William, daß ich einem Sperling Grüße aufgetragen habe; er wird im Garten dreimal an ihm vorbeifliegen, das bedeutet: Guten Tag, William!«

In diesem Zusammenhang sei eine Passage aus Georg Brandes' Aufsatz zitiert, die sich mit Andersen als einem schon bei Lebzeiten zum Klassiker gewordenen Kinderbuchautor befaßt:

»Wie glücklich ist doch ein Dichter wie Andersen! Welcher Schriftsteller hat ein Publikum wie er? . . . Seine Märchen gehören zu den Büchern, die wir silbenweise entziffert haben und die wir noch heute lesen. Es sind einzelne darunter, in welchen uns die Buchstaben noch immer größer, die Wörter gewichtvoller erscheinen als in anderen Büchern, weil wir sie zum ersten Mal Buchstaben für Buchstaben und Wort für Wort kennenlernten. Und welche Freude muß es für Andersen gewesen sein, in seinen Träumen dies Gewimmel von Kindergesichtern zu Tausenden um seine Lampe zu sehen, diese Menge blühender, rosenwangiger kleiner Krausköpfe, wie im Gewölk eines katholischen Altarbildes, flachshaarige dänische Knaben, zarte englische Babies, schwarzäugige Hindumädchen – sie vor sich zu sehen, reich und arm, buchstabierend, lesend, aufhorchend, in allen Ländern, in allen Zungen, bald gesund und froh, müde vom Spielen, bald schwächlich und blaß, mit durchsichtiger Haut nach einer der unzähligen Krankheiten, von denen Kinder dieser Erde heimgesucht werden, und sie diesen Wirrwarr weißer und dunkelbrauner Händchen begierig nach jedem neuen, fertig gewordenen Blatt ausstrecken zu sehen! Ein so gläubiges, so tief aufmerksames, so unermüdliches Publikum hat kein anderer.«

12
Die letzten Jahre

1869-1875

Am 6. September 1869 jährte sich zum fünfzigsten Mal der Tag, an dem Andersen nach Kopenhagen gekommen war und den er seither stets als den wichtigsten Tag seines Lebens betrachtet hatte. Anläßlich dieses Jubiläums veranstalteten seine Freunde ein Bankett, zu dem zweihundertvierundvierzig Gäste geladen waren. Es wurden Reden gehalten und Lieder gesungen, und den Ehrengast hinderten diesmal keine Zahnschmerzen am Genuß der Huldigung.

Wenige Wochen später trat Andersen eine Auslandsreise an, die fast sechs Monate dauerte. »Ich fange an, mich auf diese Reise zu freuen«, schrieb er an Henriette Collin. »Da ich nun fünfzig Jahre glücklich hinter mich gebracht habe, bleiben mir vielleicht nicht mehr viele Jahre zu leben und noch weniger, um zu reisen, deshalb möchte ich, solange mein Geist noch frisch ist und ich zu Recht behaupten kann, jung zu sein, ein paar Monate draußen genießen.«

Doch zwei Monate später schrieb er ihr aus Toulon: »Bisher hat mir diese Reise nicht viel Freude gemacht, ich glaube fast, das Ergebnis wird sein, daß ich künftig lieber zu Hause bleiben werde. Eins steht fest: Eine so große Reise werde ich nie mehr allein unternehmen; ich habe mich noch nie so einsam und bedrückt gefühlt wie auf dieser.«

Die Weihnachtstage verbrachte er in Nizza. In einem Brief an Edvard Collin schilderte er ein Erlebnis, das er während der Weihnachtsfeier in der Empfangshalle seines Hotels hatte: »Einer aus der Gesellschaft trat hervor und sagte: ›Wir haben unter uns einen Mann, dem wir alle, welcher Nation wir auch angehören, Dank schulden für viele glückliche Stunden, die er uns durch seine Schriften geschenkt hat. Wir danken ihm, auch im Namen unserer Kinder.‹ Dann übergab mir ein kleines Mädchen einen großen Lorbeerkranz mit flatternden Seidenbändern in den dänischen Farben; alle klatschten Beifall.« Edvard Collin antwortete umgehend: »Ich ging sofort in mein Arbeitszimmer hinüber, um Ihnen mit Tränen in den Augen zu schreiben, denn was Sie schildern, rührte mich tief, nicht weil damit Ihrer menschlichen Eitelkeit geschmeichelt, sondern weil darin wieder und wieder offenbar wird, welch merkwürdige Wege Gott Sie führt. – Und wie gut ist es, angesichts solcher Ehren Demut zu empfinden – ich weiß, daß Sie das tun; es ist gut, das Neue Jahr so zu beginnen.«

Da Andersen nicht länger allein reisen wollte, lud er nun den jungen Jones Collin ein, nach Nizza zu kommen. Doch nach wie vor konnte er diesen Auslandsaufenthalt nicht so recht genießen. »Die ganze Reise hat mir sehr wenig gegeben«, schrieb er an Frau Melchior, »ich habe fast das Gefühl, nichts anderes getan zu haben, als Zeit und Geld zu vergeuden.« Gemeinsam mit Jonas besuchte er – zum letzten Mal – Paris, dann traten die beiden die Heimreise an. Im März trafen sie in Dänemark ein, und Andersen war froh, wieder zu Hause zu sein.

Während seiner Abwesenheit waren drei neue Geschichten erschienen: *Hühnergretes Familie* (basierend auf der bewegten Lebensgeschichte der Jütländerin Marie Grubbe, über die später Jens Peter Jacobsen seinen berühmten Roman schrieb), *Was die Distel erlebte* und die Humoreske *Was man erfinden kann.*

1870 schrieb Andersen seinen fünften (und letzten) Roman, *Glückspeter*, die heitere Variation eines seiner Lieblingsthemen: Die Lebensgeschichte eines armen Jungen, der dank seiner künstlerischen Begabung zu Ruhm und Ehren gelangt, wird mit der Geschichte eines im Wohlstand Aufgewachsenen kontrastiert, der zeitlebens nur der Sohn aus reichem Hause bleibt. Peter (Peer), der Titelheld, ist am gleichen Tag geboren wie Felix, der Sohn einer Kaufmannsfamilie, die das große Haus bewohnt, in dessen Dachgeschoß Peters Eltern hausen. Wie schon im *Improvisator* und in seinem ersten Märchen *Das Feuerzeug* greift Andersen auch in diesem Roman auf das romantische Aladdin-Motiv zurück, das Adam Oehlenschläger in seinem gleichnamigen Stück so farbig gestaltet hatte. Es wäre falsch, den Romanhelden als Selbstporträt des Autors zu verstehen, wenngleich dessen frühe Erfahrungen im Königlichen Theater von Kopenhagen gewiß in die Schilderung von Peters Erlebnissen als junger Tänzer und Sänger eingeflossen sind und die Figuren des Schulmeisters Gabriel und seiner Frau, bei denen Peter eine Zeitlang logiert, deutlich an das Ehepaar Meisling erinnern [22] (dabei jedoch weniger boshaft charakterisiert sind als Herr und Frau Knepus in *Nur ein Geiger*). Da der Protagonist eine fröhliche, gutmütige Natur ist, tritt das gesellschaftskritische Moment nicht so stark hervor wie in früheren Romanen Andersens. In der folgenden Passage allerdings, in der Peter vom Chordirektor gerügt wird, weil er sich von adligen Herrschaften ausnützen läßt, übt Andersen deutlich Gesellschafts- und wohl auch Selbstkritik:

»›Du bist noch so grün, mein Freund, daß es dir Vergnügen macht, mit dem Adel zu verkehren. An und für sich sind diese Leute vielleicht ganz wacker, aber im Grund rümpfen sie über uns ›Bürgerpack‹ die Nase. Der eine verkehrt nur mit uns, um sich einen Jux zu machen; der Zweite, weil es modern ist, den Liberalen zu spielen; der Dritte hält es für ein Zeichen von Bildung, Künstler und andere Helden des Tages in der Menagerie seines Salons den hochwohlgeborenen Gaffern zu zeigen. Ist dir dieser Vergleich zu stark, so mag dir ein anderer – er läuft auf dasselbe hinaus! – besser behagen. Man schneidet dich wie eine hübsche Blume für eine Abendgesellschaft ab, tränkt dich wie sie mit Wasser (mit Teewasser!) und wirft dich wie sie fort, sobald du verwelkt bist.‹

›Wie unbillig und bitter Sie reden, Meister! Sie kennen diese trefflichen Leute nicht und wollen Sie nicht kennen.‹

›Gehöre ich denn zu ihnen? Ebenso wenig wie du selbst, du Enthusiast! Dieses Bewußtsein der Nichtzusammengehörigkeit verläßt die Blaublütigen im Umgang mit uns niemals: Blut ist ein ganz besonderer Saft. Sie hätscheln und tätscheln dich, wie sie ihr Rennpferd streicheln, das am Pfosten steht und scharrend auf das Zeichen zum Ablauf wartet. Du Piaffeur, sobald du aus der Mode bist, lassen sie auch dich fallen. Du würdest das begreifen, ginge dir nicht der Mannesstolz ab, für den du dir deine weibische Eitelkeit eingetauscht hast. Die hetzt dich unter die Aristokraten.‹«

Peter, das musikalische Genie, stirbt im Augenblick seines größten Triumphes an einem Herzanfall – nachdem er die Ovationen des Publikums für seine Oper »Aladdin«, in der er auch die Titelrolle sang, entgegengenommen hat. Kein tragischer Tod, denn er scheidet aus dieser Welt »umjubelt von denen, die ihn lieb hatten, glücklich zu preisen unter Millionen«.

Am selben Tag, als Andersen das Manuskript dieses Romans vollendete, brach der Deutsch-Französische Krieg aus. Einen Monat später, am 14. August 1870, schrieb er an Frau Henriques: »Ich bin ganz erschüttert über all dies Kämpfen und Blutvergießen. Hätte ich nicht in Ihrem ruhigen, friedlichen Heim meine jüngste Geschichte über Glückspeter vollenden können, dann wäre sie wohl nie fertig geworden.«

Seine Tagebucheintragungen zeigen, wie verstört er war:

15. Oktober. »Der Krieg in Frankreich erschüttert mich, ich leide an fixen Ideen, die mich wahnsinnig machen; ich sehe die Schrecken in Frankreich ständig vor mir, als müßte ich sie selber durchleben: Ich sehe mich von Bajonetten durchbohrt, die Stadt brennt, Freunde sterben, oder ich träume, ich werde ins Gefängnis geworfen.«

17. Oktober. »Mein Gemüt ist unendlich bedrückt, ständig denke ich an die Schrecken, die das französische Volk erleidet, an die Todesqualen der deutschen Soldaten. O Herr! wie kann ein königliches Herz so etwas ertragen? Ich entsinne mich, wie schlicht und herzlich er [Wilhelm I. von Preußen] und die Königin einmal zu mir sagten: ›Wenn ich wirklich betrübt bin, lese ich Andersens Märchen, dann fühle ich mich getröstet und erquickt.‹«

31. Oktober. »Der Satan raunt mir Böses ins Ohr. Der Krieg tötet mich.«

31. Dezember. »Blutrünstiges, entsetzliches Jahr 1870.«

Zum Kreise derer, denen Andersen Kapitel aus einem neuen Roman vorlas, gehörte auch Henrik Ibsen, der sich im Herbst 1870 in Kopenhagen aufhielt. Nach Andersens Worten fand er die Leseproben »sehr poetisch«.

Die beiden waren sich achtzehn Jahre zuvor schon einmal begegnet. Davon berichtete Ibsen in einem Brief, den er im Mai 1852 aus Kopenhagen an den Verwaltungsrat des Theaters in Bergen schrieb: »Ich habe H. C. Andersen kennengelernt; er rät mir dringend, von Dresden aus einen Abstecher nach Wien zu machen, um das Burgtheater zu sehen. Er fährt vielleicht zur selben Zeit hin und will mir dann behilflich sein.« [23] Aber aus diesem Plan wurde nichts, und in der Folgezeit hatte Andersen offenbar nicht mehr an den jungen Norweger gedacht, der bei jener ersten Begegnung noch ein unbekannter Stückeschreiber gewesen war. Jetzt aber kannte ganz Dänemark seinen Namen, und als Andersen erfuhr, daß im Hause von Bekannten ein Essen stattgefunden hatte, an dem auch Ibsen teilnahm, war er gekränkt, daß man ihn nicht eingeladen hatte, »diesen norwegischen Dichter, der die Norweger nicht liebt« kennenzulernen. Zwei Wochen später jedoch konnte er Henriette Collin berichten:

»Ibsen, der Dichter, speiste neulich hier in ›Rolighed‹ und war sehr liebenswürdig, bescheiden und angenehm. [24] Ich habe wirklich Zuneigung zu ihm gefaßt, aber bestimmt nicht zu seinem *Peer Gynt*, den ich nun gelesen habe; er erscheint mir so verrückt, daß er über das Erlaubte hinausgeht. Was soll das alles bedeuten? Außerdem sind die Verse nicht gut, und verschiedene Stellen haben etwas viel zu Zynisches an sich, zum Beispiel beim Fest des Bergtrolls.«

Sein weltweiter Ruhm hatte Andersen keine Reichtümer eingebracht: Einen internationalen Urheberschutz gab es damals noch nicht, und die Verlage konnten Übersetzungen herausbringen, ohne dem Autor Honorar oder Tantiemen zu zahlen. Die meisten ausländischen Verlage sandten Andersen nicht einmal Belegexemplare. Ein Honorar für fremdsprachliche Ausgaben seiner Werke erhielt er nur von Verlegern, denen er das betreffende Manuskript so rechtzeitig übersandt hatte, daß die Übersetzung erstellt werden konnte, bevor die dänische Ausgabe erschien (andernfalls bestand die Gefahr, daß mehrere Übersetzungen miteinander konkurrierten). Eine solche Vereinbarung hatte Andersen zum Beispiel mit seinem Leipziger Verleger C. B. Lorck getroffen, der ihm für die achtunddreißigbändige Ausgabe der *Gesammelten Werke* (1847/48) dreihundert Taler, für den *Ahasverus* siebenundzwanzig Friedrichsdor und für die Reisebeschreibung *In Schweden* zweihundert dänische Reichstaler zahlte. Die mit dem englischen Verleger Richard Bentley geschlossenen Verträge brachten Andersen insgesamt dreihundertfünfundvierzig Pfund Sterling ein.

Im Jahre 1866 war Margaret Gatty, die Autorin von *Parables from Nature* an ihn herangetreten, die, wie sie ihm schrieb, von einigen seiner »herrlichen phantasievollen Einfälle« zu ihren

Geschichten angeregt worden war.[25] Im Auftrag ihres Londoner Verlags Bell & Daldy bat sie ihn um die Genehmigung, einige seiner Märchen in dem von ihr edierten *Aunt Judy's Magazine* abdrucken zu dürfen. Andersen erklärte sich einverstanden, doch ein Honorar (zehn Pfund Sterling) erhielt er erst, als der Verlag diese Märchen in einen Band aufnahm, der 1869 unter dem Titel *Later Tales* erschien.

In Amerika hatte Andersen bereits dreißig Jahre lang zu den Bestseller-Autoren gezählt, bevor er sein erstes Honorar erhielt. Er hatte keinerlei Kontakt zu Verlagen in den Vereinigten Staaten und nur wenige persönliche Beziehungen zu Amerikanern. Die einzigen, mit denen er in engerer Verbindung stand, waren Henry Wadsworth Longfellow, der ihm Grußbotschaften, Gedichte und Photographien schickte, sowie der Geschäftsmann, Sozialist und Philanthrop Marcus Spring und dessen Frau Rebecca, die ihn immer wieder drängten, Amerika zu besuchen.

Ende der sechziger Jahre begann Andersen mit dem amerikanischen Jugendbuchautor Horace Scudder zu korrespondieren, der das *Riverside Monthly Magazine for Young People* herausgab. Scudder hatte 1861 in der *National Quarterly Review* einen Artikel über Andersens Märchen veröffentlicht und zwischen 1862 und 1868 viermal an Andersen geschrieben, ohne eine Antwort zu erhalten. Da er große Bewunderung für den dänischen Dichter empfand, gab er nicht auf, und schließlich gelang es ihm, Andersen als Autor für das *Riverside Magazine* zu gewinnen, in dem dann zwischen 1868 und 1870 zehn seiner späten Märchen erschienen, bevor sie in der dänischen Originalfassung veröffentlicht wurden.

Auf Scudders Betreiben erschienen in *Scribner's Monthly* zwischen 1871 und 1873 *Glückspeter* (als Fortsetzungsroman) und drei neue Erzählungen Andersens. Außerdem bewog Scudder den Verlag Hurd and Houghton, eine erweiterte Fassung von *Das Märchen meines Lebens* herauszubringen. Für diese Ausgabe schrieb Andersen einen Anhang, in dem er über seinen Lebensweg in den Jahren 1855 bis 1867 berichtete. Den Bemühungen Scudders war es auch zu verdanken, daß 1870/71 eine als »autorisierte Fassung« bezeichnete zehnbändige Ausgabe von Andersens *Gesammelten Werken* in New York erschien. Im Lauf der Jahre konnte Scudder größere Honorarzahlungen an Andersen überweisen, als dieser jemals aus dem Ausland bezogen hatte (der Gesamtbetrag belief sich auf 450 Pfund Sterling).

Obwohl die beiden nie persönlich zusammentrafen, ging ihr Briefwechsel weit über eine Geschäftskorrespondenz hinaus [26], zumal Scudder sich gewissermaßen als Schüler des großen Meisters betrachtete. Andersen, der ihm meist in sehr herzlichem Ton schrieb, war allerdings etwas vergrämt, als Scudder im *Riverside Magazine* den anonymen Brief eines Dänen abdruckte, der ein völlig schiefes Bild von der persönlichen Beziehung des Märchendichters zu den Kindern seines Heimatlandes gab. Zum Beispiel behauptete er, daß Andersen von den Kopenhagenern stets »der kleine Hans« genannt werde und daß ihm, sobald er sich auf der Straße zeige, die Kinder scharenweise nachliefen, ihn an den Rockschößen zögen und ihn bäten, Märchen zu erzählen; meist sei dann der »kleine Hans« so nett, ihnen diese Bitte zu erfüllen. Gegen diesen Unsinn (der übrigens noch heute verbreitet wird – man denke nur an den Andersen-Film mit Danny Kaye) verwahrte sich Andersen in einem Brief an Scudder:

»Dieser liebe Landsmann, der mir gegenüber offenbar die besten Absichten hat, dürfte mich wohl kaum kennen, nicht einmal vom Sehen. Es würde einem dänischen Kind nie einfallen, mich auf der Straße an den Rockschößen zu ziehen und mich derart zu überfallen. Das kleine Volk grüßt mich artig und freundlich, nickt mir vom Fenster aus zu, oder die Eltern führen ihre Sprößlinge zu mir auf die Straße heraus und erzählen mir dies und das – wieviel das Kind von mir hält, oder besser von ›Andersens Märchen‹. Als ich ein Kind war, riefen mich meine Eltern Hans Christian. [27] Seit damals bin ich nie mehr so genannt worden, außer von Amerikanern und Engländern. Der Rufname ›Hans‹, zumal wenn er mehrmals wiederholt wird, klingt komisch und würde [in Dänemark] nur ein Lächeln hervorrufen, da er nicht gebräuchlich ist und hierzulande nie benützt wird.«

Im Januar 1871 teilte er Horace Scudder mit: »Im Frühling mache ich wahrscheinlich eine Reise hinauf nach Norwegen.« Doch als es Frühling geworden war, schrieb er aus dem Süden Seelands an Henriette Collin: »Weiß Gott, wie weit ich diesen Sommer reisen werde. Wenn man den Storch das erste Mal im

Flug sieht, bedeutet es, daß man eine Reise macht; gestern sah ich ihn, aber er flog nicht, er stolzierte herum – bedeutet das, daß auch ich bloß ein wenig herumstolzieren werde?«

Am 8. Juni schrieb ihm Björnson aus Norwegen: »Mein lieber, wunderbarer Andersen! Sie müssen dieses Jahr heraufkommen. Ich sorge dafür, daß Sie uns so lieb gewinnen werden wie wir Sie seit langem geliebt haben. Bitte kommen Sie!« Und am 1. Juli teilte Andersen Frau Collin mit: »Ich habe noch einen Brief von Björnson erhalten, in dem er mich bittet, hinauf nach Norwegen zu kommen, aber er möchte, daß ich erst im August komme, dann würden ›die jungen Trolle ihre Beine vom Tisch nehmen und strammstehen, um mich zu begrüßen‹.« (Das war eine Anspielung auf die Ungehobeltheit der Norweger in Andersens Märchen *Elfenhügel*.)

Ende Juli fuhr Andersen nach Norwegen, wo er einen Monat blieb. »Björnson ist unübertrefflich nett und rücksichtsvoll«, schrieb er an Adolph Drewsen, »er hat nur den einen Gedanken, daß ich mich zu Hause und glücklich fühlen soll, was ich auch in Dankbarkeit tue.« Am 18. August fand ihm zu Ehren ein Bankett statt, bei dem Jörgen Moe, der namhafte Sammler norwegischer Volksmärchen, als Festredner sprach. Über seinen Besuch in Norwegen schrieb Andersen nach der Heimkehr in einem Brief an Horace Scudder: »Jeder Tag war ein Fest, überall traf ich aufrichtige und sympathische Freunde, und die Landschaft mit ihren Bergen, Wäldern und schäumenden Flüssen war malerisch und wunderschön. Ich möchte noch einmal hinfahren.«

Zwei Tage nach seiner Rückkehr fuhr er hinaus nach Petershöi, wo auch eine junge Dame aus England zu Gast war, die, wie er in seinem Tagebuch vermerkte, »als Kind meine Märchen unter ihrem Kopfkissen hatte und mich für einen Engel hielt«. In den folgenden zwei Wochen erwähnte er diese junge Dame – Annie Wood – mehrmals in seinem Tagebuch.

Zwei Jahre später zeichnete Annie Wood ihre Eindrücke von dieser Begegnung in einem Artikel auf, der unter dem Titel *A Few Weeks with Hans Andersen* im Februar 1875 in dem Journal *Temple Bar* erschien.

»Ich stand allein auf den Verandastufen, starrte ihn an, mein Herz pochte vor Aufregung, ich war froh, daß niemand Notiz von mir nahm, weil alle erpicht darauf waren, mit ihm zu sprechen. Ich sah also endlich den Mann leibhaftig vor mir, dessen Schriften die Freude meiner frühen Jahre und mir so lieb und teuer wie nichts auf der Welt gewesen waren! Ich regte mich nicht, betrachtete dann forschend sein Gesicht und fragte mich unwillkürlich, warum ein so wundervolles Genie in seiner äußeren Erscheinung so unscheinbar wirken mußte. Dann bemerkte, oder richtiger: *spürte* ich, wie sein Blick von den Freunden zu mir, der einsamen Gestalt auf den Stufen wanderte, und als er auf mich zukam, hörte ich ihn ganz schlicht und einfach sagen: ›Oh, da ist ein neues Gesicht – sie kennt mich nicht.‹

Madame H. [Henriques] drehte sich um, lächelte mir zu, als ich spontan auf ihn zuging, und sagte heiter: ›Das ist unser lieber englischer Gast. Sie hat sich so sehr gewünscht, Sie, lieber Andersen, zu sehen, daß Sie seit Tagen an nichts anderes gedacht hat, ich weiß es.‹ – ›Gut‹, erwiderte er, reichte mir die Hand, und als ich sie, von Freude, nein: fast von Ehrfurcht überwältigt, ergriff, sagte er in gebrochenem Englisch:

›Ah! Sie möchten mich kennen? Sie lieben mich die ganze Zeit? Ich will Ihnen ein Porträt von Andersen, dem Dichter, schenken.‹ Dann wechselte er plötzlich vom Englischen ins Deutsche: ›Haben Sie meine Geschichten gelesen?‹

›Sie waren der Sonnenschein meiner Kindheit‹, erwiderte ich herzlich; die schlichte, kindliche Art dieses Mannes hatte mir alle Scheu genommen. ›Ich habe sie mehr als alle anderen geliebt und hatte sie, seit ich sechs Jahre alt war und lesen konnte, beim Schlafen unter dem Kopfkissen liegen.‹

›Oh! Das ist gut!‹ Er rieb sich die Hände, wie es seine Gewohnheit ist, wenn ihn etwas freut. ›Kommen Sie, wir beide wollen uns ein wenig unterhalten; ich schenke Ihnen mein Porträt; wir werden Freunde, gute Freunde – nicht wahr? Alle mögen mich, Andersen. Aber jetzt muß ich mit all diesen lieben Leuten sprechen, und wenn Sie kein Dänisch verstehen, übersetze ich für Sie, kommen Sie!‹ Er wandte sich zur Seite, und in der gleichen schlichten Art, in der er mit mir über sich gesprochen hatte, nahm er Platz und fragte, ob die Gesellschaft hören wollte, was er während seiner Abwesenheit alles erlebt hatte . . .

Er ist eine schlichte Natur, unkompliziert in seinem alltäglichen Umgang mit anderen. Ich fand ihn als Gesellschafter ganz reizend. Während unseres gemeinsamen Aufenthalts in diesem Haus, in der zwanglosen Atmosphäre des Landlebens, verbrachte ich so manche Stunde an seiner Seite, genoß seinen erstaunlichen Fabuliergeist und lauschte seinen wunderlichen Reden, die aus einer fernen Welt zu kommen schienen, zu der außer ihm niemand, dem ich je begegnet war, Zugang gefunden hatte. In der Kühle des Nachmittags machte er gern Spaziergänge durch die Wiesen und Felder – mit jedem aus unserem Kreise, der gerade Lust dazu hatte. Die erste Viertelstunde sagte er nicht viel, sondern schlenderte den Weg entlang, stocherte mit seinem Spazierstock in jedem Loch und jedem Winkel herum oder berührte damit alles mögliche, das er auf dem Weg liegen sah. Dann erregte irgend etwas seine Aufmerksamkeit – ein Stückchen Glas, eine verwelkte Blume oder die Überreste eines Insekts –, was immer es war, er hob es auf, berührte es sanft, beugte sich liebevoll darüber und begann dann mit leiser, fast bekümmerter Stimme von der Lebensgeschichte dieses Gegenstandes zu erzählen, von seinen Freuden und Leiden und dem traurigen Los, das ihn dorthin brachte, wo er ihn gefunden hatte. Ich hörte ihm andächtig zu, betrachtete das Ding in seiner Hand und dann das verträumte Gesicht, das so ernste Worte sprach, und fragte mich, ob Seele und Körper dieses Mannes wirklich in die irdische Welt gehörten, in der wir anderen so prosaisch lebten, oder ob er nicht vielleicht im nächsten Augenblick in jenes Reich des Geistes, aus dem er sich seine phantastischen Einfälle holte, entschwinden und nicht länger bei uns weilen würde.

Mir schien, als lebte er in einer Welt, die ganz seine eigene war; in allem, was er dachte und tat, unterschied er sich von den Menschen seiner Umgebung; oft mußte ich über seine phantasievollen Interpretationen alltäglicher Vorfälle lächeln, und dann beneidete ich den lieben alten Mann um die Fähigkeit, kleinen Ärgernissen, wie sie selbst im geregeltsten, ordentlichsten Haushalt vorkommen können, heitere Seiten abzugewinnen und andere damit zu belustigen.«

Am 28. Oktober 1871 schrieb Horace Scudder an Andersen:

»Hoffentlich sind Sie nach Ihrer Norwegenreise so gut gelaunt und reiselustig, daß Sie ernsthaft über ein Angebot nachdenken werden, das Ihre hiesigen Verleger Ihnen machen möchten. Ein

Besuch Andersens in Amerika würde so viele Menschen glücklich machen, daß wir allen Ernstes hoffen, Sie bewegen zu können, *jetzt* herüberzukommen und mindestens sechs bis acht Monate zu bleiben. Ihre Verleger werden mit dem größten Vergnügen die Kosten Ihrer Überfahrt nach Amerika und zurück übernehmen und sich freuen, Sie in ihren Häusern in Cambridge und New York als Gast zu sehen, solange Sie ihnen die Ehre Ihres Besuches erweisen wollen; und wir zweifeln auch nicht daran, daß Ihnen überall, wohin Sie in Amerika reisen, die Türen weit offen stehen werden.«

»Ich würde gern zusagen«, schrieb Andersen in sein Tagebuch, »habe aber eine Vorahnung von den Qualen der Seereise und fürchte, nicht die Kraft zu haben, das alles durchzustehen. Ich möchte lieber in Dänemark sterben.« An Scudder schrieb er, daß es ihm nicht leicht falle, seinen Brief zu beantworten. »Ich wünsche mir sehr, Amerika und meine Freunde dort zu besuchen, fürchte mich aber vor dem großen Ozean, auf dem meine sehr liebe Freundin, Fräulein Wulff, auf einem brennenden Schiff, der *Austria*, ums Leben gekommen ist. Ich sehne mich unendlich danach, das große Land im Westen zu sehen und die vielen dort, die so freundlich und gut zu mir sind.«

Ein paar Monate später überbrachte ihm ein gerade aus Amerika zurückgekehrter Freund eine Botschaft von Longfellow: Wenn Andersen in Amerika drei seiner Märchen vorläse (die sprachlichen Probleme ließen sich durch sorgfältige Probenarbeit überwinden), könnte er ein Vermögen verdienen – bestimmt genauso viel, wie Dickens durch seine Lesungen in Amerika verdient hatte.

Doch diese Einladungen wären auch dann zu spät gekommen, wenn Andersen sich nicht vor der Atlantiküberquerung gefürchtet hätte: Er war zu alt, um eine so strapaziöse Reise zu unternehmen.

Im März 1872 veröffentlichte er einen Band mit dreizehn neuen Märchen und Geschichten (von denen acht bereits in Amerika erschienen waren), darunter *Das Glück kann in einem Hölzchen liegen, Das Unglaublichste, Die große Seeschlange* (eine Geschichte über das Telegraphenkabel zwischen Amerika und Europa) und die Satire *Der Gärtner und die Herrschaft*.

Kurz darauf fuhr Andersen wieder ins Ausland, diesmal in Begleitung des jungen dänischen Schriftstellers William Bloch, zu dem er eine herzliche Zuneigung gefaßt hatte. Es war die altgewohnte Reiseroute durch Deutschland (in Dresden suchten sie Ibsen auf) nach Prag und Wien – diesmal erweitert durch einen Besuch in Venedig. Nach der Heimkehr litt er vierzehn Tage lang an Depressionen:

16. Juni [1872]. »Ich fühle mich krankhaft niedergedrückt.«

23. Juni. »Ich vergeude meine Zeit, habe keine Einfälle für literarische Arbeiten. Bedrückt darüber.«

30. Juni. »Gebt mir etwas zu tun, es ist ein Jammer, so faul zu sein.«

1. Juli. »Nicht mit mir zufrieden. Mein jugendlicher Geist verflüchtigt sich. Nichts, worauf ich mich freuen könnte. Ich bin reizbar, unbefriedigt und faul.«

Doch es dauerte nicht allzu lange, bis ihm neue Einfälle kamen, und er schrieb in rascher Folge die Geschichten *Tante Zahnweh, Der Floh und der Professor* und *Der Hausschlüssel.*

Am 22. Juli 1872 besuchte ihn in der Villa Rolighed »ein junger Engländer vom Britischen Museum, ein Bewunderer von mir; ich gab ihm meine Photographie, und er blieb zum Abendessen«. Dieser Besucher war der dreiundzwanzigjährige Edmund Gosse, der seine Begegnung mit Andersen später in dem Buch *Two Visits to Denmark* (1911) folgendermaßen schilderte:

»Plötzlich jedoch, als wir im Salon saßen, erschien an der Tür ein sehr großer älterer Herr, ganz in Braun gekleidet und mit einer Lockenperücke im gleichen gelbbraunen Farbton. Im ersten Moment war ich fast peinlich berührt von der grotesken Häßlichkeit seines Gesichts und seiner Hände und von den ungeheuer langen, schlenkernden Armen; doch dieser Eindruck wich, sobald er zu sprechen begann; seine Augen hatten einen sehr liebreichen und lebhaften Ausdruck, und aus allem, was er sagte, sprachen Freundlichkeit und Treuherzigkeit. Man hatte ihm einen jungen englischen Besucher angekündigt, und sogleich nahm er meine Hand in seine großen Hände, tätschelte und drückte sie. Obgleich meine Hände sich keiner besonderen Zartheit rühmen können, nahmen sie sich in denen von Hans Andersen wie Kiesel in einem plätschernden Bach aus, wie E.B.B. [Elizabeth Barrett Browning] es ausgedrückt hätte.

Hans Andersen hatte ein Bauerngesicht, aus dem die Feinfühligkeit und Bildung eines ganzen Lebens den Stempel der Scholle nicht getilgt hatten. Es war jedoch erstaunlich, wie rasch dieser erste Eindruck sich verflüchtigte und an seine Stelle das Bewußtsein trat, daß dieser Mann große innere Vornehmheit besaß. Er brauchte nur zu sprechen, eigentlich fast nur zu lächeln, und seine geniale Natur offenbarte sich. Mich überkam das gleiche Gefühl, das, wie man mir erzählt hatte, Kinder in seiner Gegenwart empfanden. Ich verlor jede Scheu und Zurückhaltung und versuchte mühsam und eifrig, aber mit fast unglaublichem Erfolg, meine Gefühle auf dänisch auszudrücken.«

Nachdem er Gosse das Haus und die Aussicht auf den Sund gezeigt hatte, las Andersen ihm seine gerade vollendete Geschichte *Der Krüppel* vor. Gosse berichtet darüber:

»Er las mit leiser Stimme, die bald fast nur noch ein heiseres Flüstern war; aus Mitleid mit mir, der ich ihn nur unvollkommen verstand, las er langsam, und während er las, saß er neben mir, und seine erstaunlich lange, knochige Hand – eine große, braune Hand, fast wie die eines Waldarbeiters – umschloß meine Schulter. Während er las, brachte der Sonnenuntergang alle Farben, die glitzernden Segel, das Meer, die gegenüberliegende schwedische Küste, den rötlichen Himmel darüber zum Erglühen. Es war, als ob die Natur selber vor Entzücken über den Klang von Andersens Stimme erglühte.«

Doch die heitere Stimmung, in der Andersen den Besucher aus England empfangen hatte, hielt nicht lange an:

12. September [1872]. »In düsterer, unglücklicher Stimmung, denke an den Tod . . . Dr. Bloch erzählte mir vom Irrenhaus in Aarhus und den Wahnsinnigen dort, von den ersten Symptomen des Wahnsinns; ich hatte ein Angstgefühl, er könnte die gleichen Symptome in mir entdeckt haben.«

28. September. »Melancholisch gestimmt, *tedium vitae* und eine merkwürdige Angst, wahnsinnig zu werden.«

6. Oktober. »Nervös, übellaunig und – gottlos; deshalb bin ich verzweifelt.«

Im November 1872 wurden Andersens letzte Märchen und Geschichten veröffentlicht: *Was die alte Johanne erzählte* (basierend auf Erlebnissen aus seiner Kindheit), *Der Hausschlüssel*, *Der Krüppel* und *Tante Zahnweh*.

Fast zum gleichen Zeitpunkt wurde er ernstlich krank. (Die Symptome lassen kaum Zweifel daran, daß es sich um das erste Stadium der Krebserkrankung handelte, die zu seinem Tod führte.) Er war monatelang bettlägrig und wurde immer gebrechlicher. »Ich werde diesen Winter wohl kaum überleben«, schrieb er am 9. Februar 1873 in sein Tagebuch. »Sicherlich werde ich einen Rückfall haben und sterben.« Daß König Christian IX., der Kronprinz und andere Mitglieder der königlichen Familie ihn des öfteren am Krankenbett besuchten, munterte ihn in diesen schweren Tagen ein wenig auf.

Trotz seines schlechten Gesundheitszustandes ließ er es sich nicht ausreden, im Frühjahr 1873 wieder ins Ausland zu reisen. In Begleitung des jungen dänischen Schriftstellers Nikolaj Bögh verbrachte er zweieinhalb Monate in Deutschland und der Schweiz. Es war seine letzte Auslandsreise.

Aus der Schweiz schrieb er an Edvard Collin:

»Viele Freunde habe ich, ja manche, die so lebhaft teilnahmsvoll sind, als gehörte ich zu ihren nahen Verwandten, zum Beispiel Melchiors. Aber Sie, lieber Freund, sind der älteste unter den Freunden, schon seit jener Zeit, als Sie mir beim lateinischen Aufsatz halfen und ein wenig zu sehr Mentor waren, bis in die letzten Jahre, in denen alles sich so richtig abgeklärt hat . . . Alle Ihre vortrefflichen Eigenschaften leuchten bei jeder Gelegenheit auf, und ich bin nicht der einzige, der Sie so sieht. Sie sind mir unendlich lieb, und ich werde zum Herrgott beten, daß Sie mich überleben mögen, denn ich kann Sie nicht missen. Was ich hier schreibe, strömt mir aus dem Herzen, Sie werden mich verstehen. Es ist wunderbar, Freunde in der Welt zu haben, Freunde, wie ich sie habe.«

Die Erregung über einen unwichtigen, völlig unzutreffenden Artikel, den die *Chicago Times* über ihn gebracht hatte, überschattete zeitweilig Andersens Aufenthalt in der Schweiz. »Ich geriet in die finsterste Laune, schlief schlecht, schwitzte und empfand eine fiebrige Angst vor dem Unglück, das über mich hereinbrechen würde.« Auf der Fahrt über den Vierwaldstädter See wurde er, wie er notierte, von einer »seltsamen Angst« befallen – »[ich] mochte nicht leben, wagte nicht zu sterben, dachte daran, daß die nächste seelische Erschütterung mich zum Wahnsinn treiben würde«.

Nach der Heimkehr wiederholten sich diese Schwermutsanfälle. Am 3. September 1873 schrieb er an Henriette Collin:

»Mein Gemüt ist niedergedrückter, als sich das jemand vorstellen kann, ich habe in der letzten Zeit sterbenslangweilige Tage verlebt, ich freue mich auf nichts, habe keine Zukunft mehr, das Leben und die Tage plätschern um mich dahin, und ich warte eigentlich nur darauf, daß der Vorhang fällt. Das sei sehr undankbar, sagen Sie. Ich weiß alles, was gesagt werden kann.«

Am 1. November machte er folgende Tagebucheintragung:

»Bin äußerst elend und leidend, schrieb darüber an Edvard Collin. Ich werde nie mehr gesund, und der Tod läßt sich Zeit. Ich möchte sterben und gleichzeitig fürchte ich mich davor.«

Sein Brief an Edvard Collin enthielt folgende Passage:

»Nun ist es dreizehn Monate her, seit ich krank wurde; man sagt zwar, ich sei auf dem Wege der Besserung, aber das glaube ich nicht. Mir wird allmählich klar, daß ich nicht mehr genesen werde, aber nur Gott weiß, wie lange ich das noch aushalten muß. Ich fühle mich schrecklich einsam, und meine Gedanken werden immer krankhafter. Bitte kommen Sie bald zu mir. Sie sind einer der wenigen Freunde, die mich aufmuntern können, ob ich nun vernünftig rede oder nicht.«

Noch am selben Tag vermerkte er in seinem Tagebuch:

»Bei Einbruch der Dunkelheit, gleich nach dem Abendessen, kam Edvard Collin zu mir. Ich erzählte ihm alles über die seltsamen Gedanken, die mich gemartet haben, er ging sofort darauf ein und erzählte mir Ähnliches von sich selbst, zum Beispiel daß er, genau wie ich, nachts aufgestanden sei, um nach dem Feuer und dem Licht zu sehen, obwohl er genau wußte, daß er vor dem Schlafengehen alles ausgelöscht hatte. Ich war so ermutigt durch seine Teilnahme und die ganze Art, wie er mit mir sprach, daß mein Gemüt ganz erleichtert war und ich mich wie neugeboren fühlte.«

Am 15. Dezember schrieb er an Henriette Collin:

»Ich sehe keinen Fortschritt, keine Zukunft; wenn das Alter auf diese Weise kommt, dann ist es schrecklich.«

Anfang 1874 trat eine leichte Besserung ein, doch Andersen war immer noch geschwächt und hatte zuweilen Schmerzen. Nach wie vor erregte er sich über die unwichtigsten Dinge und brach leicht in Tränen aus. Da er zu literarischer Arbeit nicht mehr fähig war, beschäftigte er sich damit, einen großen Wandschirm mit Bildern aus illustrierten Zeitschriften, Photographien und dergleichen zu dekorieren – eine bemerkenswerte Collage, an der er oft tagelang intensiv arbeitete.

Am 2. April 1874, seinem neunundsechzigsten Geburtstag, schrieb er in sein Tagebuch:

»Zufällig ist heute Gründonnerstag, genau wie am Tage der Schlacht von Kopenhagen [2. April 1802]. Ich war an diesem Morgen meines neunundsechzigsten Geburtstages sehr ernst gestimmt und fühlte mich gar nicht wohl. Als ich zum Fenster ging, sah ich draußen das beflaggte Schiff, aber die dänische Flagge hing auf Halbmast; das war ein Zeichen von Tod, nicht von Glück; es bedrückte mich, ich nahm es als schlechtes Omen, obwohl ich gegen diesen Aberglauben ankämpfte.«

Anläßlich seines Geburtstages verlieh ihm der König den Titel »Konferenzrat«. Die Melchiors gaben zur Feier des Tages ein Galadiner. »Ich war den ganzen Abend in ruhiger, glücklicher Stimmung«, lautet der letzte Satz seiner Tagebucheintragung vom 2. April.

Zwei Wochen später vermerkte er:

»Bekam vom Großherzog von Weimar ein Telegramm; er hatte den Wunsch, über mein Befinden etwas zu erfahren. Ich war sehr gerührt; wir haben seit dem letzten deutschen Krieg mit Dänemark nicht mehr im Briefwechsel gestanden; ich bin oftmals traurig gewesen, daß zwischen uns alles abgebrochen war, und ich konnte nicht mit mir darüber ins reine kommen, ob ich nicht doch einmal an ihn schreiben sollte. Nun ist er so voller Teilnahme und so gütig, daß er derjenige ist, der den Anfang macht. Ich schickte sogleich ein Telegramm, auch einen Brief und habe Staatsrat Collin gebeten, ihn in besseres Deutsch zu bringen.«

In diesem Brief schrieb er Großherzog Carl Alexander, den er seit 1857 nicht mehr gesehen hatte: »Während der vielen großen, nun bald historischen Begebenheiten habe ich nicht geschrieben; ein Jahr folgte dem andern, und ich wußte nicht, ob ich einen Briefwechsel wieder aufnehmen dürfe, der mich einmal so glücklich gemacht hat. Nun weiß ich, daß ich es darf und kann.«

Im Frühjahr 1874 kam Edmund Gosse zum zweiten Mal nach Dänemark. Er hatte seit 1872 mit Andersen korrespondiert und sich eifrig bemüht, einen englischen Verlag zu finden, der dessen letzte Märchen und Geschichten in seiner, Gosses, Übersetzung, in einem Einzelband herausbringen würde. Doch am 18. März 1873 mußte er Andersen mitteilen:

»Hier in London will es niemand wagen, eine Übersetzung Ihrer letzten Erzählungen herauszubringen. Das wird Sie vielleicht ebenso überraschen wie mich, aber der Grund liegt darin, daß Ihre Werke bei uns so ungemein beliebt sind. Falls keine sehr billige Allerweltsausgabe herausgebracht werden kann – und das wäre weder für Sie noch für mich der Mühe wert –, fürchten die Verleger, daß andere Verlage die Übersetzung sofort nachdrucken und sie selbst um ihren Gewinn kommen würden. Eine weitere Schwierigkeit ergibt sich daraus, daß in Amerika bereits eine Übersetzung vorliegt. Sie wissen, daß weder zwischen England und Dänemark noch zwischen England und Amerika ein Copyright-Abkommen besteht, Ihre Werke daher einer doppelten Gefahr ausgesetzt sind.«

Am 20. Januar 1874 hatte Andersen an Gosse geschrieben:

»Schriftstellerisch habe ich mich seit langer Zeit nicht mehr betätigt. Ich wurde vor einem Jahr und vier Monaten krank und bin immer noch leidend; mein Zustand bessert sich, wenn auch sehr langsam, meine Leber ist sehr angegriffen, ich bin noch kurzatmig und habe Schmerzen in den Beinen; nur mit großer Mühe kann ich Treppen hinaufsteigen; ich kann meine Freunde nicht wie früher besuchen, sie müssen zu mir kommen, und das tun sie auch sehr getreulich. Mein Arzt meint, daß ich im Frühling wieder wohler und kräftiger sein werde, dann möchte ich reisen. Ich sehne mich danach, England und meine lieben Freunde dort zu besuchen, fürchte aber, das wird zu anstrengend für mich sein; ich werde wohl in den Süden in die Berge fahren müssen.«

Kurz nach seiner Ankunft in Kopenhagen sprach Gosse, der auf seine vorherige Anfrage eine in zittriger Schrift gekritzelte Einladung Andersens erhalten hatte, in dessen Wohnung am Nyhavn vor. Von der Hauswirtin wurde er zunächst abgewiesen. »›Unmöglich‹, sagte sie, der Konferenzrat (denn so wurde er angeredet) könne niemanden empfangen. Er sei sehr erschöpft, sehr schwach.«

»Als sie meine große Enttäuschung und Sorge bemerkte und

erfuhr, daß Andersen selber mich herbestellt hatte, ging sie schließlich hinein, um mit ihrem Herrn zu sprechen, und kam dann, sichtlich verstimmt, zurück, um zu melden, der Konferenzrat bestehe darauf, daß ich hereinkäme, aber sie fügte von sich aus hinzu: ›Sie dürfen nicht länger als zwei Minuten bleiben; er ist sehr krank.‹ Als ich das helle, hübsche Wohnzimmer betrat, kam Hans Christian Andersen durch die gegenüberliegende Tür herein. Er lehnte sich gegen einen Stuhl und konnte nicht weitergehen. Ich war unendlich betroffen, zu sehen, wie sehr er sich verändert hatte, seit er mir vor nur zwei Jahren so heiter und mitteilsam begegnet war. Er trug einen enganliegenden, gelbbraunen Gehrock, der ihm bis zu den Fersen reichte . . . Dieses altmodische Kleidungsstück betonte die auffallende Magerkeit seiner hochgewachsenen Gestalt, die, wie man so sagt, nur noch ein Schatten ihrer selbst war. Das Asthma setzte ihm so zu, daß er kein Wort herausbringen konnte, und zwischen Kummer, Verlegenheit und Hilflosigkeit schwankend wünschte ich mich meilenweit fort.

Die Tür, durch die er eingetreten war, blieb offen, und ich nahm an, daß sie in sein Schlafzimmer führte. Ich bat ihn inständig, dorthin zurückzukehren und mir zu erlauben, zu einem günstigeren Zeitpunkt vorzusprechen. Doch während er sich schwer auf mein Handgelenk stützte und zurückhumpelte, stellte ich fest, daß der Raum kein Schlafzimmer, sondern eine Bibliothek war, wo ich ihn dann leicht dazu überreden konnte, sich auf ein sehr bequemes Sofa zu setzen. Jetzt fand er seine Stimme wieder und wollte mich keinesfalls gehen lassen. Ich mußte mich neben ihn auf einen Stuhl setzen, und er hielt meine Hand liebevoll in der seinen. Mit großer Sanftmut erklärte er, dies sei nicht der Anfang, sondern das Ende einer Krankheit. Wie ich sehr wohl wußte, hatte er seit Neujahr ständig an einem sehr schmerzhaften Übel gelitten; doch obwohl er sehr schwach war, sagte er, es ginge ihm fast wieder gut. Bis dahin hatte ich noch kaum bemerkt, daß eine dritte Person im Zimmer war, ein gutaussehender junger Mann, den mir Andersen jetzt vorstellte. ›Das ist Nikolaj Bögh. Sie lesen so viel Dänisch, daß ich annehmen darf, Sie kennen seine Gedichte. Er ist wie ein Sohn zu mir; Gott segne ihn!‹ ›Er sagte mir auch, daß Bögh ihn seit dem letzten schweren Anfall nicht mehr verlassen habe und daß er hoffe, ihn stets bei sich zu haben. ›Ohne ihn wäre ich schon gestorben!‹ Und während er mit der einen Hand noch immer die meine hielt, drückte er mit der anderen die Hand des jungen Freundes.«

Von seiner dritten und letzten Begegnung mit Andersen, der ihn zwei Tage später wieder zu sich gebeten hatte, gab Gosse folgende Schilderung:

»Georg Brandes begleitete mich bis zur Tür des Hauses am Nyhavn, dann verabschiedete er sich, nicht etwa weil er dem alten Dichter nicht willkommen gewesen wäre, sondern weil wir beide glaubten, die Aufregung, gleich zwei Besucher zu haben, könnte Andersen schaden. Er hatte schon wieder einen Rückfall erlitten, doch ich traf ihn in Straßenkleidung im Wohnzimmer an, wo er, zu meiner großen Überraschung, sogar vor der Kamera eines Photographen posierte. Ich wartete im Hintergrund, bis diese Prozedur vorüber war; sie hatte ihn sehr ermüdet, und ich blieb nur noch ein paar Minuten. Er war liebenswürdig und rührend; er sprach von der großen illustrierten Ausgabe seiner *Märchen*, die rechtzeitig zu Weihnachten herauskommen sollte, und versprach, mir eines der ersten Exemplare zu schicken – ›falls ich dann noch lebe, ach! – wenn ich doch nur so lange leben würde!‹ Seine Dienstboten liefen geschäftig hin und her, sie packten gerade seine Koffer für einen Besuch beim Grafen Danneskjold-Samsöe. Man glaubte, die Stadtluft sei schlecht für ihn, und wollte ihn unverzüglich aufs Land bringen. Er war traurig, aber nicht erregt; er sagte mir sehr liebevoll Lebewohl; seine letzten Worte waren: ›Denken Sie an mich in Ihrem lieben, fernen Land, denn wir werden uns vielleicht nie wiedersehen!‹«

Zwei Tage später verließ Andersen Kopenhagen. Er reiste allerdings nicht, wie Edmund Gosse meinte, zum Grafen Danneskjold-Samsöe, sondern zum Grafen Holstein auf Holsteinborg in Südseeland, wo er sich fast einen Monat aufhielt. Sodann verbrachte er zwei Wochen in der Villa Rolighed und danach war er in Bregentved bei Graf und Gräfin Moltke zu Gast. Von dort schrieb er an Frau Melchior:

»Märchen fallen mir nicht mehr ein! Es ist, als hätte ich den ganzen Kreis mit Märchenradien, einen dicht neben dem andern, ausgefüllt. Gehe ich im Garten zwischen den Rosen – ja, was haben die und selbst die Schnecken mir nicht schon alles erzählt! Sehe ich das breite Wasserrosenblatt, dann hat Däumelinchen seine Reise darauf schon beendet. Lausche ich dem Winde – der hat von Waldemar Daae erzählt und weiß nichts Besseres. Im Walde unter den alten Eichen fällt mir ein, daß der alte Eichbaum mir längst seinen letzten Traum erzählt hat. Ich bekomme also keine neuen, frischen Eindrücke, und das ist trostlos.«

In Bregentved erhielt er einen Brief, den ein kleines Mädchen in Amerika an ihn geschrieben hatte. Beigelegt waren eine Dollarnote und ein Zeitungsartikel, in dem die amerikanischen Kinder aufgefordert wurden, den Dank, den sie Hans Christian Andersen schuldeten, dadurch abzustatten, daß sie dem alten Märchendichter zu einem sorgenfreien Lebensabend verhalfen. Er habe nach eigener Aussage noch keinen einzigen Dollar aus Amerika erhalten. »Ich ärgerte mich darüber«, schrieb Andersen in sein Tagebuch, »da ich ja im letzten Jahr durch Horace Scudder regelmäßig eine kleine Summe bekommen habe. Ich wurde nervös, konnte nicht einschlafen und hatte eine schlechte Nacht.«

Der Brief jenes kleinen Mädchens war der Beginn einer Legende, die Andersen viel Kummer bereitete. Eine Äußerung, wie sie ihm jener amerikanische Zeitungsartikel nachsagte, hatte er in der Öffentlichkeit nie gemacht; merkwürdigerweise aber hatte er am 16. Oktober 1873 etwas mißmutig in sein Tagebuch geschrieben: »Wieder ein Verehrerbrief aus Amerika in der Post. Man sollte da drüben lieber eine Sammlung veranstalten und mir einen Geldbetrag für mein kärgliches Alter schicken.« Jetzt aber, da sich dieser unbedachte Wunsch zu erfüllen schien, war Andersen sehr beunruhigt. Unverzüglich schrieb er an seinen Freund Bille, den Redakteur des *Dagbladet*, und bat ihn um Rat, wie man die Amerikaner von dieser Kollekte abbringen könnte. Es widerstrebe ihm, den Dollar zu behalten, doch ebenso ungern würde er ihn jenem wohlmeinenden kleinen Mädchen zurückschicken. Die Vorstellung, für einen wohltätigkeitsbedürftigen armen Schlucker gehalten zu werden, sei für ihn ebenso bedrückend wie der Gedanke, daß Horace Scudder und andere amerikanische Freunde glauben könnten, er habe tatsächlich behauptet, noch nie einen Dollar aus Amerika erhalten zu haben. Bille riet ihm, erst einmal abzuwarten, wie sich die Sache mit der amerikanischen Kollekte (bekanntgeworden unter der Bezeichnung »The

Children's Debt« – »Die Dankesschuld der Kinder«) entwickeln werde. »Sein Rat beruhigte mich etwas«, vermerkte Andersen, »aber in guter Stimmung, wie ich es eigentlich sein sollte, bin ich immer noch nicht.«

In der Villa Rolighed teilte ihm Moritz Melchior eines Tages mit, daß der amerikanische Gesandte gekommen sei, um ihm Geld aus den Vereinigten Staaten zu überbringen. Wie Andersen reagierte, zeigt seine Tagebuchnotiz:

»Es durchzuckte mich. Die Summe, die er brachte, betrug 200 Rtlr. dänisch, von Kindern in Washington; ich fand das wenig, behielt es aber bis auf weiteres, bat ihn inzwischen, an den Absender zu schreiben, daß ich nicht bedürftig sei, ich hätte 1000 Rtlr. jährlich vom Staat und ich hätte in letzter Zeit von meinem Verleger in New York halbjährlich eine kleine Summe erhalten. Ich bekam eine nervöse Hitze und schlief schlecht.«

Zwei Wochen später erhielt er einen Artikel aus einer New Yorker Zeitung, in dem von zwei kleinen Mädchen berichtet wurde, die ihre »Dankesschuld an den alten Märchenerzähler Hans Christian Andersen« entrichtet hatten. Als tags darauf weitere Zeitungsausschnitte eintrafen, war er zunächst wütend, aber als man ihm die Artikel übersetzte, war er zugleich gerührt über die Zuneigung, die aus dieser Spendenaktion sprach.

Schließlich entschloß er sich, dem Herausgeber der *Philadelphia Evening News*, der ihm einen Teil der Spenden übersandt hatte, einen Brief mit einer Botschaft an seine amerikanischen Leser zu schreiben.

»Der Gedanke, in dem diese Bewegung ihren Ursprung hat, rührt mich tief. Es ist für mich immer eine Freude und ein Glück gewesen, daß meine Märchen weit über die Grenzen meines kleinen Vaterlandes und seiner wenig bekannten Sprache hinaus Leser gefunden haben, und ich kann der gütigen Vorsehung nicht dankbar genug sein, daß sie mir gewährt hat, so zahllose Kinderseelen zu beeinflussen und, wie ich hoffe, so vielen kindlichen Herzen etwas Edles und Gutes vermittelt zu haben. Das bewegt mich tief, und ich weiß die Zuneigung und Dankbarkeit, die man mir bekundet, aufrichtig zu schätzen. Ich schätze sie umso mehr, als sie mir nach schwerer Krankheit und in *vermeintlicher* Bedürftigkeit zuteil werden.«

Er müsse jedoch, so fuhr er fort, »ein mögliches Mißverständnis« aufklären. Er sei zwar noch immer von der Krankheit geschwächt und vollende bald sein siebzigstes Lebensjahr – »aber ich bin nicht in Not. Mein Vaterland gehört nicht zu den Ländern, die zulassen, daß ihre Dichter Mangel leiden.« Er beziehe von der dänischen Regierung einen jährlichen »Ehrensold«, außerdem Einkünfte aus seinen schriftstellerischen Arbeiten. »Wenn es auch wahr ist, daß ich so gut wie kein Entgelt für die zahlreichen Übersetzungen meiner Schriften in fremde Sprachen empfangen habe, so erhielt ich doch hier und da ein Honorar, zum Beispiel aus Amerika von der sogenannten ›Author's Edition‹. Meine mitfühlenden Freunde dürfen daher nicht glauben, ich sei ein armer, alter, verlassener Dichter, der sich Sorgen um sein täglich Brot macht und seinen kranken Körper vernachlässigen muß . . . Ich achte es nicht gering, daß ich die Freude erleben durfte, daß im großen Amerika so viele Kinder ihre Sparbüchsen aufgebrochen haben, um den Inhalt mit ihrem alten Dichter zu teilen, den sie in tiefer Not glauben.« Man müsse jedoch verstehen, daß er keine Geschenke annehmen könne, die ihm von Privatpersonen zugesandt würden. In diesem Falle würde sich etwas, wofür er eigentlich Stolz und Dankbarkeit empfinden müßte, »in eine Demütigung verwandeln«. [28]

Doch auch nachdem er diesen würdevollen Brief geschrieben hatte, wurde Andersen seinen Kummer über die Spendenaktion nicht los. Im Oktober 1874 erfuhr er, daß man in Betracht zog, ihm eine Kutsche zu schenken, und später erzählte ihm ein Landsmann, der in Amerika lebte, er habe den Vorschlag gemacht, die Geldspenden lieber für ein amerikanisches Andersen-Denkmal zu verwenden, das in einem öffentlichen Park aufgestellt werden sollte. Andersen war empört darüber, daß dieser Landsmann ihn vorher nicht um seine Meinung gefragt hatte.

Die ganze Angelegenheit endete schließlich damit, daß Andersen einen Betrag von zweihundert Dollar und ein zweibändiges Prachtwerk, betitelt *Picturesque America*, erhielt.

Sorgen und Aufregungen brachte ihm aber auch eine von seinen Landsleuten geplante Ehrung. Ende 1874 erfuhr er, daß ein Komitee ganz Dänemark zu einer Spendenaktion aufrufen und den Erlös für ein Denkmal verwenden wollte, das anläßlich seines siebzigsten Geburtstages in dem Kopenhagener Park »Kongens

Have« aufgestellt werden sollte. Über den Wortlaut des Aufrufes, den er von Frau Melchior erhielt, war Andersen beglückt. »Ich saß lange da, bis spätabends, und dachte daran, wie wunderbar Gott mich in dieser Welt geleitet und mir weitergeholfen hat.«

Die erste Enttäuschung kam jedoch, als sein alter Freund Auguste Bournonville Kritik an dem Plan übte: Andersen dürfe nicht vergessen, daß er nicht nur viele Freunde, sondern auch viele Feinde habe, die sich möglicherweise sehr unverblümt dagegen aussprechen würden, daß man einer noch lebenden Person ein Denkmal setzen wolle. »Ich glaube«, notierte Andersen, »es steckt viel Wahrheit in dem, was er sagte; es begann, mich unangenehm zu beeindrucken, und meine gute Stimmung von heute morgen sank auf Null.« Frau Melchior dagegen erklärte, Bournonville müsse entweder nicht ganz bei Trost oder aber neidisch sein.

Zu einer weiteren Komplikation kam es im Februar 1875, als ein anderes Komitee zu einer Spendensubskription für ein »Hans-Christian-Andersen-Waisenhaus« aufrufen wollte und bei dem alten Dichter um Genehmigung nachsuchte. Er erklärte sich sofort einverstanden, bekam dann aber von Melchior und Bille zu hören, er hätte nicht zustimmen sollen, solange die Pläne bezüglich des Standbildes noch in der Schwebe waren. »Das bedrückte mich«, vermerkte Andersen. »Ich dachte, es könnte der Eindruck entstehen, ich hätte lieber ein Standbild als ein Waisenhaus. Ich saß den ganzen Abend bekümmert zu Hause.«

Aber es kam noch schlimmer. Nachdem die Spendenaktion für das Denkmal erfolgreich abgeschlossen war (eine Nachricht, die man Andersen an seinem siebzigsten Geburtstag überbrachte), wurde neben anderen Bildhauern auch August Saabye aufgefordert, einen Entwurf einzureichen. Als Andersen die Skizze sah, war er entrüstet. Am 29. Mai machte er folgende Tagebuchnotiz: »Besuch von Saabye, dessen Skizze für mein Standbild ich nicht ausstehen kann, weil sie mich an den alten Sokrates und den jungen Alkibiades erinnert. Ich konnte ihm das zwar nicht sagen, weigerte mich aber, ihm heute Modell zu stehen oder auch nur mit ihm zu sprechen. Ich wurde immer aufgebrachter.« Was ihm besonders mißfiel, war Saabyes Idee, ihn zusammen mit einem Kind darzustellen, dem er gerade ein Märchen vorlas. Er nahm

Anstoß an dem »großen Knaben, der zwischen meinen Beinen liegt«. An Jonas Collin jr. schrieb er:

»Saabye hat mich gestern abend wieder besucht. Mein Blut kochte, und so sagte ich meine Meinung klar und deutlich, sagte, daß keiner der Bildhauer mich kennt, daß keiner ihrer Entwürfe vermuten läßt, sie hätten das Charakteristische an mir gesehen oder erkannt, daß ich niemals vorlesen konnte, wenn jemand hinter mir oder dicht neben mir saß, erst recht nicht mit kleinen Kindern auf dem Schoß oder auf dem Rücken, oder jungen Kopenhagenern, die sich dicht gegen mich lehnten, daß es eine reine Phrase sei, mich den ›Kinderdichter‹ zu nennen. Es war mein Ziel, ein Dichter für sämtliche Lebensalter zu sein, und Kinder würden mich nicht repräsentieren. Das Naive war nur ein Teil des Märchens, der Humor war das Salz darin, und meine geschriebene Sprache stützte sich auf die Volkssprache, das war das Dänische in mir.«

Der endgültige Entwurf, nach dem August Saaby das Denkmal in »Kongens Have« schuf, zeigte keine Kindergestalt an der Seite des Märchendichters: Andersen hält ein Buch in der Hand und wendet sich an ein unsichtbares Publikum.

Andersens siebzigster Geburtstag (2. April 1875) wurde nicht nur in ganz Dänemark, sondern auch in vielen anderen Ländern gefeiert.

Am Vortag wurde der alte Dichter in der königlichen Equipage zum Schloß Amalienborg gefahren, wo ihm der König einen weiteren Orden verlieh und in seiner Ansprache erklärte, er habe Menschen in aller Welt glücklich gemacht.

Das Festprogramm am 2. April, dem Andersen etwas beklommen entgegengesehen hatte, begann mit einem Empfang und endete mit einem Bankett im Stadthaus der Melchiors und einem anschließenden Besuch des Königlichen Theaters, wo zwei Stücke von Andersen aufgeführt wurden. »Welch ein schöner, großartiger Tag«, schrieb er in sein Tagebuch, »und dennoch, wie kümmerlich ist mein Leib, um all diese Segnungen von Gott zu ertragen. Ich konnte nicht einschlafen, als ich im Bett lag, überwältigt von Gedanken und Dankbarkeit.«

Besonders beglückt war Andersen über einen Leitartikel der Londoner *Daily News*, in dem er als der Dichter bezeichnet wurde, »der vielleicht einen größeren Kreis von Bewunderern gefunden hat als jeder andere lebende Schriftsteller . . . Andersen wird von den Kindern aller europäischen Länder geliebt, und sein Ruhm wird in den Herzen künftiger Generationen weiterleben.« Die führende Rolle, die einst die *Edda* und andere nordische Sagen in der Weltliteratur gespielt hätten, sei inzwischen von der Literatur anderer europäischer Länder übernommen worden.

»Für einen dänischen Dichter wie Andersen ist es daher nicht leicht, die Mauer aus Eis zu überwinden, die den Genius des Nordens vom Genius Englands und Frankreichs trennt, gleich wie Brynhild durch eine Mauer aus Feuer vor ihren Freiern geschützt wurde. Nur vom Ruhme Ibsens hört man raunen, nur Thorvaldsens Bildhauerkunst ist weithin bekannt. Hans Andersen aber, der Schusterssohn aus Odense, ist ein fester Begriff geworden, und die Schöpfungen seiner Phantasie sind in das große Pantheon eingegangen, wo die von Shakespeare, Homer oder Scott geschaffenen Gestalten sich eines weniger vergänglichen Daseins erfreuen als sterbliche Menschen . . .

Hans Andersen ist es gegeben, Wesen zu schaffen, die man fast als neuartig bezeichnen kann, den Spielsachen unserer Kindheit und den uralten Formen des Aberglaubens Leben einzuhauchen. Der Zinnsoldat, das häßliche Entlein, die Meerjungfrau, das kleine Mädchen mit den Schwefelhölzern sind auf ihre Weise nicht weniger wirklich und lebendig als Othello, Mr. Pickwick und die schöne Helena. Sie mögen als ein bescheidenes literarisches Arbeitsgebiet erscheinen, diese Ammenmärchen und kindlichen Phantasiegebilde. Aber von allen, die sich darum bemüht haben, ist der dänische Dichter der einzige, dem es gelungen ist, die Vorstellungswelt, der die alten Märchen entsprangen, wiederzuentdecken und neu zu beleben.«

Der letzte Satz dieser Eloge war Andersen, der sich in seiner Tagebuchnotiz vom 10. April 1875 freudig bewegt auf diesen Artikel bezog, zweifellos aus dem Herzen gesprochen: »*Nur ein Autor, der für Erwachsene zu schreiben versteht, ist fähig, für Kinder zu schreiben.*«

Nach Vollendung seines siebzigsten Lebensjahres waren Andersen nur noch vier Monate beschieden. Aus den ersten beiden stammen folgende Auszüge aus seinem Tagebuch:

16. April [1875]. »Brief von einem Mann in Boston. Ich kann ihn nicht verstehen und bin daher nervös. Melchiors, bei denen ich aß, erklärten mir, er wünsche Auskunft darüber, welche der verschiedenen englischen und amerikanischen Übersetzungen am erfolgreichsten seien. Woher soll ich das wissen?«

19. April. »Aß allein bei Collins; Jonas brachte mich nach Hause. Heute ist es ganz sommerlich gewesen, habe mich viel wohler gefühlt.«

22. April. »Gestern stand im *Dagbladet* von seinem Berichterstatter in Paris ein netter Artikel über mich, daß so ungefähr alle Pariser Zeitungen mit großer Anteilnahme über meinen siebzigsten Geburtstag berichtet hätten.«

24. April. »Erhielt die *Illustrated News* aus London, darin mein Porträt. *Über Land und Meer* hat ein schlechtes Porträt von mir gebracht; einen herzlichen Artikel, aber mit lauter Lügen über mich und meine Entwicklung.«

26. April. »Aß bei Collins. Sprach mit Louise Drewsen viel von den alten Tagen und der Unterdrückung, die ich im Hause Collin erlitt, besonders durch den alten Collin. – Brief vom Herzog von Weimar; ich entnehme daraus, daß ein Orden von ihm unterwegs zu mir ist.«

2. Mai. »Das Weimarer Kommandeurkreuz wartet im Zollschuppen auf mich.«

4. Mai. »Ein ständiger Strom von Briefen mit Bitten um ›Autogramme‹; sie kommen aus Amerika, Deutschland und England.«

7. Mai. »Brief an den Großherzog von Weimar.«

8. Mai. »Briefe von überallher wegen Autogrammen.«

15. Mai. »Es ist schrecklich, von Narren umgeben zu sein. Was ich alles ertragen muß!«

Die Tagebucheintragung, in der er ausführlich seinen Zustand am 22. Mai schildert, an dem er sich sehr krank und hilflos fühlte, schließt mit den Worten: »Nun kam Jonas, half mir, warme, trockene Sachen anzuziehen; sehr geschwächt legte ich mich wieder ins Bett. Jonas blieb die Nacht über hier, im Vorderzimmer.«

Am 12. Juni wurde Andersen in die Villa Rolighed gebracht, wo er von einem Pfleger betreut wurde, den die Melchiors für ihn engagiert hatten. Zwei Tage später schrieb er in sein Tagebuch: »Sie sind hier draußen bestimmt meiner müde; ich mache auch zu viel Mühe. – Meine Stimmung ist heute ganz tief unten. Herr! Herr! Was soll nur aus mir kümmerlichem Kranken werden?«

Seine letzte eigenhändige Tagebuchnotiz machte er am 19. Juni. Die Eintragungen der folgenden Wochen diktierte er verschiedenen Mitgliedern der Familie Melchior. In der zweiten Julihälfte war sein Geist zeitweilig verwirrt, und ab dem 27. Juli war der Kranke nicht mehr imstande, noch etwas zu diktieren.

Frau Melchior, die das Tagebuch weiterführte, notierte am 2. August: »Vor ein paar Tagen fragte er mich, ob ich versprechen würde, ihm eine Pulsader zu öffnen, wenn er gestorben sei . . . Ich sagte scherzhaft, er könnte es doch so machen wie früher, nämlich die Worte ›Ich bin scheintot‹ aufschreiben und vor sich auf den Tisch stellen. – Ein schwaches Lächeln huschte über seine eingefallenen Züge. Den ganzen Tag lang sagte er immer wieder: ›Ich verstehe nichts mehr. Geht es mir heute besser? Wie seltsam das alles ist!‹ «

Frau Melchiors letzte Tagebucheintragung trägt das Datum 4. August 1875 und schließt mit den Worten: »Jetzt ist das Licht erloschen. Welch glückseliger Tod! Um elf Uhr fünf Minuten hauchte der liebe Freund seinen letzten Seufzer aus.«

13
Ein Mensch in seinem Widerspruch

Nachdem Georg Brandes einige postum veröffentlichte Briefe Andersens gelesen hatte, bezeichnete er ihn in einem Brief an Björnson als einen »ganz und gar ichbezogenen Charakter ohne jedes geistige Interesse«. So hart dieses Urteil klingen mag, ganz ungerechtfertigt ist es nicht. Was Hans Christian Andersen zeitlebens am meisten interessierte war – Hans Christian Andersen. Sein Leben lang lechzte er nach Zuneigung und Lob, und seine berühmt-berüchtigte Eitelkeit war zum großen Teil nichts anderes als die kindliche Unfähigkeit, seine Freude darüber zu verbergen, daß er zu Anerkennung und Ruhm gelangt war. In seinen Tagebüchern und Briefen berichtete er immer wieder von fremden Leuten, denen er im Ausland begegnete und die ihn, sobald sie hörten, daß er aus Dänemark stammte, fragten, ob er Hans Christian Andersen kenne. Und unweigerlich vermerkte er dann beglückt, wie diese Leute reagierten, wenn er sich ihnen zu erkennen gab. Edvard Collin berichtet, daß Andersen, als er eines Tages in Kopenhagen auf dem gegenüberliegenden Gehsteig einen Bekannten entdeckte, sofort die Straße überquerte, nur um ihm zu sagen: »Nun werde ich auch in Spanien gelesen. Auf Wiedersehen!«

Viele seiner besten Erzählwerke, ob Romane, Märchen oder Geschichten, handeln im Grunde von ihm selbst. *Er* ist der Soldat in *Feuerzeug*; *er* ist die überempfindliche Prinzessin, die eine Erbse durch zwanzig Matratzen und zwanzig Federbetten spürt; *er* ist der Student in *Die Blumen der kleinen Ida*; *er* ist die kleine Meerjungfrau – ein Außenseiter, der aus der Tiefe kam und von der Welt, in der er sich nun bewegte, nie ganz akzeptiert wurde; *er* ist der kleine Junge, der sehen konnte, daß der Kaiser gar keine Kleider anhatte; *er* ist das häßliche Entlein, das sich in einen schönen Schwan verwandelt; *er* ist der Tannenbaum, der, unfähig, den Augenblick zu genießen, immerzu auf etwas Besseres hofft; *er* ist der Dichter in *Der unartige Knabe*; *er* ist der Gärtner in *Der Gärtner und die Herrschaft*. Andersen hat (wie Hans Brix einmal sagte) mehr Selbstporträts geschrieben als Rembrandt gemalt hat. Seine Kritiker sprechen von seiner Ichbesessenheit, er dagegen nannte es Subjektivität. »Es kann für einen Dichter nie falsch sein, wenn er subjektiv ist«, schrieb er in sein Tagebuch, »denn das ist an sich schon ein Zeichen dafür, wieviel Poesie in ihm steckt.« Mit einigen seiner ersten dänischen Kritiker, insbesondere mit Molbech, geriet er aneinander, weil sie verlangten, er solle so schreiben wie sie selbst. »Laßt mich meiner eigenen Natur folgen«, schrieb er am 27. März 1834 in sein Tagebuch. »Warum muß ich mit der Mode traben? Habe ich einen latschigen Gang, ja, dann ist das für mich die natürliche Art zu gehen. Findet er [Molbech] keine Nüsse auf meinem Baum, sondern Äpfel, dann muß das nicht heißen, daß mein Baum nicht gut ist.«

Andersen war zeitlebens ein Außenseiter; seine Einsamkeit ist ein Schlüssel zum Verständnis seines Charakters. Der ruhelose Junggeselle, der es nie zu einem eigenen Heim brachte, hauste in Hotelzimmern, in den Gästezimmern anderer Leute, bestenfalls in einer möblierten Kopenhagener Zweizimmerwohnung. Gleichwohl gibt es genug Beweise dafür, daß er gern ein eigenes Heim besessen hätte. An Weihnachten 1865 schrieb er aus einem der dänischen Herrenhäuser, in denen er oft zu Gast war, an Martin R. Henriques: »Es ist etwas Glückliches und Wunderbares, ein Heim zu haben, wie Sie es besitzen. Das weiß man am besten, wenn man selber kein Heim hat und ein einsamer Zugvogel ist, der dankbar sein muß, Zuflucht unter einem gastfreundlichen Dach zu finden.«

Viele Jahre lang war Jonas Collins Haus für Andersen »das Heim der Heime«, obwohl seine Gefühle gegenüber der Familie Collin höchst ambivalent waren. Seine Eitelkeit muß vor allem auch im Zusammenhang mit seinem unerfüllt gebliebenen Wunsch gesehen werden, bei dieser Familie volle Anerkennung zu finden und zu erleben, daß sie sich für den Abglanz, der von seinem Ruhm auf »das Haus Collin« fiel, dankbar zeigen würde. Doch dies entsprach, wie Edvard Collin in seinem Buch über Andersen schreibt, nicht den Gepflogenheiten im Hause Collin. »Es gab in unserem Familienleben ein Element von Selbstgenügsamkeit; in unserer eigenen kleinen Welt hielten wir an dem Ton fest, in dem sich der Charakter der Familie ausdrückte.«

Es war in vieler Hinsicht eine in sich geschlossene Welt. Im Familienkreis wurden bestimmte Vokabeln und Redensarten gebraucht, die für Außenstehende oft unverständlich waren (und auch unverständlich sein sollten). Man kultivierte so etwas wie sprachliche Freimaurerei. Einige typisch Collinsche Redensarten sind in Andersens Prosa eingegangen, andrerseits trug er selbst manches zum Familienjargon bei. Eines Tages kam er ins Haus gestürmt, um zu berichten, daß bei Magenta eine große Schlacht getobt habe. Als kurz darauf ein anderer Besucher mit derselben Nachricht bei den Collins erschien, fiel ihm Andersen ins Wort: »Das habe aber *ich* gewußt!« Von da an war dies im Hause Collin eine stehende Redewendung. Desgleichen gebrauchte man dort häufig das für Andersens mangelhaftes Französisch typische *». . . n'est pas?«*

Nach Edvard Collins Schilderung war Andersen zunächst »glücklich in unserem Kreis, glücklich, sich wie ein Sohn des Hauses behandelt zu sehen, aber auch bekümmert darüber, daß er kein Sohn des Hauses war . . ., daß seine Werke *von uns* nicht genug gewürdigt wurden, und dieser Kummer nahm unweigerlich zu, als Andersen allmählich bei anderen Anerkennung fand«. Edvard Collin hielt ihn für spleenig veranlagt. »Ich beziehe diesen Begriff auch auf alle anderen Charaktereigenschaften, die man in ihm entdeckt hat: Eitelkeit, Ungeduld, Mißtrauen, Reizbarkeit usw.« Er zitiert folgende Notiz, die er unter Andersens Papieren fand und die dieser um 1848 gemacht haben dürfte: »Ich habe über die Engländer sagen gehört, sie litten am Spleen; über diese Krankheit weiß ich nur, daß sie eine Absonderlichkeit und gleichzeitig eine *tristesse* ist, die oft dazu führt, daß sie sich das Leben nehmen; ich leide an etwas Ähnlichem.«

Als er seinen Bericht über Andersen im wesentlichen fertiggestellt hatte, bat Edvard Collin seine Nichte Jonna Stampe, geb. Drewsen, dazu Stellung zu nehmen, weil sie Andersen so uneingeschränkt bewundert hatte, wie kein anderes Mitglied der Familie Collin. Sie hatte nie ein Hehl daraus gemacht, daß sie die Einstellung der Collins ihm gegenüber mißbilligte. »Andersens frühe Zeitgenossen waren zu engstirnig, um ihn richtig würdigen zu können«, hatte sie einmal geschrieben, und später äußerte sich ihre Tochter Rigmor ähnlich kritisch: »So freundlich sie auch zu ihm waren, diese netten Leute, in ihrem Kreis war er trotzdem ein Fremder, weder Fleisch von ihrem Fleisch noch Geist von ihrem Geist.«

Im November 1838 schrieb Andersen an Louise Collin:

»Schon seit langem habe ich in Edvard einen Fremden sehen müssen; das ist er – und das bleibt er! Ich habe zu Ihrem Vater wie zu jemandem aufgeblickt, der unfehlbar ist – er hat mich hart zurückgestoßen – könnte ich doch meine eigenen Fehler sehen, dann würde ich mich ändern, aber ich kann nicht! Und dennoch hat er sicherlich recht, wenn er so urteilt, wie ein strenger Gott urteilen mag. Ich fühle mein eigenes Unvermögen, fühle, wie nutzlos ich in dieser Welt bin, wie leer all mein Streben ist – und dennoch darf man nicht sterben.«

Aus Oldenburg schrieb er im September 1844 an Jonna Drewsen:

»Nun werde ich bald wieder in der Amaliegade sein ... wenn Ihr doch alle mit mir zufrieden wäret, wenn mir doch in Eurem Kreise eine leidliche Behandlung zuteil würde – aber es wird sich schon fügen, ich habe weiß Gott keine großen Erwartungen. Wenn sie doch nur menschlich sein wollten, aber ich weiß, wie die Dinge liegen: In Europa bin ich ein Dichter, zu Hause ein ganz anständiger Mensch mit einigem Talent, aber schrecklich eitel, dort kann ich nur in die siebte Reihe *nach* den Großen gestellt werden – ja, so ist es nun einmal, und dann hat man sich damit abzufinden! Man wird mich ein wenig lächerlich machen, wenn ich heimkomme, bloß damit ich merke, daß ich *einer von ihnen* bin und daß sie etwas sind!«

Von der Haßliebe zwischen Andersen und Edvard Collin war in diesem Buch schon so ausführlich die Rede, daß ich mich hier darauf beschränken möchte, einige weitere Zitate anzuführen, die ein bezeichnendes Licht auf diese problematische Beziehung werfen. In seinem Erinnerungsbuch äußert Edvard Collin, er sei Andersen gegenüber niemals »süßlich-sentimental« gewesen. Was Andersen aber wirklich verabscheute, waren die Moralpredigten, die Edvard ihm hielt, und die kühlen, geschäftsmäßigen Antworten, die er ihm so oft auf Briefe voller herzlicher Freundschaft sandte. Sobald Andersen jedoch ein paar freundliche Zeilen von ihm erhielt, war er tief gerührt.

Aus Dresden schrieb er im Oktober 1860 an Henriette Collin:

»Was Ihren Gatten betrifft, so waren auf dieser Reise alle seine

Briefe so wunderbar, so herzlich, so recht von Freund an Freund geschrieben, daß ich wirklich dankbar dafür bin. Auch wenn er mir früher einmal, als ich jung war, einige Briefe schrieb, deren Ton und Ausdrucksweise meinem damals etwas zu weichem Gemüt tiefe Wunden schlugen, hat er dies nun mehr als wettgemacht – bitte umarmen Sie ihn für mich! Es ist einer der Vorteile des Altwerdens, daß man seine treuen Freunde aus den frühen Tagen zu verstehen und schätzen beginnt.«

Aber unweigerlich schlug das Pendel wieder nach der anderen Seite aus, wie folgende Auszüge aus Andersens Tagebüchern zeigen:

7. April 1864. »Edvard verkörpert etwas engstirnig die Zeit Frederiks VI., er ist ein Bürokrat. Gegen mich ist er liebenswürdiger, höflicher als in den alten Tagen, aber es stecken immer noch Überreste alter Urteile in ihm.«

27. Dezember 1864. »Bekam einen Brief von Edvard, trocken, geschäftsmäßig, ich ärgere mich darüber wie über fast alle seine bürokratischen, unpersönlichen Briefe.«

30. November 1865. »Aß bei E. Collin. Endlich hört er damit auf, sich über mich zu stellen; es scheint fast, als hätte er mich als einen unabhängigen Menschen anerkannt.«

7. Januar 1866. »Schlecht geschlafen, auf einem zu kurzen Unterbett, dachte die ganze Zeit an das Hotel, in dem ich auf Wunsch der Collins wohnen soll. Ich habe ein eingefleischt sklavisches Gefühl, der Familie Collin gehorchen zu müssen – es ist wirklich zu schlimm!«

Im August 1867 schrieb er: »Fühlte noch immer die alte Abhängigkeit von Collins, überlegte, was sie sagen würden.« Fünf Monate später hatten sich die Beziehungen wieder gebessert. »Ich habe das Gefühl«, vermerkte er im Januar 1868, »daß Edvard mir herzlich entgegenkommt, in seinen Worten wie in seinem Gebaren; er achtet mich und benimmt sich völlig anders als früher.«

Nach all den Jahren war die Familie Collin jetzt endlich bereit, ihn als eigenständige Persönlichkeit zu akzeptieren.

Auch seines gesellschaftlichen Außenseitertums war sich Andersen zeitlebens zutiefst bewußt. Die unterwürfige Bewunderung, die er für Herrscherhäuser empfand, seine Servilität gegenüber

Fürsten und Herzögen stand ganz zweifellos in engem Zusammenhang damit, daß er der Sohn eines armen Schuhmachers und einer Waschfrau war und im Zeitalter des Absolutismus geboren wurde, als Monarchen noch für gleichsam übermenschliche Wesen gehalten wurden. In Andersens Augen waren Könige über jede Kritik erhaben, wenngleich er gern behauptete, daß er sie weniger ihrer Krone als ihres Charakters wegen bewundere. Die Nachtigall seines berühmten Märchens spricht für ihn selbst, wenn sie zum Kaiser von China sagt: »Ich liebe dein Herz mehr als deine Krone, und doch hat die Krone einen Duft von etwas Heiligem an sich.«

Seine Einstellung zu Adelskreisen war viel ambivalenter. Er genoß es zwar, der willkommene Gast dänischer Aristokraten zu sein, oft aber waren diese stolzer darauf, ihn als ihren Gast präsentieren zu können, als er es auf ihre Einladung war. Man kann wohl ohne Übertreibung sagen, daß Andersen von Natur aus eine Antipathie gegen »Blaublütige« hatte. Er verband damit die Vorstellung von Hochnäsigkeit, Selbstsucht und Verbohrtheit. Diese Einstellung kommt in vielen seiner Prosawerke deutlich zum Ausdruck. Als er im Juni 1850 als Gast des Grafen Moltke auf Schloß Glorup weilte, übte er in seinem Tagebuch Kritik am Verhalten einiger anderer Gäste: »Es ist schrecklich, zu hören, welche innere Leere in der Welt des Adels herrscht, zu hören, wie entschieden und bedenkenlos sie in allem den Ton angeben, unwissend, dumm.« Er war erstaunt und verärgert, als er im Mai 1854 in Dresden einen Geheimrat kennenlernte, der »an der Aristokratie sehr interessiert schien und, als er meinen *Schweinehirten* hörte, sich über die schreckliche Satire, wie er es nannte, wunderte.« Im März 1867 berichtete er, eine dänische Gräfin habe ihm erzählt, wie erstaunt verschiedene Leute darüber seien, »daß ich, der ich in den Kreisen des Hochadels verkehre, eine Geschichte wie *Des Pförtners Sohn* geschrieben habe«.

Unter einigen Aphorismen, die nach Andersens Tod veröffentlicht wurden, findet sich der folgende: »Es gibt keinen anderen echten Adel als den des Geistes, und in künftigen Zeiten werden die Fürsten aus ihm ihre großen Männer auswählen. In Dänemark bedeutet Adel: Tordenskjold, Bartholin, Griffenfeld, Tycho Brahe, Örsted, Thorvaldsen ... Die meisten ›edel Geborenen‹

sind nichts anderes als die Schildknappen des Geistesadels; sie sind nichts als das Paradestück, gänzlich abgeschmackt.«

Nach Andersens Tod fand Nikolaj Bögh unter seinen Papieren ein Manuskript, das den Titel *Welche Zunft ist die berühmteste?* trug und dem folgende Passage entnommen ist:

»Ich behaupte, daß die Schuhmacherzunft die berühmteste ist, denn ich bin der Sohn eines Schuhmachers. Sollen doch die anderen Zünfte, die der Zimmerleute, Hufschmiede, Schneider, Kupferschmiede, Uhrmacher – ja all die vielen unentbehrlichen, in ihrem jeweiligen Gewerbe kunstfertigen Handwerker ihre Sprecher schicken und beweisen, daß ihr Ruhm größer als jener der Schuhmacher ist. Phidias und Ahasverus, Hans Sachs, der Schuster! . . . Ein Adler gehört zum königlichen Wappen; auch die Schuhmacher haben einen solchen, einen Doppeladler sogar, und noch nie hat sich jemand darüber beschwert. In London, dieser großen Weltstadt, hat man in unserer Zeit damit begonnen, ein Schuhmacherjournal herauszugeben. Über kein Adelsgeschlecht ist soviel geschrieben worden wie über den Ewigen Juden, einen Schuhmacher. Er lebt in Sagen und Liedern und ist unsterblich. Aus dem Nürnberg zur Zeit der Meistersinger strahlt bis heute der Name des Schusters Hans Sachs. Unser Zeitalter hat jedes Gewerbe zu seinem Recht kommen lassen, jeder Mensch darf seine Meinung sagen, das Wort Adel gilt für alles, was tüchtig ist, ob hinter dem Pflug, in der Werkstatt oder in Wissenschaft und Kunst. Das ist gesagt worden, das ist geschrieben worden. Aber beschränken wir uns nun auf die Werkstatt, die des Schuhmachers. Der diese Zeilen schreibt, wurde da unten geboren.«

Nach Andersens Tod wurde ein Lederbeutel gefunden, den er um den Hals trug und der einen Brief von Riborg Voigt enthielt. Jonas Collin jr., der diesen Beutel fand, verbrannte den Brief ungelesen. (Der Lederbeutel befindet sich jetzt im Hans-Christian-Andersen-Museum in Odense.)

Es wäre naheliegend gewesen, bereits am Schluß des vorigen Kapitels auf diese Tatsache hinzuweisen, ich habe jedoch davon Abstand genommen, weil sie sonst zu stark hervorgehoben und vielleicht als Beweis für Andersens lebenslange Zuneigung zu seiner Jugendliebe Riborg interpretiert worden wäre. Dies könnte zwar tatsächlich die Absicht des Sterbenden gewesen sein, ich glaube jedoch, man sollte das Ganze nicht überbewerten. Der Lederbeutel war zweifellos derselbe, den Andersen auf Auslandsreisen um den Hals trug, um das darin aufbewahrte Geld vor dem Zugriff von Taschendieben und Räubern zu schützen [29]; die Vermutung, er habe Riborg Voigts Brief ständig in diesem Beutel bei sich getragen, ist meines Erachtens unbegründet. Bei dem Brief dürfte es sich um jenen kurzen und so gar nicht romantischen Abschiedsgruß gehandelt haben, dessen Text auf Seite 106 wiedergegeben ist, denn Andersen, der ihn in seinem *Levnedsbog* wörtlich zitierte, hatte geäußert: »Alles, was ich von ihr habe, sind ein paar Worte.« Ich vermute, daß er in seinen späten Lebensjahren beim Ordnen seiner Korrespondenz auf diesen Brief gestoßen war und beschlossen hatte, ihn als Erinnerung an ein fast schon vergessenes Jugenderlebnis aufzubewahren.

Zeugnisse dafür, daß Andersen geradezu erleichtert darüber war, daß Riborg ihn nicht geheiratet hatte, wurden in diesem Buch bereits angeführt. Ebenso erleichtert war er später darüber, daß Louise Collin sich für einen anderen entschieden hatte. Bei ihrer Silberhochzeit im Jahre 1865 hielt sowohl er als auch Louises Schwager Adolph Drewsen eine Rede, wobei dieser (wie Andersens Tagebuch zu entnehmen ist) eine nicht eben taktvolle Bemerkung darüber machte, daß Andersen unmittelbar vor Louises Hochzeit überstürzt ins Ausland abgereist war. »Liebe, unerwiderte Liebe, daran mußten die Leute denken . . . jetzt, hier zu Hause, danke ich Gott, daß ich nicht Louises Gatte wurde, dann wäre mir ein dichterisches Wirken ganz anderer Art, Gott weiß welcher, beschieden gewesen.«

Obwohl er sich nach einem eigenen Heim sehnte, war ihm allem Anschein nach klar, wie schwer es ihm gefallen wäre, sich in die Rolle eines verheirateten Mannes zu fügen.

Des öfteren ist die Vermutung geäußert worden, Andersen sei homosexuell veranlagt gewesen; seine Liebe zu Riborg Voigt, Louise Collin, Jenny Lind und anderen sei nur vorgetäuscht gewesen – gewissermaßen eine Tarnung, um in einer Zeit, in der Homosexualität allgemein als verabscheuungswürdig galt, seine wahre Veranlagung zu verbergen. In seiner bemerkenswerten psychiatrischen Studie über Andersen erwähnt Professor Hjalmar Helweg einen im *Jahrbuch für sexuelle Zwischenstufen* (1901) erschienenen Artikel von Albert Hansen, »H. C. Andersen. Beweis seiner Homosexualität«, und weist außerdem darauf hin, daß in Magnus Hirschfelds Buch *Die Homosexualität* auch Andersen zu den homoerotisch veranlagten Berühmtheiten gezählt wird. Helweg selbst vertritt eine andere Meinung:

»Er war heterosexuell veranlagt, doch das tief in seiner Natur wurzelnde Minderwertigkeitsgefühl machte ihn unfähig zu heterosexuellen Beziehungen – ob ehelich oder außerehelich. Physisch blieb er ein unheilbarer Onanist, geistig suchte und fand er Zuflucht in gefühlvollen Freundschaftsbeziehungen, die zuweilen erotischen Charakter haben konnten. Wohin es geführt hätte, wenn er – unter günstigen Umständen – einem homosexuell veranlagten jungen Mann begegnet wäre und Zuneigung zu ihm gefaßt hätte, ist schwer zu sagen. Möglicherweise wäre es dann tatsächlich zu einer homosexuellen Beziehung gekommen, es kann jedoch mit Sicherheit angenommen werden, daß Andersen in einer solchen Beziehung keinen inneren Frieden gefunden hätte. Ob er ihn in der Ehe mit einer lieben, guten Frau gefunden hätte, erscheint ebenfalls fraglich – jedenfalls aber gab es Perioden, in denen er heftig darunter litt, ein Heim und die Liebe einer Frau entbehren zu müssen.«

Helweg führt ein weiteres Argument ins Feld, dem ich große Bedeutung beimesse:

»Noch etwas läßt es unwahrscheinlich erscheinen, daß Andersen sich im Lauf der Zeit auf homosexuelle Beziehungen eingelassen haben könnte. Edvard Collin war ein intelligenter Mensch, der Andersen durch und durch kannte. Hätte auch nur der leiseste Verdacht bestanden, daß Andersen homosexuell veranlagt war, dann wäre es – zumal in einer Zeit, in der die Homosexualität allgemein für *nichts anderes* als ein abscheuliches Laster gehalten wurde – ganz undenkbar gewesen, daß Collin seinem jungen Sohn erlaubt hätte, allein mit Andersen durch ganz Europa zu reisen. Andersen lebte so eng mit den Collins zusammen, daß es ihnen bestimmt nicht entgangen wäre, wenn er tatsächlich homosexuelle Neigungen gehabt und diese praktiziert hätte. Ein solcher Verdacht bestand nicht.«

In Andersens Tagebüchern finden sich genügend Beweise dafür, daß Frauen eine körperliche Anziehungskraft auf ihn ausübten. Und als fast ebenso sicher kann es angesichts der Freimütigkeit dieser Aufzeichnungen gelten, daß er niemals eine sexuelle Beziehung hatte, weder zu einer Frau noch zu einem Mann.

In diesem Zusammenhang sind folgende Auszüge aus dem Tagebuch, das er 1834 in Neapel führte, aufschlußreich:

19. Februar. »Bei Einbruch der Dunkelheit war ich von Zuhältern umringt, die mir *bella donna* anpreisen wollten. Ich kann fühlen, daß das Klima sich auf mein Blut auswirkt, ich spürte eine heftige Sinnlichkeit, aber ich widerstand.«

21. Februar. »Ich wurde, als ich zum Vesuv ging, von Zuhältern nicht in Ruhe gelassen, ein Zehn- bis Zwölfjähriger folgte mir die ganze Straße entlang, sprach von einer *donna molta bella eccellenta*; es machte mich sehr sinnlich und leidenschaftlich, trotzdem widerstand ich der Versuchung. Falls ich heimkehre, ohne meine Unschuld verloren zu haben, werde ich sie nie verlieren.«

23. Februar. »Ich spüre eine furchtbare Sinnlichkeit und kämpfe mit ihr. Ist es wirklich eine Sünde, diese gewaltige Lust zu befriedigen? Dann will ich sie bekämpfen. Soweit bin ich unschuldig, aber mein Blut brennt, und im Traum kocht mein ganzes Selbst. Der Süden fordert sein Recht! Ich bin fast krank davon. Glücklich, wer verheiratet, verlobt ist! Oh, trüge ich diese starken Fesseln! Aber ich werde diese Schwäche bekämpfen.«

26. Februar (nachdem ihm eine Dreizehnjährige offeriert worden war, »die sich erst diesen Monat der Fleischeslust hingegeben hat«). »Gott! führe mich zu dem, was am besten und vernünftigsten ist. Ich halte diese Befriedigung nicht für eine Sünde, finde aber, daß sie bei solchen Personen abscheulich und gefährlich ist, und eine unverzeihliche Sünde gegen ein unschuldiges Geschöpf.«

28. Februar. »Erfahrene Leute würden sicher über meine Unschuld lachen, aber es ist eigentlich keine Unschuld, es ist Abscheu vor diesen Dingen, die mir so zuwider sind.«

Ich glaube, daß Andersen Angst vor der Sexualität und ihren möglichen Folgen hatte. Als er sich im August 1833 in Le Locle (Schweiz) aufhielt, machte er folgende Tagebucheintragung:

»Ich besuchte ein von Marianne Calame gegründetes *Asyle pour les enfants malheureuses.* Unter den Kindern waren einige sehr schöne Gesichter; vielleicht schwimmt ihr Vater jetzt im Geld, oder vielleicht hat ein junger Reisender bloß ein Schäferstündchen in den Bergen genossen, und nun müssen die daraus hervorgegangenen unglücklichen Kinder leiden. Sie sangen ein Lied für uns, so rührend, daß mir die Tränen in die Augen traten. In meinem Herzen versprach ich Gott, niemals jemanden zu verführen und ein so unglückliches Geschöpf in die Welt zu setzen.«

In Italien wollten ihn einige seiner Landsleute einmal um seine Unschuld bringen, indem sie ihn in ein Bordell mitnahmen, aber ihr Plan schlug fehl.

Aus den Tagebüchern geht klar und deutlich hervor, daß der junge Andersen sich nicht zuletzt deshalb auf keine außereheliche Beziehung einließ, weil er bei den Collins sozusagen als »artiger Junge« gelten wollte. Umso betroffener war er, als ihn später einige Familienmitglieder mit der Bemerkung aufzogen, er habe sich im Ausland »nicht so wie alle anderen jungen Männer benommen«. Am 11. Dezember 1837 schrieb er in sein Tagebuch: »Als ich draußen war, habe ich nur, um ihre Gefühle nicht zu verletzen, und hier zu Hause habe ich nur mit Rücksicht auf sie [die Collins] niemals meinen Leidenschaften nachgegeben, und dennoch wird das nicht gewürdigt. Ich verließ sie im Zorn, spürte einen Wandel in meiner Einstellung. Ich möchte wie andere Männer sein, dachte ich.« Aber seine Ängste hinderten ihn daran.

Für seine heterosexuelle Veranlagung spricht zum Beispiel auch folgende Tagebuchnotiz, die er im Juli 1842 in Bregentved machte: »Sinnlich gestimmt, eine fast animalische Leidenschaft in meinem Blut, das heftige Verlangen, eine Frau zu küssen und zu umarmen, genau so ist es gewesen, als ich im Süden war.«

Zweifellos hatte Andersen gewisse feminine Eigenschaften. Zeitweise empfand er offenbar für Edvard Collin, für den Erbgroßherzog von Weimar und für den jungen dänischen Ballett-Tänzer Harald Scharff eher Liebe als rein freundschaftliche Gefühle (obwohl man in Andersens Sprachgebrauch das Wort »Liebe« nicht immer für bare Münze nehmen darf). Vermutlich war er sich dieser femininen Eigenschaften bewußt. Es kränkte und erboste ihn, als ein deutscher Schriftsteller ihn fragte, ob er denn noch nie geliebt habe – »man fände das nicht in meinen Büchern, da käme die Liebe wie eine Fee herabgeflogen, und ich selbst sei eine Art Zwitter«.

Während seines Aufenthalts in Portugal war er völlig konsterniert, als ihm sein Freund Jorge O'Neill sehr unverblümt riet, doch endlich einmal zu *»kneppe«* (ficken) – in Lissabon gäbe es genug Gelegenheit dazu. O'Neill ließ durchblicken, daß Andersen an sexueller Verklemmung leide und daß es schädlich sei, physische Bedürfnisse zu unterdrücken. Doch seinen Vorschlag, ihn zu einer Prostituierten zu führen, lehnte Andersen rundweg ab.

Nach seinen Tagebuchnotizen zu schließen, kam er der Versuchung zu »sündigen« niemals näher als während seiner Aufenthalte in Paris in den Jahren 1866, 1867 und 1868, als er mit seinen jungen dänischen Reisegefährten ein paarmal in ein Bordell ging – allerdings nur, um nackte Mädchen zu sehen. Nach einem dieser Besuche notierte er: »Ich kam völlig unschuldig wieder heraus, hatte aber eine ganze Weile mit dem armen Kind gesprochen, sie tat mir leid und war erstaunt, daß ich nichts anderes wollte als mit ihr zu sprechen.« 1868 ging er einmal mit seinem Reisebegleiter Einar Drewsen in ein Bordell – »wo ich lediglich mit Fernanda, der kleinen Türkin, sprach, während Einar sich amüsierte. Sie war die hübscheste von ihnen, wir sprachen über Konstantinopel, ihre Heimatstadt, und über die dortige Illumination am Geburtstag Mohammeds. Sie war sehr darauf aus, *pour faire l'amour*, doch ich sagte, ich sei nur gekommen, um mit ihr zu sprechen, mehr nicht. ›Komm bald wieder‹, sagte sie, ›aber nicht morgen, da habe ich frei.‹ Die Arme!«

Der über sechzigjährige Andersen, der sich in französischen Bordellen höflich mit nackten Prostituierten unterhielt, hat tatsächlich etwas von einer naiven Unschuld an sich. Er wagte es nicht, sich auf mehr einzulassen. Und er war empört, als Theodor Collin, der nichts von sexueller Abstinenz hielt, die Vermutung äußerte, er »ginge heimlich zu Frauen«. – »Wie falsch sie mich beurteilen!« schrieb Andersen in sein Tagebuch.

Kein Wunder, daß dieser eingefleischte Junggeselle im Alter immer prüder wurde. Ein Beispiel dafür ist seine Reaktion auf Georg Brandes' berühmte Vorlesungen über »Hauptströmungen der europäischen Literatur des 19. Jahrhunderts«. (Andersen hatte diese Vorlesungen zwar nicht besucht, sie aber, soweit sie zu seinen Lebzeiten in Buchform erschienen, gelesen.) Während der Lektüre des Bandes *Die romantische Schule in Deutschland* vermerkte er – am 1. August 1874 – in seinem Tagebuch: »Lese gerade

Brandes' Buch. Er selber sagt nichts Unmoralisches, sät aber mit Hilfe von Zitaten Gift aus anderen Büchern aus; er ist für die freie Liebe, für die Aufhebung der Ehe, und dies sind Vorträge, die hauptsächlich vor jungen Mädchen gehalten wurden.« Drei Tage später notierte er: »Habe Brandes' Buch zu Ende gelesen; darin ist ein deutsches Gedicht [ein Zitat aus Novalis' *Heinrich von Ofterdingen*], es liegt in dem Buch wie eine Blume, eine unzüchtige Blume. Ein junges, brünstiges Mädchen, das sich nach der Umarmung eines ›süßen Knaben‹ sehnt, ist böse auf die Mutter, weil diese ihr nicht erlaubt, ihm die Schönheiten zu zeigen, mit denen die Natur sie ausgestattet hat.«

Angesichts all dessen mutet es geradezu komisch an, daß zahlreiche viktorianische Übersetzerinnen die erotischen Bezüge in Andersens Märchen zu gewagt fanden und für die englischen Kinder Übersetzungen ohne diese »anstößigen« Stellen anfertigten.

Zu den bereits erwähnten Gründen, warum Andersen unverheiratet blieb, kam vermutlich noch hinzu, daß seine äußere Erscheinung recht eigenartig und nach Meinung vieler Zeitgenossen wenig anziehend war. Er selbst fühlte sich dadurch stets benachteiligt – genau wie sein häßliches junges Entlein. Er war so auffallend groß, daß er in seinen Kopenhagener Studentenjahren als »der lange Andersen« bekannt war und später von Chamisso »der baumlange Däne« genannt wurde. Viel mehr aber bekümmerte es ihn, daß er als häßlich galt. Aus Florenz schrieb er am 9. April 1834 an Christian Voigt:

»Ich denke oft: wäre ich doch hübsch *oder* reich und hätte ich irgendein kleines Amt, dann würde ich heiraten, arbeiten, essen und am Ende auf dem Kirchhof liegen – was für ein schönes Leben das wäre! Aber da ich häßlich bin und immer arm bleiben werde, wird mich keine heiraten mögen, denn das ist es ja, worauf die Mädchen achten, und sie haben ganz recht. Ich werde also mein Leben lang alleinstehen wie eine arme Distel und bespuckt werden, weil es nun einmal mein Los ist, Dornen zu haben.« [30]

Andersen wurde oft photographiert, war aber mit dem Ergebnis nur selten zufrieden. 1854 machte er in Dresden folgende Tagebucheintragung: »Wurde zum Photographieren gefahren, posierte dreimal, sah wie ein abgeblätterter Nußknacker aus.«

Als er im Oktober 1864 dem dänischen Bildhauer H. V. Bissen Modell stand, bemerkte dieser, der Herrgott habe sich Zeit genommen, um ihm einen Kopf zu geben, der sich von den meisten anderen unterscheide. Im Ausland machten sich zuweilen fremde Leute über seine Erscheinung lustig. Während seines Besuches in Göteborg im Jahre 1871 notierte er: »Da waren ein paar einfache Leute, die mich anzustarren schienen, mich nicht nach ihrem Geschmack fanden, lachten, wie man mich in Granada ausgelacht hatte. Ich fühlte mich unbehaglich, obgleich diese Leute in Schweden wie gekochte Kartoffeln aussahen.«

William Bloch, der 1872 Andersens Reisebegleiter war, beschrieb ihn später so:

»Er war groß und dürr, seine Bewegungen und seine Haltung wirkten eigenartig und absonderlich. Seine Arme und Beine waren ganz unverhältnismäßig lang und dünn, seine Hände breit und flach und seine Füße von so riesigen Ausmaßen, daß es durchaus verständlich erschien, daß niemals jemand auf den Gedanken kommen konnte, seine Galoschen zu stehlen. Er hatte eine sogenannte Adlernase, aber sie war so unverhältnismäßig lang, daß sie das ganze Gesicht zu beherrschen schien. War man nicht mit ihm zusammen, dann erinnerte man sich bestimmt am deutlichsten an seine Nase, während seine Augen, die klein und farblos waren und, von den großen Lidern halb verdeckt, tief in den Höhlen lagen, überhaupt keinen Eindruck hinterließen. Sie blickten gütig und freundlich, doch das faszinierende Wechselspiel von Licht und Schatten, die sich ständig wandelnde, ausdrucksvolle Lebhaftigkeit, die das menschliche Auge zum Spiegel der Seele macht, fehlte ihnen völlig. Ausdrucksvoll und schön waren dagegen seine hohe, offene Stirn und der Zug um seinen ungewöhnlich wohlgeformten Mund.«

Andersen litt, wie viele andere auch, an nervösen Beschwerden und psychischen Störungen; bei ihm jedoch waren einige so ausgeprägt, daß er sich zeitweise kaum mehr unter Kontrolle hatte. Die meisten seiner Zeitgenossen schrieben dies allerdings nicht seelischen Störungen, sondern ganz einfach Andersens »Wunderlichkeit« zu.

In seinem Freundeskreis konnte man ein Lied von seinen zahlreichen Idiosynkrasien singen. Er aß zum Beispiel aus Angst vor Trichinen kein Schweinefleisch. Als er eines Tages, in der Meinung, es handle sich um Kalbfleisch, ein Schweinefleischgericht zu sich genommen hatte, war er (wie seinem Tagebuch zu entnehmen ist) felsenfest überzeugt, die Trichinenkrankheit zu bekommen. Außerdem bildete er sich ein, keine Södsuppe (dänische Obstsuppe) vertragen zu können – ein Gericht, das er, sehr zu seinem Ärger, fast immer bei der Familie Örsted vorgesetzt bekam.

Bei einem Deutschlandbesuch vermerkte er in seinem Tagebuch, der Frühstückskaffee habe einen merkwürdigen Beigeschmack gehabt. »Was ist mit mir los, ein scheußlicher Geschmack und Feuer in meinem Blut. Die Kaffeekanne war nicht einwandfrei, sagt der Kellner, ich bin sicherlich vergiftet worden.« Ein andermal notierte er: »Am Frühstückstisch nahm ich bittere Tropfen ein, hinterher kam mir die hoffentlich fixe Idee, daß ich Teersalbe getrunken und die Flaschen vertauscht hätte, das machte mir Angst.«

Manchmal befielen ihn Ängste, die mit solchen »Vorfällen« nichts zu tun hatten. »Fühle mich so seltsam schlotterig«, notierte er am 6. Februar 1868. »Ich habe sicher Rückenmarksschwindsucht; mitunter bekomme ich einen Stoß, daß ich beinahe umfalle.«

Am 31. Mai 1870 vermerkte er, daß er sich entweder einen Splitter eingetreten oder an einer Nadel geritzt haben müsse. »Vielleicht führt eine solche Lappalie zu meinem Tod; er muß bald kommen.«

1871 notierte er in Petershöi: »Habe einen Dorn im Mittelfinger meiner rechten Hand, der den ganzen Tag Schmerzen verursachte, da wir ihn nur teilweise mit einer Nadel herausziehen konnten.« Annie Wood, die damals Gast in Petershöi war, schilderte diesen Vorfall später so:

»Nachdem ich ihn ungefähr zwei Wochen kannte, drang ihm eines Morgens beim Stachelbeerpflücken ein Dorn in den Finger. Ich bezweifle nicht, daß der Schmerz unangenehm war, aber für ihn schien er unerträglich zu sein. Stundenlang durfte niemand seine Hand berühren, um den Dorn herauszuziehen, und erst als jeder im Haus ihm gut zugeredet hatte, ließ er sich bewegen, den geschwollenen Finger in heißem Wasser zu baden . . . Dann kam der schreckliche Moment – denn für ihn *war* es schrecklich –, in dem der böse Dorn mit einer Nadel herausgezogen werden mußte. Jeder von uns bot seine Dienste an, aber vergebens – er erlaubte keinem, seinen Finger zu berühren. Er konnte nichts essen, begann zu fiebern und richtig krank zu werden. Da es mich betrübte, ihn wegen einer solchen Kleinigkeit so leiden zu sehen, bat ich ihn inständig, den schmerzenden Finger verarzten und den Dorn herausziehen zu dürfen. Für einen so nervösen und empfindlichen Menschen wie ihn war es nicht leicht, einem solchen Unterfangen zuzustimmen; doch da er von dem Schmerz schon ganz zermürbt war und sich vermutlich vor einer ihm noch relativ fremden Ausländerin nicht so überempfindlich zeigen wollte, stimmte er mit schwachem Kopfnicken zu, worauf ich sofort ans Werk ging und, noch ehe er es richtig merkte, den kleinen schwarzen Dorn aus seinem Versteck zog, und siehe da! – die schreckliche Operation und der pulsierende Schmerz waren vorüber.«

Als Andersen in Begleitung Blochs im Frühjahr 1872 Innsbruck besuchte, fiel er eines Nachts aus dem Bett und verletzte sich am Knie. In den Briefen, die er in den folgenden Wochen an Freunde in der Heimat schrieb, ist unzählige Male von diesem Unfall die Rede. William Bloch machte am 22. Mai in München folgende Tagebuchnotiz: »Wie nicht anders zu erwarten, hat der nächtliche Unfall, der ihm kürzlich zustieß, A.s Einbildungskraft stark erregt; er hatte große Angst, Gelenkwassersucht im Knie, Krebs, Wundrose usw. zu bekommen, außerdem fragte er mich: ›Glauben Sie, es könnte zu einer *Gehirnerschütterung* kommen?‹ «

Die folgende Schilderung eines Vorfalls, der sich 1872 in Wien zutrug, stammt ebenfalls aus William Blochs Tagebuch:

»Andersen hatte sich verschluckt und mußte, begleitet von unseren Gastgebern, den Tisch verlassen; alles war ganz still, während man Andersen im Nebenzimmer husten und spucken hörte. Obwohl die Gastgeberin Widerspruch erhob, behauptete er, daß eine Nadel im Fleisch gewesen sei; er habe sie verschluckt und könne sie deutlich in seinem Körper spüren. An diesem Abend und am nächsten Tag machte er sich große Sorgen wegen der möglichen Folgen. Er war so verängstigt, daß er darüber die Befürchtung vergaß, aus einer kleinen Pustel über seiner Augenbraue könnte ein großer Auswuchs werden, der sein Auge verdecken würde – eine Sorge, über der er wiederum vergessen hatte, daß er sich einbildete, einen Bruch zu bekommen, weil ich ihn aus Versehen mit dem Spazierstock ganz leicht in der Magengegend angestoßen hatte, was ihn wiederum von dem Gedanken abbrachte, er könnte sich Gelenkwassersucht zugezogen haben, worüber er sich bei der Ankunft in Wien große Sorgen gemacht hatte.«

Daß Andersen sich, zumindest zeitweilig, seiner hypochondrischen Veranlagung bewußt war, zeigt beispielsweise folgende Tagebuchnotiz vom 18. Oktober 1861: »Ich bin häufig nervös, leide an Angst und Beklemmung, glaube, ich werde zusammenbrechen, wahnsinnig werden oder einen Schlaganfall bekommen, und dennoch tue ich nichts dagegen, esse und trinke, so viel ich will.«

Außerdem litt er derart unter Platzangst, daß er oft schon ins Zittern geriet und sich bei jemandem einhaken mußte, wenn er in einer Stadt einen größeren Platz überqueren wollte.

Eine andere Phobie, von der er sich nicht befreien konnte, bezeichnete er selbst als »Paß-Angst«: Er wurde von dem Gedanken verfolgt, daß die Eintragungen in seinem Reisepaß nicht stimmen und die Folgen für ihn schrecklich sein könnten. Immer wieder finden sich in seinen Tagebüchern Notizen wie die folgende, die er am 4. Mai 1841 in Konstantinopel machte: »Besorgt, mein Paß könnte nicht ganz in Ordnung sein. Oh, wie gut ich mich selbst quälen kann!« Als er 1851 in Prag feststellte, daß sein Reisebegleiter Viggo Drewsen vergessen hatte, seinen Paß zu unterschreiben, war er überzeugt, daß sie beide in die größten Schwierigkeiten geraten würden. »Ich war in der selbstquälerischen Stimmung, die mich beinahe tötet.«

Wie so viele nervenschwache Menschen litt auch Andersen an *folie de doute*. Der Gedanke, er könnte vergessen haben, das Licht auszulöschen oder die Haustür abzuschließen, konnte ihm einen ganzen Theaterabend verderben. Wenn er Post aufgegeben hatte, befielen ihn oft Zweifel, ob die richtigen Briefe in den richtigen Umschlägen steckten, oder er bildete sich ein, den Namen des Adressaten falsch geschrieben zu haben. So befürchtete er, nachdem er ein Exemplar seines Reisebuches *In Spanien* an König Georg von Griechenland gesandt hatte, er könnte »Otto« statt »Georg« geschrieben haben. »Das wurde bei mir zur fixen Idee«, vermerkte er in seinem Tagebuch.

Belanglosigkeiten – etwa ob er für ein Pferdebahn-Billett oder für Briefmarken zu viel oder zu wenig bezahlt hatte – quälten ihn oft tagelang. In Frankfurt gab ihm ein Kellner einmal eine preußische Banknote, die, wie sich später herausstellte, seit fünfzehn Jahren nicht mehr gültig war. Daraufhin schrieb er einem seiner Frankfurter Bekannten, wie er an diesen »Thaler-Schein« geraten sei, brachte den Brief zur Post, überlegte sich dann aber, daß jener Kellner vielleicht seine Stellung verlieren würde, und verlangte den Brief beim Postamt zurück.

Ein Beispiel dafür, daß Andersen es (nach seinen eigenen Worten) verstand, sich selbst »bis zum höchsten Grade zu peinigen«, ist folgende Tagebuchnotiz vom 25. Januar 1866: »Bekam meinen Wintermantel vom Schneider nicht bis 9 Uhr, er gab mir daher einen anderen neuen Mantel, den ich tragen sollte, bis meiner später am Tage fertig wäre. Als ich auf die Straße ging, fiel mir ein, er könnte jemand anderem gehören, der vielleicht kommen und sagen würde: ›Sie haben meinen Mantel an!‹ Mir schien, daß die Leute mich anstarrten.«

An Henriette Collin schrieb er im Juni 1869, seine starke Einbildungskraft sei ihm manchmal lästig, besonders wenn er das Gefühl habe, daß sie mit ihm durchgehe.

Auf Auslandsreisen konnte es geschehen, daß irrationale Ängste ihn an den Rand des Wahnsinns trieben – so zum Beispiel auf der Schiffsreise von Cartagena nach Malaga, als er auf Deck stand und in der Dunkelheit den jungen Jonas Collin aus den Augen verloren hatte. »Ich bildete mir ein, er sei über Bord gefallen, die Schraube unterhalb des Schiffes machte einen entsetzlichen Lärm, als schlüge sie etwas entzwei, ich überlegte, ob wir in der Dunkelheit vielleicht zu nahe ans Land geraten seien und auf Grund laufen würden, und am Ende stellte ich mir alles so lebhaft vor, daß mir der Schweiß auf der Stirn stand.«

Da er ständig fürchtete, bei einem Brand umzukommen, hatte er immer ein Seil in seinem Koffer, um sich notfalls aus einem Fenster abzuseilen.

Seine Angst, lebendig begraben zu werden, wurde zur Zwangsvorstellung. Zuweilen stellte er einen Zettel mit der Aufschrift *»Jeg er skindød«* (»Ich bin scheintot«) auf seinen Nachttisch, und seinen Freunden nahm er das Versprechen ab, ihm eine Pulsader zu öffnen, bevor man den Sarg schließen würde, um ihn davor zu bewahren, nach der Bestattung wieder zum Leben zu erwachen.

Einige seiner irrationalen Ängste grenzten tatsächlich an Wahnvorstellungen. Unmittelbar vor dem großen Tag, an dem er Ehrenbürger seiner Heimatstadt Odense wurde (1867), schrieb er: »[Ich habe] eine seltsame, verrückte Angst, daß jemand mich ermorden wird oder daß in Odense jemand vorhat, mir das Fest zu verderben.« Und als er eines Tages erfuhr, daß in seiner Kopenhagener Wohnung ein Bauer aus Jütland vorgesprochen hatte, vermerkte er: »Ich hatte die fixe Idee, daß er mich ermorden wollte.« Tags darauf notierte er: »Der Mann kam schon vor neun Uhr, ein jütischer Bauer namens Gjerlev, mit einem ganz anständigen Gesicht; beim Lesen meiner Werke war er zu der Überzeugung gelangt, ich müßte ein guter, hilfsbereiter Mensch sein. (Diesmal wurde ich also nicht umgebracht.)« Der Bauer bat ihn lediglich, ihm zu einer Audienz bei der Königinmutter zu verhelfen.

Andersen wußte, wie prekär sein seelisches Gleichgewicht war. Am 8. September 1855 schrieb er an Edvard Collin: »Ich bin wie Wasser, alles bewegt mich, das gehört wohl zu meiner poetischen Natur, oft bringt es mir Freude und Glück, aber sehr oft ist es auch eine Qual.«

In seinem Buch über Andersen und die Familie Collin spricht Edvard Collin von der Mischung aus Reizbarkeit und Empfindsamkeit, die für Andersen spätestens seit dem Zeitpunkt, als er im Hause Collin zu verkehren begann, charakteristisch gewesen sei. Seine Reizbarkeit, die sicherlich in engem Zusammenhang mit seinen Schwermutsanfällen stand, wird zur Genüge durch seine Tagebücher bezeugt – angefangen bei seinen Jugendjahren, als sie beispielsweise in dem Mißmut über seine Umgebung und dem Wunsch, »jedermann zu ohrfeigen«, offenbar wurde, bis hin zu seinen späteren Auslandsreisen mit jungen Begleitern, als die Worte *»sygelig afficeret«* (»krankhaft erregt«) immer wieder in seinen Notizen auftauchen:

1. Juni [1854]. »E. *[Einar Drewsen]* mürrisch und nicht so, wie ich es mir gewünscht hatte, ich war krankhaft erregt.«

15. Juni. »*[Einar]* wieder mürrisch und steif. Ich bat ihn, lieb und nett zu mir zu sein, ich sei ein kranker Mensch. Er blieb unverändert, da wurde ich wütend, hielt ihm mehrere Beispiele für seine mangelnde Aufmerksamkeit mir gegenüber vor, er war böse, das brachte mich zum Weinen, und um die Sache wieder ins Lot zu bringen, mußte ich ihn beschwichtigen.«

Aus seinen Tagebüchern geht hervor, daß er in den letzten Jahren seines Lebens zuweilen völlig außer sich geriet, seine Hauswirtin, Fräulein Hallager, über deren Trägheit er sich ständig ärgerte, anschrie, ihr die Worte im Mund umdrehte und ihr vorwarf, sie brächte ihn ins Grab.

Oft fürchtete er allen Ernstes, daß er – wie sein Großvater und sein Vater – den Verstand verlieren würde. Schon 1841 finden sich in seinem Tagebuch die Worte: »Fürchte, wahnsinnig zu werden.« Diese Angst, die in seinen späten Jahren fast zur Zwangsvorstellung wurde, steht ganz offensichtlich in engem Zusammenhang mit seinen häufigen Schwermutsanfällen. Am 26. Oktober 1860 schrieb er aus Dresden an Edvard Collin: »Manchmal überfällt mich ein teuflischer Lebensüberdruß, ich habe das ein paarmal in Genf gespürt; es war, als müßte ich mich in die Rhône stürzen, und ich lief weg, spürte das teuflische Element in mir und betete angstvoll zum Herrgott, der mich ganz unverdientermaßen mit seiner Gnade überschüttet hat.«

Je älter er wurde, desto heftiger litt er unter der Angst, im Wahnsinn zu enden:

14. März 1869. »Übler Laune; ich habe bisweilen eine Neigung zum Verrücktwerden, glaube ich.«

5. November 1870. »Ich habe das Gefühl, daß ich noch verrückt werde.«

1. März 1871. »Ich hatte heute nacht wieder einen Anfall meiner Wahnsinnsphantasien.«

2. März 1871. »Gott hat mir Phantasie zum Dichten geschenkt, aber nicht, um Tollhauskandidat zu werden. Was sind das nur für fixe Ideen, die mich oft erschüttern?«

16. September 1874. »Wieder dem Wahnsinn nahe.«

Im März 1871 wurde ihm eines Tages mitgeteilt, daß ein Paket aus Leipzig für ihn eingetroffen sei, worauf er in sein Tagebuch schrieb: »Meiner Stimmung entsprechend kam mir plötzlich der Gedanke, es müßte etwas Schlimmes sein, das meine Feinde mir geschickt hatten, und meine Phantasie beschwor allerlei boshafte Einfälle herauf. Ich fühlte mich ganz krank.« Tags darauf notierte er: »Lag heute morgen in fiebrigem Schweiß, war nervös, ängstigte mich vor dem Unheil, das mir zugedacht schien.« Das Paket, das ihm am nächsten Tag zugestellt wurde, enthielt, als Geschenk eines deutschen Buchhändlers, ein Lesepult, das mit einem Hans-Christian-Andersen-Motiv verziert war. »Das war alles, und wie üblich waren meine Phantasievorstellungen von Unheil und bösen Absichten mit mir durchgegangen.«

Am nächsten Tag, nach einem Theaterbesuch, gingen sie wieder mit ihm durch: »Als ich gerade wegging, stieß ich aus Versehen mit dem Stock ganz leicht einen Mann an, berührte ihn fast nur, so leicht, daß ich mich nicht entschuldigte; aber als ich draußen war, gewann die Phantasie die Oberhand, ich hatte wieder eine Wahnvorstellung. Ich bin auf dem Weg ins Tollhaus, das fühle ich.«

Zu den echten Beschwerden, an denen dieser eingebildete Kranke litt, zählten seine häufigen Zahnschmerzen. Schon als Halbwüchsiger wurde er von Zahnweh gequält, und als er in späteren Jahren alle Zähne verloren hatte, machte ihm das künstliche Gebiß große Beschwerden.

Am 18. Mai 1831 notierte er: »Meine Zähne tun mir schrecklich weh; die Nerven sind ganz zarte Tasten, auf denen der unmerkliche Luftzug spielt, und so ist ein Konzert in den Zähnen, bald *piano*, bald *crescendo*, alles Schmerzenstöne, hervorgerufen durch Klimawechsel.« Am 1. April 1864 machte er folgende Eintragung: »Ich bin ein alter Mann geworden, ich habe falsche Zähne, die mir wehtun. Ich fühle mich gar nicht wohl, nähere mich dem Grabe und dem letzten Abschied.« Drei Jahre später verdarben ihm heftige Zahnschmerzen den großen Tag in Odense. Und eine seiner letzten Geschichten war *Tante Zahnweh* – mit dem schaurigen Besuch des Icherzählers bei Madame Zahnweh persönlich, »Ihrer Entsetzlichkeit satania infernalis«:

»›Also Dichter bist du?‹ sagte sie. ›Ja, ich werde dich in alle Versmaße der Schmerzen hinaufdichten! Du sollst Eisen und Stahl in deinen Körper, Fäden durch alle deine Nervenstränge bekommen!‹

Es war, als dränge eine glühende Nadel in meinen Backenknochen; ich krümmte und wand mich.

›Ein ausgezeichnetes Gebiß!‹ sagte sie. ›Eine Orgel, um darauf zu spielen, Maultrommelkonzert, großartig, mit Pauken und

Trompeten, Pikkoloflöte und Posaune im Weisheitszahn. Großer Poet, große Musik!‹

Ja, sie spielte auf, und entsetzlich sah sie aus, selbst wenn man nicht mehr von ihr sah als die Hand, die schattengraue, eiskalte Hand mit den langen, nadeldünnen Fingern; jeder von ihnen war ein Marterwerkzeug: Daumen und Zeigefinger hatten Kneifzange und Schraube, der Mittelfinger lief in eine spitze Ahle aus, der Ringfinger war ein Bohrer, und der kleine Finger eine Spritze mit Mückengift.

›Ich werde dich das Versmaß lehren!‹ sagte sie. ›Ein großer Dichter muß großes Zahnweh haben, ein kleiner Dichter kleines Zahnweh!‹

›Oh, laß mich ein kleiner sein!‹ flehte ich. ›Laß mich gar keiner sein! Und ich bin ja kein Poet, ich habe nur Anfälle vom Dichten, Anfälle wie von Zahnweh! Fahre hin! Fahre hin!‹«

Andersen hatte ein Los der staatlichen Lotterie, das er alljährlich erneuerte. Es war für ihn eine Art Talisman, ein Wahrzeichen dafür, ob Fortuna auf seiner Seite stand oder nicht. In den fünfziger und sechziger Jahren schrieb er aus dem Ausland immer wieder an Edvard Collin: »Lassen Sie mich wissen, daß ich in der Lotterie gewonnen habe.« Und wenn seine Losnummer wieder nicht gezogen wurde, war er bitter enttäuscht. Der 20. April 1856 muß ein trister Tag für ihn gewesen sein: »Nicht in der Lotterie gewonnen, keine Briefe bekommen.« Am 10. Juli 1860 notierte er: »Ich habe nicht in der Lotterie gewonnen, aber die Nummer, die ich ausgesucht hatte – 17 –, war ganz nahe an der Gewinn-Nummer: 18.« Zuweilen fügte er den Worten »Nicht in der Lotterie gewonnen« Bemerkungen wie diese hinzu: »Drei Tage lang wurden Lose gezogen, aber meine Nummern waren wieder nicht dabei. Von dort habe ich keine Reichtümer zu erwarten.« An Frau Melchior schrieb er einmal: »Würde Frau ›Lotterie‹, die nun schon seit Jahren ein Sack voller Lügen gewesen ist, mir eine entsprechende Summe bescheren, dann könnte ich Reisepläne machen; aber ich habe kein Vertrauen zu dieser Frau.« Am 13. September 1872 schrieb er in sein Tagebuch: »Es ist wirklich zu ärgerlich, ich habe auch dieses Mal nicht in der Lotterie gewonnen. Hol's der Teufel!« Und tags darauf: »Ich habe überhaupt noch nichts in der Lotterie gewonnen. Bin sehr verbittert. Mein Glücksstern hat mich verlassen.« Als er dann endlich im November 1873 fünfhundert Reichstaler gewann, erwähnte er diesen Glücksfall nur ganz flüchtig.

Im Gegensatz zu seinem freidenkerischen Vater war Andersen ein tiefgläubiger Mensch. Seine religiösen Überzeugungen lassen sich wie folgt zusammenfassen: Er glaubte an die Existenz Gottes, an die entscheidende Bedeutung eines ehrbaren Lebenswandels und an die Unsterblichkeit der Seele. Die Dreiheit Gott, Tugend, Unsterblichkeit, auf die sich der theologische Rationalismus gründet, war auch die Grundlage der religiösen Überzeugung Andersens.

Er glaubte an eine göttliche Vorsehung. Felsenfest überzeugt, daß der Herrgott ganz bestimmte Pläne mit ihm hatte, argumentierte er zuweilen sogar mit ihm. So schrieb er während seiner Schulzeit in sein Tagebuch: »Es war nicht gerecht von Gott, daß er mich in Latein so schlecht abschneiden ließ.« In glücklichen Augenblicken aber hatte er das Verlangen, »Gott ans Herz zu drücken«.

Sein Glaube war naiv und undogmatisch. In Christus sah er den großen Lehrer und das Vorbild der Menschheit, die Natur galt ihm als die große heilige Kirche Gottes. Er ging selten zur Kirche, und die höchst unterschiedlichen Religionsphilosophien seiner beiden großen Zeitgenossen Grundtvig und Kierkegaard ließen ihn kalt. Einer seiner liebsten Bibelsprüche war: »Wenn ihr nicht werdet wie die Kinder, so werdet ihr nicht ins Himmelreich kommen« – und dies ist letztlich auch die Botschaft seines Märchens *Die Schneekönigin.*

Während eines Aufenthalts in Holsteinborg las er einmal einer Todkranken zwei seiner Märchen vor, und beim Abschied sagte er zu ihr: »Wir sehen uns wieder.« – »Ja, dort oben«, erwiderte sie. – »Vielleicht. Und wenn Sie vor mir dort sind, grüßen Sie bitte meine Freunde. Ich habe mehrere dort oben.« – »Ja, das haben Sie.«

Zuweilen bekam er von streng dogmengläubigen Freunden Vorwürfe zu hören. So kam es zum Beispiel zwischen ihm und Ingeborg Drewsen zu Meinungsverschiedenheiten bezüglich der Auferstehung des Leibes – »sie glaubte daran, ich nicht«. Nachdem er Kierkegaards Abhandlung *Der Begriff Angst* gelesen hatte, geriet er mit dem jungen Jonas Collin aneinander, der kategorisch erklärte: »Gott und Christentum sind zwei verschiedene Dinge.« – »Ich sagte«, heißt es in Andersens Tagebuchnotiz, »daß Gott der Allmächtige sei, die alleinzige Macht. – ›Das ist aber nicht Christentum: Die Juden glauben auch an einen Gott, aber nicht an Christus.‹ – Hier wurde mir also unmißverständlich gesagt, Gott sei durch den neuen Gott Christus aus dem Christentum vertrieben worden.«

Auf dem Herrenhof Basnæs kam es wegen der Glaubenslehre zu heftigen Debatten zwischen Andersen, Frau Scavenius und einigen anderen Damen. Am 14. Juni 1870 notierte er: »Ich sagte ihnen, die Lehre sei von Gott und sie sei ein Segen, Geburts- und Familienverhältnisse seien zwar von großem Interesse, für mich aber nicht wesentlich. Da brach der Sturm los, dann hätte seine Lehre nichts zu bedeuten, nähme man seine Geburt und seinen Tod nicht mit dazu. Die letzte Hinzufügung sei nötig, um seine Gewißheit von der Wahrheit zu bestätigen, usw. – Wenn ich nicht auch an den Vater, den Sohn und den Heiligen Geist glaubte, sei ich kein Christ. Ich antwortete, ich glaubte an diese als Begriffe, nicht als Personen, leibliche Gestalten – man gab mich so ungefähr auf.«

Als Andersen im Oktober 1871 eines Abends auf seine Ansichten über Gott, Christus, die Jungfrau Maria und andere Glaubensdinge zu sprechen kam, rief eine überzeugte Grundtvig-Anhängerin: »O Gott, dann müssen Sie ein Jude sein!« Und als er daraufhin von seiner Liebe, Dankbarkeit und Bewunderung für Jesus Christus als einem Menschen sprach, der mit vollem Recht die anderen aufgefordert habe, seinem Beispiel zu folgen, brach die Dame in Tränen aus und stürzte aus dem Zimmer. »Es gab eine ziemliche Szene«, notierte Andersen später. »Ich war unglücklich, einen Menschen ›beleidigt‹ zu haben, der bisher nie über Glaubensdinge nachgedacht hatte, und später versuchte ich, alles in Ordnung zu bringen und sie zu besänftigen, was mir anscheinend auch gelang. Ich sagte: ›Ein Vater schenkt jeder seiner beiden Töchter einen wertvollen Ring; die eine ist fest überzeugt, daß er echt ist, es würde ihr nie einfallen, daran zu zweifeln, sie ist glücklich in ihrem blinden Glauben; die andere möchte wissen, sie geht also mit dem Ring zu einem Fachmann, läßt ihn begutachten und erfährt so, daß er echt ist. Auf eben diese Weise bin ich zu der Überzeugung gelangt, daß die Lehre Christi tatsächlich von Gott kommt.«

Bisweilen fühlte sich Andersen dem Herrgott so nahe, daß es für ihn ganz selbstverständlich war, am Schluß einer Tagebucheintragung zu schreiben: »Lieber Gott, hab Dank für diesen Tag!« Es gab aber auch Zeiten, in denen er von quälenden Zweifeln befallen war. Als Beispiel seien einige Auszüge aus Tagebucheintragungen des Jahres 1860 angeführt:

3. September. »Mir ist, als laste ein Alpdruck auf meinem Gemüt – woher kommt er, warum ist er da? Ich bin seltsam elend. Aber ich darf dich, Gott, nicht um Hilfe bitten, denn ich verdiene sie nicht – warum sollte ich immer so begünstigt sein? Niemand kennt sein Los von einer Stunde zur anderen.«

4. September. »Der Wunsch, plötzlich zu sterben, überkommt mich sehr oft.«

5. September. »Mein Gemüt ermuntert sich nicht! Gott! laß mich glücklich werden!«

27. Oktober. »Ich treibe wie ein Vogel im Sturm, ein Vogel, der nicht fliegen und dennoch nicht ganz fallen kann. Herrgott! Mein Gott! erbarme dich mein!«

28. Oktober. »Ich bin ein Sünder, ein schwacher, eitler Mensch – mir wurden zu viele kostbare Gaben verliehen, nun muß ich auch Widerwärtiges erleiden, und dann beklage ich mich wie ein verhätscheltes Kind. Wer hört mir zu? Niemand! Niemand!«

14. November. »Beten ist zwecklos, Gott wird den Lauf der Dinge nicht ändern. In guten Tagen halte ich mich an ihm fest, in schlechten Tagen stütze ich mich nicht auf seinen unwandelbaren Willen. Ich weiß, ich muß ihn wie ein Kind um Vergebung bitten, weil ich bestraft werde, also vergib mir, doch ich möchte nicht um das Unmögliche bitten. Im Laufe der Zeit werde ich mich schon fügen. Lieber sich ergeben als sich in den Flammen nach einer glückseligen Existenz verzehren, die wir ja doch nie erreichen . . . Ging wie üblich mißgestimmt, gottlos zu Bett.«

20. November. »Um halb neun auf, herrlicher Sonnenschein. Gott, laß ihn auch mein Gemüt in Christentum und Gott erhellen!«

17. Dezember. »Das Gute, das ich tun will, tue ich nicht. Und die üblen Dinge, die ich nicht tun will, tue ich. Ich habe keine Zukunft, auf die ich mich freuen könnte.«

Am 10. Juli 1864 schrieb er in sein Tagebuch: »Angst und Kummer schlagen über mir zusammen – werde ich herausgezogen oder muß ich untergehen? Die Religion ist mein Licht, meine Rettung, mein Heil. Glaube ich daran, daß Gott und Jesus eins sind, wie sie es für die Gläubigen sein sollen, dann muß die Jungfrau Maria die Auserwählte unter den Menschen sein, dann ist es für uns in aller Bescheidenheit doch naheliegend, zu ihr um Fürbitte bei Gott zu beten. Was für Gedanken ich habe! Herr, mein Gott! erleuchte mich und erbarme dich mein, ich bin im Begriff, dich zu verlieren, dich, an dem ich in kindlichem Glauben festhalten sollte.« Und am 2. Mai 1866: »Wie seltsam – in Angst und Qual kann ich nicht zu Gott beten, ich glaube an eine Bestimmung, eine Notwendigkeit, in frohen und glücklichen Tagen aber ist mir Gott sehr nahe, dann habe ich Gebete und Dankbarkeit, dann ist demütiger, beglückender Dank in meiner Seele und meinen Gedanken.«

Schließlich am 5. März 1872, als er gerade vom Tode Carsten Hauchs erfahren hatte: »Ist er nun Staub und Asche, tot, erloschen, ausgebrannt wie das Licht, das nicht mehr da ist? Herr, mein Gott! Kannst du uns ganz verschwinden lassen? Da ist eine Angst, und ich bin zu klug geworden – und unglücklich.«

Die Frage, ob Andersen kinderlieb war, ist oft gestellt worden. Ich glaube, daß sie ziemlich leicht zu beantworten ist: Er war Kindern, zu denen er eine persönliche Beziehung hatte, sehr zugetan, aber er war nicht jener fröhliche, unterhaltsame, der Jugend von nah und fern herzlich verbundene Kinderfreund, als den die Nachwelt ihn gern hingestellt hat. Wie die meisten Erwachsenen ärgerte er sich zuweilen über verzogene und unartige Kinder, im allgemeinen aber fiel ihm der Umgang mit den Kleinen leicht, weil er selbst in vieler Hinsicht ein Kind geblieben war.

Edvard Collin äußert sich in seinem Buch zu diesem Thema: »In den Kreisen, in denen er verkehrte, gab es vielfach kleine Kinder, mit denen er sich abgab; er erzählte ihnen Geschichten, die er teils aus dem Augenblick heraus erfand, teils bekannten Märchen entnahm; aber ob er nun etwas Eigenes oder eine Nacherzählung zum besten gab, die Art des Erzählens war so ausschließlich seine eigene und so lebendig, daß die Kinder entzückt waren. Ihm selbst machte es Spaß, seinem Humor freien Spielraum zu lassen, er erzählte in einem fort, mit Gebärden, die zu dem, was er gerade erzählte, paßten. Selbst dem trockensten Satz verlieh er Leben; er sagte nicht: ›Die Kinder stiegen auf den Wagen und fuhren davon‹, sondern: ›Dann stiegen sie in den Wagen, auf Wiedersehen, Vater, auf Wiedersehen, Mutter, die Peitsche knallte pfitz-pfatz, und weg fuhren sie, hott und hü!‹ Diejenigen, die ihn später seine Märchen vorlesen hörten, können sich nur einen schwachen Begriff von der eigentümlichen Lebendigkeit seines Vortrags im Kreise der Kinder machen.«

Rigmor Stampe, die Enkelin Ingeborg Drewsens und Urenkelin Jonas Collins, berichtet in ihrem Buch über Andersen: »Meiner Erinnerung nach war unser Umgang mit Andersen immer völlig ungezwungen – während es damals in unseren verschiedenen Familienkreisen einige alte Onkel und Tanten gab, gegen die wir Kinder eine ausgesprochene Abneigung empfanden, weil sie uns mit Zärtlichkeiten und Sentimentalitäten kamen. Andersen dagegen war stets taktvoll, unaufdringlich und niemals abstoßend.

Und er war lieb und nett zu uns Kindern. Er nahm uns ins Theater mit, brachte uns Mitbringsel aus dem Ausland, ja für ein Kind, das er besonders gern hatte, brachte er lange Zeit jeden Tag ein Geschenk mit. Und in vielen Familien erzählte er den Kindern seine Märchen; als diese später veröffentlicht wurden, schickte er ihnen ein Heft nach dem anderen.«

Wer Andersens Geschichte *Herzenskummer* gelesen hat, kann keinen Zweifel daran hegen, daß er Kindern echtes Verständnis und Mitgefühl entgegenbrachte: Hinter der Bretterwand eines Hofes gibt es für Kinder, die in dieser Straße wohnen, etwas ganz Besonderes zu besichtigen, nämlich das Grab eines Mopses – vorausgesetzt, daß sie den Eintrittspreis, einen Hosenknopf, bezahlen – »das war etwas, was jeder Knabe hatte und was er auch den kleinen Mädchen liefern konnte«.

»Doch draußen vor dem Gerberhofe, dicht an der Pforte, stand ein kleines zerlumptes Mädchen, so lieblich geschaffen, mit dem herrlichsten Lockenhaar und Augen, so blau und klar, daß es eine Lust war; es sprach kein Wort, es weinte auch nicht, aber jedesmal, wenn sich die Pforte öffnete, warf es einen langen Blick in den Hof. Es besaß keinen Knopf, das wußte es wohl, und darum blieb es traurig draußen stehen, bis all die andern das Grab gesehen hatten und fortgegangen waren; dann setzte es sich nieder, hielt die kleinen braunen Hände vor die Augen und brach in Tränen aus. Das Mädchen allein hatte das Mopsgrab nicht gesehen. Es war ein Herzenskummer, so groß, wie ihn oft ein Erwachsener nicht empfinden kann.«

Aus der Tatsache, daß Andersen stark emotional veranlagt war, zu Sentimentalität neigte und leicht in Tränen ausbrach, wurde manchmal geschlossen, es habe ihm an Humor gefehlt. Das ist eine völlig irrige Annahme. Wer seine Märchen und Geschichten im Original gelesen hat, weiß, welch wichtige Rolle der Humor darin spielt. (In zahlreichen Übersetzungen, insbesondere solchen aus dem neunzehnten Jahrhundert, ist viel von Andersens Humor verlorengegangen, während das sentimentale Element noch betont wurde.)

Es gibt genug Zeugnisse dafür, daß Andersen auch im täglichen Leben Humor bewies. Edvard Collin berichtet darüber: »Im mündlichen Gespräch, wo die Ironie mit im Spiel war und sein Humor sich geltend machen durfte, konnte er unvergleichlich amüsant sein. Ich habe noch nie jemanden gekannt, der auf diese Weise einen an und für sich unbedeutenden Zug herausgreifen und ihn mit seiner Laune befruchten konnte, ohne sich sonderlich um die Korrektheit zu kümmern. Er hatte fast jeden Tag eine putzige Erzählung über dieses und jenes, was ihm passiert war, und es ist kein Wunder, daß Kommandant Wulff sich eines Tages nach einer solchen Anekdote die Haare raufte und rief: ›Das ist eine Lüge, eine verdammte Lüge, keinem von uns passieren jemals solche Dinge!‹ – eine Szene, die Andersen sehr amüsant wiedergab.«

Des weiteren heißt es in Collins Erinnerungsbuch: »Andersens Sinn für Humor und Spaß gewann zuweilen so sehr die Oberhand über seine Egozentrik, daß es ihn (allerdings nur in unserem privaten Kreis) amüsierte, wenn er selbst in einem komischen Licht erschien. Das zeigte sich besonders deutlich in seinem Umgang mit meiner Schwester [Ingeborg Drewsen], etwa wenn sie ihn bei einer kleinen Notlüge ertappte. Wann immer sie, nachdem er ihr so etwas im unschuldigsten Ton erzählt hatte, zu ihm sagte: ›Ich weiß genau, warum Sie mir das erzählen, aber Sie können einem siebenjährigen Springinsfeld nichts vormachen‹, schüttete er sich vor Lachen aus, weil sie ihm auf die Schliche gekommen war.«

Selbst bei den feierlichsten Anlässen konnte es geschehen, daß ihm irgend etwas Komisches auffiel – wie beispielsweise seine Tagebuchnotiz vom 19. Juni 1846 zeigt, in der er eine Lobrede referiert, die van der Vliet anläßlich eines Banketts auf ihn gehalten hatte: »König Christian VIII. und Friedrich Wilhelm von Preußen hätten mir Orden verliehen; wenn diese dereinst auf meinem Sarg lägen (an dieser Stelle grinste der fette Kellner), hoffe er, daß Gott mir die Ehrenkrone für das schöne Märchen meines Lebens verleihen werde.«

Neben seiner dichterischen Begabung verfügte Andersen über einige weitere beachtliche Talente. Er hatte eine schöne Singstimme und ließ sich gern dazu überreden, Freunden im Ausland dänische Lieder vorzusingen. Als Naturtalent erwies er sich auch beim Vorlesen seiner Märchen und Geschichten. Der dänische Autor Henrik Scharling, der am 29. April 1863 einer Lesung Charles Dickens' beigewohnt hatte (der sein *Weihnachtsmärchen* und eine Episode aus *Die Pickwickier* vortrug), vermerkte in seinem Tagebuch: »Er [Dickens] gab die Dialoge oft ganz hervorragend wieder, aber was die rein erzählenden und beschreibenden Passagen betrifft, ist ihm H. C. Andersen weit überlegen.« [31]

Andersens zeichnerische Begabung bezeugen seine zahlreichen Bleistift- und Federskizzen. Die meisten fertigte er auf seinen Auslandsreisen an, und zwar als Gedächtnisstützen für sich selbst. Der Reiz dieser unprätentiösen Skizzen liegt darin, daß sie das Werk eines Amateurs im wahren Sinne des Wortes sind, eines Menschen also, der etwas aus Liebe zur Sache tut und nicht, um damit Geld zu verdienen.

Eine seiner frühesten Landschaftszeichnungen dürfte die auf seiner ersten Auslandsreise entstandene Skizze der Felsenburg Regenstein (bei Blankenburg im Harz) sein. In dem 1831 erschienenen Bericht über seine Harzreise schreibt er über diese Burg: »Ich war so sehr davon beeindruckt und inspiriert, daß der Bleistift sich unversehens in meiner Hand bewegte und diesen gewaltigen Anblick in mein Tagebuch skizzierte; ich wurde zum Zeichner, ohne jemals eine einzige Stunde Unterricht bekommen zu haben.«

Viele Skizzen entstanden 1833/34 während seines Aufenthalts in Le Locle und auf seiner ersten Italienreise. Aus Rom schrieb er an Ludvig Müller: »Immer wenn ich etwas Schönes sehe, muß ich denken: ›Wie kann ich das den Lieben zu Hause beschreiben?‹ Und dann jagt mein Bleistift übers Papier und meine Phantasie sagt: ›Nun habe ich das Gerippe, nun kann ich es ausmalen und weiterentwickeln.‹« An Edvard Collin schrieb er aus Neapel: »In Mola di Gaeta sahen wir Ciceros Bäder, die ich abgezeichnet habe, denn ich bin ein ganzer Zeichner geworden, und die Künstler in Rom ermutigen mich alle dazu wegen meines guten Auges; auf alle Fälle sind meine vielen Skizzen (insgesamt über 100) ein Schatz für mich, an dem ich selber daheim viel Freude haben werde. Hätte ich doch zeichnen gelernt!« Und einen knappen Monat später berichtete er Henriette Wulff: »Nun habe ich schon fast 200 Skizzen.«

1866 schrieb er in einem Brief an Henriette Collin: »Sie wissen, daß ich nie zeichnen gelernt und mich darin auch nicht geschult habe, und doch drängt es mich oft, etwas auf Papier zu skizzieren, wenn ich meine, ich könnte es in Worten nicht wiedergeben. Ich habe einmal einige meiner Skizzen aus Italien H. C. Örsted gezeigt, der zugegebenermaßen kein Künstler war, und er meinte, wenn ich nicht Schriftsteller geworden wäre, hätte ich Maler werden sollen.«

In seiner ausgezeichneten Studie *H. C. Andersens Billedkunst* weist Kjeld Heltoft zu Recht darauf hin, daß Andersens Arbeiten auf diesem Gebiet nicht als naiv, sondern als »naivistisch« zu bezeichnen sind. Nach Heltofts Angaben sind insgesamt siebzig seiner Bleistiftskizzen und zweihundertfünfzig Federzeichnungen erhalten.

Des weiteren fertigte Andersen kunstvolle und oft sehr amüsante Scherenschnitte an, von denen über fünfzehnhundert erhalten sind. Sir Henry Dickens (der bei Andersens Besuch in Gad's Hill sieben Jahre alt war) berichtet in seinen Memoiren: »Er verstand sich ausgezeichnet darauf, mit einer ganz gewöhnlichen Schere aus einem Stück Papier hübsche kleine Figuren zu schneiden, Kobolde und Elfen, Trolle, Feen und alle möglichen

Tiere, die aus den Seiten seiner Bücher hervorgetreten schienen. Diese sehr kunstvoll und grazil gestalteten Figuren waren bezaubernd.«

Rigmor Stampe schreibt über Andersens Papierschnitte: »Sie bedeuteten den Kindern der Familie sehr viel. Während Andersen redete, faltete er ein Stück Papier und ließ die Schere darin herumkurven, dann faltete er es auseinander – und da waren die Figuren! Es waren sozusagen kleine Märchen, keine Illustrationen seiner geschriebenen Märchen, aber der gleichen Phantasie entsprungen. Im Unterschied zu den Scherenschnitten anderer Leute waren die seinen oft einander ähnlich: Wie in seinen Schriften befaßte er sich auch hier im wesentlichen mit einer begrenzten Anzahl von Motiven, die sich ständig wiederholten. Da gab es Schlösser, Schwäne, Kobolde, Engel, Amoretten und andere Phantasiefiguren, zahlreiche Herzen, einen am Galgen hängenden Toten, einen ›Kammerherrn mit dem Schlüssel auf dem Rücken‹, eine Windmühle in Gestalt eines Mannes – dessen Arme und Beine die Mühlenflügel waren – und viele andere Figuren.«

Ergänzend wäre zu sagen, daß auch Störche, Tänzerinnen und Harlekine zu seinen bevorzugten Scherenschnittfiguren zählten – aber auch gräßliche Dämonen und nackte Hexen mit vier oder mehr Brüsten.

Die älteste Tochter des Grafen Holstein berichtete 1926 von ihren persönlichen Erinnerungen an Andersens Besuch in Holsteinborg: »Als Kind war ich glücklich, wenn er aus weißem Papier eine zusammenhängende Reihe kleiner Puppen schnitt, die ich auf den Tisch stellen und durch Anhauchen bewegen konnte. Er schnitt viele Silhouetten aus, einige davon klebte Mama später auf Lampenschirme. Er benützte dazu immer eine riesige Schere – für mich war es unbegreiflich, wie er mit seinen großen Händen und dieser riesigen Schere solch hübsche, zarte Dinge ausschneiden konnte.«

Für den sechsjährigen Sohn eines Repetitors am Königlichen Theater stattete Andersen ein Buch von sechzig Seiten mit einer Vielzahl von Illustrationen und Vignetten aus, und für die Kinder von Freunden illustrierte er dreizehn Schulbücher, wobei er sich einer Technik bediente, die wir heute als »Montage« oder »Collage« bezeichnen würden. Auf die gleiche Weise dekorierte er noch in hohem Alter einen großen Wandschirm, für dessen acht Paneele er bestimmte Themen wählte: für zwei das Thema Dänemark, für die übrigen sechs die Themen Schweden und Norwegen, Deutschland und Österreich, Großbritannien, Frankreich, Ferner Osten und schließlich das Thema Kindheit. Das Besondere daran war, daß er zur Ausschmückung der Paneele keinerlei selbstverfertigtes Bildmaterial verwandte, sondern aus Photographien, Illustrationen und Reproduktionen verschiedenster Herkunft echte Collagen anfertigte. Als Ganzes betrachtet verrät diese Arbeit viel von dem Bild, das sich Andersen von der Welt, in der er lebte, und von der Vergangenheit machte. Jedes Paneel dekorierte er – vor dem Hintergrund typischer Bauwerke oder Landschaften – mit den Porträts von Persönlichkeiten, die er verehrte, und, als Kontrast dazu, mit Szenen aus der sozialen Wirklichkeit oder mit Bildmaterial, das als satirischer Kommentar fungiert. So montierte er zum Beispiel direkt neben sein eigenes Konterfei das Bild eines Narren und unter die Porträts der großen dänischen Schriftsteller und Poeten eine ganze Versammlung von Katzen, Hunden, Hühnern, Papageien, Eulen und Schweinen, dazu einen Fuchs, eine Kröte und einen Gefangenen, der von einer Fee in Ketten gelegt wird. Einen hervorragenden Platz unter Andersens britischen Idolen nehmen Shakespeare, Byron, Scott, Dickens und Tennyson ein, doch auf diesem Paneel sind auch Armut und soziales Elend zu sehen, wie er sie aus Dickens' Romanen und von seinen eigenen Besuchen in London kannte. Auf dem Deutschland und Österreich gewidmeten Paneel sind Porträts von Goethe, Beethoven, Mozart, Heine und Schiller zu sehen, aber auch – direkt unter dem Bild einer deutschen Großmutter, die einem kranken Kind Märchen vorliest – ein Fuchs, der einem Huhn auflauert.

Im März 1874 schrieb Andersen an Gräfin Holstein: »Ich habe versucht, in jedes Paneel eine poetische Idee oder einen historischen Bericht hineinzubringen, und man sagt, es sei alles wie ein großes, buntes Märchen.«

In einer wichtigen Passage seines Buches über Andersen schreibt Edvard Collin: »Ich möchte auf etwas ganz Wesentliches hinweisen, das Andersens Charakter betrifft – der sich so freimütig in den Briefen an unsere Familie enthüllt, für die das Urteil der Welt unmaßgeblich ist. Ich habe in die Tiefen seiner Seele geblickt und mich, wenn ich auf sein Übermaß an Einbildungskraft hinwies, nicht davon abschrecken lassen. Ich weiß, daß er *gut* war. Diese schlichte Aussage wird von denen, die ihn wirklich kannten, nicht mißverstanden werden.«

Doch so viel Bedeutung dieser Aussage des alles andere als gefühlsbetonten Edvard Collin auch beizumessen ist – ein so vielschichtiger Charakter wie Andersen läßt sich nicht mit ein paar schlichten Adjektiven beschreiben. Er war ein zutiefst widersprüchlich veranlagter Mensch.

Und diese Widersprüchlichkeit ist auch in seinen Werken zu finden. Wer den Versuch unternimmt, den philosophischen Gehalt seiner Märchen zu analysieren, wird bald auf einen Zwiespalt stoßen. *Die Glocke* und *Der Schatten* zum Beispiel sind zwar thematisch miteinander verwandt, drücken aber gegensätzliche Lebensanschauungen aus. *Die Glocke* ist eine optimistische Erzählung vom Sieg des Guten, vom Triumph der Genialität: Zwei Knaben, die den »Adel des Geistes« verkörpern – der eine stammt aus ärmlichen Verhältnissen (Andersen?), der andere ist ein Königssohn (Örsted? Thorvaldsen? Der Herzog von Weimar?) – finden den Weg zu der heiligen Glocke jenseits des Waldes (die den »Geist der Natur«, wie Örsted es nannte, verkörpert). Die anderen, gewöhnlichen Menschen dagegen machen bereits bei billigen Imitationen dieser Glocke halt. *Der Schatten* ist eine pessimistische Geschichte vom Sieg der hohlen Imitation über den genialen Geist: Der Gelehrte, der für das Wahre und Schöne eingetreten ist, wird enthauptet, während ihm der Schatten, der Parasit, seinen Ruhm stiehlt und mit der Hand der Prinzessin belohnt wird.

Der Charakter des Autors zeigt die gleiche Zwiespältigkeit. Seine inneren Konflikte machten Andersen oft das Leben schwer. Für seine Umwelt waren manche seiner Wesenszüge deutlicher erkennbar als andere: Jedermann wußte von seiner Eitelkeit, aber nur wer ihn gut kannte, wußte von seiner Bescheidenheit. Solche Widersprüchlichkeiten seines Wesens könnte man seitenweise aufzählen. Er war ein Christ, der einige der wichtigsten christlichen Dogmen ablehnte; er war ein freigebiger Geizhals; er war ein Snob, der unweigerlich für die Benachteiligten eintrat; er haßte *und* liebte sein Vaterland so leidenschaftlich wie kein anderer Schriftsteller dieser Epoche; er hatte eine Todesangst vor den Gefahren des Reisens, aber kein zeitgenössischer europäischer Autor reiste so viel wie er. Aus seinen autobiographischen Schriften (und aus vielen seiner Briefe) spricht eine tiefe Dankbarkeit für den wunderbaren Verlauf seines Lebens, aber ein Jahr vor seinem Tod schrieb er in sein Tagebuch: »Innerlich fühle ich mich ganz und gar nicht gütig, dankbar oder geduldig.«

Bei einem Essen, das 1948 zu Ehren Jean Hersholts, des amerikanischen Andersen-Übersetzers und Sammlers von Andersiana gegeben wurde, äußerte sich Helge Topsöe-Jensen über die vielschichtige Persönlichkeit des Dichters:

»Sein Lebenslauf ist gar nicht so außergewöhnlich. Besonders in Amerika, wo so viele arme Burschen mit schrecklichen Schwierigkeiten zu kämpfen hatten und trotzdem berühmt wurden, wird man die Geschichte des Schuhmachersohnes nicht als ungewöhnlich empfinden. Nein, das Außergewöhnliche an Hans Christian Andersen ist seine Persönlichkeit. Unter denen, die das Zeitliche gesegnet haben, gab es nur wenige, über die wir so viel wissen wie über ihn, wenige derart reich begabte Naturen und wohl auch wenige, die solch unerhörte Widersprüchlichkeiten in sich vereinten. Er war ein Naturtalent, das seiner Inspiration folgte, zugleich aber war er ein beharrlich arbeitender Künstler, der mit jedem Detail seines Handwerks vertraut war und an seinen Werken so lange feilte, bis sie wie eine spontane Eingebung wirkten; der imstande war, Ideen und Einfälle jahrelang aufzusparen, um sie dann im richtigen Moment so einzufügen, als wären sie ihm gerade erst gekommen. Gleichzeitig Kind und Philosoph; hemmungslos in seiner Freude und seinem Kummer und dennoch fähig, in schwierigen Situationen diplomatisches Geschick zu beweisen; extrem ichbezogen und trotzdem stets bereit, anderen zu helfen; ungemein emotional und trotzdem gesegnet mit einem spitzbübischen Humor; von Natur aus pessimistisch und melancholisch, aber ein ausgesprochener Kulturoptimist; durch und durch Däne – und doch von der ganzen Welt verstanden.«

Bei all seiner Egozentrik und Reizbarkeit, trotz seiner zahlreichen Verschrobenheiten hatte Andersen ganz offensichtlich eine starke persönliche Ausstrahlung. Es fiel ihm leicht, das Interesse außergewöhnlicher Menschen auf sich zu lenken und in persönliche Beziehung zu ihnen zu treten. Schon als kleiner Junge in Odense unterschied er sich nicht zuletzt durch sein Talent, andere auf sich aufmerksam zu machen, von seinen Altersgenossen. In Kopenhagen verhalf dieses Talent dem als Sänger, Schauspieler und Tänzer gescheiterten jungen Mann dazu, Wohltäter zu finden, ohne deren Hilfe er wohl kaum überlebt hätte. Und dieses Charisma besaß er auch als reifer Mann und berühmter Schriftsteller: Kein anderer zeitgenössischer Autor zählte so viele führende Vertreter des europäischen Kulturlebens zu seinen Freunden und Bekannten. Die Geschichte seines Lebens ist weder das schöne Märchen, als das er sie gern präsentierte, noch ist sie so tragisch, wie er selbst es sich manchmal einreden wollte. Sie ist die merkwürdige, faszinierende Geschichte des merkwürdigen Außenseiters Hans Christian Andersen, dessen Werke eine Sprache sprechen, die sich als so allgemeinverständlich erwiesen hat wie die keines anderen Autors.

Illustration zu dem Märchen *Der Schweinehirt* von dem dänischen Zeichner Vilhelm Pedersen, dem ersten Andersen-Illustrator.

2. Teil

Die Märchen und Geschichten

1
Die Spannweite der Märchen und Geschichten Andersens

Heute beruht Andersens Ruhm ausschließlich auf den Märchen und Geschichten. In weit über hundert Sprachen übersetzt, werden sie nach wie vor in Millionen von Exemplaren in aller Welt neu aufgelegt. Allerdings ist, wenn von »Andersens Märchen« gesprochen wird, nicht immer dieselbe Auswahl gemeint.

Die Gesamtzahl der zu Lebzeiten des Dichters unter dem Titel *Eventyr og Historier* in Dänemark erschienenen Märchen beläuft sich auf 156. Nicht alle erreichten in Andersens Heimat den gleichen Beliebtheitsgrad, und im Ausland erfreut sich (obwohl sämtliche Märchen und Geschichten übersetzt wurden) eine noch geringere Anzahl allgemeiner Beliebtheit.

Im deutschen und englischen Sprachraum sind die frühen (zwischen 1835 und 1850 entstandenen) Märchen am bekanntesten geworden. Nach den neueren Ausgaben zu schließen, sind die folgenden dreißig die beliebtesten (das Erscheinungsjahr der dänischen Originalausgabe ist in Klammern angegeben): *Das Feuerzeug, Der kleine Klaus und der große Klaus, Die Prinzessin auf der Erbse, Die Blumen der kleinen Ida, Däumelinchen, Der Reisekamerad* (1835); *Die kleine Meerjungfrau, Des Kaisers neue Kleider* (1837); *Der standhafte Zinnsoldat, Die wilden Schwäne, Der Garten des Paradieses, Der fliegende Koffer, Die Störche* (1839); *Ole Luköie, Der Schweinehirt, Der Buchweizen* (1841); *Die Nachtigall, Das Liebespaar, Das häßliche junge Entlein* (1843); *Der Tannenbaum, Die Schneekönigin* (1844); *Die Stopfnadel, Elfenhügel, Die roten Schuhe, Die Hirtin und der Schornsteinfeger, Das kleine Mädchen mit den Schwefelhölzern* (1845); *Der Schatten* (1847); *Das alte Haus, Die glückliche Familie, Der Halskragen* (1848).

Wenn ich die sechzig Märchen und Geschichten auswählen müßte, die ich für die charakteristischsten halte, würde ich auch die meisten der hier angeführten nennen, aber ausdrücklich darauf hinweisen, daß darin keineswegs alle Aspekte der Erzählkunst Andersens voll zur Geltung kommen. [1]

Da Andersen kein Sammler von Volksmärchen, sondern ein Märchendichter war, ist es falsch, ihn in einem Atemzug mit den Brüdern Grimm oder mit Asbjörnsen und Moe, den norwegischen Volksmärchensammlern, zu nennen. Gleichwohl gehen einige seiner Erzählungen auf alte dänische Volksmärchen zurück, die er als Kind in Odense gehört hatte. [2] Zwei Monate vor der Veröffentlichung seiner ersten vier Märchen schrieb er an Ingemann: »Ich habe ein paar Märchen wiedergegeben, die mir in meiner Kindheit Freude machten und die, glaube ich, nicht sehr bekannt sind. Ich habe sie ganz so niedergeschrieben, wie ich sie einem Kind erzählen würde.«

Zu dem Märchen *Das Feuerzeug* dürften ihn zwei Vorbilder angeregt haben: ein dänisches Volksmärchen (zuweilen *Der Kerzengeist* genannt), das auf *Aladdin und die Wunderlampe* aus *Tausendundeine Nacht* basiert, und Adam Oehlenschlägers dramatisches Märchen *Aladdin oder Die Wunderlampe*, ein Bühnenwerk, das Andersen sehr bewunderte. Er identifizierte sich gern mit Oehlenschlägers Aladdin, jener Naturbegabung, der es bestimmt ist, aus bitterer Armut zu Ruhm und Ehre zu gelangen. Bei der Niederschrift der Geschichte, mit der sein erstes Märchenheft beginnt, hatte Andersen zweifellos die simple Handlungsstruktur des Volksmärchens und den Ideengehalt von Oehlenschlägers Meisterwerk im Sinn. Um Hans Brix zu zitieren: »In seinem ersten Märchen *Das Feuerzeug* entschied er sich für die Aladdin-Geschichte in ihrer volkstümlichen Form. Die Tatsache, daß es genau das gleiche Thema [wie in Oehlenschlägers Stück] war, zwang ihn dazu, es ganz eigenständig darzustellen: Kein einziges Detail durfte eine Ähnlichkeit aufweisen. Es war ein echter Wettstreit mit Oehlenschläger.«

Die drei Hunde sind offenbar Andersens eigene Erfindung – im Volksmärchen erscheint ein »eiserner Mann« (oder ein »Mann aus Stahl«), sobald der Held seine Kerze entzündet, und der Schatz in der Höhle wird von einem schlafenden Troll bewacht. Die wichtigste Innovation aber ist der Sprachstil, Andersens ureigene schlichte, direkte, aller zeitgenössischen literarischen Konventionen entkleidete Art des Erzählens:

»Auf der Landstraße kam ein Soldat dahermarschiert: Eins, zwei! Eins, zwei! Er hatte einen Tornister auf dem Rücken und einen Säbel an der Seite, denn er war im Krieg gewesen und wollte nun nach Hause. Da begegnete er auf der Landstraße einer alten Hexe; die sah so widerlich aus. Ihre Unterlippe hing ihr gerade bis zur Brust hinab. Sie sagte: ›Guten Abend, Soldat! Was hast du für einen feinen Säbel und großen Tornister! Du bist ein richtiger Soldat! Nun sollst du so viel Geld bekommen, wie du haben willst!‹ ›Ich danke dir, du alte Hexe!‹ sagte der Soldat.«

Auch der kleine Klaus, der Held des Märchens *Der kleine Klaus und der große Klaus*, ist eine Aladdin-Figur, gewiß kein moralischer Held, aber ein schlauer David, der unweigerlich den Sieg über Goliath davonträgt. Andersen griff hier auf das in verschiedenen Gegenden Dänemarks tradierte Volksmärchen *Der große und der kleine Bruder* zurück. Vieles in seinem Märchen erinnert daran, einige Details aber hat er verändert. Im Volksmärchen wird die Großmutter des kleinen Bruders tatsächlich vom großen umgebracht, bei Andersen ist sie bereits tot, als ihr der große Klaus einen »Schlag auf den Kopf« versetzt. Da die in Erwachsenenmärchen und *fabliaux* beliebte Figur der untreuen Ehefrau nach Andersens Meinung nicht in ein Kindermärchen gehörte, flocht er die Bemerkung ein, die Bauersfrau, die bei der unerwarteten Heimkehr ihres Mannes den Küster in einer Kiste versteckt, habe dies getan, weil ihr Mann die »wunderliche Krankheit« habe, keinen Küster sehen zu können – eine Erklärung, die für Kinder durchaus einleuchtend klingt.

Dem Märchen *Die Prinzessin auf der Erbse* kommt, soweit bekannt, ein schwedisches Volksmärchen am nächsten (dem auch Tiecks *Gestiefelter Kater* verwandt ist). Es erzählt von einem armen Mädchen, das in Begleitung einer Katze (in anderen Versionen ist es ein Hund) in die Welt hinauszieht und sich, dem Rat der Katze folgend, im Königsschloß als Prinzessin ausgibt. Die mißtrauische Königin macht die Probe aufs Exempel, indem sie der Fremden winzige Gegenstände (eine Bohne, Erbsen, einen Strohhalm) unter die Matratze legt. Da das Mädchen jedesmal von der Katze (bzw. dem Hund) gewarnt wird, kann es allmorgendlich behaupten, sehr schlecht geschlafen zu haben und auf diese Weise die Königin von seiner prinzessinenhaften Empfindlichkeit überzeugen. Hier erreicht die Märchenheldin ihr Ziel durch Betrug, während sie sich in Andersens Version als eine echte, überempfindliche Prinzessin erweist.

Der Reisekamerad basiert auf dem dänischen Volksmärchen *Der dankbare Tote*. Bereits 1829 hatte Andersen in einer Erzählung mit dem Titel *Das Gespenst* volkstümliches Sagengut verwandt. Der preziöse, von literarischen Klischees strotzende Stil dieser Erzählung ist im Märchen *Der Reisekamerad* einem der gesprochenen Sprache angepaßten Erzählstil gewichen – möglicherweise hatte Andersen die erste Version an Kindern ausprobiert und festgestellt, daß sie darauf nicht ansprachen.

Auch *Die wilden Schwäne* entstand in ziemlich enger Anlehnung an ein überliefertes Märchen. In diesem Fall hatte Andersen eine gedruckte Fassung zur Verfügung, die in Matthias Winthers *Folkeeventyr* (1823) enthalten war. (Das gleiche Thema findet sich in dem Grimmschen Märchen *Die sechs Schwäne*.) In einem Brief vom 5. Oktober 1838 schrieb Andersen: »Lesen Sie bitte Matthias Winthers Märchen von den *Wilden Schwänen* und sagen Sie mir, ob meine Nachdichtung gut oder schlecht ist.« Im Gegensatz zum Volksmärchen werden in Andersens Version die Bösewichte (bei ihm die Stiefmutter – eine Hexe – und der Erzbischof, eine Art Großinquisitor) nicht grausam bestraft. Außerdem hat er ein religiöses Motiv hinzugefügt: Am Schluß wird die im letzten Moment vor dem Tod auf dem Scheiterhaufen gerettete Elisa als Heilige dargestellt, und während ihr ältester Bruder sie für unschuldig erklärt, verbreitet sich »ein Duft wie von Millionen Rosen, denn jedes Stück Brennholz im Scheiterhaufen hatte Wurzeln geschlagen und Zweige getrieben; es stand eine duftende Hecke da, hoch und groß, mit roten Rosen; ganz oben war eine Blüte, weiß und glänzend, die leuchtete wie ein Stern«.

In einer Anmerkung zum *Schweinehirten* erklärt Andersen, das Märchen, auf dem seine Geschichte basiere, enthalte Einzelheiten, »die man nicht gut so nacherzählen kann, wie sie mir als Kind erzählt worden sind«. Das betreffende Volksmärchen, *Die stolze Maid*, handelt von einem hochnäsigen Mädchen, das seinen fürstlichen Freier abweist. Als er jedoch als Bettler verkleidet wieder bei ihr erscheint, schenkt sie ihm ihre Gunst, weil er Dinge besitzt, die sie unbedingt haben will. Um ihr Ziel zu erreichen, gestattet sie ihm, eine Nacht in ihrer Schlafkammer zu verbringen, zuerst neben und dann in ihrem Bett. Jene Motive des in verschiedenen Versionen verbreiteten Märchenstoffes, auf die Shakespeare in *Der Widerspenstigen Zähmung* zurückgriff, hat Andersen nicht verwandt. Sein Märchen hat kein glückliches Ende: Die hochnäsige Prinzessin, die echte Schönheit (die Rose und die Nachtigall) mißachtet, sich aber herabläßt, den Schweinehirten (den verkleideten Prinzen) zu küssen, nur weil er ein albernes mechanisches Spielzeug besitzt, wird am Schluß von ihrem Vater aus dem Kaiserreich verstoßen, und der Prinz schlägt ihr verächtlich die Tür vor der Nase zu.

Der Garten des Paradieses ist nach Andersens eigener Aussage eines der vielen Märchen, die er als Kind gehört hatte – er habe sich immer gewünscht, es wäre noch viel länger. Der erste Teil seiner Version basiert auf der Geschichte *Die Insel der Glückseligkeit,* die wiederum auf eine Erzählung der Gräfin d'Aulnoy (1650-1705) zurückgeht. Sie handelt von einem Königssohn, der sich verirrt hat und plötzlich zum Wohnsitz der vier Winde und ihrer Mutter gelangt. Von einem der vier Winde wird er zu der schönen Fee auf der Insel der Glückseligkeit getragen, wo er jenseits aller menschlichen Zeitbegriffe lebt. Erst als er in seine irdische Heimat zurückkehrt, erkennt er, daß inzwischen drei Jahrhunderte vergangen sind. Weitere Anregung fand Andersen in dem 1824-1827 erschienenen dramatischen Gedicht *Lycksalighetens ö (Die Insel der Glückseligkeit)* des Schweden P. D. A. Atterbom sowie in *Tausendundeine Nacht.*

Tölpelhans, eine humoristische Geschichte ohne Märchenelemente, hat einige volkstümliche Vorfahren. Der Titelheld (der bei Andersen »Klods-Hans« heißt) ist eine Art entromantisiertes männliches Aschenbrödel, und seine beiden älteren Brüder (»die so klug waren, daß – ja, sie waren eben überklug«) entsprechen Aschenbrödels häßlichen Schwestern. Als sie auf einem »kohlschwarzen Rappen« und einem »milchweißen Schimmel« davontraben, um die Hand der Königstochter zu erringen, reitet Tölpelhans auf seinem Ziegenbock hinterher. Die Prinzessin aber läßt sich von dem nutzlosen Wissen der älteren Brüder nicht beeindrucken, sondern entscheidet sich für Tölpelhans, dessen Unerschrockenheit sie bewundert. Während in der volkstümlichen Version der Held auf dem Weg zum Königsschloß allerlei Gegenstände aufsammelt, die man in feiner Gesellschaft nicht erwähnen darf, läßt Andersen seinen Tölpelhans weniger anstößige Dinge mitnehmen: eine tote Krähe, einen alten Holzschuh, der kein Oberteil mehr hat, und eine Handvoll Schlamm aus dem

Straßengraben – alles Dinge, die sich bei seinem Gespräch mit der Prinzessin, bei dem er um keine Antwort verlegen ist, als nützlich erweisen.

Die Erzählung *Was Vater tut, ist immer richtig* beginnt so: »Nun will ich dir eine Geschichte erzählen, die ich hörte, als ich noch klein war, und jedesmal, wenn ich später daran dachte, schien sie mir immer schöner zu werden, denn es geht mit Geschichten ebenso wie mit vielen Menschen, sie werden mit zunehmendem Alter schöner und schöner, und das ist so erfreulich!«

Die Geschichte, die Andersen als Kind gehört hatte, wird manchmal unter dem Titel *Die lobenswerte Ehefrau* erzählt, weil sie von einer Frau handelt, die an den schlechten Tauschgeschäften ihres Mannes immer etwas Gutes zu finden weiß. In Andersens Version macht sich der Ehemann, ein armer fünischer Bauer, auf den Weg zum Markt, wo er ein Pferd verkaufen will. Unterwegs tauscht er es gegen eine Kuh ein, die Kuh gegen eine Gans, die Gans gegen ein Huhn und dieses schließlich gegen einen Sack voll fauler Äpfel. Soweit folgt Andersen dem Volksmärchen, dann aber führt er zwei Engländer in die Handlung ein, die, wie könnte es anders sein, steinreich und immer zum Wetten aufgelegt sind. Als sie die Geschichte des armen Bauern hören, erklären sie sich sofort bereit, einen Scheffel Goldstücke darauf zu wetten, daß seine Frau ihm wegen seiner schlechten Tauschgeschäfte einen fürchterlichen Krach machen wird. Der Bauer jedoch behauptet, sie werde ihn küssen und sagen: »Was Vater tut, ist immer richtig« – und natürlich gewinnt er die Wette.

Basieren die oben angeführten neun Märchen und Geschichten auf Volksmärchen, so wurde Andersen zu drei weiteren von literarischen Werken angeregt.

Der unartige Knabe, eine Geschichte über Amor, dessen Pfeile unschuldige Herzen (auch das des Dichters) durchbohren, entstand in Anlehnung an ein Gedicht Anakreons.

In seinem Kommentar zu der 1862 erschienenen Ausgabe von *Eventyr og Historier* erklärt Andersen, daß er die Idee zu *Des Kaisers neue Kleider* dem spanischen Autor Don Juan Manuel (1282 bis ca. 1349) zu verdanken habe. Der Infant Don Juan Manuel wurde vor allem durch sein *Libro de Patronio* (oder *El Conde Lucanor,* 1328-1335) bekannt, eine Sammlung von einundfünfzig didaktischen Geschichten und Anekdoten, die sich vor allem an orientalische Vorbilder anlehnen. Aus dieser Sammlung kannte Andersen eine unter dem Titel *So ist der Lauf der Welt* ins Deutsche übersetzte Geschichte. Ihr entnahm er die Handlung; er verlieh jedoch in seinem Märchen dem Thema eine Allgemeingültigkeit, die das spanische Original nicht besitzt.

Aus dem maurischen König machte er einen Kaiser, dessen Reich überall und nirgendwo auf Erden existieren könnte, und statt drei Betrügern ließ er nur zwei auftreten. Die wichtigste Änderung aber betrifft die »wunderbare« Eigenschaft der neuen Kleider. In der spanischen Erzählung behaupten die angeblichen Weber, das Material sei für jedermann unsichtbar, der nicht der echte Sohn seines Vaters sei. In Andersens Märchen erklären sie, die Kleider »besäßen die wunderbare Eigenschaft, daß sie für jeden Menschen unsichtbar wären, der nicht für sein Amt tauge oder unverzeihlich dumm sei«.

»›Was!‹ dachte der Kaiser, ›ich sehe gar nichts! Das ist ja schrecklich! Bin ich dumm? Tauge ich nicht dazu, Kaiser zu sein? Das wäre das Schrecklichste, was mir begegnen könnte.‹ – ›Oh, es ist sehr hübsch!‹ sagte er. ›Es hat meinen allerhöchsten Beifall!‹ Und er nickte zufrieden und betrachtete den leeren Webstuhl, denn er wollte nicht sagen, daß er nichts sehen könne.«

In Andersens ursprünglichem Manuskript endet das Märchen damit, daß jedermann des Kaisers neue Kleider bewundert. Die Moral der Geschichte: Die Menschen lassen sich nur zu gern täuschen. *Mundus vult decipi*. Der letzte Satz lautet:

»›Ich muß dieses Gewand aber wirklich jedesmal anziehen, wenn ich in einer Prozession gehe oder in der Volksversammlung auftrete!‹ sagte der Kaiser, und die ganze Stadt sprach von den prächtigen neuen Kleidern.«

Als Andersen das Manuskript in Druck gegeben hatte, kamen ihm Bedenken wegen dieses Schlusses, und ein paar Tage später – am 25. Mai 1837 – schrieb er an Edvard Collin, der für die Korrekturen zuständig war, er solle den letzten Satz streichen und dafür folgenden Schluß einsetzen (»weil dadurch alles satirischer wirkt«):

»›Aber er hat ja gar nichts an!‹ sagte ein kleines Kind. ›Herrgott, hört die Stimme der Unschuld!‹ sagte der Vater, und einer flüsterte dem anderen zu, was das Kind gesagt hatte.

›Er hat nichts an, dort ist ein kleines Kind, das sagt, er hat nichts an!‹

›Aber er hat ja nichts an!‹ rief zuletzt das ganze Volk. Und dem Kaiser schauderte, denn es schien ihm, sie hätten recht, aber er dachte bei sich: ›Nun muß ich die Prozession bis zu Ende aushalten.‹ Und so hielt er sich noch stolzer, und die Kammerherren gingen weiter und trugen die Schleppe, die gar nicht da war.«

Dieser Schluß – von Andersen vermutlich hinzugefügt, nachdem er einem Kind die Erstfassung vorgelesen hatte – verlieh dem kleinen Meisterwerk erst die richtige Würze.

Schließlich ist noch zu erwähnen, daß Andersen die Rahmenhandlung des Märchens *Der fliegende Koffer* mit einigen Modifikationen aus der in Pétit de la Croix' *Tausendundein Tag* (1711/12) enthaltenen Geschichte von Malek und der Prinzessin Schirine übernahm, sie jedoch in völlig anderem Stil erzählte; das Märchen im Märchen ist seine eigene Erfindung.

Die weiteren 144 Märchen sind seiner eigenen Phantasie entsprungen – was freilich nicht heißen soll, daß er zuweilen nicht auch Motive aus anderen Quellen benützt hätte. [3]

Wie der Titel *Eventyr og Historier* zeigt, unterschied Andersen ganz bewußt zwischen »Märchen« und »Geschichten«, also zwischen Erzählungen, die übernatürliche Elemente enthalten, und solchen, in denen diese Elemente fehlen.

So ist zum Beispiel *Die kleine Meerjungfrau* ein Märchen, *Des Kaisers neue Kleider* aber eine Geschichte. Allerdings sind die beiden Erzählgenres nicht immer genau gegeneinander abgegrenzt. *Die Geschichte einer Mutter* etwa ist keine Geschichte, sondern ein Märchen, und der *Schneekönigin* gab Andersen den Untertitel *Ein Märchen in sieben Geschichten.* Die Bezeichnung »Historier« (»Geschichten«) verwandte er erstmals 1852; vorher hatte er durchweg die Bezeichnung »Eventyr« (»Märchen«) gebraucht. Wie er in *Das Märchen meines Lebens* schreibt, sei er allmählich zu der Überzeugung gelangt, daß der Terminus »Geschichten« für seine Erzählungen »wegen ihrer Spannweite und Natur« am bezeichnendsten sei. »Die Volkssprache stellt die einfache Erzählung und die kühnste Phantasieschilderung unter diese Bezeichnung. Ammenmärchen, Fabeln und Erzählungen werden vom Kind, vom Bauern, vom Volk mit dem kurzen Wort Geschichten bezeichnet.«

Es erschien mir sinnvoll, in der folgenden Darstellung die Erzählungen Andersens (womit hier die Märchen wie auch die Geschichten gemeint sind) in sieben Gruppen zu unterteilen: 1. Eigentliche Märchen, in denen das übernatürliche Element dominiert. 2. Erzählungen, die vorwiegend in der realen Welt spielen, aber ein wesentliches magisches Element enthalten. 3. Erzählungen, deren Hauptfiguren Tiere sind. 4. Erzählungen, deren Hauptfiguren Bäume oder Pflanzen sind. 5. Erzählungen, in denen leblose Dinge lebendig geworden sind. 6. »Realistische« Erzählungen, die in einer Phantasiewelt spielen. 7. Realistische Geschichten, Anekdoten oder Fabeln, die in einer realen Welt spielen.

1. Die eigentlichen Märchen

In seinem Buch *H. C. Andersens Eventyrverden* schreibt Bo Grönbech über die Geographie der Märchenwelt Andersens: »Unsere eigene Geographie hat hier keine Gültigkeit. Gleich außerhalb der typisch dänischen Stadt, in der Gerda aufgewachsen ist, gelangt sie zum ›Fluß‹; auf ihrem Weg in die Welt kommt sie schon bald in ein nicht näher bezeichnetes Königreich, wie wir es aus vielen Märchen kennen, und dann nach Lappland, von wo aus sie zu Fuß nach Spitzbergen gelangt. Wenn man von dort, wo die Menschen wohnen, nach Osten reist, kommt man zum Garten des Paradieses oder zum prächtigen Schloß des Weisen. Wandert man lange genug durch den Wald, dann kann man zum Treibhaus des Todes gelangen. Die Nixen und Wassermänner leben auf dem Grunde des Meeres, und die unheimliche Braustube der Sumpffrau befindet sich, wie der Vorhof der Hölle, unter der Erde. Der Himmel ist kein kalter, leerer Raum, sondern das Königreich Gottes und der Engel.«

In *Die kleine Meerjungfrau* existiert die Menschenwelt nur im Zusammenhang mit den Träumen, der Sehnsucht und der Liebe der kleinen Nixe, und das einzige menschliche Wesen mit individuellen Zügen ist der Prinz. Im Mittelpunkt steht das »Meervolk«, vor allem der Meerkönig mit seiner Mutter und seinen sechs Töchtern. Ihr Leben auf dem Grunde der See spiegelt das Leben in der Menschenwelt wider: Der Haushalt des verwitweten Meerkönigs wird von dessen Mutter geführt, die als Statussymbol »zwölf Austern auf dem Schwanze« trägt – »die anderen Vornehmen durften nur sechs tragen«. In seiner Pracht entspricht das Schloß des Meerkönigs einem Königspalast auf dem Festland: »Die Mauern sind aus Korallen und die langen spitzen Fenster aus allerklarstem Bernstein, das Dach aber ist aus Muschelschalen, die sich öffnen und schließen, je nachdem das Wasser strömt.« Durch die geöffneten Fenster schwimmen die Fische hinein und heraus – »ebenso wie bei uns die Schwalben hereinfliegen, wenn wir öffnen«. Und vor dem Schloß ist ein »großer Garten mit feuerroten und dunkelblauen Bäumen«.

Und wie die Menschenwelt ihre Hexen hat, so gibt es auch beim Meervolk eine Hexe, die »hinter den brausenden Strudeln« wohnt; der Weg zu ihr führt über »heißbrodelnden Schlamm, den die Hexe ihr Torfmoor nannte«, und mitten hinein in einen seltsamen Wald, dessen Bäume und Büsche »halb Tier, halb Pflanze« sind. Die Meerhexe sitzt in ihrem »aus weißen Knochen gestrandeter Menschen« errichteten Haus und läßt eine Kröte aus ihrem Mund fressen – »gerade wie die Menschen einen kleinen Kanarienvogel Zucker fressen lassen«. Die häßlichen fetten Wasserschlangen nennt die Hexe »ihre kleinen Küchlein« und läßt sie »auf ihrer großen, schwammigen Brust« herumkriechen.

Auch in der Welt des Meervolks gibt es Herzensgüte und selbstlose Liebe. Sie verkörpern sich in der kleinen Meerjungfrau, die der Versuchung widersteht, mit dem Messer, das ihr um den Preis ihrer schönen Haare von den Schwestern beschafft worden ist, den geliebten Prinzen zu töten, um ihr eigenes Leben zu retten. Der entscheidende Unterschied zwischen ihr und dem Prinzen besteht darin, daß dieser eine unsterbliche Seele hat. Doch da die kleine Nixe im Augenblick ihres Todes in eine »Tochter der Luft« verwandelt wird, darf sie hoffen, sich in drei Jahrhunderten durch gute Werke eine unsterbliche Seele zu erringen.

In dem Märchen *Die Schneekönigin* gibt es keine klare Trennungslinie zwischen der realen Welt und dem Übernatürlichen. Die

Schneekönigin scheint zunächst nur eine märchenhafte Phantasiefigur zu sein, dann aber tritt sie in menschlicher Gestalt auf und holt den kleinen Kay, dem winzige Splitter des Teufelsspiegels in Herz und Auge gedrungen sind, in ihr Königreich der kalten Vernunft. Bevor Kay über den Küssen der Schneekönigin alles andere vergißt, will er in plötzlicher Angst das Vaterunser beten, doch er kann sich nur noch an das große Einmaleins erinnern.

Die Unschuld und Herzenswärme, die er verlor, hat sich Gerda bewahrt. Ihre Suche nach Kay verzögert sich zwar durch verschiedene Begegnungen (die alte Frau mit dem großen Sonnenhut, der von Gerda fälschlich für Kay gehaltene Prinz, das wilde kleine Räubermädchen), aber nichts kann Gerda davon abhalten, ihren verschwundenen Freund ausfindig zu machen. Auf einem Rentier reitet sie nach Lappland und dann weiter nach Finnmarken, wo sie einer Finnin begegnet, die so klug ist, daß sie »alle Winde der Welt mit einem Zwirnsfaden zusammenbinden kann« und die einen Trank zu brauen weiß, der Gerda die Kraft von zwölf Männern verleihen würde. Aber sie weiß auch, daß es ganz anderer Kräfte bedarf, um Kay aus der Gewalt der Schneekönigin zu befreien.

»›Ich kann ihr [Gerda] keine größere Macht geben als sie schon hat; siehst du nicht, wie groß sie ist? Siehst du nicht, wie Menschen und Tiere ihr dienen müssen, wie sie auf bloßen Füßen so gut in der Welt fortgekommen ist? Sie kann nicht von uns ihre Macht erhalten, die sitzt in ihrem Herzen, die besteht darin, daß sie ein liebes, unschuldiges Kind ist. Kann sie nicht selbst zur Schneekönigin hineingelangen und das Glas aus dem kleinen Kay herausbekommen, dann können wir ihr nicht helfen.‹«

Schließlich gelangt Gerda zum Schloß der Schneekönigin, dessen Wände aus »treibendem Schnee« und dessen Fenster und Türen aus »schneidenden Winden« sind. Mitten in diesem »leeren, unendlichen Schneesaal« ist ein zugefrorener See, der »Spiegel des Verstandes«, und hier versucht Kay, aus scharfen, flachen Eisstücken das Wort »Ewigkeit« zusammenzusetzen. »Kannst du diese Figur herausfinden«, hat ihm die Schneekönigin gesagt, »dann sollst du dein eigener Herr sein, und ich schenke dir die ganze Welt und ein Paar neue Schlittschuhe.« Gerdas Freudentränen dringen Kay ins Herz, tauen den Eisklumpen auf und verzehren das Spiegelstückchen darin. Und Kays eigene Tränen schwemmen das Spiegelkörnchen aus seinem Auge. Vor Freude über das Glück der beiden beginnen selbst die Eisstücke herumzutanzen, und als sie wieder am Boden liegen, bilden sie eben jenes Wort, das Kay nicht zusammenfügen konnte.

Während dieses Märchen durch seine Handlung wie durch seine Figuren reizvoll für Kinder und durch seinen Symbolgehalt interessant für Erwachsene ist, spricht *Die Geschichte einer Mutter*, die man als allegorisches Märchen oder poetische Legende bezeichnen könnte, fast ausschließlich erwachsene Leser an. Nur der erste Abschnitt, in dem von einer Mutter erzählt wird, die am Bett ihres sterbenden Kindes sitzt, spielt in der realen Welt. Dann beginnt die allegorische Handlung: Als armer alter Mann verkleidet, tritt der Tod ins Zimmer, und während die Mutter einen Augenblick lang eingenickt ist, verschwindet er mit dem Kind. Die Uhr bleibt stehen – die Zeit existiert nicht mehr. Nun beginnt die verzweifelte Suche der Mutter nach ihrem Kind, eine Suche ganz anderer Art als die Gerdas in der *Schneekönigin*.

Draußen im Schnee begegnet die Mutter der Nacht, einer »Frau in langen schwarzen Kleidern«, die ihr unter der Bedingung, daß sie alle Lieder vorsingt, die sie für ihr Kind gesungen hat, sagen will, wohin der Tod gegangen ist. Später trifft die Mutter an einem Kreuzweg auf einen Dornbusch, »der weder Blätter noch Blüten hatte, es war ja auch in der kalten Winterszeit, und Eiszapfen hingen in den Zweigen«. Erst wenn die Mutter ihn an ihrem Herzen erwärmt hat, will er ihr sagen, welchen Weg sie einschlagen muß. Die Dornen dringen ihr ins Fleisch – »aber der Dornbusch trieb frische grüne Blätter und bekam Blüten in der kalten Winternacht; so warm ist es am Herzen einer betrübten Mutter«. An einem See muß sie sich erst die Augen ausweinen, bevor sie hinübergetragen wird zu »dem großen Treibhaus, wo der Tod wohnt und Blumen und Bäume pflegt«. Dort erfährt sie von der alten Gräberfrau, »daß jeder Mensch seinen Lebensbaum oder seine Lebensblume hat, jeder nach seiner Art«. Als Entgelt für ihre Hilfe verlangt die Alte die langen schwarzen Haare der Mutter im Austausch gegen ihr eigenes weißes Haar.

Im Treibhaus erkennt die Mutter unter Millionen von Herzschlägen den ihres Kindes, eines »kleinen blauen Krokus, der ganz krank nach einer Seite hinüberhing«. Dann erscheint der Tod.

»›Wie hast du den Weg hierher finden können?‹ fragte er. ›Wie konntest du schneller hierherkommen als ich?‹

›Ich bin eine Mutter‹, sagte sie.«

In ihrer Verzweiflung droht sie, alle Blumen abzureißen, falls der Tod nicht bereit sei, ihr das Kind zurückzugeben, doch dann sieht sie ein, daß sie dadurch andere Mütter unglücklich machen würde. Der Tod, der ihre beiden Augen aus dem See gefischt hat, gibt sie ihr zurück und zeigt ihr dann die Zukunft zweier Kinder: Dem einen ist ein glückliches, dem andern ein jammervolles Leben bestimmt. Eines dieser beiden Schicksale sei das ihres eigenen Kindes. Entsetzt bittet die Mutter den Tod, ihr Kind fortzutragen. »›Vergiß meine Tränen, vergiß mein Flehen und alles, was ich gesagt und getan habe!‹ . . . Und der Tod ging mit ihrem Kinde in das unbekannte Land.«

Ich bin auf diese drei Erzählungen ausführlicher eingegangen, weil ich sie für die Meisterwerke der Märchendichtung Andersens halte. [4]

Elfenhügel, eines der amüsantesten Märchen Andersens, handelt ausschließlich von übernatürlichen Wesen: Der alte Elfenkönig gibt ein Fest zu Ehren prominenter Besucher, des alten Trolls aus dem norwegischen Dovregebirge und seiner beiden unmanierlichen Söhne. Wie die Haushälterin des Elfenkönigs erklärt, sollen zur Festtafel nur die allervornehmsten Gäste geladen werden – nicht einmal Gespenster seien zugelassen.

»Der Meermann und seine Töchter müssen zuerst eingeladen werden; es mag ihnen wohl nicht lieb sein, aufs Trockene zu kommen, aber sie sollen schon jeder einen nassen Stein zum Sitzen oder noch etwas Besseres erhalten, und dann, denke ich, werden sie diesmal wohl nicht absagen. Alle alten Dämonen erster Klasse mit Schweifen, den Alraun und die Kobolde müssen wir haben, und dann, denke ich, können wir das Grabschwein, das Totenpferd und den Kirchenzwerg nicht fortlassen; sie gehören eigentlich zur Geistlichkeit, die nicht mit zu unseren Leuten zählt, aber das ist nur ihr Amt, sie sind mit uns doch näher verwandt und machen ständig Besuche.«

Diesen feinen Gästen sollen auch die feinsten Speisen serviert werden:

»In der Küche waren in Hülle und Fülle Frösche am Spieß, Schlangenhäute mit kleinen Kinderfingern darin und Salate von Pilzsamen, feuchten Mäuseschnauzen und Schierling, Bier vom Gebräu der Sumpffrau, leuchtender Salpeterwein aus Grabkellern, alles sehr solide; verrostete Nägel und Kirchenfensterglas gehörten zum Naschwerk.«

An die reale Welt erinnern in diesem Märchen nur die Kommentare der Eidechsen und des Regenwurms. Als nach Sonnenaufgang das Fest im Elfenhügel vorbei ist, sagt die eine Eidechse zur anderen: »Oh, wie gut kann ich den alten norwegischen Troll leiden!« – »Ich mag die Knaben lieber!« erwidert der Regenwurm – »aber er konnte ja nicht sehen, das arme Tier!«

Voller Humor ist auch die Erzählung *Ole Luköie* (das bedeutet: Ole Augenschließer), deren Titelfigur sich selbst als einen »alten Heiden« bezeichnet – »Römer und Griechen nannten mich den Traumgott!« Das Märchen besteht aus sieben Traumgeschichten, die Ole Luköie dem schlafenden kleinen Hjalmar im Laufe einer Woche erzählt.

Ihm ist nichts unmöglich: Er kann Blumen in Bäume verwandeln, die aus der Reihe geratenen Buchstaben in Hjalmars Schreibheft exerzieren lassen, die Möbel in der Stube zum Sprechen bringen und Hjalmar auf einen Ausflug in das Landschaftsgemälde, das an der Wand hängt, mitnehmen. In einer Nacht ist Hjalmar weit draußen auf dem Meer, in einer anderen wird er zu einer Mäusehochzeit geladen, wofür er so winzig geworden ist, daß er die Uniform eines Zinnsoldaten anziehen und im Fingerhut seiner Mutter zum Fest gefahren werden kann. In der folgenden Nacht erlebt er die Hochzeit von Hermann und Bertha, den Puppen seiner Schwester. Nach der Trauung, die Ole Luköie, gekleidet in den schwarzen Rock der Großmutter, vollzieht, singen alle ein Lied, das von der Bleifeder geschrieben wurde. Am Samstagabend erklärt Ole Luköie, er müsse jetzt dafür sorgen, daß für den Sonntag alles schön aufgeputzt sei, zum Beispiel müßten die Sterne heruntergeholt und poliert, zuerst aber »muß jeder numeriert werden, und die Löcher, in denen sie da oben sitzen, müssen auch numeriert werden, damit sie wieder auf die rechten Plätze zurückkommen können . . .« Da mischt sich das

Porträt von Hjalmars Urgroßvater in die Unterhaltung ein und ermahnt Ole Luköie, die Begriffe des Knaben nicht zu verwirren. »Die Sterne sind Himmelskörper, ebenso wie unsere Erde, und das ist ja gerade das Gute an ihnen.« Am nächsten Abend dreht Hjalmar das Porträt vorsichtshalber zur Wand, »damit es nicht wieder, wie gestern, hineinreden konnte«.

Thema des Märchens *Das Heinzelmännchen beim Speckhöker* ist der Loyalitätskonflikt eines – in Dänemark *nisse* genannten – gutmütigen Kobolds. Er schwankt zunächst, ob er sich für den Krämer oder den armen Studenten entscheiden soll (das heißt, für materielle oder geistige Werte), beschließt dann aber klugerweise, seine Sympathie zwischen beiden zu teilen.

In *Die Tochter des Schlammkönigs* sind, im Unterschied zu den meisten anderen Märchen, Ort und Zeit der Handlung genau definiert. Das Märchen spielt am Ende der Wikingerzeit, die Schauplätze sind Nordjütland und Ägypten, wo die beiden Störche, die das Geschehen kommentieren, den Winter verbringen. Die Tochter des bösen dänischen Schlammkönigs ist eigentlich eine ägyptische Prinzessin: Sie wurde (wie Däumelinchen) auf einem Seerosenblatt gefunden, und ihre Pflegemutter ist die Wikingerfrau. Auf Grund des unterschiedlichen Charakters ihrer Eltern ist die Titelheldin tagsüber ein schönes, aber wildes und böses Mädchen, des Nachts dagegen eine häßliche, traurige, aber gutherzige Kröte – die Schönheit und das Ungeheuer in einer Person. Doch schließlich siegt das Gute in ihr. Mit ihrer richtigen Mutter wiedervereint, fliegt sie nach Ägypten zurück, wo sie dem Pharao das Leben rettet. Der Schluß des Märchens ist eine weitere Version der alten Sage von einem, der drei Minuten im Himmel verbringen darf und bei der Rückkehr auf die Erde feststellt, daß dreihundert Jahre vergangen sind.

Auch in dem Märchen *Die Eisjungfrau* sind Ort und Zeit genau bestimmt. Es spielt in der Schweiz (die verschiedenen Schauplätze werden genannt) um die Mitte des neunzehnten Jahrhunderts (Rudi ertrinkt im Jahre 1850). Durch die Liebesgeschichte Rudis und der Müllerstochter zieht sich das Märchenmotiv von der Eisjungfrau, der Gletscherkönigin, die allen Menschen feindlich gesinnt ist und danach trachtet, jedem, der sich in ihr Reich wagt, den Todeskuß zu geben.

Die Eisjungfrau ist das Schicksal, dem man nicht entrinnen

kann: Früher oder später bekommt sie, was sie haben will. Inmitten von Schneemassen und geschmolzenem Eis wohnt sie auf dem Grund des Gletschers. Die Menschen hören ihr Lachen, wenn eine Lawine niedergeht. »Wenn ich meine Schlösser verlege, dröhnt es stärker als das Rollen des Donners!« Und so beschreibt Andersen die Eisjungfrau:

»Sie, die Todbringende, die Zermalmende, ist halb ein Kind der Luft, halb die mächtige Herrscherin des Flusses; deshalb vermag sie sich mit der Schnelligkeit der Gemse auf den obersten Gipfel des Schneeberges zu erheben, wo die kühnsten Bergsteiger sich erst Stufen in das Eis hauen müssen, um festen Fuß zu fassen; sie segelt auf dem dünnen Tannenzweig den reißenden Fluß hinab, springt von Felsblock zu Felsblock, umflattert von ihrem langen schneeweißen Haar und ihrem blaugrünen Gewande, das wie das Wasser in den tiefen Schweizer Seen glänzt.«

2. Erzählungen mit einem magischen Element

Da in den Erzählungen dieser Gruppe keine übernatürlichen Wesen auftreten, kann man sie schwerlich als Märchen bezeichnen. Charakteristisch für sie ist, daß an einem entscheidenden Punkt die Naturgesetze durchbrochen werden.

Der Schatten, eine der bedeutendsten Erzählungen Andersens, sei dafür als Beispiel genannt. Hier besteht der einzige Verstoß gegen die Naturgesetze darin, daß ein Mann eines Tages seinen Schatten verliert. Allmählich wächst ihm ein neuer Schatten aus den Füßen heraus – »die Wurzel mußte also geblieben sein«. Der verschwundene Schatten, der sich zu einem selbständigen Wesen entwickelt hat, erscheint viele Jahre später, wohlhabend und vornehm gekleidet, bei seinem einstigen Herrn, dessen Leben von Kummer und Sorge überschattet ist, und lädt ihn schließlich zu einem Kuraufenthalt ein. In dem Badeort gibt er ihn als seinen Schatten aus, bedient sich der Gelehrsamkeit seines früheren Herrn und gewinnt auf diese Weise das Herz einer schönen Königstochter. Als der andere sich weigert, weiterhin als Schatten des Schattens aufzutreten, wird er am Tage der Hochzeit hingerichtet.

Die Erzählung spielt zunächst in einem der »heißen Länder«,

dann wechselt der Schauplatz in ein nördliches Land, danach in einen nicht näher bezeichneten Kurort und schließlich in das ebenfalls anonyme Reich, in dem die Königstochter regiert. Der Leser erfährt, daß der gelehrte Mann Bücher schreibt »über das, was es Wahres in der Welt und was es Gutes darin gibt und was da Hübsches ist«. Was der Mann empfindet, als er seinen Schatten verliert, schildert Andersen mit einem versteckten Hinweis auf Chamissos *Peter Schlemihl*:

»Und das ärgerte ihn; aber nicht so sehr deswegen, weil der Schatten fort war, sondern weil er wußte, daß es eine Geschichte von einem Mann ohne Schatten gab, die alle Leute daheim in den kalten Ländern kannten. Und kam nun der gelehrte Mann nach Hause und erzählte seine eigene Geschichte, so würden sie sagen, er hätte sie nur nachgeahmt, und das hatte er nicht nötig.«

Als der Schatten bei seinem früheren Herrn vorspricht, erzählt er ihm, wohin er gegangen war, als er sich in dem südlichen Land von ihm getrennt hatte. Der gelehrte Mann war damals seltsam fasziniert gewesen von dem gegenüberliegenden Haus, aus dem er, obwohl darin musiziert wurde, niemals jemanden kommen sah; eines Nachts hatte er geglaubt, auf dem Altan stände eine schöne Jungfrau, die jedoch im nächsten Augenblick verschwunden war. In dieses Haus, so berichtet der Schatten, sei er damals gegangen, und gewohnt habe darin niemand anders als die Poesie. »Ich war drei Wochen da, und das wirkt ebensosehr, wie wenn man dreitausend Jahre lebte und alles lesen könnte, was gedichtet und geschrieben worden ist.« Als der gelehrte Mann erfahren will, was der Schatten in jenem Haus gesehen habe, erwidert dieser: »Alles, denn ich sah alles und weiß alles.«

Wie sich herausstellt, hat er sich ein Wissen ganz besonderer Art angeeignet:

»Ich sah, was kein Mensch wissen darf, was sie aber alle gar zu gern wissen möchten: Übles bei den Nachbarn. Hätte ich eine Zeitung geschrieben, sie wäre gelesen worden, aber ich schrieb gleich an die Personen selbst, und es entstand Schrecken in allen Städten, wohin ich kam. Sie hatten solche Angst vor mir, sie hatten mich außerordentlich lieb! Der Professor machte mich zum Professor; der Schneider gab mir neue Kleider, ich bin gut versehen; der Münzmeister schlug Münzen für mich, und die

Frauen sagten, ich sei so schön! – Und so wurde ich der Mann, der ich jetzt bin!«

Während der Schatten sich seines Wohlstands erfreut, verzweifelt der gelehrte Mann fast daran, daß niemand etwas von den Dingen, über die er schreibt – vom Wahren, Guten und Schönen – wissen will.

Als die Königstochter dem Schatten begegnet, ist sie besonders davon beeindruckt, daß er über ihr eigenes Land mehr weiß als sie selbst – denn »er hatte durch die Fenster des Schlosses geguckt, von unten und von oben, er hatte dieses und jenes gesehen . . .«. Als sie ihm, um seine Klugheit auf die Probe zu stellen, eine schwierige Frage stellt, erklärt er, die Antwort sei so leicht, daß selbst sein Schatten sie geben könnte. »Er ist mir schon so manches Jahr gefolgt und hat viel von mir gehört, ich möchte es glauben.« Worauf sich die Prinzessin denkt: »Was das für ein Mann sein muß, der einen so klugen Schatten hat!«

Ein Gegenstück zu dieser pessimistischen Geschichte vom Triumph des Schmarotzers, von Menschen, denen ein Schatten lieber ist als die lebendige Wahrheit, bildet die Erzählung *Die Glocke*. Auch sie gehört in diese Gruppe: Die Glocke mit dem wunderbaren Klang ist, obgleich sie realistisch geschildert wird, als etwas Greifbares, das die Menschen suchen und identifizieren können, keine Glocke im wörtlichen Sinne, sondern eine romantische Idee, eine Lebensphilosophie.

»Es war, als käme der Ton von einer Kirche, tief aus dem stillen, duftenden Walde; und die Leute blickten dorthin und wurden ganz andächtig.«

Auf der Suche nach der geheimnisvollen Glocke geben sich die Erwachsenen entweder mit billigen Imitationen oder mit hochgestochenen Theorien über den Ursprung jenes Klanges zufrieden. Dann versucht die Jugend ihr Glück: Knaben und Mädchen, die gerade konfirmiert worden sind, fühlen sich von den Glockentönen angezogen, doch auch sie lassen sich unterwegs von anderen Dingen ablenken. Schließlich suchen nur noch zwei Kinder weiter, ein Königssohn und ein bettelarmer Junge; der eine schlägt den Weg nach links, der andere den nach rechts ein. Bei Sonnenuntergang sieht der Königssohn das weite Meer; am Horizont steht die Sonne wie ein »großer, leuchtender Altar«.

»Die ganze Natur war eine große heilige Kirche, worin Bäume und schwebende Wolken die Pfeiler waren, Blumen und Gras die gewebte Samtdecke und der Himmel selbst die große Kuppel.«

Hier treffen der Königssohn und der arme Junge wieder zusammen: Auf getrennten Wegen sind sie zum gleichen Ziel gelangt.

»Und sie liefen einander entgegen und hielten sich bei den Händen in der großen Kirche der Natur und der Poesie, und über ihnen erklang die unsichtbare Glocke, selige Geister umschwebten sie im Tanze zu einem jubelnden Halleluja!«

Das magische Element in *Was man erfinden kann* sind die Brille und das Hörrohr der alten, klugen Frau, von der ein junger Mann erfahren will, wie er bis Ostern zum Dichter werden könnte. Er weiß nicht, worüber er schreiben soll, denn er glaubt, die Welt sei schon lange, bevor er geboren wurde, »ausgedichtet« gewesen. Als die kluge Alte ihm ihre Brille und ihr Hörrohr leiht, kann er plötzlich sehen und hören, wie die alltäglichsten Dinge ihre poetische Geschichte erzählen, doch als er beides wieder zurückgeben muß, sieht und vernimmt er nichts mehr.

»›Ja, dann kannst du zu Ostern auch kein Dichter werden!‹ sagte die kluge Frau.

›Aber wann denn?‹ fragte er.

›Weder zu Ostern noch zu Pfingsten! Du lernst es nicht, etwas zu erfinden.‹«

Und so bleibt ihm nichts anderes übrig, als Literaturkritiker zu werden.

Der Koffer in der Erzählung *Der fliegende Koffer* hat eine wunderbare Eigenschaft: Man braucht nur auf sein Schloß zu drücken, und schon fliegt er durch die Lüfte. In *Der Schweinehirt* stehen die vom verkleideten Prinzen erfundenen Gerätschaften im Widerspruch zu den Naturgesetzen: der Topf, in dessen Dampf man nur den Finger zu halten braucht, um riechen zu können, was auf jedem Herd in der Stadt gekocht wird, und die Knarre, die, sobald man sie herumschwingt, »all die Walzer, Hopser und Polkas, die man seit der Erschaffung der Welt gekannt hat«, erklingen läßt.

Alles auf seinen Platz! ist zunächst eine durchaus realistische

Erzählung – bis der junge Hauslehrer auf einer Flöte zu blasen beginnt, die er aus dem Holz eines uralten Weidenbaumes – dem Symbol der grausamen Unterdrückung der Armen durch die Aristokratie – geschnitzt hat. Beim Klang dieser Flöte verändert sich plötzlich die Gesellschaftsordnung: Jeder nimmt in ihr jetzt den Platz ein, der ihm nach seinem menschlichen Wert und nicht nach Titel, Rang oder Vermögen zukommt.

3. Erzählungen, in denen Tiere die Hauptfiguren sind

Zwischen der Rolle, die Tiere in den Erzählungen Andersens spielen, und der Funktion, die sie bei Äsop, La Fontaine und Lessing erfüllen, besteht ein wesentlicher Unterschied. Andersens Tiergeschichten sind nicht anekdotisch, erteilen kaum je eine moralische Lektion und stehen nicht, wie die klassischen Fabeln, im Dienste einer rationalistischen Philosophie. Bei Andersen haben die Tiere Charaktereigenschaften, die denen der Menschen sehr ähnlich sind, und in ihren Gesprächen wie auch in ihrem Gebaren spiegeln sich menschliche Verhaltensweisen wider. Mit Vorliebe läßt Andersen in seinen Erzählungen das Federvieh des Bauernhofes auftreten – Hähne und Hennen, Enten, Gänse und Truthähne –, und in der Regel sind sie als selbstsüchtige, engstirnige Geschöpfe dargestellt. Gewitzter, weil »welterfahren«, sind die bei ihm ebenfalls sehr beliebten Störche. Aber auch andere Tiere, etwa Katzen, Hunde, Ratten, Mäuse, Fische, Vögel, Schnecken und allerlei Insekten spielen wichtige Rollen in seinen Erzählungen.

Das beste Beispiel in dieser Gruppe ist *Das häßliche junge Entlein*. Die Geschichte beginnt mit dem Storch, der auf seinen langen roten Beinen über die Wiesen stolziert und ägyptisch plappert – »denn diese Sprache hatte er von seiner Mutter gelernt«. Dann wechselt der Schauplatz in den alten Gutshof, wo eine Ente brütet. Als die Jungen eins nach dem andern ausgeschlüpft sind, staunen sie, wie groß die Welt ist. Die Entenmutter aber belehrt sie, daß dies noch längst nicht die ganze Welt sei – »die erstreckt sich noch weit über die andere Seite des Gartens, gerade hinein in des Pfarrers Feld, aber da bin ich noch nie gewesen«. Das häßliche Entlein, das später als seine Geschwister ausgeschlüpft ist, fügt sich nicht in die Regeln des Bauernhofes, sondern begeht die unverzeihliche Sünde, »anders« zu sein.

»›Und pfui! wie das eine Entlein aussieht; das wollen wir nicht dulden!‹ Und sogleich flog eine Ente hin und biß es in den Nacken.

›Laß es in Ruhe!‹ sagte die Mutter. ›Es tut ja niemandem etwas.‹

›Ja, aber es ist zu groß und ungewöhnlich‹, sagte die beißende Ente, ›und darum muß es gepufft werden.‹«

Da das arme Entlein von den Bewohnern des Hofes, selbst von seinen Geschwistern, immer nur gejagt, gebissen und verhöhnt wird, fliegt es hinaus zum großen Moor, wo die Wildenten wohnen. »Du bist außerordentlich häßlich!« sagen sie. »Aber das kann uns gleich sein, wenn du nur nicht in unsere Familie einheiratest.« Die jungen kecken Wildgänseriche dagegen haben recht unkonventionelle Ansichten:

»›Hör mal, Kamerad!‹ sagten sie, ›du bist so häßlich, daß wir dich gut leiden können! Willst du mitziehen und Zugvogel werden? Ganz in der Nähe, in einem anderen Moor, gibt es süße, liebliche Wildgänse, sämtlich Fräulein, die Rapp! sagen können. Du bist imstande, da dein Glück zu machen, so häßlich du auch bist!‹«

Während der großen Jagd werden die beiden Wildgänseriche abgeschossen, mit dem häßlichen Entlein aber wollen selbst die Jagdhunde nichts zu tun haben.

Gegen Abend kommt es an ein ärmliches kleines Bauernhaus, »das war so jämmerlich, daß es selbst nicht wußte, auf welche Seite es fallen sollte, und darum blieb es stehen«. Hier wohnt eine alte Frau mit ihrem Kater und ihrer Henne.

»Der Kater, den sie Söhnchen nannte, konnte einen Buckel machen und schnurren, er sprühte sogar Funken, aber dann mußte man ihn gegen die Haare streicheln; die Henne hatte ganz kleine, kurze Beine, und darum wurde sie Küchelchen Kurzbein genannt; sie konnte gut Eier legen, und die Frau liebte sie wie ihr eigenes Kind.«

Der Haushalt hat seine eigene Gesellschaftsordnung und strenge Konventionen:

»Und der Kater war Herr im Hause, und die Henne war die Dame, und immer sagten sie: ›Wir und die Welt!‹ Denn sie glaubten, daß sie die Hälfte seien, und zwar der allerbeste Teil. Das Entlein glaubte, daß man auch eine andere Meinung haben könnte, aber das litt die Henne nicht.

›Kannst du Eier legen?‹ fragte sie.

›Nein.‹

›Ja, willst du dann wohl deinen Mund halten!‹

Und der Kater sagte: ›Kannst du einen krummen Buckel machen, schnurren und Funken sprühen?‹

›Nein.‹

›So darfst du auch keine Meinung haben, wenn vernünftige Leute sprechen!‹«

Das Entlein muß noch viel durchmachen, bevor es im Frühling drei prächtigen Schwänen begegnet. Es erwartet, von ihnen getötet zu werden, neigt schicksalsergeben den Kopf zur Wasserfläche und sieht sein eigenes Bild – »aber das war kein plumper, schwarzgrauer Vogel mehr, häßlich und garstig, sondern war selbst ein Schwan«. Die Moral der sprichwörtlich gewordenen Geschichte vom häßlichen jungen Entlein: »Es schadet nichts, in einem Entenhof geboren zu sein, wenn man nur in einem Schwanenei gelegen hat!«

In *Däumelinchen* treten ebenfalls zahlreiche Tiere auf, boshafte und liebenswerte. Zunächst wird Däumelinchen von einer großen, garstigen Kröte entführt, deren Sohn sie heiraten soll, dann wird sie von kleinen Fischen und einem Schmetterling gerettet, doch schon bald von einem Maikäfer geraubt, dessen Familienmitglieder sie häßlich finden:

»›Sie hat doch nicht mehr als zwei Beine; das sieht erbärmlich aus!‹ ›Sie hat keine Fühlhörner!‹ sagten andere. ›Sie ist so schlank in der Taille, pfui! Sie sieht wie ein Mensch aus! Wie häßlich sie ist!‹ sagten alle Maikäferdamen.«

Die Erzählung *Es ist ganz gewiß!* beginnt in einem Hühnerhaus, wo sich eine Henne das Gefieder putzt. Dabei fällt ein Federchen zu Boden. Die Nachricht von diesem »Ereignis« wird von Henne zu Henne weitergetratscht, kommt der Eule zu Ohren und wird von den Tauben kolportiert. Als sie schließlich wieder im Hühnerhaus landet, ist sie zur Sensationsmeldung geworden: ». . . fünf Hennen haben sich die Federn ausgerupft, um zu zeigen, welche von ihnen aus Liebe zum Hahn am magersten geworden sei. Dann hackten sie aufeinander ein, bis das Blut kam und sie alle tot herunterfielen, zur Scham und Schande ihrer Familie und zum großen Verlust ihres Besitzers.«

Das Märchen *Die glückliche Familie* handelt von zwei uralten Schnecken, die im Garten eines alten Herrenhofes im Klettendickicht wohnen und überzeugt sind, daß »der ganze Klettenwald« nur für sie und die Ihrigen gepflanzt worden sei.

»Sie waren niemals draußen gewesen, aber sie wußten, daß es noch etwas in der Welt gab, das Herrenhof hieß, und da oben wurde man gekocht, und dann wurde man schwarz, und dann wurde man auf eine silberne Schüssel gelegt, aber was dann weiter geschah, wußten sie nicht. Wie das übrigens ist, wenn man gekocht wird und auf einer silbernen Schüssel liegt, konnten sie sich nicht denken, aber herrlich sollte es sein und besonders vornehm! Weder der Maikäfer noch die Kröte und der Regenwurm, die sie darum befragten, konnten ihnen Bescheid geben, keiner von ihnen war gekocht worden oder hatte auf einer silbernen Schüssel gelegen.«

Die Hauptfiguren der Erzählung *Die Springer* sind ein Floh, ein Grashüpfer und ein Hüpfauf (ein den hölzernen Springfröschen ähnliches Spielzeug, das aus einem Gänsebrustknochen angefertigt wird). Die drei wollen feststellen, wer von ihnen am höchsten springen kann. Der Floh hat sehr gute Manieren – »er hatte Fräuleinblut in den Adern und war gewohnt, nur mit Menschen umzugehen, und das macht sehr viel aus«. Der Grashüpfer trägt die ihm angeborene grüne Uniform und prahlt damit, daß er einer sehr alten Familie aus dem Land Ägypten angehöre, wo er großes Ansehen genieße, und daß er sehr gut singen könne. Als der schweigsame Hüpfauf das Wettspringen gewinnt, weil er so gewitzt war, der Prinzessin auf den Schoß zu hüpfen, geht der Floh »in fremde Kriegsdienste, wo er, wie man sagt, erschlagen worden sein soll«. Der Grashüpfer setzt sich in den Graben und denkt darüber nach, »wie es eigentlich in der Welt zugehe«.

Über die Entstehung seiner Erzählung *Der Mistkäfer* berichtete Andersen im Jahre 1862:

»In einer Nummer der [Zeitschrift] *Household Words* hatte Charles Dickens eine Anzahl arabischer Sprichwörter und Redensarten gesammelt, unter denen er diese hervorhob: ›Als des

Kaisers Roß goldene Hufeisen bekam, hielt auch der Mistkäfer das Bein hin.‹ Wir empfehlen Hans Christian Andersen, sagt Dickens in einer Anmerkung, ein Märchen darüber zu schreiben. Ich hätte das gern getan, aber es kam kein Märchen zustande. Erst neun Jahre später, bei einem Besuch auf dem dänischen Herrensitz Basnæs, wo ich Dickens' Worte zufällig wiederlas, entstand plötzlich das Märchen *Der Mistkäfer*.«

Tief gekränkt über die Weigerung des Schmiedes, ihm goldene Hufeisen zu geben, wie sie das Pferd des Kaisers bekommen hat, verläßt der Mistkäfer den Stall, um in die weite Welt zu ziehen. Im Garten begegnet er verschiedenen anderen Tieren – Marienkäfern, einer Kohlraupe, zwei Fröschen, mehreren Ohrwurmfamilien und einigen seiner Verwandten. Selbstgefällig und hochnäsig wie er ist, will der Mistkäfer nichts mit ihnen zu tun haben, weil sie anders und daher in seinen Augen minderwertig sind. Nachdem ihn manches Mißgeschick ereilt hat (er wird von einem Insektenforscher aufgeklaubt und später von zwei Kindern an den Mast ihres »Schiffes«, eines alten, zerbrochenen Holzschuhs, gebunden), kehrt er in den Stall zurück, und als er wieder auf dem kaiserlichen Leibroß sitzt und sich »sammelt«, kommt ihm die erleuchtende Idee: »Warum bekam das Pferd goldene Hufeisen? Danach fragte mich auch der Schmied. Nun erkenne ich es! Meinetwegen bekam das Pferd goldene Hufeisen! . . . Man kriegt einen klaren Kopf auf Reisen!«

Hier möchte ich auch einen Abschnitt aus dem ersten Kapitel der *Eisjungfrau* anführen. Der kleine Rudi hat viel aus seinem Umgang mit dem Hund Ajola und dem Kater gelernt, der ihm das Klettern beigebracht hat.

»›Komm mit hinaus aufs Dach!‹ hatte der Kater gesagt, und zwar ganz deutlich und verständlich, denn wenn man ein Kind ist und noch nicht sprechen kann, versteht man sehr gut Hühner und Enten, Katzen und Hunde, sie sprechen für uns ebenso verständlich wie Vater und Mutter, man muß nur richtig klein sein; selbst Großvaters Stock kann dann wiehern, zu einem Pferd mit Kopf, Beinen und Schwanz werden. Bei einigen Kindern hört dieses Verständnis später auf als bei anderen, und von ihnen sagt man, daß sie zurückgeblieben sind, überaus lange Kinder bleiben. Man sagt ja so viel!« – Was dieses besondere Verständnis anbelangt, so blieb Andersen zeitlebens ein Kind.

4. Erzählungen, in denen Bäume und Pflanzen die Hauptfiguren sind

Als Beispiele für diese Gruppe habe ich die Erzählungen *Der Tannenbaum* und *Die Blumen der kleinen Ida* gewählt. [5]

Der Dichter erzählt uns die Geschichte des Tannenbaumes von dessen Kindheit im Walde bis zu seinem kläglichen Ende als vertrockneter, weggeworfener Christbaum. Zeitlebens ist der Baum nie wirklich glücklich gewesen: Immer hat er sich entweder eine bessere Zukunft erhofft oder sehnsüchtig an die Vergangenheit zurückgedacht. Als junges Bäumchen wünscht er sich sehnlich, groß zu werden; er kann es nicht ausstehen, wenn man sagt: »Nein, wie niedlich klein der ist!«, und findet keine Freude an der warmen Sonne und frischen Luft. Er beneidet die großen Bäume, die gefällt werden, um dann als prächtige Mastbäume auf Schiffen zu stehen; seine Ungeduld wächst, als er sieht, wie seine Kameraden vor Weihnachten aus dem Wald geholt werden, um, wie die Sperlinge ihm berichten, in Pracht und Herrlichkeit als Christbäume zu erstrahlen. Doch als auch er eines Tages zu diesem Zweck gefällt wird, ist er gar nicht glücklich darüber, sondern »betrübt, von der Heimat scheiden zu müssen, von dem Fleck, auf dem er emporgeschossen war«. Er wird in ein vornehmes Haus gebracht und geschmückt:

»›Heut abend‹, sagten alle, ›heut abend wird er strahlen!‹

›Oh!‹ dachte der Baum, ›wäre es doch Abend! Würden nur die Lichter bald angezündet! Und was dann wohl geschieht? Ob da wohl Bäume aus dem Wald kommen und mich sehen? Ob die Sperlinge an die Fensterscheiben fliegen? Ob ich hier festwachse und Winter und Sommer geschmückt dastehen werde?‹ «

Vor lauter Sehnsucht bekommt der Tannenbaum Borkenweh, »und Borkenweh ist für einen Baum ebenso schlimm wie Kopfweh für uns andere«. Als der große Augenblick gekommen ist, kann ihn der Baum vor lauter Aufregung nicht genießen, doch er tröstet sich damit, daß er am nächsten Tag nicht mehr zittern, sondern sich seiner ganzen Herrlichkeit so recht erfreuen wird. Doch tags darauf wird er auf den Dachboden verbannt, wo er den Mäusen wehmütig von seiner Kindheit erzählt und die Geschichte von Klumpe-Dumpe, die er am Weihnachtsabend gehört hat, zum besten gibt.

»›Kennen Sie nur die eine Geschichte?‹ fragten die Ratten.

›Nur die eine!‹ sagte der Baum. ›Die habe ich an meinem glücklichsten Abend gehört, aber damals dachte ich nicht daran, wie glücklich ich war.‹

›Das ist eine höchst jämmerliche Geschichte! Kennen Sie keine mit Speck und Talglicht? Keine Speisekammergeschichte?‹

›Nein!‹ sagte der Baum.

›Na, dann bedanken wir uns!‹ antworteten die Ratten und gingen zu den Ihrigen zurück.«

Schließlich wird der Baum, dessen Zweige gelb und dürr geworden sind, in den Hof hinuntergebracht, wo die Kinder auf ihm herumtrampeln.

»Und der Baum sah auf all die Blumenpracht und Frische im Garten, er sah sich selbst und wünschte, daß er in seinem dunklen Winkel auf dem Boden geblieben wäre; er gedachte seiner frischen Jugend im Walde, des lustigen Weihnachtsabends und der kleinen Mäuse, die so munter die Geschichte von Klumpe-Dumpe angehört hatten.

›Vorbei! Vorbei!‹ sagte der arme Baum. ›Hätte ich mich doch gefreut, als ich es noch konnte! Vorbei! Vorbei!‹«

In *Die Blumen der kleinen Ida* erzählt der Student, der die »allerschönsten Geschichten« weiß und »so lustige Bilder« ausschneiden kann, der kleinen Ida, daß ihre Blumen die Köpfe hängen lassen, weil sie in der Nacht auf einem Ball getanzt hätten. »Wenn es dunkel wird und wir anderen schlafen, dann springen sie lustig umher; fast jede Nacht halten sie einen Ball.« Und er erzählt ihr auch, daß die Blumen eine Zeichensprache haben. »Hast du nicht oft gesehen, daß die Blumen, wenn es ein wenig weht, sich zunicken und alle ihre grünen Blätter bewegen? Das ist für sie ebenso verständlich, wie wenn wir miteinander sprechen.« Der langweilige alte Kanzleirat aber hat für solche Geschichten nichts übrig. »Wie kann man einem Kind so etwas in den Kopf setzen! Das ist dumme Phantasie!«

Als die kleine Ida einmal mitten in der Nacht aufwacht und hört, daß in der Wohnstube Klavier gespielt wird, lugt sie hinein.

»Alle Hyazinthen und Tulpen standen in zwei langen Reihen im Zimmer; es waren gar keine mehr am Fenster, dort standen nur die leeren Töpfe. Auf dem Fußboden tanzten alle Blumen sehr zierlich rings umeinander herum, bildeten eine richtige Kette und hielten einander bei den langen grünen Blättern, wenn sie sich herumschwenkten. Aber am Klavier saß eine große gelbe Lilie, die die kleine Ida bestimmt im Sommer gesehen hatte, denn sie erinnerte sich deutlich, daß der Student gesagt hatte: ›Nein, wie gleicht sie Fräulein Line!‹ Damals wurde er von allen ausgelacht, doch nun schien es der kleinen Ida wirklich auch, als ob die lange gelbe Blume dem Fräulein gliche, und sie hatte auch die gleichen Gebärden beim Spielen. Bald neigte sie ihr längliches gelbes Gesicht auf die eine Seite, bald auf die andere und nickte im Takt zur herrlichen Musik!«

Auf dem Höhepunkt des Festes öffnet sich plötzlich die Wohnstubentür und eine große Schar herrlicher Blumen kommt hereingetanzt.

»Voran gingen zwei herrliche Rosen, die hatten kleine Goldkronen auf, sie waren König und Königin. Dann kamen die niedlichen Levkojen und Nelken, und die grüßten nach allen Seiten. Sie hatten Musik bei sich, große Mohnblumen und Päonien bliesen auf Erbsenschoten, so daß sie ganz rot im Gesicht wurden. Die blauen Glockenblumen und die kleinen weißen Schneeglöckchen klingelten, als ob sie Schellen hätten. Das war eine lustige Musik! Dann kamen viele andere Blumen und tanzten allesamt, die blauen Veilchen und die roten Tausendschönchen, die Gänseblümchen und die Maiglöckchen. Alle Blumen küßten einander, es war allerliebst anzusehen! Zuletzt sagten die Blumen einander gute Nacht. Dann schlich sich auch die kleine Ida in ihr Bett, wo sie von allem träumte, was sie gesehen hatte.«

5. Erzählungen, in denen leblose Dinge lebendig geworden sind

Andersens Dingmärchen zählen zu den erstaunlichsten Neuschöpfungen im Bereich des Kindermärchens. In seinem Essay *Hamlet und die Dänen* [6] schreibt G. K. Chesterton über Andersen:

»Wie er leblosen Dingen Leben verlieh, das hatte nichts mit kalter, steifer Allegorie zu tun: Es war echtes Gespür für die stumme Wesenheit aller Dinge. Durch ihn kamen Kinder dazu, den Stuhl, auf dem sie saßen, für eine Art hölzernes Pferd zu halten. Er lehrte Kinder und glücklich zu schätzende Erwachsene, daß man sich unter einem Dach so geborgen fühlen kann wie unter den Fittichen eines großen zahmen Vogels und daß eine ganz gewöhnliche Tür wie ein großer Mund sein kann, der einen willkommen heißt. Mit der Geschichte *Der Tannenbaum* verpflanzte er ein immergrünes Gewächs nach England, auf dem noch heute Kerzen erblühen können. Und in seinem Märchen *Der standhafte Zinnsoldat* verteidigte er die Romantik des Soldatentums gegen jene Pedanten, die dergleichen sogar als Spielzeug im Kinderzimmer verbieten möchten. In der echten Tradition der Volksmärchen zeigte er, daß die Würde des Kämpfers nicht auf seiner Körpergröße und -kraft, sondern vielmehr auf seiner Kleinheit und Schwäche beruht, auf seiner stillen Loyalität und seiner heroischen Hilflosigkeit gegenüber allem Stärkeren und Niederträchtigen.«

Andersens erstes Dingmärchen war *Der standhafte Zinnsoldat* – auch dies die Geschichte von einem, der »anders« ist als seine Gefährten: Dieser Zinnsoldat hat nur *ein* Bein. Aber was ihm auch zustößt, er benimmt sich immer so, wie es sich für einen Mann in Uniform gehört. Er verliebt sich in die kleine Tänzerin aus Papier, verrät aber nicht, was er für sie empfindet. Und auch als er aus dem Fenster gefallen ist und das Dienstmädchen und der kleine Junge auf der Straße nach ihm suchen, hält er sich strikt an die Vorschriften:

»Hätte der Zinnsoldat gerufen: Hier bin ich!, so hätten sie ihn wohl gefunden; aber er fand es nicht passend, laut zu schreien, weil er in Uniform war.«

Er beißt die Zähne zusammen, als er sich schrecklichen Gefahren ausgesetzt sieht: Zwei Straßenjungen haben ihn in einen Kahn aus Zeitungspapier gestellt, der unter ein Rinnsteinbrett treibt, wo eine große Wasserratte den Paß des Soldaten kontrollieren will und ihm dann zähnefletschend nachschwimmt. Als der Kahn vor dem großen Kanal in einen Wasserstrudel gerät, verschlingt ein Fisch den armen Zinnsoldaten, der, als er der Länge nach im Bauch des Fisches liegt, noch immer sein Gewehr schultert. Doch dann wird der Fisch gefangen, auf dem Markt verkauft, aufgeschnitten – und der Zinnsoldat ist wieder zu Hause.

»Er sah dieselben Kinder, und dasselbe Spielzeug stand auf dem Tisch: Das herrliche Schloß mit der niedlichen kleinen

Tänzerin. Sie hielt sich noch auf dem einen Bein und hatte das andere hoch in der Luft, auch sie war standhaft. Das rührte den Zinnsoldaten; er war nahe daran, Zinn zu weinen, aber das gehörte sich nicht.«

Erst im Tod, im glühenden Ofen, wird er mit der Tänzerin vereint:

»Da schmolz der Zinnsoldat zu einem Klumpen, und als das Mädchen am nächsten Tag die Asche herausnahm, fand sie ihn als ein kleines Zinnherz. Von der Tänzerin dagegen war nur noch eine Flitterrose da, und die war kohlschwarz gebrannt.«

Ein weiteres berühmtes Beispiel aus der Gruppe der Dingmärchen ist *Die Stopfnadel*. Andersen erklärte dazu im Jahre 1862:

»Im Sommer 1846, während eines zeimlich langen Besuches in Nysö, zusammen mit Thorvaldsen, dem *Das Liebespaar* und *Das häßliche junge Entlein* Spaß machten, sagte er eines Tages: ›Warum schreiben Sie nicht eine neue amüsante Geschichte für uns? Sie sind imstande, sogar über eine Stopfnadel zu schreiben!‹ – und so schrieb ich *Die Stopfnadel*.«

Eine hübsche Anekdote, die freilich nicht auf Tatsachen beruhen kann: Thorvaldsen starb bereits im März 1844; *Die Stopfnadel* wurde 1845 auf dem Herrenhof Bregentved geschrieben und 1846 veröffentlicht. Die Idee zu dieser Erzählung zeichnet sich schon in *Ole Luköie* ab: Der kleine Hjalmar möchte eine Geschichte über die Stopfnadel hören, »die so vornehm tat, daß sie sich einbildete, eine Nähnadel zu sein«. Fast genauso lautet der Satz, mit dem *Die Stopfnadel* beginnt: »Es war einmal eine Stopfnadel, die wollte so hoch hinaus, daß sie sich einbildete, sie sei eine Nähnadel.«

Obwohl sie die Finger (das einzige menschliche Element der Erzählung) gebeten hat, sie sehr vorsichtig zu behandeln, bricht die Stopfnadel entzwei, als sie gezwungen werden soll, das Loch im Pantoffel der Köchin zu flicken. Mit einem Tropfen Siegellack repariert, steckt sie dann im Halstuch der Köchin.

»›So, nun bin ich eine Busennadel!‹ sagte die Stopfnadel. ›Ich wußte wohl, daß ich zu Ehren käme; ist man was, so bleibt man was!‹ Und dabei lachte sie in sich hinein, denn man kann es einer Stopfnadel niemals von außen ansehen, wenn sie lacht.«

Halb schmeichlerisch, halb geringschätzig unterhält sie sich mit ihrer Nachbarin, einer Stecknadel, und reckt sich dabei so stolz in die Höhe, daß sie in den Ausguß fällt und verlorengeht.

»›Ich bin zu fein für diese Welt!‹ sagte sie, als sie im Rinnstein lag. ›Aber ich weiß, wer ich bin, und das ist immer ein kleines Vergnügen!‹ Und die Stopfnadel saß aufrecht da und verlor ihre gute Laune nicht.«

Im Rinnstein schwimmt alles mögliche über sie hinweg – Späne, Strohhalme, Zeitungsfetzen –, und sie mokiert sich darüber, wie selbstgefällig sie alle sind.

»›Seht nur, wie sie segeln!‹ sagte die Stopfnadel. ›Die wissen nicht, was unter ihnen steckt! Ich stecke, ich sitze hier fest! Seht, da fährt nun ein Span, der denkt an nichts in der Welt als an einen Span, und das ist er selbst! Da treibt ein Strohhalm, seht, wie der sich dreht, wie der sich wendet! Denk doch nicht so viel an dich selbst, du könntest dich am Rinnstein stoßen! Da schwimmt ein Stück Zeitung! Was drinnen steht, ist vergessen, und doch spreizt es sich! Ich sitze geduldig und still. Ich weiß, was ich bin, und das bleibe ich auch!‹«

Der Titelheld der Erzählung *Der Halskragen* ist das männliche Gegenstück zur Stopfnadel:

»Es war einmal ein feiner Kavalier, dessen ganze Habseligkeiten aus einem Stiefelknecht und einer Haarbürste bestanden, aber er hatte den schönsten Halskragen der Welt, und von diesem Halskragen werden wir eine Geschichte hören.«

Da er inzwischen alt genug ist, ans Heiraten zu denken, wirbt der Halskragen um ein Strumpfband, das mit ihm zusammen gewaschen wird. Aber obwohl er versucht, dem Fräulein Strumpfband mit der Frage zu schmeicheln, ob es »ein Gürtel, so ein inwendiger Gürtel« sei, wird er abgewiesen. Auf dem Plättbrett freit er um das Bügeleisen.

»›Gnädige Frau!‹ sagte der Halskragen. ›Liebe Frau Witwe, mir wird ganz warm! Ich werde ein ganz anderer, ich komme ganz aus den Falten, Sie brennen ein Loch in mich hinein! Uh! Ich halte um Sie an!‹

›Lump!‹ sagte das Bügeleisen und fuhr stolz über den Halskragen hin, denn es bildete sich ein, es sei ein Dampfkessel und dazu bestimmt, Eisenbahnwagen zu ziehen.«

Als die Papierschere die Fransen an seinen Kanten abschneiden soll, wirbt der Halskragen sofort um sie und nennt sie »die erste Tänzerin«. Doch sie schneidet so tief in ihn hinein, daß er nicht mehr zu gebrauchen ist. Als er dann auch noch um die Haarbürste wirbt, erfährt er, daß sie bereits mit dem Stiefelknecht verlobt ist.

»›Verlobt?‹ rief der Halskragen. Nun war niemand mehr da, um den er freien konnte, und darum verachtete er jetzt das Freien.«

Schließlich landet er im Sack des Papiermüllers, inmitten einer großen Lumpengesellschaft, vor der er mit seiner Vergangenheit prahlt, wobei er alle Abfuhren, die ihm erteilt wurden, in Eroberungen ummünzt. Zur Strafe wird aus ihm und den anderen Lumpen Papier gemacht – »aber der Halskragen wurde gerade zu dem Stück weißen Papiers, das wir hier sehen und worauf diese Geschichte gedruckt worden ist«.

Eines der kunstvollsten Dingmärchen Andersens hat keinen Titel, weil es im Rahmen einer anderen Geschichte erzählt wird, und zwar vom Besitzer des fliegenden Koffers, der damit dem König und der Königin der Türkei beweisen will, daß er der Hand ihrer Tochter würdig ist. Dieses Märchen im Märchen ist ein amüsantes Konversationsstück, das in einer Küche spielt und in dem folgende Figuren auftreten: ein Bund Schwefelhölzchen, ein eiserner Topf, ein Feuerzeug, eine Tonkruke, die Teller, ein Kehrbesen, ein Wassereimer, eine Feuerzange, eine Teemaschine, ein alter Federkiel, ein Teekessel und ein Marktkorb. In ihren Konversationsbeiträgen verrät sich ihr durchweg sehr menschlicher Charakter. Diese köstliche Geschichte ist ein Musterbeispiel für Andersens boshafte Ironie. [7]

In einem Aufsatz über Andersen, erschienen 1922 in *Books and Authors*, schrieb Robert Lynd:

»Andersens Erzählkunst und geniale Begabung, groteske Vorfälle und komische Details zu erfinden, bewahrt ihn davor, Gemeinplätze zu verkünden. Er kann eine Parabel über eine Stopfnadel schreiben, die so lebendig ist wie ein Hund oder ein Schuljunge. Er verleiht allem, was er sieht – Porzellanschäferinnen, Zinnsoldaten, Mäusen und Blumen – die Gabe, quasi-menschlich zu leben, zu handeln und zu sprechen. Er läßt die auf einem Kaminsims versammelten Gegenstände heldenhafte Abenteuer erleben und hat für die Fähigkeiten einer Feuerzange oder eines Türklopfers mehr Verständnis als die meisten von uns für die Fähigkeiten von Männern und Frauen. Er hat tausend phantastische Einfälle gehabt.«

6. »Realistische« Erzählungen, die in einer Phantasiewelt spielen

Als bestes Beispiel für diese Kategorie möchte ich *Die Nachtigall* herausgreifen, eine Erzählung, die allgemein zu Andersens Meisterwerken gezählt wird. [8]

Die Handlung spielt in China, doch dem Leser wird bald klar, daß es ein fiktives, phantastisches China ist. Mit Ausnahme der Nachtigall und des gegen Ende der Erzählung erscheinenden Todes treten nur menschliche Wesen mit allen möglichen guten und schlechten Eigenschaften auf.

Der Widerstreit zwischen Natürlichkeit und Künstlichkeit – das eigentliche Thema der Erzählung – wird nicht nur durch die Gegenüberstellung der echten Nachtigall und des Kunstvogels exemplifiziert, sondern auch durch den Kontrast zwischen dem Leben des einfachen Volkes (vertreten durch die Fischer und das arme Küchenmädchen) und dem Pomp im Kaiserpalast mit seinen Hofschranzen und Beamten. Dieser Gegensatz findet sich auch in dem weitläufigen Garten des Kaisers: Im entlegenen Teil, den die Schloßbewohner nie betreten, gibt es tiefe Seen und einen herrlichen Wald, der bis zum Meer reicht, während in unmittelbarer Nähe des Schlosses nur seltene, kostbare Blumen stehen, die prächtigsten mit Silberglocken behängt, damit jeder sie gebührend bewundert. Über dieser Welt voller Gegensätze thront der Kaiser von China, fast ein Gefangener seiner Umgebung, aber doch noch imstande, echte Werte zu erkennen, wenn ihm Gelegenheit dazu geboten wird.

Die Wahl des weit entfernten Kaiserreichs China als Schauplatz der Handlung ermöglichte es dem Dichter, eine Phantasiewelt voller Chinoiserien und steifem Zeremoniell zu erfinden. Das Kaiserschloß ist »ganz und gar aus feinem Porzellan«, und bei besonderen Anlässen glänzen die spiegelblank geputzten Wände und Fußböden »im Lichte vieler tausend Goldlampen«.

Beim Lesen sitzt der Kaiser auf seinem goldenen Stuhl. Und des Kaisers Kavalier, »der war so vornehm! Wenn jemand, der geringer war als er, mit ihm zu sprechen oder ihn etwas zu fragen wagte, antwortete er weiter nichts als ›P!‹, und das hat nichts zu bedeuten«. Wenn der Kaiser über jemanden erzürnt ist, muß dem ganzen Hof nach dem Abendbrot »auf den Bauch getrampelt werden«. Das Küchenmädchen, das die Hofbeamten zur Nachtigall führt, erhält zur Belohnung eine feste Anstellung in der Küche und darf dem Kaiser beim Essen zusehen. Den Höflingen ist alles Natürliche so fremd, daß sie das Muhen einer Kuh und das Quaken eines Frosches für den Gesang der Nachtigall halten. Und als sie diese zum ersten Mal erblicken, sind sie enttäuscht über ihr schlichtes Aussehen. »Sie hat sicher ihre Farbe darüber verloren, daß sie so viele vornehme Menschen um sich sieht«, vermutet der Kavalier. Ein goldener Stecken wird aufgestellt, auf dem die Nachtigall sitzen soll. Und mit einem um den Hals zu tragenden goldenen Pantoffel soll sie für ihren herrlichen Gesang belohnt werden. Auf die Gesellschaftsordnung innerhalb des Palastes verweist zum Beispiel die Bemerkung, daß die Hofdamen Wasser in den Mund nehmen, »um zu glucksen, wenn jemand mit ihnen spräche«, und daß – am unteren Ende der Stufenleiter – die Lakaien und Kammermädchen melden lassen, »daß auch sie zufrieden seien; das will viel heißen, denn sie sind am allerschwersten zu befriedigen«.

Dieser Welt voller Künstlichkeit soll sich auch die Nachtigall anpassen.

»Sie sollte nun bei Hofe bleiben, ihr eigenes Vogelbauer und die Freiheit haben, zweimal des Tages und einmal des Nachts herauszuspazieren. Sie bekam dann zwölf Diener mit, welche ihr ein Seidenband um das Bein geschlungen hatten und sie gut festhielten. Es war durchaus kein Vergnügen bei einem solchen Ausflug.«

Das Eintreffen der künstlichen, mit Diamanten, Rubinen und Saphiren besetzten Nachtigall bringt alles durcheinander. Die beiden Vögel können nicht gemeinsam singen. Der Spielmeister des Kaisers beteuert, dies sei nicht die Schuld des künstlichen Vogels – »der ist besonders taktfest und ganz meine Schule!« Die echte Nachtigall fliegt fort in ihre grünen Wälder und wird wegen ihrer Undankbarkeit aus dem Kaiserreich verbannt. Der Singmeister erklärt, warum der künstliche dem echten Vogel vorzuziehen sei:

»›Denn sehen Sie, meine Herrschaften, der Kaiser vor allen! bei der wirklichen Nachtigall kann man nie berechnen, was da kommen wird, aber bei dem Kunstvogel ist alles bestimmt! So wird es und nicht anders! Man kann es erklären, man kann ihn öffnen und dem menschlichen Denken zeigen, wie die Walzen liegen, wie sie gehen und wie das eine aus dem andern folgt!‹«

Der Kunstvogel erhält schließlich den Titel »Hochkaiserlicher Nachttischsänger, im Range bis Nummer eins zur linken Seite«, und der Spielmeister schreibt ein fünfundzwanzigbändiges Werk über ihn, »das war so gelehrt und so lang, voll von den allerschwersten chinesischen Wörtern, daß alle Leute sagten, sie hätten es gelesen und verstanden, denn sonst wären sie ja dumm gewesen und auf den Bauch getrampelt worden«.

Eines Abends funktioniert der Mechanismus des Kunstvogels nicht mehr richtig, weil die Zapfen abgenützt sind, und von nun an darf er nur noch einmal im Jahr singen.

Fünf Jahre später liegt der Kaiser im Sterben. Er sehnt sich nach Musik, die ihm den Gedanken an den Tod vertreiben soll, aber vergeblich bittet er den Kunstvogel, sein Lied zu singen. Und nun versucht die echte Nachtigall, die draußen auf einem Zweig sitzt, den Tod zu bannen.

»Sie hatte von der Not ihres Kaisers gehört und war darum gekommen, ihm Trost und Hoffnung zu singen. Und als sie sang, wurden die Gespenster bleicher und bleicher; das Blut kreiste rascher und rascher in des Kaisers schwachem Körper, und selbst der Tod lauschte und sagte: ›Fahre fort, kleine Nachtigall! Fahre fort!‹«

Für jedes Lied, das die Nachtigall singt, gibt der Tod eine der Kostbarkeiten zurück, die er dem Kaiser bereits abgenommen hatte, und als er schließlich Sehnsucht nach seinem Garten bekommt, schwebt er »wie ein kalter weißer Nebel aus dem Fenster«.

7. Realistische Erzählungen, die in einer realen Welt spielen

Ein gutes Beispiel für diese Kategorie ist *Der Gärtner und die Herrschaft*, eine der im Ausland weniger bekannt gewordenen Geschichten Andersens. [9]

Sie spielt auf einem alten dänischen Herrenhof, der einem reichen Edelmann gehört. Der große Garten wird von dem tüchtigen Gärtner Larsen vorbildlich gepflegt. Zwei mächtige, fast schon abgestorbene Bäume, auf denen unzählige Raben und Krähen nisten, sind dem Gärtner ein Dorn im Auge. Er möchte sie fällen lassen, um dort etwas Besseres anzupflanzen, doch für den Gutsherrn und seine Frau verkörpern diese Bäume die romantische Vergangenheit.

»›Haben Sie, lieber Larsen, nicht Wirkungsfeld genug? Den ganzen Blumengarten, die Treibhäuser, den Obst- und Gemüsegarten?‹

Die hatte er, die pflegte und wartete er, züchtete mit Eifer und Tüchtigkeit, und das wurde von der Herrschaft anerkannt, aber sie verschwieg ihm nicht, daß sie oft bei Fremden Früchte äße und Blumen sähe, die das, was sie in ihrem Garten hätte, überträfen, und das betrübte den Gärtner, denn er wollte das Beste und tat das Beste. Er war gut im Herzen und gut im Amte.«

Eines Tages erzählt die Herrschaft dem Gärtner, sie habe bei vornehmen Freunden ganz köstliches Obst gegessen, und erteilt ihm den Auftrag, die gleichen Sorten zu züchten. Als sich dann herausstellt, daß jenes Obst aus ihrem eigenen Garten kam, will die Herrschaft es nicht glauben, woraufhin Larsen ein schriftliches Attest des Obsthändlers vorlegt.

»›Das ist doch merkwürdig!‹ sagte die Herrschaft.

Nun kamen jeden Tag große Schalen mit diesen prächtigen Äpfeln und Birnen aus ihrem eigenen Garten auf den Herrschaftstisch; scheffel- und tonnenweise wurden diese Früchte an Freunde innerhalb und außerhalb der Stadt, ja selbst ins Ausland versandt. Es war ein reines Vergnügen! Doch mußten sie hinzufügen, daß es ja auch zwei besonders gute Sommer für Baumfrüchte gewesen seien, überall im Lande seien sie gut gewesen.«

Nachdem die Herrschaft eines Mittags bei Hofe gespeist und sich an köstlichen Melonen delektiert hat, wird der Gärtner angewiesen, sich im Treibhaus der Majestäten Melonenkerne zu besorgen. Aber wieder stellt sich heraus, daß die Melonen aus Larsens Treibhaus kamen.

»Das war eine Überraschung für die Herrschaft, und sie verschwieg die Geschichte nicht, sie zeigte das Attest vor, ja, es wurden Melonenkerne weit herumgesandt, ebenso wie früher die Pfropfreiser.

Über diese bekam man Nachrichten, daß sie anschlugen, ganz ausgezeichnete Früchte ansetzten und daß sie nach dem Gutshof der Herrschaft benannt wurden, so daß der Name nun auf Englisch, Deutsch und Französisch zu lesen war. Das hätte man früher niemals gedacht! ›Wenn nur der Gärtner keine zu große Meinung von sich selbst bekommt!‹ sagte die Herrschaft.«

In dem Bestreben, auch weiterhin zu den besten Gärtnern des Landes gezählt zu werden, tritt Larsen jedes Jahr mit neuen, vorzüglichen Gartenprodukten hervor.

»Aber oft bekam er doch zu hören, daß die allerersten Früchte, die er gebracht hatte, die Äpfel und Birnen, eigentlich die besten gewesen seien, alle späteren Arten ständen weit darunter. Die Melonen seien freilich sehr gut gewesen, aber das war ja etwas ganz anderes. Die Erdbeeren könnten vortrefflich genannt werden, aber doch nicht besser als die, die andere Herrschaften hatten, und als die Rettiche in einem Jahr nicht gediehen, da wurde von den mißlungenen Rettichen gesprochen und nicht von dem anderen Guten, das gebracht wurde.

Es war fast, als fühlte sich die Herrschaft erleichtert, wenn sie sagen konnte: ›Dieses Jahr glückt es nicht, lieber Larsen!‹ Sie war ganz froh, wenn sie sagen konnte: ›Dieses Jahr ist es nicht geglückt!‹«

Wenn der Gärtner frische, geschmackvoll arrangierte Blumen ins Zimmer brachte, bekam er zu hören: »Sie haben Geschmack, Larsen! Das ist eine Gabe, die Ihnen von Gott gegeben ist und die Sie nicht aus sich selbst haben.«

Eines Tages bringt der Gärtner eine große Kristallschale, in der auf einem Seerosenblatt eine strahlend blaue Blume liegt, die von der Herrschaft für eine indische Lotosblüte gehalten wird und bei jedermann, sogar bei einer Prinzessin, Bewunderung erregt. Doch als die Herrschaft von Larsen erfährt, daß es nichts anderes als eine Artischockenblüte ist, macht sie ihm Vorwürfe:

»›Das hätten Sie uns gleich sagen sollen!‹ sagte die Herrschaft. ›Wir mußten glauben, es sei eine fremde, seltene Blume. Sie haben uns vor der Prinzessin bloßgestellt!‹«

Der Gutsherr und seine Frau entschuldigen sich bei der Prinzessin und sagen ihr, der Gärtner habe einen strengen Tadel erhalten, worauf sie erwidert: »Das ist schade und ungerecht! Er hat ja unsere Augen für eine Prachtblume geöffnet, der wir gar keine Beachtung schenkten, er hat uns die Schönheit gezeigt, wo wir sie nie gesucht hätten.« Nun darf Larsen der Herrschaft wieder eine frische Artischockenblüte bringen.

»›Sie ist im Grunde genommen hübsch!‹ sagten sie. ›Höchst merkwürdig!‹ Und der Gärtner bekam ein Lob.

›Das hat Larsen gern!‹ sagte die Herrschaft. ›Er ist ein verwöhntes Kind!‹«

Ein Herbststurm fällt die beiden alten Bäume, und nun pflanzt der Gärtner dort eine Fülle »heimischer Pflanzen aus Wald und Feld« an, errichtet mittendrin eine Fahnenstange, an der der Danebrog weht, und daneben eine zweite Stange, die im Sommer und Herbst von Hopfen umrankt ist und an der im Winter nach altem Brauch eine Hafergarbe für die hungrigen Vögel aufgehängt wird.

»›Der gute Larsen wird auf seine alten Tage sentimental!‹ sagte die Herrschaft. ›Aber er ist uns treu und ergeben!‹ Zu Neujahr erschien in einem der illustrierten Blätter der Hauptstadt ein Bild des alten Hofes; man sah die Fahnenstange und die Hafergarbe für die Vögel des Himmels zur frohen Weihnachtszeit, und es wurde besprochen und als ein hübscher Gedanke hervorgehoben, daß hier ein alter Brauch zu seinem Recht und zu Ehren gekommen sei.

›Für alles, was dieser Larsen tut, schlägt man die Trommel. Das ist ein glücklicher Mann! Wir müssen ja beinahe stolz sein, daß wir ihn haben!‹

Aber sie waren gar nicht stolz darauf! Sie fühlten sich nur als die Herrschaft, die Larsen kündigen konnte, aber das taten sie nicht; es waren gute Menschen, und von ihrer Art gibt es so viele gute Menschen, und das ist erfreulich für jeden Larsen.«

Ich habe in diesem Kapitel versucht, die große Spannweite der Märchen und Geschichten Andersens aufzuzeigen. Die Untertei-

Illustration zu dem Märchen *Der standhafte Zinnsoldat* von Rex Whistler, London 1935.

lung in sieben Kategorien ist natürlich nur eine von mehreren Gruppierungsmöglichkeiten. Es wäre zum Beispiel auch sinnvoll, die Märchen und Geschichten nur in zwei große Gruppen aufzuteilen: solche, die vornehmlich Kinder, und solche, die vornehmlich Erwachsene ansprechen. In diesem Fall wären allerdings die besten Erzählungen beiden Gruppen zuzuordnen: Kinder wie Erwachsene verstehen sie auf ihre Weise.

1861 schrieb Björnsterne Björnson an Jonas Collin jr.:

»Es ist ganz falsch, das, was Andersen jetzt schreibt, als ›Märchen‹ zu bezeichnen. Das war die Bezeichnung für seine allerersten kleinen Geschichten, die sozusagen in eine Nußschale gelegt und wieder herausgenommen werden konnten, um die Welt zu umspannen. Zudem war die Form, in die diese Geschichten gegossen wurden, vollkommen – einzig und allein auf den Kern seines Themas bezogen. Inzwischen aber ist Andersen, oft ungerechterweise, aus dem Bereich des Romans, des Dramas und der philosophischen Erzählung hinausgedrängt worden, mit dem Ergebnis, daß diese hartnäckigen Gesellen sich an einer anderen Stelle ihren Weg durch den Fels gehauen haben, so daß jetzt bei ihm – Gott steh uns bei! – Roman, Drama und Philosophie im Märchen auftauchen! Daß dies keine Märchen mehr sind, ist klar. Es ist etwas genuin Andersianisches, das ohnehin beim literarischen Apotheker nicht frei erhältlich ist ... Es ist etwas, dem nach oben und nach unten keine Grenzen gesetzt sind, also auch keine formalen – und das daher nur von einem echten Genie gebändigt werden kann ... Doch diese Freiheit von jeder Beschränkung – diese Vorstellung, daß alle Formen und eine ganze Welt voller tragischer, komischer, lyrischer und epischer Ideen, alles Singen, Predigen, Scherzen, das Belebte und das Unbelebte miteinander verschmelzen wie im Paradies – das alles läßt uns immer wieder dem Erscheinen seines nächsten Werkes entgegenfiebern. Welches Geheimnis wird es lösen? Auf welche Reise wird es uns führen? Und wird es geglückt oder mißglückt sein?«

2
»Die ganze Welt und ein Paar neue Schlittschuhe«

Eine umfassende Analyse von Andersens Sprache und Stil kann natürlich nur anhand der dänischen Originalausgaben vorgenommen werden; einige Charakteristika finden sich allerdings auch in guten Übersetzungen.

Leider sind die meisten Andersen-Übersetzungen aus dem neunzehnten Jahrhundert unzulänglich. Würde man auf sie den berühmten Ausspruch des Comte de Buffon *»Le style est l'homme même«* anwenden, so bezöge er sich auf die Übersetzer und nicht auf den Dichter.

Andersen ist gewiß nicht leicht zu übersetzen. Sein Stil ist gespickt mit umgangssprachlichen Ausdrücken, spezifisch dänischen Redewendungen und unübersetzbaren Wortspielen; zudem schafft er eine vertraute Atmosphäre zwischen Autor und Leser, die durch den häufigen Gebrauch von satzverstärkenden (in anderen Sprachen nicht immer adäquat wiederzugebenden) Adverbien, wie zum Beispiel *saa, da, vel, nok, jo,* noch intensiviert wird. Im Vorwort zur englischen Jubiläumsausgabe der ersten vier Andersen-Märchen, die 1935 anläßlich des hundertsten Jahrestages der Erstveröffentlichung erschien, schrieb R. P. Keigwin, der meines Erachtens beste englische Andersen-Übersetzer:

»In die erzählenden Passagen streute er jede erdenkliche Art von Plauderton ein: flotte, lebhafte Anfänge, die den Zuhörer sofort fesseln; häufige Nebenbemerkungen und Parenthesen; Einsprengsel aus dem Kopenhagener Jargon; viele grammatikalische Nachlässigkeiten; und vor allem eine Fülle von Partikeln – jene sprachlichen Bekräftigungen und Rippenstöße, an denen die dänische (genau wie die griechische) Sprache so reich ist. In seinen *Märchen und Geschichten* hat Andersen den Plauderton so konsequent durchgehalten, daß man fast erschrickt, wenn man gelegentlich auf eine wirklich literarische Wendung stößt.«

Noch heute beurteilen Millionen von Lesern den Dichter Andersen nach den frühen Übersetzungen, von denen einige (oft ohne Angabe des Übersetzers) immer wieder nachgedruckt werden, teils weil sie als sakrosankt gelten, teils weil die Verlage dafür kein Honorar zu bezahlen brauchen.

Einige der frühen englischen Andersen-Übersetzer benützten, da sie das Dänische nicht beherrschten, die bereits vorliegenden deutschen Übersetzungen, die oft völlig unzulänglich waren. So hatte es zum Beispiel ein deutscher Übersetzer für nötig gehalten, das Märchen *Die Prinzessin auf der Erbse* zu »verbessern«: Die Königin legt unter die zwanzig Matratzen und zwanzig Federbetten nicht *eine*, sondern *drei* Erbsen. (Man kann den skeptischen Übersetzer geradezu sagen hören: »Eine einzige Erbse kann sie doch bestimmt nicht durch so viele Unterlagen spüren!«) Da die beiden englischen Übersetzer, die diese »Korrektur« übernahmen, das Märchen nicht gut *Die Prinzessin auf den drei Erbsen* nennen konnten, gaben sie ihm den Titel *Die echte Prinzessin.*

Nicht selten hielten es Übersetzer für angebracht, Andersen-Märchen von »anstößigen« Stellen zu säubern. Was sich Mary Howitt, die erste englische Andersen-Übersetzerin, in dieser Beziehung leistete, zeigt beispielsweise ihre Fassung des Anfangs von *Däumelinchen.* Bei Andersen beginnt das Märchen so:

»Es war einmal eine Frau, die sehr gern ein winzig kleines Kind haben wollte, aber sie wußte gar nicht, woher sie es bekommen sollte. Da ging sie zu einer alten Hexe und sagte zu ihr: ›Ich möchte so herzlich gern ein kleines Kind haben. Kannst du mir nicht sagen, woher ich das bekommen kann?‹

›Oh! damit wollen wir schon fertig werden!‹ sagte die Hexe. ›Da hast du ein Gerstenkorn. Das ist nicht von der Art wie die, welche auf dem Feld des Bauern wachsen oder die Hühner zu fressen bekommen. Leg es in einen Blumentopf, so wirst du etwas zu sehen bekommen!‹«

Mary Howitt befürchtete offensichtlich, daß Kinder dadurch zu der Frage veranlaßt werden könnten, woher denn die Babies kämen. Ihre »gesäuberte« Fassung lautete:

»Es war einmal eine Bettlerin, die ging zum Hause eines armen Bauern und bat um etwas zu essen. Die Bauersfrau gab ihr Brot und Milch. Als die Bettlerin gegessen hatte, holte sie ein Gerstenkorn aus der Tasche und sagte: ›Das möchte ich Euch schenken. Legt es in einen Blumentopf, so werdet Ihr etwas zu sehen bekommen.‹«

Mit der gleichen Prüderie entfernte sie »anstößige« Stellen in dem Märchen *Der Garten des Paradieses*. Bei Andersen heißt es zum Beispiel: »Die schönsten Mädchen, schwebend und schlank, in wallenden Flor gekleidet, so daß man ihre herrlichen Glieder sah, schwebten im Tanze . . .« In Mary Howitts Übersetzung wird daraus: »Die schönsten Jungfrauen schwebten im Tanze . . .«

Ich will davon absehen, auf die unzähligen Ausgaben einzugehen, in denen Andersens Märchen »nacherzählt« oder als »Grundlage« für Geschichten genommen wurden, die nichts mehr mit Andersen zu tun haben – ganz zu schweigen von den vielen »dramatisierten«, »gereimten« oder »für unsere Kleinen bearbeiteten« Fassungen einzelner Märchen. Um nur ein Beispiel dafür zu nennen, wie grotesk solche »Bearbeitungen« sein können: 1944 erschien in New York eine Ausgabe der Geschichte *Das kleine Mädchen mit den Schwefelhölzern* mit folgendem Klappentext: Kinder werden über diese Neufassung von Hans Christian Andersens berühmtem altem Märchen entzückt sein. Denn hier muß das kleine Mädchen mit den Schwefelhölzern in jener bitterkalten Winternacht vor langer, langer Zeit nicht erfrieren, sondern es findet Wärme und Frohsinn und ein schönes Zuhause, wo es glücklich leben kann bis an sein Ende.«

Andersen hat seinen ganz eigenen Erzählstil, der sich grundlegend von dem des traditionellen Volksmärchens unterscheidet.

In Grimms Märchen wird unpersönlich berichtet: »Es war einmal ein Soldat, der hatte dem König viele Jahre treu gedient. Als aber der Krieg zu Ende war und der Soldat, der vielen Wunden wegen, die er empfangen hatte, nicht weiterdienen konnte . . .« Zum Vergleich der Anfang von Andersens Märchen *Das Feuerzeug*: »Auf der Landstraße kam ein Soldat dahermarschiert: Eins, zwei! Eins, zwei! Er hatte einen Tornister auf dem Rücken und einen Säbel an der Seite, denn er war im Krieg gewesen und wollte nun nach Hause.«

Lehrreich ist auch ein Vergleich der zwei Fassungen des Märchens *Die Galoschen des Glücks*. Die erste beginnt:

»In einem der Häuser drinnen, nicht weit vom Kongens Nytorv, war eine Gesellschaft geladen, eine sehr große Gesellschaft, um, wie so viele das tun, Abonnementbilletts für die gegenseitigen Einladungen der andern zu erhalten.«

Zweite Fassung:

»In Kopenhagen, in der Östergade, in einem der Häuser nicht weit vom Kongens Nytorv, fand eine große Gesellschaft statt; denn so eine muß man manchmal geben, dann ist es getan, dann kann man wieder eingeladen werden.«

Hier hat der Dichter dem Erzählstil seinen persönlichen Stempel aufgedrückt – der Satz klingt jetzt leicht und launig. »Die Leute sollten aus dem Stil den Erzähler hören«, erklärte Andersen, »darum muß die Sprache dem mündlichen Erzählen nahekommen.« Seine Märchen seien »für Kinder erzählt, aber die Erwachsenen sollten auch zuhören dürfen«.

Für Kinder erzählt sind sie gewiß! *Die glückliche Familie* zum Beispiel beginnt so:

»Das größte grüne Blatt hierzulande ist doch gewiß das Klettenblatt; hält man eins vor seinen kleinen Leib, so ist es wie eine Schürze, und legt man es auf seinen Kopf, so ist es bei Regenwetter beinahe so gut wie ein Regenschirm, denn es ist gewaltig groß.«

Auch bei der Geschichte vom *Wassertropfen* merkt man sofort, welches Lesealter angesprochen wird: »Du kennst doch sicher ein Vergrößerungsglas, so ein rundes Brillenglas, das alles hundertmal größer macht als es ist?« So beschreibt Andersen, ohne das schwierige Wort zu nennen, ein Mikroskop.

Die direkte Anrede des jugendlichen Zuhörers, ein typisches Merkmal des mündlichen Erzählens, findet sich in vielen Märchen und Geschichten Andersens. Ein Beispiel aus dem Anfang von *Was Vater tut, ist immer richtig*:

»Du bist doch sicher schon draußen auf dem Lande gewesen und hast ein richtiges altes Bauernhaus mit Strohdach gesehen? Moos und Unkraut wachsen darauf von selbst; ein Storchennest ist auf dem Dachfirst, denn ein Storch darf nicht fehlen. Die Wände sind schief, die Fenster niedrig, ja, es ist nur ein einziges, das geöffnet werden kann; der Backofen streckt seinen kleinen dicken Bauch heraus, und der Holunderbusch beugt sich über den Zaun, wo gerade unter dem verkrüppelten Weidenbaum eine kleine Wasserpfütze mit einer Ente und ihren Jungen ist. Ja, und dann ist da ein Kettenhund, der alle und jeden anbellt.«

Die Geschichte von der *Hirtin und dem Schornsteinfeger* beginnt ebenfalls mit einer Frage an den Zuhörer: »Hast du wohl je einen richtig altmodischen Holzschrank gesehen, ganz schwarz vor Alter und mit geschnitzten Schnörkeln und Laubwerk daran?« Mitunter ist es auch eine scherzhafte Frage, wie zum Beispiel am Anfang von *Hofhahn und Wetterhahn*: »Es waren einmal zwei Hähne, einer auf dem Misthaufen, einer auf dem Dache, hochmütig waren beide; aber welcher leistete am meisten? Sag uns deine Meinung – wir bleiben trotzdem bei unserer eigenen.«

Der unvergeßliche, umgangssprachliche Anfang des Märchens von der *Schneekönigin* (»*See saa! nu begynde vi* . . .«) ist in den meisten anderen Sprachen kaum adäquat wiederzugeben und in vielen Übersetzungen ruiniert worden.

»Seht her! nun fangen wir an! Wenn wir am Ende der Geschichte sind, wissen wir mehr als jetzt, denn es war ein böser Kobold! Es war einer der allerärgsten, es war der Teufel! Eines Tages war er bei richtig guter Laune, denn er hatte einen Spiegel gemacht, der die Eigenschaft hatte, daß alles Gute und Schöne, was sich darin spiegelte, fast zu nichts zusammenschwand, aber das, was nichts taugte und sich schlecht ausnahm, das trat recht hervor und wurde noch ärger.«

Binsenwahrheiten aufzutischen, um damit komische Wirkungen zu erzielen, haben wenige Schriftsteller so gut verstanden wie Andersen. Ein Beispiel von vielen ist der Anfang von *Die Nachtigall*: »In China, das weißt du wohl, ist der Kaiser ein Chinese, und alle, die er um sich hat, sind auch Chinesen.« [10]

Einige Geschichtenanfänge kommen sofort zur Sache, etwa der erste Satz von *Fünf aus einer Schote*: »In einer Schote waren fünf Erbsen; sie waren grün und darum meinten sie, die ganze Welt müßte grün sein – und das stimmte ja auch.« (Einige Wochen später sieht die Sache anders aus: »Die Erbsen wurden gelb, und die Schote wurde auch gelb. ›Die ganze Welt wird gelb‹, sagten die Erbsen, und das durften sie mit vollem Recht sagen.«)

In *Eine gute Laune* dagegen liegt der Witz darin, daß *nicht* sofort zur Sache gekommen wird:

»Von meinem Vater habe ich das beste Erbteil erhalten: Ich habe eine gute Laune bekommen. Und wer war mein Vater? Ja, das geht die Laune nichts an! Er war lebhaft und wohlbeleibt, dick und rund, sein Äußeres und sein Inneres standen in völligem Widerspruch zu seinem Amte. Und was war sein Amt, seine Stellung in der Gesellschaft? Ja, wenn das gleich am Anfang eines

Buches niedergeschrieben und gedruckt würde, so würden sicherlich mehrere, wenn sie es lesen, das Buch zur Seite legen und sagen: ›Das kommt mir so unheimlich vor, von der Art will ich nichts haben.‹ Und doch war mein Vater weder Schinder noch Scharfrichter, im Gegenteil, sein Amt stellte ihn an die Spitze der allerrühmlichsten Männer der Stadt, und er war dort ganz in seinem Recht, ganz an seinem Platz; er mußte ganz vorn sein, vor dem Bischof, vor den Prinzen von Geblüt – und er war ganz vorn – er war Leichenwagenkutscher. Nun ist es heraus!«

Andersens Märchenkönige haben etwas sehr Anheimelndes und Unprätentiöses an sich. Manche herrschen über ein ganz kleines Reich, zum Beispiel der Prinz im Märchen *Der Schweinehirt*, aber in diesem Fall ist das Königreich immerhin »groß genug, um darauf zu heiraten«. Nachdem sich der Prinz das Gesicht mit brauner und schwarzer Farbe beschmiert hat, klopft er im benachbarten Kaiserreich an (das offenbar auch nicht sonderlich groß ist) und wird vom Kaiser persönlich eingelassen.

»›Guten Tag, Kaiser!‹ sagte er. ›Könnte ich nicht hier auf dem Schloß in Dienst treten?‹

›Ja‹, sagte der Kaiser, ›es sind aber so viele, die Dienst suchen. Aber laß mal sehen, ich brauch einen, der die Schweine hüten kann, denn von denen haben wir sehr viele!‹«

Später begegnen wir dem Kaiser wieder, als er auf den Altan geht, um nachzusehen, was drunten am Schweinekoben für ein Auflauf ist.

»Er rieb sich die Augen und setzte die Brille auf. ›Das sind ja die Hofdamen, die da ihr Wesen treiben; ich werde wohl zu ihnen hinunter müssen.‹ – Und so zog er seine Pantoffeln hinten herauf, denn es waren Schuhe, die er niedergetreten hatte.

Potztausend, wie er sich sputete!

Sobald er in den Hof hinunterkam, ging er ganz leise, und die Hofdamen hatten so viel damit zu tun, die Küsse zu zählen, damit es ehrlich zuginge und er [der schweinehütende Prinz] nicht zuviel, aber auch nicht zu wenig bekäme, daß sie den Kaiser gar nicht bemerkten. Er stellte sich auf die Zehenspitzen.

›Was ist das?‹ sagte er, als er sah, daß sie sich küßten, dann schlug er sie mit seinem Pantoffel auf den Kopf, gerade als der Schweinehirt den sechsundachtzigsten Kuß bekam.

›Schert euch fort!‹ sagte der Kaiser, denn er war zornig.«

Auch im Märchen *Der Reisekamerad* benimmt sich der König wie ein gewöhnlicher Sterblicher:

»›Herein!‹ sagte der alte König, als Johannes an die Tür klopfte. Johannes öffnete, und der alte König, im Schlafrock und in gestickten Pantoffeln, kam ihm entgegen; die goldene Krone hatte er auf dem Haupt, das Zepter in der einen Hand und den Reichsapfel in der andern. ›Warte ein bißchen!‹ sagte er und nahm den Apfel unter den Arm, um Johannes die Hand reichen zu können. Aber sowie er erfuhr, daß er ein Freier sei, fing er so zu weinen an, daß Zepter und Apfel auf den Fußboden fielen und er sich die Augen mit seinem Schlafrock trocknen mußte.«

Als seine Tochter, die böse Prinzessin, zurückkommt, gehen alle in den Saal hinauf – »und die kleinen Pagen präsentierten ihnen Eingemachtes und Pfeffernüsse. Aber der alte König war so betrübt, daß er gar nichts essen konnte, und die Pfeffernüsse waren ihm auch zu hart.« Damit ist diesem Teil der Geschichte auch der letzte Rest von Sentimentalität genommen.

Der alte König scheut sich nicht, seine Gefühle zu zeigen. Er trocknet sich, bevor die Prinzessin ihre Fragen an Johannes richtet, »die Augen mit einem weißen Taschentuch«, und als Johannes richtig geraten hat – »Potztausend! wie wurde der alte König vergnügt, er schlug eine Purzelbaum, daß es eine Lust war. Und alle Leute klatschten in die Hände, ihm und Johannes zu Ehren, der gleich das erste Mal richtig geraten hatte.«

Wie der König, so das Volk: »Der alte König war so betrübt über all die Trauer und das Elend, daß er einen ganzen Tag des Jahres mit allen seinen Soldaten auf den Knien lag und betete . . . Die alten Frauen, die Branntwein tranken, färbten ihn ganz schwarz, bevor sie ihn tranken, so trauerten sie. Und mehr konnten sie doch nicht tun!«

Als Johannes die Prinzessin geheiratet hat, fühlt sich der alte König wieder wohl in seiner Haut. »[Er] erlebte viele vergnügte Tage und ließ ihre kleinen Kinder auf seinen Knien reiten und mit seinem Zepter spielen.«

Für Märchenprinzessinnen gelten die üblichen gesellschaftlichen Konventionen nicht. Sie dürfen verkünden, daß sie den Mann heiraten werden, der die schlagfertigsten Antworten geben kann (*Die Schneekönigin, Tölpelhans*) oder sie werden von ihrem Vater als Preis für den Gewinner eines Wettbewerbs ausgesetzt (*Die Springer*):

»›Ja, ich gebe meine Tochter dem, der am höchsten springt!‹ sagte der König. ›Denn es wäre zu armselig, wenn diese Personen [gemeint sind der Floh, der Grashüpfer und der Hüpfauf] umsonst springen sollten.‹«

Eine türkische Prinzessin darf Herz und Hand einem Fremden schenken, der heimlich durchs Fenster in ihr Zimmer kommt und die auf dem Sofa Schlummernde küßt. »Da erwachte sie und erschrak sehr, er aber sagte, er sei der Türkengott, der durch die Luft zu ihr herabgekommen sei, und das gefiel ihr gut.« Sie besteht darauf, daß er am Sonnabend zum Tee kommt und dem König und der Königin ein recht hübsches Märchen erzählt. »Meine Mutter will es moralisch und vornehm haben und mein Vater lustig, so daß man lachen kann!«

Zuweilen stehen der Pomp und die strenge Etikette des Hofstaats in krassem Gegensatz zu dem unkonventionellen Benehmen der königlichen Familie:

»Alle Hofdamen mit ihren Zofen und den Zofen der Zofen und alle Kammerherren mit ihren Lakaien und den Lakaien der Lakaien, welche Pagen haben, hatten ringsum Aufstellung genommen; und je näher sie an der Tür standen, desto hochmütiger blickten sie. Der Page der Lakaien, der immer Pantoffeln trägt, steht so stolz an der Tür, daß man seinen Anblick kaum ertragen kann.«

Einen scharfen Kontrast zu den gemütlichen kleinen Königshöfen bildet die im Inneren eines Berges gelegene Residenz des bösen alten Zauberers. »Sie gingen durch einen großen, langen Gang, wo die Wände wunderbar glitzerten, denn über tausend glühende Spinnen liefen an der Mauer auf und ab und leuchteten wie Feuer. Dann kamen sie in einen großen Saal, von Silber und Gold erbaut. Blumen so groß wie Sonnenblumen, rote und blaue, glänzten an den Wänden, aber niemand konnte die Blumen pflücken, denn die Stiele waren häßliche, giftige Schlangen, und die Blüten waren Feuer, das ihnen aus dem Rachen flammte. Die ganze Decke war mit leuchtenden Johanniswürmchen und himmelblauen Fledermäusen bedeckt, die mit den dünnen Flügeln schlugen. Es sah ganz wunderlich aus!« Für Musik sorgen große schwarze Heuschrecken, die Maultrommeln ertönen lassen –

»und die Eule schlug sich auf den Leib, denn sie hatte keine Trommel«. Die Hofleute wirken alle sehr fein und vornehm. »Aber wer sehen konnte, merkte wohl, wie es um sie stand. Sie waren nichts anderes als Besenstiele mit Kohlköpfen darauf, in die der Zauberer Leben gehext und denen er gestickte Kleider gegeben hatte. Aber das war ja einerlei, sie wurden doch nur zum Prunk gebraucht.«

Von ganz anderer Art ist der norwegische Dovrekönig: würdiger Herrscher über ein Troll-Königreich und eine ehrfurchtgebietende Persönlichkeit. »Da stand der Koboldgreis vom Dovre, mit der Krone aus gehärteten Eis- und polierten Tannenzapfen; im übrigen hatte er einen Bärenpelz an und große warme Stiefel . . .« Wie bei den Menschen gibt es auch bei den Trollen Klassenunterschiede: Trolle mit Schwänzen rangieren über ihren schwanzlosen Artgenossen. Im Unterschied zu den Menschen sind alle Trolle »linksbeinig« und werfen keinen Schatten. Und wenn sich ein Troll verlobt, wechselt er mit seiner Braut die Stiefel, »denn das ist feiner als Ringewechseln«.

Der Palast der Schneekönigin unterscheidet sich nicht nur äußerlich von allen anderen Königsschlössern:

»Niemals gab es hier Fröhlichkeit, nicht einmal so viel wie einen kleinen Bärenball, bei dem der Sturm aufspielen könnte und die Eisbären auf ihren Hinterfüßen gehen und ihre feinen Manieren zeigen könnten; niemals eine kleine Spielgesellschaft mit Maulklapp und Tatzenschlag; nie ein klein bißchen Kaffeeklatsch der Weißfuchsfräulein; leer, groß und kalt war es in den Sälen der Schneekönigin.«

Wenn er uns in die Welt der Tiere, Pflanzen und leblosen Dinge führt, identifiziert sich der Erzähler mit seinen Figuren. Ihre Neigungen, ihr Wissen und ihre Ansichten sind durch ihre Existenzbedingungen bestimmt. Alles wird aus der Perspektive des jeweiligen Sprechers dargestellt. So bitten die Mäuse den Tannenbaum: »Erzähl uns doch vom schönsten Ort auf Erden! Bist du dort gewesen? Bist du in der Speisekammer gewesen, wo Käse auf den Brettern liegen und Schinken unter der Decke hängen, wo man auf Talglicht tanzt, mager hineingeht und fett herauskommt?«

Da man von Rosen natürlich keine astronomischen Kenntnisse

erwarten kann, erklären sie das Weltall, wie sie es sehen. »›Den Tag über scheint die Sonne so warm, und in der Nacht glänzt der Himmel noch schöner, das können wir durch die kleinen Löcher sehen, die darin sind.‹ Es waren die Sterne, die sie für Löcher hielten, denn die Rosen wußten es nicht besser.«

Die Sperlinge stehen den Erfindungen der Menschen skeptisch gegenüber. »Heutzutage haben sie etwas, das sie Kalender nennen. Es ist wohl ihre eigene Erfindung, und darum sollen sich alle danach richten; das tun sie aber nicht. Wenn der Frühling kommt, fängt das Jahr an; so will es die Natur, und danach richte ich mich.«

Bevor der Herbst kommt, erteilen die Störche ihren Jungen eine kurzgefaßte geographische Lektion über das Land, in das sie bald reisen werden: »Nach Ägypten fliegen wir, wo es dreieckige Steinhäuser gibt, die mit ihrer Spitze bis über die Wolken ragen; sie werden Pyramiden genannt und sind älter, als ein Storch sich denken kann. Dort ist ein Fluß, der über seine Ufer tritt, so daß das ganze Land zu Sumpf wird. Man spaziert im Sumpf herum und ißt Frösche.« Die Storchenmutter erklärt ihren Jungen, warum es unklug wäre, den Winter über in Dänemark zu bleiben: »›Hier ist es so kalt, daß die Wolken in Stücke frieren und in kleinen weißen Lappen herunterfallen!‹ Es war der Schnee, den sie meinte, aber sie konnte es ja nicht deutlicher erklären.«

Von der menschlichen Rasse halten die Störche nicht viel:

»›Der Mensch ist von allen Geschöpfen das eingebildetste!‹ sagte der Storch. ›Hör doch, was für einen Krach sie machen! Aber ihr Klappern kann sich nicht mit unserem vergleichen. Sie brüsten sich mit ihrer Mundfertigkeit und ihrer Sprache. Eine schöne Sprache ist das, die, sobald wir eine Tagesreise gemacht haben, in ein Kauderwelsch überschwappt! Sie können einander einfach nicht verstehen. Wir können unsere Sprache in der ganzen Welt sprechen, in Dänemark ebenso wie in Ägypten. Fliegen können die Menschen auch nicht. Um schnell zu sein, haben sie eine Erfindung, die sie Eisenbahn nennen, aber dabei brechen sie sich oft den Hals. Mir zittert der Schnabel, wenn ich daran denke! Die Welt kann ohne die Menschen auskommen; wir brauchen sie nicht. Wenn wir nur die Frösche und Regenwürmer behalten!‹ «

Gleichwohl sind die meisten nichtmenschlichen Figuren in Andersens Märchen und Geschichten den Menschen erstaunlich ähnlich. Um mit Georg Brandes zu sprechen: »Andersen stellt nicht das *Tier* im Menschen, sondern den *Menschen* im Tier dar.«

Im folgenden Gespräch eines Storchenpaares argumentiert die brütende Störchin wie eine Frau, die ein Kind erwartet:

»›Ich muß dir etwas ganz Schreckliches erzählen‹, sagte er zur Storchenmutter. ›Lieber nicht!‹ erwiderte sie. ›Denk daran, daß ich brüte; es könnte mich aufregen, und das würde den Eiern schaden.‹«

Als der Storch mit seiner Geschichte beginnt, unterbricht ihn die Störchin: »Wie langatmig du bist! Die Eier könnten sich erkälten. Ich kann's nicht ausstehen, auf die Folter gespannt zu werden!«

Die Mutter des häßlichen jungen Entleins redet wie eine frischgebackene Mutter in einer Entbindungsstation: »Aber nun sollst du die andern sehen; es sind die niedlichsten Entlein, die ich je gesehen habe. Sie gleichen allesamt ihrem Vater; der Bösewicht, er kommt nicht, mich zu besuchen.«

Die merkwürdige Logik des Mistkäfers gleicht gewissen menschlichen Ungereimtheiten. »Ich frage nie zum zweiten Mal!« sagt er, nachdem er bereits dreimal gefragt hat, ohne eine Antwort zu bekommen. Selbst die Bäume haben gewisse Schliche von den Menschen gelernt: »Die großen Bäume sagten überhaupt nichts, weder etwas Schlechtes noch etwas Gutes, und das ist immer das beste, was man tun kann, wenn man dumm ist.«

Wie in der Menschenwelt scheint auch im Tierreich das Gebot, daß man seinen Nächsten lieben soll, reine Theorie zu sein. Eine Ente aus Portugal, im Entenhof »die Portugiesische« genannt, erwidert auf das Kompliment, daß sie herzensgut sei: »Ich habe nie über mein Gemüt nachgedacht, aber das weiß ich, daß ich alle meine Mitgeschöpfe liebe, die Katze ausgenommen, das kann aber auch niemand von mir verlangen! Sie hat zwei der Meinigen gefressen.« Als die Portugiesische dann in einem Wutanfall einem Singvogel den Kopf abgebissen hat, sagt sie selbstgerecht: »Was ist das nun wieder? Das konnte er nicht vertragen! Ja, dann war er freilich auch nicht für diese Welt geschaffen! Ich bin wie eine Mutter zu ihm gewesen, das weiß ich, denn ich habe Herz.«

Die Porzellanschäferin ist eine kleine, verwöhnte Spießbürgerin, die sich nur in ihrem engen häuslichen Milieu wohlfühlt. Sobald sie die Welt vom Rand des Schornsteins aus erblickt, bekommt sie Heimweh, legt den Kopf an die Schulter des Schornsteinfegers und weint so bitterlich, daß das Gold von ihrem Gürtel abspringt.

»›Das ist allzuviel!‹ sagte sie. ›Das kann ich nicht ertragen! Die Welt ist allzu groß! Wäre ich doch wieder auf dem Tischchen unter dem Spiegel! Ich werde nicht froh, bevor ich wieder dort bin! Nun bin ich dir in die Welt hinaus gefolgt, nun kannst du mich auch wieder zurückbegleiten, wenn du mich wirklich liebhast.‹«

Sie ist tief bekümmert, als sie bei der Heimkehr den Großvater – den alten Porzellanchinesen – in drei Stücke zerschlagen auf dem Fußboden liegen sieht. »Er kann noch genietet werden!« tröstet sie der Schornsteinfeger. ». . . dann wird er so gut wie neu sein und kann uns noch manches Unangenehme sagen.« Auf ihr Tischchen zurückgekehrt, sagt die kleine Hirtin: »Hätten sie nur erst den alten Großvater wieder genietet! Ob das sehr teuer ist?«

Der dänische Lumpen ist ungehalten über die Prahlerei des norwegischen Lumpen:

»›So könnte ein dänischer Lumpen niemals sprechen!‹ sagte der Däne. ›Das ist nicht unsere Natur. Ich kenne mich selbst, und so wie ich sind alle unsere dänischen Lumpen, wir sind so gutmütig, so bescheiden, wir glauben zu wenig an uns selbst, und dabei gewinnt man freilich nichts, aber ich kann das so gut leiden, ich finde das so liebenswert. Übrigens, das kann ich Ihnen versichern, kenne ich genau meine eigene gute Bonität, aber ich spreche nicht davon, eines solchen Fehlers wird man mich nicht beschuldigen können. Ich bin weich und biegsam, dulde alles, beneide niemand, spreche gut von allen, obwohl es von den meisten anderen nicht viel Gutes zu sagen gibt, aber lassen wir das! Ich mache mich immer darüber lustig, denn ich bin so begabt!‹«

Auch in der Spielzeugwelt gibt es Standesunterschiede. Das Bällchen fühlt sich dem Kreisel gesellschaftlich weit überlegen. Nachdem dieser erklärt hat, sie beide könnten doch ein glückliches Paar werden, kommt es zu folgender Diskussion:

»›So, glauben Sie das?‹ sagte das Bällchen. ›Sie wissen wohl nicht, daß mein Vater und meine Mutter Saffianpantoffeln gewesen sind und daß ich einen Korken im Leibe habe?‹

›Ja, aber ich bin aus Mahagoniholz‹, sagte der Kreisel, ›und der Bürgermeister selbst hat mich gedrechselt. Er hat seine eigene Drechselbank, und es hat ihm viel Vergnügen gemacht.‹

›Kann ich mich darauf verlassen?‹ fragte das Bällchen.

›Möge ich niemals die Peitsche bekommen, wenn ich lüge!‹ antwortete der Kreisel.«

Im *Häßlichen jungen Entlein* belehrt die Entenmutter ihre Jungen, sie müßten der alten Ente – der Aristokratin auf dem Bauernhof – Ehrerbietung erweisen. »Sie ist die Vornehmste von allen hier, sie ist aus spanischem Geblüt, darum ist sie so dick, und seht ihr: sie hat einen roten Lappen um das Bein; das ist etwas außerordentlich Schönes und die größte Auszeichnung, die eine Ente bekommen kann; das bedeutet so viel, daß man sie nicht verlieren will und daß sie von Tier und Mensch erkannt werden soll!« Und die alte, vornehme Ente sagt mit freundlicher Herablassung zu den jungen Entlein: »Tut nun, als ob ihr zu Hause wäret, und findet ihr einen Aalkopf, so könnt ihr ihn mir bringen.«

Eine Gurke, die auf einem Misthaufen wächst, bildet sich viel darauf ein, einem Mistbeet entsprossen zu sein. »Du bist dafür geboren!« sagt sie zu sich selbst. »Nicht jeder kann als Gurke geboren werden, es muß auch andere Arten geben.«

Eine Maus erzählt von einem Abendessen, zu dem sie tags zuvor eingeladen war: »Ich saß einundzwanzig Plätze vom alten Mäusekönig entfernt; gar nicht so schlecht, wenn man's recht bedenkt.«

»Naivität ist nur *ein* Bestandteil des Märchens«, schrieb Andersen. »Humor aber ist das Salz darin.«

In vielen seiner Märchen ist der Humor das wichtigste Element, in manchen anderen wird er sozusagen durch die Hintertür hereingeschmuggelt. Niemand würde *Die Schneekönigin* als humoristisches Märchen bezeichnen, aber an humoristischen Passagen fehlt es auch darin nicht. Man denke nur an die Waldkrähe und die mit ihr verlobte zahme Krähe, die sich im Schloß aufhalten darf und sich sehr manierlich mit Gerda unterhält. »Mein Verlobter hat mir so viel Gutes von Ihnen gesagt, mein kleines Fräulein, Ihre Vita, wie man es nennt, ist auch sehr rührend.« Als Belohnung dafür, daß sie Gerda geholfen haben, will die Prinzessin den beiden Krähen entweder die Erlaubnis, frei zu fliegen oder eine feste Anstellung als Hofkrähen geben, mit allem, was in der Küche abfällt. »Und beide Krähen verneigten sich und baten um feste Anstellung, denn sie gedachten des Alters und sagten: ›Es wäre so schön, etwas für die alten Tage zu haben‹, wie sie es nannten.«

Als Gerda in der Prinzenkutsche weiterfährt, hat sie eine Weile Reisebegleitung:

»Die Waldkrähe, die nun verheiratet war, begleitete sie die ersten drei Meilen; sie saß ihr zur Seite, denn sie konnte nicht vertragen, rückwärts zu fahren; die andere Krähe stand am Tor und schlug mit den Flügeln; sie kam nicht mit, denn sie litt an Kopfschmerzen, seit sie eine feste Anstellung erhalten und zu viel zu essen hatte.«

Wie es den beiden Krähen danach ergangen ist, erfährt Gerda, als sie sich bei dem kleinen Räubermädchen nach der Waldkrähe erkundigt:

»›Ja, die Krähe ist tot!‹ antwortete es. ›Die zahme Liebste ist Witwe geworden und läuft mit einem Endchen schwarzen Wollgarns um das Bein herum; sie klagt ganz jämmerlich, Geschwätz ist das Ganze!‹«

Oft fügte Andersen auch einem Volksmärchen ein neues humoristisches Element hinzu. Während in dem alten Märchen vom Tölpelhans die beiden älteren Brüder lediglich als dumm und hochnäsig beschrieben werden, heißt es von ihnen in Andersens Version:

»Der eine konnte das ganze lateinische Lexikon und die Lokalzeitung von drei Jahren auswendig, und zwar vorwärts und rückwärts. Der andere hatte sich alle Zunftartikel einverleibt und was jeder Zunftmeister wissen mußte; dann könnte er mit der Prinzessin über den Staat reden, meinte er; außerdem verstand er sich darauf, Hosenträger zu besticken, denn er war sehr geschickt mit den Fingern.«

Vor dem Gespräch mit der Prinzessin »schmierten sie sich Lebertran um die Mundwinkel, damit die Worte geschmeidig herauskämen«.

Andersen achtete sorgfältig darauf, in seinen Märchen und Geschichten keine für Kinder unverständliche Wörter zu verwenden, und bewies bei der Umschreibung komplizierter Begriffe und Gedankengänge große Einfallskraft. Ich habe bereits erwähnt, wie er ein Mikroskop beschrieb, ohne das schwierige Wort zu gebrauchen. In *Die Springer* spricht er von einem, »der den Kalender schreibt«, womit ein Astronomieprofessor gemeint ist. Und anstatt »Theologiestudent« schreibt er »ein Student, der las, um Pastor zu werden«. Benützt er gelegentlich aber doch ein schwierigeres Wort, dann erklärt er im Text, was es bedeutet. Ein Beispiel: ». . . er machte gern Zauberkunststücke und lernte, mit dem Bauch zu sprechen, das nennt man einen Bauchredner.«

Ganz gezielt verwendet er im Dialog zuweilen auch französische Wörter: »›*Superbe! Charmant!*‹ sagten die Hofdamen, denn sie plauderten alle französisch, eine immer ärger als die andere.«

Oder: »›*Prenez garde aux enfants!*‹ sagte der Eulenvater. ›Nicht in Gegenwart der Kinder!‹«

Andersen verstand es, abstrakte Begriffe so handfest zu umschreiben, daß jedes Kind sich sofort etwas darunter vorstellen konnte. Im *Feuerzeug* wird der Wert des Goldes, das der Soldat in der dritten Kiste entdeckt, so beschrieben: »Er konnte dafür ganz Kopenhagen und die Zuckerferkel der Kuchenfrauen, alle Zinnsoldaten, Peitschen und Schaukelpferde in der ganzen Welt kaufen.«

Im Märchen *Die wilden Schwäne* schreiben die jungen Prinzen im Königsschloß »mit Diamantgriffeln auf Goldtafeln«, und in *Elfenhügel* läßt der alte Elfenkönig seine Goldkrone mit gestoßenem Schieferstift von ganz besonderer Qualität polieren – »es war Schieferstift vom Klassenbesten, und es ist für den Elfenkönig sehr schwierig, Schieferstift vom Klassenbesten zu bekommen!«

Der Kaufmann in *Der fliegende Koffer* wird nicht einfach als »sehr reich« beschrieben, sondern als »so reich, daß er die ganze Straße und fast noch eine ganze Gasse dazu mit Silbergeld pflastern konnte«. Der Zusatz »fast noch eine ganze Gasse dazu« macht das Ausmaß seines Reichtums erst richtig verständlich.

In der *Schneekönigin* erfahren wir nicht nur, daß der kleine Kay klug ist, sondern auch, daß er kopfrechnen kann, »und sogar mit Brüchen«, und daß er »die Quadratmeilen des Landes und die Einwohnerzahl« weiß.

Die Art der Information hängt ganz von der Betrachtungsweise des jeweiligen Berichterstatters ab. In der *Schneekönigin* erzählt die Krähe der kleinen Gerda: »In dem Königreich, in dem wir jetzt sitzen, wohnt eine Prinzessin, die ist so ungeheuer klug, aber sie hat auch alle Zeitungen, die es in der Welt gibt, gelesen und wieder vergessen, so klug ist sie.«

Da ihm Begriffe wie »jedermann« oder »die ganze Welt« zu abstrakt erschienen, fügte ihnen Andersen oft noch etwas Konkretes hinzu. So laden die drei Springer vor ihrem Wettbewerb »die ganze Welt und wer sonst noch kommen wollte ein, die Pracht mit anzusehen«, und das läßt wirklich nicht den geringsten Zweifel daran, daß *jedermann* willkommen ist. Das beste Beispiel aber ist die Belohnung, die Kay von der Schneekönigin erhalten soll, falls es ihm gelingt, das richtige Wort zusammenzufügen: Sie verspricht ihm nicht nur die Freiheit, sondern auch »die ganze Welt und ein Paar neue Schlittschuhe«. Hier offenbart sich die Genialität des Märchendichters Andersen, der es verstand, Humor mit tiefem Verständnis für die kindliche Vorstellungswelt zu verbinden.

In seiner Rezension der Werke Andersens sprach Molbech von »schlimmen grammatikalischen Schnitzern und orthographischen Flüchtigkeitsfehlern«. Er hatte recht – aber wen kümmert das heute? Des weiteren stellte Molbech die Frage: »Wann wird ein so produktiver, in seinem Vaterland schon recht bekannter Autor endlich lernen, seine Muttersprache zu schreiben?« Wir können darauf antworten, daß er es nie gelernt hat – jedenfalls nicht im Sinne Molbechs. Dessen Sprache hat er nie gesprochen, wie er überhaupt in seinen Märchen und Geschichten nur sehr selten den literarischen Stil seiner Zeit verwandte. Er ging mit der Sprache so um, wie er es für richtig hielt – und wurde ein Meister der Erzählkunst.

Daß Andersen trotz der Unzulänglichkeit vieler Übersetzungen seiner Werke auch im Ausland so ungeheuer beliebt wurde, erklärt sich wohl daraus, daß die europäische und amerikanische Literatur keinen Fabuliergeist dieser spezifischen Prägung aufzuweisen hatte. Als Meister der Form allerdings hat Andersen (eben weil er nur selten adäquat übersetzt wurde) bis heute im Ausland nicht die Würdigung erfahren, die er verdient. Umso bedauerlicher ist es, daß Kinderbuchverlage noch immer Fassungen seiner Märchen herausbringen, die einen völlig falschen Eindruck von seiner Erzählkunst vermitteln.

Illustration zu dem Märchen *Das häßliche junge Entlein* von G. A. V. Traugott, Leningrad 1969.

3
»Ein Sonnenstrahl, ein Wermutstropfen . . .«

In einem vielzitierten Kommentar zur Entstehung seiner Märchen schrieb Andersen: »Sie lagen wie ein Samenkorn in meinen Gedanken: es bedurfte nur eines Lufthauchs, eines Sonnenstrahls, eines Tropfens Wermut, und sie entfalteten sich zur Blüte.«

Im biographischen Teil dieses Buches wurde bereits auf verschiedene Märchen hingewiesen, zu denen der Dichter unmittelbar durch eigene Erlebnisse angeregt wurde. Jenny Linds Aufenthalt in Kopenhagen und seine Gefühle für sie bewogen ihn, *Die Nachtigall* zu schreiben. Aus der zufälligen Wiederbegegnung mit seiner inzwischen verheirateten Jugendliebe Riborg Voigt entstand *Das Liebespaar*, das Märchen vom Kreisel und vom Bällchen. Mit der Arbeit am *Häßlichen jungen Entlein* begann er, als er sich im Sommer 1843 auf den Herrenhöfen Gisselfeld und Bregentved aufhielt und die im Schloßteich schwimmenden Schwanenfamilien beobachtete. Im Märchen *Der Schatten* verarbeitete er seine Erfahrungen in der Gluthitze Neapels wie auch seine Verbitterung über Edvard Collins Weigerung, Duzbrüderschaft mit ihm zu schließen. Und daß er *Tante Zahnweh* schrieb, ist ganz offensichtlich darauf zurückzuführen, daß er zeitlebens von Zahnschmerzen geplagt wurde.

In seinem 1907 erschienenen Buch *Andersen og hans Eventyr* (*Andersen und seine Märchen*) äußert Hans Brix die Meinung, daß die Idee zur *Prinzessin auf der Erbse* in einem Brief zu finden sei, den Andersen am 17. Juli 1834 an Henriette Wulff schrieb, nachdem es zwischen ihnen zu gewissen Meinungsverschiedenheiten gekommen war: »Dank, recht herzlichen Dank [für Ihren Brief], obwohl er mich betrübte. Betrübte? Ja, gegen Angriffe von Freunden ist meine Seele eine Mimose, die nicht das geringste verträgt.« Da er sich selbst, so argumentiert Brix, mit einer äußerst empfindlichen Pflanze verglich, habe er ein Märchen über die Empfindlichkeit *par excellence* geschrieben.

Zu dem Märchen *Die kleine Meerjungfrau* bemerkt derselbe Autor: »Die unerwiderte Liebe der kleinen Meerjungfrau zum Prinzen bezieht sich auf den Autor selbst und auf Louise Collin. Gleichzeitig hat Andersen hier all das einbezogen, was diese Verbindung für ihn bedeutet hätte: Der Meeresgrund und das Festland verkörpern das Milieu, aus dem Andersen kam, und jene Kreise, in die er aufgenommen werden wollte. Louises Liebe zu erringen, die ihn im Hause Collin in den Rang eines Sohnes erhoben und ihn zum Bruder seines Freundes Edvard gemacht hätte, das ist das erstrebte, aber nicht erreichte Ziel.«

Daraus ließe sich auch erklären, warum Andersen nach eigener Aussage bei der Niederschrift dieses Märchens gefühlsmäßig stärker engagiert war als bei allen vorher entstandenen.

Auf einen unmittelbaren Zusammenhang zwischen Andersens Gefühlen für Louise Collin und einer Episode aus *Ole Luköie* läßt seine Kalendernotiz vom 11. Januar 1840 schließen: »Louise C. unleidlich. Schrieb das Schiff mit dem Storch.« Gemeint ist die Szene aus *Ole Luköie* (Kapitel »Mittwoch«), in der sich ein erschöpfter Storch auf Hjalmars Schiff niederläßt:

»Dann nahm ihn der Schiffsjunge und setzte ihn in das Hühnerhaus, zu den Hühnern, Enten und Truthähnen; der arme Storch stand ganz zaghaft mitten unter ihnen.

›Seht den Kerl an!‹ sagten alle Hühner. Und der Truthahn plusterte sich so dick auf, wie er konnte, und fragte, wer er sei; und die Enten gingen rückwärts und pufften einander: ›Rappel dich! Rappel dich!‹

Und der Storch erzählte vom warmen Afrika, von den Pyramiden und vom Strauß, der wie ein wildes Pferd durch die Wüste laufe, aber die Enten verstanden nicht, was er sagte, und dann pufften sie einander: ›Wir sind uns doch wohl darüber einig, daß er dumm ist?‹

›Ja, gewiß ist er dumm!‹ sagte der Truthahn, und dann kollerte er. Da schwieg der Storch ganz still und dachte an sein Afrika.

›Das sind ja herrlich dünne Beine, die Ihr habt!‹ sagte der Truthahn. ›Was kostet die Elle davon?‹

›Skrat, skrat, skrat!‹ kicherten alle Enten, aber der Storch tat, als hörte er es gar nicht.

›Ihr könnt gern mitlachen‹, sagte der Truthahn zu ihm, ›denn es war sehr witzig gesagt! Oder war es vielleicht zu niedrig für ihn? Ach! ach! er ist nicht vielseitig! Wir wollen unter uns bleiben und für uns allein interessant sein!‹ Und dann gluckerte er, und die Enten schnatterten: ›Gik, gak! Gik, gak!‹ Es war schrecklich, wie lustig sie es fanden.«

Diese Szene ist kennzeichnend dafür, wie Andersen (der mit dem Storch ganz offensichtlich sich selbst meinte), seinen Ärger über die Familie Collin beim Schreiben abreagierte.

Vieles spricht dafür, daß er auch bei der Schilderung der Puppenhochzeit in *Ole Luköie* (Kapitel »Freitag«) an Louise Collin und ihre bevorstehende Vermählung mit W. Lind dachte. Hier ist die Schwalbe ein Abbild seiner selbst, während die Henne eine amüsante und maliziöse Karikatur Ingeborg Drewsens darstellt (was jeder, der Jonas Collins älteste Tochter kannte, sofort bemerkte):

»›Wollen wir nun eine Sommerwohnung beziehen oder ins Ausland reisen?‹ fragte der Bräutigam. Und da wurden die Schwalbe, die so viel gereist war, und die alte Hofhenne, welche fünfmal Küchlein ausgebrütet hatte, zu Rate gezogen. Und die Schwalbe erzählte von den herrlichen warmen Ländern, wo die Weintrauben so groß und schwer hingen, wo die Luft so mild sei und die Berge Farben hätten, wie man sie hierzulande gar nicht kenne!

›Sie haben aber doch nicht unseren Grünkohl!‹ sagte die Henne. ›Ich war einen Sommer lang mit all meinen Küchlein auf dem Lande; da war eine Sandgrube, in der wir herumlaufen und scharren konnten; und dann hatten wir Zutritt zu einem Garten mit Grünkohl! Oh, wie war der grün! Ich kann mir nichts Schöneres denken.‹

›Aber ein Kohlstrunk sieht geradeso aus wie der andere‹, sagte die Schwalbe, ›und dann ist hier oft so schlechtes Wetter!‹

›Ja, daran ist man gewöhnt!‹ sagte die Henne.

›Aber hier ist es kalt und es friert!‹

›Das ist gut für den Kohl!‹ sagte die Henne. ›Übrigens können wir es auch warm haben! Hatten wir nicht vor vier Jahren einen Sommer, der fünf Wochen dauerte? Es war hier so heiß, man konnte keine Luft bekommen! Und dann haben wir nicht all die giftigen Tiere, die sie dort haben! Und Räuber haben wir auch nicht! Der ist ein Bösewicht, der nicht findet, daß unser Land das schönste ist! Er verdient wahrlich nicht, hier zu sein!‹ Und dann weinte die Henne und fuhr fort: ›Ich bin auch gereist! Ich bin in einer Bütte über zwölf Meilen gefahren! Es ist durchaus kein Vergnügen, zu reisen!‹«

Als dieses Märchen entstand, war Ingeborg Drewsen (genau wie die Henne) schon fünfmal Mutter geworden. Sie hielt nichts davon, ins Ausland zu reisen, und erklärte Andersen immer wieder, es sei töricht von ihm, nicht zu Hause zu bleiben.

Zwei Jahre später sah sie sich erneut als Henne »porträtiert«, diesmal im *Häßlichen jungen Entlein*. Das Leben in dem kleinen Bauernhaus, wo die alte Frau mit ihrem Kater und ihrer Henne wohnt, zeigt deutliche Anklänge sowohl an das Heim der Familie Wulff (»wo ich immer *erzogen* wurde, wenn auch in der besten Absicht«) als auch an das der Familie Collin. Als das häßliche Entlein der Henne erzählt, wie sehr es sich danach sehnt, wieder einmal auf dem Wasser zu schwimmen, entspinnt sich folgendes Gespräch:

»›Was fehlt dir denn?‹ fragte die. ›Du hast nichts zu tun, darum fängst du Grillen! Leg Eier oder schnurre, so gehen sie vorüber.‹

›Aber es ist so herrlich, auf dem Wasser zu schwimmen!‹ sagte das Entlein. ›So herrlich, es über dem Kopf zusammenschlagen zu lassen und auf den Grund niederzutauchen!‹

›Ja, das muß ein großes Vergnügen sein!‹ sagte die Henne. ›Du bist wohl verrückt geworden? Frage den Kater danach – er ist das klügste Geschöpf, das ich kenne –, ob er es liebt, auf dem Wasser zu schwimmen und unterzutauchen! Ich will nicht von mir sprechen. – Frag selbst unsere Herrschaft, die alte Frau; klüger als sie ist niemand auf der Welt! Glaubst du, daß die Lust hat, zu schwimmen und das Wasser über dem Kopf zusammenschlagen zu lassen?‹

›Ihr versteht mich nicht!‹ sagte das Entlein.

›Wir verstehen dich nicht? Wer soll dich dann verstehen können! Du wirst doch wohl nicht klüger sein wollen als der Kater und die Frau, von mir will ich nicht reden! Hab dich nicht so, Kind, und danke deinem Schöpfer für all das Gute, das man dir erwiesen hat! Bist du nicht in eine warme Stube gekommen und hast einen Umgang, von dem du etwas lernen kannst? Aber du bist ein Schwätzer, und es ist nicht erfreulich, mit dir umzugehen! Mir kannst du glauben! Ich meine es gut mit dir. Ich sage dir Unannehmlichkeiten, und daran kann man seine wahren

Freunde erkennen! Sieh nur zu, daß du Eier legst oder schnurren und Funken sprühen lernst!‹«

Das kleine Mädchen mit den Schwefelhölzern schrieb Andersen, nachdem er einen Holzschnitt gesehen hatte: ein armes Kind, das auf der Straße Schwefelhölzer feilbietet. Die Originalzeichnung (aus dem Jahre 1845) stammte von dem dänischen Künstler J. T. Lundbye. Der Herausgeber eines Volkskalenders hatte Andersen drei Holzschnitte übersandt und ihn gebeten, über einen davon eine Geschichte zu schreiben; für diesen hatte er sich entschieden. Es war, soweit bekannt, das einzige Mal, daß Andersen sich von einem Bild zu einer Geschichte anregen ließ.

Mit der Geschichte vom *Wassertropfen* wollte er nach eigener Aussage H. C. Örsted eine Reverenz erweisen. Er war stolz darauf, etwas über neue wissenschaftliche Forschungsmethoden darin eingebracht zu haben. Sie entstand im November 1847, doch die erste Anregung dazu verdankte Andersen einem Erlebnis, das er bereits im Sommer 1830 gehabt hatte. In einem Brief berichtet er darüber:

»Am letzten Tage, als ich auf Hoffmansgave war, hatte ich einen wirklichen Genuß, ich sah nämlich Infusionstierchen, denken Sie sich: nur ein kleiner Wassertropfen auf Glas, und es war eine ganze Welt voller Lebewesen, deren größte sich als Grashüpfer und deren kleinste sich als Stecknadelköpfe präsentierten; einige sahen wirklich wie Grashüpfer aus, andere hatten ganz ungeheuerliche Gestalten, und alle wimmelten durcheinander, und die größeren verschluckten die kleineren.«

Denkbar ist auch, daß ein viel späteres Erlebnis ebenfalls in Zusammenhang mit der Geschichte vom Wassertropfen steht. In einem 1935 erschienenen (und in Topsöe-Jensens Buch *Buket til Andersen* zitierten) Zeitungsartikel wies Paul Lässöe Müller auf die Möglichkeit hin, daß Andersen sich durch einen Roman Bulwer-Lyttons zu dieser Geschichte anregen ließ. Im Mai 1847, kurz bevor er zum ersten Mal nach England reiste, schrieb Andersen an Edvard Collin: »Hier auf Schloß Glorup habe ich fast den ganzen ersten Teil von *Night and Morning* gelesen – und verstanden, natürlich waren da einige Lücken, aber ich weiß mehr von der Sprache als ich dachte, und das freut mich.« Bulwer-Lyttons Roman *Night and Morning* (1841), den Andersen vorher bereits in dänischer Übersetzung gelesen hatte, besteht aus vier Teilen, deren letzter so beginnt:

»Leser, wenn du jemals durch ein Mikroskop die Ungeheuer in einem Wassertropfen erblickt hast, so magst du dich gefragt haben, wie dir so entsetzliche Dinge bisher unbekannt geblieben sein konnten – du empfandest Abscheu vor dem durchsichtigen Element, das dir bis dahin so rein erschien, du dachtest fast schon, du würdest aufhören, Wasser zu trinken. Doch tags darauf hattest du das grausame Leben vergessen, das sich mit seinen zahllosen Formen in jenem wimmelnden Kügelchen vor dir entfaltet hatte; und du bist, von deinem Durst verleitet, nicht vor dem trügerischen Kristall zurückgeschreckt, obgleich Myriaden dieser entsetzlichen Unsichtbaren sich in der Flüssigkeit, die du so gelassen zu dir nimmst, gegenseitig verstümmeln und verschlingen; so ist es mit dem uralten, alles beherrschenden Element, das Leben heißt. Wenn du – von gepflegtem Komfort umgeben und dich auf dem Sofa deines reinen Gewissens rekelnd – durch das Glas der Wissenschaft vielleicht zum ersten Male ein schauerliches Tröpfchen jenes wogenden Elementes gesehen hast, dessen Saft die Poren der Erde füllt und alles, was du siehst oder berührst, bis zum letzten Atom befeuchtet, dann bist du verblüfft oder bestürzt. Dann denkst du: ›Kann es so etwas geben? Das hätte ich mir nie träumen lassen! Ich dachte, was für mich unsichtbar ist, existiert nicht. Ich werde mich stets an dieses entsetzliche Experiment erinnern.‹ Aber am nächsten Tag ist es vergessen. – Der Chemiker kann das Tröpfchen verdünnen – kann aber Wissenschaft die Welt läutern?«

Diese Passage hat Andersen vermutlich im Frühling 1847 wiedergelesen. Einige Monate später schrieb er die Geschichte *Der Wassertropfen*, die, zusammen mit vier anderen, zuerst in dem Bändchen *A Christmas Greeting to My English Friends* erschien. Thematisch erinnert sie deutlich an jene Romanpassage, doch stilistisch ist sie der blumigen Rhetorik Bulwer-Lyttons weit überlegen.

In Andersens Tagebüchern findet sich mancher Hinweis darauf, wie er auf bestimmte Einfälle kam, die er dann literarisch verarbeitete.

Am 2. Juli 1842 machte er in Bregentved folgende Eintragung:

»Graf Moltke und sein Gespräch über V., der früher nichts anderes als einen Stiefelknecht und eine Haarbürste besaß und nun sein eigenes Gehöft, ein paar Kühe und Pferde hat – er muß sich wie im Himmel fühlen.« Sechs Jahre später erschien die Geschichte vom *Halskragen*, die so beginnt: »Es war einmal ein feiner Kavalier, dessen ganze Habseligkeiten aus einem Stiefelknecht und einer Haarbürste bestanden . . .«

Ein weiteres Beispiel für Andersens Fähigkeit, diese und jene Bemerkung, die er im Gespräch gehört hatte, jahrelang im Gedächtnis zu behalten und dann in einem anderen Zusammenhang zu verwenden, findet sich im ersten Teil von *Herzenskummer*. Hier wird humorvoll von einer Witwe erzählt, die ihren Mops auf dem Arm trägt und gekommen ist, um Aktionäre für ihre Gerberei zu finden. Die Erzählung wurde 1853 veröffentlicht, die Geschichte von der Gerberswitwe und ihrem Hund ist aber – fast wortwörtlich – bereits in Andersens Tagebuchnotiz vom 26. Mai 1847 zu lesen; er hielt sich damals auf Schloß Glorup auf, wo ihn jene Witwe mit ihrem Mops besuchte.

Am 4. Dezember 1860 notierte er: »Wechselte meine Goldstücke ein, verlor an jedem *Napoleon* 14 Skilling, verglichen mit dem Kaufpreis.« Und am 5. Dezember: »Blieb den ganzen Abend zu Hause und schrieb die alte Geschichte von dem Mann, der sein Pferd gegen eine Kuh tauschte usw.« Und am 7. Dezember: »Schrieb die Tauschgeschichte zu Ende.« Er machte also seinem Ärger über den ungünstigen Umtausch seiner französischen Goldmünzen in dänische Währung dadurch Luft, daß er die Geschichte *Was Vater tut, ist immer richtig* verfaßte.

In Paris schrieb er am 13. April 1866 in sein Tagebuch:

»Vor meinen Fenstern war ein kleiner freier Platz mit einem Brunnen, der nicht ging, einem Stückchen Rasen mit Bänken davor, auf denen Leute saßen und das Grün betrachteten; auch ein paar Bäume waren da, welche, glaube ich, abgestorben waren – wie ich hatten sie unter der Pariser Luft gelitten, und da man sie nicht weggebracht hatte, waren sie eingegangen. Um Abhilfe zu schaffen, trafen eines Tages zwei große Bäume vom Lande ein, die schon halbwegs ausgeschlagen hatten und den Frühling ankündigten. Zwei alte Bäume wurden ausgegraben und die neuen an ihre Stelle gepflanzt; sie streckten sich zu meinem Fenster empor und ließen sich von Gaslampen beleuchten und von dem modernen Babylon dort unten betrachten. Man könnte ein Märchen über jene Bäume schreiben, über ihre Sehnsucht nach der Hauptstadt der Welt und ihren frühzeitigen Tod in dieser Stadt. Ich werde wohl ein Märchen darüber schreiben. Ich habe auch die Idee zu einem aus Holland, Nikolausabend in Amsterdam, dem Venedig des Nordens.«

Diese Idee wurde nie verwirklicht, und eine Zeitlang schien es, als käme auch das Märchen von den Pariser Bäumen nicht zustande. Doch als Andersen im folgenden Jahr wieder nach Paris fuhr, um die Weltausstellung zu besuchen, war er davon so beeindruckt, daß er sofort eine Geschichte darüber schreiben wollte – zumal ein dänischer Journalist erklärt hatte, nur Charles Dickens sei imstande, die Ausstellung wirklich gut zu schildern. Bei dieser Gelegenheit griff Andersen auf die Idee zurück, die ihm 1866 beim Anblick der neugepflanzten Bäume gekommen war, und so entstand seine lange Geschichte *Die Dryade*, die 1868 erschien und folgendermaßen beginnt:

»Wir reisen nach Paris zur Ausstellung.

Nun sind wir da! Das war eine Fahrt, ein Fliegen ohne Zauberei. Wir fuhren mit Dampf über das Meer und durch die Länder. Ja, unsere Zeit ist die Zeit des Märchens.

Wir sind mitten in Paris, in einem großen Hotel. Blumen schmücken das Treppenhaus, weiche Teppiche die Stufen. Unser Zimmer ist gemütlich; durch die offene Balkontür hat man die Aussicht auf einen großen Platz. Dort unten wohnt der Frühling, er ist nach Paris gefahren und zur gleichen Zeit eingetroffen wie wir. Er ist in Gestalt eines jungen stattlichen Kastanienbaumes mit soeben entfalteten feinen Blättern gekommen. Wie strahlt er, in Frühlingspracht gekleidet, vor allen anderen Bäumen auf dem Platz! Einer ist ganz aus der Zahl der lebenden Bäume gestrichen und liegt mit ausgerissenen Wurzeln auf der Erde hingestreckt. Wo er stand, wird der frische Kastanienbaum eingepflanzt werden und wachsen.«

»Die [Geschichte von der] *Kröte* entstand während meines Besuches in Setubal im Sommer 1866«, berichtet Andersen. »Eines Tages sah ich eine häßliche Kröte von einem der tiefen Brunnen dort kommen, aus denen das Wasser in Kruken geschöpft wird, die auf einem großen, rotierenden Rad stehen. Als ich das Tier genauer betrachtete, bemerkte ich seine klugen Augen, und es dauerte nicht lange, bis ich eine ganze Geschichte hatte, die ich jedoch später in Dänemark umschrieb; ich ließ sie im vertrauten ländlichen Milieu Dänemarks spielen.«

Zuweilen lassen sich auch bestimmte Episoden einer Geschichte auf persönliche Erlebnisse des Autors zurückführen. Ein Beispiel: Der kleine Sohn des deutschen Dichters Julius Mosen bestand darauf, Andersen einen seiner Zinnsoldaten zu schenken, »damit er nicht so schrecklich allein ist«. Diese Episode ging in die Geschichte *Das alte Haus* ein. Oder ein anderes Beispiel: Am 30. Juli 1868 notierte Andersen: »Ich habe eine Artischocke, die ich neulich abgeschnitten im Gemüsegarten fand, in Wasser gestellt, und sie blüht herrlich.« Auf die gleiche Idee ließ er dann den tüchtigen Larsen in *Der Gärtner und die Herrschaft* kommen.

In den Tagebüchern finden sich des öfteren Hinweise auf Ideen für Geschichten, die er dann doch nicht schrieb. In einigen Fällen verwandte er solche Ideen allerdings in anderen Erzählungen. So notierte er zum Beispiel am 27. März 1846 in Italien: »Dachte an ein Märchen über Frühlingsreisen durch das Land – dachte an eine Geschichte über einen Storch, der mit seiner Familie nach Ägypten reist.« Und tags darauf: »Die Idee zu einer Erzählung über Freiheit und Verfassung in einem Geflügelhof.« In der Schweiz notierte er am 1. Juli 1861, daß ihm auf der Fahrt nach Bern die Idee zu einer »Geschichte über eine Ratte, welche Kritik an der menschlichen Rasse übt« gekommen sei. Und in Portugal am 16. Juni 1866: »Beim Anblick des Maultiers, das sich mit verbundenen Augen an der Tretmühle placken muß, dachte ich an eine Geschichte darüber.«

Manche Märchen und Geschichten schrieb Andersen in wenigen Stunden oder an ein paar aufeinanderfolgenden Abenden, für andere wiederum nahm er sich sehr viel Zeit. Wie bereits erwähnt, berichtete er Ingemann im Jahre 1844 von der Entstehung des Märchens *Die Schneekönigin*, das »übers Papier getanzt« sei. So unglaublich es klingt: Er begann mit der Niederschrift dieses Märchens (das zu seinen längsten zählt), am 5. Dezember 1844, und bereits am 21. Dezember wurde es, zusammen mit *Der Tannenbaum*, veröffentlicht. Die ganze Prozedur des Schreibens, Setzens, Druckens, Bindens und Erscheinens auf dem Buchmarkt nahm also nur sechzehn Tage in Anspruch.

Ganz anders erging es ihm bei der Arbeit an dem ebenfalls recht umfangreichen Märchen *Die Tochter des Schlammkönigs*:

»Es gehört zu jenen Märchen, auf die ich am meisten Zeit und Fleiß verwandt habe; es mag für diesen und jenen ein gewisses Interesse haben, gleichsam durch ein Mikroskop zu sehen, wie es gewachsen ist, sich entfaltet und gewandelt hat. Der eigentliche Inhalt kam, wie bei allen Märchen, unversehens, so wie eine wohlbekannte Melodie oder ein Lied sich einstellen kann. Ich erzählte sofort einem meiner Freunde das ganze Märchen, darauf wurde es niedergeschrieben, wieder umgeschrieben, aber selbst als es das dritte Mal auf dem Papier stand, mußte ich zugeben, daß noch große Abschnitte darin nicht so klar und farbig waren, wie sie hätten sein können und sein sollen. Ich las dann einige isländische Sagen, durch diese wurde ich in die Zeit zurückgeführt, und von ihnen beseelt, kam die Geschichte der Wahrheit näher. Ich las ein paar zeitgenössische Reiseschilderungen von Afrika, die tropische Glut und das eigentümlich Neue erfüllten mich, ich sah das Land vor mir und konnte glaubwürdiger davon sprechen. Ein paar Schriften über den Vogelflug waren auch von Einfluß, sie regten neue Ideen an, sie gaben charakteristische Züge für das Leben der Vögel, wie es sich in diesem Märchen offenbart, das aus diesen Gründen in kurzer Zeit sechs- bis siebenmal umgeschrieben wurde, bis ich überzeugt war, daß ich es nun nicht besser machen könnte.«

Welche Bedeutung dem autobiographischen Element in vielen Märchen und Geschichten Andersens zukommt, habe ich bereits des öfteren erwähnt. Besonders sinnfällig ist das natürlich in Erzählungen wie *Das häßliche junge Entlein* oder *Der Gärtner und die Herrschaft*. Als Andersen Georg Brandes erklärte, im *Häßlichen jungen Entlein* spiegle sich sein eigener Lebensweg wider, bestätigte er nur, was den meisten erwachsenen Lesern dieses Märchens von Anfang an klar war. Der Geflügelhof, wo das Entlein als Außenseiter betrachtet, schikaniert und gedemütigt wird, steht sowohl für Odense wie auch für die erstickende Atmosphäre in Kopenhagen, Slagelse und Helsingör. In den Wildgänserichen kann man die jungen schriftstellernden Bohemiens wiedererkennen, mit denen Andersen während seiner Schulzeit in Slagelse verkehrte (der Band, in dem das Märchen erschien, ist einem von ihnen gewidmet). Und mit den Wildenten könnten Edvard Collin und seine Brüder gemeint sein. Die alte Frau (Jonas Collin?), die Henne (Ingeborg Drewsen) und den Kater habe ich bereits erwähnt. Die Schwäne symbolisieren ganz offensichtlich die großen Schriftsteller Europas, und die Worte des neu hinzugekommenen Schwanes: »So viel Glück habe ich mir nicht träumen lassen, als ich noch das häßliche junge Entlein war!« sind dem Schlußmonolog Aladdins aus Oehlenschlägers Drama nachempfunden, das Andersen gern in Beziehung zu seiner eigenen Lebensgeschichte sah. »Der Neue ist der Schönste«, lautet die Botschaft seines Märchens. »Und die alten Schwäne neigten sich vor ihm.«

Es war für Andersens Zeitgenossen auch nicht schwer, die ironischen Anspielungen in *Der Gärtner und die Herrschaft* zu verstehen, im Gärtner den Autor und in der »Herrschaft« die dänische Literaturkritik zu erkennen. Genau wie dem Gärtner Larsen oft zu verstehen gegeben wird, daß seine allerersten Früchte – Äpfel und Birnen – die besten gewesen seien, bekam Andersen oft zu hören, seine ersten Märchen und Geschichten hätten alle späteren übertroffen. Mit den Melonen (»freilich sehr gut . . ., aber das war ja etwas ganz anderes«) sind vermutlich seine Reisebeschreibungen gemeint und mit den Erdbeeren (»vortrefflich . . ., aber doch nicht besser als die, die andere Herrschaften hatten«) seine Romane. Die Rettiche, ein Mißerfolg, von dem jedermann spricht, könnten durchaus als Anspielung auf Andersens Mißerfolge als Bühnenautor verstanden werden.

Die eigene Person bezog Andersen auf die verschiedenste Weise in seine Erzählungen ein. Betrachtet man seine frühen Märchen, so stellt man fest, daß unter dem ersten Dutzend acht sind, in denen er sich in dieser oder jener Form selbst darstellt. Der an Aladdin erinnernde Soldat im *Feuerzeug* kann als optimistisches Selbstporträt verstanden werden, *Die Prinzessin auf der Erbse* als eine Darstellung seiner eigenen Überempfindlichkeit. In *Die Blumen der kleinen Ida* erkennt man den Autor sofort in dem Studenten, der die schönsten Geschichten weiß, und in *Däumelinchen* ist er der Mann, »der Märchen erzählen kann« und dem die Schwalbe ihr »Kiwitt! Kiwitt!« vorsingt – »daher wissen wir die ganze Geschichte«. In *Der unartige Knabe* ist er der gute alte Dichter, der, als Amors Pfeil ihm ins Herz gedrungen ist, weinend auf dem Boden liegt. In der *Kleinen Meerjungfrau* spricht alles, was er selbst als Außenseiter empfand, aus der Schilderung der Titelfigur. In den *Galoschen des Glücks* ist er der Poet, der das Gedicht »Oh, wär' ich reich!« verfaßt hat. Und der Titelheld des Märchens *Der standhafte Zinnsoldat* ist (da er sozusagen von Geburt an nur ein Bein hat) ebenfalls ein Außenseiter, ein tragikomischer »Orlando furioso«, wie er einmal genannt wurde.

Daß Andersen durchaus imstande war, sich über sich selbst lustig zu machen, zeigt zum Beispiel die Szene aus *Ole Luköie* (Kapitel »Dienstag«), in welcher der kleine Traumgott mit seiner Zauberspritze alle Möbelstücke berührt, die daraufhin zu schwatzen beginnen.

». . . und allesamt sprachen sie von sich selbst, mit Ausnahme des Spucknapfes, der stumm dastand und sich darüber ärgerte, daß sie so eitel sein konnten, nur von sich selbst zu reden, nur an sich selbst zu denken und gar keinen Gedanken für den zu haben, der doch so bescheiden in der Ecke stand und sich bespucken ließ.«

Hans Brix hält diese Schilderung des Spucknapfes wahrscheinlich zu Recht für eine Anspielung des Autors auf sich selbst.

Daß Andersen in seinen Märchen und Geschichten auch seine Freunde und Gegner porträtierte, haben wir bereits gesehen. Sein heftiges Mißfallen erregten immer wieder die dänische Selbstgenügsamkeit und provinzielle Selbstverherrlichung. Und es erboste ihn, wenn jemand ihm, weil er oft und gern ins Ausland reiste, mangelnden Patriotismus vorwarf. Den bereits erwähnten Beispielen für seine satirischen Angriffe auf dänische Superpatrioten möchte ich zwei weitere hinzufügen (in beiden Fällen identifiziert sich Andersen mit der Schwalbe). Zuerst eine Passage aus der Unterhaltung zweier Frösche im Märchen *Der Mistkäfer*:

»›Ich möchte wohl wissen‹, sagte der andere, ›ob die Schwalbe, die so weit umherfliegt, auf ihren vielen Reisen ins Ausland ein besseres Klima als das unsrige gefunden hat; solch ein Genuß und solch eine Nässe! Es ist gerade, als läge man in einem nassen Graben! Wenn man sich darüber nicht freut, liebt man wahrlich sein Vaterland nicht!‹«

Nun ein Ausschnitt aus *Die Schnelläufer*. Nachdem der Hase als das geschwindeste Tier ausgezeichnet und der zweite Preis der

Schnecke zugesprochen worden ist, erklärt der Türpfosten der Schwalbe, warum man sie für einen Preis nicht in Betracht ziehen konnte:

»›Du treibst dich zuviel herum. Immer mußt du irgendwohin reisen, schnurstracks aus dem Land hinaus, sobald es hier kalt wird. Du hast keine Liebe zu dem Land, in dem du geboren bist. Für einen Preis kommst *du* nicht in Frage.‹

›Ja, aber wenn ich nun den ganzen Winter über im Sumpf bliebe‹, sagte die Schwalbe, ›und die Zeit verschliefe, käme ich dann für einen Preis in Betracht?‹

›Bring ein Attest von der Sumpffrau, daß du die halbe Zeit in deinem Heimatland geschlafen hast, dann wirst du in Betracht gezogen.‹«

Da Andersen eine heftige Abneigung gegen Literaturkritiker hatte (ausgenommen natürlich jene, die ihn lobten), wimmelt es in seinen Märchen und Geschichten von sarkastischen Anspielungen auf Rezensenten und Literaturwissenschaftler. Um nur einige drastische Beispiele zu nennen: Der Spielmeister im Märchen *Die Nachtigall* kann als Parodie auf die formalistische Literaturkritik verstanden werden, deren führender dänischer Vertreter Johan Ludwig Heiberg war. Der Mann, der in der *Glocke* die Meinung vertritt, der geheimnisvolle Klang rühre von einer großen Eule her, die mit dem Kopf gegen einen hohlen Baum schlage, der aber andrerseits nicht mit Bestimmtheit sagen kann, ob der Kopf der Eule oder der hohle Baum diese Töne von sich gebe, verkörpert jenen Zweig der spekulativen Philosophie, für den Andersen nichts übrig hatte. In seiner Erzählung erhält der Philosoph den Titel »Weltglöckner« und schreibt »jedes Jahr eine kleine Abhandlung über die Eule; aber man wußte ebensoviel wie vorher«. Der fünfte Bruder in *Etwas*, der den Ehrgeiz hat, seine Brüder in allem zu übertrumpfen, erklärt: »Ich trete beiseite und kritisiere, was ihr tut. An allem ist etwas Falsches zu finden. Das werde ich aufgreifen und schlecht machen – das ist doch etwas!«

Ein weiteres Beispiel für Andersens Einstellung zu Rezensenten, die sich angeblich an ästhetischen Kriterien orientierten, findet sich in der Geschichte *Die Schnelläufer*: Der Esel, der dafür gestimmt hat, den Hasen zum Sieger zu erklären, begründet dies damit, daß er an das sogenannte »Schöne« glaube. »Darauf hatte ich in diesem Fall ein Auge. Ich hatte ein Auge auf die schönen, gut entwickelten Ohren des Hasen; es ist ein Genuß, zu sehen, wie lang sie sind. Mir war, als sähe ich mich selbst, als ich klein war, und darum habe ich für ihn gestimmt.«

Georg Brandes hatte nicht ganz unrecht, als er Andersen im Jahre 1869 vorwarf, er habe jedes vulgäre Vorurteil gegen die Literaturkritik unterstützt und sie in Verruf gebracht.

Ich habe mich mit einigen der zahlreichen persönlichen Elemente in Andersens Erzählungen so ausführlich befaßt, weil ich sie im Zusammenhang mit der Biographie des Dichters für interessant halte. Es muß hier aber auch gesagt werden, daß solche Informationen für die große Mehrheit der Andersen-Leser in aller Welt, ob Kinder oder Erwachsene, unwesentlich sind. Man braucht nichts über die Familie Collin und die Wulffs, über Riborg Voigt, Jenny Lind und all die andern zu wissen, um an den Märchen und Geschichten Andersens seine Freude zu haben. Andernfalls wären sie wohl kaum in die meisten lebenden Sprachen übersetzt worden, ja selbst in Dänemark wäre Andersen bereits weitgehend in Vergessenheit geraten.

Für das Verständnis eines so ergreifenden Märchens wie *Die kleine Meerjungfrau* ist es nicht erforderlich, die Titelfigur mit Andersen zu identifizieren und ihre Sehnsucht, sich in ein menschliches Wesen zu verwandeln, mit seinem Bestreben, von der Gesellschaft akzeptiert zu werden. *Die Nachtigall* enthält eine allgemeingültige Aussage über den Widerstreit von Kunst und Künstlichkeit, und um dies zu erkennen, ist es nicht notwendig, die Handlung des Märchens in eine Beziehung zu persönlichen Erlebnissen des Autors zu setzen. Um das Märchen *Der Schatten* zu verstehen und zu schätzen, braucht der Leser nichts über Andersens Aufenthalt in Neapel und über den verschleierten Vorwurf zu wissen, den er Edvard Collin in dieser Erzählung gemacht hat. Und *Das häßliche junge Entlein* lieben Kinder in aller Welt ganz einfach als die Geschichte von den traurigen Erlebnissen eines armen kleinen Entenkükens, das zum Schluß ein Schwan und dadurch für alle Leiden belohnt wird.

Die in diesem Kapitel enthaltenen Informationen sollten daher lediglich als Fußnoten zu einigen Märchen und Geschichten

Andersens betrachtet werden, auch wenn sie vielleicht dazu beitragen können, manches darin in einem neuen Licht zu sehen.

Um die Andersen-Forschung haben sich verständlicherweise vor allem dänische Literaturwissenschaftler verdient gemacht. Neben den bereits genannten (Georg Brandes, Georg Christensen, Hans Brix, Helge Topsöe-Jensen) möchte ich hier zwei weitere hervorheben: Paul V. Rubow, dessen Studie *H. C. Andersens Märchen* (mit dem Untertitel: *Vorgeschichte – Idee und Form – Sprache und Stil*) 1927 in Kopenhagen erschien, und Bo Grönbech, der in seinem Buch *H. C. Andersens Märchenwelt* (Kopenhagen, 1945) den hochinteressanten Versuch unternahm, die Märchendichtung Andersens ohne Berücksichtigung anderer Quellen zu analysieren. Neueren Datums ist Eigil Nyborgs Versuch, die psychoanalytische Methode C. G. Jungs auf einige Andersen-Märchen anzuwenden, während der norwegische Psychoanalytiker Arne Duve sämtliche 156 Märchen und Geschichten nach der Freudschen Methode analysiert hat.

Zu einigen interessanten Ergebnissen gelangten Harald Rue und Peer Sörensen bei dem Versuch, Andersens Märchen und Geschichten aus marxistischer Sicht zu interpretieren. Heute befassen sich junge dänische Wissenschaftler aus der Sicht der modernen Soziologie, der Linguistik und des Strukturalismus mit Andersens Werk. Auf dem europäischen Kontinent, einschließlich der Sowjetunion, waren und sind mehr Wissenschaftler an der Andersen-Forschung interessiert als in Großbritannien und Amerika, wo die meisten erwachsenen Leser nur dem Beachtung geschenkt haben, was W. H. Auden »die pflanzenhafte Sensitivität und das ziemlich rührselige Christentum einiger Helden Andersens« genannt hat – wobei er allerdings hinzufügte, man nehme das in Kauf »wegen seiner witzigen und scharfsinnigen Gesellschaftsschilderung und der interessanten Nebenfiguren«.

Im englischen Sprachraum wurde Hans Christian Andersen schon Mitte des neunzehnten Jahrhunderts als Kinderbuchautor abgestempelt, und im deutschen Sprachraum folgte man diesem Beispiel. Um Egon Friedell zu zitieren: »Das große Publikum nimmt zu Andersen ungefähr dieselbe Stellung ein wie jener preußische Gardeleutnant, der behauptete, Julius Cäsar könne unmöglich ein großer Mann gewesen sein, denn er habe ja bloß

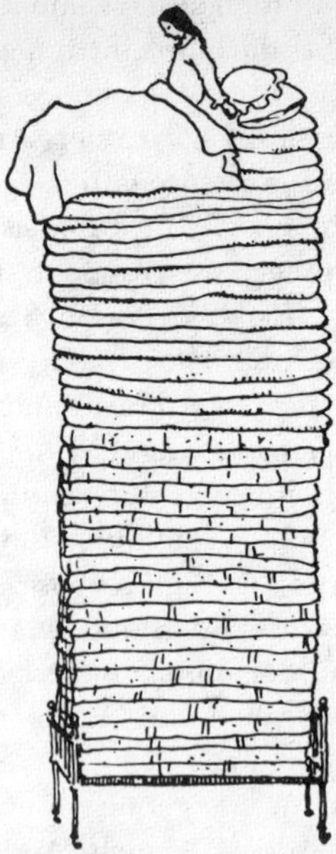

Illustration zu dem Märchen *Die Prinzessin auf der Erbse* von Gilbert James, London o. D.

für unsere Lateinklassen geschrieben. Weil nämlich Andersen ein so großer Dichter war, daß er sogar von Kindern verstanden wird, glauben die Erwachsenen, er sei für sie nicht gescheit genug.«

Der Dichter Andersen hat Kindern *und* Erwachsenen viel zu bieten. Was er *Eventyr* nannte, umfaßt weit mehr, als man gewöhnlich unter dem Begriff »Märchen« versteht, und er wollte, daß man diese literarische Form ernst nahm. Als er 1860 in Dresden eines Abends aus dem Theater kam, hörte er, wie jemand herablassend bemerkte, man solle das Stück nicht zu ernst nehmen, denn es sei ja bloß ein Märchen. »Ich war empört«, schrieb Andersen in sein Tagebuch. »Als ob Märchen keinen Sinn hätten!«

Ich möchte dieses Buch mit Andersens eigener Definition der literarischen Gattung abschließen, die ihm bis heute unübertroffene Meisterwerke verdankt:

»Die Märchendichtung ist das am weitesten ausgedehnte Reich der Poesie, es erstreckt sich von den blutdampfenden Gräbern der Vorzeit bis zum Bilderbuch der frommen kindlichen Legende, nimmt die Volksdichtung und die Kunstdichtung in sich auf; sie ist mir Repräsentantin aller Poesie, und wer sie meistert, muß das Tragische, das Komische, das Naive, die Ironie und den Humor hineinlegen können; dann steht ihm der lyrische Ton, das kindlich Erzählende und die Sprache des Naturschilderers zu Gebote ... Im Volksmärchen trägt am Ende immer der Tölpelhans den Sieg davon ... So wird auch das von den anderen Brüdern übersehene und verspottete Naive in der Dichtung schließlich am weitesten gelangen.«

Anmerkungen

1. Teil

1 1801 gab es in Odense 1199 Haushalte, aufgeteilt in folgende Kategorien: 102 Beamte, 26 Offiziere, 12 Akademiker, 81 Kaufleute verschiedener Provenienz, 36 Gastwirte und Traiteure, 360 Handwerker, 39 Beschäftigte in Landwirtschaft und Gartenbau, 121 Soldaten, 97 Tagelöhner, 139 ledige Frauen und Unterstützungsempfänger, 28 Pensionäre. (Schuhmachergesellen wie Hans Christian Andersens Vater wurden zu den Tagelöhnern gezählt.)

2 Nachforschungen ergaben, daß ihr Vater ein holsteinischer Handschuhmacher war, der sich in Odense niederließ, wo er und seine Frau im Armenhaus starben. Ihre Großmutter mütterlicherseits – Hans Christians Ururgroßmutter – war keine deutsche Adlige, sondern ein armes dänisches Mädchen namens Karen Nielsdatter, die einen in Assens (Fünen) ansässigen Postreiter heiratete und nach dessen Tod mit ihren acht Kindern in bitterer Armut lebte.

3 Als Andersen im September 1866 einen Trinkspruch auf eine junge Dame ausbrachte, erwähnte er diesen Brauch und erklärte, wenn die Sonne auf das Johanniskraut scheine, bedeute dies im Volksglauben Glück und Gesundheit für die Person, in deren Namen es zwischen die Balken gesteckt worden war.

4 In *Was die alte Johanne erzählte*, einer der letzten Geschichten Andersens, sagt die Schneidersfrau Maren über den verstorbenen Gutsherrn, er habe nun das ewige Leben im Himmelreich. »›Wer hat dir das gesagt, Maren?‹ fragte der Schneider. ›Ein toter Mann ist guter Dünger! Aber dieser Mann war gewiß zu vornehm, selbst in der Erde nützlich zu sein, er muß ja in der Grabkapelle liegen!‹ – ›Sprich doch nicht solche Worte!‹ sagte Maren. ›Ich sage dir noch einmal: er hat das ewige Leben!‹ – ›Wer hat dir das gesagt, Maren?‹ wiederholte der Schneider. Und Maren warf ihre Schürze über den kleinen Rasmus; er sollte diese Rede nicht hören. Sie trug ihn ins Torfhaus hinüber und weinte. ›Die Rede, die du da drüben gehört hast, kleiner Rasmus, war nicht die deines Vaters, es war der Böse, der durch die Stube ging und seine Stimme annahm! Bete das Vaterunser! Wir wollen es beide beten!‹ Sie faltete des Kindes Hände. ›Nun bin ich wieder froh!‹ sagte sie. ›Vertrau dir selbst und dem lieben Gott!‹«

5 In *Levnedsbog* berichtet er darüber in einem Zusammenhang, der darauf deutet, daß dieser Vorfall sich vor 1816 ereignet haben muß.

In seinen späteren Autobiographien gibt er ihm einen dramatischeren Akzent, indem er ihn in Verbindung mit den Bedenken seiner Mutter bringt, ihn im Jahre 1819 nach Kopenhagen reisen zu lassen. Sie habe »eine alte, sogenannte ›kluge Frau‹ aus dem Spital« zu sich bestellt, um sich aus den Karten und dem Kaffeesatz die Zukunft ihres Sohnes voraussagen zu lassen. Die Alte habe prophezeit: »Ihr Sohn wird ein berühmter Mann, und ihm zu Ehren wird einst ganz Odense illuminiert werden.« Daraufhin habe seine Mutter geweint und sich nicht mehr dagegen gesträubt, daß er seine Heimatstadt verlassen wollte.

6 In einem Brief an Jonas Collin, datiert 27. März 1825, begründete er sein Ausscheiden aus Madsens Werkstatt damit, daß er nicht imstande gewesen sei, die große Säge zu handhaben.

7 Das schrieb er 1832. Seine Tante war tatsächlich zwei Jahre vorher gestorben. Sie hatte sich Frau Christiane Jansen genannt, war aber mit dem angeblichen Kapitän Jansen, der in Wirklichkeit nur Bootsmann war, nicht verheiratet gewesen, sondern hatte bis zu seinem Tod im Jahre 1806 in wilder Ehe mit ihm gelebt. Sie war kinderlos geblieben, hatte aber zwei Mädchen adoptiert.

8 In seinen Lebenserinnerungen berichtet der dänische Schöngeist und Altertumskenner Just Matthias Thiele, er habe im Juni 1820 eines Morgens an seinem Schreibtisch gesessen, als jemand an die Tür klopfte. »Ich war überrascht, einen hochaufgeschossenen Jungen von ganz absonderlichem Aussehen an der Tür stehen zu sehen, mit einer tiefen, theatralischen Verbeugung bis zum Boden hinunter. Seine Mütze hatte er schon an der Tür von sich geworfen, und als er seine lange Gestalt in dem abgetragenen grauen Mantel aufrichtete, dessen Ärmel nicht bis zu den abgemagerten Handgelenken reichten, blickten mich – hinter einer großen, vorspringenden Nase – zwei kleine Chinesenaugen an, die eines chirurgischen Eingriffs bedurft hätten, um freien Ausblick zu haben. Um den Hals trug er ein buntes Kattuntuch, so fest zusammengeschnürt, daß sein langer Hals gleichsam einen Fluchtversuch zu machen schien – kurzum, eine erstaunliche Gestalt, die noch merkwürdiger wirkte, als er ein paar Schritte auf mich zuging und mit einer abermaligen Verbeugung seine pathetische Rede folgendermaßen begann: ›Darf ich die Ehre haben, meine Gefühle für die Schauspielbühne in einem Gedicht auszudrücken, das ich selbst verfaßt habe?‹« Erst als sich der Junge als Hans Christian Andersen vorstellte, fiel Thiele ein, daß Weyse von ihm erzählt und Guldberg ein Spendenkonto für den Lebensunterhalt des jungen Andersen eingerichtet hatte, der jetzt offenbar bei seinen Wohltätern die Runde machte.

9 Das früheste Zeugnis für Andersens Bestreben, sein Rezitationstalent

in Kopenhagener Bürgerhäusern unter Beweis zu stellen, stammt von dem Philologen N. C. L. Abrahams, der über eine Begegnung berichtete, die er 1819 im Hause eines Schulmeisters hatte: »Bei dieser Familie sah ich zum ersten Mal einen sonderbaren, langbeinigen, linkischen Jungen von 14 oder 15 Jahren, der zuweilen mit der Frage hereingestürmt kam: ›Darf ich Ihnen etwas vorlesen?‹ oder: ›Darf ich etwas rezitieren?‹ Dann deklamierte er entweder eigene Verse oder eine Passage aus einer Tragödie. Sein ganzes Auftreten war ausgesprochen lächerlich, zuweilen war er sogar lästig, aber trotz seines sonderbaren Benehmens war diesem Jungen anzumerken, daß er etwas erreichen wollte, und hie und da fand sich in seinen unreifen Versen etwas, das gar nicht so schlecht war. Der Junge hieß Hans Christian Andersen.«

10 Zu den prominenten Persönlichkeiten, die der junge Andersen damals um Hilfe bat, zählten auch Hans Christian Örsted, der Entdecker des Elektromagnetismus, und C. Gutfeld, Propst der Kopenhagener Marinekirche, der ihm riet, das Drama *Elfensonne* beim Königlichen Theater einzureichen, und der ihm bei der Abfassung einer Petition an den König half.

11 Sechs Jahre später, als Thorvaldsen wieder nach Dänemark zurückgekehrt war, erzählte er Andersen von seinen Erfahrungen mit Byron. Dieser hatte in Thorvaldsens römischem Atelier zunächst immer sehr angeregt und heiter geplaudert, doch sobald der Bildhauer an der Skulptur zu arbeiten begann, eine melancholische Miene aufgesetzt. »Sie dürfen keine Gesichter schneiden!« hatte Thorvaldsen gesagt. »Jetzt sind Sie nicht mehr natürlich.« – »O doch, das ist mein üblicher Gesichtsausdruck.« Nach Vollendung der Statue bewunderte jedermann, wie lebensecht sie wirkte, nur Byron selbst fand, sie sei ihm gar nicht ähnlich. »Ich sehe unglücklicher aus!« Diese Episode und Thorvaldsens abschließende Bemerkung: »Er *wollte* eben immer so unglücklich sein!« gab Andersen in einem Brief aus dem Jahre 1839 wieder.

12 Zu dieser Romanfigur inspirierte ihn die berühmte französisch-spanische Opernsängerin Maria Felicità Malibran, die er in Neapel mehrmals gehört hatte.

13 Peppo, der römische Bettler, ist die einzige Figur, die in diesem Roman unter ihrem wirklichen Namen erscheint. Aus Kopenhagen schrieb Andersen an Henriette Wulff, die sich gerade in Italien aufhielt: »An der Spanischen Treppe ist ein Bettler mit welken Füßen, er hat ein häßliches, schlaues Schmunzeln und ruft jedermann sein ›buon giorno!‹ zu. Er ist der Oheim meines Romanhelden, geben Sie ihm also einen Bajok [*bajocco*] von mir! Bitte nicht vergessen!«

14 In dem an ihren Stockholmer Schriftstellerkollegen Erik Gustav Geiger gerichteten Einführungsbrief schrieb Fredrika Bremer: »Hier ist Herr Andersen, von etwas sonderbarer Erscheinung, aber schlicht, mit einem empfindsamen, warmen Herzen, freundlich, fromm wie ein Kind und der Verfasser einiger guter Bücher.« Der schwedische Schriftsteller C. F. Dahlgren, der Andersen damals in Stockholm kennenlernte, beschrieb ihn später in einem Brief an einen Freund: »Ich nannte ihn immer den ›Kranich‹, denn ich habe noch nie einen Menschen gesehen, dessen äußere Erscheinung so sehr an einen Kranich erinnerte. Stell Dir einen großen Menschen vor, noch größer als ich, mit langen, dünnen Beinen und einem langen, dünnen Hals, auf dem ein Kopf wie ein Knauf sitzt. Stell Dir diese Gestalt vor mit einem gebeugten, vorspringenden Rücken und mit einem Gang, der kein Laufen, sondern eher ein Hüpfen ist, fast wie bei einem Affen oder einem trippelnden Kranich; und stell Dir dazu auch noch die langen, wie zwei Riemen herabhängenden Arme vor und ein häßliches Gesicht, so ähnlich wie das des verstorbenen Lorenzo [der schwedische Schriftsteller Lars Hammarsköld]. Breite Lippen, hellblaue Augen und lange, vorstehende Zähne.«

15 Bereits im Februar 1839 war Andersen von Daguerres Erfindung fasziniert. »Ich habe lange und viel mit Örsted darüber gesprochen«, schrieb er an Henriette Hanck. »Alle Gegenstände werden wie in einem Spiegelbilde aufgefangen und festgehalten; sieht man durchs Mikroskop, so entwickelt sich der feinste Punkt zu einem detaillierten Gegenstand. Ein Strich, der auf einem Kupferstich ein Schild andeutet, zeigt sich nun mit seiner ganzen Inschrift; man sieht die Feuchtigkeit auf den Steinen, erkennt die Tageszeit an der Beleuchtung. Nun kann man also höchst getreue Bilder von den Altertumsschätzen, herrliche Ansichten von tropischen Landschaften bekommen.«

16 Für seine Fähigkeit, sich – wie er es bei anderer Gelegenheit nannte – durch die französische Sprache zu »hangeln«, führte er in seinem Tagebuch einmal folgendes Beispiel an: Als er von einer buckligen Dame sprechen wollte, aber nicht wußte, was »bucklig« auf französisch heißt, bezeichnete er sie als »une dame avec un frontispiece sur le dot« [*sic!*].

17 1848 war Jenny Lind tatsächlich etwa sechs Monate lang mit dem schwedischen Tenor Julius Günther verlobt.

18 Die Besetzung Jütlands dauerte nur ein paar Tage, und die vier Millionen Reichstaler wurden nie bezahlt. Nachdem Rußland diplomatischen Druck ausgeübt hatte, wurde der preußische Oberbefehlshaber am 23. Mai angewiesen, seine Truppen aus Nordjütland abzuziehen. Am 26. August wurde der Waffenstillstand erklärt.

19 Nachdem Dänemark den Waffenstillstand gekündigt hatte, wurden die Kampfhandlungen am 3. April 1849 wiederaufgenommen. Am 6. Juli erlitten die schleswig-holsteinischen Truppen bei Fredericia die entscheidende Niederlage, und am 10. Juli wurde der Waffenstillstand erklärt.

20 Was Andersen hier als »Friedensbotschaft« bezeichnet, war in Wirklichkeit das im Juli 1849 von Dänemark und Preußen unterzeichnete Protokoll der Vorverhandlungen über den Friedensschluß. Dieser erfolgte erst am 2. Juli 1850 (Friede von Berlin). Danach ließ Preußen das schleswig-holsteinische Heer allein weiterkämpfen, das am 25. Juli bei Idstedt entscheidend geschlagen wurde. – Bis zur endgültigen Friedenserklärung blieb das Verhältnis zwischen dem Erbgroßherzog von Weimar und Andersen gespannt. Im Januar 1850 schrieb Carl Alexander, er sei sehr betrübt darüber, daß Andersen in jedem Brief drohe, nie mehr nach Weimar zu kommen und ihm in Zukunft seltener zu schreiben. »Womit habe ich das verdient? Muß ich mir denn immer, selbst bei meinen Freunden, den Kopf an der unglückseligen Politik einrennen?«

21 441 Briefe, die Andersen und Henriette Wulff zwischen 1826 und 1858 wechselten, wurden von H. Topsöe Jensen veröffentlicht. Auszüge aus vielen dieser Briefe sind in diesem Buch enthalten.

22 Im Juni 1870, also während der Arbeit an *Glückspeter*, schrieb Andersen in einem Brief an den Komponisten J. P. E. Hartmann: »Es ist erstaunlich, wie oft ich, zuletzt noch vorgestern nacht, im Traum die Zeit wiedererlebe, als ich bei Meisling im Hause war; der Druck muß sehr hart gewesen sein und meine Abhängigkeit von der Umwelt nach meinen jetzigen Begriffen unsäglich bitter. Ich träumte also vorgestern, ich sei von Meisling geistig mißhandelt worden, wollte es mir aber nicht länger gefallen lassen und sei weggerannt; ich stand dann mit einemmal unten in ›Rosenvænget‹ und erzählte Viggo Drewsen, was geschehen war. Er schüttelte bedenklich den Kopf. ›Was wird Großvater sagen, und haben Sie mit Onkel Edvard darüber gesprochen?‹ Ist es nicht erstaunlich, daß ich als sechsundsechzigjähriger Mann noch immer diese Jugendqualen haben und fühlen kann, mich in all die bedrückende Abhängigkeit hineinversetzen kann, aus der ich mich nach oben weiterentwickelt habe? In den Träumen sitze ich noch auf der Schulbank, und Meisling ist grob, aber in den letzten Jahren hat er mich mit ›Herr Staatsrat‹ angeredet.«

23 Ibsen: *Samlede Verker*, 20 Bde. (1928-1952), Bd. 16, S. 35.

24 In seinem Buch *Samliv med Ibsen* (1906) berichtet John Paulsen, Ibsen habe ihm erzählt, daß Andersen an jenem Abend in der Villa Rolighed offenbar schlecht gelaunt in seinem Zimmer gesessen und

keine Anstalten gemacht habe, ihn zu begrüßen. Daraufhin sei Ibsen zu ihm hinaufgegangen, und dann hätten sie sich Arm in Arm zu den Melchiors ins Wohnzimmer begeben. Auf Paulsens Frage, was sich denn in Andersens Zimmer zwischen ihnen beiden abgespielt habe, erwiderte Ibsen: »Ich umarmte ihn und machte ihm ganz beiläufig ein Kompliment. Er war gerührt, erwiderte meine Umarmung und fragte: ›Sie haben mich also wirklich gern?‹« Im weiteren Verlauf seines Gespräches mit Paulsen äußerte Ibsen: »Es war einer der nettesten Abende, die ich je erlebt habe. Wenn er wollte, konnte Andersen so liebenswürdig und unterhaltsam sein wie nur wenige Menschen.«

25 Mrs. Gattys Tochter, Juliana Horatia Ewing, die ebenfalls Kinderbücher schrieb, berichtete 1880 über ihre Mutter: »Hans Andersens Märchen mit all ihrem Mitgefühl für jeden Winkel der Schöpfung eroberten ihr Herz im Sturm, aber trotzdem bemängelte sie, daß viele davon nur drollig und nicht belehrend seien – Körper ohne Seele.«

26 Vgl. *The Andersen-Scudder Letters*.

27 Seine Mutter dürfte ihn Christian genannt haben. Jedenfalls lautet die Anrede in einigen ihrer Briefe: »Mein lieber Christian!«

28 Der vollständige Brief wird (in englischer Übersetzung) in den Anmerkungen zu *The Andersen-Scudder Letters* (S. 175 f.) zitiert.

29 Vgl. Andersens Tagebuch, Zürich, 20. November 1869: »Als ich heute morgen den Hausknecht hereinließ, hing mein Geldbeutel lose um meinen Hals, er betrachtete ihn. Weiß Gott, ob er in der Nacht kommen und mich erwürgen wird, um ihn zu holen.«

30 Daß Andersen sich seiner Häßlichkeit zutiefst bewußt war, zeigt auch folgende, von William Bloch berichtete Episode: Als der bekannte dänische Schauspieler Ludvig Phister eines Abends Andersen im Theater begegnete, sagte er zu ihm: »Weiß Gott, Herr Andersen, es macht mir immer soviel Freude, Sie zu sehen! Sie nehmen es mir sicher nicht übel, wenn ich sage, daß Sie als Jüngling nicht sonderlich gut aussahen, aber wie erfreulich sich das geändert hat! Jetzt sind Sie ein hübscher Mann.« Worauf Andersen zornig erwiderte: »Wie können Sie, den ich für einen vernünftigen, klugen Menschen halte, auch nur einen Augenblick denken, ich würde Ihnen das glauben? Ich weiß sehr gut, daß ich nicht hübsch, sondern häßlich bin, aber Sie sollten wenigstens das in mir achten, was Achtung verdient, und sich in meiner Gegenwart nicht lustig über mich machen. Nun haben Sie mir den Abend verdorben. Vielen Dank – ich gehe jetzt nach Hause.«

Phister war nicht der einzige, der die landläufige Meinung, Andersen sei häßlich, nicht teilte. Der dänische Maler Kristian Zahrtmann schrieb in seinen Lebenserinnerungen: »Man sollte eigentlich sagen, daß er eine eindrucksvolle, stattliche Erscheinung gewesen ist. Aber da es üblich geworden war, ihn für häßlich zu halten, schloß sich die Allgemeinheit dieser Meinung an. In seinen späteren Jahren, als er auf die langen, falschen Zähne verzichtete, nahm sein Kopf eine ungewöhnlich schöne Form an, doch dafür waren die meisten Leute blind.«

Der Schriftsteller und Politiker Edvard Brandes, der den alten Andersen gut kannte, sprach einmal in einem Artikel von seinem »herrlichen Kopf«.

31 G. W. Griffin, einige Jahre lang amerikanischer Konsul in Kopenhagen, schrieb über Andersen: »Er ist ein erstaunlich guter Vorleser, und man hat ihn in dieser Hinsicht oft mit Dickens verglichen. – Dickens' Lesungen waren tatsächlich hervorragend, ich neige jedoch zu der Ansicht, daß die Art und Weise, wie Andersen vorliest, noch viel eindrucksvoller und beredter ist. – Beide haben stets vor einem dicht gedrängten Publikum gelesen. Dickens' Stimme war vielleicht besser für die Bühne als für das Lesepult geeignet. Sie war kräftiger und lauter als Andersens Stimme, die ungleich sanfter und melodiöser ist. In New York hörte ich Dickens die Todesszene der kleinen Nell [aus *Der Raritätenladen*] lesen und war zu Tränen gerührt, aber ich vergaß keinen Augenblick, daß ich einer Lesung des Autors beiwohnte. Doch als ich Andersen die Geschichte vom kleinen Mädchen mit den Schwefelhölzern lesen hörte, dachte ich überhaupt nicht mehr an den Autor, vergaß alles um mich herum und weinte wie ein Kind.« (G. W. Griffin: *My Danish Days*, Philadelphia 1875, S. 208 f.)

2. Teil

1 Ich würde mich für folgende dreißig Märchen und Geschichten entscheiden: *Der unartige Knabe* (1835), *Die Galoschen des Glücks* (1838), *Die Glocke* (1845), *Die Springer* (1845), *Der Wassertropfen* (1848), *Die Geschichte einer Mutter* (1848), *»Es gibt Unterschiede!«* (1851), *Es ist ganz gewiß!* (1852), *Eine gute Laune* (1852), *Alles auf seinen Platz* (1852), *Das Heinzelmännchen beim Speckhöker* (1852), *Nach Jahrtausenden* (1852), *Sie taugte nichts* (1852), *Tölpelhans* (1855), *Suppe auf einer Wurstpinne* (1858), *Die Tochter des Schlammkönigs* (1858), *Feder und Tintenfaß* (1859), *Der Mistkäfer* (1861), *Was Vater tut, ist immer richtig* (1861), *Der Schneemann* (1861), *Die Eisjungfrau* (1861), *Die Schnecke und der Rosenstock* (1861), *Der Sturm zieht mit den Schildern um* (1865), *Tante* (1866), *Die Lumpen* (1868), *Was man erfinden kann* (1869), *Der*

Gärtner und die Herrschaft (1872), *Was die alte Johanne erzählte* (1872), *Der Krüppel* (1872) und *Tante Zahnweh* (1872).

2 Dazu gehören nach Andersens eigener Aussage folgende: *Das Feuerzeug, Der kleine Klaus und der große Klaus, Die Prinzessin auf der Erbse, Der Reisekamerad, Die wilden Schwäne, Der Garten des Paradieses, Der Schweinehirt, Tölpelhans* und *Was Vater tut, ist immer richtig.*

3 Dänische Sagenmotive verwandte er in mehreren Märchen und Geschichten, z. B. in *Holundermütterchen, Elfenhügel, Holger Danske, Das Heinzelmännchen beim Speckhöker* und *Der Bischof von Börglum und seine Sippe.* Motive aus Märchen und Erzählungen E. T. A. Hoffmanns (insbesondere aus *Nußknacker und Mausekönig, Meister Floh* und *Die Abenteuer der Silvesternacht*) finden sich in *Die Blumen der kleinen Ida, Die Schneekönigin* (das Motiv des Teufelsspiegels), *Die Hirtin und der Schornsteinfeger* und *Der Schatten.* Anleihen bei Musäus (*Volksmärchen der Deutschen*) und der isländischen *Njáls saga* finden sich in *Die Tochter des Schlammkönigs.* Der Einfluß von Chamissos *Peter Schlemihl* zeigt sich in *Die Galoschen des Glücks* und in *Der Schatten.* In *Die kleine Meerjungfrau* sind Anklänge an La Motte Fouqués *Undine*, in *Die roten Schuhe* Anleihen bei den Brüdern Grimm und Clemens von Brentano zu finden. Bestimmte Motive aus weiteren Märchen und Geschichten Andersens gehen auf Boccaccios *Decamerone* sowie auf *Tausendundeine Nacht* zurück.

4 Zur Gruppe der eigentlichen Märchen zählen auch fünf der bereits erwähnten Erzählungen, nämlich *Das Feuerzeug, Der Reisekamerad, Die wilden Schwäne, Der unartige Knabe* und *Der Garten des Paradieses*, außerdem Märchen wie *Der Rosenelf*, der rührselige *Engel* und die meiner Ansicht nach unerfreuliche, grausame Geschichte von Eitelkeit, Strafe und Sühne: *Die roten Schuhe.*

5 Andere Erzählungen aus dieser Gruppe: *»Es gibt Unterschiede!«*, eine Geschichte über Standesunterschiede in der Pflanzenwelt (die aristokratische Apfelblüte, der verachtete Löwenzahn – Moral der Geschichte: Beide sind auf ihre Art schön) sowie *Fünf aus einer Schote* (einer der fünf Erbsen gelingt es, ein krankes Mädchen glücklich zu machen). *Das Gänseblümchen* und *Der Flachs* sind Geschichten von Pflanzen, deren Einstellung zum Leben sich grundlegend von der des Tannenbaums im gleichnamigen Märchen unterscheidet. Das Gänseblümchen genießt jeden Augenblick und kennt keinen Neid: »Die Sonne bescheint mich, und der Wind küßt mich! Oh, wie reich bin ich doch beschenkt worden!« Auch der Flachs gewinnt seiner Verwandlung in ein Stück Leinwand (aus dem dann Unterhosen genäht werden) und später in Schreibpapier, das schließlich verbrannt wird, die besten Seiten ab. *Der Buchweizen* ist eigentlich eine Parabel, die als Veranschaulichung des Bibelwortes »Hochmut

kommt vor dem Fall« bezeichnet werden könnte (am 13. November 1845 vermerkte Andersen in seinem Tagebuch, er sei von einem Bekannten auf Jothams Gleichnis von den Bäumen im Alten Testament [Buch der Richter, 9. Kapitel] hingewiesen worden – »das einzige, wie der griechische *Einos* meinen Märchen ähnliche Gleichnis«).

Bäume und Pflanzen sind auch die Hauptfiguren in *Der letzte Traum des alten Eichbaums* und *Was die Distel erlebte*. Auf die Rolle, die Blumen in der *Schneekönigin* spielen, muß ebenfalls hingewiesen werden. Als Gerda bei der alten Frau mit dem großen Sonnenhut weilt, erzählen sechs Blumen ihre Geschichte: die Feuerlilie, die Winde, das Schneeglöckchen, die Hyazinthe, die Butterblume und die Narzisse. Diese Geschichten sind eigentlich Gedichte in Prosa, in denen Andersen dem Wesen jeder einzelnen Blume Ausdruck verleihen wollte.

6 Enthalten in *The Crimes of England* (London, 1915).

7 Hierzu gehört auch *Das Liebespaar*, siehe S. 212. *Die Hirtin und der Schornsteinfeger* handelt von zwei Porzellanfiguren, die entfliehen, weil der alte, nickende Porzellanchinese, der sich als Großvater der kleinen Schäferin ausgibt, diese mit einem geschnitzten Satyr verheiraten will, den die Kinder »Ziegenbocksbein-Oberunduntergeneralkriegskommandeursergeant« nennen. Am Rand des Schornsteins angelangt, beschließen die Hirtin und der Schornsteinfeger, nach Hause zurückzukehren, und da der alte Chinese inzwischen heruntergefallen ist, genietet werden muß und deshalb dem Satyr nicht mehr »Ja« zunicken kann, dürfen die beiden Liebenden zusammenbleiben.

Eine der Hauptfiguren in *Das alte Haus* ist ein Zinnsoldat, der so einsam und traurig ist, daß er – im Gegensatz zum standhaften Zinnsoldaten – Tränen aus Zinn vergießt. Der Titelheld der Geschichte *Der Schneemann* sehnt sich nach der Wärme des Ofens, den er durch ein Kammerfenster sehen kann. Warum er dieses merkwürdige Verlangen empfindet, stellt sich heraus, als er bei Einsetzen des Tauwetters schmilzt. »Der Schneemann hat einen Feuerhaken im Leib gehabt!« sagt der Kettenhund. »Das ist es, was sich in ihm geregt hat, nun ist es überstanden.« Die Titelfigur der Erzählung *Die Teekanne* hat ihr Leben als Königin des Teetisches begonnen und endet, nachdem Tülle und Henkel abgebrochen sind, als Blumentopf. Die Geschichte *Die Lumpen*, in der sich ein dänischer und ein norwegischer Lumpen unterhalten, ist eine geistreiche Satire auf die »typischen« Eigenschaften beider Nationen. In *Feder und Tintenfaß* streiten die beiden Titelfiguren darüber, wer von ihnen das wahre Talent sei, das dichterische Gedanken zu Papier bringt.

8 Zu dieser Gruppe gehören auch die bereits genannten Erzählungen *Die Prinzessin auf der Erbse*, *Des Kaisers neue Kleider* und *Tölpelhans*. Sie enthalten keine übernatürlichen oder magischen Elemente und spielen in der Menschenwelt, auch wenn der Schauplatz ungewöhnlich und unbestimmt ist. Auch *Der Wassertropfen* kann zu dieser Gruppe gezählt werden: Der alte Kribbel-Krabbel (»denn so hieß er«) und sein namenloser Kollege werden zwar als Zauberer bezeichnet, tatsächlich aber sind sie Naturwissenschaftler; das Tröpfchen »Hexenblut« (»von der feinsten Sorte zu zwei Schilling«) ist natürlich eine chemische Substanz, und die grausigen, durcheinanderwimmelnden, sich gegenseitig puffenden und verschlingenden »Tiere« sind die Einzeller (die sogenannten Infusionstierchen), die man durch die damals verfügbaren Mikroskope erkennen konnte.

In *Der Floh und der Professor* wechselt der Schauplatz zwischen Europa und Afrika, aber mag diese Geschichte auch phantastisch anmuten, so enthält sie doch keine Handlungselemente, die sie über die reale Welt hinaushöben.

Vierzig Jahre bevor die ersten Flugmaschinen erfunden wurden, schrieb Andersen die Erzählung *Nach Jahrtausenden*, die seinen Zeitgenossen recht phantastisch erschienen sein dürfte, in der er jedoch mit erstaunlicher Genauigkeit die Erfindung des Flugzeugs voraussah – eine Erfindung, die es, wie er hier prophezeite, den Amerikanern ermöglichen würde, »Europa in acht Tagen zu sehen«.

9 In diese Kategorie fallen auch die bereits erörterten, auf dänischen Volksmärchen basierenden Geschichten *Der kleine Klaus und der große Klaus* und *Was Vater tut, ist immer richtig*, die beide im bäuerlichen Milieu Dänemarks spielen.

Ein weiteres berühmtes Beispiel ist die sentimentale Geschichte *Das kleine Mädchen mit den Schwefelhölzern*: An einem bitterkalten Silvesterabend entzündet die arme Kleine auf einer Kopenhagener Straße drei von den vielen Schwefelhölzern, die niemand ihr abkaufen wollte. Dabei hat sie jedes Mal eine beglückende Vision, und als das dritte Schwefelhölzchen erlischt, ist das kleine Mädchen erfroren.

Eine gute Laune ist die Icherzählung eines Mannes, der sich nicht aus der Ruhe bringen läßt und am liebsten auf dem Friedhof über den Lauf der Welt nachdenkt. Seinen nie versiegenden Sinn für Humor hat er von seinem Vater, dem Kutscher eines Leichenwagens, geerbt. Die zweifellos auf persönlichen Erlebnissen des Autors basierende zweiteilige Geschichte *Herzenskummer* ist ein Beispiel dafür, wie geschickt Andersen humoristische Elemente mit der einfühlsamen Schilderung gesellschaftlichen Außenseitertums zu verbinden wußte. *Sie taugte nichts* und *Was die alte Johanne erzählte* sind

Geschichten, in denen Andersen Erinnerungen an seine Kindheit in Odense verarbeitete. In der ersten, der Geschichte einer Waschfrau, die dem Alkohol verfällt, zeichnete er ein Bild seiner Mutter, das wahrheitsgetreuer sein dürfte, als andere Schilderungen, die er von ihr gab. *Tante* (in Deutschland auch unter dem Titel *Die Muhme* bekanntgeworden) ist die amüsante Geschichte einer theaterbesessenen alten Jungfer, in deren Porträt Erinnerungen des Autors an verschiedene Freunde und Bekannte eingeflossen sind.

Innerhalb dieser Kategorie bilden zwei Geschichten eine Gruppe für sich: *Der Wind erzählt von Waldemar Daa und seinen Töchtern* und *Hühnergretes Familie*. Abgesehen von dem märchenhaften Element des in der ersten Geschichte als Erzähler fungierenden Windes wird in beiden Geschichten von historischen Ereignissen berichtet. Waldemar Daa war ein dänischer Edelmann des siebzehnten Jahrhunderts, der seinen gesamten Besitz der vergeblichen Suche nach Gold opferte. Marie Grubbe, die Hauptfigur in *Hühnergretes Familie* war eine Gutsbesitzerstochter aus Jütland, die nach einem wechselvollen Leben ebenfalls in Armut endete.

In *Der Krüppel*, einer seiner letzten Erzählungen, erwies Andersen der Kunst, in der er es zur Meisterschaft gebracht hatte, eine Reverenz: Hans, der gelähmte Krüppel, hat es letztlich einem Märchenbuch zu verdanken, daß er wieder laufen kann.

10 Einige weitere Beispiele: »Da gab es viele Leute und doppelt so viel Beine wie Köpfe.« – »Wenn sie mit der Eisenbahn reisten, fuhren sie dritter Klasse, die kommt genauso schnell hin wie die erste Klasse.« – »Zwei Irrlichter kamen hereingehüpft, das eine schneller als das andere, und darum kam es zuerst herein.« – » ›Die sechste kommt vor der siebenten!‹ sagte der Elfenkönig, denn er konnte rechnen.«

Bibliographie

Bibliographie

LARSEN, SVEND: *H. C. Andersens Bøger. En Bibliografi.* Kopenhagen 1947.

NIELSEN, BIRGER FRANK: *H. C. Andersen Bibliografi. Digterens danske værker 1822-1875.* Kopenhagen, 1942.

BREDSDORFF, ELIAS: *A Critical Guide to the Literature on Hans Christian Andersen.* In: *Scandinavia,* VI,1. London 1967.

JØRGENSEN, AAGE: *H. C. Andersen Litteraturen 1875-1968,* Aarhus 1970.

JØRGENSEN, AAGE: *H. C. Andersen Litteraturen. Tilføjelser og rettelser: Supplement 1875-1968. Fortsættelse: 1969-1972.* Kopenhagen 1973.

Andersens Werke

Samlede Skrifter. 22 Bde. Kopenhagen 1854-1855. – 2. Aufl. 15 Bde. Kopenhagen 1876-1880.

Eventyr og Historier. (Kritische Ausgabe mit Kommentaren von Hans Brix und Anker Jensen.) 5 Bde. Kopenhagen 1918-1920. – 2. Aufl. 1943.

Romaner og Rejseskildringer. (Hg. unter der Redaktion von Helge Topsøe-Jensen.) 7 Bde. Kopenhagen 1941-1944.

Gesammelte Schriften. 8 Bde. Braunschweig 1843-1846.

Gesammelte Werke. Vom Verfasser besorgte Ausgabe. 50 Bde. Leipzig 1847-1872.

Gesammelte Werke. Vom Verfasser besorgte Ausgabe. 12 Bde. Leipzig 1864.

Werke. 8 Bde. Berlin 1877-1881.

Sämtliche Märchen. Mit 125 Illustrationen und Originalzeichnungen von V. Pedersen. Zweite vermehrte Auflage. Leipzig 1850. (Faksimile-Ausgabe in der Reihe »Die bibliophilen Taschenbücher«, Dortmund 1979.)

Gesammelte Märchen und Geschichten. 4 Bde. Jena 1909. – 2. Aufl. 1925.

Gesammelte Märchen. 2 Bde. Zürich 1949. (Manesse Bibliothek der Weltliteratur.)

Sämtliche Märchen und Geschichten. 2 Bde. Leipzig 1953 (Sammlung Dieterich. 132. 133.) – 3. Aufl. 1955.

Als die wilden Schwäne sangen. Die schönsten Märchen mit den eigenen Scherenschnitten des Dichters. Tübingen 1955.
Sämtliche Märchen. München 1959.
Märchen. Mit Illustrationen von Vilhelm Pedersen und Lorenz Frølich. 3 Bde. Frankfurt a. M. 1975 (Insel Taschenbuch 133.)

Satiren. Bearb. u. eingel. von Egon Friedell. Wien 1914.

Glückspeter. Bremen 1871.
Der Improvisator. Leipzig 1876.
Dass. Jena 1909.
Dass. Zürich 1965.
Nur ein Geiger. Jena 1911.

Bilderbuch ohne Bilder. Berlin 1841.
Dass. Jena 1900. – 6. Aufl. 1923.
Dass. Leipzig 1916 (Insel Bücherei. 192.) 76.-85. Tsd. 1955.
Dass. Zürich 1946 (Die kleinen Bücher der Arche. 22.)
Dass. Wiesbaden 1955.
Eines Dichters Bazar. Leipzig 1873.

Autobiographische Schriften

Levnedsbog. Digterens Liv 1805-1831 (hg. von Hans Brix). Kopenhagen 1926.
H. C. Andersens Levnedsbog 1805-1831 (kommentiert von Helge Topsøe-Jensen). Kopenhagen 1962.
Das Märchen meines Lebens ohne Dichtung (geschrieben für eine Ausgabe der *Gesammelten Werke*). Leipzig 1847.
Mit Livs Eventyr (revidierte und kommentierte Textausgabe, hg. von Helge Topsøe-Jensen). 2 Bde. Kopenhagen 1951.

Das Märchen meines Lebens. Hg. von Heinz Amelung. Stuttgart 1911 (Deutsche Bibliothek. 27.) – ern. Berlin 1936.
Märchen meines Lebens. Briefe. Tagebücher. München 1961.
Märchen meines Lebens ohne Dichtung. Frankfurt a. M. 1979 (Insel Taschenbuch 356).

Briefwechsel

Breve til Hans Christian Andersen (hg. von Carl S. A. Bille und Nikolaj Bøgh). Kopenhagen 1877.

Breve fra Hans Christian Andersen (hg. von Carl S. A. Bille und Nikolaj Bøgh). Kopenhagen 1878.

H. C. Andersens Brevveksling med Edvard og Henriette Collin (hg. von Helge Topsøe-Jensen). 6 Bde. Kopenhagen 1933-1937.

H. C. Andersens Brevveksling med Henriette Hanck, 1830-1846 (hg. von Svend Larsen). In: *Anderseniana* IX-XIII, Kopenhagen 1941-1946.

H. C. Andersens Brevveksling med Jonas Collin den Ældre og andre Medlemmer af det Collinske Hus (hg. von Helge Topsøe-Jensen in Zusammenarbeit mit Kaj Bom und Knud Bøgh). 3 Bde. Kopenhagen 1945-1948.

The Andersen-Scudder Letters (hg. von Jean Hersholt und Waldemar Westergaard). Berkeley/Los Angeles 1949.

H. C. Andersen og Henriette Wulff. En Brevveksling (hg. von Helge Topsøe-Jensen). 3 Bde. Kopenhagen 1959-1960. Ergänzung in: *Andersiana*, 2. Folge, V.1, 1962.

H. C. Andersens Briefwechsel mit dem Großherzog Carl Alexander von Sachsen-Weimar-Eisenach und anderen Zeitgenossen. Hg. von Emil Jonas. Leipzig 1887.

Der Dichter und die Welt. Briefe von Hans Christian Andersen. Hg. und übertr. von E. v. Hollander. Weimar 1917.

Tagebücher

H. C. Andersens Dagbøger 1825-1875 (hg. von Kåre Olsen und Helge Topsøe-Jensen). 10 Bde. Kopenhagen 1971-1976 (deutsche Auswahlausgabe demnächst im Fischer Taschenbuchverlag).

Literaturauswahl

Berendsohn, Walter A.: *Phantasie und Wirklichkeit in den Märchen und Geschichten Hans Christian Andersens.* Wiesbaden 1973.

Böök, Fredrik: *Das Leben des Märchendichters H. C. Andersen.* Zürich 1943.

Brandes, Georg: *Hans Christian Andersen als Mensch und Märchendichter.* In: *Deutsche Rundschau* 109 (1901), S. 68-84.

Brandes, Georg: *Hans Christian Andersen.* In: *Moderne Geister. Literarische Bildnisse aus dem 19. Jahrhundert.* 4. Aufl. Frankfurt a. M. 1901.

Bredsdorff, Elias: *Hans Christian Andersen and Charles Dickens. A Friendship and its Dissolution*. Cambridge 1956.

Collin, Edvard: *H. C. Andersen og det Collinske Hus*. Kopenhagen 1882. – Neuausgabe 1929.

Dahl, Svend und Topsoe-Jensen, Helge (Hg.): *Ein Buch über den dänischen Dichter Hans Christian Andersen, sein Leben und sein Werk*. Kopenhagen 1955 (gleichzeitig in einer englischen, französischen und spanischen Ausgabe erschienen).

Erlacher, Karl: *Grimm und Andersen. Eine Studie über Märchendichtung*. Langensalza 1929 (Manns pädagogisches Magazin. 1255).

Höller, G.: *Hans Christian Andersen und seine Märchen*. Leipzig 1905.

Leyen, Friedrich von der: *H. C. Andersen und das deutsche Märchen*. In: *Dänische Rundschau*, Kopenhagen 1953.

Nielsen, Erling: *Hans Christian Andersen in Selbstzeugnissen und Bilddokumenten*. Reinbek b. Hamburg 1958 (Rowohlts Monographien. 5).

Rusch, Heinz: *Hans Christian Andersen. Sein Leben in Bildern*. Leipzig 1957.

Schmitz, Victor A.: *H. C. Andersens Märchendichtung. Ein Beitrag zur Geschichte der dänischen Spätromantik*. Diss. Greifswald 1925 (Nordische Studien. 7).

Stirling, Monica: *Der wilde Schwan. Hans Christian Andersen, Leben und Zeit*. München 1965.

Teschner, Heinrich: *Hans Christian Andersen und Heinrich Heine*. Diss. Münster 1914.

Namenverzeichnis

Über den Autor

Elias Bredsdorff, geboren 1912 in Roskilde, hat sich seit Jahrzehnten mit Andersen beschäftigt und zahlreiche wissenschaftliche Arbeiten über sein Werk veröffentlicht. Er war lange Jahre Direktor des Department of Scandinavian Studies an der Universität Cambridge in England.